ESSAI SUR LA NOTION
DE BONNE ADMINISTRATION
EN DROIT PUBLIC

5-7, rue de l'Ecole polytechnique, 75005 Paris

http://www.librairieharmattan.com
diffusion.harmattan@wanadoo.fr
harmattan1@wanadoo.fr

ISBN : 978-2-296-13090-6
EAN : 9782296130906

Rhita BOUSTA
Docteur en droit et ATER à l'Université Paris I Panthéon - Sorbonne

ESSAI SUR LA NOTION DE BONNE ADMINISTRATION EN DROIT PUBLIC

Préface : Gérard Marcou

Avant-propos : Jacques Caillosse

L'Harmattan

Logiques Juridiques

Collection dirigée par Gérard Marcou

Le droit n'est pas seulement un savoir, il est d'abord un ensemble de rapports et pratiques que l'on rencontre dans presque toutes les formes de sociétés. C'est pourquoi il a toujours donné lieu à la fois à une littérature de juristes professionnels, produisant le savoir juridique, et à une littérature sur le droit, produite par des philosophes, des sociologues ou des économistes notamment.

Parce que le domaine du droit s'étend sans cesse et rend de plus en plus souvent nécessaire le recours au savoir juridique spécialisé, même dans des matières où il n'avait jadis qu'une importance secondaire, les ouvrages juridiques à caractère professionnel ou pédagogique dominent l'édition, et ils tendent à réduire la recherche en droit à sa seule dimension positive. A l'inverse de cette tendance, la collection *Logiques juridiques* des Éditions L'Harmattan est ouverte à toutes les approches du droit. Tout en publiant aussi des ouvrages à vocation professionnelle ou pédagogique, elle se fixe avant tout pour but de contribuer à la publication et à la diffusion des recherches en droit, ainsi qu'au dialogue scientifique sur le droit. Comme son nom l'indique, elle se veut plurielle.

Dernières parutions

Ehab FARAHAT, *Le contentieux de l'élection des députés en France et en Egypte*, 2010.
Marie-Axelle GAUTIER, *La protection de l'environnement sur les plates-formes industrielles. Un défi pour le droit de l'environnement*, 2010.
Soufiane JEMMAR, *L'évaluation des biens et services en droit fiscal*, 2010.
Jiangyuan JIANG, *Théorie du droit public*, 2010.
Ümit KILINC, *La liberté d'expression en Turquie à l'épreuve de la convention européenne des droits de l'homme,* 2010.
Amel AMER-YAHIA, *Le régime juridique des dividendes*, 2010.
Séraphine LEKA, *Le régime de gestion des résidences sociales*, 2010.
Manuel GROS, *Droit administratif. L'angle jurisprudentiel,* (2e édition), 2010.
Robert SAVY, *Émergence d'une région. Le cas du Limousin : 1986 – 2004*, 2009.
Frédéric WILLEMS, *La face cachée des magasins d'usine*, 2009.
Ali Cenk KESKIN, *Pour une nouveau droit international de la concurrence*, 2009.
Matthieu HOUSER, *L'intervention de l'État et la coopération entre communes*, 2009.
Alexandre CIAUDO, *L'irrecevabilité du contentieux administratif français*, 2009.
Çagla TANSUG, *La régulation des services publics de réseau en France et en Turquie. Électricité et communications électroniques*, 2009.
Pierre BOURDON, *Le contentieux indemnitaire de la nullité du contrat administratif*, 2009.
Philippe BILLET, Michel DUROUSSEAU, Gilles MARTIN et Isabelle TRINQUELLE (sous la dir. de), *Droit de l'environnement et protection de la santé*, 2009.
Valérie RAJASINGAM PATHIRAJ, *Les atteintes au corps féminin. Loi et sanction des violences physiques*, 2009.
Michel LASCOMBE, *Le droit constitutionnel de la Ve République*, 2009.

Cet ouvrage est issu d'une thèse de doctorat entreprise en octobre 2005 et soutenue le 20 novembre 2009 à l'Université Paris I Panthéon-Sorbonne sous la co-direction de Monsieur Gérard MARCOU, professeur à l'Université Paris I Panthéon-Sorbonne et de Madame Élisenda MALARET Í GARCIA, professeur à l'Université de Barcelone. Le jury, présidé par Madame Maryse DEGUERGUE, professeur à l'Université Paris I Panthéon-Sorbonne, était composé, outre des directeurs de thèse, de Monsieur Jacques CAILLOSSE, professeur à l'Université Paris II Panthéon-Assas et de Monsieur Jean-Louis AUTIN, professeur à l'Université Montpellier I.

Je tiens à remercier, en toute sincérité, Monsieur Gérard MARCOU et Madame Élisenda MALARET I GARCIA de leur disponibilité et de leur soutien constant tout au long de ce travail de recherches.

Je tiens aussi à exprimer ma gratitude envers Madame le Professeur Maryse DEGUERGUE ainsi que Messieurs les Professeurs Étienne PICARD, Gérard TIMSIT, Jean-Bernard AUBY, Didier TRUCHET, Benoît DELAUNAY et Fabrice MELLERAY pour leurs entretiens lors de l'élaboration de cette thèse. Je remercie également Monsieur le Président honoraire Bruno GENEVOIS de ses courriers encourageants et Monsieur le Professeur Francesc RODRÍGUEZ PONT de son déplacement touchant à Paris pour ma soutenance.

Je remercie enfin les personnes ayant courageusement accepté la relecture de ce travail et en particulier ma mère, pour son écoute et son soutien moral indéfectibles.

PRÉFACE

Nous sommes dans une époque de profonde transformation du droit. Les sources du droit et leur hiérarchie se renouvellent, les frontières entre droit public et droit privé se déplacent et certains pensent qu'elles s'effacent, les changements économiques et sociaux modifient les attentes des différents secteurs de la société envers le droit. Depuis 2009, la crise économique bouleverse les représentations, qui s'étaient peu à peu imposées, des rapports entre État et marché : assiste-t-on à un retour de l'État, ou bien les limites de ces interventions indiquent-elles que l'on a en effet radicalement changé de système ?

Dans ce contexte, les notions traditionnelles du droit public sont à l'épreuve. Contrairement à ce que l'on écrit parfois un peu rapidement, la plupart des notions fondamentales tiennent bon. Mais elles sont concurrencées par des notions nouvelles qui, sans vraiment les remettre en cause, affectent l'ordonnancement de l'ensemble du système. On a vu ainsi les « droits fondamentaux » prendre le dessus sur les « droits de l'Homme » ; la notion de « service d'intérêt général » concurrence celle de « service public », à laquelle cependant la jurisprudence française, constitutionnelle et administrative, a confirmé son attachement ; la « régulation » s'est imposée de manière presque universelle mais avec des sens différents et parfois opposés, pour décrire une nouvelle fonction de la puissance publique ou pour rendre compte de son repli dicté par la volonté de laisser plus de place au marché. Quant à la « gouvernance » et au « partenariat », ils proposent une nouvelle lecture des rapports entre les institutions et des rapports entre le public et le privé et des innovations institutionnelles inspirées de cette nouvelle lecture.

La notion de « bonne administration » connaît également depuis plusieurs années une diffusion nouvelle et une consécration en droit positif avec l'article 41 de la charte européenne des droits fondamentaux, laquelle a reçu force de droit par le traité de Lisbonne. Toutes ces notions, dont la pénétration dans le droit concourt à sa transformation, ne sont pas nouvelles : les « droits fondamentaux » sont apparus dans la doctrine allemande au tout début du 19ème siècle ; la « gouvernance » est apparue dans la théorie du pouvoir monarchique de Fortescue au 15ème siècle ; quant à la « bonne administration », Maurice Hauriou y voyait déjà une directive qui devait guider l'administration dans la réalisation de ses fonctions. C'est le contexte qui les actualise et en renouvelle l'intérêt.

Dans l'état de confusion doctrinale où nous nous trouvons, des travaux comme la thèse de Rhita Bousta sont plus nécessaires que jamais. Il fallait de l'audace pour entreprendre une recherche dont l'intitulé est finalement « Essai sur la notion de bonne administration ». Il fallait de la rigueur, du courage et de la hauteur de vue pour la mener à bien. Ni l'une ni l'autre ne lui ont fait défaut, jusqu'au bout. En outre, la connaissance de plusieurs langues étrangères, qualité trop rare mais si nécessaire au droit comparé, et des séjours de recherche dans plusieurs pays lui ont permis de nourrir sa recherche de sources de première main.

L'ouvrage de Rhita Bousta est à la fois de dévoilement et de construction. En effet, la diffusion de la notion de bonne administration au cours des dernières années, y compris dans des documents ayant une portée juridique en droit communautaire, dans certains droits nationaux ou en droit international, n'a pas suffi à lui conférer une véritable épaisseur juridique.

Au terme d'une analyse rigoureuse, appuyée sur une vaste culture juridique et la prise en compte de plusieurs ordres juridiques nationaux, Rhita Bousta élucide cette notion nouvelle, lui donne un sens juridique. La notion de bonne administration serait, en droit, « *l'adaptation équilibrée des moyens dont dispose l'administration* », une adaptation qui exige une « *pondération raisonnable et équilibrée des différents moyens en tenant compte des différents intérêts* ». Rhita Bousta opte ainsi pour une définition étroite de la notion de bonne administration qui permet de la distinguer des principes généraux de droit administratif auxquels elle est trop souvent ramenée. Elle en fait une notion indépendante, condition préalable pour en montrer ensuite l'utilité propre dans l'ordre juridique. Elle s'écarte des conceptions qui visent à fonder un droit subjectif à la bonne administration, tentatives, selon Rhita Bousta, à la fois illusoires et impuissantes à établir la notion de bonne administration sans la ramener à des droits préexistants. Cette critique courageuse s'adresse aussi aux auteurs de la Charte européenne.

La bonne administration se définit donc comme un devoir objectif de l'administration de se conformer à un standard de normalité qui, pour ne pas pouvoir être précisément défini, n'en offre pas moins au juge de l'administration un moyen d'étendre son contrôle ou d'en renouveler le fondement. Elle montre quel en serait l'apport dans certains domaines importants du droit public, tels que le droit de la responsabilité de la puissance publique et le contrôle de la légalité, notamment pour éclairer certaines orientations de la jurisprudence, lorsqu'il s'agit de contrôler la façon dont l'administration exerce son pouvoir d'appréciation.

Ainsi, la violation du devoir de bonne administration constituerait-elle un « méta-critère » de classification des cas de faute de service, à côté de la « mauvaise administration » dont elle n'est pas l'antonyme. L'adaptation équilibrée des moyens (bonne administration) contribuerait alors à la spécification de la faute de service par rapport à la définition d'origine civiliste centrée sur le manquement à une obligation préexistante. Sa reconnaissance expresse permettrait de rétablir la faute de service là où la responsabilité sans faute est parfois préférée par déférence à l'égard de l'administration. La notion de bonne administration renouvelle également le principe de légalité. Ainsi, la distinction entre la légalité dite « interne » et la légalité dite « externe » se trouve-t-elle relativisée par l'approche substantielle de la procédure et de la forme que permet la notion de bonne administration. Le contrôle de légalité pourrait de même repousser sa limite avec le contrôle d'opportunité en permettant au juge un contrôle substantiel du processus de prise de décision, dont les motifs sont l'expression. La pondération raisonnable des éléments pertinents, consubstantielle à la notion de bonne administration, serait alors soumise au contrôle de légalité.

La publication de cette thèse lui donnera le public qu'elle mérite, et sa lecture inspirera sans aucun doute d'autres jeunes chercheurs.

Gérard Marcou
Professeur à l'Université Paris 1 Panthéon-Sorbonne

AVANT-PROPOS

Est-il encore possible dire quelque chose d'une thèse dont on a été « rapporteur » et sur laquelle on a eu à s'exprimer, publiquement, dans le cadre d'une soutenance ? Oui, dès lors que l'*Essai sur la notion de bonne administration en droit public* qu'a écrit Mlle R. BOUSTA compte indéniablement parmi les travaux dont les chercheurs vont pouvoir tirer le plus grand profit.

Pour qui s'interroge sur ce qu'est une thèse réussie de droit public, l'ouvrage dont il est ici question prend place dans l'ensemble - dont chacun sait qu'il est modeste - des références vraiment utiles, tant sur le plan pratique que théorique, de ces dernières années. La démonstration de Mlle R. BOUSTA est portée par une écriture irréprochable. Si elle emprunte une forme d'un grand classicisme (2 parties divisées en 2 titres regroupant chacun 2 chapitres, etc.), c'est pour la mettre au service d'un questionnement inédit, renouvelant les perceptions courantes de la « bonne administration ». Ce n'est plus ici une façon de parler : de l'auteure on peut affirmer qu'elle soutient véritablement une thèse ! Construit sur le fondement d'investigations aussi amples que diversifiées, sollicitant tout à la fois les droits anglais, espagnol et français, comme le droit de l'Union européenne, l' *Essai sur la notion de bonne administration en droit public* organise, de l'intérieur, sa propre contestation, pour mieux avancer vers des conclusions originales. L'auteure s'emploie, avec une très rigoureuse méthode, à répondre par avance à d'éventuelles mises en doute.

Mais s'il vaut la peine de souligner ainsi les qualités du travail d'écriture et d'argumentation, c'est qu'elles soutiennent une relecture juridique fort stimulante de la notion de « bonne administration ». Certes, Mlle R. BOUSTA n'est pas la seule à s'être « attaquée » à cette affaire : elle fait d'ailleurs le plus grand cas de ces autres travaux, montrant pourquoi et en quoi ils lui laissent le champ libre. Elle prend, elle, le parti de tirer le sujet du côté de l'épistémologie juridique, s'efforçant de construire une notion de bonne administration, dont elle procède à une élaboration minutieuse et convaincante avant d'en écrire les effets dans l'ordre du droit. Dans une période où ce que l'on continue d'appeler le droit administratif - c'est encore plus vrai en France - est très vivement déstabilisé par des mouvements centrifuges, l'auteure nous donne à voir tout le travail juridique en cours pour une possible recomposition disciplinaire autour de la notion juridique de « bonne administration » qu'elle définit comme l'*adaptation équilibrée des moyens* que mobilise l'action publique. Mlle R. BOUSTA met un grand soin à construire le socle de cette « bonne administration » qu'elle fait apparaître dans le cours d'un travail très fouillé de confrontation avec toute une série de notions et autres métaphores voisines que partagent les droits des États membres de l'Union européenne comme celui de cette dernière : bonne gouvernance, bonne administration de la justice, qualité administrative, confiance légitime, etc.

La lecture de la thèse de Mlle R. BOUSTA - en ce qu'elle est une vraie thèse, elle ne peut évidemment manquer de s'offrir à un débat dans lequel elle intervient pleinement, ainsi que la soutenance n'avait d'ailleurs pas manqué de le montrer -

fait voir toute la différence théorique qu'il y a entre le constat habituel, et convenu, selon lequel tout droit administratif présuppose une représentation obligée de la « bonne administration », et le fait de démontrer, à partir de la lecture attentive des textes et de la jurisprudence, qu'il existe une notion juridique de « bonne administration » dont on peut identifier les composantes à partir d'une analyse comparée des droits applicables à la conduite de l'action publique dans les États membres de l'Union européenne. Certes, dira-t-on, entre les représentations et la notion il n'y a pas d'antagonismes (la notion ne se construit-elle pas à partir des données dont les représentations permettent la recherche ?). Mais les deux registres ne sont pas pour autant identifiables : la notion installe la « bonne administration » dans le champ de la juridicité et donne du même coup, ce qui n'est pas rien, des éléments d'appréciation décisifs pour la légitimité d'un droit administratif dont la contestation se poursuit de plus belle ! Loin de nous en écarter, la « bonne administration » nous permet ainsi de faire retour sur la question même du droit.

Cette leçon théorique là n'est pas mince ! Elle justifierait à elle seule la reconnaissance des mérites de la thèse qui l'énonce.

Jacques CAILLOSSE
Professeur à l'Université Paris II Panthéon - Assas

À la mémoire de mon père

SOMMAIRE

LISTE DES PRINCIPALES ABRÉVIATIONS

A.J.A.	*Actualidad juridica Aranzadi*
A.J.D.A.	Actualité juridique de droit administratif
C.D.F.	Charte des droits fondamentaux de l'Union européenne
C.D.P.	*Cuadernos de Derecho Público*
C.E.B.C.A.	Code européen de bonne conduite administrative
C.E.D.H.	Convention européenne des droits de l'Homme
C.J.C.E.	Cour de Justice des Communautés européennes
D.A.	*Derecho Administrativo*
D.P.	*Defensor del Pueblo*
E.D.C.E.	Etudes et documents du Conseil d'État
F.J.	Fondement juridique
G.E.R.F.I.P.	Groupement européen de recherche en finances publiques
H.M.S.O.	*Her Majesty's Stationary Office*
J.C.P.	Jurisclasseur périodique (Semaine juridique)
L.P.A.	Les Petites Affiches
L.R.J.P.A.C.	*Ley de Régimen Jurídico de las Administraciones Públicas y del Procedimiento Administrativo Común* (Loi relative au régime juridique des administrations publiques et de la procédure administrative de droit commun)
M.E.	Médiateur européen
M.R.F.	Médiateur de la République française
P.C.A.	*Parliamentary Commissioner for Administration*
P.H.S.O.	*Parliamentary and Health Service Ombudsman*
R.A.	Revue administrative
R.A.P.	*Revista de administración pública*
R.D.P.	Revue de droit public et de la science politique en France et à l'étranger
R.D.P.O.	*Revista de derecho político*
R.E.D.A.	*Revista española de derecho administrativo*
R.E.D.C.	*Revista española de derecho constitucional*
R.E.D.P.	Revue européenne de droit public
R.E.P.	*Revista de estudios políticos*
Rev.D.P.	*Revista de derecho público*
R.F.A.P.	Revue française d'administration publique
R.F.D.C.	Revue française de droit constitutionnel
R.I.D.C.	Revue internationale de droit comparé
R.I.S.A.	Revue internationale de sciences administratives
R.M.U.E.	Revue du Marché unique européen
R.T.D.E.	Revue trimestrielle de droit européen

R.V.A.P.	*Revista vasca de administración pública*
S.T.C.	Sentence du Tribunal constitutionnel espagnol
S.T.S.	Sentence du Tribunal suprême espagnol
T.C.S.C.	*Treasury and Civil Service Select Committee*

INTRODUCTION GÉNÉRALE

« Il n'y a de bonne administration que celle qui voit par ses yeux, qui se montre et qui parle. »
Alexandre-François Vivien, *Études administratives*, 3e éd., t.1, Paris, Librairie de Guillaumin et Cie, 1859.

1. Il est des « (...) *mots qui ont plus de valeur que de sens ; qui chantent plus qu'ils ne parlent ; qui demandent plus qu'ils ne répondent* (...) »[1]. Tel semble être le cas de la « bonne administration »[2]. Si la simple évocation de cette locution suscite intuitivement l'adhésion, la détermination de son sens laisse en revanche perplexe. Elle s'apparente, à première vue, à un « *idéal pluriel, subjectif et non spécifié* »[3]. Ce constat s'explique sans doute par la diversité de ses contextes d'apparition.

2. Imprégnant notre vie quotidienne, elle est instinctivement reliée aux débats économiques, politiques et sociaux portant non plus seulement sur l'existence même de services publics, mais sur la manière d'en assurer la prestation. La « bonne administration » prend alors place dans la complexification des administrations[4] remettant notamment en question la représentation bipolaire des sphères publique et privée[5].

3. Synthèse « *des analyses multidisciplinaires du phénomène administratif* »[6], la science administrative en a naturellement fait un objet d'étude. On constate ainsi

---

[1] Paul VALERY, *Regards sur le monde actuel et autres essais*, Paris, Gallimard, 34e éd., 1945, *Fluctuations sur la liberté,* (1re éd. : 1938), p.49. La citation doit être reproduite dans son intégralité : « *Liberté : c'est un de ces détestables mots qui ont plus de valeur que de sens ; qui chantent plus qu'ils ne parlent ; qui demandent plus qu'ils ne répondent, de ces mots qui font tous les métiers, et desquels la mémoire est barbouillée de Théologie, de Métaphysique, de Morale et de Politique ; mots très bons pour la controverse, la dialectique, l'éloquence ; aussi propres aux analyses illusoires et aux subtilités infinies qu'aux fins de phrases qui déchaînent le tonnerre* ».

[2] La citation de Paul Valéry, qui vise les « *mots* », peut s'étendre aux expressions. Par ailleurs, nous emploierons cette expression entre guillemets en raison de son indétermination. En revanche, les guillemets seront supprimés lorsque nous désignerons la *notion* de bonne administration.

[3] Étienne PICARD, « La notion de citoyenneté », *in* Yves MICHAUD (dir.), *Qu'est-ce que la société ?*, vol.3, Paris, Odile Jacob, 2000, p.714. L'analyse critique de l'auteur à propos de la vacuité de la notion de citoyenneté peut s'appliquer à la « bonne administration ».

[4] Sur les transformations de l'identité même du droit administratif (internationalisation, complexification, bouleversement économique et fonction sociale), v. notamment : Jacques CAILLOSSE, *La constitution imaginaire de l'administration. Recherches sur la politique du droit administratif*, Paris, P.U.F., coll. Les voies du droit, 2008, spéc. p.396-401. Pour une référence étrangère, v. notamment : Luciano PAREJO ALFONSO, *Crisis y renovación en el derecho público*, Madrid, Centro de estudios constitucionales, coll. Cuadernos y debates, n°30, 1991, p.15.

[5] Nous reviendrons sur ce point par la suite. À titre liminaire, il peut être notamment renvoyé à : Jacques CAILLOSSE, Jacques HARDY, *Droit et modernisation administrative*, Paris, La documentation française, coll. Perspectives, 2000, spéc. p.31-45.

[6] Jean-Paul COSTA, « Un couple mal connu : science administrative et état de droit », *in L'État de droit. Mélanges en l'honneur de Guy Braibant*, Paris, Dalloz, 1996, p.122.

que la « bonne administration » s'insère volontiers dans la description et l'explication des « *opinions* [et] *attitudes des hommes qui composent la machine bureaucratique ou qui ont affaire à elle* »[7]. On la retrouve implicitement, à la moitié du XIXème siècle, dans la description d'une administration « *lente, embarrassée, chargée de complications,* [qui] *défend les intérêts de l'État, mais à grand frais* ; (...) *sert les citoyens, mais au prix d'une longue attente* ; (...) *atteint son but, mais à travers mille obstacles* »[8]. De nos jours, certaines études de science administrative révèlent une administration dite « irréformable » de prétendus « citoyens » réduits à de simples administrés. L'échec relatif des diverses tentatives de réformes administratives, imputé au phénomène psychique de dégradation de l'autorité, est fréquemment évoqué, parfois avec ironie[9]. Les analyses et les enquêtes de terrain mettent régulièrement en exergue certains aspects de l'administration rattachés aux idées de « bonne administration » et de « mauvaise administration »[10]. Une abondante littérature est ainsi disponible sur ce thème[11].

4. L'expression « bonne administration » est aussi fréquemment associée à la déontologie. Désignant l'étude de ce qui est convenable, celle-ci est communément entendue comme la « *science des devoirs professionnels* »[12]. Empruntant parfois les formes du droit[13], elle trouve néanmoins sa source première dans la morale[14]. Aussi

---

[7] Bernard GOURNAY, *Introduction à la science administrative. Les administrations publiques dans les sociétés contemporaines*, Librairie Armand Colin, Cahiers de la fondation nationale des sciences politiques, n°139, 1966, p.7.

[8] Alexandre-François VIVIEN, *Études administratives*, 3e éd., t.1, Paris, Librairie de Guillaumin et Cie, 1859, p.343.

[9] Pierre MILLOZ, *Le mal administratif. La fonction publique est-elle ingouvernable ?*, Paris, Dunod, coll. Bordas, 1987, 226p ; Lucile PROVOST, « L'État immobile », *Esprit*, mars-avril 1999, n°251, p.183-188 : l'auteur souligne la vacuité du concept de réforme de l'État ainsi que le décalage entre les discours et la pratique. Dans le même esprit : Alejandro NIETO, *La « nueva » organización del desgobierno*, 3e éd., Barcelone, Ariel, 1996, 2003, 240p : l'auteur construit la notion de « *desgobierno* » qui recouvre à la fois le mauvais gouvernement (« *malgobierno* ») et l'intention frauduleuse de dirigeants corrompus ; le même auteur dédie une étude similaire à l'administration de la justice : Alejandro NIETO, *El desgobierno judicial*, Madrid, Trotta, coll. Estructuras y procesos, série Derecho, 2004, 293p.

[10] Vincent DUBOIS, *La vie au guichet. Relation administrative et traitement de la misère*, Paris, Économica, coll. Études politiques, 1999, 208p : étude sociologique regroupant notamment des enquêtes de terrain dans les caisses d'allocations familiales ; Philippe WARIN, *Les dépanneurs de justice. Les « petits fonctionnaires » entre qualité et équité*, L.G.D.J., coll. Droit et société, n°33, 2002, 134p : cet ouvrage comprend des commentaires de statistiques et appréhende l'équité sous l'angle de la « *maladministration* ».

[11] V. notamment, outre les contributions précitées : Bénédicte DELAUNAY, *L'amélioration des rapports entre l'administration et les administrés. Contribution à l'étude des réformes administratives entreprises depuis 1945*, Paris, L.G.D.J., coll. Bibliothèque de droit public, t.172, 1993, 1003p.

[12] Bernard BEIGNIER, « Déontologie », *in* Denis ALLAND, Stéphane RIALS (dir.), *Dictionnaire de la culture juridique*, Paris, P.U.F., coll. Quadrige, série Dicos poche, 2003, p.361.

[13] Jacques CAILLOSSE, « La "conscience professionnelle" de l'agent public entre rappels à l'ordre statutaire et exigences manageriales ? », *R.A.*, juillet 2003, vol.56, n°334, p.350-361. Cet auteur ne manque pas de souligner l'interaction entre les diverses disciplines, notamment la déontologie, le management et le droit, l'état du droit pouvant favoriser ou au contraire décourager l'engagement professionnel.

[14] Sur la morale, v. *infra*, n°32 et s. Nous pouvons dès à présent signaler que l'existence éventuelle de certaines sanctions juridiques ne suffit pas à inclure la déontologie dans le domaine du droit : Bernard BEIGNIER, *art.cit.*, p.362 ; selon Bentham, « *la ligne qui sépare le domaine du législateur de celui du Déontologiste est suffisamment distincte et visible* » : Jérémie BENTHAM, *Déontologie ou science de la morale*, [trad. Benjamin LAROCHE], Paris, Charpentier, 1834, p.36.

les travaux s'y référant mettent-ils en avant certaines « *valeurs morales* »[15], telles que la loyauté ou encore l'intégrité des administrateurs.

La « bonne administration » est également rattachée au thème général de l'éthique du service public et de la fonction publique. Confondue parfois avec la morale[16], l'éthique renvoie à un discours ayant notamment pour objet, lorsqu'elle est associée à la « bonne administration », la gestion transparente des fonds publics et le bon traitement des administrés[17].

5. Cette locution s'invite donc dans de nombreux domaines. Pourtant, c'est avec circonspection qu'elle est accueillie en droit[18]. Malgré l'interaction entre les domaines précités et le domaine juridique[19], la « bonne administration » semble difficilement s'insérer dans un « *ordre de contrainte, un système de normes prescrivant ou permettant des actes de contraintes sous la forme de sanctions socialement organisées* »[20]. Il est en effet frappant de constater l'hésitation fréquente à admettre l'existence d'une notion juridique de bonne administration[21] en dépit de l'existence de principe(s) de bonne administration et d'un « *droit à une bonne administration* »[22]. Alors même que ses occurrences et ses manifestations dans le domaine du droit peuvent difficilement être niées, les dictionnaires juridiques français n'y font pas mention.

Ce constat accuse un paradoxe intrigant : comment expliquer que la « bonne administration » soit si peu familière des juristes français alors qu'elle est au cœur même des relations entre les administrés et l'administration, et, plus largement, du droit public ? À cette question, il est souvent rétorqué que l'adjectif « bon » ne relève pas du domaine juridique.

---

[15] Jean-Pierre DIDIER, *La déontologie de l'administration*, Paris, P.U.F., coll. Que sais-je ?, 1999, spéc. p.4 ; v. également : François BARQUE, *La sincérité de l'action publique. Son contrôle par les juges constitutionnel et administratif*, Thèse droit public, Université de Grenoble II, 2007, 583p.

[16] Julie LASSALLE, *Le principe de bonne administration en droit communautaire*, Thèse droit public, Université de Paris II, 2008, p.577, note n°103 ; p.585-590.

[17] Jean MOUSSÉ, « Le chemin de l'éthique », *Revue française de gestion*, mars-mai 1992, n°88, p.60-66 ; Jean-Gustave PADIOLEAU, « L'éthique est-elle un outil de gestion ? », *Revue française de gestion*, juin-août 1989, n°74, p.82-91 ; Philippe WARIN, *op.cit.*

[18] Ce terme générique comprend la doctrine juridique, la science juridique et le droit positif. Nous reviendrons sur les conditions d'existence des notions juridiques dans cette introduction générale.

[19] Jacques CHEVALLIER, *Science administrative*, 3e éd., Paris, P.U.F., coll. Thémis, série Science politique, 2002, 633p ; « Doctrine juridique et science juridique », *Droit et société*, 2002, n°50, spéc. p.114 : l'auteur rappelle le rôle de la sociologie, de la philosophie et de la théorie du droit dans les études juridiques. Sur la question spécifique de l'interdépendance entre rationalités juridique et managériale : Jacques CHEVALLIER, Danièle LOSCHAK, « Rationalité juridique et rationalité managériale dans l'administration française », *R.F.A.P.*, octobre-décembre 1982, n°24, p.53-94 ; Jacques CAILLOSSE, *La constitution imaginaire de l'administration*, *op.cit.*, Paris, P.U.F., coll. Les voies du droit, 2008, spéc. p.271-321 ; « Le droit administratif contre la performance publique ? », *A.J.D.A.*, 20 mars 1999, n°3, p.203-211 ; « Quel Droit administratif enseigner aujourd'hui ? », *R.A.*, septembre-octobre 2002, vol.55, n°329, spéc. p.466-472 ; Jacques CAILLOSSE, Jacques HARDY, *op.cit.*, p.19-30.

[20] Hans KELSEN, *Théorie pure du droit. Introduction à la science du droit*, [trad. Henri THÉVENAZ], Neuchâtel, La Baconnière, coll. Être et Penser, Cahiers de philosophie, n°37, 1953, p.61-62. Cette vision normativiste du droit sera par la suite nuancée, mais cette définition générique peut être évoquée à titre introductif. Sur cette vision du droit, v. également : Otto PFERSMANN, *in* Louis FAVOREU, Patrick GAÏA, Richard GHEVONTIAN (et al.), *Droit des libertés fondamentales*, 4e éd., Paris, Dalloz, coll. Précis, série Droit public-science politique, 2007, n°84.

[21] Sur la distinction entre principe et notion, v. *infra*, n°27 et s.

[22] V. *infra*, n°61, 146 et s.

6. Cet *a priori* peut être aisément dépassé. On ne peut en effet que relever la présence de cet adjectif dans de nombreuses notions et normes juridiques. À titre d'exemple, l'expression « *bon père de famille* »[23] fait bien l'objet d'une des dispositions les plus usitées de notre Code civil. Les notions de « *bonne foi* »[24], voire de « *bon comportement* »[25] font également partie du vocable du droit.

Les réserves à l'égard de la « bonne administration » concerneraient-elles alors plus spécifiquement l'apposition de l'adjectif « bon », présent dans d'autres notions juridiques, à l'Administration publique et à son contrôle ? Cette position repose sur des assises fragiles. Dès le début du XXème siècle, le Doyen Hauriou affirmait en effet que le juge administratif était « *chargé d'assurer la bonne administration* »[26].

Un problème se pose alors nécessairement : peut-on affirmer sans équivoque l'existence d'une notion juridique de bonne administration ? Dans l'affirmative, quel est son contenu ? Si on parvient à le délimiter, la notion ainsi construite est-elle d'un réel apport au droit public ?

7. Ces questions ne semblent pas avoir reçu de réponses précises. Il paraît alors à la fois nécessaire et intéressant de tenter d'en proposer (**§1**). Pour ce faire, le cadre de cette thèse doit être précisé à double titre : quant à son objet (**§2**) et quant à ses instruments (**§3**).

---

[23] Expression figurant notamment aux articles 1137, 1880 et 1962 du Code civil français, elle désigne le « *type de l'homme normalement prudent, soigneux et diligent* », la « *directive traditionnelle comparable à celle de personne raisonnable* » : Gérard CORNU, *Vocabulaire juridique*, 8e éd., Paris, P.U.F., coll. Quadrige, série Dicos poche, 2007, p.120. Sur le lien et la distinction entre « bon père de famille » et « bonne administration », v. *infra*, n°719 et s.

[24] La bonne foi désigne « *le comportement loyal que requiert notamment l'exécution d'une obligation* » ou « *l'absence de mauvaise volonté* » : Gérard CORNU, *op.cit.*, 5e éd., Paris, P.U.F., 1996, p.104. Sur le lien et la distinction entre les notions de bonne foi et de bonne administration, v. *infra*, n°522 et s.

[25] Cette locution est consacrée par les dictionnaires juridiques anglo-saxons sous l'expression « *good behaviour* ». Elle désigne le « *comportement digne d'un citoyen paisible et respectueux du droit* » (« *behaviour such as is proper for a peacable and law-abiding citizen* ») : Henry CAMPBELL BLACK (dir.), *Black's Law Dictionary*, 6e éd., St Paul (Minn.), West Publishing, 1990, p.692.

[26] Maurice HAURIOU, note sous C.E., 29 mars 1901, *Sieurs Casanova, Canazzi et autres*, rec.333 ; S.1901, III, p.73. Nous développerons tout au long de cette étude l'analyse du Doyen. Tout au moins, pouvons-nous préciser, à titre liminaire, que la « bonne administration » s'insère dans la théorie de l'Institution et de la moralité administrative présentées comme une alternative à la conception rigide de la légalité. Elle serait ainsi à l'origine du détournement de pouvoir. V. notamment : *infra*, n°100 et s.

§1. Intérêt de l'étude

8. La « bonne administration » est restée en marge des réflexions juridiques. En dépit de sa différenciation avec la bonne administration *de la justice*[27], son assimilation à cette dernière est très fréquente dans les esprits. Les rares travaux ayant spécifiquement pour objet la « bonne administration » datent pour la plupart du XXIème siècle.

9. La majorité de ces études concerne le principe communautaire de bonne administration[28]. Comme le souligne Monsieur Simon, « *la notion de bonne administration a très peu retenu l'attention* »[29]. À cet égard, il est dès à présent nécessaire de distinguer clairement les principes des notions juridiques[30]. Alors que les premiers, qui doivent être conciliés entre eux, donnent lieu à un ensemble de règles d'application concrète, les secondes sont élaborées souvent de manière inductive et ont vocation à conférer une cohérence aux éléments de l'ordre juridique, tels que les principes. En d'autres termes, les notions sont plus abstraites que les principes juridiques, qui peuvent s'y rattacher.

10. En raison de cette différence de nature, les contributions portant exclusivement sur le(s) *principe*(s) de bonne administration ne sauraient résoudre à elles seules le problème de l'indétermination de la *notion* de bonne administration, qui n'est donc pas solutionné. La focalisation de la doctrine sur le(s) principe(s) communautaire(s) de bonne administration (**B**) semble ainsi témoigner d'un renoncement, parfois explicite, à conférer une signification précise à la « bonne administration » alors même que celle-ci paraît nécessaire (**A**).

---

[27] Sur ce point, v. *infra*, n°488 et s. ; conclusion générale, n°1028. On peut déjà mentionner la décision de principe du Conseil constitutionnel, 23 janvier 1987, *Loi transférant à la juridiction judiciaire le contentieux des décisions du Conseil de la concurrence*, n°86-224 DC, cst.16. En droit administratif, le principe est ainsi formulé : « *s'il prononce l'annulation d'une décision d'une juridiction administrative statuant en dernier ressort, le Conseil d'État peut (...) régler l'affaire au fond si l'intérêt d'une bonne administration de la justice le justifie* » : art.L. 821-2 du code de justice administrative ; pour des applications jurisprudentielles récentes, v. notamment : C.E., 5e sous-sect., 4 juin 2008, *Société Omnium de gestion immobilière*, [non publié], req. n°308334 ; C.E., 5e sous-sect., 30 mai 2008, *Ministre de l'Intérieur c/ société immobilière 3F S.A.*, [non publié] req. n°301541.

[28] V. notamment : Loïc AZOULAI, « Le principe de bonne administration », *in* Jean-Bernard AUBY, Jacqueline DUTHEIL DE LA ROCHÈRE (dir.), *Droit administratif européen*, Bruxelles, Bruylant, 2007, p.493-518 ; Denys SIMON, « Le principe de "bonne administration" ou la "bonne gouvernance" concrète », *in Le droit de l'Union européenne en principes. Liber amicorum en l'honneur de Jean Raux*, Rennes, Apogée, 2006, p.155-176 ; Martin MANKOU, « Du principe de bonne administration au droit à la bonne administration : contribution à une problématique de la bonne administration en droit communautaire », *Cahiers de l'Institut de recherche européenne de droit économique*, *Contributions de droit européen*, Presses de l'Université des sciences sociales de Toulouse, 2002, vol.2, p.5-46 ; Juli PONCE SOLÉ, *Deber de una buena administración y derecho al procedimiento administrativo y del ejercicio de la discrecionalidad*, Valladolid, Lex Nova, coll. Derecho público, 2001, 862p.

[29] Denys SIMON, *art.cit.*, p.155.

[30] Nous reviendrons sur cette distinction par la suite : v. *infra*, n°26 et s.

A. La nécessité d'une définition de la « bonne administration »

11. La « bonne administration » est souvent évoquée, mais rarement définie. Au regard des multiples principes de bonne administration, ce constat est intrigant. Afin de rendre compte dès à présent de la dilution du sens de cette notion, une référence à la jurisprudence communautaire paraît utile. En effet, celle-ci adjoint à la « bonne administration » un nombre indéfini de principes tels que la participation[31], le respect de la santé publique[32], la bonne organisation des concours[33], la transparence de la procédure[34] ou encore le délai raisonnable[35]. De surcroît, son statut semble incertain. Elle est tantôt qualifiée d' « *exigence* »[36], de « *principe* »[37], de « *règle* »[38], d' « *obligation* »[39] ou encore de « *devoir* »[40].

12. Lorsque la question de son sens n'est pas passée sous silence, la « bonne administration » est alors souvent considérée comme indéfinissable. Selon une idée fort répandue, elle pourrait « *servir la thèse d'un auteur et l'antithèse de son contradicteur dans la mesure où son contenu et sa consistance sont suffisamment lâches pour englober les significations que chacun lui attribue* »[41]. On constate de façon unanime qu'elle possède « *une signification imprécise, des contours mouvants et une valeur juridique incertaine* »[42]. La notion de bonne administration est alors envisagée exclusivement à travers ses diverses expressions.

Elle implique « *une conscience, une diligence, une compétence, une discipline professionnelles ; elle requiert intelligence, pertinence, cohérence et rationalité dans la prise de décision ; elle révèle un administrateur normal, convenable, raisonnable ; elle vise l'efficacité, la marche régulière, la marche continue, la bonne marche, le bon fonctionnement, le bon ordre* »[43]. L'hétérogénéité des

---

[31] T.P.I.C.E., 2e ch., 21 octobre 2003, *Solvay Pharmaceuticals B.V. c/ Conseil*, aff. T-392/02, rec.2003, p.II-4555, pt.186.

[32] C.J.C.E., 3e ch., 12 juillet 2005, *C.E.V.A. Santé Animale S.A. et autres c/ Commission,* aff. C-198/03 P, rec.2005, p.I-6357, pt.85-94. La Cour ne cite pas expressément le principe.

[33] T.P.I.C.E., 4e ch., 13 juillet 2005, *Carlo Scano c/ Commission*, aff. T-5/04, rec.2005, p.II-931, pt.62.

[34] T.P.I.C.E., 4e ch., 4 mai 2005, *João Andrade Sena c/ Agence européenne de la sécurité aérienne*, aff. T-30/04, rec.2005, p.II-519. Le Tribunal sépare clairement les principes de confiance légitime, de sécurité juridique et de bonne administration : T.P.I.C.E., 4e ch., 29 septembre 1999, *Sociedade Nacional de Segurança Lda c/ Commission*, aff. T-126/97, rec.1999, p.II-2793.

[35] T.P.I.C.E., 5e ch., 10 juin 2004, *Jean-Paul François c/ Commission,* aff. T-307/01, rec.2004, p.II-1669, pt.47.

[36] C.J.C.E., 5e ch., 30 mars 2000, *V.B.A. et V.G.B. e.a.t. c/ Commission*, aff. C-266/97 P, rec.2000, p.I-2135, pt.71. L' « *exigence d'une bonne administration* » a été classée dans la catégorie des exigences « *nécessaires à la vie administrative* » : Benoît JEANNEAU, *Les principes généraux du droit dans la jurisprudence administrative*, Paris, Recueil Sirey, 1954, p.6.

[37] Pour un exemple doctrinal contemporain des écrits de Hauriou : Henri WELTER, *Le contrôle juridictionnel de la moralité administrative*, Paris, Recueil Sirey, 1929, p.133.

[38] C.J.C.E., 11 février 1955, *Industrie Siderurgiche Associate c/ Haute Autorité de la Communauté européenne du charbon et de l'acier*, aff. C-4/54, rec.1955, p.177.

[39] T.P.I.C.E., 4e ch., 6 juillet 2000, *Volkswagen c/Commission*, aff. T-62/98, rec.2000, p.II-2707, pt.281.

[40] T.P.I.C.E., 4e ch., 10 mai 2000, *S.I.C. c/Commission,* aff. T-46/97, rec.2000, p.II-2125, pt.45 ; obs. J.-Y. CHÉROT, *Europe*, juillet 2000, n°221 ; Juli PONCE SOLÉ, *op.cit.*

[41] Caroline VAYROU, *Management public et droit administratif. Essai sur la juridicité des concepts managériaux*, Thèse droit public, Université de Paris II, 2000, p.144.

[42] Denys SIMON, *art.cit.*, p.156.

[43] Caroline VAYROU, *op.cit.*, p.143.

manifestations juridiques et méta-juridiques de cette notion rendrait vaine toute recherche de sa consistance[44]. La flexibilité de la « bonne administration » invite en effet, *a priori*, à l'envisager comme un standard indéfini du droit public[45].

Si cette qualification de « standard » peut être admise[46], elle n'empêche toutefois pas l'existence d'une notion juridique définie. La multiplicité des manifestations intuitivement rattachées à la « bonne administration » n'est en effet pas un obstacle dirimant à la recherche de sa consistance. Elle lui confère au contraire tout son intérêt.

13. La nécessité des définitions juridiques a d'ailleurs été mise en valeur depuis longtemps[47]. La construction juridique « *simplifie, donc schématise pour permettre de juger mieux, de voir plus juste* (…) »[48]. La doctrine se doit ainsi « *d'analyser et de synthétiser le réel* », puis « *de le rendre intelligible en dégageant des notions, conceptuelles ou non, qui le mettent en forme cohérente* »[49]. La négation de cette démarche conceptuelle reviendrait en outre à nier l'existence même du droit[50], car celui-ci vise l'ordre, que les notions contribuent à garantir. En d'autres termes, le droit ne saurait remplir cette fonction sans un certain degré d'abstraction et de généralité[51]. Par ailleurs, toute construction doctrinale nécessite une réflexion théorique sur les critères mêmes de la juridicité. Cette remarque s'applique tout particulièrement à cette recherche. La notion de bonne administration s'insère en effet dans une réflexion plus large sur les critères de la normativité juridique[52].

14. Cet effort de définition et de mise en cohérence ne possède pas qu'un intérêt théorique ; la « bonne administration » fait l'objet de dispositions juridiques dont

---

[44] Pour exemple : A.J. CALLAGHAN, « Maladministration », *The Ombudsman Journal*, 1988, n°7, p.31.

[45] Stéphane RIALS, *Le juge administratif français et la technique du standard. Essai sur le traitement juridictionnel de l'idée de normalité*, Paris, L.G.D.J., coll. Bibliothèque de droit public, t.135, 1980, 564p.

[46] V. *infra*, n°621 et s.

[47] V. notamment : Roger BONNARD, « La conception juridique de l'État », *R.D.P.*, 1922, n°39, p.6. L'auteur souligne le double apport logique et systématique des concepts et des notions comme éléments fondamentaux de la déduction logique. Il faut ici renvoyer, en outre, au fameux débat entre Rivero et Chenot : Jean RIVERO, « Apologie pour les "faiseurs de système" », *Recueil Dalloz*, chron., 1951, p.23-102. Pour une adhésion à la position de Jean Rivero, v. notamment : Marcel WALINE, « Empirisme et conceptualisme dans la méthode juridique : faut-il tuer les catégories juridiques ? », *in Mélanges en l'honneur de Jean Dabin*, t.1 : *Théorie générale du droit*, Paris, Sirey, 1963, p.359-371. Sur la « *nécessité d'un système conceptuel en droit administratif* » : Théodore FORTSAKIS, *Conceptualisme et empirisme en droit administratif français*, Paris, L.G.D.J., coll. Bibliothèque de droit public, t.152, 1987, p.246 et s. L'auteur invoque les arguments de sécurité juridique, de sauvegarde des libertés publiques et d'existence même d'un droit administratif autonome et cohérent. Sur ce point, v. également : Gérard TIMSIT, « Les concepts de l'administration publique et la langue française », *in Droit public. Etudes en l'honneur de Georges Dupuis*, Paris, L.G.D.J., 1997, p.289-299. De même, M. Parejo Alfonso regrette le manque de théorisation, en droit public, des notions d'efficacité et d'efficience : Luciano PAREJO ALFONSO, *op.cit.*, p.13-14.

[48] Jean DECLAREUIL, « Quelques remarques sur la théorie de l' "institution" et le caractère institutionnel de la Monarchie capétienne », *in Mélanges Maurice Hauriou*, Paris, Recueil Sirey, 1929, p.161-162.

[49] Pour les deux citations : Étienne PICARD, *La notion de police administrative*, Paris, L.G.D.J., coll. Bibliothèque de droit public, t.146, 1984, p.49.

[50] Théodore FORTSAKIS, *op.cit.*, p.232-237.

[51] Jacques CHEVALLIER, *art.cit.*, p.109.

[52] Nous reviendrons sur ce point par la suite : v. spéc. *infra*, n°979 et s.

les effets pratiques doivent pouvoir être connus de tous[53]. À titre d'exemple, l'article 41 de la Charte des droits fondamentaux de l'Union européenne prévoit un « *droit à une bonne administration* »[54]. Celui-ci désigne notamment le « *droit de voir ses affaires traitées impartialement, équitablement et dans un délai raisonnable par les institutions et organes de l'Union* ». Cet article retranscrit de manière non exhaustive une série de principes et de droits issus de la jurisprudence communautaire, tels que le droit au contradictoire ou encore le droit d'accès au dossier[55]. Préexistants à cette Charte, ces droits ne semblent pas présenter de lien substantiel entre eux et sont parfois reliés à l'idée de « bonne administration » de manière hâtive. Or, les exigences de clarté et d'accessibilité du droit commandent de préciser les droits prétendument possédés par les administrés. Plus généralement, le langage juridique doit avoir un sens afin d'être communicable et de déployer ses effets normatifs[56].

15. Ce constat montre l'intérêt à la fois théorique et pratique des constructions doctrinales. Pouvant à la fois désigner une opinion sur le droit, la totalité de ces opinions ou l'ensemble des travaux des auteurs[57], le travail doctrinal nécessite en tous les cas une distanciation critique par rapport à l'objet d'étude. En attestant du devoir-être, la doctrine produit des valeurs dont la science juridique est le reflet[58]. Madame Deguergue a notamment mis en exergue son influence, certes réciproque, sur la jurisprudence[59]. Monsieur Chevallier insiste également sur sa participation au processus de production du droit[60].

Cette vision n'est certes pas unanimement partagée. La doctrine se voit ainsi parfois réduite à une description, voire à une interprétation (acte de connaissance) qui, contrairement à l' « *interprétation authentique* »[61] des organes habilités (acte

---

[53] « *C'est donc la practicabilité des règles en vue de leur application par leurs destinataires que vise la conceptualisation de celles-ci par la doctrine et non plus leur vérité historique, comme au stade primitif de l'abstraction et de la généralisation* » : Maryse DEGUERGUE, *Jurisprudence et doctrine dans l'élaboration du droit de la responsabilité administrative*, Paris, L.G.D.J., coll. Bibliothèque de droit public, t.171, 1994, p.615.

[54] Art. 41 de la Charte des droits fondamentaux de l'Union européenne, 18 décembre 2000, J.O.C.E., n°C364, p.1-22 ; J.O.U.E., 14 décembre 2007, n°C303, p.1.

[55] Il faut aussi mentionner le droit à réparation et le droit de s'adresser et de recevoir des réponses dans une langue des traités choisie par l'administré.

[56] Étienne PICARD, *in* Jean DU BOIS DE GAUDUSSON (dir.), *Le devenir du droit comparé en France*, Actes de la journée d'études du 23 juin 2004 à l'Institut de France, Aix-Marseille, P.U.A.M., 2005, p.48.

[57] Jacques CHEVALLIER, *art.cit.*, p.104.

[58] On observerait alors un développement des préoccupations relatives à la science juridique au détriment de la doctrine juridique : Étienne PICARD, « "Science du droit" ou "doctrine juridique" », *in L'unité du Droit. Mélanges Drago*, Paris, Économica, 1996, p.170.

[59] Maryse DEGUERGUE, *Jurisprudence et doctrine dans l'élaboration du droit de la responsabilité administrative*, Paris, L.G.D.J., coll. Bibliothèque de droit public, t.171, 1994, 884p. Cette influence vaut d'autant s'agissant de la conceptualisation qui met également en lumière la complémentarité et les domaines respectifs du juge et de la doctrine : *op.cit.*, p.615 et s. Sur la confrontation fructueuse entre le juge et la doctrine : *op.cit.*, p.721-761.

[60] Jacques CHEVALLIER, *art.cit.*, p.106. Néanmoins, contrairement au professeur Picard, le professeur Chevallier observe une « *hypertrophie* » de la fonction doctrinale.

[61] Hans KELSEN, *op.cit.*, p.141. L'auteur semble assimiler la doctrine à la science juridiques qui décrit « *des normes et les relations sociales qu'elles établissent* » : *op.cit.*, p.25. La science juridique porte sur la validité d'une norme, l'acte et sa signification ainsi que sur le système de normes ; Otto PFERSMANN, *in* Louis FAVOREU, Patrick GAÏA, Richard GHEVONTIAN (et al.), *Droit constitutionnel*, 11e éd., Paris, Dalloz, coll. Précis, série Droit public-science politique, 2008, p.55.

de volonté), n'aurait aucune incidence sur l'ordre juridique. Néanmoins, cette dernière approche n'exclut pas que l'interprétation « *authentique* », alors seule à comporter des effets normatifs, puisse se fonder sur une interprétation doctrinale[62]. Ainsi, de manière directe ou indirecte, les constructions doctrinales ont bien des incidences sur le système juridique et présentent en ce sens un intérêt certain.

16. La définition de la « bonne administration » est donc loin d'être un pur « exercice de style ». Afin d'éviter toute forme de dogme, l'approche choisie ne doit pas ignorer la réalité plurielle qui accompagne cette notion. « *Au service de la réalité sociale, le droit ne peut accomplir convenablement sa tâche qu'en s'interdisant, en toute circonstance, de la méconnaître, fût-ce sous ses aspects les plus inattendus* »[63]. L'hétérogénéité des emplois de la « bonne administration » ne saurait ainsi être perpétuellement réduite à un instrument de démonstration de sa prétendue flexibilité intrinsèque.

17. La recherche de la consistance de la notion de bonne administration s'avère donc nécessaire. Néanmoins, le constat unanime de son actuelle indétermination semble avoir conduit la majeure partie de la doctrine à centrer son attention sur le(s) principe(s) de bonne administration. En raison de l'emploi fréquent et exprès de ce(s) principe(s) en droit communautaire, cet ordre juridique constitue le champ de recherche de la majorité des études existantes.

B. La focalisation de la majeure partie de la doctrine sur le(s) principe(s) communautaire(s) de bonne administration

18. Ainsi que nous l'avons précédemment souligné, la majorité des travaux concernés porte sur le(s) principe(s) communautaire(s) de bonne administration. Deux thèses récentes illustrent ce constat.

19. La thèse de Madame Lassalle porte ainsi exclusivement sur le principe communautaire de bonne administration[64]. L'auteur nous livre des informations précises quant aux manifestations du principe dans cet ordre juridique. Elle décrit également ses applications, notamment à l'égard des administrés[65]. On pourrait alors résumer son optique autour de deux axes majeurs.

En premier lieu, l'étude concerne le principe communautaire de bonne administration tel que consacré par la jurisprudence communautaire et, plus généralement, par le droit positif de cet ordre juridique. Les administrations nationales des États membres, dans leur application du droit communautaire, sont

---

[62] Otto PFERSMANN, *in* Louis FAVOREU, Patrick GAÏA, Richard GHEVONTIAN (et al.), *Droit constitutionnel*, *op.cit.*, p.92-93.

[63] Roger LATOURNERIE, « Sur un lazare juridique. Bulletin de santé de la notion de service public. Agonie ? Convalescence ? Ou jouvence ? », *E.D.C.E.*, 1960, n°14, p.97. L'auteur ne manque cependant pas de rappeler que l'architecte d'une notion doit prendre suffisamment de distance avec cette réalité.

[64] Julie LASSALLE, *op.cit.*

[65] Julie LASSALLE, *op.cit.*, p.387-558.

exclues du champ de la recherche[66]. Sans pour autant nier l'interdépendance des ordres juridiques internes et communautaire[67], l'auteur affirme que « *la conception retenue du principe de bonne administration est un bon exemple de la singularité de l'ordre juridique communautaire et de son indépendance par rapport aux solutions choisies dans d'autres systèmes* »[68]. Le terme « *indépendance* » pourrait paraître excessif, notamment au vu de l'importance des administrations nationales dans la création et la consolidation d'un droit administratif européen. L'auteur ne manque d'ailleurs pas elle-même de souligner, quelques lignes plus loin, que « *le principe de bonne administration n'est pas une création du droit communautaire* »[69]. Au-delà de cette remarque, une étude exclusivement centrée sur le droit communautaire est nécessaire au vu de la multiplicité de ses occurrences dans cet ordre juridique.

En second lieu, cette thèse vise à « *décrire le principe de bonne administration, tel qu'il se présente dans l'Union européenne* (...) »[70]. Il s'agit donc en substance d'une étude approfondie des occurrences du principe de bonne administration en droit communautaire. Or, celles-ci sont particulièrement éparses. Le principe de bonne administration est alors envisagé à travers cette hétérogénéité. À ce titre, l'auteur dégage, d'une part, un principe général de bonne administration constitué de règles diverses et, d'autre part, de nouvelles règles nées de ce principe[71]. Aucune définition autonome de la « bonne administration » ne se dégagerait donc de cet ordre juridique[72]. Rappelant ce constat en introduction[73], l'auteur affirme en conclusion que « *ces marques de bonne administration sont nécessairement indéterminées et indéterminables, même après une analyse approfondie* »[74]. Sans se réduire à un simple constat, cette flexibilité est justifiée par l'existence d'un principe « *intrinsèquement indéterminé* »[75]. La définition de la « bonne administration » ne serait pas souhaitable dans la mesure où elle condamnerait la nécessaire adaptation du principe de bonne administration qui, à l'instar d'autres principes généraux du droit, aurait pour principal intérêt de s'ajuster aux situations nouvelles[76].

---

[66] Julie LASSALLE, *op.cit.*, p.27-28. L'auteur exclut également l'administration communautaire dans son pouvoir normatif : *op.cit.*, p.76. Ce pouvoir nous semble au contraire être un objet important de la bonne administration : v. spéc. *infra,* n°375 et s.

[67] V. notamment : Julie LASSALLE, *op.cit.*, p.101-115 ; p.155-159.

[68] Julie LASSALLE, *op.cit.*, p.27.

[69] Julie LASSALLE, *op.cit.*, p.101. Sur « *l'inspiration nationale du principe communautaire de bonne administration* » : p.85-93. L'auteur procède à une énumération des États ayant consacré explicitement des principes de bonne administration et ceux qui les consacrent implicitement. Néanmoins, elle ne met pas à disposition du lecteur une définition de la bonne administration qui permettrait de repérer ces usages implicites.

[70] Julie LASSALLE, *op.cit.*, p.26-27.

[71] Julie LASSALLE, *op.cit.*, p.237.

[72] Julie LASSALLE, *op.cit.*, p.381.

[73] Julie LASSALLE, *op.cit.*, p.21.

[74] Julie LASSALLE, *op.cit.*, p.678.

[75] Julie LASSALLE, *op.cit.*, p.676. Selon l'auteur, le caractère protéiforme de la bonne administration constitue son « *atout principal* » : *op.cit.*, p.77.

[76] Nous pouvons apporter une nuance à ce raisonnement. Ainsi que nous le montrerons au sujet du standard, une notion peut être définie sans nécessairement avoir une application prédéfinie.

Dès lors, deux observations peuvent être émises. D'une part, l'approche demeure circonscrite à la réalité du droit positif. D'autre part, cette position, valable pour le principe communautaire de bonne administration, semble s'étendre à la notion de bonne administration. En effet, les termes « principe » et « notion » sont parfois employés de manière indifférenciée[77]. À titre d'exemple, on peut lire que l'étude « *consiste à dégager des manifestations ponctuelles et particulières de la notion de bonne administration, un principe plus général* »[78]. Alors même que le champ de cette thèse est préalablement limité au principe communautaire de bonne administration, il est fait référence à la notion du même nom. L'usage de la virgule semble ici traduire, sinon une assimilation, du moins un fort rapprochement entre le principe et la notion. Le même sentiment se dégage à la lecture de la conclusion : « *le principe de bonne administration appartient à ces notions que l'on ne peut enfermer dans des catégories rigides et prédéfinies* (...) »[79]. Cet amalgame encourt à notre sens la critique. La notion présente en effet un degré d'abstraction plus prononcé que le principe[80]. Dès lors, leur assimilation peut présenter certains dangers en ce que leurs effets sur l'ordre juridique ne sont pas de même nature. Par ailleurs, la difficulté incontestable et incontestée à appréhender la « bonne administration » ne justifie pas, en soi, qu'elle demeure une notion vague. Elle met au contraire en exergue, à notre sens, l'intérêt et la nécessité de tenter de circonscrire son contenu.

20. La thèse de Monsieur Marty semble répondre à cet objectif de définition[81]. Cependant, l' « *élasticité intrinsèque* »[82] de la « bonne administration » y est réaffirmée. Selon l'auteur, « *la notion de bonne administration reste une mais c'est son contenu qui devient pluriel* »[83]. Toutefois, l'unicité de contenu d'une notion n'est-elle pas la condition même de son existence[84] ? En réalité, cette thèse semble obéir à une approche davantage fonctionnelle que conceptuelle. La bonne administration y est présentée comme un moyen de regrouper plusieurs principes d'action et de fonctionnement administratifs[85]. De plus, la place importante conférée au(x) « *principe(s) de bonne administration* »[86] montre que l'auteur ne vise pas exclusivement la notion. Leur prépondérance paraît traduire la problématique

[77] L'auteur emploie également l'expression « *concept de bonne administration* » sans la définir : Julie LASSALLE, *op.cit.*, p.241-380. Ce « *concept* » recouvrerait des hypothèses plus larges encore que le principe du même nom.

[78] Julie LASSALLE, *op.cit.*, p.27.

[79] Julie LASSALLE, *op.cit.*, p.676.

[80] V. *infra*, n°26 et s.

[81] Nicolas MARTY, *La notion de bonne administration. À la confluence des droits européens et du droit administratif français*, Thèse droit public, Université de Montpellier I, 2007, 708p.

[82] Nicolas MARTY, *op.cit.*, p.89-95.

[83] Nicolas MARTY, *op.cit.*, p.115-116.

[84] Certes, une notion juridique peut demeurer indéfinie si on l'envisage d'un point de vue purement fonctionnel. Néanmoins, des notions aussi flexibles que l'ordre public ont tout de même fait l'objet de réflexions conceptuelles.

[85] Pour une reprise récente de cette optique, v. Marie-Clotilde RUNAVOT, « La bonne administration : consolidation d'un droit sous influence européenne », *R.F.D.A.*, mars-avril 2010, n°2, p.395-403.

[86] Les exemples peuvent être multipliés à loisir. On peut ainsi relever que le premier titre de la seconde partie est tout entier dédié au « *principe matriciel* » de bonne administration : Nicolas MARTY, *op.cit.*, p.321-446.

principale : « *le principe de bonne administration en droit communautaire et ses implications en droit interne* »[87].

La recherche d'une définition n'est toutefois pas exclue, malgré l'absence d'un paragraphe spécifique à ce sujet[88]. À cette fin, Monsieur Marty s'appuie sur l'approche communautaire qu'il qualifie de « *pertinente* » et de « *rigoureuse* »[89]. La « bonne administration » est ainsi essentiellement définie à travers certaines exigences, telles que la rationalisation de la gestion des informations, la protection des droits de la défense ou encore l'impartialité[90].

Si cette démonstration peut séduire, elle peut aussi être discutée. En effet, ainsi que le montre notamment Madame Lassalle, le droit communautaire renferme une diversité de principes dits de « bonne administration »[91]. Il paraît ainsi paradoxal de s'appuyer exclusivement sur cet ordre juridique pour proposer une définition restrictive de la bonne administration. En outre, toute réflexion conceptuelle doit prendre une certaine distance avec les données brutes du droit positif. Or, la notion de bonne administration ne semble pas construite à partir de critères proposés par Monsieur Marty. L'attention semble alors centrée sur le thème de la « *confluence des droits européens* ». En témoignent avec force le titre de cette thèse, l'introduction générale[92], la conclusion générale[93] ainsi que les développements importants consacrés à la « *convergence de l'approche française* » avec le droit communautaire[94]. En résumé, si cette thèse confirme la juridicité de la notion de bonne administration, elle n'épuise pas la question de sa définition.

21. Complémentaire avec ces travaux récents, notre hypothèse de travail s'en distingue principalement par son objet. Nous souhaitons en effet proposer des critères intrinsèques et autonomes de définition de la *notion* de bonne administration en droit public. Une telle entreprise nous paraît nécessaire dans la mesure où le droit positif s'est déjà acclimaté à son existence, en particulier par le concours de ces thèses récentes. De plus, la délimitation de la notion de bonne administration paraît, sinon nécessaire, du moins utile à l'étude du ou des principes du même nom. En effet, « *avant qu'une science ne puisse développer des principes, il faut déjà qu'elle dispose de notions* »[95] ; des secondes dépendent alors les

---

[87] Nous nous permettons de renvoyer au titre de la thèse figurant au fichier central des thèses de Nanterre. Nous tenons également à remercier infiniment Monsieur Marty de l'aimable transmission de sa thèse dès sa soutenance.

[88] L'auteur associe notamment la bonne administration à la qualité, position à laquelle nous n'adhérons pas : v. *infra*, n°501 et s.

[89] Ces adjectifs apparaissent en titres de chapitres et de sections : Nicolas MARTY, *op.cit.*, p.167-250.

[90] L'auteur distingue les exigences encadrant le fonctionnement interne de l'administration communautaire de celles relatives à sa prise de décision : Nicolas MARTY, *op.cit.*, p.181-209.

[91] Sur ce point, v. en outre : Loïc AZOULAI, *art.cit.*, Denys SIMON, *art.cit.*

[92] « *La présente recherche s'intéresse donc à la rencontre, à la convergence progressive entre les droits européens et le droit administratif français autour de la notion de bonne administration.* » : Nicolas MARTY, *op.cit.*, p.22.

[93] Celle-ci est en effet axée sur le « *jus commune europaeum* » : Nicolas MARTY, *op.cit.*, p.552-559.

[94] Nicolas MARTY, *op.cit.*, p.251-311.

[95] « *Before a science can develop principles, it must possess concepts* » : Herbert A. SIMON, *Administrative Behavior. A Study of Decision-Making Process in Administrative Organization*, 2e éd., New York, The Free Press, 1957, p.37. Le terme « notion » nous semble davantage traduire la pensée de l'auteur que celui de « concept ».

premiers[96]. C'est la raison pour laquelle cette recherche n'est nullement centrée sur le principe communautaire de bonne administration. Au-delà de son décalage par rapport à notre problématique, ce choix aurait été redondant compte tenu de l'apport des thèses précitées.

22. En résumé, l'intérêt de l'élaboration d'une notion juridique de bonne administration découle du double constat de sa nécessité objective et du peu de recherches poursuivant cet objectif. En entreprenant cette étude, il faut délimiter ses contours.

§2. DÉLIMITATION DE L'ÉTUDE

23. Notre thèse consiste à montrer l'existence d'une notion juridique de bonne administration ainsi qu'à en délimiter le contenu. Sans anticiper sur ce travail en livrant dès à présent notre proposition de définition, il convient d'expliciter le sens de certains termes qui reflètent l'optique adoptée. Ainsi, le choix du mot « essai » exprime « *notre absence de prétention à l'exhaustivité, notre certitude que ce travail n'épuise nullement le sujet, et* (...) *notre volonté de faire de cette étude une* (...) *thèse et non une monographie* »[97].

La réalisation de cet essai implique de préciser au préalable le sens et les implications de l'expression « notion juridique » (**A**) et du terme « administration » (**B**).

A. Définition et implications de l'expression « notion juridique »

24. Le choix du terme de « notion » et l'exclusion de celui de « principe » ne sont pas anodins. La perspective choisie permet en effet, sans les ignorer, de dépasser les contingences qui rendent *a priori* l'idée de « bonne administration » indéfinissable. Il s'agit alors de définir et de justifier la qualification de « notion » (**1**).

25. Cette précision ne suffit toutefois pas à délimiter pleinement notre étude. Il convient en effet de définir ce que l'on entend par notion *juridique*. Sans prétendre résoudre la question inépuisée et inépuisable de la définition du droit[98], les conditions de juridicité[99] d'une notion doivent toutefois être esquissées (**2**).

---

[96] Théodore FORTSAKIS, *op.cit.*, p.286.

[97] Fabrice MELLERAY, *Essai sur la structure du contentieux administratif français. Pour un renouvellement de la classification des principales voies de droit ouvertes devant les juridictions à compétence générale*, Paris, L.G.D.J., coll. Bibliothèque de droit public, t.212, 2001, p.14.

[98] Il est impossible de résumer les différentes positions théoriques sur ce sujet. Certaines seront évoquées dans cette introduction générale et tout au long de cette étude. Sur la difficulté de cette question, v. notamment : Georges VEDEL, « *Indéfinissable mais présent* », *Droits : revue française de théorie juridique*, 1990, n°11 : *Définir le droit*, p.67-71. Selon le Doyen, il n'existe aucune définition univoque du droit.

[99] La juridicité désigne la « *propriété d'une norme qui fait que cette norme a la qualité de norme juridique* » : Gérard TIMSIT, « Sept propositions (plus une) pour une définition systémale du droit », *Droits : revue française de théorie juridique*, 1989, n°10 : *Définir le droit*, p.94. Elle désigne le « *rapport entre la définition et la différenciation du droit* » : Caroline VAYROU, *op.cit.*, p.14.

1. La justification du choix de la qualification de « notion »

Comme cela a déjà été indiqué, la doctrine focalise davantage son attention sur le principe que sur la notion de bonne administration. Il convient alors de justifier le choix du terme de « notion » en rappelant la différence d'optique que celui-ci implique.

26. Le principe juridique est traditionnellement défini comme une règle générale qui régit un ensemble de cas non prévus par des textes spéciaux[100]. En droit, le principe est plus volontiers distingué de la règle que de la notion[101]. La doctrine met ainsi en valeur sa fonction de généralisation, voire d'universalisation[102]. Ainsi, « *la généralité de la règle juridique ne doit pas s'entendre de la même manière que la généralité d'un principe* »[103].

Cette distinction semble davantage résider dans un degré de généralité que dans une différence de nature. Le principe est d'ailleurs en partie qualifié de règle. Un principe général du droit est en effet défini comme « *une règle de droit qui offre un caractère avancé de généralité* »[104]. Règles fondamentales[105], les principes « *ne sont que des règles de droit plus générales que les autres* »[106]. Sans nier la distinction entre le principe et la règle juridiques, il convient donc de relativiser leur différence de nature, d'autant qu'à l'instar de la seconde le premier fait parfois preuve d'une spécialisation poussée[107]. La liberté du juge quant à leur « découverte »[108] expliquerait leur multiplication en même temps qu'elle réduirait leur fonction de systématisation. De plus, tout comme la règle, le principe a vocation à entrer en

---

[100] Gérard CORNU, *Vocabulaire juridique*, Paris, P.U.F., coll. Association Henri Capitant, 1987, p.631, n°5.

[101] Ronald DWORKIN, *Prendre les droits au sérieux*, [trad. Marie-Jeanne ROSSIGNOL et Frédéric LIMARE], Paris, P.U.F., coll. Léviathan, 1995, p.79-87. Cette distinction a notamment permis à Ronald Dworkin de fonder en partie sa théorie du droit. En effet, selon le théoricien, le juge n'est pas seulement guidé par un ensemble de règles, mais par des principes dont la nature et l'origine dépassent l'ordre juridique formel. Principes et règles se différencieraient alors par leur origine, leur portée et leur degré de détermination. Si l'auteur distingue *principles* et *rules*, celles-ci n'ont pas exactement le même sens que les règles en droit « continental ». En effet, les *rules* sont les règles qui concernent un cas précis. Elles permettent, selon la célèbre loi du précédent (*law of precedent*), d'appliquer une même solution à des faits identiques. Cette précision n'altère cependant pas la différence de généralité entre la règle et le principe.

[102] À ce sujet, v. en outre : Jean-Marie PONTIER, « Considérations générales sur les principes en droit », *in* Jean-Marie PONTIER (dir.), *Les principes et le droit*, Aix-Marseille, P.U.A.M., 2007, p.9-20 ; Jean BOULANGER, « Principes généraux du droit et droit positif », *in Etudes offertes à Georges Ripert. Le droit privé français au milieu du 20ème Siècle*, t.1, Paris, L.G.D.J., 1950, p.55 et s.

[103] Jean BOULANGER, *art.cit.*, p.65. L'auteur propose alors une classification des principes du droit civil.

[104] Théodore FORTSAKIS, *op.cit.*, p.292.

[105] Benoît JEANNEAU, « La théorie des principes généraux du droit à l'épreuve du temps », *E.D.C.E*, 1981-1982, n°33, p.42.

[106] Roger BONNARD, « La conception juridique de l'État », *art.cit.*, p.8.

[107] Cette spécialisation des principes est regrettée par une partie de la doctrine. Ainsi, selon le professeur Jeanneau, le principe selon lequel une femme enceinte ne peut être licenciée (C.E., ass., 8 juin 1973, *Dame Peynet*, rec. 406, req. n°80232 ; concl. GRÉVISSE) est trop technique, précis et concret : Benoît JEANNEAU, *art.cit.*, p.43. Pour une critique similaire : Théodore FORTSAKIS, *op.cit.*, p.293.

[108] Si le juge ne crée pas *ex nihilo* des principes, il se borne cependant très rarement à les découvrir : Benoît JEANNEAU, *Les principes généraux du droit dans la jurisprudence administrative*, Paris, Recueil Sirey, 1954, p.123.

conflit avec des normes de même nature[109]. C'est ainsi que la « bonne administration » est souvent envisagée sous forme de différents principes.

27. Aussi le passage des principes au principe de bonne administration n'engendre-t-il pas un changement de niveau d'abstraction substantiel. Monsieur Nehl rappelle à ce titre leur nécessaire différenciation avec la notion de bonne administration[110]. À celle-ci se rattache une série indéterminée de principes qui, comme la rapidité et la diligence, entrent en conflit. Le propre de la notion est alors de les concilier.

Celle-ci est en effet, dans son essence, plus idéelle que ceux-là. Provenant du latin *notio,* elle vise un « *objet abstrait de connaissance* »[111]. Ce constat n'implique pas pour autant que la notion soit construite *ab initio* : elle « *consiste à prendre une idée, un principe, une catégorie de nature juridique, à les dégager du réel, en les isolant du milieu concret dans lequel ils se sont formés* (...) »[112]. En d'autres termes, si la notion et le principe ne doivent pas être pensés de manière antinomique, leur essence et leur vocation doivent en revanche être distinguées.

28. Ces remarques achèvent de préciser l'optique de notre étude axée sur la notion de bonne administration et non sur les principes ou le principe du même nom. Pour autant, afin d'élaborer cette notion, l'étude approfondie des principes dits de « bonne administration » reste indispensable. Sans définir l'objet de cette thèse, ils en constituent des matériaux importants.

29. La différenciation entre la notion et le concept est, elle, plus délicate. En effet, ces deux termes renvoient à un acte de conscience qui opère la synthèse de diverses perceptions du réel[113]. Si le concept peut se distinguer clairement de l'idée, davantage intuitive[114], son essence semble s'identifier à celle de la notion. Acte de connaissance, il permet de simplifier l'hétérogénéité du réel[115]. En ce sens, le concept et la notion ont un caractère stipulatif. Ils ne désignent pas l'ordre juridique tel qu'il est observable empiriquement, mais une forme de représentation de cet objet. Leur pertinence découle davantage de leur rationalité que de leur véracité. Abstraits, ils ne doivent pas se confondre avec la terminologie employée pour les désigner. L'expression « bonne administration » ne renvoie donc pas toujours à la notion ici construite. À l'inverse, cette dernière peut être exprimée sous différentes

---

[109] Sur ce point, v. notamment : Benoît JEANNEAU, *op.cit.,* p.161-163.

[110] Hanns Peter NEHL, *Principles of Administrative Procedure in EC Law*, Oxford, Hart Publishing, 1999, p.5, note infrapaginale n°13.

[111] Josette REY-DEBOVE, Alain REY (dir.), *Le nouveau Petit Robert de la langue française*, Paris, Le Robert, 2007, p.1706.

[112] Roger BONNARD, « La conception juridique de l'État », *art.cit.,* p.6. L'auteur envisage ainsi la théorie générale de l'État sous l'angle de la distinction entre le réel et l'abstrait.

[113] Emmanuel KANT, *Critique de la raison pure*, [trad. A. TREMESAYGUES et B. PACAUD], Paris, P.U.F., coll. Quadrige, série Grands textes, 2004, spéc. p.119.

[114] V. notamment : Jacques CHEVALIER, « Le Concept et l'Idée », *in Mélanges Maurice Hauriou*, Paris, Recueil Sirey, 1929, spéc. p.117-119.

[115] Heinrich RICKERT, *Science de la culture et science de la nature*, [trad. Anne-Hélène NICOLAS], Paris, Gallimard, coll. Bibliothèque de Philosophie, 1997 (1re éd. : 1926), spéc. p.60-65. L'auteur distingue notamment les concepts « *simples* » des concepts « *complexes* » qui résultent du travail scientifique.

formes[116]. Eu égard à ces points communs, la notion et le concept semblent souvent être employés de manière interchangeable[117].

30. Bien que certaines définitions du concept paraissent pouvoir s'appliquer à la notion[118], le concept juridique semble néanmoins répondre à un degré d'abstraction et de rigidité plus prononcé que la notion juridique. Il est en ce sens plus proche de la conception ou encore de la théorie[119]. Le concept paraît aussi empreint des idées de pureté et de perfection. Selon Emmanuel Kant, la perfection d'un concept constitue un critère de son existence, aux côtés de la définition de son unité et de la vérité qui peut en être immédiatement dérivée[120]. Dans la philosophie hégélienne, le concept, fruit de la dialectique[121], tend vers l'Idée qui désigne le « Bien » ou encore la « *liberté réalisée, le but final absolu du monde* »[122]. Étape de l'évolution, il « *exprime le niveau atteint par l'institution, dans sa progression vers le rationnel absolu de l'Idée, à un moment donné* »[123].

Par contraste, la notion semble présenter un degré d'abstraction inférieur[124]. Ainsi, compte tenu notamment de ses effets concrets sur le système juridique[125], il est préférable d'envisager la « bonne administration » comme une notion. Cette qualification est principalement fondée sur la spécificité des notions juridiques qui, moins abstraites que les concepts ou les théories, ont un caractère opératoire[126].

31. En résumé, le choix du qualificatif de « notion » est doublement justifié. D'une part, contrairement au principe, il permet une réflexion sur le contenu uniforme à

---

[116] À titre d'exemple, M. Pfersmann distingue le concept de droit fondamental de ses diverses terminologies : Otto PFERSMANN, *in* Louis FAVOREU, Patrick GAÏA, Richard GHEVONTIAN (et al.), *Droit des libertés fondamentales*, *op.cit.*, p.82. V. également : Uberto SCARPELLI, *Qu'est-ce que le positivisme juridique ?*, réimp., [trad. Colette CLAVREUL], Paris, L.G.D.J., coll. La pensée juridique, Bruxelles, Bruylant, 1996, p.4.

[117] Les exemples sont très nombreux. Pour se limiter à un exemple en lien direct avec la « bonne administration », on peut se référer à Nicolas MARTY, *op.cit.*, p.16, note infrapaginale n°6.

[118] « *Idée générale et abstraite que se fait l'esprit humain d'un objet de pensée concret ou abstrait, et qui lui permet de rattacher à ce même objet les diverses perceptions qu'il en a, et d'en organiser les connaissances* » : *Grand dictionnaire encyclopédique Larousse*, Librairie Larousse, 1984, p.2477 ; « *Objet de pensée dont la source est le sujet épistémologique aboutissant à une représentation générale d'une classe déterminée de phénomènes* » : André-Jean ARNAUD (dir.), *Dictionnaire encyclopédique de théorie et de sociologie du droit*, Paris, L.G.D.J., 1988, p.54.

[119] « *Le concept n'est pas seulement une aide pour percevoir, mais une façon de concevoir* » : Madeleine GRAWITZ, *Méthode des sciences sociales*, 11e éd., Paris, Dalloz, coll. Précis, 2001, p.384-392, spéc. p.385, n°307.

[120] Emmanuel KANT, *op.cit.*, p.99.

[121] Sur ce point, v. notamment : Michel VILLEY, *Philosophie du droit*, t.2 : *Les moyens du droit*, 2e éd., Paris, Dalloz, coll. Précis, 1984, n°175, p.69-70.

[122] G.W. Friedrich HEGEL, *Principes de philosophie du droit*, [trad. André KAAN], Paris, Gallimard, coll. Idées, 1940, p.161. C'est ce « bien-être » qui constitue la fin du droit, science qui fait partie de la philosophie générale.

[123] Francis-Paul BÉNOIT, « Notions et concepts, instruments de la connaissance juridique. Les leçons de la philosophie du droit de Hegel », *in Droit public. Mélanges en l'honneur du professeur Gustave Peiser*, Grenoble, P.U.G., 1995, p.25.

[124] Heinrich RICKERT, *Théorie de la définition*, [trad. Carole POMPSY et Marc DE LAUNAY], Paris, Gallimard, coll. Bibliothèque de Philosophie, 1997 (1re éd. : 1915), p.256. Le concept désigne ainsi la relation entre représentations.

[125] V. *infra*, seconde partie.

[126] Yves GAUDEMET, *Les méthodes du juge administratif*, Paris, L.G.D.J., coll. Bibliothèque de droit public, t.108, 1972, p.37.

conférer à l'idée de « bonne administration » en droit. D'autre part, les fonctions juridiques de cette idée seront mises en valeur, sans pour autant dégager un concept.

Dès lors que cette précision a été apportée, il convient de délimiter la nature de cette notion, restreinte au domaine juridique.

2. *La limitation de l'étude au domaine juridique*

32. L'adjectif « bon », ainsi que ses relations avec le « Bien », renvoient à des considérations philosophiques et morales[127]. Il appelle à une réflexion sur les finalités de l'action humaine. Le « bon » s'inscrirait dans la doctrine utilitariste, qui assigne un but à la simple volonté[128]. Socrate affirmait ainsi que la détermination du « vrai » par la science était subordonnée à une fin morale, à savoir le « Bien »[129]. À cet égard, l'œuvre de Jérémie Bentham est riche d'enseignements[130]. Ainsi que nous l'avons précédemment souligné, le « bon » est relié au domaine de la déontologie[131], lui-même empreint de considérations morales.

Loin de nier l'apport d'une méthode interdisciplinaire, il nous faut toutefois circonscrire l'objet même de cette thèse au droit public.

33. Il convient alors, au préalable, de rappeler la distinction entre l'être et le devoir-être[132]. Ainsi que le soutient Hans Kelsen, la norme juridique relève du lien d'imputabilité (devoir-être) et non du lien de causalité (être)[133]. Une norme juridique se définit comme la signification d'un énoncé prescriptif : elle rend obligatoire, permet ou interdit un certain comportement humain[134]. La juridicité d'une norme (devoir-être) n'est donc pas directement tirée de l'observation factuelle de son obéissance (être). L'ordre juridique est conçu comme un système normatif globalement efficace[135]. Le fondement du droit est la validité et non la valeur des

---

[127] Il faut ici renvoyer au thème de l'universalité des valeurs et du « Bien » défendue par Socrate et Aristote : ARISTOTE, *Éthique à Nicomaque*, Paris, J. Vrin, 1987, livre X, 10, spéc. 1181 b. Cette vision fut notamment contestée par Hobbes, qui réfute l'idée d'un Bien et d'un Bonheur absolus. L'auteur relativise ainsi le « *but dernier* » et le « *bien suprême* » des « *anciens modernistes* » : Thomas HOBBES, *Léviathan. Traité de la matière, de la forme et du pouvoir de la république ecclésiastique et civile*, [trad. François TRICAUD], Paris, Sirey, coll. Philosophie politique, 1971, spéc. chap. XIII, p.121-127 ; chap. XI, p.95-103.

[128] Nicolas MARTY, *op.cit.*, p.61-69.

[129] Jacques CHEVALIER, *La notion du nécessaire chez Aristote et chez ses prédécesseurs*, Paris, Librairie Félix Alcan, coll. Historique des grands philosophes, 1915, p.41.

[130] Jérémie BENTHAM, *Déontologie ou science de la morale*, [trad. Benjamin LAROCHE], Paris, Charpentier, 1834, 359p. L'auteur aborde les thèmes de la prudence personnelle, de la bienveillance ou encore de l'abstinence : *op.cit.*, p.100-155.

[131] Jérémie BENTHAM, *op.cit.*, p.29-32. L'utilité est alors présentée comme le critère de la déontologie.

[132] Selon la loi de Hume, on ne peut dériver un principe prescriptif d'un principe descriptif. Ainsi que nous le verrons par la suite, il est tout à fait possible de distinguer l'être du devoir-être sans pour autant les opposer de manière dichotomique.

[133] Hans KELSEN, *op.cit.*, spéc. p.18-20.

[134] Hans KELSEN, *op.cit.*, p.61-62. Sur ce point, v. notamment : Otto PFERSMANN, *in* Louis FAVOREU, Patrick GAÏA, Richard GHEVONTIAN (et al.), *Droit des libertés fondamentales*, 4e éd., Paris, Dalloz, coll. Précis, série Droit public-science politique, 2007, n°84. Sur l'analyse de la norme juridique comme signification d'un acte de volonté : Otto PFERSMANN, « Le statut de la volonté dans la définition positiviste de la norme juridique », *Droits : Revue française de théorie juridique*, 1999, n°28 : *La volonté*, p.83-98. L'auteur précise à cette occasion que la volonté n'est pas centrale dans la théorie de Hans Kelsen.

[135] Bien que Hans Kelsen emploie le terme d' « efficacité », il semble en réalité viser l'effectivité de l'ordre juridique, c'est-à-dire son obéissance globale. En effet, Hans Kelsen indique qu' « *un ordre normatif est efficace quand, d'une manière générale, les individus auxquels il s'adresse se conforment à ses normes* » :

normes juridiques. Instigateur d'une *Théorie pure du droit*, Hans Kelsen fonde l'ordre juridique sur une norme fondamentale hypothétique ou encore sur un « *fait fondamental supposé* »[136]. Cette norme, qui n'appartient donc pas au droit positif, fonde la validité de toutes les autres normes juridiques. Le théoricien ne la classe pas dans le domaine de l'être, sans pour autant, par souci de logique, l'intégrer à l'ordre juridique[137]. La théorie proposée doit en effet se lire comme une alternative au réalisme[138] et à l'idéalisme[139]. La norme fondamentale, point de départ d'une procédure, est « *formelle et dynamique* »[140]. Hans Kelsen opte en effet pour un système dans lequel les normes se produisent les unes par l'intermédiaire des autres, par la délégation d'un pouvoir supérieur à un pouvoir inférieur (*Stufentheorie*). Ainsi, la validité est toujours « *conditionnelle et relative* »[141]. Chaque norme est créée et non déclarée ou déduite des idées de justice ou de morale.

Cette distinction entre les lois du droit et celles de la nature n'est nullement l'apanage d'une vision purement formelle de la normativité juridique qui envisage l'être et le devoir-être de manière dichotomique. Elle se retrouve dans d'autres conceptions du droit.

34. Ainsi, selon Monsieur Picard, « *les lois du droit, pour être, doivent être posées ou admises* (...) *par une ou des volontés nécessairement libres, s'adressant à d'autres volontés libres, tandis que les lois de la nature existent et obligent* (...) *sans avoir à être posées ou acceptées : elles font partie de l'être des choses* (...) »[142]. En d'autres termes, les normes juridiques ne se fondent pas sur la nécessité (domaine de la nature), mais sur la liberté. Il est en effet inutile de prescrire ce qui est nécessaire dans les lois de la nature. La particularité des sciences humaines, au regard des sciences de la nature, est alors de constituer leur propre objet. L'objet du droit ne peut être antérieur au droit lui-même, contrairement à l'objet des sciences naturelles[143]. Par ailleurs, le droit implique en lui-même l'idée

---

op.cit., p.25. Sur cette précision terminologique : Otto PFERSMANN, « Pour une typologie... », *art.cit.*, p.82, note n°28. Nous reviendrons ultérieurement sur la définition de l'ordre juridique.

136 Hans KELSEN, *op.cit.*, p.38.

137 Cette position, assez ambivalente, a fait l'objet de critiques que nous examinerons au long de cette étude. Nous pouvons dès à présent citer : Paul AMSELEK, « Réflexions critiques autour de la conception kelsénienne de l'ordre juridique », *R.D.P.*, janvier-février 1978, n°1, p.5-19 ; « Hans Kelsen et les contradictions du positivisme juridique », *Revue internationale de philosophie*, 1981, n°138, p.460-473 ; Laurent HABIB, « L'impur objet de la science du droit », *Droits : revue française de théorie juridique*, 1990, n°11 : *Définir le droit*, p.100-102.

138 Nous reviendrons sur cette théorie par la suite.

139 « *Il s'agissait de ne pas réduire le droit à un ensemble de faits mais de rendre pourtant compte de l'objet d'une certaine pratique* » : Otto PFERSMANN, « Pour une typologie... », *art.cit.*, p.84.

140 Hans KELSEN, *op.cit.*, p.115.

141 Hans KELSEN, *op.cit.*, p.117. Sur le thème de la concrétisation et de l'interprétation, v. *infra*, n°961 et s.

142 Étienne PICARD, « Contre la théorie réaliste de l'interprétation juridique », *in* Gilles DARCY, Véronique LABROT, Mathieu DOAT (dir.), *L'office du juge*, Actes du colloque des 29-30 septembre 2006 organisé au Palais du Luxembourg, Sénat, Paris, Les colloques du Sénat, 2006, p.133.

143 Étienne PICARD, « "Science du droit" ou "doctrine juridique" », *in L'unité du Droit. Mélanges Drago*, Paris, Économica, 1996, p.128 et s. Le droit est une activité davantage « *spéculative que normative, avant tout rationnelle et axiologique que pratique et prescriptive* » : *art.cit.*, p.129.

de transgression, ce qui n'est pas le cas des lois de la nature[144]. Ainsi, si le devoir-être est bien distinct de l'être, il en fait néanmoins partie[145].

La notion juridique de bonne administration est donc construite par l'observation de normes relevant du devoir-être. Compte tenu de l'ambivalence intrinsèque à l'adjectif « bon », il reste à distinguer le devoir-être juridique du devoir-être moral.

35. La thèse « *unioniste* »[146], selon laquelle la juridicité d'une norme dépend de sa moralité, doit alors être écartée. Sans ignorer la fréquente identité matérielle entre les normes juridiques et les normes morales, il convient de les différencier suivant des critères principalement formels. Ainsi, Monsieur Pfersmann énonce huit critères qui caractérisent les normes juridiques et les distinguent des normes morales[147] : l'édiction et l'application de ces normes de manière plus ou moins organisée par des êtres humains ; leur structure hypothétique (validité et application soumises à conditions) ; l'usage de la force comme ultime recours à leur inobservation ; leur caractère relativement efficace ; la constitution d'une pratique sociale d'un type particulier ; la formulation de raisons de principe pour des décisions juridictionnelles ; leur fonction de guide de la conduite humaine ; leur caractère institutionnel doté de durée. À l'inverse, les normes morales sont indépendantes d'actes de production ou d'actions socialement organisés ; leur structure est catégorique ; l'usage de la force n'est pas prévu en cas de violation ; elles sont indépendantes de toute efficacité.

36. La distinction entre le droit et la morale se retrouve dans des conceptions du droit fort différentes. Ainsi, Herbert Hart différencie ces deux domaines suivant quatre critères : l'autorité (les normes morales seraient plus importantes et plus difficiles à modifier que les normes juridiques) ; l'accessibilité aux changements délibérés (présente en droit et absente de la morale) ; le caractère volontaire de la faute (contrairement à la morale, le droit admet une responsabilité sans faute) ; la forme de la pression (basée sur la menace du recours à la force en droit alors que la morale se fonde sur la conscience individuelle[148])[149].

Afin d'illustrer la diversité des critères de distinction entre le droit de la morale, l'approche de Santi Romano mérite d'être évoquée[150]. Selon l'auteur, le droit se différencie de la morale principalement en ce qu'il n'est pas exclusivement dicté par la volonté (existence de coutume spontanée). Il s'agirait alors de différencier l'*opinio juris* de la volonté collective ou individuelle.

---

[144] Étienne PICARD, « Contre la théorie réaliste de l'interprétation juridique », *art.cit.*, p.125.

[145] En effet, la « *vocation à l'effectivité du droit* » lui interdit de ne pas tenir compte des règles du langage ou encore de la liberté de l'esprit qui sont de l'ordre de l'être et non du devoir-être : Étienne PICARD, « Contre la théorie réaliste de l'interprétation juridique », *art.cit.*, p.136 et s.

[146] La plupart de nos développements sont tirés de : Otto PFERSMANN, « Morale et Droit », *in* Denis ALLAND, André RIALS (dir.), *Dictionnaire de la culture juridique,* Paris, P.U.F., coll. Quadrige, série Dico poche, 2003, p.1040-1046.

[147] Otto PFERSMANN, « Morale et Droit », *art.cit.*, p.1042.

[148] « *C'est leur propre conscience qui est susceptible de les "punir"* » : Herbert L.A. HART, *Le concept de droit,* 4e éd., [trad. Michel VAN DE KERCHOVE], Bruxelles, Publications des Facultés universitaires Saint-Louis, n°6, 1994 (1re éd. : Oxford University Press, 1961), p.217.

[149] Herbert L.A. HART, *op.cit.*, p.189-221 ; p.223-252.

[150] Santi ROMANO, *Fragmentos de un diccionario jurídico*, [trad. Santiago SENTIS MELENDO et Marino AYERRA REDÍN], Grenade, Comares, coll. Crítica del derecho, 2002, p.119.

Au-delà des divergences profondes pouvant opposer certaines théories du droit, la majeure partie d'entre elles semble donc s'accorder sur la nécessité de le distinguer de la morale.

37. À notre sens, deux critères de distinction peuvent être principalement énoncés. D'une part, le droit se caractérise par l'intersubjectivité des acteurs. Quand bien même « *impur* » car « *difficilement différencié* », le domaine juridique est identifiable en raison de cette intersubjectivité et du sentiment même de juridicité[151]. D'autre part, sa sanction est socialement organisée[152].

38. Cela n'implique pas que toute norme juridique soit nécessairement assortie de sanctions. Ce choix ontologique conduirait à des résultats peu satisfaisants. La contrainte normative doit être clairement distinguée de la coercition[153]. Il suffit ainsi que cette sanction, en tant qu'acte de contrainte, intervienne en dernier lieu. La question de l'intériorisation du sentiment de juridicité des normes en tant que modèles prescriptifs de comportement est donc au cœur de la normativité juridique. À notre sens, la spécificité des normes juridiques réside davantage dans leurs caractéristiques matérielles et internes que dans l'existence d'une sanction formelle qui leur est extérieure[154].

39. En résumé, la présence de l'adjectif « bon » dans l'expression « bonne administration » ne doit nullement prêter à confusion : dans le cadre de cette étude, il s'agit de cerner l'acception et les fonctions de la notion de bonne administration en droit. Comme nous l'avons précédemment précisé, la distinction nécessaire entre les normes juridiques et les notions juridiques ne retirent nullement aux secondes leur juridicité. Si l'interprétation doctrinale doit se différencier de l' « *interprétation authentique* »[155], la première appartient également au domaine juridique en ce qu'elle permet de l'appréhender. Il semble réducteur d'exclure, sur le seul fondement de leur absence d'effet prescriptif au sens strict, les notions du domaine du droit. En ce sens, la notion de bonne administration est envisagée comme un moyen de parvenir à la connaissance et à la compréhension de normes juridiques[156]. Comme toute notion juridique, elle est un « *moyen par lequel les juristes appréhendent des faits en vue de déterminer quelles règles de droit leur sont*

---

[151] Laurent HABIB, « L'impur objet de la science du droit », *Droits : revue française de théorie juridique*, 1990, n°11 : *Définir le droit*, p.93-106. Sur ce critère distinctif, v. également : André-Jean ARNAUD (dir.), *Dictionnaire encyclopédique de théorie et de sociologie du droit*, Paris, L.G.D.J., 1988, p.275.

[152] Otto PFERSMANN, « Pour une typologie… », *art.cit.*, p.85.

[153] Nous reviendrons longuement sur ce point par la suite. Dès à présent, on peut citer : Étienne PICARD, « Article 12 », *in* Gérard CONAC, Marc DEBENE, Gérard TEBOUL (dir.), *La déclaration des droits de l'homme et du citoyen de 1789. Histoire, analyse et commentaires*, Paris, Économica, 1993, p.249-272. Selon le professeur, « *la coercition se déploie dans un tout autre ordre que la contrainte normative* » : *art.cit.*, p.254.

[154] Nous développerons ce point tout au long de cette étude : v. spéc. *infra*, n°995 et s.

[155] V. *supra*, n°15. Pour rappel, l' « *interprétation authentique* » désigne, selon Hans Kelsen, l'interprétation donnée à un énoncé prescriptif par les organes habilités, qui détient seule des effets normatifs.

[156] Pour une analyse des critères intrinsèques des notions juridiques : Gilles J. GUGLIELMI, *La notion d'administration publique dans la théorie juridique française de la révolution à l'arrêt Cadot (1789-1889)*, Paris, L.G.D.J., coll. Bibliothèque de droit public, t.157, 1991, p.16-23.

applicables (...) »[157]. En bref, elle permet de comprendre, voire d'appliquer d'autres notions, principes ou règles juridiques[158].

C'est dans cette perspective que s'inscrit notre hypothèse de travail. La notion de bonne administration peut dès lors être envisagée d'un point de vue axiologique et non uniquement descriptif[159].

40. Cette fonction systémique, commune à toutes les notions juridiques, n'implique pas que chacune d'elle déclenche un régime juridique précis et uniforme[160]. Il faut en effet distinguer la fonction d'une notion juridique de celle d'un régime juridique, qui désigne un « *corps cohérent de règles* » auquel est soumis un acte[161]. Si l'existence de fonctions juridiques semble être nécessaire à la reconnaissance d'une notion juridique, il n'en est pas de même du régime. Tout entier centré sur l'idée de règle, laquelle se distingue à la fois du principe et de la notion[162], le régime ne constitue pas une condition *sine qua non* de l'existence d'une notion juridique. L'utilisation des notions juridiques de police administrative ou encore d'urgence, qui ne déclenche pas de régimes uniformes, en est une illustration pertinente[163]. Ainsi, l'élaboration de la notion juridique de bonne administration peut être entreprise, indépendamment de l'existence d'un régime juridique homogène et strictement délimité[164].

41. Enfin, il convient de qualifier cette notion à la lumière de la célèbre différenciation, introduite par le Doyen Vedel[165], entre les notions conceptuelles et les notions fonctionnelles. Alors que les secondes sont exclusivement définies par leurs fonctions, le contenu des premières est indépendant de leur(s) utilisation(s). L'intérêt semble ici se porter sur le degré d'adaptabilité et de précision de chaque type de notion. Le contenu des notions fonctionnelles dépendrait des fonctions mises en valeur, tandis que les notions conceptuelles se caractériseraient par leur rigidité, leur complétude et leur abstraction.

Cette distinction ne doit cependant pas s'entendre strictement[166]. Les notions juridiques ne sont pas essentiellement « fermées » ou « ouvertes », mais « fonctionnalisées » ou « conceptualisées ». En d'autres termes, « *il n'y a sans*

---

[157] Francis-Paul BÉNOIT, *art.cit.*, p.27. V. aussi : Jean RIVERO, « Hauriou et l'avènement de la notion de service public », *in L'évolution du droit public. Études en l'honneur d'Achille Mestre*, Paris, Sirey, 1956, p.463.

[158] V. notamment : Théodore FORTSAKIS, *op.cit.*, p.301 ; Henri BATIFFOL, « Sur la positivité du droit », *in Mélanges en l'honneur de Jean Dabin*, t.1 *: Théorie générale du droit*, Paris, Sirey, 1963, p.39. On peut aussi distinguer les notions générales des notions d'application plus concrète : Weyr FRANTISEK, « Remarques générales sur la nature juridique de la méthode comparative », [trad. P. ROUBIER et H. MANKIEWICZ], *in Recueil d'études en l'honneur d'Edouard Lambert. Introduction à l'étude du droit comparé*, Paris, L.G.D.J., 1938, p.312.

[159] Les secondes renvoient au monde sensible environnant tandis que les premières nécessitent de porter une interprétation sur le réel : Théodore FORTSAKIS, *op.cit.*, p.307-312.

[160] V. *infra*, seconde partie

[161] Gérard CORNU, *Vocabulaire juridique*, 8e éd., *op.cit.*, p.785-786.

[162] V. *supra*, n°26 et s.

[163] S'agissant de la première : Étienne PICARD, *op.cit.* ; s'agissant de la seconde : Pierre-Laurent FRIER, *L'urgence*, Paris, L.G.D.J., coll. Bibliothèque de droit public, t.150, 1987, 599p.

[164] V. *infra*, introduction de la seconde partie.

[165] Georges VEDEL, « La juridiction compétente pour prévenir, faire cesser ou réparer la voie de fait administrative », *J.C.P.*, janvier 1950, I, n°1, 851, n°4.

[166] Étienne PICARD, *op.cit.*, p.45-47.

doute pas tant des catégories notionnelles distinctes que des manières différentes de poser son regard sur le droit »[167]. Qualifiée d' « *aléatoire* », cette distinction semble ainsi reposer sur un critère fragile[168]. Le propre de toute notion est en effet de décrire et de traduire la réalité en des termes intelligibles. L'on ne saurait ainsi ignorer l'impact des notions dites « conceptuelles », qui « *partent du droit positif pour accéder à un stade supérieur de la connaissance juridique* »[169].

42. La notion de bonne administration s'inscrit dans cet ordre d'idées. L'enjeu est de dépasser l'approche fonctionnelle à laquelle elle est souvent réduite et de proposer des critères intrinsèques de sa définition juridique.

Cette thèse nécessite également de préciser au préalable ce que l'on entend par « administration » et, plus précisément, de justifier l'approche fonctionnelle ici adoptée.

B. Le choix d'une approche fonctionnelle de l'administration

43. Par le terme « administration », nous désignons l'administration *publique*[170]. Le nombre de problèmes posés et d'études qui s'y rapportent[171] rend à la fois impossible et superflue une analyse complète de cette notion dans le cadre d'une introduction générale. Il faut néanmoins préciser que, si la diversification des administrations modernes ne doit nullement être ignorée, les besoins de la démonstration nous conduisent à désigner l'administration comme une entité. Cette utilisation du terme « administration » au singulier, préférable à la compréhension de nos futurs développements, est donc loin d'être au service d'une vision uniforme et faussée de l'administration, dont la critique ne peut toutefois prendre place dans le cadre de cette introduction. Il faut ainsi se limiter ici à quelques observations fondamentales.

44. Il convient à ce titre de rappeler brièvement la querelle doctrinale opposant, en France, l'École de Toulouse[172], qui mit en exergue le caractère exorbitant des moyens de l'administration (prérogatives de puissance publique), et celle de Bordeaux[173], selon laquelle le critère finaliste du service public est au cœur de la

---

[167] Philippe YOLKA, « La bonne administration de la justice : une notion fonctionnelle ? », *A.J.D.A.*, 7 février 2005, n°5, p.233.

[168] Théodore FORTSAKIS, *op.cit.*, p.316-320. Néanmoins, il semble que le Doyen Vedel n'ait jamais nié le rapprochement entre ces deux types de notions : Maryse DEGUERGUE, *op.cit.*, p.621.

[169] Étienne PICARD, *op.cit.*, p.43.

[170] Nous emploierons, par commodité, le terme « administration » sans nécessairement mentionner cet adjectif.

[171] Nous renonçons ainsi à les énumérer de manière exhaustive. On peut tout de même renvoyer à : Gilles J. GUGLIELMI, *La notion d'administration publique dans la théorie juridique française de la révolution à l'arrêt Cadot* (1789-1889), Paris, L.G.D.J., coll. Bibliothèque de droit public, t.157, 1991, 378p. Pour un aperçu de l'évolution de l'administration à travers les époques : Paolo NAPOLI, *Naissance de la police moderne. Pouvoir, normes, société*, Paris, La Découverte, coll. Armillaire, 2003, spéc. p.143-182.

[172] Maurice HAURIOU, *Précis de droit administratif et de droit public*, réimp., 12e éd. Paris, Dalloz, coll. Bibliothèque Dalloz, 2002, (1re éd. : 1892), 1150p, spéc. X.

[173] « *Ceux qui en fait détiennent le pouvoir n'ont point un droit subjectif de puissance publique ; mais ils ont le devoir d'employer leur pouvoir à organiser les services publics, à en assurer et à en contrôler le fonctionnement* » : Léon DUGUIT, *Les transformations du droit public*, réimp., Paris, Armand Colin, coll. La

définition de l'administration. Si ces Écoles s'opposèrent parfois de manière frontale, les critères organique et matériel peuvent désormais être conjointement retenus. Le Doyen Hauriou lui-même ne semblait pas ignorer le critère du service public, bien qu'il le reléguât au second plan[174]. « *Appareil d'exécution subordonné au pouvoir exécutif* »[175], l'administration est donc une organisation sociale sous contrôle politique qui dispose, en outre, de prérogatives de puissance publique nécessaires à l'exercice de la contrainte légitime et à la prestation du service public.

45. Il s'agit alors de retenir, dans le cadre de cette étude, une approche fonctionnelle de l'administration. On retrouve cette approche sous la plume de Monsieur Sabourin[176] dans sa contribution relative à la notion de « *maladministration* ». L'approche fonctionnelle de l'administration est en effet propice au discernement des notions de « mauvaise administration »[177] et de bonne administration. Ayant de surcroît une vocation universelle[178], la définition de l'administration par ses fonctions paraît adaptée à l'élaboration d'une notion. Ainsi, Madame Malaret rappelle que la satisfaction de l'intérêt général caractérise toute administration publique, indépendamment de sa gestion privée ou publique[179]. L'administration publique sera donc envisagée sous l'angle de sa « *fonction-finalité* »[180]. Cette approche accompagne la multiplication des tâches de

---

Mémoire du Droit, 1999, (1re éd. : 1913), XVIII. Pour une critique du critère de puissance publique : p.1-32. V. également, du même auteur, *Traité de Droit constitutionnel*, t.2 : *Théorie générale de l'État*, 3e éd., Paris, éd. De Boccard, 1928, p.59-107. Aux côtés de Bonnard et de Rolland, Jèze défendit l'école duguiste. V. notamment : Gaston JÈZE, *Les principes généraux du droit administratif*, 2t., réimp., 3e éd., Paris, Dalloz, 2005 (1re éd du t.1 : 1925 ; t.2 :1930), 848p. L'auteur définit le droit administratif comme l' « *ensemble des règles spéciales relatives au fonctionnement des services publics* » : *op.cit.*, t.1, p.1.

174 Ainsi, selon le Doyen, « *le service public est l'œuvre à réaliser par l'administration publique, la puissance publique est le moyen de réalisation* » : *op.cit.*, IX.

175 Gérard MARCOU, « L'administration entre contrôle parlementaire et participation des personnes privées. Un point de vue français », *Revue universelle des droits de l'homme*, 2004, vol.16, n°9-12, p.355.

176 Paul SABOURIN, « Recherches sur le notion de maladministration dans le système français », *A.J.D.A.*, 20 septembre 1974, p.396-407.

177 Ainsi que nous l'expliciterons par la suite, nous préférons cette expression à celle de « maladministration » : v. *infra*, n°209.

178 K. ZWEIGERT, H. KÖTZ, *An Introduction to Comparative Law*, [trad. Tony WEIR], 3e éd., Oxford, Clarendon Press, 1998, p.31. MM. Bell et Kennedy adoptent la même approche pour décrire la notion de service public en Angleterre : John BELL, T.P. KENNEDY, « La notion de service public au Royaume-Uni et en Irlande », *in* Gérard MARCOU, Franck MODERNE (dir.), *L'idée de service public dans le droit des États de l'Union européenne*, Paris, L'Harmattan, coll. Logiques juridiques, 2001, p.225.

179 Elisenda MALARET I GARCIA, « El Derecho a la Administración Pública : Derecho público y Derecho privado ; la relevancia de los principios constitucionales », *in* INSTITUT D'ESTUDIS AUTONÒMICS, GABINET JURÍDIC CENTRAL, *Derecho público y Derecho privado en la actuación de la Administración Pública*, séminaire organisé à Barcelone le 7 mai 1997, Barcelone, Marcial Pons, p.9 ; v. également : Gérard MARCOU, « De l'idée de service public au service d'intérêt général », *in* Gérard MARCOU, Franck MODERNE (dir.), *op.cit.*, p.386.

180 Gérard TIMSIT, *Le rôle de la notion de fonction administrative en droit administratif français*, Paris, L.G.D.J., coll. Bibliothèque de droit public, t.54, 1963, spéc. p.159-172.

l'administration et la diversification de l'appareil administratif moderne[181], qui vont par ailleurs dans le sens d'un « *système d'administration* »[182].

46. Il convient alors d'insister sur le fait que seule l'administration est ici visée. En effet, la « bonne administration » doit être distinguée du « bon gouvernement » ou encore de la « bonne gouvernance »[183]. Certes, les liens entre l'administration et le gouvernement sont particulièrement étroits[184]. Les classifications[185] relatives à la « *bonne forme de gouvernement* », où le pouvoir s'exerce au profit de la communauté, et la « *mauvaise forme de gouvernement* », où le pouvoir s'exerce au seul profit de ses détenteurs, présentent en apparence une parenté avec l'idée de « bonne administration ». De même, l'utopie du « *meilleur gouvernement* »[186] n'est à première vue pas totalement étrangère à cette expression.

Néanmoins, si l'administration et le gouvernement se rapprochent d'un point de vue organique et organisationnel, l'administration exécutrice ne doit pas être confondue avec le gouvernement politique. En d'autres termes, l'intensité du lien s'affaiblit d'un point de vue fonctionnel[187]. L'approche objective de l'administration, axée sur la multiplicité de ses fonctions, et l'approche subjective, axée sur sa différence avec le gouvernement, ont à ce titre pu être énoncées de manière synthétique[188].

47. De même, l'administration doit être clairement distinguée du législateur. Au sujet de ce celui-ci, Norberto Bobbio releva les attributs essentiels d'un « bon législateur » (justice, cohérence, absence de redondance, rationalité conforme au but) et ses attributs non essentiels (rigueur dans l'usage des mots, systématicité dans l'exposition des normes, exhaustivité dans la détermination des cas spécifiques)[189].

---

[181] V. notamment : Gérard TIMSIT, *L'Archipel de la Norme*, Paris, P.U.F., coll. Les voies du droit, 1997, 240p ; Jacques CHEVALLIER, « La politique française de modernisation administrative », *in L'État de droit. Mélanges en l'honneur de Guy Braibant*, Paris, Dalloz, 1996, p.69-85 ; Jacques CHEVALLIER, *L'État post-moderne*, 2e éd., Paris, L.G.D.J., coll. Droit et société, série Politique, n°35, 2004, 226p. S'agissant de la doctrine espagnole, v. notamment : Luciano PAREJO ALFONSO, *op.cit.*, p.91-104.

[182] Il s'agit de l' « *ensemble des éléments institutionnels à l'intérieur de l'État régis par des rapports d'interdépendance* » : Gérard TIMSIT, « Eléments pour une analyse des systèmes d'administration publique : le cas de l'administration du développement », *in Recueil d'Etudes en hommage à Charles Eisenmann*, Paris, Cujas, 1975, p.157. Elle « *regroupe un nombre infini de sous-systèmes à auto-organisation reliés entre eux par des hiérarchies partielles* » : Gilles J. GUGLIELMI, *op.cit.*, p.10.

[183] V. *infra*, n°465 et s.

[184] Jacques CHEVALLIER, *Science administrative*, *op.cit.*, p.69-98 ; p.99-108. V. aussi : Elisenda MALARET I GARCIA, *Regimen jurídico-administrativo de la reconversión industrial*, Madrid, Civitas, coll. Monografías, 1991, p.32-35.

[185] Philippe LAUVAUX, « Régimes (classification) », *in* Denis ALLAND, Stéphane RIALS (dir.), *op.cit.*, spéc. p.1316-1317.

[186] Thomas MORE, *Le traité de la meilleure forme de gouvernement ou l'Utopie* » [trad. Marie DELCOURT], réimp., Genève, Librairie Droz, coll. Les classiques de la pensée politique, 1983 (1re éd. : 1936), 153p. L'idée du meilleur gouvernement rejoint l'idée platonicienne du Bonheur, permis par la répartition égalitaire des richesses et la perpétuelle recherche du bien commun.

[187] Sur la nécessité d'une approche matérielle et fonctionnelle de l'administration, v. également : Gérard TIMSIT, *op.cit.*, p.112-129.

[188] Rafael ENTRENA CUESTA, « El concepto de Administración pública en la doctrina y el derecho positivo españoles », *R.A.P.*, mai-août 1960, n°32, p.66-73.

[189] Norberto BOBBIO, « Le bon législateur », *Logique et Analyse*, mars-juin 1971, vol.14 : *La justification de la décision*, p.243-244.

Monsieur Gómez Puente propose également une notion juridique d' « *inactivité législative* ». Celle-ci (absolue ou relative) se manifesterait principalement dans trois domaines : la mise en œuvre des réserves de compétences législatives, l'articulation des relations entre l'État et les Communautés autonomes espagnoles et, enfin, la mise en œuvre du droit communautaire[190].

En soi intéressantes, ces données concernent le pouvoir législatif et ne doivent pas être étendues de manière hâtive à la notion de bonne administration. En vertu de la séparation des pouvoirs et de la nature différente des rôles assignés au législateur et à l'administration par la Constitution, il faut clairement affirmer la distinction entre les notions de bonne administration et de bon législateur, laquelle est donc exclue du champ de cette recherche.

48. Il en est de même de l'idée de « bonne justice ». La justice, conçue comme le résultat même des jugements et leurs implications juridiques, sociales ou morales, reste en dehors du champ d'investigation. À ce titre, la distinction entre les *décisions* de justice et l'*administration* de la justice, organe de l'administration générale, doit être rappelée. Cette dernière, conçue comme une organisation remplissant une mission de service public, est donc inclue dans notre analyse en ce qu'elle se rattache à l'administration au sens large. Instrument de notre étude, la bonne administration *de la justice* recouvre toutefois un domaine distinct de celui de la bonne administration. Ainsi que nous le verrons par la suite, ces notions se différencient principalement par leur champ d'application respectif[191].

L'approche fonctionnelle permet donc de distinguer la bonne administration du « bon législateur » ou encore de la « bonne justice ». Mais elle permet également de dépasser, sans pour autant les ignorer, les spécificités des administrations nationales.

49. Toute notion a en effet vocation à s'appliquer, au-delà de ses effets concrets selon les ordres juridiques, au plus grand nombre d'entre eux. Par exemple, bien que l'administration anglaise soit différente de l'administration française[192] et que la notion de service public n'ait ni la même place ni la même acception[193], on y retrouve la « *fonction-finalité* » d'intérêt général. Il en est de même de

---

[190] Marcos GÓMEZ PUENTE, *La inactividad del legislador: una realidad susceptible de control,* Madrid, McGraw-Hill, coll. Monografía, 1997, 292p.

[191] V. *infra, n*°488 et s.

[192] John S. BELL, « Comparative Administrative Law », *in* Mathias REIMANN, Reinhard ZIMMERMANN (dir.), *The Oxford Handbook of Comparative Law*, Oxford, Oxford University Press, 2006, p.1264. Sur l'éclatement organique de l'administration anglaise : Frederick F. RIDLEY, « The Citizen against Authority: British Approaches to the Redress of Grievances », *Parliamentary Affairs*, 1984, vol.37, p.1-32. Pour une synthèse évolutive : John F. MacELDOWNEY, « Les mutations du droit de l'administration au Royaume-Uni », *in* Gérard MARCOU (dir.), *Les mutations du droit de l'Administration en Europe. Pluralisme et convergences*, Paris, L'Harmattan, coll. Logiques Juridiques, 1995, p.195-219.

[193] Rodney AUSTIN, « Administrative Law's Reaction to the Changing Concepts of Public Service », *in* Peter LEYLAND, Terry WOODS (dir.), *Administrative Law Facing the Future*, Londres, Blackstone Press, 1997, p.22-24. On retrouve l'expression « *public utilities* » qui désigne les services publics en réseaux. Cette faible place conférée à la notion juridique de service public s'expliquerait par le fait que les fonctionnaires britanniques sont avant tout au service de la Reine et de ses ministres. V. également : John BELL, T.P KENNEDY, « La notion de service public au Royaume-Uni et en Irlande », *in* Gérard MARCOU, Franck MODERNE (dir.), *op.cit.*, p.225-258.

l'administration communautaire. La différence de composition et de nature[194] ainsi que la place primordiale des États membres dans la mise en œuvre du droit communautaire[195] n'entravent pas l'existence d'une telle administration, incarnée par la Commission européenne, et qui consolide l'idée d'un droit administratif européen. De nouveau, malgré leurs caractéristiques et leurs manifestations différentes du droit français, les idées de service public et d'intérêt général[196] sont bien présentes.

50. Il convient donc d'envisager l'administration comme une « *fonction de l'État qui consiste, sous l'autorité du Gouvernement, à assurer l'exécution des lois et le fonctionnement continu des services publics* »[197]. L'approche strictement organique[198] ou encore « passive »[199] ne paraît en effet pas pertinente pour notre étude.

L'objet de cette thèse étant délimité, il convient à présent de préciser ses principaux instruments.

§3. INSTRUMENTS DE L'ÉTUDE

51. Nous souhaitons montrer l'existence de la notion juridique de bonne administration en en proposant notamment une définition. Celle-ci n'est le produit ni d'un « effet de mode » ni d'un « glissement de langage ». À l'analyse, elle s'avère être consubstantielle au droit public.

52. Les références expresses à la « bonne administration » sont toutefois parcimonieuses en droit français. Le recours au droit comparé est par conséquent utile (**A**). De plus, le *corpus* de ce travail ne peut se restreindre aux instruments « classiques » de la recherche juridique : le « droit souple »[200] présente à cet égard

---

[194] Cette administration se caractériserait par sa taille réduite, son élitisme ainsi que son orientation concurrentielle, économique et technique : Carol HARLOW, « Codification of EC Administrative Procedures? Fitting the Foot to the Shoe or the Shoe to the Foot », *European Law Journal*, mars 1996, vol.2, n°1, p.18. Elle serait « *de type weberien, à dominante germano-britannique* » et de culture administrative « *hétérogène, à dominante franco-germanique* » : Jacques ZILLER, « De la nature de l'administration européenne », *R.F.A.P.*, juillet-septembre 2000, n°95, p.378.

[195] Loïc AZOULAY, « The Judge and the Community's Administrative Governance », *in* Christian JOERGES, Renaud DEHOUSSE (dir.), *Good governance in Europe's Integrated Market*, Oxford, University Press, 2002, p.110. Sur la spécificité et l'originalité de l'organisation communautaire comme illustration de l'État post-moderne : Jacques CHEVALLIER, *op.cit.*, p.44 ; p.196.

[196] Gérard MARCOU, « De l'idée de service public au service d'intérêt général », *in* Gérard MARCOU, Franck MODERNE (dir.), *op.cit.*, p.372-376.

[197] Gérard CORNU, *Vocabulaire juridique*, *op.cit.*, p.27 ; L'administration peut aussi être définie comme « *l'ensemble des hommes (individus et groupes) qui sont chargés de préparer et d'exécuter (ou de faire exécuter) les décisions des pouvoirs politiques* » : Bernard GOURNAY, *op.cit.*, p.8.

[198] « *Corps d'agents, d'un ensemble d'organes, d'une institution dénommée Administration* » : Charles EISENMANN, *Cours de droit administratif*, t.1, Paris, L.G.D.J., 1982, p.95 ; p.197-298.

[199] Selon cette approche, l'administration publique désigne les « *organes et structures qui permettent l'action* ». Par contraste, au sens actif, l'administration désigne le « *fait d'administrer, l'action administrative, l'accomplissement des tâches de l'État* » : Paul SABOURIN, *art.cit.*, p.398.

[200] V. définition *infra*, n°65 et s.

un réel intérêt (**B**). Enfin, il convient d'énoncer l'instrument principal de démonstration de cette thèse : le plan de l'étude (**C**).

A. La pertinence du recours au droit comparé

53. La définition du droit comparé suscite des débats instructifs dépassant cependant les limites de cette introduction[201]. La comparaison peut être définie comme une « *opération de l'esprit par laquelle sont réunis dans une confrontation méthodique les objets à comparer, afin que leurs rapports soient précisés* »[202]. Le droit comparé consiste alors en la comparaison d'ordres juridiques différenciés[203]. Il implique leur connaissance, leur compréhension et leur confrontation[204]. En droit public français, cette démarche a longtemps suscité des réticences[205] qui, malgré l'émergence d'un droit administratif européen, semblent parfois curieusement subsister. Or, « *la pire des défenses du droit administratif français serait (...) de se complaire dans l'autosatisfaction ou de ne prétendre le défendre qu'au nom de la diversité culturelle* »[206].

---

[201] Pour un rappel de l'origine et du développement du droit comparé, v. notamment : René DAVID, Camille JAUFFRET-SPINOSI, *Les grands systèmes de droit contemporain*, 11e éd., Paris, Dalloz, coll. Précis, 2002, p.1 et s. ; Marcel ANCEL, « Situation et problèmes actuels du droit comparé », *in Livre du centenaire de la société de législation comparée*, Paris, L.G.D.J., n° spécial de la *R.I.D.C.*, 1969, p.3-14 ; K. ZWEIGERT, H. KÖTZ, *op.cit.*, p.49-62 ; H.A. SCHWARTZ-LIBERMANN VON WAHLENDORF, *Droit comparé. Théorie générale et principes*, Paris, L.G.D.J., 1978, p.95-126 (pour une application de la méthode comparative au droit public : p.66-79) ; A.J. VAN DER HELM, V.M. MEYER, *Comparer en Droit. Essai méthodologique*, Strasbourg, CERDIC Publications, coll. Recherches institutionnelles, 1991, p.11-46. Pour un aperçu des problèmes posés par le droit comparé : René DAVID, *Le droit comparé, droits d'hier, droits de demain*, Paris, Économica, coll. Etudes juridiques comparatives, 1982, 362p ; Susanna DE LA SIERRA, *Una metodología para el Derecho Comparado europeo*, Madrid, Thomson, coll. Cuadernos Civitas, 2004, 137p. Sur l'étude du droit comparé comme méthode ou/et comme science : Étienne PICARD, « L'état du droit comparé en France », *R.I.D.C.*, octobre-décembre 1999, n°4, p.885-915 (l'auteur l'envisage comme méthode et comme discipline scientifique) ; Otto PFERSMANN, « Le droit comparé comme interprétation et comme théorie du droit », *R.I.D.C.*, avril-juin 2001, n°2, p.275-288 ; Pierre LEGRAND, « Comparer », *R.I.D.C.*, avril-juin 1996, n°2, p.279-318 ; Léontin-Jean CONSTANTINESCO, *Traité de droit comparé. La méthode comparative*, t.2, Paris, L.G.D.J., 1974, 412p ; Marie-Claire PONTHOREAU, « Le droit comparé en question(s) entre pragmatisme et outil épistémologique », *R.I.D.C.*, janvier-mars 2005, n°1, p.7-27 ; K. ZWEIGERT, H. KÖTZ, *op.cit.*, p.1-12 ; Naojiro SUGIYAMA, « Essai d'une conception synthétique du droit comparé », *in Recueil d'études en l'honneur d'Edouard Lambert. Introduction à l'étude du droit comparé*, Paris, L.G.D.J., 1938, p.50-60 (le droit comparé est ici conçu comme une « *discipline* » appartenant à la « *science du droit international* »).

[202] Léontin-Jean CONSTANTINESCO, *op.cit.*, p.22.

[203] Ainsi, selon MM. Zweigert et Kötz, le droit comparé, implicitement qualifié de science, a pour objet le droit de différents systèmes juridiques du monde et pour procédé la comparaison : K. ZWEIGERT, H. KÖTZ, *op.cit.*, p.2. De même, selon M. Gutteridge, le droit comparé, branche de la science juridique, est l' « *étude, par la méthode comparative, des concepts ou des règles de droit de deux ou plusieurs systèmes, au sujet d'une matière donnée* » : H.C. GUTTERIDGE, « La valeur du droit comparé », [trad. Jacques LAMBERT], *in Recueil d'études en l'honneur d'Edouard Lambert*, *op.cit.*, p.295-296.

[204] Léontin-Jean CONSTANTINESCO, *op.cit.*, p.122-283. De même, selon M. Picard, le droit comparé est une « *discipline scientifique cherchant à connaître (...) et surtout à comprendre les droits étrangers* » : Étienne PICARD, *art.cit.*, p.887.

[205] À propos des réticences du système français et de ses évolutions : Bénédicte FAUVARQUE-COSSON, « Development of Comparative Law in France », *in* Mathias REIMANN, Reinhard ZIMMERMANN (dir.), *The Oxford Handbook of Comparative Law*, Oxford, Oxford University Press, 2006, p.36-67. L'auteur retrace ainsi l' « *âge d'or* » du droit comparé (p.39-48) pour décrire son « *déclin* » à partir de la Seconde Guerre mondiale (p.48-55) et, enfin, sa « *fragile* » renaissance (p.55-66).

[206] Fabrice MELLERAY, « L'imitation de modèles étrangers en droit administratif français », *A.J.D.A.*, 21 juin 2004, n°23, p.1229.

54. En revanche, les réserves quant aux mauvais usages du droit comparé doivent être accueillies avec une attention particulière. Le recours à cette méthode se réduirait en effet parfois à une pure « *clause de style* »[207]. Afin d'éviter cet écueil, il est nécessaire de préciser l'usage qu'il en est fait dans le cadre de cette thèse, l'exposé de la finalité de la comparaison (**1**) déterminant les ordres juridiques étudiés (**2**).

1. Le droit comparé comme instrument d'élaboration d'une notion

55. « *Argument* »[208] à l'appui de notre démonstration, le recours au droit comparé ne délimite pas l'objet de cette thèse. Les données tirées des ordres juridiques étudiés sont plutôt utilisées comme instruments d'élaboration de la notion de bonne administration[209]. Cet usage ne semble pas avoir été souvent mis en exergue : le droit comparé est couramment présenté comme un instrument d'amélioration ou d'interprétation du droit national ou encore d'unification des droits nationaux[210]. Pourtant, son utilisation conceptuelle présente un intérêt certain[211]. Cette étude n'a alors pas pour vocation de comparer des systèmes juridiques au regard d'un objet prédéfini. Elle vise, à l'inverse, à proposer une définition de cet objet (la bonne administration), notamment *via* l'observation de certains droits étrangers. Nous ne procéderons cependant pas à la pure « *exposition de droits étrangers* » qu'il ne faut pas confondre avec le droit comparé[212]. En d'autres termes, la notion de bonne

---

207 Jean-Bernard AUBY, « Introduction », *in* Fabrice MELLERAY (dir.), *L'argument de droit comparé en droit administratif français*, Bruxelles, Bruylant, coll. Droit administratif, 2007, p.7. M. Melleray émet cette même réserve en des termes dénués d'équivoque : « (…) *non, à une utilisation mal maîtrisée, gadgétisée du droit comparé, chose aujourd'hui (peut-être plus qu'hier) trop sérieuse pour être utilisée sans précaution* » : Fabrice MELLERAY, « Les trois âges du droit administratif comparé ou comment l'argument de droit comparé a changé de sens en droit administratif français », *in* Fabrice MELLERAY (dir.), *op.cit.*, p.16.

208 Fabrice MELLERAY (dir.), *L'argument de droit comparé en droit administratif français, op.cit.* De même, selon Mme Ponthoreau, le droit comparé relève de l'argumentation et de la justification : Marie-Claire PONTHOREAU, *art.cit.*, p.19.

209 Sur une telle utilisation de la comparaison, v. : Léontin-Jean CONSTANTINESCO, *op.cit.*, n°118.

210 K. ZWEIGERT, H. KÖTZ, *op.cit.*, p.16-21 ; p.24-31 ; M. David évoque un triple but : déterminer le rôle et la signification du droit, faciliter l'organisation de la société internationale et améliorer les droits nationaux : René DAVID, *op.cit.*, p.13 ; v. aussi : Naojiro SUGIYAMA, *art.cit.*, p.51-52.

211 Selon M. Pfersmann, le droit comparé n'a aucune compétence en matière de réglementations nouvelles (« *utopie prescriptive* »). Sa fonction critique rejoint celle de la théorie du Droit (« *interprétation conceptuelle différenciée* ») : Otto PFERSMANN, *art.cit.*.

212 Sur ce point, v. notamment : Otto PFERSMANN, *art.cit.* (« *confusion descriptive* ») ; Jean-Marie PONTIER, « De la théorie à la pratique du droit comparé », *in* Jean DU BOIS DE GAUDUSSON (dir.), *Le devenir du droit comparé en France*, Journée d'études à l'Institut de France, 23 juin 2004, Aix-Marseille, P.U.A.M., 2005, p.41. Il faut différencier la pure information comparative, qui fait référence occasionnellement aux États concernés, et la comparaison systématique : Léontin-Jean CONSTANTINESCO, *op.cit.*, p.25-27. On peut aussi distinguer les études scientifiques de droit comparé de l'étude de droit interne employant la méthode comparative : Mario SARFATI, « Le droit comparé dans son essence et dans son application » [trad. : Pierre GARRAUD], *in Recueil d'études en l'honneur d'Edouard Lambert, op.cit.*, p.61. Ainsi que le souligne M. Frantisek, cet usage du droit comparé, qui dégage certains traits typiques des systèmes étudiés, ne s'intéresse pas en détail au contenu concret des différents systèmes : Weyr FRANTISEK, « Remarques générales sur la nature juridique de la méthode comparative », [trad. Paul ROUBIER et H.MANKIEWICZ], *in Recueil d'études en l'honneur d'Edouard Lambert, op.cit.*, p.313.

administration proposée est, en partie, le résultat de la comparaison et non son point de départ[213].

56. Par conséquent, on insistera davantage sur les similarités que sur les différences. Si la dissemblance est un élément hautement instructif, le droit comparé ne s'y réduit pas[214]. La « *comparaison intégrative* » présente tout autant d'intérêt que la « *comparaison différentielle* »[215]. Il semble qu'en réalité l'on soit confronté à un faux dilemme. Ainsi que le souligne Madame Ponthoreau, « *la comparaison ne consiste pas à mesurer les différences et les ressemblances, mais à donner un sens à cette activité de mesure* »[216]. Dans le cadre de cette recherche, elle a pour objectif de mettre en lumière des éléments communs nécessaires à la définition de la bonne administration. Cette utilisation du droit comparé ne nie pas l'existence même de l'altérité[217]. Si la démarche est, en substance, unificatrice, les spécificités des cultures juridiques[218] ne seront pas omises. On ne saurait en effet passer sous silence les principes et les valeurs-clefs d'un ordre juridique, les croyances partagées ou encore les manières de penser le droit[219].

Cette remarque émise, il convient de préciser les ordres juridiques (en dehors du droit français) ayant retenu notre attention dans le cadre de cette étude.

---

[213] Léontin-Jean CONSTANTINESCO, *op.cit.*, p.318.

[214] *A contra* : Pierre LEGRAND, *Le droit comparé*, 2e éd., Paris, P.U.F., coll. Que sais-je ?, 1999, p.101-112 ; *art.cit.*, *R.I.D.C.*, p.295 ; « Comparer », *in* Centre français de droit comparé, *Le droit comparé aujourd'hui et demain*, 1996, p.21-60 ; « The same and the different », *in* Pierre LEGRAND, Roderick MUNDAY (dir.), *Comparative legal studies : traditions and transitions*, Cambridge, Cambridge University Press, 2003, p.240-311.

[215] Marie-Claire PONTHOREAU, *art.cit.*, p.17.

[216] Marie-Claire PONTHOREAU, « Le droit comparé et la théorie juridique », *in* Jean DU BOIS DE GAUDUSSON (dir.), *Le devenir du droit comparé en France*, Journée d'études à l'Institut de France, 23 juin 2004, Aix-Marseille, P.U.A.M., 2005, *art.cit.*, p.56. Dans le même sens, pour une synthèse du débat (p.585-396) et la relativisation de son intérêt (p.391-4): Gerhard DANNEMANN, « Comparative law: study of similarities or differences? », *in* Mathias REIMANN, Reinhard ZIMMERMANN (dir.), *The Oxford Handbook of Comparative Law*, Oxford, Oxford University Press, 2006, p.383-419. L'auteur évoque ainsi l'intérêt d'insister sur les similarités pour comprendre le droit : p.405-406.

[217] Le respect de l'altérité est en effet une nécessité : Pierre LEGRAND, *op.cit.*, p.105.

[218] Selon M. Legrand, le mot « culture » désigne les « *pratiques prédominantes qui, par-delà l'hybridité particulière à chacune de ces communautés, les distinguent les unes des autres* (…) » : Pierre LEGRAND, *op.cit.*, p.10.

[219] Roger COTTERRELL, « Comparative Law and Legal Culture », *in* Mathias REIMANN, Reinhard ZIMMERMANN (dir.), *op.cit.*, p.710. Pour une illustration de l'importance de la culture, notamment dans la relativisation du critère de distinction entre droit public et droit privé : John S. BELL, « Comparative Administrative Law », *in* Mathias REIMANN, Reinhard ZIMMERMANN (dir.), *op.cit.*, p.1262-1264. L'importance de la culture ne doit cependant pas fausser la comparaison : Susanna DE LA SIERRA, *op.cit.*, p.68-69.

2. *Ordres juridiques étudiés en complément de l'ordre juridique français*

57. Au regard du sujet proposé, l'ouverture à d'autres ordres juridiques s'est avérée nécessaire[220]. Il s'agit alors de justifier les choix opérés en apportant quelques éléments essentiels pour la compréhension de l'étude (**ii**). Auparavant, il convient d'évoquer des ordres juridiques présentant un rapport avec le sujet traité, mais n'ayant pas fait l'objet de recherches approfondies[221] (**i**).

i. Exemples d'ordres juridiques présentant un intérêt au regard du sujet traité

58. Il faut remonter notamment à la jurisprudence grecque pour relever les premières références expresses à la « bonne administration ». Dès l'ouverture du recours contentieux dans les années trente, le juge employa l'expression en lui conférant, dans la majeure partie des cas, un sens proche de celui de la bonne foi[222]. Mais son adoption dans la jurisprudence d'autres États a révélé sa malléabilité.

59. À ce titre, une référence au droit hollandais s'impose. Ce droit est en effet parfois considéré comme étant à l'origine des principes de bonne administration que l'on retrouve notamment dans les ordres juridiques belge[223] et communautaire[224]. Développés par la Couronne après la Seconde Guerre mondiale, les principes de bonne administration figurent dans la loi de 1954 relative à la procédure administrative générale (*Algemene beginselen van behoorlijk bestuur*)[225]. Ils furent

[220] Afin d'être à même de mener ces observations comparatives, des séjours de recherche ainsi qu'un apprentissage des langues concernées étaient nécessaires. Une co-direction avec l'Université de Barcelone a facilité nos séjours de recherche en Espagne. Un séjour de trois mois à l'Université *London school of economics and political science* a également été d'un grand apport. Nos traductions et plus largement nos interprétations sont basées sur les dictionnaires unilingues des ordres juridiques concernés et sur leur compréhension globale. Toutefois, elles ne sauraient naturellement prétendre à la perfection. Le texte original des citations en langue étrangère est donc automatiquement reproduit en notes infrapaginales. La rigueur scientifique a en effet primé sur l'esthétique et nous espérons que la relative longueur de certaines notes infrapaginales ne gênera pas le lecteur. Sur la nécessité des séjours de recherche : Pierre LEGRAND, *art.cit.*, p.295 ; Léontin-Jean CONSTANTINESCO, *op.cit*, p.21. Sur l'importance de la maîtrise de la langue : Léontin-Jean CONSTANTINESCO, *op.cit.*, p.21 ; p.144-150 ; Étienne PICARD, *art.cit.*, p.892-893 ; Pierre LEGRAND, *art.cit.*, p.295. Sur la nécessité du recours aux dictionnaires unilingues : Léontin-Jean CONSTANTINESCO, *Traité de droit comparé. La méthode comparative*, t.2, Paris, L.G.D.J., 1974, p.149-150. Les dictionnaires juridiques plurilingues se préoccupent davantage de l' « *enveloppe linguistique* » que du « *contenu juridique* » des termes étudiés.

[221] « *La qualité scientifique de la comparaison exige qu'on n'embrasse pas trop d'ordres juridiques* » : Léontin-Jean CONSTANTINESCO, *op.cit.*, p.39.

[222] Georges DELLIS, « Le principe de bonne administration dans la jurisprudence du Conseil d'Etat hellénique », *in Mélanges en l'honneur de Epaminondas P. Spiliotopoulos. Etat-loi-administration*, Bruxelles, Bruylant, 1998, p.31, note n°1.

[223] Michel PÂQUES, « L'application de la loi fiscale - Principes de bonne administration en droit administratif et en droit fiscal. Présentation et mise en œuvre », *Actualités du droit. Revue de la Faculté de droit de Liège*, 1993, vol.3, n°2, p.399-483. L'auteur rappelle que la « bonne administration » se conçoit toujours au pluriel tant son contenu est incertain.

[224] W.N. DE WAARD BOUDEWIJN, Adrienne J.C. DE MOOR-VAN VUGT, « Les changements récents dans le droit administratif néerlandais », *in* Gérard MARCOU (dir.), *op.cit.*, p.221-246.

[225] Art. 5 de la loi du 16 septembre 1954 (*Wet administratieve rechtspraak bedrijfsorganisatie*) : Cees J. BAX, « Droit administratif - Pays-Bas », *R.E.D.P.*, été 1989, vol.1, n°1, p.119-130 ; Constantin KORTMANN, « Les principes généraux du droit dans le droit public néerlandais », *in* Christian-Albert

par la suite réaffirmés dans les lois générales du droit administratif (*Algemene wet bestuursrecht*) de 1992 et 1994[226]. Cette dernière disposition ajoute le principe de légalité, auparavant simple question préalable de compétence, et celui de proportionnalité à la liste des principes de bonne administration particulièrement hétérogènes.

On peut citer pour exemple : l'interdiction du détournement de pouvoir, la diligence, la motivation des actes administratifs, l'égalité, la confiance légitime et la sécurité juridique[227]. Une distinction a alors été établie entre les principes « formels » (prise de décision et forme, motivation formelle, etc.) et les principes « matériels » (proportionnalité, sécurité juridique, etc.) de bonne administration[228]. La violation des principes de bonne administration fait donc partie intégrante du contrôle juridictionnel, au même titre que le détournement de pouvoir ou la violation directe de la loi[229]. Ils renferment des normes juridiques non écrites limitant le pouvoir discrétionnaire de l'administration[230].

Nous pouvons dès lors en conclure que l'expression « bonne administration » couvre l'ensemble des principes s'imposant à l'administration hollandaise. Elle accompagne simplement le passage du contrôle de légalité *stricto sensu* (*wetmatigheidscontrole*) au contrôle de conformité de l'action administrative au droit (*rechtmatigheidscontrole*)[231]. Plus globalement, l'observation du droit hollandais s'avère utile afin de saisir les premières évocations de la bonne administration (*goede bestuur*) dans la jurisprudence et la loi. Il sera donc fait référence à cet ordre juridique, mais de manière relativement accessoire compte tenu de nos connaissances limitées de la langue néerlandaise.

60. Pour la même raison, bien que les ordres juridiques finlandais[232], italien[233] ou encore allemand[234] présentent un intérêt certain au regard de l'objet de cette recherche, leur étude sera subsidiaire.

GARBAR (coord.), *Mélanges en l'honneur de Benoît Jeanneau. Les mutations contemporaines du droit public*, Paris, Dalloz, 2002, p.147-159.

[226] A.J. BOK, « Chronique Droit administratif - Pays-Bas », *R.E.D.P.*, 2000, p.193-214 ; P.L DE VOS, C.J. BAX, « The Procedure of Administrative Decisions in the Netherlands », *R.E.D.P.*, n°5, 1994 : *La procédure des actes administratifs*, p.239. Pour une analyse évolutive du droit hollandais ; J.G. BROUWER, A.E. SCHILDER, *A Survey of Dutch Administrative Law*, Ars Aequi Libri, Nimègue, 1998, spéc. p.33-46.

[227] J.B.J.M. TEN BERGE, A.J. BOK, « El principio de proporcionalidad en el Derecho Administrativo holandés », *Cuadernos de Derecho Público*, septembre-décembre 1998, n°5, p.288.

[228] Constantin KORTMANN, Paul BOVEND'EERT, *Dutch Constitutional Law*, La Haye, Kluwer Law International, 2000, p.166 ; Constantin KORTMANN, *art.cit.*, p.152-159.

[229] Constantin KORTMANN, Paul BOVEND'EERT, *op.cit.*, p.163-169.

[230] W.N. DE WAARD BOUDEWIJN, Adrienne J.C. DE MOOR-VAN VUGT, *art.cit.*, p.223.

[231] Sur cette affirmation : Constantin KORTMANN, *art.cit.*, p.148 ; Robert ANDERSEN, « Le juge de l'excès de pouvoir et la mise en balance des intérêts en présence », *in* Philippe GÉRARD, François OST, Michel VAN DE KERCHOVE (dir.), *Droit et intérêt*, vol.3 : *Droit positif, droit comparé et histoire du droit*, Bruxelles, Facultés universitaires Saint-Louis, 1990, n°49, p.142-150.

[232] L'article 21 de la Constitution finlandaise dispose en effet que « (…) *les autres garanties d'une procédure équitable et d'une bonne administration, sont garanties par la loi* ». Pour un aperçu des différentes lois générales administratives de bonne administration dans les pays scandinaves : Kirsi KUUSIKKO, « Advice, Good Administration and Legitimate Expectations: Some Comparative Aspects », *European Public Law*, septembre 2001, vol.7, n°3, p.455-472.

[233] V. notamment : Guido FALZONE, *Il dovere di buona amministrazione*, Milan, Dott. A. Giuffrè, 1953, 161p ; Alberto ZITO, « Il "Diritto ad una buona amministrazione" nella carta dei diritti fondamentali

Notre attention s'est alors portée à titre principal sur les ordres juridiques communautaire, espagnol et britannique.

ii. Justification du choix des ordres juridiques ayant fait l'objet d'une attention particulière

61. L'étude du droit communautaire s'impose à toute recherche relative à la « bonne administration »[235]. Les références à cette expression dans la jurisprudence de cet ordre juridique sont en effet à la fois nombreuses et anciennes. L'existence d'une thèse récente exclusivement dédiée au « *principe de bonne administration en droit communautaire* »[236] en témoigne. De même, l'idée de « bonne administration » a pu être étudiée afin d'illustrer la « *confluence* » des États européens[237].

Par ailleurs, comme nous l'avons déjà indiqué, l'article 41 de la Charte des droits fondamentaux de l'Union européenne consacre un « *droit à une bonne administration* »[238]. Or, l'importance de cette Charte n'est pas strictement liée à sa valeur contraignante. En effet, ses mentions jurisprudentielles répétées en ont déjà fait un outil d'analyse important[239]. On observe en effet que tant les juridictions communautaires que les juridictions des États membres la prennent en compte depuis son adoption.

Enfin, l'élaboration de toute notion nécessite la synthèse de divers éléments. Or, ce processus inductif de généralisation est fréquent en droit communautaire. L'interaction entre les États membres et la Communauté européenne[240] a en effet donné lieu à la formulation de principes généraux du droit[241] et, plus largement, à

---

dell'unione europea e nell ordinamento interno », *Rivista Italiana di Diritto Público Comunitario*, 2002, n°2-3, p.425-444.

[234] Le droit allemand présente un intérêt certain, notamment au regard des principes généraux de la procédure non contentieuse et de la protection particulière des droits de l'individu : Christian AUTEXIER, *Introduction en droit public allemand*, Paris, P.U.F., coll. Droit politique et théorique, 1997, spéc. p.271-350 ; Hartmut MAURER, *Droit administratif allemand*, [trad. Michel FROMONT], Paris, L.G.D.J., coll. Manuel, 1994, spéc. p.89-183.

[235] Pour une synthèse récente des principes communautaires de bonne administration et en droit comparé : Michel FROMONT, « Le renforcement des garanties de bonne administration et de bonne justice administrative en Europe », *in En hommage à Francis Delpérée. Itinéraire d'un constitutionnaliste*, Bruxelles, Bruylant, 2007, p.547-558 ; Michel FROMONT, *Droit administratif des États européens*, Paris, P.U.F., coll. Thémis droit, 2006, spéc. p.100-104.

[236] Julie LASSALLE, *op.cit.*

[237] Nicolas MARTY, *op.cit* ; Jean-Louis AUTIN, Catherine RIBOT, *Droit administratif général*, 5e éd., Paris, Litec, coll. Objectif droit, 2007, p.386.

[238] Pour une synthèse en la matière : Jacques ZILLER, « Droit à une bonne administration », *Jurisclasseur Libertés*, septembre 2007, fasc.1040.

[239] Sur ce point, v. notamment : Laurence BURGORGUE-LARSEN, « La "force de l'évocation" ou le fabuleux destin de la Charte des droits fondamentaux de l'Union européenne », *in Mélanges en l'honneur de Pierre Pactet. L'esprit des institutions, l'équilibre des pouvoirs*, Paris, Dalloz, 2003, p.77-104 ; Ricardo ALONSO GARCÍA, *Sistema jurídico de la Unión europea*, Cizur Menor (Navarre), Thomson Civitas, 2007, p.249-259.

[240] Nécessaire à la fois à l'efficacité directe du droit communautaire et à la sécurité juridique dans son intégration. Sur ce point, v. par exemple : Ricardo ALONSO GARCÍA, *op.cit.*, p.195-238 ; *Derecho comunitario y derechos nacionales. Autonomía, integración e interacción*, Buenos Aires, Abeledo-Perrot, 1999, p.53-78. Concernant la procédure : Javier BARNES VAZQUEZ (dir.), *El procedimiento en el derecho comparado*, Madrid, Civitas, coll. Monografías, 1993, p.32-39 ; p.49-56.

[241] Jürgen SCHWARZE, *European Administrative Law*, Londres, Sweet & Marwell, 1992, p.1173-1430.

l'émergence d'un droit administratif européen[242]. Au-delà de son apport propre, le droit communautaire est utile aux constructions doctrinales, car il synthétise les traditions constitutionnelles communes aux États membres. Le rôle du juge est à cet égard indéniable[243]. En cela notamment, ce droit possède un statut différent des autres ordres juridiques étudiés.

62. Les références à la « bonne administration » sont également fréquentes dans l'ordre juridique espagnol. On peut ainsi lire, dès l'exposé des motifs de la loi relative à la juridiction administrative de 1956, que les « *infractions administratives* » ne constituent pas seulement des préjudices pour les administrés, mais aussi des « *entraves à une bonne et juste administration* »[244]. De même, la loi relative aux contrats du secteur public espagnol conditionne l'exercice de la liberté contractuelle de l'administration au respect des « *principes de bonne administration* »[245]. L'observation du « *principe de bonne administration* » est également une condition d'exercice du pouvoir réglementaire du Gouvernement de Navarre[246].

Récemment, le législateur espagnol a évoqué l'existence d'un « *droit à une bonne administration* » dans l'exposé des motifs des lois sur l'amélioration de la qualité de l'administration générale de l'État[247] et sur le statut général de l'emploi public[248]. Par ailleurs, les références à ce droit se multiplient au niveau régional[249].

---

[242] Jean-Bernard AUBY, Jacqueline DUTHEIL DE LA ROCHÈRE, « À propos de la notion de droit administratif européen », *R.F.A.P.*, varia 2007, n°123, p.375-385 ; Jacques ZILLER, « Les concepts d'administration directe, d'administration indirecte et de co-administration et les fondements du droit administratif européen », *in* Jean-Bernard AUBY, Jacqueline DUTHEIL DE LA ROCHÈRE (dir.), *Droit administratif européen*, Bruxelles, Bruylant, 2007, p.235-241 ; Claudio FRANCHINI, « Les notions d'administration indirecte et de coadministration », *in* Jean-Bernard AUBY, Jacqueline DUTHEIL DE LA ROCHÈRE, *op.cit.*, p.245-265 ; Edoardo CHITI, « Les agences, l'administration indirecte et la coadministration », *in op.cit.*, p.267-281 ; Ricardo ALONSO GARCÍA, *op.cit.*, 1999, p.19-43.

[243] Sur le rôle fédérateur de la C.J.C.E., v. notamment : Hélène BAUER-BERNET, « Notions indéterminées et droit communautaire », *in* Chaïm PERELMAN, Raymond VAN DER ELST (dir.), *Les notions à contenu variable en droit*, Bruxelles, Bruylant, coll. Travaux du centre national de recherches de logique, 1984, p.116-120. Pour une illustration jurisprudentielle de la méthode comparative en matière de bonne administration : C.J.C.E., 4 juillet 1963, *Alvis c/ Conseil*, aff. 32/62, rec.1963, p.101.

[244] « *Las infracciones administrativas se muestran realmente no tan solo como una lesion de las situaciones de los administrativos, sino como un entorpecimiento a la buena y recta administración* ». Sur ce point : Juli PONCE SOLÉ, « Procedimiento administrativo, globalización y buena administración », *Jurisprudencia argentina*, 3 décembre 2008, , vol.4, supplément du n°10, p.6.

[245] « *En los contractos del sector público podrán incluirse cualesquiera pactos, cláusulas y condiciones, siempre que no sean contrarios al interés público, al ordenamiento jurídico y a los principios de buena administración* » : article 25.1 de la Loi n°30/2007 du 30 octobre 2007, *Ley de Contratos del Sector Público*, B.O.E. n°261 du 30 octobre 2007 (reprise des conditions de l'ancien article 4 de la Loi n°13/1995 du 18 mai 1995, *Ley de Contratos de las Administraciones Públicas*, B.O.E. n°119 du 19 mai 1995).

[246] « *El ejercicio de la potestad reglamentaria debe realizarse motivadamente y con arreglo al principio de buena administración* » : article 58.1, chapitre 4 de la Loi n°14/2004 du 3 décembre 2004, *Ley foral del Gobierno de Navarra y de su Presidente*, B.O.E. n°27 du 1er février 2005.

[247] Loi n°28/2006 du 18 juillet 2006, *Ley de agencias estatales para la mejora de los servicios públicos*, B.O.E. n°171 du 19 juillet 2006. Pour une référence aux standards de qualité et à l'amélioration des services publics, v. en outre l'article 4.1.b de la Loi n°6/1997 du 14 avril 1997 relative à l'organisation et au fonctionnement de l'Administration générale de l'État, *Ley de Organización y Funcionamiento de la Administración General del Estado*, B.O.E. n°90 du 15 avril 1997 (L.O.F.A.G.E.). Nous reviendrons sur ce point par la suite.

[248] Loi n°7/2007 du 12 avril 2007, *Estatuto Basico del Empleado Público*, B.O.E. n°89 du 13 avril 2007. Nous reviendrons sur ce point par la suite.

Introduisant des « *standards de qualité* » des services publics et une Charte des droits des usagers, le Statut autonome de Catalogne fait ainsi référence au « *droit à l'accès aux services publics et à une bonne administration* »[250]. La bonne administration est alors associée au traitement impartial et objectif de l'administré par l'Administration et à l'action proportionnée de cette dernière à son objectif[251]. De même, l'article 31 du Statut de la Communauté autonome d'Andalousie prévoit un droit à une bonne administration comprenant notamment les principes d'impartialité, de proportionnalité ou encore d'accès aux dossiers[252]. Il en est de même des statuts autonomes des Îles Baléares[253] et de la Communauté de Valence[254], qui consacrent un « *droit à une bonne administration et à l'accès aux archives et aux registres administratifs* », sans toutefois expliciter davantage le contenu du premier.

De plus, la jurisprudence administrative espagnole, nationale comme régionale, a souvent recours au(x) principe(s) de bonne administration, notamment pour renforcer le devoir de motivation de l'administration publique[255]. De manière plus structurelle, le législateur national espagnol a, de longue date, codifié les règles et les principes régissant le fonctionnement administratif, notamment par la Loi relative au régime juridique des administrations publiques et de la procédure administrative de droit commun (*L.R.J.P.A.C.*)[256]. L'article 35 de cette loi revêt un intérêt certain : il énonce une série de droits dont l'administré peut se prévaloir. On peut citer, à titre d'exemple, le droit à l'information, le droit au contradictoire ou encore le droit de ne pas faire l'objet de demandes de documents excessives de la part de l'administration.

Par ailleurs, le principe d'efficacité de l'administration publique est expressément prévu par la Constitution espagnole[257]. Le passage à un « *État de*

---

[249] Juli SOLE PONCÉ, *art.cit.*, p.3-4.

[250] Article 30 de la Loi organique n°6/2006 du 19 juillet 2006, *Ley Orgánica de reforma del Estatuto de Autonomía de Cataluña*, B.O.E. n°172 du 20 juillet 2006 (*Derecho de acceso a los servicios públicos y a una buena Administración*).

[251] « *Todas personas tienen derecho a ser tratadas por los poderes públicos de Cataluña, en los asuntos que les afectan, de forma imparcial y objectiva, y a que la actuación de los poderes públicos sea proporcionada a las finalidades que la justifican* » : second alinéa de l'article 30 précité.

[252] Loi organique n°2/2007 du 19 mars 2007, *Ley Orgánica de Reforma del Estatuto de Autonomía para Andalucía*, B.O.E. n°68 du 20 mars 2007.

[253] Art. 14.1 de la Loi organique n°1/2007 du 28 février 2007, *Ley Orgánica de reforma del Estatuto de Autonomía de las Illes Balears*, B.O.E. n°52 du 1er mars 2007.

[254] Article 9 de la Loi organique n°1/2006 du 10 avril 2006, *Ley Orgánica de reforma del Estatuto de Autonomía de la Comunidad Valenciana*, B.O.E. n°86 du 11 avril 2006.

[255] Pour une synthèse récente des décisions faisant référence à la « bonne administration » : Juli PONCE, *art.cit.*, p.36-40. Selon l'auteur, on dénombrerait une vingtaine de décisions énonçant cette locution. Les principaux domaines concernés sont l'environnement, les contrats, la construction. Nous reviendrons sur cette jurisprudence tout au long de cette étude.

[256] Loi n°30/1992 du 26 novembre 1992, *Ley de Régimen Jurídico de las Administraciones Públicas y del Procedimiento Administrativo Común*, B.O.E. n°285 du 27 novembre 1992 (modifiée par la loi n°4/1999 du 13 janvier 1999, B.O.E. n°12 du 14 janvier 1999). V. en particulier les articles 35, 78.1, 79.2, 54.1. f.

[257] Article 103.1 de la Constitution espagnole : « *L'administration publique satisfait l'intérêt général de manière objective et en respectant les principes d'efficacité, de hiérarchie, de décentralisation, de déconcentration et de coordination, et en se soumettant pleinement à la loi et au Droit* » : « *La Administración Pública sirve con objetividad los intereses generales y actúa de acuerdo con los principios de eficacia, jerarquía, descentralización, desconcentración y coordinación, con sometimiento pleno a la ley y al Derecho* ».

Droit social et démocratique » (« *Estado social y democrático de Derecho* »)[258], opéré par la Constitution de 1978, a eu un impact non négligeable sur les règles régissant l'administration publique[259]. La vision organique classique laisse ainsi place à la satisfaction des intérêts généraux, nécessitant une refonte des instruments de l'administration impulsée également par le droit communautaire[260].

Le droit espagnol est particulièrement réceptif à ce dernier[261]. L'article 10.2 de la Constitution impose une interprétation des droits fondamentaux conforme aux traités internationaux[262]. De manière plus significative, les tribunaux espagnols sont parmi les premiers à avoir mentionné le « *droit à une bonne administration* » consacré par la Charte des droits fondamentaux de l'Union européenne. Le Tribunal constitutionnel, quant à lui, y faisait référence avant même l'entrée en vigueur de cette Charte[263]. Cette dernière a eu un impact considérable sur les lois nationales et régionales précitées, qui lui sont postérieures. Par ailleurs, l'intérêt porté, par la doctrine espagnole, à la « bonne administration » [264] constitue un argument supplémentaire justifiant l'étude approfondie cet ordre juridique.

63. Le droit britannique[265] mérite également une attention particulière. D'abord, en raison de la différence que ce droit de *Common law*[266] présente au regard des ordres juridiques espagnol et français. Celui-ci confère une place considérable à la procédure, qui n'est pas opposée au « fond », et met donc en exergue l'aspect procédural de la « bonne administration ».

La référence au droit britannique est ensuite parue utile en raison du recensement pragmatique de divers principes de bonne administration dans certains documents du gouvernement, tels que le *Civil Service Order in Council*[267], la *Citizen's*

---

[258] Article premier de la Constitution espagnole.

[259] Luciano PAREJO ALFONSO, *Estado social y administración pública. Los postulados constitucionales de la reforma administrativa*, Madrid, Civitas, coll. Monografías, 1983, p.95-119. Sur la notion d'État social et démocratique de Droit et les emprunts du droit espagnol au droit allemand : p.29-95.

[260] Santiago MUÑOZ MACHADO, *Tratado de derecho administrativo y derecho público general*, t.1, Madrid, Thomson Civitas, 2004, p.48-67. Sur le recours au droit privé : p.61-68 ; p.89-90 ; p.1292-1326.

[261] Francisco José RODRÍGUEZ PONTÓN, *La Articulación de las Garantías administrativas y jurisdiccionales en el sistema del CEDH*, Navarre, Thomson-Civitas, coll. Monografías, 2005, p.198-200 ; Jean-Bernard AUBY, Jacqueline DUTHEIL DE LA ROCHÈRE, *art.cit.*, p.383 ; Jean-François FLAUSS, « Principes généraux du droit communautaire dans la jurisprudence des juridictions constitutionnelles des États membres », *in* C.E.R.I.C., *Droits nationaux, droit communautaire : influences croisées. En hommage à Louis Dubouis*, Paris, La documentation française, 2000, p.54.

[262] Cette obligation s'étend à l'interprétation de ces traités : S.T.C., 1re ch., n°64/1991, 22 mars 1991, B.O.E. n°98.

[263] S.T.C., ass., n°292/2000, 30 novembre 2000, B.O.E. n°4.

[264] V. notamment : Juli PONCE SOLÉ, *op.cit.* ; *art.cit.* ; Beatriz TOMÁS MALLÉN, *El Derecho fundamental a una buena administración*, Madrid, Instituto Nacional de administración pública, coll. Estudios, 2004, 342p.

[265] Nous préférons employer cet adjectif plus général que l'adjectif « anglais » car notre recherche s'étend parfois au-delà de la région de l'Angleterre.

[266] Nous utiliserons le masculin. En effet, sans se prononcer clairement sur le genre le plus adapté, M. Rouhette considère que le masculin traduit davantage le neutre (ou l'indéterminé). De plus, le terme « law » doit être ici traduit par « droit » et non par « loi » : Georges ROUHETTE, « Le genre de "Common Law" », *in* Gérard SNOW, Jacques VAN DERLINDEN (dir.), *Français juridique et science du droit*, Bruxelles, Bruylant, 1995, p.313-317.

[267] Order in Council (under royal prerogative), 4 juin 1870. Les *Orders in Council* et les *Administrative Fiat* sont deux types d'actes régissant la fonction publique et élaborés par le Gouvernement sans contrôle du Parlement. V. *infra*, n°165 et s.

Charter[268] ou encore le *Civil Service Code*[269]. L'origine et la nature de ces documents reflètent la conception du droit communément partagée dans cet ordre juridique, qui explique en soi son étude. Ainsi que nous le verrons, la « bonne administration » est liée au développement d'un « droit souple » (*soft law*). De même, les devoirs imposés par le parlement souverain britannique à l'administration (*duties*) sont plus nombreux que les droits concédés aux citoyens (*rights*)[270]. Ce constat est intéressant au regard du « ***droit*** *à une bonne administration* »[271] consacré par la Charte des droits fondamentaux de l'Union européenne.

Par ailleurs, le changement de culture résultant du *New Public Management*[272] doit être pris en compte. La « bonne administration » est, du moins à première vue[273], rattachée aux thèmes de la performance et du « management » publics. La littérature britannique sur le « management », dont les enseignements profitent aussi aux autres ordres juridiques, abonde à ce sujet. La refonte de l'administration publique britannique, accélérée sous les gouvernements de Madame Thatcher et de Monsieur Major, est une donnée intéressante[274]. Il en est de même de l'éclatement organique de cette administration et du recours aux agences dont l'influence dans des États comme la Hollande est significative[275]. Ces changements ont pu faire naître, dans certains esprits, l'idée que la « bonne administration » résulte de la pure décalcomanie de la bonne gestion des entreprises privées. Au-delà du caractère à notre sens discutable de cette démarche[276], l'étude du droit anglais alimente un débat lié au thème de notre recherche.

Enfin, le terme de « *maladministration* »[277] provient du droit anglais. Or, cette locution doit naturellement être prise en compte afin d'élaborer la notion de bonne administration[278]. Les cas de *maladministration* constituent en effet des renvois

---

268 *The Citizen's Charter*, National Consumer Council, H.M.S.O., Cm. 1599, 1991. V. *infra*, n°510 et s.

269 Cm. 2748, col.43-44. V. *infra*, n°165 et s.

270 P.S. ATIYAH, *Pragmatism and Theory in English Law*, Londres, Stevens, coll. The Hamlyn Lectures, 1987, p.18-26.

271 Article 41 C.D.F., *préc.* Nous soulignons.

272 V. *infra*, n°162 et s. Cette « vague » est commune aux États Unis, au Canada, à l'Australie ou encore à la Nouvelle Zélande. Mais elle n'est pas propre aux pays de *Common Law*. Pour un aperçu de l'influence de la pensée anglo-saxonne du *N.P.M.* en Europe ainsi que la diversité de ses modèles : Christopher POLLITT, Sandra VAN THIEL, Vincent HOMBURG, *New Public Management in Europe. Adaptation and Alternatives*, Basingstoke, Palgrave Macmillan, 2007, 229p et spéc. : Sandra VAN THIEL, Christopher POLLITT, « The Management and Control of Executive Agencies: an Anglo-Dutch Comparison », p.52-70. Les auteurs montrent que le *N.P.M.* n'implique pas en soi la privatisation.

273 À la réflexion, il s'agit, à notre sens, de notions bien distinctes : v. *infra*, 501 et s.

274 John GREENWAY, « Having the Bun and the Halfpenny: can old Public Service Ethics survive in the New Whitehall? », *Public Law*, vol.73, 1995, p.357-374 ; Norman LEWIS, « Reviewing Change in Government: New Public Management and Next Steps », *Public Law*, 1994, p.105-113 : l'auteur insiste sur la nécessité d'un débat public et d'une révision constitutionnelle ; Rodney AUSTIN, *art.cit.*, p.2-24 ; John GREENWOOD, David WILSON, *Public Administration in Britain Today*, 2e éd. Unwin Hyman, Londres, 1989, p.10-20, p.121-142 ; Christopher HOOD, « A Public Management for all Seasons ? », *Public Administration*, 1991, vol. 69, p.3-19.

275 Johan A.M. DE KRUIJF, Nico P. MOL, « Réforme de la comptabilité et mesure de la performance des agences du gouvernement des Pays-Bas », *R.F.A.P.*, varia 2007, n°123, p.301-321.

276 V. *infra*, n°498 et s.

277 *Parliamentary Commissioner for Administration Act*, 22 mars 1967 ; *Parliamentay and Health Commissioners Act*, 15 mai 1987. Ces lois sont consultables sur : http://www.ombudsman.org.uk

278 V. *infra*, n°208 et s.

implicites à cette dernière. De plus, contrairement au Conseil d'État, le juge anglais s'est déclaré compétent pour se prononcer sur les cas de *maladministration* décelés notamment par l'Ombudsman[279] anglais. Ce constat renforce la juridicité de ces cas et des principes de bonne administration.

64. Loin d'être arbitraire, la sélection des ordres juridiques procède de l'objectif de la comparaison[280]. Il sera donc fait référence, tout au long de cette étude, à certains aspects de ces ordres juridiques afin d'illustrer notre propos. Comme nous l'avons déjà indiqué, ces derniers ne constituent pas des critères de délimitation de l'objet de cette thèse, mais sont utilisés à titre de démonstration[281].

Poursuivant le même objectif, le recours à certains documents relevant du « droit souple » est apparu utile.

B. L'intérêt du recours au « droit souple »

65. Le droit est de moins en moins réduit à l'idée de sanction coercitive[282]. On ne peut en effet que constater la multiplication de normes juridiques ne revêtant pas la forme « classique ». Cette normativité, très présente en droit international, est souvent dénommée « *soft law* » (ou, littéralement, « droit doux »). Selon la Commission de terminologie de la Délégation générale de la langue française, le *soft law* se traduit par l'expression « droit souple »[283]. Cette locution paraît plus élégante et adaptée que celles de « droit mou » ou de « droit doux », eu égard aux effets juridiques non négligeables de ces normes. C'est donc l'aspect flexible de leur mode de formation qu'il s'agit avant tout d'exprimer.

66. Or, l'étude de la bonne administration ne se limite pas à la question du contenu à conférer à cette notion juridique ; elle s'insère dans la problématique plus générale des critères de la normativité juridique et plus précisément de la place du « droit souple ». Les normes relevant de ce droit ne constituent toutefois que des compléments aux sources « classiques » de la recherche juridique, à savoir l'étude des textes de droit positif, celle de la jurisprudence et celle de la doctrine. Elles sont d'ailleurs davantage utilisées afin d'élaborer le contenu de la notion de bonne administration que dans le but d'exposer ses fonctions juridiques[284]. Cette remarque émise, il nous faut dès à présent préciser ce que l'on entend par « droit souple » (**1**).

---

[279] Pour une définition de cette institution, v. *infra*, n°74.

[280] Elle est aussi déterminée par la maîtrise des langues étudiées. Néanmoins, cette exigence relève davantage de la rigueur scientifique que de l'arbitraire : Léontin-Jean CONSTANTINESCO, *op.cit.*, p.145.

[281] Nos développements comparatifs, inclus dans des thèmes plus généraux, prendront souvent la forme d'exposés successifs. Cette forme d'exposé est en effet conseillée pour les études comparatives d'envergure réduite : Léontin-Jean CONSTANTINESCO, *op.cit.*, p.284. En raison de l'utilisation faite du droit comparé, la seconde partie de cette étude comporte moins de références étrangères que la première.

[282] Sur cette évolution, v. notamment : CONSEIL D'ÉTAT, *Rapport public 2001 : Les autorités administratives indépendantes*, Paris, La documentation française, coll. E.D.C.E., 2001, n°52, p.287-325.

[283] http://www.culture.gouv.fr/culture/dglf/garde.htm. Nous emploierons cette expression entre guillemets, car elle est encore relativement récente.

[284] Nous y ferons ainsi davantage référence en première partie de cette thèse. Bien souvent, les recommandations des Ombudsmän seront utilisées à l'appui de réflexions notionnelles, au même titre que la doctrine.

En effet, en tant qu'instruments de ce droit, les codes de bonne conduite et les recommandations des Ombudsmän[285] sont des éléments utiles à notre analyse (**2**).

1. Les contours du « droit souple »

67. Selon Monsieur Snyder, le « droit souple » (ou *soft law*) désigne « *l'ensemble des règles de conduite qui, en principe, n'ont pas de force contraignante mais qui peuvent tout de même avoir des effets concrets* »[286]. Il apparaît effectivement difficile de nier à ces normes toute juridicité[287]. Selon Monsieur Chevallier, leur déploiement accuse le déclin de la norme « *rigide* » tout en renforçant sa technicité[288]. Sans entrer pour le moment dans ce débat, il faut simplement préciser que les documents relevant du « droit souple » ne sauraient être automatiquement exclus d'une étude juridique. D'ailleurs, l'idée même de « droit souple » remonterait à la période romaine, où l'on distinguait les *leges imperfectae* (lois dénuées de sanction) des *leges rogatae* (lois assorties de sanctions)[289]. Il serait ainsi regrettable de l'envisager comme une tendance « moderne », remettant en cause une normativité « classique ».

68. De nos jours, les droits international et communautaire sont considérés comme les sources premières du « droit souple ». Il est ainsi fréquemment fait référence, à titre d'illustration, aux normes régissant les institutions communautaires ou encore à celles guidant les États membres dans l'application de ce droit. Néanmoins, le « droit souple » est loin de se cantonner à ces ordres juridiques. Monsieur Laporta observe qu'il est couramment employé, dans la majeure partie des systèmes juridiques, dans des domaines importants et délicats[290]. Ce simple constat pourrait suffire à montrer son importance, et donc les effets qui lui sont conférés. Ainsi, si le « droit souple » renferme des « *accords formellement normatifs qui ne lient cependant pas leurs destinataires* »[291], il a toutefois bien une certaine autorité. Monsieur Sarmiento montre à ce titre le poids de cette forme de normativité, notamment en droit administratif[292]. Permettant l'amélioration de la qualité du « droit dur » (*hard law*), elle offre, selon l'auteur, une alternative lorsque l'action est nécessaire, mais non habilitée. De plus, la violation du « droit dur » pourrait être prévenue grâce à la fonction interprétative et explicative du « droit souple ».

---

[285] Nous restons ainsi fidèles à la grammaire suédoise en employant le pluriel indéfini « *Ombudsmän* ».

[286] « *Rules of conduct which, in principle, have no legally binding force but which nevertheless may have practical effects* » : F. SNYDER, « Soft law and Institutional Practice in the European Community », European University Institute, *Working Paper Law*, n°93/5, p.2. Cité par : Peter GJERLOEFF BONNOR, « The European Ombudsman: a Novel Source of Soft Law in the European Union », *European Law Review*, 2000, vol.25, n°1, p.39, note infrapaginale n°12.

[287] Pour un exemple de cette position : Daniel SARMIENTO, *El soft law administrativo. Un estudio de los efectos jurídicos de las normas no vinculantes de la Administración*, Cizur Menor (Navarre), Thomson-Civitas, coll. Monografías, 2008, p.28.

[288] Jacques CHEVALLIER, *L'État post-moderne*, *op.cit.*, p.123.

[289] Daniel SARMIENTO, *op.cit.*, p.76.

[290] Francisco J. LAPORTA, *El imperio de la ley. Una visión actual*, Madrid, Trotta, coll. Estructuras y procesos, série Derecho, 2007, p.261-3.

[291] « *Se trata de acuerdos formalmente normativos que no son, sin embargo, vinculantes* » : Daniel SARMIENTO, *op.cit.*, p.263.

[292] Daniel SARMIENTO, *op.cit.*, p.120-128.

69. Il est alors possible de fonder la juridicité du « droit souple » au moins sur deux arguments.

En premier lieu, les effets juridiques du « droit souple » sont parfois expressément reconnus. La jurisprudence communautaire offre des illustrations pertinentes de ce constat. Ainsi, l'État belge doit « *prendre en considération* »[293] une recommandation communautaire et reconnaître la maladie de l'intéressé même si celle-ci ne figurait pas sur la liste officielle de cet État. Le juge affirme à cette occasion que de tels actes ne peuvent pas être considérés comme dénués d'effets juridiques. De même, dans l'arrêt *Marleasing*, le Code civil espagnol fut écarté au profit d'une directive communautaire non transposée[294].

L'insertion du « droit souple » dans le corpus juridique peut également résulter de son évocation dans des textes dont le caractère obligatoire n'est pas contesté. Il peut alors s'agir d'un simple renvoi ou d'une délégation[295]. C'est ainsi que le décret royal espagnol du 3 septembre 2005 renforce les effets des chartes de service[296]. Par ailleurs, si le refus d'appliquer de telles normes n'est pas automatiquement sanctionné, il doit néanmoins être motivé[297]. De surcroît, sans constituer un fondement autonome d'illégalité, la violation du « droit souple » est parfois une cause indirecte de cette dernière[298]. À titre d'exemple, la violation de règles de bonne conduite peut être à l'origine d'un comportement incohérent de nature à engager la responsabilité de l'administration. Si les documents relevant du « droit souple » ont fait l'objet d'une publication (comme c'est le cas de la plupart des chartes de service), la reconnaissance jurisprudentielle sera alors, sinon automatique, du moins difficilement contestable.

En second lieu, le « droit souple » intervient de manière non négligeable dans l'interprétation du « droit dur ». On observe un « *devoir d'interprétation du "droit dur" en conformité avec le "droit souple"* »[299]. Celui-ci est notamment tiré du principe de sécurité juridique. D'ailleurs, parfois, le « droit souple » conditionne l'application du « droit dur » (*hard law*). En intégrant le contenu de ces normes juridiques, les normes du « droit souple » « *dépassent qualitativement leur statut de normes sans valeur obligatoire* »[300]. Elles s'inscrivent dans une « *situation quasi-législative, du point de vue de leur finalité* »[301].

---

[293] C.J.C.E., 2e ch., 13 décembre 1989, *Grimaldi c/ Fonds des maladies professionnelles*, aff. C-322/88, rec.1989, p.4407, pt.16-19.

[294] C.J.C.E., 6e ch., 13 novembre 1990, *Marleasing c/ La Comercial Internacional de Alimentacion*, C-106/89, rec.1990, p.I-04135, pt.8-9.

[295] Daniel SARMIENTO, *op.cit.*, p.142-9.

[296] Real Decreto, n°951/2005, 29 juillet 2005, *Marco general para la mejora de la calidad en la Administración General del Estado*, B.O.E. du 3 septembre 2005, articles 10 et 11. V. aussi : Real decreto, n°1259/1999, 16 juillet 1999, *Cartas de servicios y premios a la calidad en la Administración General del Estado*, B.O.E. du 10 août 1999. Sur ces points : Daniel SARMIENTO, *op.cit.*, p.106-142.

[297] Art. 9.3. C.E. Sur ce point, v. : Daniel SARMIENTO, *op.cit.*, p.72 ; p.164-167.

[298] Daniel SARMIENTO, *op.cit.*, p.210-213.

[299] « *Deber de interpretación del hard law de conformidad con el soft law* » : Daniel SARMIENTO, *op.cit.*, p.220. Sur ce point particulier : p.168-178.

[300] « *Salto cualitativo desde su estatus de normas sin caracter obligatorio* » : Daniel SARMIENTO, *op.cit.*, p.66.

[301] « *Situación quasi-legislativa desde el punto de vista de su finalidad* » : Daniel SARMIENTO, *op.cit.*, p.27.

70. Par conséquent, sous réserve de leur publication, les documents relevant du « droit souple » ne se démarquent pas fondamentalement, sur le plan de leur autorité, de ceux appartenant au « droit dur » *(hard law)*. Ainsi que l'affirme Monsieur Klabbers, le « droit souple » obéit à la même logique d'application ou de non-application. L'auteur va même jusqu'à le qualifier de « *redondant* »[302]. Il est en effet hautement regrettable d'opposer ces deux types de normes suivant un critère unique.

Le « droit souple » pourrait alors se définir par ses propres caractéristiques, telles que le caractère particulièrement discursif de sa formulation, qui participe à l'instauration d'une nouvelle forme de légitimité du pouvoir normatif. De plus, il possède une fonction descriptive[303] qui s'avère utile à l'élaboration des notions juridiques.

Il s'agit alors d'évoquer, dans le cadre de cette introduction générale, certains exemples de documents relevant de ce type de normativité juridique, utiles à l'élaboration de la notion de bonne administration.

2. L'utilité du « droit souple » : l'exemple des codes de bonne conduite et des recommandations des Ombudsmän

71. Sans entrer de manière prématurée dans le détail des futurs développements, il faut dès à présent justifier l'emploi des chartes et des autres instruments de « droit souple » nécessaires à cette étude. Dans ce cadre, il s'agit de préciser la consistance de certaines chartes ou de certains codes ainsi que l'utilisation faite des recommandations des Ombudsmän.

72. Les chartes de service[304], les codes de « bon gouvernement »[305] ou encore les codes de bonne conduite administrative sont des illustrations pertinentes de l'importance croissante du « droit souple ». Si ces textes n'ont pas directement force contraignante, ils ont bien certains effets en droit. À titre d'exemple, le juge communautaire a reconnu un effet juridique au Code de conduite relatif à l'accès aux documents du Conseil et de la Commission, notamment au regard du principe de coopération loyale nécessaire au bon fonctionnement de l'Union européenne[306]. De la même manière, la Charte française du contribuable figure dans la motivation des parties et le juge ne saurait l'ignorer[307]. Le juge anglais a également pu

---

[302] Jan KLABBERS, « The Redundancy of Soft Law », *Nordic Journal of International Law*, 1996, vol.65, n°2, p.167-182 ; sur l'identité des effets, v. aussi : Daniel SARMIENTO, *op.cit.*, p.87-8. ; p.162-209.

[303] Jan KLABBERS, « The Undesirability of Soft Law », *Nordic Journal of International Law*, 1998, vol.67, n°4, p.381-391.

[304] Sur la polysémie de la notion de charte et son intérêt face à la fragilisation de la règle de droit « classique » : Geneviève KOUBI, « La notion de "charte" : fragilisation de la règle de droit ? », *in* Jean CLAM, Gilles MARTIN (dir.), *Les transformations de la régulation juridique*, Paris, L.G.D.J., coll. Droit et Société, série Recherches et Travaux, n°5, 1998, p.165-181.

[305] Daniel SARMIENTO, *op.cit.*, p.124-133.

[306] C.J.C.E., 30 avril 1996, *Royaume des Pays-Bas c/ Conseil de l'Union européenne*, aff. C-58/94, rec.1996, p.I-02169, pt.34-39.

[307] C.E., 9e-10e sous-sect., 10 novembre 2000, *Milhau*, rec. 512 , req. n°204805 ; *Revue de jurisprudence fiscale*, février 2001, n°194. Toutefois, le juge précise que cette Charte a davantage une fonction préventive.

reprocher à certains conseillers municipaux (*city councillors*) de violer le Code national de l'administration locale (*National Code of Local Government Conduct*), ce qui est constitutif, pour la Cour d'Appel, d'une *maladministration*[308]. En droit britannique, l'inobservation de certaines règles figurant dans ces chartes peut donc entraîner réparation[309].

73. De plus, bien que le support regroupant ces règles de bonne conduite ne corresponde pas aux formes « classiques » des normes juridiques, le contenu de ces règles provient souvent de la jurisprudence. Le Code européen de bonne conduite administrative élaboré par le Médiateur européen et adopté par le Parlement européen le 6 septembre 2001[310] en est une illustration édifiante. Ce code regroupe un certain nombre de principes de bonne administration communs aux États membres et fréquemment évoqués par le juge communautaire, tels que l'impartialité, l'objectivité ou encore la proportionnalité. Il en est de même du « *droit à une bonne administration* » consacré à l'article 41 de la Charte des droits fondamentaux de l'Union européenne et qui renferme notamment les droits au contradictoire, au délai raisonnable ou encore à un traitement impartial. Ainsi que nous l'avons précédemment indiqué, si cette charte n'a pas formellement la même valeur que celle des traités, elle ne saurait être exclue du domaine de la juridicité, compte tenu notamment de son influence sur la prise de décision des organes habilités à produire des normes juridiques. Ainsi que le constate Madame Rossi, « *la Charte n'est pas contraignante, mais de cette façon elle se mue en une sorte de code d'autorégulation des deux institutions* [Commission et Parlement européens]. *Par cette voie, elle est destinée à avoir des retombées sur le processus législatif communautaire* »[311].

Eu égard à l'objet de notre thèse, ces instruments de définition doivent ainsi être pris en compte. Pour cette même raison, une certaine attention a été conférée aux rapports des Ombudsmän des ordres juridiques étudiés.

74. L'Ombudsman peut être défini comme « *une institution chargée de contrôler en toute indépendance l'action de l'administration en vue de mettre fin à un conflit*

En l'espèce, le défaut de signature du vérificateur ne porte pas atteinte de manière substantielle au droit des contribuables.

308 R *v.* Local Commissioner for Administration in the North and North East England, *ex parte* Liverpool, C.C. (2000) ; The Times, 3 mars 2000.

309 John S. BELL, *art.cit.*, p.1273. Ainsi, la *Citizen's Charter* crée des « *droits* » (« *rights* ») qui ne sont cependant pas invocables (*legally enforceable*) : Dawn OLIVER, Gavin DREWRY, *Public Service Reforms. Issues of Accountability and Public Law*, Londres, Pinter, coll. The Constitutional Reform Series, 1996, p.28 ; sur les effets juridiques des codes de bonne pratique et leur insertion dans la législation anglaise, v. notamment : J.F. GARNER, B.L. JONES, *Garner's Administrative Law*, 6e éd., Londres, Butterworths, 1985, spéc. p.36-38. Nous reviendrons sur ce point par la suite.

310 MÉDIATEUR EUROPÉEN, *Le Code européen de bonne conduite administrative*, Office des publications officielles des Communautés européennes, 2005. Décision n°A5-0245/2001, D.O. C-72 du 21 mars 2002. Le Médiateur avait dès son rapport annuel de 1998 (*préc.*, p.20-21) émis l'idée d'un tel code. Pour un rencoi à ce code : Rapport annuel de 2001 présenté au Président du Parlement le 8 avril 2002, J.O.C.E. n° C-270 du 11 novembre 2003, p.5. V. *infra*, n°241 et s.

311 Lucia Serena ROSSI, « "Constitutionnalisation" de l'Union européenne et des droits fondamentaux », *Revue trimestrielle de droit européen*, janvier-mars 2002, n°1, p.39.

d'intérêts impliquant administration(s) et citoyen(s), par un pouvoir de recommandation et de proposition de réforme sans force coercitive »[312].

Il est connue, en France, sous le nom de « Médiateur de la République »[313], en Angleterre, sous celui de « *Parliamentary and Health Service Ombudsman* »[314] et, en Espagne, au niveau national, sous le nom de *Defensor del Pueblo*[315]. Or, comme nous l'avons précédemment indiqué, la notion de *maladministration* a été consacrée pour la première fois en droit positif dans la loi créant l'Ombudsman anglais. Il était donc inévitable de se référer aux rapports de cette institution qui est au cœur des notions de bonne administration et de « mauvaise administration ». Comme l'indique Monsieur Hertogh, bien que ses recommandations n'aient pas « strictement » valeur contraignante, elles ont un réel effet juridique[316], qui résulte notamment de leur caractère dissuasif. De plus, il faut garder à l'esprit que l'Ombudsman est habilité par le constituant ou le législateur à rendre ses recommandations, la plupart du temps fondées sur la jurisprudence ou les textes de droit positif.

75. Cette institution a déjà fait l'objet de nombreuses recherches, dont la majeure partie est axée sur l'intérêt pratique d'une alternative au juge[317]. Certains

---

[312] Nous nous permettons de renvoyer à cet essai de définition : Rhita BOUSTA, « Contribution à une définition de l'Ombudsman », *R.F.A.P.*, varia 2007, n°123, p.397.

[313] V. notamment : Bénédicte DELAUNAY, *Le médiateur de la République*, Paris, P.U.F., coll. Que sais-je ?, 1999, 126p ; Paul LEGATTE, « Le Médiateur de la République. Situation actuelle », *R.A.*, vol.39, 1986, n°229, p.431-435 ; Alain-Serge MESCHERIAKOFF, « La place du Médiateur dans les institutions françaises : un bilan de dix ans d'existence », *R.F.A.P.*, juillet-septembre 1983, n°27, p.533-553 ; « Le Médiateur deux ans après », *Bulletin de l'I.I.A.P.*, juillet-septembre 1975, n°35, p.45-70.

[314] Anciennement : « *Parliamentary Commissioner for Administration* ». V. notamment : Roy GREGORY, Philip GIDDINGS, *The Ombudsman, the Citizen and Parliament*, Londres, Politico's Publishing, 2002, 708p ; Roy GREGORY, Peter HUTCHESSON, *The Parliamentary Ombudsman. A study in the Control of Administrative Action*, Londres, Allen and Unwin, 1975, 683p ; Mary SENEVIRATNE, *Ombudsmen: public Services and Administrative Justice*, Londres, LexisNexis Butterworths, coll. Law in Context, 2002, 350p.

[315] V. notamment : Álvaro GIL-ROBLES Y GIL-DELGADO, *El Defensor del Pueblo (Comentarios en torno a una proposición de Ley orgánica)*, Madrid, Civitas, coll. Cuadernos, 1979, 167p ; *El control parlamentario de la Administración (El Ombudsman)*, 2e éd., Madrid, Instituto Nacional de Administración Pública, coll. Estudios Administrativos, 1981, 463p ; Antonio LA PÉRGOLA, « Ombudsman y Defensor del Pueblo : Apuntes para una investigación comparada », *R.E.P.*, 1979, n°7, p.69-92 ; Alberto PÉREZ CALVO, « Aspectos constitucionales del Defensor del Pueblo », *Revista del Departamento de Derecho Político*, automne 1979, n°4, p.79 ; « Rasgos esenciales del Defensor del Pueblo según la Constitución y la Ley Orgánica 3/1981 de 6 de Abril », *Rev.D.P.*, 1981, n°11, p.71-81 ; Pedro CARBALLO ARMAS, *El Defensor del Pueblo. El Ombudsman en España y en el derecho comparado*, Madrid, Tecnos, coll. Temas Clave de la Constitución española, 2003, 263p ; Victor FAIRÉN GUILLÉN, *El Defensor del Pueblo-Ombudsman*, t.1, Madrid, Centro de Estudios Constitucionales, 1982, 519p ; Carlos GINER DE GRADO, *El Defensor del Pueblo en la teoría y en la práctica*, Madrid, Popular, coll. Papel de prueba, 1986, 111p.

[316] Marc HERTOGH, « Coercion, Cooperation, and Control: Understanding the Policy Impact of Administrative Courts and the Ombudsman in the Netherlands », *Law and Policy*, 2001, vol.23, spéc. p.54-56. Sur ce point, v. aussi : Joaquin VARELA SUANZES-CARPEGNA, « La naturaleza jurídica del Defensor del Pueblo », *R.E.D.C.*, mai-août 1983, n°8, p.63-80, spéc. p.75.

[317] Sur ce point, v. notamment : Robert PIEROT, « Le médiateur, rival ou allié du juge administratif ? », *in Mélanges offerts à Marcel Waline. Le juge et le droit public.*, t.2, Paris, L.G.D.J., 1974, p.683-699 ; Jean Paul COSTA, « Le médiateur et la section du rapport et des études du Conseil d'État », *R.A.*, novembre-décembre 1985, n°228, p.543-546 ; Nicole QUESTIAUX, « Countries with a system of administrative Courts », *in* Donald C. ROWAT (dir.), *The Ombudsman : citizen's defender*, 2e éd., Londres, George Allen & Unwin, 1968, p.217-225 ; Joaquín TORNOS MAS, « Medios complementarios a la resolucion jurisdiccional de los conflictos administrativos », *R.A.P.*, 1995, I, p.149-177 ; Jesús GONZÁLEZ PÉREZ, « Nuevos sistemas de control de la Administración Pública », *R.E.D.A.*, juillet-septembre 1979, n°22, spéc. p.422-427 ; Philip

considèrent que les décisions du Médiateur de la République devraient faire l'objet d'un recours juridictionnel[318] tandis que d'autres y voient une entorse à sa raison d'être[319]. En France, l'Ombudsman s'inscrit également dans la réflexion sur les autorités administratives indépendantes[320].

De manière plus générale, le souci concret de l'adoption de l'institution (*transferability*) est souvent mis en exergue[321]. D'origine suédoise[322], l'Ombudsman a en effet connu un essor considérable en s'adaptant aux particularités des divers systèmes l'ayant adopté. Le recours au droit comparé se rattache alors à un objectif de nature pragmatique[323].

76. L'utilité conceptuelle de cette institution a en revanche rarement été mise en avant. On trouve toutefois l'esquisse d'un tel emploi dans la thèse de Monsieur Gómez Puente, au sujet de la notion d'« *inactivité administrative* ». Selon l'auteur,

---

GIDDING, Roy GREGORY, Victor MOORE, Jane PEARSON, « Controlling administrative action in the United Kingdom: the role of Ombudsman systems and the Courts compared », *R.I.S.A.*, 1993, vol.59, p.291-309 ; Martin PARTINGTON, « La résolution des plaintes des citoyens. Les alternatives aux litiges. Le point de vue de la Common Law », *in* CONSEIL DE L'EUROPE, *Les solutions alternatives aux litiges entre les autorités administratives et les personnes privées : conciliation, médiation et arbitrage,* Actes de la conférence multilatérale organisée à Lisbonne du 31 mai au 2 juin 1999, Strasbourg, Conseil de l'Europe, 2000, p.59-75. Pour une ébauche de la problématique plus générale du règlement non juridictionnel des conflits, v. notamment : Jacques CAILLOSSE, « Sur les modes de règlement non juridictionnel des conflits internes à l'administration. Ébauche d'une problématique », *A.J.D.A.*, 5 mai 2003, n°17, p.880-887.

[318] Guy BRAIBANT, « Les rapports du médiateur et du juge administratif », *A.J.D.A.*, 20 juin 1977, p.283-288.

[319] Yves GAUDEMET, *in* Jean-Claude MASCLET (dir.), *Nouveaux droits des administrés : documents réunis et commentés,* Paris, La Doc. française, 1986, p.5.

[320] C.E, ass., 10 juillet 1981, *Retail*, rec.303, req. n°05130 ; *A.J.D.A.*, 1981, p.486. Dans cet arrêt, le Conseil qualifie le Médiateur d'autorité administrative. La réforme de 1989 lui confère le statut d'autorité indépendante. V. à ce sujet : Jean-Paul COSTA, « Le Médiateur peut-il être autre chose qu'une autorité administrative indépendante ? », *A.J.D.A.,* 20 mars 1987, n°3, p.341-344 ; Yves GAUDEMET, « Le Médiateur est-il une autorité administrative ? À propos des rapports du Médiateur et du juge administratif », *in Service public et Liberté. Mélanges en l'honneur de Robert-Edouard Charlier,* Paris, Emile-Paul, 1981, p.117-129 ; « Toujours à propos du médiateur… », *A.J.D.A.*, 20 septembre 1987, n°9, p.520-521.

[321] V. en outre : André LEGRAND, « Une institution universelle : L'Ombudsman *? », R.I.D.C.*, octobre-décembre 1973, n°4, p.851-861 ; « Médiateur ou Ombudsman ? *», A.J.D.A.*, 20 mai 1973, n°5, p.229-236 ; Daniel AMSON, « L'institution du médiateur : un coup d'épée dans l'eau », *J.C.P.*, 1973, I, n°2547 ; Louis-Jérôme CHAPUISAT, « Le Médiateur français ou l'Ombudsman sacrifié », *R.I.S.A.*, 1974, n°2, p.109-129 ; Maher Abdel HADI, « L'extension de l'Ombudsman : triomphe d'une idée ou déformation d'une institution ? », *R.I.S.A.*, 1977, n°4, p.334-344 ; Donald C. ROWAT, *The Ombudsman Plan: The worldwide spread of an idea,* 2e éd., Lanham M.D., University Press of America, 1985, 200p ; Albert S. ABEL, « Commonwealth constitutional complications », *in* Donald C. ROWAT, *The Ombudsman : citizen's defender, op.cit.*, p.281-287.

[322] Il faut remonter au *Justitie Ombudsman* suédois adopté sous le règne de Gustave IV après la révolution de 1809 (Art. 96 de la « *Regeringsform* »). Bras droit du Parlement dans le nouveau paysage d'une monarchie limitée, le *Justitie Ombudsman,* ou « celui qui plaide pour autrui », deviendra peu à peu un instrument aux mains des citoyens.

[323] V. notamment : André LEGRAND, *L'Ombudsman scandinave, études comparées sur le contrôle de l'administration*, Paris, L.G.D.J., coll. Bibliothèque de science administrative, t.2, 1970, 549p ; *R.F.A.P.*, octobre-décembre 1992, n°64 : *Médiateurs et Ombudsmans* ; Charles JARROSSON, « Le Médiateur : questions fondamentales », *in* CENTRE FRANÇAIS DE DROIT COMPARÉ, CENTRE FRANÇAIS DE COMMERCE EXTÉRIEUR, *Les Médiateurs en France et à l'étranger*, Actes du colloque du 17 novembre 2000, Paris, Société de législation comparée, 2001, p.15-20 ; Jacques ROBERT, « L'émergence des médiateurs », *in* CENTRE FRANÇAIS DE DROIT COMPARÉ, CENTRE FRANÇAIS DE COMMERCE EXTÉRIEUR, *op.cit.*, p.9-13 ; Roy GREGORY, Philip GIDDINGS, (dir.), *Righting wrongs. The Ombudsman in six Continents,* Amsterdam, I.O.S. Press, 2000, 489p ; Linda C. REIF (dir.), *The International Ombudsman anthology,* La Haye, Kluwer law international, 1999, 745p.

les rapports du *Defensor del pueblo* sont des « *filons authentiques* » d'irrégularités administratives reflétant le contenu de la notion étudiée[324]. Dans sa contribution relative à la « *mal-administration* », Monsieur Sabourin pose également la question de savoir si l'étude de la compétence du Médiateur de la République permet d'induire un sens français à ce mot[325].

Il paraît ainsi utile et intéressant d'adopter un raisonnement inductif partant de la compétence de cette institution et de ses rapports pour dégager les traits principaux de la notion de bonne administration. Son étude permet, de plus, de combiner les raisonnements inductif et analogique, puisque l'Ombudsman « incarne » la bonne administration, étant lui-même soumis aux principes de bonne administration[326].

77. En résumé, l'objet de cette thèse nécessite l'étude de certaines normes relevant du « droit souple ». Elle contribue du même coup à la réflexion générale sur le droit. En d'autres termes, à l'instar du recours au droit comparé, le « droit souple » nous permettra de mener à bien notre démonstration.

Il reste à présent à esquisser les étapes de cette dernière.

C. Plan de démonstration de la thèse soutenue

78. À notre sens, la bonne administration peut être conçue comme une notion juridique. Le constat quasi-unanime de son actuelle inconsistance n'est pas un obstacle dirimant à cette thèse ; il en constitue à l'inverse tout l'intérêt. Nous proposons donc de tenter de remédier, du moins en partie, à l'imprécision entourant la « bonne administration » en droit public. Cette notion n'est en effet pas cantonnée à la science administrative ou encore à la déontologie : elle a également un sens et une consistance juridiques spécifiques. Loin d'être une « notion gigogne » au service d'un « effet de mode », la bonne administration se situe au cœur du droit administratif tout en accompagnant son évolution. Elle soulève des interrogations dépassant la question de son contenu pour s'étendre à la définition du droit, toujours en « *quête* » de lui-même[327].

79. Afin de soutenir cette thèse, la tentation est grande d'observer les occurrences de la « bonne administration » issues de considérations extra-juridiques, puis de convaincre des manifestations juridiques de ces acceptions. Cette méthode ne paraît pas correcte. Il s'agit en effet de déceler de manière objective, notamment par l'observation du droit positif, le contenu de cette notion en droit public.

Un recensement purement lexical de l'expression « bonne administration » ne paraît pas non plus adapté à cette étude. En effet, comme nous l'avons déjà précisé, les emplois de cette locution ne reflètent pas nécessairement le contenu de la notion

---

[324] Marcos GÓMEZ PUENTE, *La inactividad de la Administración*, 3e éd., Madrid, Aranzadi, coll. Monografías, 2002, p.57.

[325] Paul SABOURIN, *art.cit.*, p.400. Pour un raisonnement similaire : Alain-Serge MESCHERIAKOFF, « La place du Médiateur dans les institutions françaises : un bilan de dix ans d'existence », *art.cit.*, p.533.

[326] Aspect notamment développé par M. Pedro CARBALLO ARMAS, *op.cit.*, p.191 ; José Luis CASCAJO CASTRO, « Los defensores del pueblo en el estado social y democrático de derecho : una perspectiva teórica », *R.V.A.P.*, mai-août 1989, n°24, p.47 ; Beatriz TOMÁS MALLÉN, *op.cit.*, p.223.

[327] Étienne PICARD, *art.cit.*, *R.I.D.C.*, p.915.

de bonne administration ici définie, d'autant que celui-ci se manifeste à travers d'autres expressions. De plus, cette démarche pourrait porter à croire que ses références peuvent être répertoriées de manière exhaustive. Or, en raison notamment de la multiplicité des ordres juridiques existants, un tel inventaire n'est objectivement pas réalisable.

80. Il semble en revanche préférable d'opter pour une approche « explicative » qui met en valeur « *le point nodal le plus important, celui qui a la plus grande valeur opératoire, pour parvenir à un instrument sémantique précis et efficace, capable d'éclairer et d'orienter la discipline dans laquelle il sera employé* »[328]. Pour parvenir à ce résultat, il convient d'adopter une méthode inductive s'inspirant de l'observation du droit positif ainsi que des instruments de démonstration précités. L'élaboration d'une notion nécessite en effet d'opérer une synthèse entre divers éléments de la réalité observable.

Un plan de démonstration retranscrivant avec fidélité cette démarche aurait alors pu être choisi. Il paraît en effet envisageable de regrouper, dans une première partie, les divers emplois de la « bonne administration » (phénoménologie) pour en proposer, dans une seconde partie, une définition (ontologie).

Nonobstant ses mérites, cette présentation ne met à notre sens pas suffisamment en valeur la juridicité de la notion de bonne administration, qui constitue l'apport principal de cette thèse. De plus, « *l'élaboration de toute notion implique une prise de parti sur la fonction qui lui est assignée* »[329]. Il convient ici avant tout de « déconstruire » l'intuition répandue selon laquelle la bonne administration, quand bien même définie, n'aurait aucune incidence juridique particulière et serait donc dénuée d'intérêt en droit.

81. Notre démonstration doit alors s'articuler autour de deux axes. Tout d'abord, il convient de déterminer le contenu de la notion de bonne administration en droit public (**Première partie**). Afin d'éviter toute forme de dogmatisme, la définition proposée doit résulter d'une démarche inductive. Or, la difficulté et l'intérêt de cet essai résident dans le constat unanime selon lequel la « bonne administration » renvoie à des principes, des règles ou encore des notions juridiques aux contenus particulièrement hétérogènes. Eu égard au flou entourant la « bonne administration »[330], il est alors à la fois nécessaire et intéressant de porter un regard critique sur le caractère laconique des renvois à cette locution. Une telle analyse doit non seulement porter sur les références directes et expresses à la « bonne administration », mais aussi sur ses renvois indirects et implicites, à savoir principalement les cas de mauvaise administration (Titre 1). L'élaboration de la notion de bonne administration pourra alors être entreprise en sélectionnant ces diverses occurrences tout en leur conférant une cohérence. Cette notion sera identifiée suivant deux critères de définition formant son contenu propre (Titre 2).

---

[328] Uberto SCARPELLI, *Qu'est-ce que le positivisme juridique* ?, [trad. Colette CLAVREUL], réimp., Paris, L.G.D.J., coll. La pensée juridique, 1996, p.6. Alors que la définition lexicale est tournée vers le passé et la définition stipulative vers l'avenir, la définition explicative « *passe d'usages linguistiques passés à des usages futurs, et tout en conservant les instruments sémantiques du passé, elle permet d'en améliorer la forme et la fonction* ».

[329] Roger LATOURNERIE, *art.cit.*, p.94.

[330] V. *supra*, n°11 et s.

Une fois la signification de la notion de bonne administration déterminée, son apport au droit public doit être mis en exergue (**Seconde partie**). L'exposé de ses fonctions doit suivre la même approche restrictive que celle guidant sa définition. En d'autres termes, il ne s'agit pas de répertorier les multiples effets qui lui sont communément rattachés souvent de manière hâtive, mais de décrire les incidences juridiques de la notion ici construite. Dans un souci de clarté, il a paru judicieux de débuter par une application concrètement identifiable pour élargir l'étude à une fonction davantage théorique et sans doute moins attendue. La notion de bonne administration introduit ainsi, d'une part, un devoir et un standard systématisant un certain nombre d'exigences opposables à l'administration publique. En d'autres termes, elle formalise un modèle de fonctionnement administratif (Titre 1). Cette notion soulève, d'autre part, des questions d'ordre théorique relatives aux critères mêmes de la normativité juridique. Il convient ainsi de mettre en évidence, en dernier lieu, l'apport de la notion de bonne administration à la légalité (Titre 2).

PREMIÈRE PARTIE :

L'ÉLABORATION DE LA NOTION DE BONNE ADMINISTRATION

82. La « bonne administration » renvoie à une pluralité d'idées[331]. Elle est alors employée afin de regrouper un certain nombre indéterminé de principes, de règles ou encore de notions déjà existants. Son contenu propre se laisse difficilement appréhendé.

83. Au-delà de ce constat, les conceptions diffèrent selon les systèmes juridiques. À ce sujet, un rapport suédois relève quatre approches de la « bonne administration », correspondant à quatre groupes d'État[332]. Le premier groupe (*administration-centred tradition*), dont fait partie la France, envisage la « bonne administration » comme un moyen, pour le gouvernement, d'améliorer son administration. En revanche, le deuxième groupe (*individual-centred tradition*), regroupant les pays anglo-saxons, appréhende la « bonne administration » comme un outil de protection des citoyens face au gouvernement. Selon la tradition du troisième groupe (*legislator-centred tradition*), dont fait partie l'Allemagne, la loi est le principal instrument d'une « bonne administration ». Enfin, le quatrième groupe (*ombudsman-centred tradition*), rassemblant les pays scandinaves, considère la « bonne administration » sous l'angle du compromis et de la souplesse d'action de l'Ombudsman[333].

84. La diversité et l'interdépendance de ces approches mettent en évidence la difficulté à définir la notion de bonne administration. Néanmoins, une certaine homogénéisation s'avère possible[334]. Cette entreprise, qui requiert prudence et modestie, implique d'exclure un certain nombre d'éléments qui se rattachent, en pratique, à l'expression « bonne administration ». En effet, « *toute conceptualisation de la réalité est, en soi, une limitation de cette dernière* (…) »[335]. Il convient donc de distinguer la *notion* de bonne administration des *références* à la « bonne administration », l'usage des guillemets permettant d'exprimer l'indétermination des usages de cette locution et de la distinguer de la notion que nous proposons de définir.

---

[331] V. introduction générale, n°11 et s. ; Michel PÂQUES, *art.cit.*, p.482.

[332] Agence du gouvernement suédois [*Statskontoret*], *Principles of Good Administration in the Member States of the European* Union, Stockholm, 2005, p.74-76. Rapport disponible sur : www. Statskontoret.Se/upload/Publikationer/ 2005/200504.pdf.

[333] Pour une définition de cette institution et son intérêt pour notre sujet, v. introduction générale.

[334] « *Une homogénéité au moins relative est* (…) *de l'essence des notions* » : Roger LATOURNERIE *art.cit.*, p.95.

[335] « *Toda conceptualización de la realidad es, así, limitación de ésta* » : Luciano PAREJO ALFONSO, *Crisis y renovación en el derecho público*, *op.cit.*, p.47.

85. Ordonnant la réalité plurielle, cette notion doit nécessairement s'y fonder. Il paraît alors de bonne méthode de retranscrire cette démarche inductive en répertoriant, sans prétendre à l'exhaustivité, les divers renvois à la « bonne administration » avant de dégager son unité conceptuelle. Cette première étape fondamentale ne doit pas se réduire à un recensement purement descriptif des occurrences de la « bonne administration ». Afin de dégager l'unité de la notion de bonne administration, il convient en effet d'adopter un regard critique sur ses emplois en mettant notamment en exergue leur indétermination.

86. Cette analyse critique des références à la « bonne administration » (**Titre 1**) nous permettra de proposer une définition de la notion de bonne administration (**Titre 2**).

TITRE 1.
ANALYSE CRITIQUE DES RÉFÉRENCES À LA « BONNE ADMINISTRATION »

87. Toute recherche relative à la « bonne administration » se heurte à un constat déroutant : celui de la diversité de ses emplois et de ses acceptions. L'adoption d'une approche extensive nous semble toutefois regrettable. Entretenant une certaine carence théorique, elle présente un risque pour les administrés, qui sont les principales « victimes » des glissements du langage.

Pour autant, il est indispensable d'identifier, sans prétendre à l'exhaustivité, les multiples idées rattachées à la « bonne administration ». Par conséquent, nous évoquerons notamment les définitions livrées du principe de bonne administration, même si les principes se distinguent des notions juridiques[336]. Par ailleurs, notre recensement s'en tient au domaine juridique, sans exclure certains documents appartenant au « droit souple »[337]. Cette identification ne prendra pas la forme d'un catalogue : eu égard à notre objectif de définition, il faut en livrer une analyse critique. Or, cette analyse ne peut uniquement porter sur les évocations expresses de la « bonne administration » (**Chapitre 1**).

88. En effet, la « bonne administration » renvoie également aux cas de mauvaise administration observés dans la vie courante. Il s'agit à ce titre de distinguer la notion de « mauvaise administration » des cas de mauvaise administration, qui constituent les références implicites principales à la « bonne administration ». Leur recensement, même incomplet, s'impose, car ils constituent le matériau concret de notre élaboration.

Il aurait alors peut-être paru judicieux de débuter notre analyse par ces cas. Cette démarche aurait eu en effet le mérite de refléter, du moins en partie, les étapes inductives de notre recherche. Néanmoins, elle présente des inconvénients sur le plan pédagogique. Outre les redites auxquelles cette présentation aurait conduit, elle aurait pu dérouter le lecteur. De plus, elle l'induirait peut-être à penser de prime abord que la « mauvaise administration » est le pur antonyme de la notion de bonne administration[338].

Or, ces cas constituent seulement des renvois implicites et surtout intuitifs à l'idée de « bonne administration ». Afin de saisir pleinement leur portée et leur limite, il convient de les répertorier dans un second temps (**Chapitre 2**).

---

[336] V. introduction générale, n°26 et s.

[337] V. introduction générale, n°65 et s.

[338] Nous reviendrons sur ce point en seconde partie. Une fois la notion de bonne administration définie, nous montrerons qu'elle n'est pas l'antonyme de la « mauvaise administration », qui recouvre un champ plus large. Par ailleurs, on peut s'interroger sur l'existence même d'une véritable *notion* de mauvaise administration : v. conclusion générale, n°1027.

CHAPITRE 1.
L'AMBIVALENCE DES RÉFÉRENCES EXPRESSES À LA « BONNE ADMINISTRATION »

89. À notre connaissance, l'expression « bonne administration » apparaît expressément une seule fois dans la jurisprudence du Conseil d'État[339]. Ainsi, dans l'arrêt *Commune de Fontenay-sous-Bois*[340], la Haute juridiction considère qu'il est de « *bonne administration* » que le découpage cantonal d'un département soit conforme à la règle de coïncidence des limites extérieures de chaque catégorie de circonscription[341]. Cette règle, nécessaire à « *la bonne organisation et au bon fonctionnement des pouvoirs publics et des services publics* », consiste en l'harmonisation des cantons, départements, communes et arrondissements.

90. Hormis cette référence évasive, la locution « bonne administration » n'a, selon nos recherches, pas été réitérée en droit français. Par conséquent, les développements qui suivront conféreront une place importante aux ordres juridiques étrangers, notamment aux droits britannique et espagnol. Le droit communautaire doit également être étudié en raison de l'existence d'un principe communautaire de bonne administration bien établi et d'un « *droit à une bonne administration* » en émergence[342]. Par ailleurs, l'apport de la doctrine française ne doit nullement être ignoré. Les références expresses s'étendent donc naturellement aux références doctrinales.

91. En raison de leur hétérogénéité, seule une analyse critique de ces renvois permettra de sélectionner des éléments utiles pour une définition de la notion de bonne administration.

La mise en valeur préalable de l'indétermination des renvois à la « bonne administration » renferme aussi bien leur manque de précision que leur faible portée. Les références expresses sont en effet rarement explicitées (**Section 1**), si bien que leur apport conceptuel semble limité (**Section 2**).

---

[339] Ce résultat de nos recherche ne peut certes être affirmé avec une totale certitude tant le nombre des décisions du Conseil d'État est élevé. Par ailleurs, ainsi que nous le mentionnerons par la suite, les juges du Palais Royal ont fait référence à la « *bonne administration de l'Armée* », mais cette expression ne nous semble pas de même nature que celle figurant à l'arrêt *Commune de Fontenay-sous-bois* dans lequel le Conseil d'État emploie l'expression « bonne administration » sans l'apposer à un complément d'objet indirect : C.E., sect., *Sieur Arnaud et autres*, rec. 474, req. n°37586.

[340] C.E., ass., 18 novembre 1977, *Commune de Fontenay-sous-Bois*, rec. 448, req. n°01967 ; *A.J.D.A.*, 20 avril 1978, n°4, p.231. Nous y reviendrons par la suite. V. également : C.C., 18 novembre 1986, *Loi relative à la délimitation des circonscriptions pour l'élection des députés*, n°86-218 D.C., rec. 167. Le Conseil constitutionnel n'emploie cependant pas l'expression « bonne administration » et refuse de se prononcer sur l'équité ou l'opportunité du découpage cantonal.

[341] « *S'il est de bonne administration que le découpage cantonal d'un département soit conforme à la règle susindiquée, aucune disposition législative ni aucun principe général ne s'opposent à ce que des exceptions soient apportées à cette règle pour faire face à des situations particulières et pour des motifs d'intérêt général* ».

[342] V. *supra*, n°14, 146 et s.

SECTION 1. L'OBSCURITÉ DU SENS CONFÉRÉ À LA « BONNE ADMINISTRATION »

92. La genèse de la notion de bonne administration en droit public français semble remonter notamment aux écrits du Doyen Hauriou. Relativement peu remarquée, son allusion à la « bonne administration » doit être sérieusement étudiée. Nonobstant son apport, elle reste discrète dans la pensée du Doyen[343]. Il n'en a effectivement pas fait l'objet d'une théorie spécifique. Les références à la « bonne administration » demeurent parcimonieuses, si bien que sa définition soulève certaines interrogations (**§1**).

93. L'énoncé exprès de la « bonne administration » ne s'accompagne donc pas d'une idée claire et univoque. L'analyse sémantique de la jurisprudence révèle un ensemble de notions, de principes, de règles, de droits ou de devoirs hétérogènes et préexistants[344]. À notre sens, l'emploi de la « bonne administration » en droit communautaire illustre de manière significative ce constat (**§2**).

§ 1. LA « BONNE ADMINISTRATION » DANS LES ÉCRITS DE MAURICE HAURIOU : UNE EXPRESSION PEU EXPLICITE

94. Certes, les renvois à la « bonne administration » dans la doctrine française ne se limitent pas aux écrits du Doyen Hauriou. Néanmoins, les écrits de Maurice Hauriou méritent une attention particulière qui ne se justifie pas seulement par l'autorité de cet auteur. En effet, la « bonne administration » est souvent associée, du moins dans certains esprits, à un « effet de mode » né notamment de l'émergence d'un « *droit à une bonne administration* » en droit communautaire. La découverte de l'emploi de la « bonne administration » dans des écrits datant du début du XXème siècle, sous la plume de Maurice Hauriou, montre que les contours et les enjeux de cette expression remontent aux origines mêmes du contentieux administratif et plus particulièrement, à l'élargissement du recours pour excès de pouvoir[345]. Par ailleurs, l'étude de ces écrits ne peut être dissociée de son interprétation par la doctrine postérieure, qui fera également l'objet d'une analyse critique.

95. Le Doyen Hauriou semble, sinon assimiler, du moins fortement relier les idées de moralité administrative et de « bonne administration ». Or, la première n'est pas

---

[343] Lucien Sfez évoque brièvement la théorie de la moralité administrative parmi les « *applications du principe d'institution* » (dont font également partie la décentralisation et la police administrative) et non parmi les « *chapitres majeurs* » de l'œuvre du Doyen Hauriou. Ces derniers sont, selon l'auteur : la responsabilité administrative, la décision exécutoire, le service public, le domaine public ou encore la fonction publique : Lucien SFEZ, *op.cit.*, p.120-125. Pour une même affirmation du caractère peu explicite de la moralité administrative et de la bonne administration chez Maurice Hauriou : François BARQUE, *op.cit.*, p.64 ; Jean-Pierre DIDIER, *op.cit.*, p.64.

[344] Loïc AZOULAI, « Le principe de bonne administration », *in* Jean-Bernard AUBY, Jacqueline DUTHEIL DE LA ROCHÈRE (dir.), *op.cit.*, p.503.

[345] V. *infra*, n°767 et s.

exempte d'ambiguïté (**A**). Si cette association est en soi riche d'enseignements, elle laisse cependant des interrogations en suspens (**B**).

A. L'inscription de la « bonne administration » dans la théorie ambiguë de la moralité administrative

96. La « bonne administration » n'a pas été souvent employée de manière expresse par Maurice Hauriou. C'est alors davantage le contexte de son emploi qui guide le lecteur. Tirée de sa théorie de l'Institution, le Doyen Hauriou introduit l'idée de moralité administrative qui semble, sinon fonder, du moins fortement expliquer le recours à la « bonne administration » (**1**). La parcimonie de ces références appelait à une étude de ces notions. La thèse de Henri Welter a alors contribué à éclairer certains aspect de cette théorie peu développée (**2**).

1. La théorie de l'Institution, au soubassement de la théorie de la moralité administrative et de la « bonne administration »

Sans décrire la théorie de l'Institution[346] dans toutes ses articulations constitutionnelles et administratives[347], nous voulons montrer l'importance de son lien avec la « bonne administration ».

97. Selon le Doyen, une institution est une organisation sociale reconnue et permanente, qui se distingue des individus qui la composent. Maurice Hauriou établit à ce titre une distinction entre les institutions vivantes, « *qui s'orientent vers la personnalité morale* », et les institutions « *inertes de la catégorie des choses* »[348]. La permanence de cette institution est permise par l'équilibre des forces internes qui, tels des organismes vivants, sont perpétuellement en mouvement. Cette théorie s'inscrit dans les théories institutionnalistes classiques suivant lesquelles l'action est à la base des institutions et les règles normatives, de purs instruments gouvernementaux. Certaines forces acceptent alors une domination nécessaire au maintien de l'équilibre. La stabilité de l'institution ne peut ainsi être garantie que

[346] Maurice HAURIOU, « La théorie de l'institution et de la fondation. (Essai de vitalisme social) », *Cahiers de la Nouvelle Journée*, 1925, n°4 : *La Cité moderne et les transformations du droit*, p.2-45. On trouve l'ébauche de cette théorie notamment dans : « L'institution et le droit statutaire », *Recueil de l'Académie de Législation de Toulouse*, 1906, n°2, p.134-182 puis dans le *Précis de droit administratif et de droit public*, 6e éd., Paris, Recueil Sirey, 1907, p.2-37. On peut également remonter à une contribution plus ancienne du Doyen dans laquelle il distingue l'organisation, créée par la force et découlant du pouvoir égoïste, de l'institution, dotée d'un principe interne, d'une « *âme* » : Maurice Hauriou, *La science sociale traditionnelle*, Paris, Laros et Tenin, 1896, p.193 et s.

[347] Pour une analyse de cette théorie : Gabriel MARTY, « La théorie de l'Institution », *in* Gabriel MARTY, Albert BRIMO (dir.), *La pensée du Doyen Maurice Hauriou et son influence*, Paris, A. Pédone, coll. Philosophie comparée du droit et de l'Etat, 1969, p.29-45 ; Jean-Arnaud MAZÈRES, « La théorie de l'institution de Maurice Hauriou ou l'oscillation entre l'instituant et l'institué », *in Pouvoir et Liberté. Etudes offertes à Jacques Mourgeon*, Bruxelles, Bruylant, 1998, p.239-293 ; Eric MILLARD, « Hauriou et la théorie de l'institution », *Droit et Société*, 1995, n°30-31, p.381-410 ; Michel DENDIAS, « Développement de la théorie de l'institution : ses fondements et ses buts », *in Estudios juridico-sociales. Homenaje al profesor Luis legas y Lacambra*, t.1, Université de Saint Jacques de Compostelle, 1960, p.479-486. Pour une insertion de cette théorie dans la conception de l'État chez Hauriou : Albert BRIMO, « Le doyen Maurice Hauriou et l'État », *A.P.D.*, 1976, n°21 : *Genèse et déclin de l'État*, p.99-110.

[348] Cette distinction ne semble pas avoir de portée majeure : Lucien SFEZ, *op.cit.*, p.88.

par l'imposition d'une conduite d'ensemble qui prend la forme de règles disciplinaires et statutaires[349].

98. Le pouvoir de l'administration, mis en œuvre juridiquement par ces organes, est soumis à une « Idée » directrice, parfois également nommée « *entreprise* », « *œuvre* » ou encore « *idée fondamentale* »[350]. Cette Idée limite son action et délimite sa fonction. Il y aurait alors, chez le Doyen, deux conceptions de l'institution qui, loin de se succéder, « *oscillent* »[351]. La première définit l'institution comme une médiation entre l'État, producteur du droit, et le pluralisme social. Selon la seconde acception[352], l'institution est devenue une théorie ou encore un modèle social institué. Elle s'identifie donc à l'État lui-même, garant de l'équilibre entre les nécessités collectives et les droits individuels. Ainsi, si la simple reprise du terme « Idée » pourrait laisser à penser que le Doyen Hauriou s'inspire de la philosophie hégélienne, il n'adopte cependant pas une démarche dialectique aboutissant à un concept rationnel. Les deux conceptions s'alternent et il est difficile de les appréhender comme deux étapes d'une même évolution.

99. En résumé, l'Institution est composée de trois éléments : l'Idée à poursuivre, le pouvoir nécessaire à sa réalisation et les manifestations de communion qu'elle induit[353]. « *Pivot* »[354] de l'institutionnalisme d'Hauriou, l'Idée est « *la source de l'élan vital qui est le moteur de la vie institutionnelle* »[355]. À la base de la création de l'Institution, elle commande également son évolution. L'instance instituante (Idée) et l'institutionnalisation (exercice du pouvoir et mise en place de procédures) sont alors nettement différenciées. En se détachant de la philosophie hégélienne, Maurice Hauriou relie par un lien immédiat « action » et « Idée ». L'Institution « *constitue la solution pratique de la querelle éternelle de l'idéalisme et du matérialisme, qui est caractéristique de l'évolution de la matière sociale* »[356].

Ainsi que l'indique Monsieur Sfez[357], la théorie de l'Institution s'inscrit dans le thème plus général du contrepoids de la Puissance publique[358]. L'équilibre est en effet un thème majeur de l'œuvre du Doyen Hauriou[359]. L'Idée, contrairement au but, est interne à l'institution[360]. Ainsi, « *comme toute idée directrice, ou*

---

349 Lucien SFEZ, *op.cit.*, p.91-98.

350 Maurice HAURIOU, *Précis élémentaire de droit constitutionnel*, 2e éd., Paris, Recueil Sirey, 1938, p.73. Sur les aspects catholiques du concept d'Idée chez Hauriou, v. notamment : Eric MILLARD, *art.cit.*, p.387.

351 Jean-Arnaud MAZÈRES, *art.cit.*, p.251.

352 Maurice HAURIOU, *Aux sources du droit. Le pouvoir, l'ordre et la liberté*, réimp. Université de Caen, Centre de philosophie politique et juridique, Textes et documents, 1986 (1e éd. : Cahiers de la nouvelle journée, n°23, 1933), p.147-191.

353 Gabriel MARTY, *art.cit.*, p.39.

354 Yann TANGUY, « L'institution dans l'œuvre de Maurice Hauriou. Actualité d'une doctrine », *R.D.P.*, 1991, n°1, p.67.

355 Yann TANGUY, *art.cit.*, p.71.

356 Michel DENDIAS, *art.cit.*, p.480. L'auteur revient essentiellement sur l'aspect dynamique de l'institution.

357 Lucien SFEZ, *op.cit.*, p.81-125 ; p.399-405.

358 Sur ce point, v. aussi : Jean-Arnaud MAZÈRES, *art.cit.*, p.243.

359 Sur ce point, v. également : Gabriel MARTY, *art.cit.*, p.30.

360 Pour une critique de cette transposition du vitalisme de Bergson en faveur du finalisme : Boris TARDIVEL, *Recherche sur le finalisme en droit administratif français*, Thèse droit public, Université de Montpellier I, 2002, p.48-51.

d'entreprise, celle qui anime l'institution administrative est complexe, car elle exprime en même temps qu'un but à atteindre les moyens à mettre en œuvre pour y parvenir »[361].

100. Or, selon le Doyen, « *tout être possédant une conduite pratique forcément la distinction du bien et du mal* »[362]. En droit administratif, le « bien » et le « mal » sont évalués en fonction de l'objectif poursuivi par l'administration (moralité administrative). Aussi l'administration est-elle soumise à des directives qui traduisent, davantage que les règles de droit, l'idée de soumission interne à une Idée.

C'est à ce stade du raisonnement qu'apparaît l'expression « bonne administration ». En effet, l'autolimitation suppose « *la violation non pas de règles de droit établies, mais de simples directives de la bonne administration* »[363].

Il y a donc chez le Doyen Hauriou un lien inextricable entre Institution, moralité administrative et bonne administration. Ces notions s'inscrivent toutes dans le dépassement d'une légalité formelle symbolisé par le détournement de pouvoir[364]. La moralité administrative prend en outre sa source dans la théorie des principes généraux du droit[365].

101. La « bonne administration » est donc envisagée d'un point de vue fonctionnel. Manifestation de la moralité administrative, elle est un moyen d'étendre le recours pour excès de pouvoir[366]. Si son inscription dans la théorie de l'Institution est d'un apport certain, celle-ci ne résout pas la question de ses critères de définition. De plus, le lien entre « bonne administration » et « moralité administrative » semble parfois atteindre la synonymie. Ainsi, si à la lecture des écrits du Doyen Hauriou, on peut *qualifier* la bonne administration de directive, voire de standard[367], il s'avère plus délicat de *définir* son contenu.

2. Le léger éclaircissement de la théorie de la moralité administrative par Henri Welter

102. La pensée du Doyen Hauriou relative à la moralité administrative et à la « bonne administration » a été étudiée dans la thèse de Henri Welter, qui a pour objet de préciser les éléments juridictionnels de cette théorie[368]. Cet auteur répertorie à cette fin les manifestations juridictionnelles de la moralité

---

[361] Maurice HAURIOU, *Précis de droit administratif et de droit public*, réimp., 12e éd. Paris, Dalloz, coll. Bibliothèque Dalloz, 2002, (1e éd. : 1933), p.57.

[362] Maurice HAURIOU, *Précis de droit administratif et de droit public*, *op.cit.*, p.360. V. également les notes du Doyen sous C.E., 31. janvier 1902, *Sieur Grazietti*, rec. 55, req. n°1919 ; S.1903, III, p.113 et s. ; C.E., 4 avril 1914, *Gomel*, rec. 488, req. n°55125 ; S.1917,III, p.25 et s. ; C.E., 29 mars 1901, Sieurs *Casanova, Canazzi et autres*, rec. 333, req. n°94580 ; S.1901, III, p.73 et s.

[363] Maurice HAURIOU, *art.cit.*, p.166.

[364] Approche contestée par Marcel Waline, notamment sous C.E., 2 août 1907, *Garcère et autres*, S.1909, III, p.1, notes d'arrêts, II, p.722. Pour l'auteur, le détournement de pouvoir a trait à la légalité puisqu'il relève de la compétence. Pour une vision similaire : Lucien SFEZ, *op.cit.*, p.402.

[365] Lucien SFEZ, *op.cit.*, p.122. Pour la division du système en plusieurs couches, v. *infra*, n°907.

[366] V. seconde partie, spéc. n°767 et s.

[367] V. seconde partie, n°621 et s.

[368] Henri WELTER, *Le contrôle juridictionnel de la moralité administrative*, Paris, Recueil Sirey, 1929, 513p.

administrative clairement distinguées du contrôle classique de légalité. Les « *règles de bonne administration* » y sont définies comme l' « *ensemble des règles de but et de discipline* »[369]. Celles-ci découlent aussi bien de « *la distinction du bien et du mal* » que de la fonction administrative. La nature fonctionnelle de l'action administrative constitue en effet l'idée de base « *de la bonne administration **ou** de la moralité administrative* »[370].

103. On peut dès lors relever une certaine assimilation entre les deux notions. Le contrôle de moralité administrative vise à « *régulariser le fonctionnement de l'institution administrative en la maintenant dans les limites fixées par les règles disciplinaires qui lui sont propres* »[371]. La bonne administration est par ailleurs basée sur les principes « *de légalité, de moralité et d'opportunité* »[372]. Cette dernière citation soulève certaines interrogations.

D'une part, elle paraît peu compatible avec l'assimilation entre « moralité administrative » et « bonne administration », pourtant précédemment opérée par l'auteur. En effet, si ces deux notions sont similaires, n'est-il pas contradictoire d'affirmer, quelques lignes plus loin, que la moralité administrative est un des fondements de la notion de bonne administration ?

D'autre part, si la « bonne administration » relève à la fois de la légalité, de la moralité et de l'opportunité, de quel type de contrôle ne relève-t-elle pas ? On peut en effet légitimement regretter cette absence de spécification. Il n'est alors pas évident de déceler la consistance de la notion de bonne administration, qui semble à la fois relever de considérations juridiques et méta-juridiques. Cette dernière hypothèse est loin d'être exclue tant la frontière est timidement tracée entre ces deux domaines. Ainsi, la théorie de la moralité administrative aurait permis l'inclusion du contrôle moral des buts et des moyens de l'administration[373].

104. Cette théorie novatrice semble donc soulever certaines ambiguïtés. En effet, au-delà de l'imprécision du sens conféré à la bonne administration et à la moralité administrative, un doute subsiste quant à leur nature juridique et à leur exclusion du domaine de la morale.

B. L'influence de l'idée de morale : un facteur de confusions

105. Ainsi que nous l'avons précédemment souligné, les domaines du droit et de la morale doivent être distingués, nonobstant leurs liens certains[374]. L'objectif de cette thèse est de montrer l'existence et l'utilité d'une notion juridique de bonne administration.

106. Or, à la lecture des notes du Doyen, la juridicité de la moralité administrative et de la « bonne administration » n'apparaît pas toujours clairement (**1**). La moralité

---

[369] Henri WELTER, *op.cit.*, p.77.
[370] Henri WELTER, *op.cit.*, p.8. Nous soulignons.
[371] Henri WELTER, *op.cit.*, p.74.
[372] Henri WELTER, *op.cit.*, p.23.
[373] C'est, à titre d'exemple, l'avis de François BARQUE, *op.cit.*, p.67-69.
[374] V. introduction générale, n°33 et s.

administrative et la « bonne administration »[375] sont alors parfois réduites à l'idée de comportement moral[376]. Cette interprétation de la théorie du Doyen Hauriou nous paraît toutefois réductrice (**2**).

1. L'ambiguïté du rapport entre la moralité administrative et la morale dans les écrits de Maurice Hauriou

107. La théorie de la moralité administrative permet principalement au Doyen Hauriou d'entériner la spécificité du détournement de pouvoir par rapport aux autres vices de l'administration. Se détachant de la légalité, celui-ci relèverait de l' « *esprit général de la loi* » qui ne saurait se confondre avec « *la violation d'un texte de loi* »[377]. On retrouve clairement cette position dans les notes du Doyen sous certains arrêts relatifs à la conciliation entre la liberté de culte et le maintien de l'ordre public. Il s'agit alors de « *cas où la moralité administrative s'efforce de dépasser les exigences formelles de la loi* »[378].

108. Légal quant aux compétences et quant à la forme, l'arrêté municipal interdisant le port d'ornements sacerdotaux sur la voie publique poursuivrait ainsi un but qui « *n'est pas un but de bonne administration* »[379]. Issue de la moralité administrative, la « bonne administration » semble alors relever de la « *sincérité de l'action publique* »[380] et participerait à sa « moralisation ». L'emploi, quelques lignes plus loin, de l'expression « *assainissement de la police municipale* »[381] peut en effet conduire à cette conclusion.

Néanmoins, à l'analyse, le contrôle ne s'apparente nullement à un contrôle purement « moral » du but ou de l'action de l'administration. Le Doyen ne manque effectivement pas de rappeler la nécessité d'un contrôle de l'exactitude des motifs. La question dépasse donc bien l'exactitude matérielle des faits. Elle s'étend clairement à la *nécessité* de l'interdiction. En effet, selon Maurice Hauriou, la présomption de trouble à l'ordre public peut être « *raisonnablement* » renversée s'agissant des petites communes, hormis les cas où des troubles se seraient récemment produits ou si les circonstances particulières laissent présager des craintes sérieuses qu'il ne s'en produise[382]. Ainsi, si la référence évasive à la « bonne administration » et à la « moralité administrative » semble renvoyer à l'idée générale de morale, Maurice Hauriou la dépasse. En réalité, il semble que ce soit principalement la question de la répartition des compétences juridictionnelles qui justifie le recours à ces expressions. En effet, la distinction entre la moralité administrative et la légalité permet de justifier la compétence exclusive du Conseil

---

375 Afin d'alléger nos formulations et en raison de son apparition plus fréquente que la « bonne administration », nous renverrons à la moralité administrative dans les sous-titres de ce paragraphe.

376 Sur la définition de la morale et sa distinction avec le droit, v. introduction générale.

377 Maurice HAURIOU, notes sous C.E., 2 août 1907, *Abbé Garcin*, rec. 756, req. n°23677 ; C.E., 14 février 1908, *Sieur Abbé Valette*, rec. 143, req. n°26699 ; C.E., 5 août 1908, *Leclercq et Gruson*, rec. 867, req. n°28482 ; S.1909, III, p.1 et s.

378 Maurice HAURIOU, notes sous C.E., 2 août 1907, *Abbé Garcin* , *préc.*, p.1.

379 Maurice HAURIOU, notes sous C.E., 2 août 1907, *Abbé Garcin* , *préc.*, p.1.

380 François BARQUE, *op.cit.*

381 Maurice HAURIOU, *préc.*, p.2.

382 Maurice HAURIOU, *préc.*, p.2.

d'État, juge de l'excès de pouvoir, et le rejet de la compétence du juge « *de simple police* », juge de « *l'appréciation de la légalité* »[383].

De plus, il n'est pas inutile d'observer que le Doyen évoque ici un « *but* » et non une « directive » de bonne administration. Or, on peut penser que la distinction est implicitement effectuée. En effet, ainsi que nous l'avons précédemment indiqué, les directives de bonne administration relèvent davantage des modalités de l'action administrative que de la formulation de son but (l'Idée). Néanmoins, cette suggestion doit être accueillie avec réserve. Les renvois à la « bonne administration » et à la moralité administrative sont effet trop peu explicites pour en déduire un sens précis.

109. On peut déceler la même ambivalence dans la note du Doyen Hauriou au sujet de l'arrêt *Gomel*[384], bien que l'expression même de « bonne administration » n'apparaisse pas expressément. En effet, l'auteur réitère la distinction entre le principe de légalité (erreurs de droit) et l'excès de pouvoir (erreurs de fait)[385]. Ainsi, « *la limite de la violation de la loi, c'est la question de fait* »[386]. Le vocabulaire employé semble servir une démonstration épousant l'idée de morale. Les « *maximes professionnelles* », dont il est fait état, dépasseraient les « *prescriptions de la loi* »[387].

Particulièrement sensible aux points de rencontre entre les droits civil et public, le Doyen compare alors l'administration aux particuliers. « *On sait qu'un particulier peut commettre bien des vilenies en côtoyant la loi ; il en serait de même des administrateurs, si la déontologie professionnelle de l'administration n'était pas surajoutée à la loi, de même que la morale vulgaire s'y surajoute pour les particuliers* »[388]. Néanmoins, de nouveau, les questions posées par le Doyen ne semblent pas se réduire à ce vocable. En effet, si l'excès de pouvoir est établi sous « *l'empire de la passion politique* », il renferme également, voire surtout, l'erreur de fait et l'inexactitude du raisonnement de l'administrateur. Ainsi, « *c'est aussi un excès de pouvoir que de ne pas étudier les questions* »[389]. On semble s'éloigner ici du pur impératif de morale ou de bonnes mœurs.

110. L'ambiguité de la moralité administrative et de la bonne administration s'illustre tout particulièrement à l'occasion de l'arrêt *Esquieu*[390]. Etait ici en cause la mise en place de classes mixtes dans des communes ayant néanmoins les moyens matériels et financiers de séparer les écoliers selon leur sexe. Or, la loi ne prévoyait la mise en place de classes mixtes qu'en cas d'insuffisance des ressources communales et dans un but d'économie[391]. En l'espèce, le but implicitement

---

[383] Maurice HAURIOU, *préc.*, p.2.

[384] Maurice HAURIOU, note sous C.E., 4 avril 1914, *Gomel*, rec. 488, req. n°55125 ; S.1917,III, p.25-27.

[385] Nous reviendrons sur cette interprétation restrictive de la légalité par la suite : v. *infra*, n°903 et s.

[386] Maurice HAURIOU, note sous C.E., 4 avril 1914, *Gomel*, *préc.*, p.25.

[387] Maurice HAURIOU, note sous C.E., 4 avril 1914, *Gomel*, *préc.*, p.25.

[388] Maurice HAURIOU, note sous C.E., 4 avril 1914, *Gomel*, *préc.*, p.25.

[389] Maurice HAURIOU, note sous C.E., 4 avril 1914, *Gomel*, *préc.*, p.25.

[390] Maurice HAURIOU, note sous C.E., 20 janvier 1928, *Esquieu*, rec. 101, req. n°88796 ; S.1928, III, p.49-50.

[391] L'article 6 de la loi du 30 octobre 1886 prévoyait la séparation des écoles de garçons et de filles pour les communes de plus de 500 habitants.

poursuivi était purement pédagogique. Le Conseil d'État conclut alors au détournement de pouvoir.

111. Dans sa note, le Doyen Hauriou souligne, de manière cursive, que le passage aux classes mixtes répondait également à des « *visées de bonne administration* »[392]. Cette référence à la « bonne administration » ne s'accompagne d'aucune explication. Il paraît alors particulièrement périlleux d'en déduire un sens précis.

Par ailleurs, selon le Doyen, le Conseil d'État se serait ici implicitement inspiré de considérations de « *morale publique* ». La mixité des sexes dans une même classe serait « *peu recommandable au point de vue moral* »[393] et dangereux[394]. Toutefois, par la suite, le Doyen distingue les bonnes mœurs de la morale : « *il ne s'agit pas de savoir si la pratique de l'école mixte est choquante ou non, mais de savoir si elle est bonne ou mauvaise* »[395]. Cette distinction n'est pas totalement exempte d'ambiguïtés. Sans doute la morale publique est-elle libérée, dans la pensée du Doyen, de considérations religieuses. Elle semble associée au « bien-être » des écoliers et à la « dangerosité » que présenterait à leur égard la mixité des classes : « *hors de l'école, l'Administration n'est pas responsable ; dans l'école, elle est responsable, si elle ne prend pas les précautions convenables* »[396]. Toutefois, certains doutes semblent pouvoir légitimement subsister quant à la distinction matérielle entre les bonnes mœurs et la morale. Ainsi, M. Sfez souligne que la moralité administrative d'Hauriou n'exclut pas l'idée d'un comportement respectueux des bonnes mœurs[397].

112. De surcroît, l'emploi de ce vocable ne manque pas de nourrir une imprécision fondamentale dans le cadre de notre étude. En effet, le renvoi à la morale publique, qui se distinguerait des bonnes mœurs, s'identifie-t-elle à la moralité administrative et à la « bonne administration » ? Une citation semble conduire le lecteur à une réponse positive : « *elle* [la jurisprudence] *a découvert avec le détournement de pouvoir la région de la bonne administration, c'est-à-dire des mœurs et de la moralité administrative* »[398]. Néanmoins, l'hypothèse inverse d'une distinction entre la moralité administrative et la moralité publique ne paraît pas totalement exclue. En effet, la « moralité publique » semble signifier la sincérité, la prudence et la diligence moyenne de l'administration. Or, ce n'est pas exactement le sens précité conféré à la moralité administrative et aux directives de bonne administration dans le *Précis de droit administratif*[399]. Une chose est ainsi sûre : ces références, à la fois parcimonieuses et éparses, sont peu explicites.

---

[392] Maurice HAURIOU, note sous C.E., 20 janvier 1928, *Esquieu*, rec. 101, req. n°88796 ; S.1928, III, p.49.
[393] Maurice HAURIOU, note sous C.E., 20 janvier 1928, *Esquieu*, *préc.*, p.50.
[394] Le Doyen fait référence au freudisme et à l'éveil des sens : « *en somme, sur chaque enfant d'âge scolaire, on devrait supposer collée l'étiquette "danger d'explosion". La seule politique raisonnable est d'éviter les occasions, et il est bien clair que la classe mixte, au lieu de les éviter, les provoque* » : Maurice HAURIOU, note sous C.E., 20 janvier 1928, *Esquieu*, *préc.*, p.50.
[395] Maurice HAURIOU, note sous C.E., 20 janvier 1928, *Esquieu*, *préc.*, p.50.
[396] Maurice HAURIOU, note sous C.E., 20 janvier 1928, *Esquieu*, *préc.*, p.50.
[397] Lucien SFEZ, *op.cit.*, p.404.
[398] Maurice HAURIOU, *Principes de droit public*, 3e éd., Paris, Sirey, 1910, p.142.
[399] V. *supra*, n°100 et s.

113. La moralité administrative inclut donc la morale sans s'y réduire[400]. Cela montre bien son ambivalence. Si l'on ne peut nier l'aspect « moraliste » de la moralité administrative et, dans une certaine mesure, de la « bonne administration » chez Maurice Hauriou, il paraît critiquable de les y réduire, comme semble pourtant le faire un certain nombre d'auteurs de la doctrine postérieure.

2. L'assimilation critiquable de la moralité administrative à la morale dans la doctrine postérieure

114. La moralité administrative et la « bonne administration » sont souvent présentées comme des notions « *révolutionnaires* »[401] ayant permis à la fois une « subjectivation » et un déploiement du contentieux administratif. Leur manifestation principale, à savoir le détournement de pouvoir, introduirait un élément moral dans le contrôle du juge. Leur contenu est alors réduit au comportement « *sincère* »[402], voire respectable de l'administration.

115. C'est bien l'approche adoptée par Louis Trotabas à l'occasion de l'arrêt *Demoreuil*. Cet arrêt concernait le recouvrement irrégulier des contributions directes, saisie irrégulière constitutive d'une faute de l'administration. L'auteur affirme sur ce point que la moralité administrative, tout comme l'équité, « *adoucissent* » les contours de la faute de service public[403]. En l'espèce, en dépit de l'absence de dommage, une réparation symbolique doit avoir lieu. Elle est alors réalisée par la simple reconnaissance d'une illégalité par le Conseil d'État, qui serait dictée par la moralité administrative. Celle-ci se voit donc réduite à une directive comportementale déontologique.

116. Cette considération de « *responsabilité morale* »[404] a également été évoquée à l'occasion de l'arrêt *Carlier*. Il était ici reproché à l'administration d'avoir interdit l'accès à la cathédrale de Chartres au requérant, architecte et critique de profession. Le Conseil d'État annule cette décision et considère que la saisie de plaques de photographies par la police spéciale constitue une faute de nature à engager la responsabilité de l'État. Sans apporter de précision quant à la nature du préjudice subi, les juges du Palais Royal ont ordonné l'indemnisation symbolique du requérant[405].

Ainsi que le souligne Roland Drago, cet arrêt visait à « punir », à l'instar d'un juge pénal, l'attitude condamnable de l'administration. Le Conseil d'État aurait

---

[400] Lucien SFEZ, *op.cit.*, p.404.

[401] François BARQUE, *op.cit.*, p.63.

[402] François BARQUE, *op.cit.*, p.63-67, spéc. p.65. Cette position subjective et moralisatrice expliquerait le rejet de la théorie de la part des défenseurs du contrôle objectif : *op.cit.*, p.69-74.

[403] Louis TROTABAS, note sous C.E., 1er juillet 1927, *Sieur Demoreuil*, rec. 739, req. n°86543 ; D.1928, III, p.21. Pour une même association de la moralité à la responsabilité : Francis MALLOL, « Condition de moralité et accès à la fonction publique », *L.P.A.*, 23 juin 1995, n°75, p.4-7 (l'auteur n'évoque pas la « bonne administration »).

[404] Roland DRAGO, note sous C.E., ass., 18 novembre 1949, *Sieur Carlier*, rec. 490, req. n°77441-2 ; S.1950, III, p.49-53.

[405] Les juges ont donc suivi les conclusions du commissaire du gouvernement Gazier en dérogeant à la réparation symbolique d'un franc pour accorder une indemnisation de 5000 francs.

consacré « *une conception morale de la responsabilité en matière de police* »[406] dans les cas où celle-ci serait animée par une « *amertume* » et une « *mauvaise humeur* »[407] vexatoire. Selon les conclusions du commissaire du gouvernement Gazier, l'interdiction de l'accès « *ne peut s'analyser que comme un réflexe d'impatience d'une administration enervée* »[408], impatience n'empêchant pas de reconnaître un détournement de pouvoir.

Si l'inspiration est la même que dans l'arrêt *Demoreuil*, la « bonne administration » et la moralité administrative ne sont pas expressément assimilées à la « responsabilité morale ». Toutefois, toujours à l'occasion de cet arrêt, Marcel Waline évoque la « bonne administration » au sujet du refus, par l'administration, de communiquer au requérant sa décision d'interdiction d'accès à la cathédrale. Selon ses termes, il « *n'est pas de l'intérêt d'une bonne administration de permettre à ses fonctionnaires de se dérober à leurs responsabilités* »[409]. L'auteur précise que le service public devrait s'inspirer de cet esprit de responsabilité. Bien qu'il ne vise pas directement l'interdiction et la saisie en tant que telles, il n'est pas impossible de penser que leur caractère « moralement condamnable » inspire son appréciation du refus. La « bonne administration » semble alors relever de considérations davantage morales que juridiques.

117. René Ladreit de Lacharrière adopte également une approche assez ambivalente de la « bonne administration ». L'auteur emploie cette expression à l'occasion de son étude sur le contrôle hiérarchique en l'associant à l'opportunité du chef de service. On peut alors lire que « *la bonne administration est une notion complexe où paraissent n'entrer que certaines règles de morale vulgaire, à côté de prescriptions techniques* »[410]. La moralité administrative renferme ainsi toutes les règles imposées par un administrateur supérieur à ses subordonnés, en particulier par l'usage de son pouvoir discrétionnaire[411]. Associées, la moralité administrative et la « bonne administration » semblent ici traduire des considérations de tout ordre. Pour le moins, elles n'excluent pas certaines considérations d'ordre morale.

118. Les conclusions du commissaire du gouvernement Guy Braibant à l'occasion de l'arrêt *La Paternelle*[412] illustre la permanence de cette ambiguïté. À propos du service de lutte contre l'incendie, il évoque des « *arguments de réalisme et de moralité* » consistant en un « *sentiment de responsabilité particulière, à la fois morale et financière, dans l'organisation des services* »[413]. Ainsi, bien que la responsabilité du centre d'incendie, à défaut de celle de la commune où il s'est produit, soit en principe engagée, la moralité administrative implique que la

---

[406] Roland DRAGO, note sous C.E., 18 novembre 1949, *Sieur Carlier, préc.*, p.52.
[407] Les rénovations monumentales de la cathédrale aurait été critiquées par la personne requérante.
[408] François GAZIER, concl. sur C.E., 18 novembre 1949, *Sieur Carlier, préc.*, *R.D.P.*, 1950, p.181.
[409] Marcel WALINE, note sous C.E., 18 novembre 1949, *Sieur Carlier, préc.*, *R.D.P.*, 1950, p.174.
[410] René LADREIT DE LACHARRIÈRE, *Le contrôle hiérarchique de l'administration dans la forme juridictionnelle*, Paris, Recueil Sirey, 1937, p.107.
[411] René LADREIT DE LACHARRIÈRE, *op.cit.*, p.106.
[412] Guy BRAIBANT, concl. sur C.E., 21 février 1964, *Compagnie d'assurances "La Paternelle" et ville de Wattrelos*, rec. 119, req. n°55930-55.938-55.946-947.
[413] Guy BRAIBANT, concl. sur C.E., 21 février 1964, *préc.*, p.133.

commune organise un service de lutte contre l'incendie. Non obstant son pouvoir discrétionnaire en la matière, elle doit répondre des conséquences dommageables de ses choix. L'imposition de ce « *sentiment de responsabilité* » est le « *plus apte à concilier les principes posés par la loi, les tendances de* [la] *jurisprudence, et les exigences d'une bonne administration* »[414]. La bonne administration est alors, de nouveau, associée à l'idée vague de « morale ».

119. Souvent conçue comme « *le point de rencontre du droit avec la morale* »[415], la notion de bonne administration présenterait ainsi l'intérêt de condamner moralement le comportement de l'autorité administrative[416]. Afin de soutenir ce propos, Monsieur Dellis s'appuie sur le principe jurisprudentiel de choix du candidat le plus qualifié pour un poste vacant[417]. Or, à notre sens, si ce principe est lié à la notion de bonne administration, il ne relève pas nécessairement de la morale, ainsi que nous le montrerons par la suite[418]. Cette confusion se retrouve dans les travaux les plus récents. Elle peut être implicite[419] ou clairement affirmée.

120. À titre d'exemple, Madame Lassalle semble assimiler la notion de moralité administrative, telle que développée par Henri Welter, à une « *moralisation de l'action administrative* »[420]. À la suite d'une référence à cet auteur, il est affirmé que « *la construction européenne, du fait de sa nature économique, faisait au départ peu de cas des considérations tirées de la morale ou du respect des droits de l'homme* »[421]. Au-delà de cette association, la transposition d'une notion française née au début du XXème siècle à l'Union européenne du XXIème siècle peut paraître tout aussi étonnante que le lien rapidement établi entre la morale et les droits de l'Homme. Au demeurant, cette identification entre la moralité administrative et la morale est au service d'une conception large et indéfinie du principe de bonne administration.

Ainsi, selon l'auteur, « *le principe de bonne administration permet véritablement cette rencontre entre le droit et la morale* **car** *il est une "incarnation du principe de moralité administrative"*[422](...) »[423]. Cette confusion semble s'expliquer par une autre analogie entre la moralité et la normalité. En raison de l'appréciation subjective qu'engendrerait l'application du principe de bonne administration, celui-ci impliquerait nécessairement des considérations d'ordre moral. Selon l'auteur, les juges insèrent « *des références à la normalité, au caractère raisonnable ou acceptable d'une mesure et* **donc** *font de la morale un*

---

[414] Guy BRAIBANT, concl. sur C.E., 21 février 1964, *préc.*, p.133.

[415] Georges DELLIS, « Le principe de bonne administration dans la jurisprudence du Conseil d'Etat hellénique », *in Mélanges en l'honneur de Epaminondas P. Spiliotopoulos. Etat-loi-administration*, Bruxelles, Bruylant, 1998, p.46-48.

[416] Georges DELLIS, *art.cit.*, p.42.

[417] Georges DELLIS, *art.cit.*, note infrapaginale n°45.

[418] V. *infra,* n°359 et s.

[419] Eric CARPANO, « Le droit administratif français est-il perméable à la bonne foi ? », *Droit administratif*, janvier 2005, n°1, p.17. L'auteur semble ainsi associer la moralité administrative à la bonne foi objective, c'est-à-dire au comportement loyal et moral de l'administration.

[420] Julie LASSALLE, *op.cit.*, p.576-590.

[421] Julie LASSALLE, *op.cit.*, p.576.

[422] L'auteur renvoie à Georges DELLIS, *art.cit.*, p.46.

[423] Julie LASSALLE, *op.cit.*, p.578. Nous soulignons.

élément de contrôle, souvent par le biais du principe de bonne administration »[424]. Si nous adhérons pleinement à la première partie de cette citation[425], sa seconde partie, et en particulier la conjonction de coordination « donc », ne résiste pas à l'analyse. L'examen casuistique et circonstanciée, qui n'est d'ailleurs pas le propre de la notion de bonne administration, n'implique pas, de lui-même, un contrôle d'ordre moral.

121. Les notions réapparaissent dans le débat relatif à la déontologie et à l'éthique. Ainsi, Monsieur Bienvenu relie, à l'instar du Doyen Hauriou lui-même, la moralité administrative à la « *morale professionnelle* »[426]. Monsieur Didier définit la « mauvaise administration » comme « *l'ensemble des turpitudes viciant son action et portant atteinte à la "moralité administrative"* »[427]. La moralité administrative semble donc réduite, sous la plume de certains auteurs, à la pure déontologie ou à la morale du fonctionnement administratif. Cet amalgame explique le rejet, par certains auteurs, de l'expression même de « moralité administrative », la moralité ne pouvant s'appliquer qu'aux administrateurs, et non à une abstraction[428].

Néanmoins, pouvons-nous affirmer, que, sans totalement l'exclure, la moralité administrative ne se réduit pas, chez Maurice Hauriou, à la pure morale. Par ailleurs, ainsi que nous le noterons par la suite[429], la notion de bonne administration est pensée en termes objectifs par le Doyen. Elle ne saurait ainsi justifier pleinement un prétendu passage à une « subjectivation » du contentieux.

122. Il semble en effet sinon critiquable, du moins réducteur, d'assimiler la moralité administrative à la morale. Au regard du sujet qui nous occupe, cela reviendrait à conférer à la « bonne administration » une consistance méta-juridique. Or, comme nous l'avons déjà souligné, cela ne semble pas être exactement la vision du Doyen Hauriou. En effet, les directives de bonne administration sont « *plus proches du souci de rationalité et d'efficacité que de la morale* »[430]. La moralité administrative peut être également définie comme la « *pondération,* [la] *participation au sens commun et au sens de la directive opportune* »[431]. En effet, ainsi que nous le montrerons par la suite[432], l'opportunité ne doit pas être automatiquement exclue de la légalité et du domaine juridique. La pondération et le sens commun ne sont également pas des considérations méta-juridiques : elles guident aussi bien l'administration que le juge.

---

[424] Julie LASSALLE, *op.cit.*, p.580. Nous soulignons. V. aussi : p.579.

[425] V. *infra*, n°632 et s.

[426] Jean-Jacques BIENVENU, « Déontologie et standards administratifs », *in* Pierre AVRIL, Michel VERPEAUX (dir.), *Les règles et principes non écrits en droit public*, Actes du colloque des 28-29 mai 1998 organisé au Sénat par le Centre de droit et pratique constitutionnels de l'Université de Paris II et l'A.F.D.C., Paris, éd. Panthéon Assas, coll. Droit public, 2000, p.247.

[427] Jean-Pierre DIDIER, *La déontologie de l'administration*, Paris, P.U.F, coll. Que sais-je ?, 1999, p.63. La moralité administrative semble restreinte au détournement de pouvoir et à l'abus de pouvoir.

[428] Robert CATHERINE, Guy THUILLIER, « D'une morale de l'Etat à la morale de l'administrateur », *in Mélanges Stassinopoulos. Problèmes de droit public contemporain,* Paris, L.G.D.J., 1974, p.577.

[429] V. *infra*, n°572 et s.

[430] François BARQUE, *op.cit.*, p.65.

[431] Robert CATHERINE, Guy THUILLIER, « Morale et administration. Du bon sens », *R.A.*, juillet-août 1974, n°160, p.324.

[432] V. *infra*, n°819 et s.

123. Ainsi que l'indique Monsieur Hummel, les principes de bonne administration, « *successeurs* »[433] de la moralité administrative, sont des principes généraux du droit atypiques en grande partie dérivés de la logique interne des institutions (au sens où l'envisage Maurice Hauriou). Ils marquent le passage d'une légitimité extrinsèque (conformité des actes administratifs à la loi extérieure) à une légitimité intrinsèque (conformité des actes administratifs à la finalité interne de l'institution)[434]. La notion de bonne administration puise son origine dans la notion de moralité administrative qui peut être définie comme l'application de l'obligation de « *cohérence* » et de « *pertinence* » aux actes de l'administration[435]. La question n'est alors plus de savoir si l'action est légale, mais si elle est nécessaire et proportionnée à la situation de fait, « *c'est-à-dire conforme à une bonne administration* »[436]. L'erreur manifeste a ainsi pour intérêt d'objectiver le contrôle du détournement de pouvoir en se basant davantage sur le motif de l'acte que sur l'intention de l'auteur[437].

Monsieur Laveissière avait d'ailleurs eu l'occasion de souligner le lien étroit entre « moralité administrative » et « erreur manifeste d'appréciation » au sujet du contrôle sur la notation dont font en outre l'objet les fonctionnaires[438]. L'observateur regrette ainsi que le Doyen Hauriou n'ait pas davantage insisté sur le lien existant entre la « bonne administration » et le pouvoir discrétionnaire, ce qui aurait dissipé les doutes sur la juridicité de la première.

124. En résumé, la référence du Doyen Hauriou à la « bonne administration » est d'un apport certain. Néanmoins, elle ne résout pas totalement la question de sa définition. Cela s'explique sans doute par le fait qu'elle occupe une place marginale dans sa pensée. Il faut alors se tourner vers d'autres ordres juridiques pour voir expressément énoncée la « bonne administration ». Le droit communautaire est à ce sujet classiquement étudié. Or, il est loin de résoudre l'ambiguïté entourant la notion de bonne administration.

---

[433] Jacky HUMMEL, « La théorie de la moralité administrative et l'erreur manifeste d'appréciation », *R.A.*, mai-juin 1996, n°291, p.336.

[434] Jacky HUMMEL, *La théorie de la moralité administrative et la jurisprudence du Conseil d'Etat en matière d'erreur manifeste d'appréciation*, Mémoire pour l'obtention du D.E.A. de droit public interne, Université de Paris II, 1993, p.9.

[435] Jacky HUMMEL, *La théorie de la moralité administrative et la jurisprudence du Conseil d'Etat en matière d'erreur manifeste d'appréciation*, *op.cit.*, p.6.

[436] Jacky HUMMEL, *op.cit.*, p.13.

[437] Jacky HUMMEL, *op.cit.*, p.43.

[438] Jean LAVEISSIERE, « Les "mal notés" et le juge », *A.J.D.A.*, 20 mars 1981, n°3, p.119-127, spéc. p.114-120.

§ 2. La polysémie de la « bonne administration » en droit communautaire

125. À l'instar de ses homologues grec et hollandais[439], le juge communautaire fut l'un des premiers à évoquer expressément la « bonne administration ». Ainsi que nous l'avons précédemment indiqué[440], la carence des normes communautaires lui confère un rôle central dans la reconnaissance de principes généraux. La bonne administration n'y fait pas exception. Elle a ainsi acquis, au fil des arrêts, valeur de principe général du droit[441]. Ce principe prend place, bien que rarement, dans les classifications des ouvrages de référence. Monsieur Simon le range parmi les principes généraux structurels, tels que les principes d'égalité, de solidarité ou encore de proportionnalité[442]. Il appartient en revanche, selon Madame Papadopoulou, à la catégorie des consécrations « *silencieuses* » de principes généraux du droit, au même titre que l'équilibre institutionnel[443].

126. Au-delà de ces différences d'approche, le principe communautaire de bonne administration est unanimement identifié comme un principe matriciel[444]. On ne peut en effet que souscrire à cette qualification, tant les règles rattachées à la « bonne administration » sont d'une déroutante diversité. Ainsi que l'affirme Monsieur Simon, un nombre presque indéterminé de principes apparentés à la « bonne administration » se trouvent « *absorbés* » par cette dernière, suivant une « *démarche "macro-juridique"* »[445]. De plus, bien que son statut de principe général semble désormais établi, la « bonne administration » apparaît dans la jurisprudence sous des aspects multiples. Elle est présentée comme une « *obligation* »[446], un

[439] V. introduction générale, n°59.

[440] V. introduction générale, n°61.

[441] Avocat général VAN GERVEN, concl. sur C.J.C.E., 12 février 1992, *Pays-Bas c/ Commission*, aff. C-48/90 et C-66/90, rec.1992, p.627. *A contra* : Avocat général GORDON SLYNN, concl. sur C.J.C.E., 15 mars 1984, *Tradax Graanhandel BV c/ Commission*, aff. C-64/82, rec.1984, p.1385-1386. Pour une synthèse de ce principe général et de son évolution, v. en outre : Joël MOLINIER, « Principes généraux », *Rép. communautaire Dalloz*, août 2008, t.3, n°134-140.

[442] Denys SIMON, *Le système juridique communautaire*, 3e éd., Paris, P.U.F., coll. Droit fondamental, série Droit international et communautaire, 2001, p.367-368.

[443] Rébecca-Emmanuèla PAPADOPOULOU, *Principes généraux du droit en droit communautaire. Origines et concrétisation*, Bruxelles, Bruylant, 1996, p.127-132.

[444] Théodore FORTSAKIS, « Principles Governing Good Administration », *European Public Law*, juin 2005, vol.11, n°2, p.213 ; Julie LASSALLE, *op.cit.* , p.115.

[445] Denys SIMON, « Le principe de "bonne administration" ou la "bonne gouvernance" concrète », *in Le droit de l'Union européenne en principes. Liber amicorum en l'honneur de Jean Raux*, Rennes, Apogée, 2006, p.165.

[446] T.P.I.C.E., 4e ch., 6 juillet 2000, *Volkswagen c/ Commission*, aff. T-62/98, rec.2000, p.II-2707, pt.281.

« *devoir* »[447], une « *exigence* »[448], voire un simple « *souci* »[449]. Sa qualification peut changer au cours d'un même arrêt[450].

127. La flexibilité du principe communautaire de bonne administration doit alors être illustrée (**A**). Le même constat d'élasticité s'opère à la lecture de l'article 41 de la Charte des droits fondamentaux de l'Union européenne qui consacre un « *droit à une bonne administration* » (**B**).

A. Le principe communautaire de bonne administration : un principe matriciel au contenu incertain

128. À l'instar du droit britannique, le droit communautaire confère une place centrale à la procédure, et notamment aux droits de la défense[451]. « *Garantie conférée par l'ordre juridique communautaire dans les procédures administratives* »[452], la « bonne administration » est liée à ces droits. Le juge a récemment affirmé que le respect des droits de la défense répondait aux « *exigences d'une bonne administration* »[453].

129. Néanmoins, l'emploi du principe de bonne administration dans la jurisprudence repose sur des prémices fragiles (**1**). Présentant de multiples facettes, il se caractérise par son ambiguïté (**2**).

1. La fragilité des prémices du principe communautaire de bonne administration

130. À notre connaissance, les premières références aux « *règles* » de bonne administration dans la jurisprudence communautaire datent des années cinquante. Dans l'arrêt *Industrie Siderurgiche Associate*, le juge considère que l'omission des avis divergents des organes consultatifs dans la motivation de la Haute autorité n'est pas contraire aux « *règles de bonne administration* »[454], notamment en raison de l'absence d'obligation de consultation dans la lettre du Traité (article 15 du Traité).

---

[447] T.P.I.C.E., 4e ch., 10 mai 2000, *SIC c/ Commission*, aff. T-46/97, rec. 2000, p.II-2125, pt.45 ; obs. J.-Y. CHÉROT, *Europe*, juillet 2000, n°221.

[448] C.J.C.E., 5e ch., 30 mars 2000, *VBA et VGB e.a.t. c/ Commission, préc.*, pt. 71.

[449] C.J.C.E., 3e ch., 28 mai 1980, *Richard Kuhner c/ Commission*, aff. C-33/79 et C-75/79, rec.1980, p.1677, pt.25.

[450] T.P.I.C.E., 3e ch., 17 octobre 1991, *De Compte c/ Parlement*, aff T-26/89, rec.1991, p.II-781, pt.88 ; T.P.I.C.E., 3e ch., 14 juillet 2006, *Endesa c/ Commission*, aff. T-417/05, rec.2006, p.II-2533, pt. 66 ; 100.

[451] C.J.C.E., 1e ch., 4 juillet 1963, *Alvis c/ Conseil*, aff. C-32/62, rec.1963, p.101 ; C.J.C.E., 3e ch., 28 mai 1980, *Richard Kuhner c/ Commission, préc.* ; T.P.I.C.E., 2e ch., 29 juin 1993, *Asia Motor France et al. c/ Commission*, aff. T-92, rec.1993, p.II-669. Selon M. Azoulay, la formule serait apparue pour la première fois dans : C.J.C.E., 21 novembre 1991, *Technische Universität München*, aff. C-269/90, rec.1991, p.I-5499 : Loïc AZOULAI, *in* Jean Bernard AUBY, Jacqueline DUTHEIL DE LA ROCHÈRE, *op.cit.*, p.113.

[452] T.P.I.C.E., 4e ch., 20 mars 2002, *ABB Asea Brown Boveri Ltd c/ Commission*, aff. T-31/99, rec.2002, p.II-1881, pt.99.

[453] T.P.I.C.E., 5e ch., 8 mars 2005, *Vlachaki c/ Commission*, aff. T-277/03, rec.2005, p.I-A-57, II-243, pt.64 ; T.P.I.C.E., 2e ch., 15 juin 2000, *F c/ Commission*, aff T-211/98, rec.2000, p.I-A-107, II-471, pt.28.

[454] C.J.C.E., 11 février 1955, *Industrie Siderurgiche Associate c/ Haute Autorité de la Communauté européenne du charbon et de l'acier*, aff. C-4/54, rec.1955, p.177.

Dans l'optique de cette étude, l'attention doit être portée sur l'expression « *règles de bonne administration* », qui n'est pas invoquée en tant que telle. Ainsi, « *la partie requérante voit un manquement aux règles de bonne administration,* ***et partant, un indice*** *de nature à établir le détournement de pouvoir* (...) »[455]. Les « *règles de bonne administration* », parmi lesquelles figure la motivation, sont donc exclusivement envisagées comme preuve d'un éventuel détournement de pouvoir : leur statut et leur autonomie ne sont pas clairement établis.

131. Dans un arrêt du 4 juillet 1963, le juge rattache la règle du contradictoire[456] aux « *exigences d'une saine justice et d'une bonne administration* »[457]. Au vu de l'arrêt précité, une question peut se poser : pourquoi le juge ne qualifie-t-il pas directement et expressément la règle du contradictoire de « règle de bonne administration » ? En effet, il s'en tient à rattacher cette règle, d'ailleurs qualifiée quelques lignes plus loin de « *principe* », aux « *exigences* » d'une bonne administration.

De plus, l'emploi du pluriel (« *exigences* ») peut prêter à confusion. S'applique-t-il respectivement aux expressions « *saine justice* » et « *bonne administration* » ? Dans ce cas, chacune d'elles renfermerait plusieurs exigences. Ou désigne-t-il l'addition de l'exigence d'une saine justice et de l'exigence d'une bonne administration[458] ? La question reste ouverte.

Enfin, la référence à l'exigence de « *saine justice* » peut paraître surprenante. En effet, c'est le pouvoir de sanction disciplinaire de l'administration qui est ici concerné. Or, la sanction disciplinaire ne s'identifie pas à la sanction juridictionnelle. L'emploi de l'expression « *saine justice* » s'explique-t-elle alors par le manque d'autorité de la « bonne administration » ? Il n'est pas impossible de le penser.

132. Dans l'arrêt *Richard Kuhner*, le juge affirme que l' « *on ne saurait* [...] *parler des "droits de la défense", mais seulement d'un principe général de bonne administration* »[459]. L'adverbe « *seulement* » exprime, sinon le peu d'autorité conféré au principe, du moins son caractère imprécis. Les droits de la défense posséderaient ainsi une force supérieure[460] ; de ce fait, ils s'en détachent.

De même, un arrêt substitue au terme « principe » celui de « *souci* »[461] de bonne administration. Or, un souci ne saurait avoir la même portée juridique qu'un

---

[455] C.J.C.E., 11 février 1955, *préc.*, pt.6. Nous soulignons.

[456] La règle du contradictoire a été érigée en principe général du droit communautaire dans : C.J.C.E., 23 octobre 1974, *Transocean Marine Paint Association c/ Commission*, aff. 17/74, rec.1974, p.1063.

[457] C.J.C.E., 1e ch., 4 juillet 1963., *Maurice Alvis c/ Conseil, préc.* Le juge avait déjà employé l'expression « *saine administration* » dans : C.J.C.E., 10 décembre 1957, *Société des usines à tubes de la Sarre c/ Haute Autorité de la Communauté européenne du charbon et de l'acier*, aff. 1/57 et 14/57, rec.1957, p.201 ; et, par la suite : C.J.C.E., 3e ch., 28 mai 1980, *Richard Kuhner c/ Commission, préc.*, pt.23 ; C.J.C.E., 2e ch.,11 juillet 1974, *Guillot c/ Commission,* aff. C-53/72, rec.1974, p.791, pt.3.

[458] La Cour emploie la même expression dans : C.J.C.E., 3ech., 28 mai 1980, *Richard Kuhner c/ Commission, préc.*, pt. 23.

[459] C.J.C.E., 3e ch., 28 mai 1980, *Richard Kuhner c/ Commission, préc.*, pt.25.

[460] Martin MANKOU, « Du principe de bonne administration au droit à la bonne administration : contribution à une problématique de la bonne administration en droit communautaire », *Cahiers de l'Institut de recherche européenne de droit économique, Contributions de droit européen*, Toulouse, Presses de l'Université des sciences sociales de Toulouse, 2002, vol.2, p.33.

[461] T.P.I.C.E., 5e ch., 10 juin 2004, *Jean-Paul François c/ Commission, préc.*, pt.47.

principe ou qu'une règle. La prudence des mots apparaît alors tributaire de l'imprécision du contenu de la « bonne administration ».

133. Le principe de bonne administration repose en effet sur des prémisses fragiles[462]. Ne s'accompagnant jamais d'une définition claire, il se caractérise par sa flexibilité.

2. La flexibilité caractérisée du principe communautaire de bonne administration

134. Le principe communautaire de bonne administration est d'une élasticité certaine. « *Un lecteur de la jurisprudence communautaire, même avisé, ne peut qu'être perdu dans toutes ces mentions aussi disparates que désordonnées* »[463]. Il est en effet fréquent de le voir associé à une multiplicité de principes de diverses natures (**a**). L'ambivalence de son rapport avec le principe de diligence est une illustration pertinente de ce constat (**b**).

a. L'hétérogénéité des principes associés au principe communautaire de bonne administration

135. Ainsi que nous l'avons précédemment indiqué, le principe de bonne administration est souvent associé aux divers droits de la défense[464]. Madame Lassalle décrit ce phénomène d' « *absorption* »[465] notamment à propos du droit d'être entendu[466]. Loin de déplorer cette dernière, l'auteur la justifie, ou du moins l'explique par le « *regain d'autorité* » qu'apporterait la référence au principe de bonne administration.

Cette position n'est, à notre sens, pas exempte de critiques. En effet, l'antériorité de l'existence des droits de la défense par rapport à celle du principe de bonne administration retire, ou du moins atténue, la « valeur ajoutée » de ce dernier. Le caractère fondamental de ces droits est assuré en dehors de leur rattachement, qui peut paraître alors superficiel, au principe de bonne administration. Cela, d'autant que le même auteur affirme, au sujet de la motivation des actes individuels, que « *ce moyen sera presque toujours éudié de manière isolée par les juridictions, même s'il est "absorbé" par le principe de bonne administration* »[467]. Peut-on alors véritablement en faire un « *élément constitutif* »[468] du principe de bonne administration ?

136. Au-delà des droits de la défense, un nombre important de principes se voient rattachés à celui de bonne administration. Outre ceux ayant déjà été évoqués, on

---

[462] Pour des illustrations jurisprudentielles de cette inconsistance, v. notamment : Julie LASSALLE, *op.cit.*, p.40-41, notes infrapaginales n°67-85.
[463] Julie LASSALLE, *op.cit.*, p.41.
[464] Souvent *via* le principe de diligence : T.P.I.C.E., 4e ch., 9 juillet 1999, *New Europe Consulting et M.P. Brown c/ Commission*, aff. T-231/97, rec.1999, p.II-2403, pt.44 ; T.P.I.C.E., 2e ch., 31 mai 2006, *Kuwait Petroleum (Nederland) BV c/ Commission*, aff. T-354/99, rec.2006, p.II-1475, pt.81-83.
[465] Julie LASSALLE, *op.cit.*, p.121. Sur le droit d'être entendu : p.121-124.
[466] Julie LASSALLE, *op.cit.*, p.122.
[467] Julie LASSALLE, *op.cit.*, p.132.
[468] Julie LASSALLE, *op.cit.*, p.115-133.

peut mentionner l'information et la participation[469], le respect de la santé publique[470], la bonne organisation des concours[471], la transparence de la procédure[472] ou encore le délai raisonnable[473].

De surcroît, le statut même du principe de bonne administration semble incertain. La jurisprudence précitée comme la doctrine en témoignent. Ainsi, Monsieur Rideau le classe parmi les principes garantissant la « *protection des droits de l'homme dans l'Union européenne* »[474]. En revanche, selon Monsieur Simon, il relève des « *principes structurels* » qui « *n'ont pas directement pour objet d'assurer la protection des citoyens ou des justiciables communautaires, même s'ils peuvent indirectement avoir de tels effets* »[475].

137. Ambigu, le principe communautaire de bonne administration est alors fréquemment énoncé conjointement à d'autres principes. Les exemples peuvent être multipliés à loisir, mais nous nous limiterons à certaines illustrations.

On peut à ce titre se référer à l'arrêt *Jean-Paul François*[476]. Il était ici reproché à la Commission de ne pas avoir respecté l'exigence d'un délai raisonnable lors de l'ouverture d'une procédure disciplinaire. L'attente excessive et, surtout, le maintien d'accusations s'étant avérées fausses par la suite furent à l'origine de l'insécurité entachant d'irrégularité la procédure disciplinaire. Selon la Cour, il s'agit d' « *une violation flagrante du principe de sécurité juridique et de bonne administration et une violation des droits de la défense du requérant* »[477]. L'annulation de la procédure ne résulte donc pas uniquement de la violation du principe de bonne administration. Les parties invoquent d'ailleurs très rarement, comme moyen unique, une violation de ce principe. À titre d'exemple, le second moyen allégué par les parties dans l'arrêt *José Martí Peix* est la violation des principes de diligence *et* de bonne administration[478].

138. Un arrêt récent du Tribunal de la fonction publique de l'Union européenne confirme cette tendance[479]. En l'espèce, la requérante accusa la Commission européenne d'une promesse non tenue de recrutement au sein de l'Office d'investigation et de discipline. Elle demandait plus précisément l'annulation de la décision implicite de rejet de faire droit à une demande d'indemnisation pour

---

[469] T.P.I.C.E., 2e ch., 21 octobre 2003, *Solvay Pharmaceuticals BV c/ Conseil, préc.*, pt.186.

[470] C.J.C.E., 3e ch., 12 juillet 2005, *CEVA Santé Animale SA et autres c/ Commission, préc.* pt.85-94.

[471] T.P.I.C.E., 4e ch., 13 juillet 2005, *Carlo Scano c/ Commission, préc.*, pt.62.

[472] T.P.I.C.E., 4e ch., 4 mai 2005, *João Andrade Sena c/ Agence européenne de la sécurité aérienne, préc.*

[473] T.P.I.C.E., 5e ch., 10 juin 2004, *Jean-Paul François c/ Commission, préc.*, pt.47.

[474] Joël RIDEAU, *Droit institutionnel de l'Union et des communautés européennes*, 5e éd., Paris, L.G.D.J., coll. Manuel, 2006, p.359.

[475] Denys SIMON, *op.cit.*, p.368.

[476] T.P.I.C.E., 5e ch., 10 juin 2004, *Jean-Paul François c/ Commission, préc.*, pt.54 ; C.J.C.E., 3e ch., 28 mai 1980, *Richard Kuhner c/ Commission, préc.*

[477] T.P.I.C.E., 5e ch., 10 juin 2004, *Jean-Paul François c/ Commission, préc.*, pt.110-111.

[478] T.P.I.C.E., 3e ch., 13 mars 2003, *José Martí Peix, SA c/ Commission*, aff. T-125/01, rec.2003, p.II-865, pt.44. La Commission serait en effet demeurée inactive pendant une longue période, alors qu'elle aurait disposé de toutes les informations nécessaires.

[479] T.F.P.U.E., 2e ch., 1er mars 2007, *Neirinck c/* Commission, aff. F-84/05, non encore publié.

préjudices moral et pécuniaire. À cette fin, elle invoqua, notamment[480], la violation de l' « *obligation de bonne administration, du principe d'être entendu, de l'obligation de sollicitude et de l'intérêt du service* »[481].

Deux remarques peuvent alors être soulevées. D'une part, le qualificatif d' « obligation » est curieusement préféré à celui de « principe », sans que le Tribunal ne revienne sur ce point. D'autre part, la « bonne administration » est ici apposée à un certain nombre de principes qui pourraient, notamment au regard de l'article 41 de la Charte des droits fondamentaux de l'Union européenne[482], être inclus dans cette expression. Il en est ainsi du principe d'être entendu, de la motivation et de la transparence, pourtant invoqués en premier moyen. C'est uniquement le principe de sollicitude, imposant à la Commission de traiter avec diligence la demande, que semble ici recouvrir la « bonne administration »[483]. Constatant l'inexistence de la promesse prétendue et au terme d'une motivation assez laconique, le Tribunal conclut à l'absence de violation de ces principes[484].

139. Les conclusions de l'avocat général Mayras à propos de l'arrêt *Kuhner* mettent également en avant la polysémie de la « bonne administration » en droit communautaire. Il est en effet affirmé que « *les notions de bonne administration, de justice, d'équité* [et de] *de sollicitude* » sont des expressions synonymes garantes de relations harmonieuses au sein d'une administration[485]. Par sa généralité, ce propos montre l'approximation qui accompagne la « bonne administration ».

140. Selon Madame Lassalle, cette imprécision caractériserait à juste titre le principe de bonne administration. Un passage de sa thèse mérite à ce titre d'être reproduit dans son intégralité. Ainsi, les diverses obligations rattachées au principe de bonne administration permettraient « *d'identifier son contenu et son sens, et sans lesquelles il ferait sinon figure de "coquille vide". Ces règles peuvent par ailleurs faire l'objet d'une utilisation autonome et ne sont pas toujours invoquées dans le cadre du principe de bonne administration, même s'il apparaît implicitement. Le principe de bonne administration serait alors une sorte de "sur-principe" : il reprend différents sous-principes et se surajoute pour former une nouvelle règle* »[486].

Deux remarques critiques peuvent alors être émises. D'une part, il semble au contraire possible d'affirmer que le principe de bonne administration fait bien « *figure de coquille vide* », précisément dans la mesure où il ne fait que regrouper un certain nombre de principes préexistants dont l'autonomie est elle-même rappelée par l'auteur. D'autre part, au regard de notre aperçu et de l'étude approfondie de la jurisprudence livrée par Madame Lassalle, la « *nouvelle règle* » ici mentionnée n'apparaît pas clairement. Quelle nouvelle exigence recouvrerait le

---

480 Il s'agit en effet du second moyen. Le premier moyen est tiré de la violation des principes de protection de la confiance légitime, de sécurité juridique, de bonne foi, de motivation et de transparence : T.F.P.U.E., 2e ch., 1er mars 2007, *Neirinck c/ Commission*, préc., pt.69.

481 T.F.P.U.E., 2e ch., 1er mars 2007, *Neirinck c/ Commission*, aff. F-84/05, non encore publié.

482 V. *infra*, n°148 et s.

483 T.F.P.U.E., 2e ch., 1er mars 2007, *Neirinck c/ Commission, préc.*, pt.105 et 107.

484 T.F.P.U.E., 2e ch., 1er mars 2007, *Neirinck c/ Commission, préc.*, pt.113.

485 C.J.C.E., 3e ch., 28 mai 1980, *Richard Kuhner c/ Commission*, préc.

486 Julie LASSALLE, *op.cit.*, p.172.

principe communautaire de bonne administration, puisqu'il reste « défini » par un ensemble de règles déjà existantes et autonomes ?

141. La question reste ouverte et illustre l'ambiguïté caractérisant le principe de bonne administration en droit communautaire. Le rapport unissant ce principe au devoir de diligence est à notre sens une preuve supplémentaire de l'incertitude de son contenu.

b. L'ambivalence du rapport entre le principe de bonne administration et le devoir de diligence, illustration d'une jurisprudence fluctuante

142. Dans l'arrêt précité *Kuhner*, le principe de bonne administration est associé au devoir de diligence[487]. Celui-ci, parfois également nommé « *sollicitude* »[488], impose l'appréciation complète, approfondie et pertinente des éléments déterminants pour la décision. Cet impératif nécessite de prendre en compte de manière concrète la situation des intéressés[489] et de pondérer leurs intérêts avec ceux de la Communauté[490]. Son inobservation constitue une violation des formes substantielles entraînant l'annulation de la décision[491].

143. La parenté entre le principe de bonne administration et le devoir de diligence est régulièrement confirmé dans la jurisprudence[492]. Dans l'arrêt *Neirinck*[493], la requérante fait ainsi valoir que le principe de bonne administration impose à la Commission d'agir avec toute la diligence requise et d'opérer une mise en balance des intérêts en cause (notamment ceux des particuliers)[494]. Néanmoins, sous la plume du juge, ce devoir de sollicitude est apposé à la « bonne administration » et non explicitement inclus dans cette dernière : « *en refusant de traiter avec diligence le dossier de la requérante, (...) la Commission aurait violé les principes de bonne administration et de sollicitude* »[495].

En revanche, dans l'arrêt *Volkswagen*, alors que la requérante rattacha le manque d'impartialité et de diligence à l'obligation de loyauté, le juge considère qu'il s'agit d' « *atteintes au principe de bonne administration, auquel se rattache l'obligation pour la Commission d'examiner avec soin et impartialité tous les*

---

[487] C.J.C.E., 3e ch., 28 mai 1980, *Richard Kuhner c/ Commission, préc.* ; v. aussi : C.J.C.E., 12 février 1960, *Geitling e.a. c/ Haute Autorité de la Communauté européenne du charbon et de l'acier*, aff.16-17-18/59, rec.1960, p.47 ; T.P.I.C.E., 1e ch., 19 mars 1997, *Oliveira c/ Commission*, aff. T-73/95, rec.1997, p. II-381 ; T.P.I.C.E., 4e ch., 9 juillet 1999, *New Europe Consulting, préc.*

[488] Avocat général VAN GERVEN, concl. sur C.J.C.E., 5e ch., 22 octobre 1991, *Eugen Nölle c/ Hauptzollamt Bremen-Freihafen*, aff. C-16/90, rec.1991, p.I-5163 ; C.J.C.E. 3e ch., 4 février 1987, *Henri Maurissen c/ Cour des comptes des Communautés européennes*, aff. 417/85, rec.1987, p.551.

[489] C.J.C.E., 12 juillet 1962, *Hoogavens NV c/Haute Autorité de la C.E.C.A.*, aff. 14/61, rec.1962, p.485, spéc. p.519.

[490] T.P.I.C.E., 5e ch., 20 juin 1990, *Jean-Louis Burban c/Parlement*, aff. T-133/89, rec.1990, p.II-245, pt.2.

[491] C.J.C.E., 30 juin 1966, *Ferriera Ernesto Preo e Figli c/ Haute Autorité de la C.E.C.A*, aff. 2/65, rec.1966, p.315.

[492] T.F.P.U.E., 2e ch., 13 décembre 2007, *Wandschneider c/ Commission*, aff. F-28/06, non encore publié, pt.150 ; V. aussi : Rébecca-Emmanuèla PAPADOPOULOU, *op.cit.*, p.128 ; Julie LASSALLE, *op.cit.*, p.116-118, notes infrapaginales n°210-230.

[493] T.F.P.U.E., 1er mars 2007, *Neirinck c/ Commission*, aff. F-84/05, non encore publié.

[494] T.F.P.U.E., 1er mars 2007, *préc.*, pt.105. La requérante se réfère expressément à l'article 41 C.D.F.

[495] T.F.P.U.E., 1er mars 2007, *préc.*, pt. 107.

éléments pertinents du cas d'espèce »[496]. La référence à une « *obligation de loyauté* » participe du flou entourant la « bonne administration ». Par ailleurs, le lien entre les principes de bonne administration et de diligence est réaffirmé. Le principe de diligence découlerait ainsi du principe de bonne administration. Ce lien est, en outre, clairement mis en exergue par l'avocat général Van Gerven : la diligence figure selon lui « *au nombre* » des principes de bonne administration[497]. Néanmoins, ce rapport semble parfois atteindre la redondance[498]. La « bonne administration » et la diligence (ou encore la sollicitude) sont ainsi conjointement évoquées sans que leur sens respectifs soit clairement distingués. Monsieur Rideau énonce ainsi « *les principes de bonne administration et de sollicitude* » sans les distinguer[499]. Selon Monsieur Mankou, ils désigneraient bel et bien le même principe[500].

144. Il peut alors paraître d'autant plus surprenant de voir les principes de bonne administration et de diligence clairement différenciés dans d'autres arrêts. C'est pourtant de cette manière que sont présentés ces principes, à titre d'exemple, dans l'arrêt *Hartmut Schwiering* : « *ce devoir* [de diligence] ***ainsi que*** *le principe de bonne administration impliquent* ***notamment*** » une prise en compte réfléchie des faits pertinents[501]. L'utilisation de l'adverbe « *notamment* » traduit l'embarras du juge. De plus, il est curieux que celui-ci répugne à qualifier le devoir de diligence de « règle » ou de « principe » de bonne administration. Contrairement à d'autres espèces, ce devoir semble détaché de la « bonne administration ». Il en est de même dans l'arrêt *Interhotel* dans lequel le Tribunal « *considère que la Commission a fait preuve d'une bonne administration* ***et*** *de diligence en examinant soigneusement tous les éléments du dossier* (…) »[502].

145. De manière significative, dans certaines décisions, les devoirs d'impartialité, de diligence et de motivation apparaissent dans des paragraphes différents de celui dédié au principe de bonne administration[503]. Parfois clairement distingué du principe de bonne administration et parfois associé à ce dernier, le devoir de diligence illustre le caractère fluctuant de la jurisprudence communautaire dans ce domaine.

---

[496] T.P.I.C.E., 4e ch., 6 juillet 2000, *Volkswagen c/ Commission*, *préc.*, pt.269 ; V. aussi : C.J.C.E., 21 novembre 1991, *Technische Universität München, préc.*, pt.14 et 26 ; C.J.C.E., 3e ch., 12 juillet 2005, *CEVA Santé Animale SA et autres, préc.* ; T.P.I.C.E., 1e ch., 24 janvier 1992, *La Cinq c/ Commission*, aff. T-44/90, rec.1992, p. II-1, pt.86.

[497] Avocat général VAN GERVEN, concl. sur C.J.C.E., 5e ch., 22 octobre 1991, *Eugen Nölle, préc.*

[498] Pour exemple : T.P.I.C.E., 4e ch., 29 septembre 1999, *Sociedade Nacional de Segurança, préc.*, pt.49.

[499] Joël RIDEAU, *op.cit.*, p.359.

[500] Martin MANKOU, *art.cit.*, p.33.

[501] C.J.C.E., 3e ch. 23 octobre 1986, *Hartmut Schwiering c/ Cour des comptes des Communautés européennes*, aff. C-321/85, rec.1986, p.3199, pt.18. Nous soulignons.

[502] T.P.I.C.E., 1e ch., 14 juillet 1997, *Interhotel - Sociedade Internacional de Hotéis SARL c/ Commission*, aff. T-81/95, rec.1997, p.II-1265, pt.63. Nous soulignons. V. également : T.P.I.C.E., 2e ch., 29 juin 1993, *Asia Motor France, préc.*, pt. 34 (examen avec soin et impartialité).

[503] T.P.I.C.E., 4e ch., 4 mai 2005, *João Andrade Sena, préc.* Le juge sépare ainsi clairement les principes de confiance légitime, de sécurité juridique et de bonne administration ; T.P.I.C.E., 4e ch., 29 septembre 1999, *Sociedade Nacional de Segurança, préc.*

En résumé, l'ambiguïté du principe communautaire de bonne administration ne saurait être contestée. Si l'étude de la jurisprudence communautaire est nécessaire au discernement de la notion de bonne administration, elle n'apporte pas de solution univoque. Pour certains donc, ce principe demeure indéterminé, voire indéterminable. La consécration d'un « *droit à une bonne administration* » à l'article 41 de la Charte des droits fondamentaux de l'Union européenne aurait pu être l'occasion de préciser les contours de la « bonne administration ». À notre sens, elle a été manquée.

B. L'indétermination du « *droit à une bonne administration* » figurant dans la Charte des droits fondamentaux de l'Union européenne

146. La Charte des droits fondamentaux de l'Union européenne réaffirme les principes et les droits existant à l'échelle européenne[504]. Néanmoins, l'énoncé d'un « *droit à une bonne administration* » présente un relatif intérêt.

Certains soutiennent qu'il introduit de nouveaux droits en faveur de l'administré. Ce serait le cas du droit au plurilinguisme[505], qui était pourtant déjà consacré[506]. Il permet également une extension *ratione materiae* et *ratione personae* (« *toute personne* »[507]) du droit d'être entendu, de la motivation (désormais envisagée comme un principe général) ainsi que de l'accès aux dossiers[508].

147. Parfois relativisé par les probables divergences d'interprétation auquelles cet article pourrait donner lieu[509], cet éventuel intérêt pratique ne s'est pas accompagné d'un apport conceptuel. En effet, le contenu même de la « bonne administration » reste imprécis (**1**). Cette approximation semble tacitement validée par la jurisprudence communautaire (**2**).

---

504 Charte des droits fondamentaux de l'Union européenne, 18 décembre 2000, J.O.C.E., n°C364, p.1-22 ; J.O.U.E., 14 décembre 2007, n°C303, p.1. Pour une synthèse complète des origines et des conditions d'élaboration de cette Charte : Jacqueline DUTHEIL DE LA ROCHÈRE, « Charte des droits fondamentaux de l'Union européenne de l'Union européenne », *Juris-Classeur Europe*, fasc.160, n°2-39.

505 Julie LASSALLE, *op.cit.*, p.189.

506 Art. 2 du règlement n°1 relatif au régime linguistique des Communautés, 15 avril 58, J.O.C.E. du 6 octore 1958, n°17 ; art 21.3 du Traité C.E.

507 Sur les créanciers et les débiteurs du droit à une bonne administration : Denys SIMON, « Article II-101 », *in* Laurence BURGORGUE-LARSEN, Anne LEVADE, Fabrice PICOD (dir.), *Traité établissant une Constitution pour l'Europe. Commentaire article par article.*, t.2, Bruxelles, Bruylant, 2005, p.528-532.

508 Jean-Louis AUTIN, Catherine RIBOT, *Droit administratif général*, 5e éd., Paris, Litec, coll. Objectif droit, 2007, p.387-388 ; Jacques ZILLER, « Droit à une bonne administration », *Jurisclasseur Libertés*, septembre 2007, fasc.1040, n°14 ; Karine MICHELET, « La Charte des droits fondamentaux de l'Union européenne de l'Union européenne et la procédure administrative non contentieuse », *A.J.D.A.*, 14 octobre 2002, n°14, p.949-955. Pour une synthèse de l'apport des articles 41, 42 et 43 de la Charte en droit français : Eloi DIARRA, « Les administrés et l'administration », *in* Laurence BURGORGUE-LARSEN (dir.), *La France face à la Charte des droits fondamentaux de l'Union européenne de l'Union européenne*, Bruxelles, Bruylant, coll. du C.R.E.D.H.O., 2005, p.585-629. Pour autant, selon cet auteur, le droit d'être entendu et le droit d'accès au dossier ne sont pas des avancées particulières en droit français (p.612-620).

509 Armel PECHEUL, « La Charte des droits fondamentaux de l'Union européenne de l'Union européenne », *R.F.D.A.*, mai-juin 2001, n°3, p.693. L'auteur vise ici le devoir de motivation.

1. La malléabilité du contenu du « droit à une bonne administration » : analyse critique de l'article 41 de la Charte des droits fondamentaux de l'Union européenne

148. L'ambivalence de l'article 41 de la Charte des droits fondamentaux de l'Union européenne est difficilement contestable. Le « *droit à une bonne administration* » serait, pour certains, plus imprécis que le principe communautaire du même nom[510]. C'est dire l'hétérogénéité de son contenu. Afin de le montrer, cet article doit être reproduit dans son intégralité[511] :

« *1. Toute personne a le droit de voir ses affaires traitées impartialement, équitablement et dans un délai raisonnable par les institutions, organes et organismes*[512] *de l'Union.*

2. Ce droit comporte notamment :
- le droit de toute personne d'être entendue avant qu'une mesure individuelle qui l'affecterait défavorablement ne soit prise à son encontre ;
- le droit d'accès de toute personne au dossier qui la concerne, dans le respect des intérêts légitimes de la confidentialité et du secret professionnel et des affaires ;
- l'obligation pour l'administration de motiver ses décisions.

3. Toute personne a droit à la réparation par la Communauté des dommages causés par les institutions, ou par leurs agents dans l'exercice de leurs fonctions, conformément aux principes généraux communs aux droits des États membres.
4. Toute personne peut s'adresser aux institutions de l'Union dans une des langues des traités et doit recevoir une réponse dans la même langue ».

149. Au-delà de son apport sur d'autres plans, plusieurs critiques peuvent être adressées à cet article. À ce stade de l'étude, on s'en tiendra à quatre observations.

En premier lieu, sa structure peut surprendre. En effet, il semble légitime de se demander ce qui distingue, matériellement, le premier alinéa du deuxième[513]. Certes, le premier paraît énoncer le « noyau dur » du droit à une bonne administration. Quant au deuxième, il décline d'autres droits qui constituent des « *concrétisations* » de ce dernier[514]. L'article 41 mêlerait ainsi deux acceptions de la bonne administration : l'une reproduite au premier alinéa ; l'autre désignant un ensemble de droits substantiels et procéduraux[515].

---

[510] Susana GALERA RODRIGO, « El derecho a una buena administración », *in* Enrique ÁLVAREZ CONDE, Vicente GARRIDO MAYOL (dir.), *Comentarios a la Constitución europea*, t.2, Valence, Tirant lo blanch, 2004, p.1442.

[511] Pour un commentaire de l'article par alinéa : Jacqueline DUTHEIL DE LA ROCHÈRE, « Charte des droits fondamentaux de l'Union européenne de l'Union européenne », *art.cit.*, n°123-126.

[512] Ce dernier terme résulte de l'article 11-101 du Traité instituant la Constitution européenne (article 101 du Traité de Lisbonne).

[513] Sur l'autonomie de chacun des quatre alinéas : Jacques ZILLER, *art.cit.*, n°16. Pour un aperçu des sources jurisprudentielles des principes du 1er alinéa : n°16-24 ; 2e alinéa : n°28-41.

[514] Jacques ZILLER, *art.cit.*, n°25.

[515] Loïc AZOULAI, *art.cit.*, *in* Jean Bernard AUBY, Jacqueline DUTHEIL DE LA ROCHÈRE, *op.cit.*, p.504-505.

Cependant, le critère matériel de différenciation des deux alinéas n'apparaît pas clairement ; celle-ci semble alors purement formelle. En effet, rien n'interdit, *a priori*, d'inclure le contenu du premier alinéa dans le deuxième, ou inversement. Plus précisément, les deux alinéas déclinent, au même titre, certains droits rattachés à la « bonne administration ». Ainsi que le souligne Monsieur Ziller, le deuxième alinéa n'est pas une déclinaison ou un approfondissement du premier. Ils constituent tous deux, de manière indépendante, des droits raccordés à la « bonne administration ». Le professeur soutient sa position par l'observation de contradictions éventuelles dans l'exercice des droits figurant au premier alinéa et des droits mentionnés au deuxième. Ainsi, les trois droits du deuxième alinéa peuvent engendrer un allongement des délais, proscrit au premier. De plus, sans contredire le principe d'impartialité (alinéa premier), les droits du deuxième alinéa ne sauraient être considérés comme leurs « *développements procéduraux* ». L'auteur clôt sa démonstration en montrant leur faible lien avec la notion de traitement équitable, figurant au premier alinéa[516].

En deuxième lieu, on peut s'interroger sur la pertinence de la présentation des troisième et quatrième alinéas. En effet, ceux-ci se rattachent, au même titre que les droits du deuxième alinéa, au droit à une « bonne administration ». Il est alors permis de soulever, pour le moins, deux interrogations : pourquoi ne sont-ils pas présentés sous forme de tiret, à l'instar des autres ? Sont-ils donc de nature différente ? Ces interrogations, à notre sens légitimes, restent néanmoins en suspens.

En troisième lieu, le droit d'accès aux documents du Parlement, du Conseil et de la Commission, énoncé à l'article 42 de la Charte, semble se rattacher au droit à une bonne administration[517]. En effet, le droit d'accès aux documents personnels[518], qui s'en rapproche[519], fait bien partie de l'article 41. Il est alors possible de se demander pourquoi le contenu de l'article 42 ne figure pas à l'article 41. À l'inverse, le droit à réparation, figurant au troisième alinéa de ce dernier, semble davantage relever du sixième chapitre de la Charte relatif à la « Justice » car il concerne le droit à un recours juridictionnel effectif[520]. Par conséquent, on peut s'étonner de le voir figurer parmi les composantes du droit à une bonne administration. De plus, ainsi que l'affirme Madame Lassalle, ce droit de recours aurait dû être énoncé postérieurement au droit de communication dans la langue de son choix. « *Ce paragraphe ne va donc pas dans le sens d'une lisibilité du droit à une bonne administration et de ses composantes* »[521].

En quatrième lieu, l'emploi de l'adverbe « *notamment* » peut encourir la critique[522]. Cet adverbe réduit en effet l'article 41 à une liste ouverte. Le Médiateur

---

516 Jacques ZILLER, *art.cit.*, n°26.

517 Jacques ZILLER, *art.cit.*, n°73-88.

518 Pour rappel : C.J.C.E., 7 juin 1983, *Musique Diffusion française et al. c/ Commission*, aff. 100-103/80, rec.1983, p.1825.

519 Néanmoins, le champ d'application n'est pas le même: Denys SIMON, *art.cit.*, *in* Laurence BURGORGUE-LARSEN, Anne LEVADE, Fabrice PICOD, *op.cit.*, p.535.

520 Denys SIMON, *art.cit.*, p.536.

521 Julie LASSALLE, *op.cit.*, p.192.

522 *A contra* : Julie LASSALLE, *op.cit.*, p.194. Selon l'auteur, les rédacteurs de la Charte auraient fait preuve de « *justesse* » en employant cet adverbe large : p.239.

européen confirme en outre ce constat[523]. Par ailleurs, certains droits semblent relever d'autres principes. Ainsi, selon Monsieur Molinier, le droit d'être entendu et le droit d'accès au dossier « *se rattachent beaucoup plus légitimement au principe général du respect des droits de la défense* »[524] qu'au droit à une bonne administration.

150. Un certain optimisme mériterait donc d'être nuancé. À notre sens, la consécration de ce « *droit à une bonne administration* » et la diversification de cette expression conforte l'aspect superficiel de son emploi[525]. L'existence d'un droit et, en particulier du droit à une bonne administration, ne remédie pas, de lui-même et par lui-même, à l'inconsistance de la majeure partie des usages de la « bonne administration ». La flexibilité du contenu de ce « droit » ne peuvent, à notre sens, que nourrir les réticences vis-à-vis de la « bonne administration ». On pourrait alors peut-être attendre du juge quelques éclaircissements. Mais celui-ci s'y réfère rarement et ses références nous semblent tout aussi parcimonieuses qu'ambigües.

2. Une imprécision entretenue par la jurisprudence

151. À notre connaissance, seul le Tribunal de première instance s'est référé explicitement au « *droit à une bonne administration* ». La Cour de justice des Communautés européennes, qui a par ailleurs consenti à se référer à la Charte des droits fondamentaux de l'Union européenne[526], ne semble pas avoir précisément cité l'article 41. Néanmoins, l'évocation jurisprudentielle du « *droit à une bonne administration* » ne s'est pas accompagnée d'un éclaircissement de son contenu. Cela provient sans doute de la finalité de cette Charte. Face à la divergence de points de vue des États membres, celle-ci vise en effet davantage à consacrer la fondamentalité des droits qu'à préciser leur contenu[527]. Son emploi dans la jurisprudence a alors principalement une fonction de confirmation. Cet aspect de la réalité jurisprudentielle a aussi bien été affirmé par les avocats généraux[528] que par les auteurs, au premier rang desquels Madame Burgorgue-Larsen[529].

---

[523] Nikiforos DIAMANDOUROS, « The relationship between the principle of good administration and legal obligations », *in Liber Amicorum en l'honneur de Bo Vesterdorf*, Bruxelles, Bruylant, 2007, p.340.

[524] Joël MOLINIER, « Principes généraux », *Rép. communautaire Dalloz*, août 2008, t.3, n°140.

[525] *A contra* : Julie LASSALLE, *op.cit.*, p.22. On retrouve un raisonnement similaire lorsque l'auteur affirme que le principe de bonne administration est « *abouti* » et « *indépendant* » principalement en raison de la multiplicité de ses emplois dans la jurisprudence : p.153.

[526] C.J.C.E., gr. ch., 27 juin 2006, *Parlement c/ Conseil*, aff. C-540/03, rec.2006, p.I-5769.

[527] Guy BRAIBANT, « La Charte des droits fondamentaux de l'Union européenne : occasion manquée ou nouvelle chance ? », *in En hommage à Francis Delpérée. Itinéraire d'un constitutionnaliste*, Bruxelles, Bruylant, 2007, p.255-257.

[528] Avocat général J. KOKOTT, concl. présentées le 13 décembre 2007 sur C.J.C.E., gr.ch., 10 juillet 2008, *Bertelsmann et Sony Corporation of America c/ Impala*, aff. C-413/06 P, non encore publié, pt. 97 (au sujet de la motivation).

[529] Laurence BURGORGUE-LARSEN, « La "force de l'évocation" ou le fabuleux destin de la Charte des droits fondamentaux de l'Union européenne », *art.cit.*, p.92-95 ; Laurence BURGORGUE-LARSEN, « L'évocation jurisprudentielle. Les juges face à la Charte. De la prudence à l'audace », *in* Laurence BURGORGUE-LARSEN (dir.), *La France face à la Charte des droits fondamentaux de l'Union européenne de l'Union europenne*, *op.cit.*, p.3-64.

152. Dans une importante décision *Max.mobil Telekommunikation*, le juge se réfère pour la première fois à l'article 41 de la Charte des droits fondamentaux de l'Union européenne à propos du traitement diligent et impartial d'une plainte. Ce principe « *trouve son reflet dans le droit à une bonne administration* »[530].

La « bonne administration » est ici évoquée sous l'angle de la diligence et de l'impartialité, principes généraux de l'État de droit communs aux traditions constitutionnelles des États membres[531]. Comme précédemment indiqué, les devoirs de diligence et d'impartialité ont en effet été antérieurement reconnus par le juge communautaire. Sur ce point, les termes de l'arrêt son dénués d'équivoque : « *une obligation d'examen diligent et impartial a déjà été explicitement imposée à la Commission par la jurisprudence du Tribunal* (...) »[532]. Par ailleurs, la diligence n'est pas expressément consacrée à l'article 41. Ce constat témoigne de la flexibilité de l'emploi de ce dernier.

Les devoirs de diligence et d'impartialité sont aussi envisagés, dans le même arrêt, comme « *corollaires* » de l'obligation générale de surveillance qui incombe à la Commission dans le cadre des règles de concurrence[533]. Il semble alors légitime de douter de l'utilité de l'évocation du droit à une bonne administration[534]. Ainsi que le souligne Monsieur Azoulai, l'article 41 ne fait que reproduire la jurisprudence antérieure, associant au principe de bonne administration un certain nombre de principes et de droits de la défense[535].

153. Figurant formellement dans la jurisprudence, le droit à une bonne administration est ainsi matériellement relégué à l'arrière plan. Cette attitude ne s'explique pas uniquement par son absence de valeur contraignante. En effet, sans forcer la réalité, on peut affirmer que l'obscurité de l'article 41 de la Charte des droits fondamentaux de l'Union européenne y contribue, sinon davantage, du moins également.

***

À la lumière des développements précédents, on ne peut que constater le caractère peu explicite des évocations de la « bonne administration ». Si les écrits du Doyen Hauriou sont d'un apport certain, ils laissent néanmoins des interrogations en suspens. De même, « *le terme de bonne administration est constamment ambigu en droit communautaire, indiquant non seulement une source générale de protection et un état idéal du droit mais désignant également une forme*

---

[530] T.P.I.C.E., 2e ch., 30 janvier 2002, *Max.mobil Telekommunikation Service GmbH c/ Commission*, aff. T-54/99, rec.2002, p.II-313, pt.48.

[531] Sur ce point, et pour une critique générale de cette décision : Denys SIMON, « Une théorie de l'intensité du contrôle juridictionnel est-elle possible ? Brefs propos sur une tentative avortée du Tribunal de première instance (T.P.I.C.E., 30 janvier 2002 max.mobil Telekommunikation service GmbH, T-54/99), *Europe*, n°4, avril 2002, p.3-5.

[532] T.P.I.C.E., 2e ch., 30 janvier 2002, *Max.mobil Telekommunikation, préc.*, pt.49.

[533] T.P.I.C.E., 2e ch., 30 janvier 2002, *Max.mobil Telekommunikation, préc.*,pt.53.

[534] Le principe de bonne administration aurait pour certains un intérêt rhétorique et stratégique pour la défense des parties : Julie LASSALLE, p.152-159.

[535] Loïc AZOULAI, *art.cit.*, *in* Jean Bernard AUBY, Jacqueline DUTHEIL DE LA ROCHÈRE, *op.cit.*, p.504.

particulière de protection procédurale contraignante »[536]. L'observation du droit communautaire a en effet révélé l'existence d'un principe de bonne administration et d'un « *droit à une bonne administration* » aux contours fluctuants.

D'une flexibilité caractérisée, la portée conceptuelle des références expresses à la « bonne administration » doit alors être relativisée. À l'analyse, celles-ci s'avèrent souvent redondantes, voire rhétoriques.

SECTION 2. L'APPORT CONCEPTUEL LIMITÉ DES ÉVOCATIONS DE LA « BONNE ADMINISTRATION »

154. À titre liminaire, une remarque d'ordre méthodologique s'impose. Il a déjà été montré que le principe communautaire de bonne administration était « noyé » parmi d'autres principes. Dans ce cadre, il s'agissait d'illustrer l'ambiguïté du contenu de la « bonne administration » et non les limites de sa portée. Il pourrait alors paraître utile de réitérer le propos sous cet angle nouveau. Néanmoins, cette démarche pourrait engendrer des redites car la portée réduite de la « bonne administration » découle en majeure partie de son imprécision. En d'autres termes, les analyses critiques précédemment menées montrent par elle-même l'influence restreinte de la « bonne administration » en droit communautaire.

155. Il paraît alors plus habile de servir la démonstration par des exemples tirés de systèmes juridiques étrangers. À ce titre, les droits britannique et espagnol sont particulièrement significatifs. L'étude du droit britannique doit être entreprise en tenant compte de la conception du droit dans ce système. Ainsi, à l'appui de nos développements, des documents relevant du « droit souple »[537] seront notamment évoqués.

156. Ces deux ordres juridiques révèlent à notre sens avec éclat la relativité de l'apport conceptuel des renvois textuels à la « bonne administration » (**§1**). La présence de cette expression dans la jurisprudence ne semble également présenter qu'un intérêt subsidiaire (**§2**).

---

[536] Loïc AZOULAI, *art.cit.*, *in* Jean-Bernard AUBY, Jacqueline DUTHEIL DE LA ROCHÈRE, *op.cit.*, p.494-495.

[537] V. introduction générale, n°65 et s.

§ 1. L'APPORT RÉDUIT DES ÉVOCATIONS TEXTUELLES DE LA « BONNE ADMINISTRATION » : LES EXEMPLES BRITANNIQUE ET ESPAGNOL

157. La « bonne administration » est souvent réduite à un terme « générique » qui regroupe, de manière assez approximative, plusieurs idées. Ainsi que l'affirme Monsieur Nehl, « *la notion de "bonne administration" au sens large n'est qu'un instrument permettant de décrire le corpus, en constante évolution, (...) des exigences procédurales et substantives d'une administration moderne* »[538].

158. Si cette citation concerne le droit communautaire, elle peut s'appliquer à la majorité des droits internes et notamment aux droits britannique et espagnol. À l'analyse du caractère générique de la « *good administration* » (**A**) succédera ainsi la démonstration du caractère subsidiaire de la « *buena administración* » (**B**).

A. Le caractère générique de la « *good administration* »

159. Au Royaume-Uni, la « bonne administration » (« *good administration* ») est tout aussi imprécise que la *maladministration*[539]. Les rares tentatives de définition ne remédient pas totalement à ce constat. Selon Madame Woodhouse, la bonne administration désigne l'accomplissement d'objectifs politiques *(« policy goals of Governement »)* conformément aux valeurs sociales et dans un délai raisonnable[540]. Or, tant la notion de délai raisonnable que celle de valeurs sociales sont particulièrement difficiles à cerner.

160. Toutefois, ces deux éléments de définition soulignent l'importance de la conception du rôle de l'État dans la détermination du contenu de la notion de bonne administration[541]. Si le rôle du *Parliamentary and Health Service Ombudsman* ne doit pas être ignoré[542], ce sont avant tout le Gouvernement et ses commissions d'enquête qui sont à l'origine des codes de bonne conduite. Ceux-ci prennent souvent la forme de brochures ou de documents internes. « *La pensée juridique anglo-saxonne est ainsi particulièrement sensible à cette idée classique que la*

---

538 « *The notion of "good administration" in the broad sense is nothing but an aid to describing the corpus of the continously evolving (...) procedural and substantive requirments with which a modern administration has to comply* » : Hanns Peter NEHL, *op.cit.*, p.15.

539 T.C.S.C., *The role of the Civil Service*, H.C 27-II (1993-1994), pt.101. Sur la *maladministration*, v. *infra*, 219 et s.

540 Diana WOODHOUSE, *In Pursuit of Good Administration. Ministers, Civil Servants and Judges*, Oxford, Clarendon Press, 1997, p.1

541 Les METCALFE, Sue RICHARDS, « The Impact of the Efficiency Strategy: Political Clout or Cultural Change? », *Public Administration*, hiver 1984, vol.62, n°4, p.444.

542 JUSTICE, *Review of Administrative Law in the United Kingdom, Discussion Paper*, Londres, avril 1981, p.33-39 ; pour un avis plus nuancé : *Our Fettered Ombudsman*, Londres, Stevens & Sons, 1977, 52p. Le groupe JUSTICE est un groupement de juristes internationaux dédié à la promotion des droits de l'individu face à l'État.

bonne règle de droit se construit dans l'expérience et la tradition autant sinon plus qu'elle ne se décrète »[543].

161. La tradition juridique de ce système, ainsi que les changements récents concernant l'administration publique, expliquent donc en majeure partie les formes que revêt la « bonne administration ». Avant d'évoquer les principales références à cette dernière (**2**), il convient ainsi d'esquisser leur contexte : le *New public management* (**1**).

1. Le **New Public Management** *: contexte d'analyse*

Mme Woodhouse dégage deux modèles de bonne administration : le « *Public Service model* » et le « *New Public Management model* »[544].

162. Le premier, dont s'inspire en grande partie le *Parliamentary and Health Service Ombudsman*[545], se caractérise par un « *sens du service public* » (« *a sense of public service* ») et un « *engagement à satisfaire l'intérêt public* » (« *commitment to the public interest* ») ou encore une « *éthique du service public* » (« *public service ethos* »).

Cinq principes de bonne administration y sont alors classiquement associés : impartialité, intégrité, objectivité, sélection selon le mérite et responsabilité. Les idées dominantes de ce modèle sont l'équité, la justice et la « raisonnabilité » (« *fairness, equity and reasonableness* »). Ils sont en majeure partie tirés du rapport *Northcote Trevelyan* qui énonçait, dès 1854, les principes de recrutement au mérite, d'inamovibilité ou encore de neutralité politique. Ce rapport a, peu après, été consacré par le *Civil Service Order in Council*[546].

163. Le second modèle de bonne administration confère une place importante à l'efficience, c'est-à-dire à l'utilisation adaptée et optimale des fonds publics (« *proper and best use of public funds* »). Celle-ci sera analysée sous l'angle de la performance financière : « *l'administration est "bonne" si les objectifs de performance sont remplis* »[547]. Le rapport *Fulton* de 1968 jette les bases de ces exigences[548]. Il donna notamment lieu à la création du *National Consumer Council*

---

543 Emmanuel BREEN, « Le pouvoir discrétionnaire en droit administratif anglais », *R.F.D.A.*, novembre-décembre 2003, n°6, p.1172. Sur le rôle des commissions d'enquête dans la définition des standards de bonne administration : John BELL, « La jurisprudence vue par un juriste anglais », *R.A.*, 2000, n° spécial : *Colloque du deuxième centenaire du Conseil d'État français*, p.67-68.

544 Diana WOODHOUSE, *op.cit.*, p.25 ; Pour une approche similaire : Alan DOIG, « Mixed Signals? Public Sector Change and the Proper Conduct of Public Business », *Public Administration*, 1995, vol.73, p.191-212 ; Christopher HOOD, « A Public Management for all Seasons? », *Public Administration*, 1991, vol.69, p.5 ; p.11 ; Andrew GRAY, Bill JENKINS, « From Public Administration to Public Management: Reassessing a Revolution? », *Public Administration*, 1995, vol.73, p.75-99.

545 Diana WOODHOUSE, *op.cit.*, p.66-68 ; p.89.

546 Order in Council (under royal prerogative), 4 juin 1870. Les *Orders in Council* et les *Administrative Fiat* sont deux types d'actes régissant la fonction publique et élaborés par le Gouvernement sans contrôle du Parlement.

547 « *The administration is "good" if performance targets are fulfilled* » : Diana WOODHOUSE, *op.cit.*, p.51.

548 Pour autant, les techniques de management du secteur public relèvent davantage d'une « identité commune » que d'un programme propre à un parti politique : Anne BARRON, Colin SCOTT, « The Citizen's Charter Programme », *Modern Law Review*, 1992, vol.55, p.545-546.

en 1975 et de *l'Efficiency Unit* en 1979 respectivement chargés de la qualité du service public et de son efficience. Cette préoccupation de bonne gestion des fonds publics atteindra son apogée lors de la création du *Financial Managment Initiative*, inspiré du programme *Reyner*[549], qui transforme les fonctionnaires en « *managers* » directement responsables de la gestion de leurs budgets. La culture de performance[550] se concrétisa à travers le *Rapport Next Steps*[551] et sa version citoyenne : la *Citizen's Charter*[552]. Par la suite, le *Committee on Standards in Public Life* (*C.S.P.L.*)[553] et le *Committee of Public Account* (*P.A.C.*) furent mis en place. Le rapport *Falconer* de 1997 insiste aussi sur la bonne formation des administrateurs.

Le *New Public Management* est donc un type de gestion qui transpose les principes d'une bonne gestion financière privée à l'administration publique. Cette assimilation peut paraître regrettable à de nombreux égards. Aussi Monsieur Elcok critique-t-il la prétendue universalité du modèle du management privé. Plus précisément, la généralité qui accompagne le terme « management » ne résiste pas à l'analyse. Il dépend en effet d'un ensemble de valeurs propres à chaque milieu[554]. De même, l'approche purement commerciale de la qualité a pu être relativisée pour laisser place à une approche basée sur l'équité[555].

164. Au-delà de ces critiques, c'est sur cette base incontestable que se sont développés les codes de bonne conduite de l'administration. Ces derniers, qui ont inspiré le Médiateur européen dans sa rédaction du Code européen de bonne conduite administrative[556], sont tout autant de supports aux évocations de la « bonne administration ». Ils rendent compte de la multiplicité des idées qui y sont rattachées.

2. La multiplicité des idées rattachées à la « good administration »

165. Regrettant parfois l'absence de codification des principes de bonne administration[557], la doctrine s'en remet au pragmatisme des rapports du *Parliamentary and Health Service Ombudsman* ou du groupement *Justice*[558]. Ce dernier met avant tout en lumière, tout en y adhérant, sa flexibilité. Ainsi, un certain

---

549 Cmnd 8616 ; B.S. 5750 .

550 Sur le lien plus général entre *N.P.M.* et évaluation : Frans-Bauke VAN DER MEER, « New Public Management and Evaluation », *in* Christopher POLLITT, Sandra VAN THIEL, Vincent HOMBURG, *New Public Management in Europe. Adaptation and Alternatives*, Basingstocke, Palgrave Macmillan, 2007, p.165-180.

551 CABINET OFFICE, *Improving Management in Government : The Next Steps*, Londres, H.M.S.O., 1988, 35p. V. Notamment : Norman LEWIS, « Reviewing Change in Government : New Public Management and Next Steps », *Public Law*, 1994, p.105-113.

552 V. *infra*, n°510 et s.

553 H.C. Debs, 25 octobre 1994, col.758. Plus centré sur l'idee de corruption.

554 Howard ELCOCK, « The Fallacies of Management », *Public Policy and Administration*, printemps 1995, vol.10, n°1, p.36-37.

555 Les METCALFE, Sue RICHARDS, « The Impact of the Efficiency Strategy: Political Clout or Cultural Change? », *Public Administration*, vol.62, hiver 1984, n°4, p.439-454.

556 V. *infra*, n°241 et s.

557 Diana WOODHOUSE, *op.cit.*, p.189 ; p.227-232. *A contra* : Carol HARLOW, « Codification of EC Administrative Procedures? Fitting the Foot to the Shoe or the Shoe to the Foot », *art.cit.*, p.3-25.

558 Il s'agit d'un groupement de juristes internationaux dédié à la promotion des droits de l'individu face à l'État.

nombre de principes de bonne administration sont énumérés dans un rapport datant de 1971[559] malgré leur absence de validation par le parlement. Ces principes ont été à nouveau répertoriés dans un rapport de 1981. Le groupement *Justice* affirma à cette occasion la nécessaire flexibilité avec laquelle la « bonne administration » doit être abordée[560]. Sans prétendre à l'exhaustivité, il semble pertinent de focaliser notre attention sur deux documents : les rapports de ce groupement et le *Civil Service Code*.

166. En 1971, *Justice* édite le rapport *Administration under Law*[561]. Celui-ci comprend un paragraphe relatif à dix principes de bonne administration énumérés à la suite, sans aucune tentative de classification. Tout en insistant sur cette hétérogénéité, il convient de les mentionner en s'efforçant de clarifier quelque peu leur présentation.

Le huitième principe (exceptions aux obligations d'information et de motivation) ainsi que le sixième principe (conformité aux principes de bonne administration) n'étant pas des principes de bonne administration à part entière, il faut en réalité en compter huit. Le cinquième (réponse à une demande d'information dans un délai raisonnable) et le sixième (réponse à une demande individuelle dans un délai raisonnable) principes désignent la même exigence appliquée à des situations différentes.

Il y a donc, à notre sens, sept principes de bonne administration. Ces derniers peuvent être classés en deux catégories. D'une part, celle regroupant les principes relatifs aux droits de la défense : consultation des personnes concernées avant toute prise de décision ; contradictoire ; non-rétroactivité des décisions (« *prohibition of retrospective decisions* »)[562] ; publicité ; et motivation. D'autre part, celle réunissant les principes relatifs au caractère raisonnable de l'action administrative, eux-mêmes déclinés de deux façons. En premier lieu, de manière temporelle : délai raisonnable ; réponse rapide et précise à une demande d'information (« *give information about what they are doing promptly and accurately whenever it is reasonably asked for* »). En second lieu, de manière matérielle : prise en compte des faits pertinents (« *duty to ascertain the facts* »)[563].

Une telle classification n'apparaît pas dans ce rapport. La volonté était de regrouper un certain nombre de principes autour du terme générique de « bonne administration ». La création d'une section particulière de la Cour de justice (*Administrative Division of the High Court*), exclusivement compétente pour la violation de ces principes, fut alors proposée. L'idée de leur codification émergea alors dans certains esprits.

---

[559] JUSTICE, *Administration under Law*, Londres, Stevens & Sons, 1971, 39p.

[560] JUSTICE, ALL SOULS, *Review of Administrative Law in the United Kingdom, Discussion Paper*, Londres, avril 1981, p.68, §193-194. Sur cette approche, v. aussi : T.C.S.C., *Fiancial Redress for maladministration. Putting things right when they go wrong*, avril 2003, §4.

[561] JUSTICE, *Administration under Law*, *préc.*

[562] La non-rétroactivité peut certes être considérée comme un principe, mais elle est semble davantage relever des droits de la défense dans l'esprit de ce rapport.

[563] Ce devoir est tiré de : Hedley Byrne *v.* Heller [1964] A.C. 465.

167. Cependant, cette entreprise fut vite abandonnée. En 1981, le groupe *Justice*[564] ne peut que constater que la codification n'est pas adaptée à la culture juridique britannique. Le groupement propose alors, dans son rapport *Review of Administrative Law in the United Kingdom,* l'énoncé de mesures pragmatiques et fragmentées. Cette approche fut renouvelée dans le rapport de 1988 *Administrative Justice, Some Necessary Reforms*[565]. L'énoncé de principes de bonne administration fut abandonné au profit de réparations ponctuelles en cas de *maladministration.* Le même constat de flexibilité s'opère à la lecture du *Civil Service Code.*

168. En 1987, le *Memorandum Armstrong*[566] esquisse les contours d'un code relatif aux relations entre les fonctionnaires et leurs ministres. Le style est informel et les principes sont évoqués sans ordre particulier. On y trouve notamment une allusion au devoir d'intégrité envers les ministres. En effet, les réformes du XIXème siecle ont superposé un important rapport employeur / employé à l'anciennce responsabilité de l'administration envers les administrés[567]. Par ailleurs, le *Memorandum* affirme que l'usager est « *en droit d'attendre que le service soit délivré avec sympathie, efficience et rapidité* »[568]. Ainsi, l'administrateur ne doit pas obéir à son ministre si le comportement requis est « *inadapté, immoral, violant les conventions constitutionnelles ou induisant à une maladministration* »[569].

En 1994, le *Committee on Standards in Public Life* (*C.S.P.L.*) édicta un code de conduite du gouvernement sur l'efficience[570]. Ce code inspira Lord Nolan dans son rapport de 1995 qui énonce les principes d'indépendance, d'intégrité, d'objectivité, de responsabilité, de transparence, d'honnêteté, et de leadership[571]. Le rapport du *Parliamentary and Health Service Ombudsman*, dénommé *Proper Conduct of Public Business,* évoque également certaines *maladministrations* financières. De même, la Commission pour l'administration locale en Angleterre (*Commission for local administration in England*) publia, en 1993, un rapport intitulé *Guidance on Good Administrative Practice*[572]. Celui-ci relève, à partir de cas de *maladministration*, quarante-deux principes de bonne administration, répartis en huit catégories : la légalité ; la formulation claire de critères d'action publique ; la

---

[564] JUSTICE, ALL SOULS, *Review of Administrative Law in the United Kingdom, préc.*

[565] JUSTICE, ALL SOULS, *Administrative Justice: Some Necessary Reforms*, Oxford, Clarendon, 1988, 449p.

[566] *Armstrong Memorandum*, 1987 H.C. Deb., vol.123, cols. 572-575. La première version date de 1985 (*Duties and Responsabilities of Civil Servants in Relation to Ministers*').

[567] Norman LEWIS, Diane LONGLEY, *art.cit.*, p.603

[568] « *Right to expect that their affairs will be dealt with sympathetically, efficiently and promptly* ».

[569] « *Improper, unethical or in breach of constitutional conventions, or to involve possible maladministration* ».

[570] *The Civil Service : Continuity and Change*, 1994, Cm. 2627. V. aussi : *The Civil Service: Taking Forward Continuity and Change*, 1995, Cm. 2748 ; *First report of the Committee on Standards in Public Life*, 1995, Cm. 2850; *The Government's Response to the First Report from the Committee on Standards in Public Life*, 1995, Cm. 2931.

[571] « *Selfness, integrity, objectivity, accountability, openness, honesty and leadership* ».

[572] The Commission for Local Administration in England, *Good Administrative Practice*, 2e éd., août 1993, 32p ; Local and Regional Government Research Programme, *Innovation and best Practice in Local Government : Summary of Main Research Report and Good Practice*, Department of Environment, Transport and Regions, 2000 ; *Balancing Good Government and Open Decision Making* , 2001, 48p. Le gouvernement local est évalué au moyen de cinq critères : efficience, responsabilité, transparence, ouverture, participation.

qualité des décisions ; les actions précédant la prise de décision ; la procédure administrative ; l'impartialité et l'équité ; et la possibilité de déposer une plainte.

169. Ces initiatives constituent la base du *Civil Service Code*[573]. Celui-ci comporte treize points. Le premier point évoque les principes d'intégrité, d'honnêteté, d'impartialité et d'objectivité. Le troisième point rappelle les devoirs des ministres envers le parlement (« *accountability* »). Ce point renferme notamment l'obligation de fournir une information complète au parlement. Le quatrième point énonce les devoirs des fonctionnaires envers leurs ministres, notamment le devoir d'agir de manière raisonnable.

Les sixième et septième points forment la substance du code. Selon le sixième point, qui reprend le contenu global de *l'Armstrong Memorandum*, l'administrateur doit mener son action de manière cordiale, efficiente, rapide, sans détournement de pouvoir ni *maladministration*. Selon le septième point, les fonds publics doivent être utilisés de manière « *adéquate, efficace et efficiente* » (« *proper, effective and efficient* »).

170. Nous choisissons de retranscrire ces principes sans les classifier car ils illustrent l'approche pragmatique britannique. Ainsi que l'affirme Lord Wilberforce, « *le droit anglais ne se focalise pas sur les principes, mais sur les réparations* (...) ; *ce constat est particulièrement vrai en droit public* »[574]. L'expression « *Civil Service Code* » doit donc être interprété à sa juste mesure. Il ne s'agit nullement d'un code au sens où l'on pourrait l'entendre en droit français, mais de l'énoncé non exhaustif et flexible de principes. La « bonne administration » est alors un terme pouvant les regrouper. En effet, selon Messieurs Lewis et Longley[575], les codes de conduite s'insèrent dans le dilemme entre le maintien de principes d'éthique et la nécessité d'une flexibilité née du *New Public Management*. Ces principes varient selon le secteur et le responsable du service[576]. À titre d'exemple, les hauts fonctionnaires (*Higher Civil Servant*) sont principalement concernés par les principes d'objectivité et de neutralité politique, tandis que les autres fonctionnaires (*Executive agency*), par la qualité du service. La diversité des principes de bonne administration reflète ainsi la fragmentation du secteur public britannique.

171. Le système britannique illustre donc avec pertinence l'utilisation fréquente mais générique de l'expression « bonne administration ». Locution imprécise, elle a pour fonction de regrouper les principes de bon fonctionnement. De plus, la définition de son contenu est exclusivement fonctionnelle : elle ne possède pas de signification autonome. Le même constat peut s'opérer à l'observation du droit positif espagnol.

---

573 1995, Cm. 2748, col.43-44.

574 « *English law fastens, not upon principles, but upon remedies* [...] *nowhere is this more so than in public law* » : Lord WILBERFORCE, *in* Davy v. Spelthorne BC [1984] AC 262, 276. V. : Ross CRANSTON, « Reviewing Judicial Review », *in* Genevra RICHARDSON, Hazel GENN (dir.), *Administrative Law and Government Action*, Oxford, Clarendon Press, 1994, p.61.

575 Norman LEWIS, Diane LONGLEY, *art.cit.*, p.597-598.

576 Dawn OLIVER, Gavin DREWRY, *Public Service Reforms. Issues of Accountability and Public Law*, Londres, Pinter, coll. The Constitutional Reform Series, 1996, p.50.

B. Le caractère subsidiaire du renvoi à la « *buena administración* »

172. L'adjectif « subsidiaire » ne doit pas être perçu comme le fruit d'un jugement péjoratif. L'utilisation d'un vocable tel que la « bonne administration » poursuit, en règle générale, toujours un but qu'il ne s'agit pas de nier, voire de minimiser. Toutefois, d'un point de vue purement conceptuel, on peut considérer que le recours à la « bonne administration » n'est pas d'un apport palpable en droit espagnol. Plus exactement, elle n'engendre pas des effets qui lui sont spécifiques.

173. Le législateur espagnol mentionne expressément la « bonne administration » dans une loi récente du 12 avril 2007 relative au statut général de l'agent public[577], qui renvoie à une pluralité de principes regroupés dans un code de conduite des employés publics (**2**). Cette approche globalisante se retrouve dans certains statuts des communautés autonomes (**1**).

1. La « buena administración » *dans les statuts des communautés autonomes : une expression sans signification propre*

Certains statuts d'autonomie récemment modifiés renvoient à la « bonne administration ». Cela semble pourvoir notamment s'expliquer par l'adoption de la Charte des droits fondamentaux de l'Union européenne. Néanmoins, ces évocations ne s'accompagnent pas d'une clarification du contenu de cette notion.

174. À titre d'exemple, l'article 9.1 de la loi organique relative au Statut de la Communauté de Valence[578] prévoit un droit à une bonne administration et à l'accès des documents des institutions et des administrations publiques. À l'instar de la Charte des droits fondamentaux de l'Union européenne, l'accès aux documents des institutions est dissocié de la « bonne administration », sans justification claire. Aucune précision n'est apportée quant au contenu précis de la « bonne administration ».

Nous pouvons déduire d'une lecture systémique de cet article que les alinéas suivants déclinent le contenu de ce droit. Tout au moins, ils en citent quelques composantes. Il est ainsi fait allusion au droit à un traitement équitable et impartial, dans un délai raisonnable (deuxième alinéa). Les administrations publiques doivent par ailleurs fournir des services publics de « *qualité* ». Ainsi, au sein d'un même alinéa, sont mêlées deux considérations assez distinctes : d'une part, le traitement du dossier de l'administré ; d'autre part, la prestation de service public. Ce même alinéa consacre le droit au pluralisme linguistique (catalan et espagnol).

Le troisième alinéa concerne spécifiquement l'administration de la justice qui se doit d'être rapide et proche des citoyens. Le quatrième alinéa prévoit le droit de participation individuelle ou collective à la vie politique, économique, culturelle et sociale de la Communauté de Valence.

Ainsi, à la lecture de cet article, la « bonne administration » demeure indéfinie et son évocation semble sans portée réelle.

---

[577] Loi n°7/2007 du 12 avril 2007, *Estatuto Basico del Empleado Público*, B.O.E. n°89 du 13 avril 2007.

[578] Loi organique n°1/2006 du 10 avril 2006, *Ley Orgánica de reforma del Estatuto de Autonomía de la Comunidad Valenciana*, B.O.E. n°86 du 11 avril 2006.

175. L'article 14.1. du Statut autonome des Îles Baléares[579] adopte une formule similaire : la « bonne administration » se décline à travers les mêmes droits. Il est seulement fait référence aux principes constitutionnels de mérite et de capacité pour l'égal accès à la fonction publique. Par ailleurs, l'administration de la justice est légèrement mieux encadrée. Selon le quatrième alinéa, la Communauté autonome garantit la qualité des services de l'administration de la justice, l'attention aux victimes et l'accès à la justice gratuite. Il est intéressant de noter que le vocable de « droit à » n'est ici pas reproduit. La qualité et l'accessibilité de l'administration de la justice ne seraient-ils que des principes ? En tous les cas, le rattachement de ces principes à la « bonne administration » semble davantage instinctif que véritablement établi.

176. L'article 31 du Statut autonome d'Andalousie[580] est, sur ce point, plus clair. Il rattache en effet les divers principes susmentionnés à la « bonne administration ». Cet article dispose que le droit à une bonne administration est garanti dans les termes établis par la loi et que celui-ci « *comprend* » : le droit à ce que l'action des administrations publiques soit proportionnée à leurs fins, le droit de participer pleinement aux décisions défavorables en obtenant une information vraie, le droit de voir ses affaires traitées de manière objective, impartiale et dans un délai raisonnable ainsi que le droit d'accès aux archives et aux registres des institutions, corporations, organes ou organismes d'Andalousie, quel que soit le support, dans les limites établies par la loi.

Il est dès lors à noter que cet article diffère de l'article 41 de la Charte des droits fondamentaux de l'Union européenne ainsi que de la plupart des statuts autonomes espagnols. Loin de constituer une disposition à part entière, le droit d'accès aux documents des institutions (et non le droit d'accès aux dossiers) est pleinement intégré à la « bonne administration » alors qu'il fait l'objet d'une disposition distincte dans la Charte des droits fondamentaux de l'Union européenne.

Au-delà de cette remarque, le contenu de la « bonne administration » demeure néanmoins flexible. Malgré la forme succincte de cet article, il est légitime de renoncer à l'exhaustivité des droits évoqués et rattachés à la « bonne administration ». Surtout, on peut légitimement douter de l'utilité, du moins conceptuelle, de cette expression.

177. Enfin, l'article 30 du Statut autonome de Catalogne évoque un « *droit à l'accès aux services publics et à une bonne administration* »[581]. La rédaction de cette disposition nous paraît plus claire car le contenu de la « bonne administration », détaillé au second alinéa, est distingué du droit à l'accès aux services publics, objet du premier alinéa. Le droit à une bonne administration équivaut ainsi au droit à un traitement impartial et objectif de l'administré en cas de décision défavorable de

---

[579] Loi organique n°1/2007 du 28 février 2007, *Ley Orgánica de reforma del Estatuto de Autonomía de las Illes Balears*, B.O.E. n°52 du 1er mars 2007.

[580] Loi organique n°2/2007 du 19 mars 2007, *Ley Orgánica de Reforma del Estatuto de Autonomía para Andalucía*, B.O.E. n°68 du 20 mars 2007.

[581] Article 30 de la Loi organique n°6/2006 du 19 juillet 2006, *Ley Orgánica de reforma del Estatuto de Autonomía de Cataluña*, B.O.E. n°172 du 20 juillet 2006 (*Derecho de acceso a los servicios públicos y a una buena Administración*).

l'administration et au droit à une action proportionnée de celle-ci[582]. Absente de l'article 41 de la Charte des droits fondamentaux de l'Union européenne, la proportionnalité constitue donc ici un élément de définition du droit à une bonne administration[583].

Utile, on peut néanmoins regretter que cet élément soit énoncé sur le même plan que les éléments classiques d'impartialité et d'objectivité s'appliquant uniquement aux décisions défavorables de l'administration. Les différents droits des administrés sont alors réunis autour de l'impératif de qualité[584]. Or, ainsi que nous le montrerons par la suite, les notions de qualité et de bonne administration nous semblent distinctes[585]. Au-delà de cette remarque, on peut aussi noter que la rédaction de cet article diffère des statuts précédents, ce qui ajoute à l'impression générale d'incohérence. Enfin, il est légitime de se demander pourquoi la « bonne administration » ne fait pas l'objet d'une disposition distincte et indépendante du droit d'accès aux services publics, qui ne doit pas être confondu avec le droit précité d'accès aux dossiers.

178. En résumé, si le développement des droits des administrés est incontestable et incontesté, ce mouvement ne semble pas pouvoir s'expliquer par la reconnaissance de la « bonne administration ». Le contenu comme la fonction de cette expression sont en effet peu définis dans les status des communautés autonomes espagnoles. Ce constat se vérifie dans les lois nationales.

2. La multitude de principes rattachés à la « **buena administración** *» dans le Statut des fonctionnaires espagnols*

179. La loi du 12 avril 2007 est, en partie, motivée par la nécessité de satisfaire « *le droit des citoyens à une bonne administration* ». Cet objectif est accompli notamment en améliorant la qualité des services que le citoyen reçoit de son administration. Toutefois, si le législateur espagnol cite le droit à une bonne administration, il n'apporte aucun élément de définition supplémentaire. Elle fait alors davantage état d'un objectif général, « *en train* » de se cristalliser au niveau européen. C'est en effet le gérondif qui est employé[586].

La « bonne administration » est plus globalement reliée à l'éthique des fonctionnaires. L'exposé des motifs emploie l'expression « *principes éthiques et règles de comportement* » (« *principios éticos y reglas de comportamiento* »). Il s'agit en effet de former un *corpus* de règles qui encadrent leur conduite, elles-mêmes guidées par les impératifs d'accomplissement efficient des fonctions et de responsabilité, garants d'une gestion rationnelle, objective, rapide et flexible du personnel attentif aux nouvelles technologies. L'exposé des motifs fait également

---

582 « *Todas personas tienen derecho a ser tratadas por los poderes públicos de Cataluña, en los asuntos que les afectan, de forma imparcial y objectiva, y a que la actuación de los poderes públicos sea proporcionada a las finalidades que la justifican* » : deuxième alinéa de l'article 30 précité.

583 Sur ce point, v. *infra*, n°449, 520.

584 Le troisième alinéa indique en effet que la loi devra fixer les standards de qualité et les conditions d'adoption de chartes de service pour donner plein effet aux premier et deuxième alinéas.

585 Sur la distinction entre « bonne administration » et « qualité », v. *infra*, n°501 et s.

586 « *Las Administraciones y entidades públicas de todo tipo deben contar con los factores organizativos que les permitan satisfacer el derecho de los ciudadanos a una buena administración, que se va consolidando en el espacio europeo (...)* ».

référence à l'équité : « *la gestion du personnel gagnera en efficience et en équité, elles-mêmes facteurs d'une amélioration des services* »[587]. De plus, il ne faudrait pas y voir un simple accord de principe. Cette loi constitue en effet un « *code authentique de conduite* ». Sans nier leur finalité pédagogique, l'exposé des motifs souligne que les règles exposées déterminent la licéité de l'activité administrative en prévoyant des conséquences disciplinaires à leur violation.

180. Le contenu de ce code de conduite est exposé à l'article 52 de la loi[588]. Or, celui-ci révèle une multiplicité de principes rattachés à la « bonne administration », qui est alors employée comme expression générique. Elle inclut, en outre, la diligence avec laquelle les employés du secteur public doivent effectuer leurs missions. Un certain nombre de principes sont, au même titre, associés à l'impératif de bonne administration. Afin de rendre compte de leur hétérogénéité, la liste mérite d'être reproduite ici : objectivité, intégrité, neutralité, responsabilité, impartialité, confidentialité, devoir de se consacrer pleinement aux services publics, transparence, exemplarité, sérieux, accessibilité, efficacité, honnêteté, promotion de l'ouverture culturelle et environnementale, respect de l'égalité entre hommes et femmes[589].

Particulièrement riche, cette liste ne semble toutefois pas exhaustive. Ces devoirs s'accompagnent d'ailleurs de « *principes éthiques* » figurant à l'article 53. Ceux-ci sont tout aussi nombreux que les précédents. On peut notamment se référer à l'impartialité, à la loyauté, à la bonne foi ou au respect des droits fondamentaux et des libertés publiques. Les principes d'efficacité, d'économie et d'efficience (huitième alinéa) sont également qualifiés de principes éthiques. Il en est de même du principe précité de diligence (dixième alinéa). Par ailleurs, si le « *devoir d'attention et de respect* » envers le citoyen est évoqué, il n'est pas novateur puisque l'article 35.j de la Loi relative au régime juridique des administrations publiques et de la procédure administrative de droit commun (*L.R.J.P.A.C.*) prévoit expressément le droit de l'administré à être traité avec respect et déférence par les autorités et les fonctionnaires qui devront lui faciliter l'exercice de ses droits et de ses obligations[590].

181. Malgré ce catalogue de principes multiples, il semble que l'attention ait été davantage portée sur l'impartialité et la neutralité des fonctionnaires. Celle-ci a pour fondement le Titre 2 de la Loi d'organisation et de fonctionnement de l'administration générale de l'État (*L.O.F.A.G.E.*)[591]. Son article 14 énonce ainsi certaines incompatibilités. Cette volonté de « moraliser » l'administration a impulsé

---

587 « *La gestión de personal, conforme a todas estas reglas y las que las desarrollen con la misma finalidad, podrá ganar en eficiencia y equidad, lo que ha de traducirse tarde o temprano en una mejora de los servicios* ».

588 Chapitre 6, titre 3 relatif aux devoirs des employés publics.

589 « *Objetividad, integridad, neutralidad, responsabilidad, imparcialidad, confidencialidad, dedicación al servicio público, transparencia, ejemplaridad, austeridad, accesibilidad, eficacia, honradez, promoción del entorno cultural y medioambiental, y respeto a la igualdad entre mujeres y hombres* ».

590 « *A ser tratados con respeto y deferencia por las autoridades y funcionarios, que habrán de facilitarles el ejercicio de sus derechos y el cumplimiento de sus obligaciones* ».

591 Loi n°6/1997 du 14 avril 1997, *Ley de Organización y Funcionamiento de la Administración General del Estado*, B.O.E. n°90 du 15 avril 1997.

une loi relative aux incompatibilités qui créé notamment l'Office de conflits d'intérêts concernant aussi bien leurs charges publiques que leurs intérêts privés[592]. Ce souci d'éthique est donc également, comme déjà énoncé à propos de la « moralité administrative »[593], relié à la « bonne administration ». Enfin, l'article 54 prévoit des « principes de conduite », tels que l'attention et le respect envers les citoyens, l'obéissance aux supérieurs hiérarchiques, l'information aux citoyens, etc.

182. Les droits britannique et espagnol mettent ainsi en exergue le caractère « générique », voire redondant de l'usage de la « bonne administration » dans les textes de droit positif et les documents de « droit souple ». Qu'en est-il alors de la jurisprudence ? Celle-ci confère-t-elle à la « bonne administration » une fonction précise ? À l'analyse, une réponse négative semble s'imposer.

§ 2. L'APPORT RESTREINT DES ÉVOCATIONS JURISPRUDENTIELLES DE LA « BONNE ADMINISTRATION » : LES EXEMPLES ESPAGNOL ET BRITANNIQUE

183. La multiplicité des idées associées à la « bonne administration » a déjà été mise en avant. Ce constat témoigne en soi de sa redondance. Il s'agit à présent d'insister plus particulièrement sur l'absence de « valeur ajoutée » de son évocation dans la jurisprudence.

De nouveau, il ne s'agit pas de minimiser l'intérêt que présente son emploi sur le plan pratique. La référence à la « bonne administration » permet ainsi parfois de renforcer la motivation du juge. Néanmoins, eu égard à l'objet de cette thèse consistant à définir la notion de bonne administration, l'utilité de ses usages n'est que relative.

184. À ce titre, la jurisprudence communautaire, précédemment étudiée[594], aurait pu être de nouveau analysée dans cette optique. Afin d'éviter toute répétition, il est néanmoins préférable de se pencher, en l'absence d'une consécration expresse et répétée du juge français, sur les jurisprudences espagnole (**A**) et britannique (**B**).

---

[592] Loi n°5/2006 du 10 avril 2006, *Ley de regulación de los conflictos de intereses de los miembros del Gobierno y de los Altos Cargos de la Administración General del Estado*, B.O.E. n°86 du 11 avril 2006. Sur ce thème, v. notamment : Jaime RODRÍGUEZ-ARANA MUÑOZ, *El buen gobierno y la buena administración de Instituciones Públicas*, Madrid, Thomson Aranzadi, coll. Divulgación jurídica, 2006, 208p.
[593] V. *supra*, n°125 et s.
[594] V. *supra*, n°128 et s.

A. La redondance de la « bonne administration » dans la jurisprudence espagnole

185. La jurisprudence espagnole est particulièrement réceptive au droit communautaire[595]. Le juge se réfère ainsi depuis longtemps à la Charte des droits fondamentaux de l'Union européenne ; l'invocation de son article 41, relatif au droit à une bonne administration, s'inscrit dans cette tendance.

186. Toutefois, ces références s'avèrent à la réflexion avant tout rhétoriques (**1**). La jurisprudence relative au devoir de motivation est un bon exemple de ce constat (**2**).

1. L'aspect rhétorique du renvoi à l'article 41 de la Charte des droits fondamentaux de l'Union européenne

187. À notre connaissance, l'article 41 de la Charte des droits fondamentaux de l'Union européenne apparaît pour la première fois à l'occasion d'une décision du Tribunal supérieur de justice de Valence dans laquelle le juge évoque le principe du contradictoire « *formulé dans le cadre du "droit à une bonne administration"* »[596] pour l'appliquer au contentieux disciplinaire.

Quelques années plus tard, c'est la motivation qui est rattachée au droit fondamental de l'article 41 : cette obligation « *s'est dernièrement traduite par un droit fondamental inclus dans le droit fondamental à une bonne administration consacré par l'article 41 de la Charte* »[597]. À l'occasion de cette décision, le Tribunal justifie son utilisation, désormais réitérée, de l'article 41 de la Charte des droits fondamentaux de l'Union européenne. Il invoque à ce titre trois arguments.

188. D'abord, le juge constate que son homologue communautaire utilise cet article comme un paramètre interprétatif. Il opère le même constat s'agissant de la jurisprudence constitutionnelle espagnole. L'absence de valeur contraignante de la Charte des droits fondamentaux de l'Union européenne ne lui interdit donc pas de s'y référer.

Ensuite, cette Charte réaffirme des principes et des droits découlant de la tradition constitutionnelle commune aux États membres. Elle ne serait qu'une formulation, parmi d'autres, d'un certain nombre de droits préexistants. La rédaction du considérant de principe en témoigne : le droit à une bonne administration est « *consacré par des instruments internationaux récents tels que la Charte des droits fondamentaux de l'Union européenne* ». La conjonction « *tel que* » montre que les droits concernés existent indépendamment de cette Charte et

---

[595] Le Tribunal va même jusqu'à citer l'article II-101 du projet de Traité instituant une Constitution pour l'Europe : S.T.S., 5e sect., n°6089/2006, 27 septembre 2006, req. n°269/2004, F.J.3 (à propos du devoir de motivation).

[596] « (...) *Como aparece formulado en el marco del denominado "derecho a la buena administración" en instrumentos internacionales recientes como la Carta de los derechos fundamentales de la Unión Europea* (...) » : S.T.S.J. (Communauté de Valence), 3e sect., 1er octobre 2002, req. n°3340/1998, F.J.4.

[597] « *Se ha llegado a configurar incluso como un derecho fundamental dentro del más amplio derecho a la buena administración recogido en el artículo 41 de la Carta de los Derechos Fundamentales* »: S.T.S.J. (Communauté de Valence), 3e sect., 14 mai 2004, req. n°1356/2002, F.J.3 ; S.T.S.J. (Communauté de Valence), 3e sect., 14 septembre 2004, req. n°1280/2001, F.J.3-7.

qu'elle n'en est pas le seul véhicule. Par conséquent, l'évocation de cette dernière n'implique pas de véritable innovation.

Enfin, le juge souligne l'importance de l'article 6 de la Convention européenne des droits de l'Homme et de la jurisprudence européenne. Or, cette disposition inspira considérablement la rédaction du droit à une bonne administration. L'article 41 de la Charte des droits fondamentaux de l'Union européenne occupe donc une place secondaire dans l'argumentation du juge national. Ce dernier évoque en premier lieu les sources constitutionnelles du devoir de motivation (articles 9 et 103 de la Constitution espagnole) avant de signaler en second lieu que ce devoir s'est vu simplement « *renforcé* » par la Charte[598].

189. En d'autres termes, si la référence à l'article 41 de la Charte des droits fondamentaux de l'Union européenne est parfaitement justifiée, rien ne l'impose. La « bonne administration » ne fait en effet que renforcer la valeur d'un certain nombre de droits et de principes en permettant en outre au juge de s'inscrire dans la « *tendance récente en matière de protection des droits fondamentaux* »[599]. Ce souci de modernisation semble guider en priorité la plume de ce dernier. La préexistence des droits concernés fait en effet douter de l'utilité de ce renvoi, qui s'avère alors rhétorique. La jurisprudence relative au devoir de motivation est, à notre sens, une illustration pertinente de ce constat.

2. L'antériorité des principes présentés comme corollaires à la « bonne administration » : l'exemple de la motivation

190. Le juge espagnol a formulé un considérant de principe qui illustre à notre sens l'utilité relative du renvoi à la « bonne administration ». La motivation est en effet d'abord fondée sur l'article 54 *L.R.J.P.A.C.* et, plus largement, sur les principes de sécurité juridique (article 3 de la Constitution espagnole) et d'interdiction de l'arbitraire (article 9 de la Constitution espagnole). Il n'hésite également pas à évoquer, dans un troisième temps, l'article 103 de la Constitution, qui prévoie le principe de légalité de l'administration publique espagnole.

Ce n'est qu'à l'issue de cette énumération généreuse que l'expression « bonne administration » apparaît dans la motivation de la décision. Elle se trouve de plus isolée par rapport aux normes internes : le juge l'énonce dans un paragraphe distinct. Ainsi, « *la Charte des droits fondamentaux de l'Union européenne (...) inclut dans son article 41 consacré au droit à une bonne administration, entre autres,"l'obligation pour l'administration de motiver ses décisions", exigence qu'intègre l'article II-101.2.c) du Traité établissant une Constitution pour l'Europe* »[600].

---

598 « (...) *Exigencia constitucional que se refuerza en la Carta* (...) » : S.T.S., 3e sect, n°2146/2004, 29 mars 2004, req. n°8697/1999, F.J.4.

599 « *La solución alcanzada por la Sala se encuentra en coherencia con las tendencias más recientes en materia de respeto de los derechos* » : S.T.S.J. (Communauté de Valence), 3e sect., 14 septembre 2004, *préc.*, F.J.3.

600 « *Por su parte, la Carta de los Derechos Fundamentales* (...) *incluye dentro de su artículo 41, dedicado al "Derecho a una buena Administración", entre otros particulares, "la obligación que incumbe a la Administración de motivar sus decisiones", precepto que hoy integra el artículo II-101.2.c) del Tratado por el que se establece una Constitución para Europa* » : S.T.S., 5e sect., n°1841/2005, 23 mars 2005, req.

La réceptivité particulièrement prononcée au droit communautaire ne masque pas la portée relative du « *droit à une bonne administration* ». La Charte des droits fondamentaux de l'Union européenne est reléguée au second plan. On peut alors légitimement la considérer comme accessoire. De même, dans une décision du 23 mars 2005[601], le juge rattache la motivation, en priorité, au principe d'impartialité. Dans une décision du 25 juillet 2006, c'est la bonne foi et la confiance légitime qui sont avant tout évoquées à l'appui de ce principe[602].

191. La référence à l'article 41 de la Charte des droits fondamentaux de l'Union européenne est alors souvent introduite par les adverbes « *d'autre part* » ou « *par ailleurs* »[603]. Elle fait même l'objet d'un paragraphe différent dans certaines décisions et ne semble pas comporter de « valeur ajoutée » par rapport au droit existant. Ainsi, dans une décision du 29 mars 2003, le juge espagnol affirme clairement que l'article 41 de la Charte des droits fondamentaux de l'Union européenne est une simple réitération du devoir de motivation. L'exigence constitutionnelle de motivation n'est que « *renforcée par la Charte des droits fondamentaux de l'Union européenne* »[604] ; elle s'inscrit (« *se enmarca* »[605]) dans le droit à une bonne administration, qui est donc réduit à un cadre plus général évoqué en second lieu.

192. Un arrêt récent achève de montrer la redondance du renvoi à la « bonne administration ». La chambre d'instance fut à cette occasion accusée de violer « *les dispositions des articles 41 C.D.F., 1, 9, 103 et 140 de la Constitution, et par-là* [le] *droit à une bonne administration* »[606]. À la lecture de ce passage, l'utilité de la référence à l'article 41 de la Charte des droits fondamentaux de l'Union européenne peut, à notre sens, être questionnée.

193. L'évocation de la « bonne administration » semble en effet assez formelle. Plus précisément, elle se borne à asseoir le fondement de droits et de principes déjà existants. Si cette fonction peut être utile sur d'autres plans, elle n'implique toutefois aucune donnée nouvelle. Certes, la motivation du juge (ainsi que celle des parties) peut être de ce fait améliorée. Il peut ainsi paraître quelque peu excessif de dénier tout intérêt à l'utilisation actuelle de la « bonne administration » dans la jurisprudence. Néanmoins, d'un point de vue pratique, aucun principe ou droit

---

n°1469/2002, F.J.4. Pour un autre exemple : S.T.S., 5e sect., n°6089/2006, 27 juin 2004, req. n°269/2004, F.J.3.

601 S.T.S., 5e sect., n°1841/2005, 23 mars 2005, *préc.*, F.J.4.

602 S.T.S., 5e sect., n°4682/2006, 25 juillet 2006, req. n°466/2003, F.J.5.

603 V. également, pour des références subsidiaires à la C.D.F. : S.T.S., 5e sect., n°3795/2004, 2 juin 2004, req. n°202/2002, F.J.3 ; S.T.S., 5e sect., n°7765/2004, 30 novembre 2004, req. n°3456/2002, F.J.3 ; S.T.S.J. (Communauté de Valence), 8 avril 2003, req. n°19/2000, F.J.5.

604 S.T.S., 3e sect, n°2156/2004, 29 mars 2004, req. n°8697/1999, F.J.4.

605 S.T.S.J. (Communauté de Valence), 18 novembre 2005, req. n°407/2002, F.J.1 ; « *se engarza* » : S.T.S., 3e sect., n°7603/2005, 13 décembre 2005, req. n°120/2004, F.J.3 ; S.T.S., 3e sect., n°3275/2005, 23 mai 2005, req. n°2414/2002, F.J.6.

606 « *Lo dispuesto en los artículo 41 de la Carta de Niza, 1, 9, 103 y 140 de la Constitución, al desconocer el derecho a una buena administración* » : STS, 5e sect., n°6513/2006, 26 septembre 2006, req. n°8712/2003, F.J.5 ; v. aussi : S.T.S.J. (Communauté de Valence), 4 novembre 2002, req. n°2339/1998, F.J.5-7.

supplémentaire n'est introduit. Cette redondance est d'autant plus vrai d'un point de vue conceptuel. Le même constat s'opère s'agissant de la jurisprudence britannique.

B. Le caractère accessoire des principes de bonne administration dans la jurisprudence britannique

194. Au Royaume-Uni, la « bonne administration » est souvent conçue comme un problème politique relevant du parlement[607]. Cependant, le juge anglais se réfère aux « *principles of good administration* ». D'apparence novatrice, cette expression a en réalité une portée réduite.

195. Une lecture attentive de la jurisprudence révèle en effet que les « *principles of good administration* » désignent en réalité l'*ensemble* des principes de contrôle juridictionnel de l'administration publique britannique (**1**). Leur évocation possède donc une valeur essentiellement symbolique : l'extension du contrôle juridictionnel (*judicial activism*) (**2**).

1. Les **« principles of good administration »** *: une catégorie sans effet autonome*

196. Dans l'arrêt *Council of Civil Service Union*[608], Lord J. Diplock énonça les principes de contrôle juridictionnel de l'administration (*judicial review*[609]). Ceux-ci sont au nombre de trois : compétence (*legality*), procédure (*procedural propriety*) et rationalité (*rationality*). Sans être exhaustifs[610], ils forment l'essence du contrôle juridictionnel de l'administration britannique.

Le premier principe reprend en substance la notion classique *d'ultra vires* (incompétence)[611], à l'origine même du *judicial review*. L'objectif est de préserver la souveraineté du parlement en s'assurant que l'administration n'abuse pas de sa compétence.

Le deuxième principe recouvre un certain nombre d'exigences procédurales. Peuvent ainsi y être rattachés : la confiance légitime (*legitimate expectation*), l'absence d'abus de pouvoir, l'impartialité ou encore le respect du contradictoire (*fair hearing*). Dans ce cadre, la Cour se prononce sur le procédé de prise de décision (*decision making process*)[612].

Enfin, le troisième principe désigne la justesse de la décision (*the accuracy of the decisions*). Toute décision ou acte excessivement déraisonnables doivent ainsi

---

[607] Lord DIPLOCK, *in* R v. IRC, *ex parte National Federation*, [1982] A.C. 6A.

[608] Lord DIPLOCK, *in Council of Civil Service Union v. Minister for the Civil Service,* [1985] A.C. 374. Ces principes figurent aussi au rapport *Judge over your shoulder*, Londres, Treasury Sollicitor's Department, Management and personnel office, 1987, p.4-11 ; JUSTICE, ALL SOULS, *op.cit.*, p.40-51.

[609] Les critères de ce contrôle vont de la compétence à une vision large de la légalité comprenant la raisonnabilité du comportement : DE SMITH, *Judicial Review*, 3e éd., 1973, p.25 ; JUSTICE, ALL SOULS, *op.cit.*, p.41.

[610] Lord SCARMAN, *in* R v. Secretary of State for the Environment, *ex parte* Nottinghamshire CC [1986] A.C. 240, 249.

[611] L'*ultra vires* peut être établi sur des fondements d'ordre procédural ou substantiel : DE SMITH, *op.cit.*, p.96-97.

[612] Pour exemple : Lord BRIGHTMAN, *in* Chief Constable of the North Wales Police *v.* Evans [1982], 1WLR 1155, 1173F et 1174G.

être annulés. Cette notion est distinguée de la proportionnalité qui pourrait à l'avenir constituer un quatrième paramètre de contrôle. Ici, l'administration ne doit tout simplement pas heurter le « sens commun » en prenant une décision si outrageuse par son illogisme ou son caractère immoral qu'elle ne saurait découler d'un esprit doué de raison[613]. La rationalité s'apparente ainsi au *reasonableness* (ou principe de *Wednesbury*)[614].

197. Ces principes classiques de contrôle sont parfois regroupés sous l'appellation « *principles of good administration* ». Préexistants à cette locution, ils lui retirent donc tout apport supplémentaire. Ainsi que l'affirme Monsieur Fordhman, « *les fondements du contrôle juridictionnel sont les règles de bonne administration reconnue par la Cour* »[615]. La « bonne administration » est donc à nouveau réduite à un terme générique. Selon Madame Oliver, elle prohibe l'abus de pouvoir, l'arbitraire, le déraisonnable, la mauvaise foi, la violation de standards moraux, etc.[616]. Les règles de bonne administration imposent, en d'autres termes, la légalité, la rationalité et le respect d'impératifs procéduraux[617]. Selon Monsieur Galligan[618], les principes de bonne administration sont à la fois d'ordre procédural (*natural justice)* et matériel (*reasoning process whereby officials reach decisions*)[619]. Or, ces catégories épousent l'ensemble du contrôle juridictionnel.

198. L'expression « *principles of good administration* » semble alors être la traduction du principe français de légalité. Elle renferme l'ensemble des normes au regard desquelles le juge contrôle l'action administrative. L'étude comparative menée par Monsieur Hamson achève de le montrer. Dans sa contribution, l'auteur envisage la *good administration* à la lumière de la systématisation des principes de légalité opérée par le Conseil d'État. « *Comme nous ne possédons pas nous-même l'équivalent de tels principes, nous ne pouvons mieux faire que de les désigner par l'expression "règles de bonne administration"* »[620]. Aussi, lorsque l'auteur affirme que la mission essentielle du Conseil d'État est de « *rendre possible une bonne*

---

[613] « *A decision which is so outrageous in its defiance of logic or accepted moral standards that no person who had applied his mind to the question to be decied could have arrived at it* ».

[614] Nous y reviendrons longuement par la suite. Les trois principes énoncés par Lord Diplock ont été reformulés de la manière suivante : « *lawfulness, fairness, reasonableness* » : Michael FORDHMAN, « Surveying the Grounds: Key Themes in Judicial Intervention », *in* Peter LEYLAND, Terry WOODS, *Administrative Law Facing the Future*, Londres, Blackstone Press, 1997, p.185.

[615] « *The grounds for judicial review are court-recognised rules of good administration* » : Michael FORDHMAN, *art.cit.*, p.199.

[616] « *Abuse of power, arbitrariness, capriciousness, unreasonableness, bad faith, breach of accepted moral standards, and so on* » : Down OLIVER, « Is the ultra vires principle the basis of Judicial Review? », *Public Law*, 1987, p.543.

[617] « *Legality, rationality, procedural propriety and possibliy proportionality* » : L'auteur ne sépare pas pour autant strictement ces principes de celui *d'ultra vires*, ce dernier comprenant le « *reasonableness* » : Down OLIVER, *art.cit.*, p.544.

[618] D.J. GALLIGAN, « Judicial review and the textbook writers », *Oxford Journal of Legal Studies*, été 1982, vol.2, n°2, p.257-258.

[619] D.J. GALLIGAN, *art.cit.*, p.266. Pour une critique de l'opposition entre « fond » et « forme » : Michael FORDHMAN, *art.cit.*, p.184-199.

[620] « *Rules of due administration* » est ici traduit par « *règles de bonne administration* » : C.J. HAMSON, *Pouvoir discrétionnaire et contrôle juridictionnel de l'administration. Considérations sur le Conseil d'État statuant au contentieux* [trad. André COCATE-ZILGIEN], Paris, L.G.D.J.,1958, p.183.

administration »[621], il ne désigne pas la notion de bonne administration au sens que lui attribuait notamment Maurice Hauriou[622]. C'est le respect de la légalité qui est en réalité visé. Celle-ci ne se traduit donc pas par « *legality* » (qui semble désigner le pur respect des compétences ou encore *l'ultra vires*). L'adjectif « good », présent dans l'expression « *principles of good administration* », ne doit pas trahir la substance de cette expression, qui désigne un ensemble assez imprécis de paramètres de contrôle juridictionnel.

199. Messieurs Jowell et Lester[623] relèvent, quant à eux, trois vices d'illégalité : l'irrationalité, la violation de principes de bonne administration et la violation des droits fondamentaux. Par la suite, les auteurs citent quatre principes de bonne administration : la proportionnalité[624], la sécurité juridique (*legal certainty*), la diligence (*consistency)* et le respect des droits fondamentaux *(fundamental human rights*).

Dès lors, deux brèves remarques s'imposent. D'une part, l'existence de ces principes est indépendante de l'idée de « bonne administration ». D'autre part, le quatrième principe s'identifie au troisième principe de contrôle (protection des droits fondamentaux). L'expression « *principles of good administration* » a donc une portée limitée tant sur le plan fonctionnel que conceptuel.

200. Sa redondance s'illustre également par le caractère approximatif de son renvoi. Le juge emploie en effet assez souvent l'expression « ***quelques*** *principes généraux de bonne administration* » (« ***some general*** *principles of good administration* »)[625]. Sans lui dénier toute utilité, il reste à constater que sa référence est avant tout symbolique.

2. La « **good administration** *» : expression symbolique de l'extension du contrôle juridictionnel (***judicial activism***)*

201. Selon la majeure partie de la doctrine britannique[626], le juge du *judicial review* approfondit de jour en jour son contrôle. Comme nous l'avons précédemment souligné, celui-ci ne se résume plus à *l'ultra vires* : il dépasse le respect de la seule

---

[621] C.J. HAMSON, *op.cit.*, p.195.

[622] V. *supra*, n°100 et s.

[623] Jeffrey JOWELL, Anthony LESTER, « Beyond Wednesbury: Substantive Principles of Administrative Law », *Public Law*, 1987, p.374-375. V. également : Jeffrey JOWELL, « Courts and the Administration in Britain : Standards, Principles and Rights », *Israel Law Review*, été-automne 1988, vol.22, n°4, p.418-419.

[624] Reconnu par la Cour d'Appel dans : R *v.* Barnsley Metropolitan B.C, *ex parte* Hook [1976] 1 W.L.R 1052 : à propos des sanctions disciplinaires ; Lord C.J. WIDGERY, *in* Jonathan Cape Ltd. [1976] Q.B 752 : atteinte disproportionnée à la liberté d'expression ; Lord Denning, *in* Congreve *v.* Home Office [1976] 1 QB (CA) : le retrait d'une licence est un moyen disproportionné d'achever l'objectif des autorités.

[625] Pour exemple : R *v.* Panel on Take-overs & Mergers, *ex parte* Datafin plc [1987] 2 W L.R 699, CA. Nous soulignons.

[626] Lord P.C. ACKNER, « Judicial Review-Judicial Creativity at its Best », *The Australian Law Journal*, septembre 1987, vol.61, n°9, p.442-451 ; John F. McELDOWNEY, « Les mutations du droit de l'administration au Royaume-Uni », *in* Gérard MARCOU (dir.), *op.cit.*, p.195. Pour un avis plus nuancé : Allan C.HUTCHINSON, « The Rise and Ruse of Administrative Law and Scholarship », *Modern Law Review*, mai 1985, vol. 48, n°3, p.293-324.

volonté du parlement pour s'étendre à des considérations d'équité (*fairness*)[627]. Cet élargissement se manifeste également par la nature des actes contrôlés. À titre d'exemple, les actes des personnes privées sont désormais soumis au juge du *judicial review*[628]. Aussi Monsieur Atiyah[629] reconsidère-t-il le rapport entre les *Statute* et le *Common Law*. À l'ancienne vision d'un juge soumis au parlement souverain[630] se substitue celle de deux acteurs communicants. La distinction entre l'opportunité et la légalité est remise en cause par une jurisprudence constructive[631] dont la doctrine ne manque pas de soulever les mérites[632].

202. Ainsi, depuis le début des années quatre-vingt, le contrôle juridictionnel ne cesse de s'étendre (*judicial activism*). Celui-ci s'est intensifié avec l'émergence du *New Public Management*. La réforme de la *Supreme Court*, qui, en outre, élargit ses conditions d'accès et introduit le système de *cross examination*, y a sans doute contribué[633], tout comme l'adhésion à l'Union européenne et l'influence qui s'en suit de la jurisprudence communautaire. Ce constat montre que la référence à la « *good administration* » accompagne l'accroissement du contrôle du juge[634].

Cependant, ce dernier s'est réalisé indépendamment de la première. De surcroît, une lecture attentive de la jurisprudence révèle le lien de causalité inverse. C'est en effet l'émergence de certains principes de contrôle, tels que le *reasonableness*[635], qui confère une portée juridique aux codes informels de bonne administration[636]. La référence à la bonne administration semble alors obéir à une fonction avant tout rhétorique.

203. Son emploi permet également l'introduction d'une logique systématique en droit britannique. En effet, selon Monsieur Allan[637], l'énoncé abstrait de principes de bonne administration émerge à côté du pragmatisme centré sur la réparation de

---

[627] Évolution notamment commentée par : Down OLIVER, « Is the *ultra vires* principle the basis of Judicial Review? », *Public Law*, 1987, p.543-569 ; Lord WOOLF of BARNES, « Droit Public-English Style », *Public Law*, 1995, p.57-71.

[628] City Panel on Takeovers and Mergers, *ex parte* Datafin [1987] QB 815. Sur le second aspect, v. JUSTICE, All SOULS, *opcit.*, p.44-51.

[629] P.S. ATIYAH, « Common Law and Statute Law », *Modern Law Review*, janvier 1985, vol.48, n°1, p.3 ; Gerard BRENNAN, « The Purpose and Scope of Judicial Review », *in* Michael TAGGART (dir.), *Judicial Review of Administrative Action in the 1980s*, Actes du colloque des 20-21 février 1986, Auckland, Oxford University Press, 1986, p.18-35.

[630] Jeffrey JOWELL, « The Legal Control of Administrative Discretion », *Public Law*, automne 1973, p.193.

[631] Pour exemple : Chief Constable of North Wales Police *v.* Evans [1982] 1 WLR. 1155, 1174-1175; South Oxfordshire D.C *v.* Secretary of State for the Environment [1981] 1 WLR 1092; Lord REID, *in* British Oxygen *v.* Board of Trade [1971] A.C 610-625. À l'occasion de cet arrêt, le Lord remet en cause la distinction entre l'opportunité politique (*policy*) et la règle de droit (*rule*).

[632] Ross CRANSTON, « Reviewing Judicial Review », *in* Genevra RICHARDSON, Hazel GENN (dir.), *Administrative Law and Government Action*, Oxford, Clarendon Press, 1994, p.55.

[633] *Reformed Order* 1953, 1(2) section 31(2).

[634] V. sur ce point : Hussein *v.* Secretary of State for the Environment CA [1984] JPL 431 : la Cour évoque un principe légal de délivrance d'information (*legal requirement for notice to be served*) alors que la loi est silencieuse sur ce point.

[635] V. *infra*, n°697 et s.

[636] Gabriele GANZ, *Quasi-Legislation: Recent Developments in Secondary Legislation*, Londres, Sweet & Maxwell, coll. Modern Legal Studies, 1987, 108p.

[637] T.R.S. ALLAN, « Pragmatism and Theory in Public Law », *Law Quarterly Review*, juillet 1988, n°104, p.424.

cas de *maladministration* (*remedy*). Cette avancée n'est pourtant qu'apparente. En témoigne la diversité des *principles of good administration* précédemment énoncés. Selon Monsieur Cranston, « *le contrôle juridictionnel est confus quant à ses principes et largement ignorant de leur impact* »[638].

204. La « bonne administration » n'a donc aucun statut légal autonome. Elle est énoncée uniquement pour appuyer des principes déjà consacrés. Sa présence ne se justifie que par une « *coïncidence de standards* »[639]. Le juge britannique a clairement affirmé qu'en l'absence d'obligation expresse, aucune exigence ne peut être induite de la « bonne administration »[640] et aucune réparation ne peut être accordée par sa seule violation[641]. En d'autres termes, elle n'est pas envisagée comme une règle de droit à part entière[642].

***

Au regard notamment des droits britannique et espagnol, l'utilité des références expresses à la « bonne administration » peut être questionnée. Son emploi semble avant tout rhétorique, en particulier dans la jurisprudence. Ce constat rejoint l'étude précédente du principe communautaire de bonne administration. Ainsi, « *le principe de bonne administration satisfait à un besoin de légitimation des institutions européennes qui l'utilisent pour mobiliser à leur profit les discours fondateurs de la Démocratie et de l'État de droit* »[643]. Ces discours, aussi nombreux soient-ils, ne suffisent néanmoins pas à conférer à la « bonne administration » le statut de notion juridique.

---

638 « *Judicial review is confused about its principles and largely ignorant of its impact* » : Ross CRANSTON, *op.cit.*, p.75

639 Diana WOODHOUSE, *op.cit.*, p.147

640 Lord BRIDGE, *in* H.L. [1983] 1 All E.R. 439-446 ; Lord McNEILL, *in* R *v*. Secretary of State for the Environment, *ex parte* Birminghan CC CO/72/87 ; Lord BINGHAM, *in* Khan *v*. Secretary of State for Home Department CA [1987] Imm. AR 543.

641 R *v*. Monopolies and Mergers Commission, *ex parte* Escando Systems Ltd, CO/1227/90.

642 R *v*. Deputy Governor of Parkhurst Prison, *ex parte* Hague CA [1990] WLR 1210.

643 Loïc AZOULAI, *art.cit.*, *in* Jean-Marie AUBY, Jacqueline DUTHEIL DE LA ROCHÈRE (dir.), *op.cit.*, p.495.

CONCLUSION DU CHAPITRE 1

205. Au terme de ce chapitre, un constat s'impose : les évocations expresses de la « bonne administration » ne sont pas pour autant explicites. Apparaissant dans des contextes divers, la « bonne administration » se trouve en effet associée à une multiplicité d'idées de nature différente. Si la flexibilité de la « bonne administration » permettrait son adaptation aux problèmes multiples, sa réelle utilité, notamment au regard d'autres principes déjà existants, peut légitimement être questionnée. Il est donc préférable de la restreindre à un contenu qui ne s'identifie pas à l'agrégat d'éléments possédant par ailleurs une identité propre[644].

Aussi semble-t-il envisageable d'inviter, notamment le juge communautaire, à une utilisation davantage précise de la bonne administration. La même suggestion peut être adressée aux rédacteurs de l'article 41 de la Charte des droits fondamentaux de l'Union européenne prévoyant un « *droit à une bonne administration* », dont l'indétermination a également été relevée.

Au-delà de cette critique, l'étude des ordres juridiques communautaire, britannique et espagnol fait ressortir des éléments utiles à toute tentative de définition, notamment s'agissant du lien établi entre la « bonne administration » et le devoir de diligence[645]. Toutefois, il reste à ordonner ces éléments de manière constructive.

206. En France, l'apport des écrits du Doyen Hauriou doit être apprécié à sa juste mesure. Le rapport entre la « bonne administration » et les théories de l'Institution et de la moralité administrative est un élément de définition important[646]. La « bonne administration » est alors qualifiée de directive interne permettant à l'administration d'atteindre son but. Néanmoins, on ne peut que constater la parcimonie des références expresses à cette locution et, surtout, des explications qui l'accompagnent. De plus, Maurice Hauriou semble entretenir un lien ambivalent entre les idées de bonne administration et de morale. Si une bonne part de la doctrine postérieure les associe, il n'est pas interdit de relever que la « bonne administration », sous la plume du Doyen lui-même, n'est pas toujours synonyme de comportement vertueux.

207. En résumé, si elles constituent des éléments de réflexions indispensables à notre définition inductive, il reste toutefois à conférer une cohérence aux évocations expresses de la « bonne administration ». De plus, l'étude de ses emplois doit être suffisamment complète pour prétendre élaborer le contenu de cette notion. Ses renvois indirects doivent donc faire l'objet d'une attention particulière. Il en est ainsi des cas de mauvaise administration décelés notamment par les Ombudsmän, qu'il convient à présent d'analyser.

---

644 Pour une définition restrictive de la notion de bonne administration, v. *infra*, n°329 et s.

645 V. *supra*, n°142 et s.

646 V. *supra*, n°97 et s.

CHAPITRE 2.
LA DIVERSITÉ DES RÉFÉRENCES IMPLICITES À LA « BONNE ADMINISTRATION » : LES CAS DE MAUVAISE ADMINISTRATION

208. « *On ne peut qualifier une certaine pratique de maladministration que par référence, au moins implicite, à un modèle de ce qui serait une bonne administration, lié à la conception du rôle de l'administration* »[647]. Ce modèle est souvent implicite : les cas de mauvaise administration[648] le révèlent. Sur le plan communautaire, la notion de bonne administration a ainsi été élaborée à partir des cas de mauvaise administration décelés par le Médiateur européen[649]. Leur examen prend donc naturellement place à la suite des évocations expresses de la « bonne administration ».

209. La « mauvaise administration »[650] (ou encore la « *mal-administration* ») semble admise en langue française, aussi bien dans le vocabulaire juridique que dans le langage courant. Il faut néanmoins noter que, parmi les ordres juridiques étudiés dans le cadre de cette étude, seuls les ordres juridiques britannique et communautaire consacrent cette expression en droit positif. Par conséquent, nous nous référerons plus fréquemment à ces systèmes, sans pour autant omettre les apports de la doctrine française. De plus, bien que l'expression même de « bonne administration » n'apparaisse pas en droit interne, la même réalité est bien présente.

210. Cette parenté de vocabulaire ne dissimule en rien la vacuité du contenu de la « mauvaise administration ». Selon Monsieur Le Clainche et Madame Wiener, « *il est assurément plus facile de constater l'existence d'une mal-administration que d'en déterminer l'essence* (...) »[651]. En effet, cette dernière a fait l'objet de définitions énumératives consistant en un recensement de cas hétérogènes (**Section 1**). Son appartenance au domaine juridique n'est par ailleurs pas établie avec clarté (**Section 2**).

---

[647] Robert-Édouard CHARLIER, « Introduction », *R.F.A.P.*, janvier-mars 1988, n°45 : *La Maladministration. Témoignages-Illustrations-Réponses*, p.7.

[648] Nous évoquerons des cas de mauvaise administration ou l'idée de « mauvaise administration » et non pas la notion de mauvaise administration dont nous ne saurions affirmer avec certitude l'existence : v. conclusion générale.

[649] Mariano BAENA DEL ALCÁZAR, « Sobre la idea europea de "buena administración" », *Noticias de la Unión europea*, n°247/248, août-septembre 2005, p.61 ; Luciano PAREJO ALFONSO, Tomás FERNÁNDEZ DEL CASTILLO (et al.), *Manual de derecho administrativo comunitario*, Madrid, Centro de estudios Ramón Areces, 2000, p.84.

[650] Cette expression est préférée à celle de « maladministration », qui pourrait se confondre avec la *maladministration* anglaise, d'ailleurs traduite par l'expression « mauvaise administration » : *Harrap's Unabridged dictionary*, Edinburgh, Chambers Harrap, 2006, p.705. La « mauvaise administration » a de plus le mérite d'englober les différentes appellations des ordres juridiques. Cette expression générique sera employée entre guillemets, contrairement à la notion communautaire de mauvaise administration.

[651] Michel LE CLAINCHE, Céline WIENER, « Du fatalisme au volontarisme », *R.F.A.P.*, janvier-mars 1988, n°45 : *La Maladministration. Témoignages-Illustrations-Réponses*, p.81.

SECTION 1. L'HÉTÉROGÉNÉITÉ DES CAS DE MAUVAISE ADMINISTRATION

211. Aucune définition de la « mauvaise administration » ne figure dans les dictionnaires juridiques. Tout au plus trouve-t-on « définie » la *maladministration* (ou *misadministration*) par l'expression « *wrong administration* »[652]. Or, l'imprécision de cette dernière expression est frappante. Il n'est alors pas étonnant que le terme anglais « *maladministration* » soit traduit de différentes manières. Il équivaut, en espagnol, au « défaut de compétence » (« *incompetencia en la administración* »)[653] tandis que l'expression espagnole « *mala administración* » est traduite en anglais par « mauvaise gestion » (« *mismanagement* »)[654].

212. Dans sa thèse, Monsieur Delaunay[655] envisage la « mauvaise administration » à travers certains exemples de dysfonctionnement : déloyauté, manque de transparence, anormalité de l'action administrative, violation de la confiance légitime, etc. Dès lors, on ne peut que constater que cette expression recouvre une hétérogénéité de cas dont le recensement ne peut de ce fait prétendre à l'exhaustivité.

213. Décelée en particulier par les Ombudsmän[656], la « mauvaise administration » est donc réduite à une liste ouverte de cas (**§1**). Les tentatives de « codification »[657] de cas de mauvaise administration convertis en principes de bonne administration ne remédient pas à son élasticité intrinsèque (**§2**).

§ 1. LA « MAUVAISE ADMINISTRATION » : UNE LISTE DE CAS NON EXHAUSTIVE

214. À notre connaissance, le terme « *maladministration* » apparaît pour la première fois en droit positif dans la loi instaurant le *Parliamentary and Health Service Ombudsman*. Cet Ombudsman anglais est chargé de remédier aux cas d'injustice résultant *de maladministrations*[658]. Non définie par la loi, la notion de *maladministration* est alors aux mains de cette institution, qui détient en la matière un rôle pédagogique[659].

---

652 Henri CAMPBELL BLACK (dir.), *Black's Law dictionnary*, 5e éd., St Paul (Minn.), West Publishing, 1979, p.861.

653 Enrique ALCARAZ VARÓ, Brian HUGUES, *Diccionario de términos jurídicos : inglés-español, spanish-english,* 6e éd., Barcelone, Ariel, 2001, p.254.

654 Enrique ALCARAZ VARÓ, Brian HUGUES, *op.cit.*, p.612.

655 Benoît DELAUNAY, *La faute de l'administration*, Paris, L.G.D.J., coll. Bibliothèque de droit public, t.252, 2007, p.178. L'auteur précise que ces composantes ne sont pas exhaustives.

656 V. introduction générale, n°74.

657 Nous employons ce terme entre guillemets car le C.E.B.C.A. et les autres codes de bonne conduite n'ont pas la même valeur contraignante que les codes juridiques « classiques ».

658 « *Injustice in consequence of maladministration in connection with the action so taken* » : art. 5(a) du *Parliamentary Commissioner for Administration Act*, 22 mars 1967 (*Parliamentay and Health Commissioners Act*, 1993). Loi consultable sur : http://www.ombudsman.org.uk.

659 Sur cette fonction, v. notamment : John MORISON, « A Note of Scepticism about the Role of Law in Controlling Administration in UK », *R.E.D.P.*, 1994, n°5, p.277 ; Álvaro GIL-ROBLES Y GIL DELGADO,

215. Si cette notion semblait à première vue restreindre son champ d'action, elle a en réalité vite montré sa flexibilité (**A**). De plus, la transposition de la *maladministration* dans d'autres ordres juridiques est loin d'avoir réduit cette ambiguïté. Son utilisation dans le cadre de la Communauté européenne en est une illustration pertinente (**B**).

A. La *maladministration* britannique : reflet d'une approche pragmatique

216. La culture juridique[660] britannique (et, plus largement, anglo-saxonne) est souvent qualifiée de « pragmatique ». Cet adjectif permettrait en outre de la distinguer de la culture juridique dite « continentale ». Cette vision binaire peut faire l'objet de critiques. Aussi Monsieur Kötz relativise-t-il le caractère déterminant de la codification dans la distinction entre le droit « continental » et le *Common Law*. Le compromis nécessaire entre l'ordre et l'expérience peut en réalité être atteint par ce dernier[661]. De même, on peut considérer que le pragmatisme est lui-même une théorie : la nature téléologique du droit empêcherait de targuer le droit britannique d'irrationalité intrinsèque.

Il convient ainsi de dépasser cette opposition en précisant, à titre liminaire, les grands traits d'une approche pragmatique. Celle-ci vise la corroboration d'une théorie par les faits qui lui confèrent sa véracité ou encore sa validité. En d'autres termes, il s'agit d'une approche casuistique apportant une solution optimale à des problèmes concrets. Monsieur Atiyah la définit autour de trois éléments : le rôle prépondérant conféré aux juges ; la focalisation sur l'expérience, qui fixe et modifie le cas échéant la majeure et/ou la mineure du syllogisme ; et le souci de réparation pratique[662].

217. Cette culture conduit les juristes britanniques à davantage rechercher les moyens concrets de réparer une *maladministration* (*remedies*) plutôt que d'énoncer des principes généraux de bonne administration[663]. L'œuvre de référence de Monsieur Williams[664] en témoigne. Par ailleurs, la création du *judicial review* s'explique par la volonté de conférer à l'individu davantage de garanties face à

El Defensor del Pueblo, op.cit. ; Álvaro GIL-ROBLES Y GIL DELGADO, *El control parlamentario de la Administración, op.cit.* ; Paul LEGATTE, *art.cit.*, p.434.

[660] Pour une définition de la culture juridique, v. introduction générale, n°56.

[661] Hein KÖTZ, « Taking Civil Codes Less Seriously », *Modern Law Review*, janvier 1987, vol.50, n°1, p.1-15 ; Gerd-Michael HELLSTERN, « When Courts Intervene: Judicial Control in a Comparative Institutional Perspective », *in* Franz-Xaver KAUFMANN (et al.), *Guidance, Control, and Evaluation in the Public Sector*, Berlin, Walter de Gruyter, coll. Studies in organization, 1986, p.684-687 ; James W. GARNER, « Le concept anglo-américain du droit administratif », *in Mélanges Maurice Hauriou*, Paris, Recueil Sirey, 1929, p.338-385 ; Ricardo ALONSO GARCÍA, *op.cit.*, 1989, p.238-250.

[662] P.S. ATIYAH, *Pragmatism and Theory in English Law, op.cit.*

[663] T.R.S. ALLAN, « Pragmatism and Theory in Public Law », *Law Quarterly Review*, 1988, vol.104, p.432-439. L'auteur regrette un certain manque d'abstraction.

[664] David D. WILLIAMS, *Maladministration. Remedies for Injustice*, Londres, Oyez Publishing, 1976, 232p. L'auteur répertorie les organes remédiant à *la maladministration* sans la définir.

l'État[665]. Le Royaume-Uni ne connaissant pas de dualité de juridiction, le droit public partage avec le droit privé ce souci premier de la réparation.

218. Ainsi, de par le contexte de son apparition, la *maladministration* est *a priori* indéfinissable. Aux mains du *Parliamentary and Health Service Ombudsman* qui la manie à son gré (**1**), il semble vain d'y associer une signification figée. Elle « *est en partie une technique acquise, en partie une question d'instinct* »[666]. La doctrine britannique conforte cette approche pragmatique (**2**).

1. La diversité des cas de **maladministration** *recensés par le* **Parliamentary and Health Service Ombudsman**

219. Lors des débats parlementaires relatifs à la mise en place de l'Ombudsman anglais, Monsieur Crossman proposa une liste de *maladministrations* connue sous le nom de « *Crossman Catalogue* ». Le terme « catalogue » est loin d'être anodin. Dès ses origines, la *maladministration* fut en effet définie par une liste de cas[667] : « *impartialité, négligence, inattention, délai, manque de compétence, inaptitude, arbitraire, etc.* »[668].

Ce terme final (« *etc.* ») ouvrait la voie à de nouveaux cas. Il « *ruinait évidemment toute tentative de définition* »[669]. Les auteurs anglais « *préfèrent souvent recourir à une méthode (…) au demeurant très anglo-saxonne, celle des exemples, et déclarer la liste non close sans avoir mis leur lecteur en possession d'un critère de choix véritable* »[670]. Ainsi, selon Monsieur Compton (à la tête du *Parliamentary and Health Service Ombudsman* de 1967 à 1971), *la maladministration* ne peut être strictement définie[671].

220. En 1993, cette position fut clairement réaffirmée par Monsieur Reid, alors en fonction, qui compléta considérablement la liste du *Crossman Catalogue*[672]. Les cas suivants furent ainsi ajoutés[673] : comportement contradictoire, comportement

665 Peter CANE, « Understanding Judicial Review and its Impact », *in* Marc HERTOGH, Simon HALLIDAY, *Judicial Review and Bureaucratic Impact*, Cambridge, Cambridge University Press, coll. Cambridge Studies in Law and Society, 2004, p.16.

666 Geoffrey MARSHALL, « Techniques of Maladministration », *Political Studies*, 1975, vol.23, p.183. Pour un avis similaire : Álvaro GIL-ROBLES Y GIL DELGADO, *op.cit.*, p.109.

667 Débat parlementaire du 18 octobre 1966, 734 H.C. Official Report cols 51-52.

668 « *Bias, neglect, inattention, delay, incompetence, ineptitude, arbitrariness, and so on* » : Débat parlementaire du 18 octobre 1966, 734 HC Official Report, col.51. La question de savoir si M. Crossman parle d'*ineptitude* (ineptie) ou d'*inaptitude* (inaptitude) reste ouverte. La majorité des commentateurs opte pour la première solution ; ce n'est pas le cas de HANSARD, discours 754 HC Official Report, col. 51.

669 André LEGRAND, « Le commissaire parlementaire pour l'administration, Ombudsman britannique », *R.D.P.*, 1969, p.250.

670 Stéphane RIALS, *op.cit.*, p.33. Nous avons déjà évoqué ce point en introduction générale.

671 « *Nobody can define maladministration in plain terms* » : 2e rapport du *Select Committee on the P.C.A.*, H.C. 350 (1967-1968), Minutes of evidence, Qu.151.

672 William REID, « Le commissaire parlementaire pour l'administration au Royaume-Uni », *R.F.D.A.*, novembre-décembre 1992, n° spécial, p.561. Rapport annuel de 1993, H.C. 290 (1993-1994) §7. Discours disponible sur : http://www.ombudsman.org.uk.

673 La liste doit être reproduite dans son intégralité: « *perversity, turpitude, rudeness (though that is a matter of degree); unwillingness to treat the complainant as a person with rights; refusal to answer reasonable questions; neglecting to inform a complainant on request of his or her rights or entitlement; knowingly giving advice which is misleading or inadequate; ignoring valid advice or overruling considerations which would*

contraire aux bonnes mœurs et aux règles sociales, impolitesse, refus de reconnaître des droits au plaignant, refus de répondre à des questions fondées, négligence dans l'information délivrée au plaignant quant à ses droits et ses autorisations, délivrance consciente d'informations inadéquates ou trompeuses, méconnaissance de conseils valides, proposition de moyens de réparation disproportionnés, absence de proposition de réparation, préjugé(s) fondé(s) sur le sexe, la couleur ou tout autre critère, omission de notification de la forconclusion du délai d'appel, procédures fautives, incapacité à se conformer à la loi par des procédures adéquates, négligence désinvolte vis-à-vis d'instructions visant un traitement équitable, partialité, défaut de tempérance dans l'application de la lettre de la loi lorsque celle-ci produit des effets manifestement inéquitables.

221. La Commission parlementaire chargée de la gestion des fonds publics et de la fonction publique (*Treasury and Civil Service Select Committee*) a également énoncé les modes de financement de réparation en cas de *maladministration*. Rappelant l'imprécision de cette dernière, elle évoque alors le terme d'« *erreurs officielles* » (« *official errors* »).

Néanmoins, le choix de l'assimilation ou de la distinction avec la *maladministration* n'apparaît pas clairement. Il en est ainsi lorsque cette Commission qualifie le délai tardif d' « erreur officielle » et indique que le montant de la réparation sera plus élevé si une *maladministration* est également établie. Toutefois, elle n'explique pas clairement la différence entre ces deux notions. Une liste de cas est alors énoncée : illégalité, action incorrecte ou inadéquate, action correcte interrompue prématurément, information déficiente (« *customer misdirected* »)[674].

222. De cette multiplicité d'exemples, une idée récurrente peut être dégagée : celle de la prise en compte inadéquate des faits, *via* le raisonnement ou *via* la procédure, aboutissant à une décision déraisonnable[675]. Le critère de la pertinence des faits ou de leur poids respectif est souvent exprimé par les adjectifs « *proper* », « *relevant* » ou par l'adverbe « *properly* ».

L'Ombudsman d'Irlande du Nord a mis en exergue cette idée dès les années soixante-dix. Il définit la *maladministration* comme une « *action ou* [une] *omission administrative fondée sur ou influencée par des considérations ou des conduites inadaptées* »[676]. L'arbitraire, l'intention de nuire, la partialité ou encore la

---

produce an uncomfortable result for the overruler; offering no redress or manifestly disproportionate redress; showing bias whether because of colour, sex, or any other grounds; omission to notify those who thereby lose a right of appeal; refusal to inform adequately of the right of appeal; faulty procedures; failure by management to monitor compliance with adequate procedures; cavalier disregard of guidance which is intended to be followed in the interest of equitable treatment of those who use a service; partiality; and failure to mitigate the effects of rigid adherence to the letter of the law where that produces manifestly inequitable treatment ».

674 T.C.S.C., *Financial Redress for Maladministration. Guide on Accounting and Financial procedure for the Use of Governement Departments (Social Security)*, 1997, H.M.S.O., p.11 ; *Financial Redress for Maladministration. Putting Things Right when they go Wrong*, avril 2003.

675 Ce constat est particulièrement utile à la définition de la notion de bonne administration : v. *infra*, n°329 et s.

676 « *Administrative action or inaction based on or influenced by improper considerations or conduct. Arbitrariness, malice or bias, including discrimination, are examples of improper considerations. Neglect,*

discrimination sont des exemples de considérations inadaptées. Les conduites inadaptées sont, elles, décrites à travers les exemples de négligence, de délai déraisonnable, d'inobservation de règles ou de procédures pertinentes, de mauvaise appréciation d'éléments pertinents ou encore d'inobservation de procédures obligatoires.

223. Ainsi, au fil des plaintes traitées, l'Ombudsman dégage une série de cas de *maladministration.* On pourrait dès lors conclure que ce pragmatisme est dû à la nature de son travail. Cependant, cette approche a également acquis les faveurs de la doctrine britannique.

2. Une approche énumérative étayée par la doctrine

224. La doctrine s'aligne sur la position du *Parliamentary and Health Service Ombudsman.* Messieurs Gregory et Hutchesson définissent ainsi la *maladministration* par les cas suivants : erreurs humaines diverses, oubli, délivrance d'avis trompeurs et d'informations inexactes, refus de délivrance d'informations ou explication inadaptée, mauvaise application d'instructions ou de directives internes, comportement impérieux ou irréfléchi, délai d'action déraisonnable[677].

225. Selon Madame Wheare, une *maladministration* peut résulter d'une illégalité, d'un abus de pouvoir, d'un détournement de pouvoir, d'une procédure illégale donnant lieu à une décision arbitraire, déraisonnable ou corrompue[678]. Elle aurait un pendant substantiel, consistant notamment en l'abus de pouvoir, et un pendant procédural. La procédure est conçue dans ce cadre comme le moyen d'aboutir à une décision raisonnable. On retrouve cette approche au sujet des principes précités de bonne administration en droit néerlandais[679]. La *maladministration* peut alors désigner la violation de principes procéduraux ou de fond[680]. Monsieur Callaghan cite les cas suivants : partialité flagrante, corruption, négligence perturbant la procédure de décision, problèmes mineurs (confusion, mésentente ou encore perte

---

unjustifiable delay, failure to observe relevant rules or procedures, failure to take relevant considerations into account, failure to establish or review procedures where there is a duty or obligation on a body to do so, are examples of improper conduct ».

677 « *Assorted human error,mistakes and oversights; giving misleading advice and inaccurate information; failing to impart information or provide adequate explanations; the misapplication of departmental rules and instructions; peremptory or inconsiderate behaviour,unjustifiable delay* » : Roy GREGORY, Peter HUTCHESSON, *The Parliamentary Ombudsman. A study in the Control of Administrative Action*, Londres, Allen & Unwin, 1975.

678 « *This could arise, say, from a failure to carry out a duty imposed by law, or from action which went beyond the powers conferred by law or uses the power conferred by law for a purpose for which it was not intended. It could arise from action which did not follow a procedure laid down by law, whether by statute or by courts in various decisions designed to prevent, so far as possible, the making of arbitrary or unreasonable decisions in the application of legal powers,* (...) *bribery and corruption* » : K.C. WHEARE, *Maladministration and its remedies*, Londres, Stevens & Sons, coll. Hamlyn lectures, n°25, 1973, p.7.

679 Pour rappel : Constantin KORTMANN, « Les principes généraux du droit dans le droit public néerlandais », *in* Christian-Albert GARBAR (coord.), *op.cit.*, p.152.

680 Geoffrey MARSHALL, « Maladministration », *Public Law*, printemps 1973, p.32.

de correspondances), mauvaise appréciation des faits pertinents, mauvaise pondération des faits, motivation fautive ou insuffisante[681].

226. Il faut donc admettre que « *les cas entrant dans le champ de la maladministration font l'objet d'une grande confusion* »[682]. Celle-ci provient à la fois de leur hétérogénéité et de l'ambiguïté propre à chacun. Monsieur Callaghan souligne à ce propos que les notions qui se rattachent à la *maladministration*, telles que la déraison, l'injustice, l'absence de pertinence ou encore l'inadéquation, sont elles-mêmes imprécises[683]. L'auteur refuse alors de la définir, notamment au vu des différentes conceptions de la *maladministration* au sein même du *Common Law*[684]. Ce constat a d'ailleurs conduit certains auteurs à demander la suppression de ce terme[685].

227. En résumé, la *maladministration* donne lieu à une palette de cas de nature et de signification différentes : négligence, erreur de fait ou de droit, défaut de pertinence, abus de pouvoir, manque de courtoisie, motivation incorrecte, illégalité, violation de la procédure, etc. Si cet aperçu illustre l'importance de la procédure et du pragmatisme dans la culture juridique britannique, il fait tout autant état de la confusion entourant les cas de *maladministration.*

Ce flou se retrouve dans d'autres systèmes juridiques. À titre d'exemple, dans son rapport annuel de 1990, le *Defensor del pueblo* relève les cas de mauvaise administration suivants : violation de normes procédurales (délai, notification, etc.), défaut d'information (notamment aggravé par le langage complexe de l'administration), abus de pouvoir discrétionnaire, utilisation de concepts juridiques indéterminés, retard[686].

La transposition la plus nette de cette approche reste toutefois la mauvaise administration énoncée dans le cadre de la Communauté européenne.

---

[681] « *Gross improprieties of the bias, corruption, negligence kind that amount to dishonest abuse of the decision process; Less serious instances; Failure to take into account, or to consider, or to appreciate, the significance of all the relevant facts; Miswaighing of facts, policies, or wrong balancing of relevant considerations; Faulty arguments; Insufficiency of alleged grounds, facts or reasons to justify the conclusions drawn* » : A.J. CALLAGHAN, « Maladministration », *The Ombudsman Journal*, 1988, n°7, p.19-20.

[682] « *Considerable confusion as to what matters fall within its scope* » : JUSTICE, *The Citizen and the Administration, op.cit.*, p.34.

[683] A.J. CALLAGHAN, *art.cit.*, p.2-3.

[684] A.J. CALLAGHAN, *art.cit.*, p.29.

[685] Geoffrey MARSHALL, *art.cit.*, p.44 ; A.P. LE SUEUR, Harry WOOLF, Jeffrey JOWELL, *Principles of Judicial Review*, 5e éd., Londres, Sweet & Marwell, 1999, p.422.

[686] Defensor del Pueblo, Rapport annuel de 1990, Madrid, éd. Publicaciones del Congreso de los Diputados, 1991. Francisco ASTARLOA VILLENA, « El Defensor del Pueblo y el control de la Administración pública », *in* Jose ASENSI SABATER (dir.), *Ciudadanos e instituciones en el constitucionalismo actual*, Valence, Tirant lo blanch, pub. de l'Université d'Alicante, 1997, p.835-841.

B. La flexibilité de la mauvaise administration dans le cadre de la Communauté européenne

228. Près de trente ans après la création du *Parliamentary and Health Service Ombudsman*, un Médiateur européen est instauré pour remédier aux cas de mauvaise administration de la Communauté. Le Traité de Maastricht prévoit dans son article 195.1 sa compétence pour les « *cas de mauvaise administration dans l'action des institutions ou organes communautaires* »[687]. Cette expression est en outre reprise à l'article 43 de la Charte des droits fondamentaux de l'Union européenne.

229. À l'instar du législateur anglais, le droit communautaire se remet au Médiateur, qui forge le contenu de la mauvaise administration[688] au fil de ses recommandations (**2**). Cependant, à la différence du *Parliamentary and Health Service Ombudsman*, cet Ombudsman a tenté de définir son champ d'action. Ces tentatives sont certes positives, mais elles ne peuvent être accueillies sans discussion (**1**).

1. La largeur des « définitions » de la mauvaise administration

230. Dès la création du Médiateur européen, la mauvaise administration fut associée au manque de transparence de la Communauté européenne. Cela peut s'expliquer par les motifs de sa création. En effet, figurant au cinquième chapitre de la Charte des droits fondamentaux de l'Union européenne relatif à la citoyenneté, le Médiateur vise avant tout à rapprocher les citoyens européens de leurs institutions. Au-delà des difficultés de cette tâche, le lien entre la notion de mauvaise administration et l'idée de transparence est certain. Ainsi que l'affirme Monsieur Leino[689], l'opacité des institutions communautaires est consubstantiellement liée à la mauvaise administration. Dès les premiers mois de mise en fonction, Monsieur Söderman a ainsi initié une série d'enquêtes relatives à l'accès aux documents[690]. Le Médiateur est aussi à l'origine de la régulation de l'accès des administrés aux documents de la Communauté[691].

---

[687] V. également le Statut du Médiateur européen : Décision du Parlement européen concernant le statut et les conditions générales d'exercice des fonctions du médiateur, n°94/262, 9 mars 1994, J.O. du 4 mai 1994, p.15. Pour plus d'informations : http://www.ombudsman.europa.eu.

[688] Ainsi que nous l'avons précédemment indiqué, la mauvaise administration communautaire est employée sans guillemet afin de ne pas la confondre avec l'expression générique de « mauvaise administration » qui regroupe l'ensemble des ordres juridiques.

[689] Päivi LEINO, « The Wind is in the North. The First European Ombudsman (1995-2003) », *European Public Law*, juin 2004, vol.10, n°2, p.350-353.

[690] *Special Report and Decision by the European Ombudsman following the Own-Initiative Inquiry into Public Access to Documents held by Community Institutions and Bodies*, décembre 1997 ; *The Role and Impact of the European Ombudsman in Access to Documentation and the Transparency of Decision-Making*, 1997 ; « The EU's Transparent Bid for Opacity - The Prodi Commission's Recommendations make the Santer Commission look good », *Wall Street Journal Europe*, 24 février 2000 [en ligne]. Disponible sur : http://www.statewatch.org/SodermanWSJ.htm.

[691] Règlement (C.E.) n°1049/2001 du Parlement européen et du Conseil relatif à l'accès du public aux documents du Parlement européen, du Conseil et de la Commission, 30 mai 2001, J.O. n°145 du 31 mai 2001, p.43-48.

231. Toutefois, la mauvaise administration ne se limite pas au manque de transparence. Quelques années suivant sa mise en fonction, le Médiateur européen l'a définie comme « *le défaut d'agir en accord avec le droit communautaire* »[692]. Cette définition fut jugée trop vaste par le Parlement européen. Celui-ci invita alors le Médiateur à la remanier[693]. Dans son rapport de 1997, on peut lire qu' « *il y a mauvaise administration lorsqu'un organisme public n'agit pas en conformité avec une règle ou un principe ayant pour lui force obligatoire* »[694].

Si cette définition fut validée par le Parlement européen[695], certaines incertitudes demeurent. Certes, les cas de mauvaise administration des administrations nationales dans l'application du droit communautaire sont exclus[696]. Cependant, il s'agit d'une limite d'ordre institutionnel qui ne permet pas de délimiter de manière matérielle la notion communautaire de mauvaise administration. Il est donc permis de douter de l'apport conceptuel de cette définition[697].

232. Monsieur Parejo Alonso a alors proposé de réduire le champ de la mauvaise administration aux actes des organes communautaires et au comportement de la seule Commission dans son rôle de gardienne des Traités[698]. De nouveau, au-delà de cette relative restriction du champ d'application, le contenu même de la mauvaise administration demeure indéfini. De surcroît, la violation de règles sans valeur coercitive, telles que la Charte des droits fondamentaux de l'Union européenne, constitue un cas de mauvaise administration[699]. Cette approche, toute justifiée qu'elle soit, entérine la flexibilité des critères de cette notion. Dès lors, en dépit de ces efforts de définition, la mauvaise administration communautaire semble demeurer aussi indéterminée que la *maladministration* anglaise.

À l'instar de cette dernière, elle ne peut s'appréhender qu'à travers des cas décelés par le Médiateur européen au fil de ses rapports.

2. La mauvaise administration : un catalogue ouvert de cas

233. Afin de cerner davantage les cas de mauvaise administration communautaires, il faut principalement s'en remettre aux sommaires des rapports du Médiateur européen. Les principales plaintes sont dirigées contre la Commission et concernent l'accès aux documents, les procédures d'offre ou encore le recrutement dans la

---

692 Rapport annuel de 1995 présenté au Président du Parlement le 22 avril 1996, J.O.U.E. n°L-225, p.17.

693 Résolution du Parlement européen sur le rapport annuel d'activités du Médiateur européen de 1996, (C4-0293/97), §4.

694 Rapport annuel de 1997 présenté au Président du Parlement le 20 avril 1998, J.O.C.E. n°C-380 du 7 décembre 1998, p.1, spéc. p.25 (définition reproduite dans le rapport de 1998, p.19 et au préambule du C.E.B.C.A.).

695 Résolution du Parlement européen du 16 juillet 1998 (D.O. 1998 C-292/168).

696 Article 2, section 2 du statut précité.

697 Sur ce point, v. en outre : Claude BLUMANN, « La contribution du médiateur à la citoyenneté européenne », *in* Syméon KARAGIANNIS, Yves PETIT, *Le Médiateur européen : bilan et perspective*, Bruxelles, Bruylant, coll. Rencontres européennes, 2007, spéc. p.71-73.

698 Luciano PAREJO ALONSO, *in* Joaquin RUIZ-GIMENEZ (dir.), *El Defensor del Pueblo en el Tratado de la Unión Europea*, journées d'étude des 2-3 novembre 1992, Madrid, Université Carlos III, p. 301-302.

699 Sur l'inclusion de la violation de la C.D.F. : avant-propos du Rapport annuel de 2000 présenté au Président du Parlement en avril 2001 pour l'année 2000 (J.O.C.E. n°C-218 du 3 août 2001, p.3).

fonction publique européenne (70 % dans le rapport de 2000). À la lecture de ces documents, on décèle une certaine influence de l'approche britannique.

234. En premier lieu, le Médiateur européen confère une place importante à la procédure. Cette idée s'illustre par les cas portant sur le recours en manquement[700]. Si le Médiateur ne se prononce pas sur l'opportunité, pour la Commission, de saisir la Cour de justice des Communautés européennes[701], il a néanmoins exigé, dans un rapport spécial, un accroissement des droits procéduraux de l'individu, en demandant notamment que la décision soit prise dans un délai maximal d'un an à compter de l'enregistrement de la plainte et que le principe du contradictoire soit assuré par le biais d'une plus grande information[702]. Ainsi que le souligne Monsieur Rawlings, son contrôle de la procédure est assez poussé[703]. À titre d'exemple, il a reproché à la Commission d'avoir suspendu sa demande de recours en manquement en raison des bons agissements du gouvernement espagnol consécutif à la violation d'une directive relative à la reconnaissance des diplomates espagnols en Amérique du Sud. Selon le Médiateur, la Commission n'avait pas livré d'informations « *claires, précises et transparentes* » à même de justifier ces bons agissements[704].

En second lieu, le Médiateur européen adopte la même approche pragmatique que le *Parliamentary and Health Service Ombudsman*. Dans son rapport annuel de 1995, la mauvaise administration est définie comme une administration « *déficiente ou erronée* »[705]. Elle comprend les cas suivants : irrégularité administrative, omission administrative, abus de pouvoir, négligence, procédure illicite, favoritisme, manque de compétence, discrimination, retard injustifié, défaut d'information ou refus de livrer des informations.

235. Or, cette liste est loin d'être exhaustive. Le rapport annuel de 1997 mentionne aussi les cas suivants : irrégularités administratives, omission administrative, abus de pouvoir, procédure illégale, négligence, iniquité, dysfonctionnement, incompétence, discrimination, délai déraisonnable, absence ou refus de délivrance d'informations[706]. Le même constat d'hétérogénéité et de diversité peut être fait à la lecture du rapport de 2004 mentionnant les hypothèses suivantes : manque de transparence, discrimination, retard injustifié, erreur de procédure, abus de pouvoir, non-respect d'obligations, négligence, erreur juridique et autres cas. Ces mots de

---

[700] Pour des exemples, v. Jacob SÖDERMAN, « Le citoyen, l'administration et le droit communautaire », *R.M.U.E.*, 1998, n°2, p.37.

[701] C.J.C.E., 6e ch., 17 mai 1990, *Sonito c/ Commission*, aff. 87/89, rec.1990, p.I-1981, pt.6-7.

[702] Rapport dédié à l'amélioration de la qualité de la procédure en manquement, 1997, enquête n°303/97/PD. V. également le rapport détaillé sur l'affaire *Newbury Bypass* dans le rapport annuel de 1996 présenté au Président du Parlement le 21 avril 1997, J.O.C.E. n°C-272 du 8 septembre 1997, p.1, spéc. p.59-67. Ces recommandations et critiques ont été prises en compte par la Commission (Communication au Parlement européen et au Médiateur européen, O.J. C-166/3, 12 juillet 2002).

[703] Richard RAWLINGS, « Engaged Elites - Citizen Action and Institutional Attitudes in Commission Enforcement », *European Law Journal*, mars 2000, vol.6, n°1, p.15-20. Pour l'auteur, cependant, le Médiateur européen se limite à une approche « légaliste » (« *legalistic approach* »).

[704] Plainte n°783/01/08/96/L.B.R./E.S./K.H. (J.M.A.) *in* Rapport annuel de 1998, J.O.C.E. n°C-300 du 18 octobre 1999, p.1, spéc. p.212 ; voir sur le même point, dans le même rapport: plainte n°260/97/J.M.A., p.99.

[705] Rapport annuel de 1995, *préc.*, p.18. V. aussi le Rapport annuel de 1997, *préc.*, p.22.

[706] « *Administrative irregularities, administrative omissions, abuse of power, negligence, unlawful procedures, unfairness, malfunction or incompetence, discrimination, avoidable delay, lack or refusal of information* » : Rapport annuel de 1997, *préc.*

clôture sont particulièrement significatifs. Le parallèle peut être aisément établi avec les termes du *Crossman catalogue* (« *and so on* »).

236. Cette diversité de cas de mauvaise administration reflète l'hétérogénéité précitée des principes de bonne administration[707]. Les Ombudsmän anglais et communautaire ont alors tenté de classer ces cas à travers des codes ou des documents internes. Cependant, sur le plan purement conceptuel, l'apport de ces documents reste mitigé.

§ 2. Des cas de mauvaise administration aux principes de bonne administration : l'apport conceptuel mitigé des « codifications » des Ombudsmän

237. Le passage des cas de mauvaise administration aux principes de bonne administration a particulièrement été opéré par le *Parliamentary and Health Service Ombudsman* et le Médiateur européen. C'est la raison pour laquelle leurs « codes » occuperont la majeure partie de ce paragraphe.

Le terme « code » est ici employé afin de mettre en exergue le travail de systématisation et de classification réalisé par ces Ombudsmän. Si le support s'apparente à celui des codes juridiques « classiques », ces textes n'ont cependant pas le même effet juridique. À vocation pédagogique[708], ils permettent de dépasser les difficultés inhérentes à la codification (au sens classique), notamment soulevées par Madame Gonod[709]. Le professeur relève à cet égard le double objectif de cette dernière, à savoir la sécurité juridique et la modernisation de l'État. Or, ses finalités se heurtent à des obstacles relevant à la fois de l'opération même de codification et de la singularité de son objet, qui constituerait notamment une « *menace* » pour la jurisprudence.

238. Dans le cadre de leurs compétences respectives expressément prévues par la loi (*maladministration* et mauvaise administration), les Ombudsmän anglais et communautaire ont rédigé des guides et des brochures énonçant certains principes de bonne administration. Deux documents méritent, à ce titre, d'être étudiés dans leur ordre de publication : le Code européen de bonne conduite administrative (**A**) et le Recueil de principes de bonne administration du *Parliamentary and Health Service Ombudsman* (**B**).

---

[707] V. *supra,* n°130 et s.

[708] La doctrine française a également procédé à cet effort : Bernard STIRN, Simon FORMERY (dir.), *Code de l'administration*, 3e éd., Litec, coll. Juris-Code, 2008, 783p. Ce « code » se divise en trois parties : relations entre les citoyens et les administrations, principales règles de l'organisation administrative et action administrative. Selon Mme Deguergue, il est un facteur de confusion avec les « vrais » codes : Maryse DEGUERGUE, « L'évolution du droit administratif jurisprudentiel vers un droit administratif écrit en fait-elle un droit plus performant ? », *in* Nathalie ALBERT (dir.), *Performance et droit administratif*, Acte du colloque des 29-30 janvier 2009 organisé à la Faculté de droit, d'économie et des sciences sociales de Tours, [non encore publié]. Nous remercions infiniment l'auteur de la transmission de son intervention.

[709] Pascale GONOD, « La codification de la procédure administrative », *A.J.D.A.*, 6 mars 2006, n°9, p.489-492.

A. La variété des principes de bonne administration mentionnés dans le Code européen de bonne conduite administrative

239. Rédigé par le Médiateur européen, le Code européen de bonne conduite administrative (C.E.B.C.A.)[710] a été adopté par le Parlement européen le 6 septembre 2001[711]. N'ayant pas encore été approuvé par la Commission, il n'a pas une valeur strictement contraignante[712]. Ce code constitue toutefois un élément de réflexion non négligeable pour une élaboration de la notion de bonne administration. De plus, ainsi que nous l'avons précédemment indiqué[713], les principes qu'il consacre sont en majorité issus de la jurisprudence communautaire.

240. La spécificité de cet instrument d'analyse ainsi que son inscription dans le « droit souple »[714] nécessitent d'en retracer les origines (**1**). Celles-ci permettent en effet d'expliquer l'hétérogénéité de son contenu (**2**).

1. Les origines diffuses du Code européen de bonne conduite administrative

241. Certaines résolutions et recommandations du Conseil de l'Europe répertoriant des principes de bonne administration[715] ont inspiré les rédacteurs du C.E.B.C.A. On peut déjà lire à l'annexe de la résolution (77)31 que « *dans la mise en œuvre de ces principes* [contradictoire, accès aux éléments d'information, motivation, indication des voies de recours], *il convient de tenir dûment compte des exigences d'une administration bonne et efficace ainsi que des intérêts de tiers et des intérêts publics majeurs* »[716]. Peu après, le Conseil de l'Europe reprend cette formule dans une recommandation tout en énonçant de nouvelles exigences[717]. Il publie aussi certaines brochures regroupant certains principes communs à la majorité des États et synthétisés par la Cour européenne des droits de l'Homme en distinguant notamment les principes dits « *matériels* » (légalité, égalité, proportionnalité, etc.) des principes dits « *procéduraux* » (accès au service public, droit d'être entendu,

---

[710] MÉDIATEUR EUROPÉEN, Le *Code européen de bonne conduite administrative*, Office des publications officielles des Communautés européennes, 2005.

[711] Décision n°A5-0245/2001, D.O. C-72 du 21 mars 2002. Le Médiateur avait dès son rapport annuel de 1998 (*préc.*, p.20-21) émis l'idée d'un tel code. Pour un renvoi à ce code : Rapport annuel de 2001 présenté au Président du Parlement le 8 avril 2002, J.O.C.E. n° C-270 du 11 novembre 2003, p.5.

[712] C.E.B.C.A., *préc.*, 2005, p.4 ; Wanda YENG-SENG, « Le Médiateur Européen, artisan du développement du droit à une bonne administration communautaire », *Revue Trimestrielle des Droits de l'Homme*, 2004, vol. 15, n°58, p.550. À la suite de la signature du Traité établissant une Constitution pour l'Europe, le Médiateur invita la Commission à déposer une proposition de loi européenne sur la bonne administration, sur la base de l'art. III-398 de cette Constitution (rapport 2005, p.9). À la suite de l'echec de ce traité, le Traité de Lisbonne reprend la même idée à l'article 298.

[713] V. introduction générale, n°73.

[714] V. introduction générale, n°65 et s.

[715] Pour un bref rappel de l'historique du C.E.B.C.A. : E. COBREROS MENDAZONA, « Nota al código europeo de buena conducta administrativa », *R.V.A.P.*, septembre-décembre 2002, n°64, p.237-247 ; Juli PONCE SOLÉ, « The Fight for Quality in the Field of Administrative Decisions », *R.E.D.P.*, hiver 2002, vol.14, n°4, p.1529-1539.

[716] Résolution (77) 31 sur la protection de l'individu au regard des actes de l'administration, adoptée par le Conseil des ministres le 28 septembre 1977, spéc. p.345-355.

[717] Recommandation n°R (80) 2 concernant l'exercice des pouvoirs discrétionnaires de l'administration, adoptée par le Conseil des ministres le 11 mars 1980, p.375-388.

notification). En la matière, les institutions de Bruxelles et de Strasbourg communiquent donc particulièrement[718], ainsi qu'en témoigne le Groupe de projet sur le droit administratif (C.J.-D.A.), comité intergouvernemental placé sous l'autorité du Comité européen de coopération juridique (C.D.C.J.) lui-même dépendant du Comité des Ministres du Conseil de l'Europe.

242. Toutefois, les origines directes[719] du C.E.B.C.A. semblent remonter à la proposition émise en 1996 par Monsieur Perry, rapporteur sur les délibérations de la commission des pétitions du Parlement européen[720]. En 1998, le Médiateur européen lança alors une enquête *ex officio*, adressée à dix-huit institutions et organes communautaires et visant à l'adoption de différents codes de bonne conduite[721]. Seule la Commission y répondit de manière concrète par la transmission d'un code le 10 février 1999. En réaction à cette passivité, le Médiateur européen présenta trois projets de recommandations aux organes et aux institutions concernés entre juillet et novembre 1999. Il appela à l'adoption et à la publication d'un code de bonne conduite des fonctionnaires envers le public, en excluant, dans un souci de clarté, leurs rapports avec leur administration. Afin d'inciter davantage les institutions et les organes communautaires à cette démarche, un projet de code de bonne conduite fut annexé à ces recommandations. Malgré cet effort, cette initiative s'est avérée peu fructueuse[722].

243. En 2000, le Médiateur adressa alors au Parlement européen un rapport spécial proposant l'adoption d'une législation européenne relative au code proposé[723]. Ce processus permettait ainsi de passer outre à l'inactivité des différentes entités européennes concernées. Sa véritable portée se révéla avant tout incitatrice. En effet, à la suite de ce rapport spécial, la majeure partie des institutions communautaires publia un code de bonne conduite.

Néanmoins, si les agences décentralisées ont adopté le code proposé par le Médiateur européen, les institutions et les organes ont publié leur propre code, comme ce fut notamment le cas de la Commission[724], du Conseil[725], du Parlement[726]

---

[718] CONSEIL DE L'EUROPE, *L'administration et les personnes privées*, Strasbourg, éd. du Conseil de l'Europe, 1997, p.l.

[719] Sur la difficulté d'élaboration du C.E.B.C.A. et son contenu : Nicolas MARTY, *op.cit.*, p.136-142 ; Julie LASSALLE, *op.cit.*, p.213-216.

[720] Roy PERRY, 28 mai 1997, A4-0190/97 (1996-7).

[721] Enquête d'initiative n°O1/98 mentionnée au rapport pour l'année 1999, p.133 (J.O.C.E. n°C260 du 11 septembre 2000, p.1). Pour une synthèse de cette procédure : Jacob SÖDERMAN, *art.cit.*, p.29 et s.

[722] Seuls six organes sur dix-huit avaient effectivement adopté le Code proposé par le Médiateur.

[723] *Rapport spécial du Médiateur européen au Parlement faisant suite à une enquête de propre initiative sur l'existence, au sein de chaque institution ou organe communautaire, d'un Code accessible au public relatif à la bonne conduite administrative des fonctionnaires* (OI/1/98/O.V.). Disponible sur : http:// www. ombudsman. europa. eu/special/pdf/fr/oi980001.pdf

[724] *Code de bonne conduite administrative pour les relations du personnel de la Commission avec le public*, COM (2000) 200 ; règlement intérieur (J.O.C.E. n°L 308 du 8 décembre 2000). Ce code, entré en vigueur le 1er novembre 2000, est divisé en six chapitres.

[725] *Code de bonne conduite administrative pour le secrétariat général du Conseil de l'Union européenne et de son personnel dans leurs relations professionnelles avec le public*, décision du secrétaire général du Conseil du 25 juin 2001 (J.O.C.E. n°C 189 du 5 juillet /2001, p.1). Ce code contient onze articles.

ou encore de la Cour de justice[727]. Le Parlement est toutefois le seul à avoir opté pour un guide plutôt qu'un code[728]. Paradoxalement, c'est la seule institution à imposer des « *obligations* » aux fonctionnaires, même si le terme n'est pas reproduit s'agissant de leurs relations avec les administrés.

Au-delà de leur trame commune, la diversité des appellations et des contenus de ces codes ne facilite pas la lisibilité des règles de bonne conduite. De plus, elle traduit la difficulté d'harmonisation, voire d'entente, des différentes entités communautaires. Afin d'améliorer cette image, la Présidente du Parlement européen chargea la Commission des libertés et des droits des citoyens, ainsi que la Commission des pétitions, d'un rapport spécial[729] rendu le 27 juin 2001. Proposant certains amendements au code du Médiateur européen, ce document équivaut à l'actuel C.E.B.C.A., adopté par le Parlement européen qui conserva toutefois son propre guide.

244. La signature parallèle de la Charte des droits fondamentaux de l'Union européenne constitua un facteur non négligeable de l'accélération du processus. Le cinquième chapitre de cette Charte, relatif à la citoyenneté européenne, met en valeur le lien entre les notions de « mauvaise administration » et de bonne administration. En effet, ce chapitre consacre à la fois un « *droit à une bonne administration* » (article 41) et un droit de saisine du Médiateur européen en cas de mauvaise administration dans l'action des institutions ou organes communautaires, à l'exclusion de la Cour de justice et du Tribunal de première instance dans l'exercice de leurs fonctions juridictionnelles (article 43).

Selon Guy Braibant, ces articles forment un ensemble cohérent[730]. C'est alors dans l'objectif de préciser le contenu de l'article 41 que le Médiateur européen a édicté le Code européen de bonne conduite administrative[731]. Son article 26 dispose que « *tout manquement d'une institution ou d'un fonctionnaire à se conformer aux principes énoncés dans ce présent Code peut faire l'objet d'une plainte auprès du Médiateur européen conformément à l'article 195 du traité instituant la Communauté européenne et au Statut du Médiateur européen* ».

La rédaction du C.E.B.C.A. s'inscrit donc dans un contexte qu'il ne faut pas ignorer. Ce dernier explique en grande partie l'hétérogénéité des principes qui y sont mentionnés.

---

726 *Guide sur les obligations des fonctionnaires et agents du Parlement* (J.O.C.E. n°C97 du 5 avril 2000, p.1-12). Ce guide comprend trois parties : les obligations générales, les obligations de service et les relations avec le citoyen.

727 *Code de conduite adopté par la Cour de justice pour les membres de la C.J.C.E., du T.P.I. et du T.P.F.P.* (J.O.U.E. n°C 223 du 22 septembre 2007, p.1-2). Notons que la Cour des comptes a adopté son propre Code de bonne conduite le 19 juin 2000 (code non publié au J.O.U.E.).

728 Sur la distinction entre « code » et « guide », v. l'étude du Parlement relative aux différents codes de bonne conduite, 19 avril 2004, p.2 ; T.P.I.C.E., 2e ch., 22 novembre 2005, *Koldo Gorostiaga Atxalandabaso c/ Parlement*, aff. T-146/04, rec.2005, p.II-5989.

729 Séance du 8 septembre 2000, C5-0438/200.

730 Guy BRAIBANT, *La Charte des droits fondamentaux de l'Union européenne. Témoignages et commentaires*, Paris, éd. du Seuil, coll. Points, série Essais, 2001, p.211-228 ; Nikiforos DIAMANDOUROS, « The Relationship between the Principle of Good Administration and Legal Obligations », *in Liber Amicorum en l'honneur de Bo Vesterdorf*, Bruxelles, Bruylant, 2007, p.315-341.

731 Préface de la version de 2005, p.5.

2. *La disparité du contenu du Code européen de bonne conduite administrative*

245. La coexistence des différents codes précités[732] ne va pas dans le sens d'une cohérence d'ensemble, ainsi qu'en témoigne le contenu du C.E.B.C.A.[733], qui renferme les divers cas de mauvaise administration décelés par le Médiateur européen.

246. On ne peut en effet que constater l'hétérogénéité des principes de bonne administration occupant vingt-sept articles de ce code. Afin de la mettre en évidence, il convient de les citer : conformité au droit (article 4) ; absence de discrimination (article 5) ; proportionnalité (article 6) ; absence d'abus de pouvoir (article 7) ; impartialité et indépendance (article 8) ; objectivité (article 9) ; confiance légitime, cohérence et conseil (article 10) ; équité (article 11) ; courtoisie (article 12) ; réponse aux lettres dans la langue du citoyen (article 13) ; accusé de réception et indication du fonctionnaire responsable (article 14) ; obligation de transmission vers le service compétent de l'institution (article 15) ; droit d'être entendu et de faire des observations (article 16) ; délai raisonnable pour la prise des décisions (article 17) ; obligation de motiver les décisions (article 18) ; indication des voies de recours en cas de décision défavorable (article 19) ; notification de la décision (article 20) ; protection des données (article 21) ; traitement des demandes de renseignement (article 22) ; demande d'accès public aux documents (article 23) ; tenue d'un registre (article 24) ; information du public sur le code (article 25) ; droit de se plaindre au Médiateur européen (article 26)[734].

247. La substance de ce code se réduit donc à une juxtaposition de cas de mauvaise administration retranscrits en termes positifs. En d'autres termes, aux divers cas de mauvaise administration correspondent des principes épars de bonne administration. L'absence de regroupements thématiques peut donc être regrettée. « *Cette liste est longue et n'offre pas au lecteur un aperçu global des droits dont il bénéficie dans ses relations avec l'administration communautaire* »[735]. Il semble de ce fait difficile d'en proposer une classification rigoureuse et pédagogique.

Ces dispositions ont toutefois pu être regroupées autour de quatre catégories : les principes de bonne administration ; les principes de bonne administration entendus au sens large, à savoir les lignes directrices pour une bonne conduite administrative ; les principes relatifs au traitement des demandes du public ; et,

---

[732] Pour une critique de cette diversification : Marta HIRSCH-ZIEMBIŃSKA, « L'application du Code européen de bonne conduite administrative par les institutions européennes », *in* Conseil de l'Europe, Faculté de Droit et d'Administration de Varsovie, *À la recherche d'une bonne administration*, Actes de la conférence des 29-30 novembre 2007 organisée à l'Université de Varsovie, Strasbourg, 10 janvier 2008 [non publiés], DA/ba/Conf (2007) 9 f, p.5.

[733] V. en outre : Julie LASSALLE, *op.cit.*, p.216-225.

[734] Cet article reprend la compétence générale du Médiateur figurant dans son statut : J.O.C.E. n°L113 du 4 mai 1994, p.15. Nous excluons l'article 27 car il concerne la mise en place de ce Code : « *après deux ans de mise en œuvre du Code, chaque institution examine comment elle l'a appliqué et elle informe le Médiateur européen des conclusions de cet examen* ».

[735] Julie LASSALLE, *op.cit.*, p.221.

enfin, les voies de recours[736]. Si cette tentative de systématisation doit être saluée, elle ne résiste pas à la critique pour au moins deux raisons. D'une part, la distinction entre les deux premières catégories ne se saisit pas avec facilité. Qu'entendre en effet par « *principes de bonne administration au sens large* » ? D'autre part, on comprend peu pourquoi la troisième catégorie ne renvoie pas à des principes pouvant être qualifiés de « bonne administration ». Dans tous les cas, on ne peut que constater les différences de nature et de contenu des principes mentionnés au C.E.B.C.A.

248. De plus, la rédaction de certaines dispositions semble maladroite. À titre d'exemple, le droit d'être entendu *pour présenter des observations* est de l'ordre du pléonasme : quel serait l'intérêt d'être entendu si ce n'est précisément pour faire des observations[737] ? Si cette critique fut émise à propos du code d'éthique de la Commission européenne[738], elle semble en effet parfaitement pouvoir s'appliquer ici[739]. On peut également relever certaines redondances. À titre d'exemple, il aurait sans doute été préférable d'intégrer les dispositions n°12.2 et n°22 à la disposition n°15 relative au devoir de transmettre l'affaire au service compétent.

249. Enfin, le contenu du C.E.B.C.A. s'étend au-delà de la Charte des droits fondamentaux de l'Union européenne qu'il est censé éclaircir. Il est « *beaucoup plus développé, dans ses exigences, que le principe de bonne administration et le droit à une bonne administration* »[740]. Ainsi que le souligne Madame Kańsk[741], il introduit le principe de proportionnalité alors que celui-ci est absent de la Charte. La même remarque s'applique au principe d'objectivité ou encore au « *principle of care* »[742]. De même, ce Code permet l'accès aux documents à tout « *citoyen* » (article 23) et non pas seulement à l' « *intéressé* » (article 41.2 de la Charte). L'accès du public aux documents (article 22 du C.E.B.C.A.) ne se limite également pas, contrairement au règlement communautaire n°1049/2001, aux documents existants[743]. Le C.E.B.C.A. vise davantage l'intérêt général (il s'adresse, selon l'article premier, à « *tout fonctionnaire* » dans ses relations avec le public) que le droit subjectif de l'intéressé. La perspective d'une « positivation » de la Charte ne permettait en effet pas à ses auteurs d'adopter une vision aussi large que celle du Médiateur européen. Celui-ci se base sur les principes d'État de droit et de légalité, mais également sur l' « *esprit de service au citoyen* »[744], c'est-à-dire sur l'idée que

[736] Julie LASSALLE, *op.cit.*, p.218-220.

[737] Georges VANDERSANDEN, Laure LEVI, « La réforme administrative de la Commission. Quelques considérations générales », *Cahiers de droit européen*, 2005, n°3-4, p.295. Cette critique quant à la formulation de ce droit est indépendante de la question de savoir si les observations en question seront ou non prises en compte par l'administration.

[738] Code du 13 septembre 2000 (J.O., L 267 du 20 octobre 2000).

[739] Les auteurs établissent d'ailleurs un parallèle avec le C.E.B.C.A. dans la note infrapaginale n°10.

[740] Julie LASSALLE, *op.cit.*, p.220. L'auteur considère néanmoins qu'il s'agit d'un point positif : p.221.

[741] Klara KAŃSK, « Towards Administrative Human Rights in the EU. Impact of the Charter of Fundamental Rights », *European Law Journal*, mai 2004, vol.10, n°3, [en ligne], p.313.

[742] Juli PONCE SOLÉ, « Good Administration and Administrative Procedures », *Indiana Journal of Global Legal Studies*, été 2005, n°12, p.569.

[743] Remarque émise par Marta HIRSCH-ZIEMBIŃSKA, *art.cit.*, p.9.

[744] Jacob SÖDERMAN, « Le citoyen, l'administration et le droit communautaire », *art.cit.*, p.28.

« les affaires des citoyens doivent être réglées de manière correcte, équitable et rapide par une administration publique ouverte »[745].

En revanche, le C.E.B.C.A. ne mentionne pas l'obligation précitée de diligence[746], selon laquelle l'administration doit examiner avec soin les faits pertinents. Or, comme nous l'avons souligné précédemment, cette obligation est au cœur de la jurisprudence communautaire relative au principe de bonne administration. Son absence dans ce code peut ainsi paraître étonnante, voire incohérente au regard des avancées que celui-ci représente sur d'autres points[747].

250. La diversité des principes de bonne administration recensés dans le C.E.B.C.A. n'est donc plus à démontrer. Celle-ci se retrouve dans l'adoption récente, à la suite de longs débats[748], du Code de bonne administration du Conseil de l'Europe[749]. La recommandation à son origine abordait déjà la « bonne administration » de manière large. Aussi Monsieur Tanquerel relève-t-il qu'elle vise dans son dispositif à la fois des exigences d'efficacité, d'efficience et d'économie et une « *vaste palette* » de droits individuels[750]. Si ce code illustre la collaboration entre les institutions de Bruxelles et de Strasbourg, il ne renforce pas moins l'ambiguïté et la redondance de ses vingt-trois dispositions.

Celles-ci se répartissent en trois sections : les principes de bonne administration (légalité, égalité, impartialité, proportionnalité, transparence, délai raisonnable, sécurité juridique, participation et respect de la vie privée) ; le régime des actes administratifs (qui comprend notamment le droit d'être entendu, la participation, la forme, la publicité, exécution) ; et, enfin, le champ d'application (partie beaucoup plus vaste, qui ajoute à l'imprécision générale).

251. Les tentatives de classification des principes de bonne administration au niveau européen ne sont donc pas sans limite. Elles permettent certes de convertir les cas de mauvaise administration en principes positifs plus généraux, mais sans parvenir à leur conférer une unité.

C'est en adoptant le même regard critique qu'il convient d'aborder les recueils des Ombudsmän du Royaume-Uni.

---

745 Discours du Médiateur européen, « Access to documents of the EU Institutions: the Key to a more Democratic and Efficient Union », Actes du séminaire organisé le 18 septembre 2000 à Bruxelles par le Comité du Parlement européen relatif aux libertés et droits des citoyens, à la justice et aux affaires intérieures, [en ligne].

746 V. *supra,* n°142.

747 Il faut tout de même noter qu'il peut être présent à travers celui d'objectivité.

748 Avant-projet de rapport sur la faisabilité et l'opportunité de préparer une recommandation relative à la bonne administration et/ou un Code modèle consolidé de bonne administration, 17e réunion, 28 février-2 mars 2005, CJ-DA (2005)4.

749 Recommandation R(2007)7 du Comité des Ministres aux États membres relative à une bonne administration adoptée le 20 juin 2007 par le Comité des ministres, lors de la 999e réunion bis des Délégués des ministres dans le but de renforcer les exigences d'une bonne administration. Pour une synthèse du contenu de cette recommandation : Philippe GERBER, « La Recommandation CM/Rec(2007)7 relative à une bonne administration : Présentation générale », *in* Conseil de l'Europe, *préc.,* DA/ba/Conf (2007) 4 f. Pour un commentaire du code de bonne conduite du Conseil de l'Europe : Théodore FORTSAKIS, *art.cit.*, p.211-212.

750 Thierry TANQUEREL, « La bonne administration au service de la bonne gouvernance : entre garantie des droits individuels et mise en oeuvre des choix démocratiques », *in* Conseil de l'Europe, *préc.*, DA/ba/Conf (2007) 6 f, p.6.

B. Les recueils de principes de bonne administration des Ombudsmän du Royaume-Uni : des tentatives discrètes de systématisation

252. En octobre 2006, le *Parliamentary and Health Service Ombudsman* rédigea un Recueil de principes de bonne administration (*Draft principles of good administration*)[751]. Il ne s'agit pas de la première initiative britannique. En effet, le nombre remarquable de codes de bonne conduite sectoriels et locaux invitait le *Parliamentary and Health Service Ombudsman* à une telle entreprise. Ce dernier avait d'ailleurs déjà eu l'occasion d'évoquer des « droits » tirés de cas de *maladministration* rencontrés[752].

253. Afin de rendre compte de nouveau de la difficulté à extraire une notion de bonne administration des cas de mauvaise administration, il convient de retranscrire le contenu de ce recueil (**1**). Au même titre, le guide de l'Ombudsman d'Irlande du Nord présente un intérêt certain[753] (**2**).

1. Le recueil du Parliamentary and Health Service Ombudsman : une classification modérée

254. Le recueil regroupe six principes de bonne administration.

En premier lieu, l'administration se doit d'agir correctement (« *getting it right* »). Ce principe contient notamment les sous-principes de légalité, de respect des obligations de bonne pratique (« *established good practice* ») et de prise de décisions raisonnables.

En deuxième lieu, l'administration doit être au service de l'usager (« *being customer*[754]*focused* »). Cela implique, en outre, de fournir une prestation adaptée à ses besoins de manière rapide et flexible.

En troisième lieu, l'administration doit se montrer ouverte et responsable (« *being open and accountable* »), en particulier en informant de manière complète et adaptée l'administré et en prévoyant des réparations pour les fautes commises.

En quatrième lieu, l'administration doit respecter les impératifs d'équité et de proportionnalité (« *acting fairly and proportionately* »), ce qui comprend les sous-principes d'impartialité et de non-discrimination.

En cinquième lieu, l'administration doit prévoir des mécanismes de réparation efficaces (« *putting things right* ») et en informer l'administré.

Enfin, en sixième lieu, elle doit toujours viser un meilleur service (« *seeking continuous improvement* »). À cette fin, le contrôle régulier du fonctionnement

---

[751] P.H.S.O., *Putting principles into practice*, H.C. 838 (2006-7), p.3. Pour une synthèse de ce « code » : Lesley BAINSFAIR, « Le rôle du médiateur dans la mise en oeuvre des principes d'une bonne administration au Royaume-Uni », *in* Conseil de l'Europe, *préc.*, DA/ba/Conf (2007) 7 f. Nous tenons à remercier Mme Lesly Bainsfair, à l'origine de cette brochure, de ses éclaircissements lors d'un entretien au siège du *P.H.S.O.* le 21 septembre 2007.

[752] V. notamment : P.H.S.O., H.C. 148 (1980-1), §6. Ce rapport reprend les droits formant le « *droit général à une bonne administration* », dérivés des cas de *maladministration*. Notons que le terme de « droit » (« *right* ») est pris ici dans son acception large (tout comme celui de responsabilité).

[753] L'Ecosse, le Pays de Galle et l'Irlande du Nord possèdent en effet leur propre Ombudsman.

[754] Le terme « client » semble propre à la culture britannique ; nous préférons le traduire par « usager ».

administratif doit être assuré et les plaintes recensées doivent servir de leçons pour l'avenir.

255. Réduit à dix articles, l'effort de classification est plus prononcé que les vingt-six articles du C.E.B.C.A.. Cependant, cet énoncé n'est pas dénué d'ambiguïté. Destinée au public, cette brochure fait davantage office de guide. Les critères de classification présentés ne sont pas sans équivoque.

En effet, des exemples censés illustrer chacun des principes peuvent en réalité s'appliquer à plusieurs d'entre eux. On peut citer les troisième et quatrième exemples du premier principe (« *getting it right* ») : l'obligation de rendre des services efficaces au moyen d'une équipe compétente et adéquate et celle de prendre des décisions raisonnables basées sur des considérations pertinentes. Ces exemples auraient également pu, à notre sens, illustrer le quatrième principe (devoir d'agir de manière équitable et proportionnée).

256. Au-delà de ces quelques remarques, ce recueil constitue une proposition intéressante de conversion des cas de mauvaise administration en principes de bonne administration. Il en est de même du Recueil de l'Ombudsman d'Irlande du Nord.

2. Les enseignements du Recueil de l'Ombudsman d'Irlande du Nord

257. Egalement compétent pour les cas de *maladministration*[755], l'Ombudsman d'Irlande du Nord s'est montré particulièrement actif dans l'énoncé de principes de bonne administration. Dès mars 2003, il mit à disposition du public un Guide des standards de bonne pratique des fonctionnaires (*Ombudsman's Guide to Standards of Best Practice for Public Servants*)[756]. Celui-ci dresse quatre « *standards* »[757] non exhaustifs de bonne administration, tous définis sous forme d'adjectifs. L'administration devra alors agir de manière adéquate (« *properly* »), équitable (« *fairly* »), transparente (« *openly* »)[758] et impartiale (« *impartially* »).

258. Selon le premier standard, l'administration doit, en outre, agir rapidement (« *promptly* ») et convenablement (« *correctly* »), c'est-à-dire en accord avec les lois et les standards de qualité. De même, elle doit garantir une assistance raisonnable (« *sensitively and by giving reasonable assistance* »), en particulier au regard de l'âge ou de la capacité d'entendement de l'administré. L'administration doit également se montrer serviable (« *helpfully* »), notamment en simplifiant les procédures et en faisant preuve de clarté, responsable (« *responsibly* »), prudente (« *carefully* ») et courtoise (« *courteously* »).

---

[755] Article 1.(a) du Parliamentary Commissioner Act (Northern Ireland), 1969. [en ligne], texte disponible sur : http://www.ni-ombudsman.org.uk/].

[756] http://www.ombudsman.gov.ie/en/Publications/Guidelines/PublicServants/File,2315,en.pdf. V. chapitre 1 du rapport annuel de 1996 [en ligne].

[757] Nous conservons l'expression anglaise car elle nous paraît significative de la place du pragmatisme et de la flexibilité dans la culture juridique anglo-saxonne. Ce terme doit être compris comme l'équivalent de « principe » (au sens large) en droit français.

[758] Ce principe a été introduit dans la réédition de 2003.

Suivant le deuxième standard, l'administration doit respecter les principes d'égalité, d'équité, de proportionnalité, de flexibilité et prévoir des moyens d'appel adéquats.

Le troisième standard recouvre la disponibilité des fonctionnaires compétents, l'accessibilité de l'administration (notamment par l'exploitation des nouvelles technologies) et l'énoncé clair des motifs des décisions.

Enfin, le quatrième standard énonce les devoirs de motivation pertinente, de transparence ou encore de non-discrimination.

L'Ombudsman nord-irlandais a aussi publié, dans son rapport de 1997, un Guide des systèmes de règlement interne des plaintes[759]. Les principes d'un bon système interne de règlement des plaintes sont ainsi répertoriés : accessibilité, simplicité, rapidité, indépendance, équité, effectivité et flexibilité.

259. Les cas de *maladministration* décelés par les Ombudsmän constituent donc des pistes non négligeables pour un inventaire des principes de bonne administration et, à terme, pour une élaboration de la notion de bonne administration. Au-delà d'une solution alternative de règlement des litiges[760], cette institution présente un intérêt sur le plan conceptuel, bien que les cas présentés ne soient jamais exhaustifs.

***

En résumé, la « mauvaise administration » est difficile à cerner. Aucune classification ne paraît pouvoir épuiser la diversité des cas décelés. Un parallèle peut à ce titre être établi avec la notion d'inactivité élaborée par Monsieur Nieto (*inactividad*). Selon l'auteur, « *l'inactivité matérielle de l'administration est une fiction intellectuelle bien commode ; mais juridiquement, on ne peut parler que d'inactivités au pluriel, chacune suscitant un traitement juridique particulier* »[761]. De même, si un certain consensus semble se former autour des cas de mauvaise administration, l'élasticité de cette notion ne demeure pas moins une réalité s'imposant à tout observateur.

Son appartenance au domaine juridique se révèle de plus incertaine.

---

[759] *Guide to Internal Complaints Systems*, *in* Rapport annuel de 1997, [en ligne], texte disponible sur : http://www.ombudsman.gov.ie/en/Publications/Guidelines/InternalComplaints/

[760] V. introduction générale, 75 et s.

[761] « *La inactividad material de la Administración es una cómoda ficción intelectual ; pero jurídicamente sólo se puede hablar de inactividades en plural, cada una de las cuales exige un tratamiento jurídico peculiar* » : Alejandro NIETO, « La inactividad material de la Administración : veinticinco años después », *Documentación administrativa*, avril-décembre 1986, n°208, p.25.

SECTION 2. L'APPARTENANCE INCERTAINE DE LA « MAUVAISE ADMINISTRATION » AU DOMAINE JURIDIQUE

260. La diversité des cas de mauvaise administration précédemment relevée rend difficile la reconnaissance d'une notion de mauvaise administration à part entière. C'est pourquoi, ainsi que nous l'avons précisé, il convient de se limiter à l'idée large de « mauvaise administration », l'emploi des guillemets traduisant la flexibilité de son contenu. Ce dernier constat conforte les doutes intuitivement partagés quant à sa consistance juridique.

261. L'élasticité de la « mauvaise administration » se manifeste donc par la diversité des cas qu'elle génère et par une certaine incertitude concernant sa juridicité. Plus exactement, il paraît difficile de la classer dans un domaine particulier. Il ne s'agit en effet pas de nier tout aspect juridique aux cas de mauvaise administration, mais d'affirmer l'absence d'exclusivité de leur domaine d'appartenance afin d'illustrer l'imprécision qui les entoure.

Cette ambiguïté se traduit de deux manières. D'une part, les frontières de cette notion prévues par le droit positif sont peu observées en pratique (**§1**). D'autre part, les cas de mauvaise administration décelés par l'Ombudsman sont loin d'être automatiquement reconnus par le juge (**§2**).

§ 1. LA POROSITÉ DES FRONTIÈRES DE LA « MAUVAISE ADMINISTRATION » PRÉVUES PAR LE DROIT POSITIF

262. Ainsi que nous l'avons précisé en introduction générale, l'intérêt de cette étude dépasse l'élaboration de la notion juridique de bonne administration : il s'étend à l'émergence d'un « droit souple » et à son rapport avec la normativité juridique dite « classique » [762] . L'analyse de la consistance conférée à la « mauvaise administration » confirme cette relation dialectique entre la recherche du contenu d'une notion et le questionnement perpétuel portant sur les critères de la normativité juridique.

263. Il semble alors judicieux d'observer la réception de la « mauvaise administration » dans certains ordres juridiques, qui délimitent la compétence de l'Ombudsman et donc le domaine de la « mauvaise administration ».

Les éléments classiquement exclus de ce domaine sont principalement de deux ordres : les considérations d'ordre « politique »[763], particulièrement mis en exergue par le droit anglais (**A**) et les affaires traitées devant le juge (**B**)[764]. Affirmées par la

---

[762] V. introduction générale, n°65 et s.

[763] C'est ainsi que nous traduisons, avec réserve, la notion anglaise de « *merit* ». L'adjectif « politique » doit être entendu de manière large. Nous nous fondons en outre sur : André LEGRAND, « Le commissaire Parlementaire pour l'administration, Ombudsman britannique », *R.D.P.*, 1969, p.250.

[764] Nous nous limiterons aux exclusions utiles à notre sujet. Il en existe d'autres, comme l'interdiction de se prononcer sur les contrats signés par l'administration : Diana WOODHOUSE, *op.cit.*, p.68-70.

doctrine et par le droit positif, ces frontières s'avèrent néanmoins poreuses en pratique.

A. L'exemple anglais : les considérations « politiques », une limite mouvante

264. Le droit anglais illustre avec pertinence l'ambiguïté de cette première limite. Il convient donc de centrer nos développements sur ce système. Celui-ci met en valeur la fragilité de la distinction entre « *merit* » (opportunité politique) et « *manner* » (procédure de prise de décision) (**1**). Trois cas célèbres du *Parliamentary and Health Service Ombudsman* font état de cette ambivalence (**2**).

1. La fragilité de la distinction entre « merit *» et «* manner *»*

265. Le rapport *Whyatt*, à l'origine de la création du *Parliamentary and Health Service Ombudsman,*[765] excluait de sa compétence les plaintes contre une mauvaise politique[766], contre une décision discrétionnaire (compétence des *Tribunals* nouvellement créés) et contre les effets d'une loi. La mauvaise qualité d'une règle, d'un règlement (*rules and regulations*) ou d'une décision (« *bad rule and bad decision* »[767]) est de ce fait en principe exclue du domaine de la *maladministration.*

266. Le *Parliamentary Commissioner for Administration Act* introduisit cette limite de compétence par l'expression « *merit* »[768], mais la formulation de l'article prête quelque peu à confusion. Celui-ci dispose que l'Ombudsman anglais n'est pas compétent s'agissant de l'opportunité politique (*merit*) d'une décision prise sans *maladministration* (« *the merits of a decision taken without maladministration* ») dans le cadre du pouvoir discrétionnaire de l'administration. Cela signifie-t-il qu'il peut se prononcer sur son opportunité politique dès lors qu'une *maladministration* est décelée ? Ces termes ambigus semblent être au service d'une certaine marge de manœuvre subtilement laissée au *Parliamentary and Health Service Ombudsman.* Dans tous les cas, il ne peut se prononcer uniquement sur l'opportunité politique d'une décision et doit *a priori* se limiter à la manière dont elle a été prise (« *manner* »)[769].

La procédure revêt alors une place primordiale. Madame Seneviratne affirme à ce sujet que « *la fonction de l'Ombudsman est de vérifier si la décision a été prise*

---

[765] Pour une analyse contemporaine des débats parlementaires et du rapport Whyatt : Franck STACEY, *The British Ombudsman*, Oxford, Clarendon Press, 1971, 351p. L'auteur invitait déjà à l'extension de la compétence du *P.H.S.O.* aux considérations de « *merit* » (p.321).

[766] V. aussi : JUSTICE, *The Citizen and the Administration*, *op.cit.*, §10-11. Le rapport précise néanmoins qu'une décision excessivement déraisonnable défiant tout sens de la justice est un cas de *maladministration* (« *decision so harsh and unreasonable as to offend a sense of justice* ») : p.35, §72.

[767] Peter LEYLAND, Gordon ANTHONY, *Textbook on Administrative Law*, 5e éd. Oxford, Oxford University Press, 2005, p.147-148.

[768] Section 12(3). La même règle s'applique aux Ombudsmän locaux : Section 34(3), *Local Governement Act*, 1974.

[769] Discours de Edmond COMPTON (*P.H.S.O.*), 2e rapport du Select Committee, H.C. 513 (1970-1), §10. L'auteur poursuit son approche procédurale de la *maladministration* dans : Edmund COMPTON, « The Parliamentary Commissioner for Administration », *Journal of the Society of Public Teachers of Law*, 1968, p.101.

de manière correcte, suivant la bonne procédure »[770]. L'objectif est avant tout de préserver la marge de manœuvre du gouvernement et de l'administration[771]. Néanmoins, sur le fond, la frontière entre *merit* et *manne*r soit poreuse[772]. À propos de l'Ombudsman de Nouvelle-Zélande (dont le *Parliamentary and Health Service Ombudsman* s'est inspiré), Monsieur Keith met ainsi en avant la difficulté de la distinction entre les considérations politiques et les questions d'organisation ou de fonctionnement de l'administration (« *matter of administration* »)[773].

267. Le *Parliamentary and Health Service Ombudsman* a réaffirmé cette limite de compétence à l'occasion de l'affaire *Channel tunnel rail link*[774]. Il lui était ici reproché de se prononcer sur le choix du tracé d'un chemin de fer. Le *Parliamentary and Health Service Ombudsman* dénia clairement cette accusation en arguant qu'il ne s'intéresse qu'aux compensations à prévoir, par l'administration, en cas d'effets substantiellement néfastes résultant de la mise en œuvre du projet (impossibilité de mise en vente des biens immobiliers se situant sur ce tracé). Il ne se prononcerait donc pas sur le choix du tracé lui-même[775]. Ainsi, selon Madame James et Monsieur Longley[776], les propos du *Parliamentary and Health Service Ombudsman* et du *Select Committee* ne confèrent aucune automaticité à cette réparation.

268. Il faut toutefois souligner que la procédure est loin d'être interprétée de manière purement formelle[777]. Cette approche devrait permettre d'inclure, dans l'examen de la *maladministration,* des éléments relatifs à l'opportunité de la décision. La Commission parlementaire relative au *Parliamentary and Health Service Ombudsman* invita ainsi à considérer, dans son examen des plaintes, les mauvaises décisions (*bad decisions*) et les mauvaises règles (*bad rules*) en se fondant sur le fait que les cas d'impartialité et de comportement contradictoire faisaient partie du *Crossman Catalogue*[778]. À cet égard, les exemples de motivation suffisante ou de prise en compte des faits pertinents sont particulièrement significatifs, la suffisance et la pertinence ne pouvant s'apprécier que par une analyse dépassant la stricte

---

770 « *The function of the Ombudsman is to check that the decision was reached in the correct manner, following the correct procedures* » : Mary SENEVIRATNE, *op.cit.*, p.116.

771 Select Committee, *Second report*, H.C. 350 (1967-8), p. viii.

772 V. notamment : Diana WOODHOUSE, *op.cit.*, p.60-64 ; A. MOWBRAY, « The Parliamentary Commissioner and administrative guidance », *Public Law*, 1987, p.570-579.

773 K.J. KEITH, « The Ombudsman and wrong decisions », *New Zealand Universities Law Review*, octobre 1971, vol.4, n°4, p.361.

774 Rapport spécial du *P.H.S.O.*, H.C. 193 (1994-5) et 6e rapport du *Select Committee*, H.C. 270, §20.

775 *Evidence to Select Committee*, 1er mars 1995, H.C. 270, p.3. Le Gouvernement rejeta ce « *nouveau principe de bonne administration* » dans la mesure où toute politique contient des effets néfastes : *The Channel Tunnel Rail Link and Exceptional Hardship- The Government Response*, H.C. 819.

776 Rhoda JAMES, Diane LONGLEY, « The Channel tunnel rail link, the Ombudsman and the Select Committee », *Public Law*, 1996, p.38-45.

777 Ce constat est d'un riche enseignement. Il est particulièrement utile pour notre élaboration de la notion de bonne administration : v. *infra*, n°438 et s.

778 2e rapport du *Select Committee*, H.C. 350 (1967-8).

application des procédures. L'approche de certains auteurs, restreignant le rôle de l'Ombudsman à des aspects purement procéduraux, pourrait alors être nuancée[779].

La relativité de la distinction entre « *merit* » et « *manner* » se manifeste également lorsque le *Parliamentary and Health Service Ombudsman* affirme découvrir de nouveaux faits qui remettent en réalité en cause l'appréciation au fond de l'administration[780]. En d'autres termes, si « *les problèmes d'ordre procédural forment le noyau du concept de maladministration* »[781], le contrôle de cette procédure est loin d'être purement formel[782].

De même, bien que les circulaires (*administrative guidance*), qui prévoient l'interprétation à donner aux *statutes* ou aux *rules*[783], sont en principe exclues de son domaine de compétence, le *Parliamentary and Health Service Ombudsman* se prononce en cas d'erreur flagrante d'interprétation affectant les intérêts fondamentaux des citoyens[784]. Or, le caractère flagrant de cette erreur est laissé à sa propre appréciation. Dans certains cas également, sans émettre un avis direct sur le contenu d'une décision administrative, il considère que l'administration n'a pas pris en compte tous les « *faits pertinents* » (« *relevant facts* »)[785].

269. Plus précisément, trois célèbres plaintes adressées au *Parliamentary and Health Service Ombudsman* illustrent tout particulièrement l'imbrication des domaines de la *maladministration* et de la « mauvaise politique ».

2. Illustrations du rapprochement entre « maladministration » *et « mauvaise politique »*

270. Le cas *Sachsenhausen*[786] est assez significatif de la porosité des frontières de la première limite de compétence de l'Ombudsman et donc du domaine de la *maladministration.*

Cette plainte mettait en cause le refus du ministère des Affaires étrangères d'indemniser douze anciens soldats et militaires victimes des persécutions nazies. Dans le cadre de la Convention de Bonn et d'une convention bilatérale entre l'Allemagne et le Royaume-Uni, le ministère des Affaires étrangères britannique disposait d'un million de livres pour dédommager l'ensemble des victimes.

L'indemnisation était accordée à deux catégories de personnes : les anciens détenus du camp de concentration de *Sachsenhausen* et les prisonniers de guerre, à la condition que ces derniers aient été victimes des persécutions nazies[787]. Ce refus

---

[779] Philip GIDDING, Roy GREGORY, Victor MOORE, Jane PEARSON, « Controlling administrative action in the United Kingdom : the role of Ombudsman systems and the Courts compared », *R.I.S.A.*, vol.59, 1993, p.30.

[780] Pour exemple : P.H.S.O., C 133/81, H.C. 132 (1981-2), p.41.

[781] Alastair R. MOWBRAY, « The Parliamentary Commissioner and administrative guidance », *Public Law*, 1987, p.579.

[782] On peut citer : P.H.S.O., C 169/68, H.C. 129 (1968-9), p.136 ; C/56/6, H.C. 18 (1972-3), p.46.

[783] Il renvoie en effet la question à la Cour : P.H.S.O., C 364/G, H.C. 178 (1972-3), p.90.

[784] « *Flagrant misinterpretation affecting the fundamental interests of citizens* » : P.H.S.O., C 264/G, H.C. 290 (1972-3), p.121.

[785] P.H.S.O., C 209/G, H.C. 290 (1972-3), p.7.

[786] P.H.S.O., H.C. 54 (1967-8). Pour une analyse détaillée de ce cas : Roy GREGORY, Peter HUTCHESSON, *op.cit.*, p.416 et s.

[787] Parliamentary Question, 15 juin 1964, H.C. 696 (1963-4), §242-6.

se fondait sur une note du département des plaintes de juillet 1964 (*Claims Department of the Foreign Office*)[788] qui énonçait comme critères d'indemnisation le lieu de la détention, à savoir le camp de concentration de *Sachsenhausen*, ou un lieu présentant les mêmes conditions de traitement faisant de la souffrance et de la mort une fin en soi.

Or, le ministère estima que les douze survivants du *Sonderlager* et du *Zellenbau* étaient détachés du bloc central de *Sachsenhsausen* et que, de ce fait, ils n'avaient pas les mêmes conditions de vie. Par ailleurs, sur le simple fondement qu'ils étaient au camp central de *Sachsenhausen*, deux autres survivants se sont vus accorder des indemnités alors même que, selon leurs propres témoignages, leur tâche consistait à peindre des murs.

271. Le *Parliamentary and Health Service Ombudsman* considère d'abord que la procédure suivie par le ministère fut mal menée[789]. Les preuves établissant que le *Sonderlager* et le *Zellenbau* étaient détachés du camp principal étaient insuffisantes. La décision serait donc basée sur des informations « *en grande partie non pertinentes* » (« *largely irrelevant* »)[790].

Ensuite, l'Ombudsman anglais souligne le manque de concordance des deux critères d'indemnisation. En effet, dans un cas, la présence physique à *Sachsenhausen* suffit à obtenir l'indemnisation. Dans l'autre cas, c'est la dureté des conditions de vie qui doit être prouvée. Or, cette condition est beaucoup plus difficile à démontrer.

Grâce à cette approche de la procédure, les douze victimes obtinrent réparation. Ainsi, le *Parliamentary and Health Service Ombudsman* utilise finement l'impératif d'une procédure « équilibrée » pour se prononcer implicitement sur la légitimité du critère d'indemnisation.

272. La même démarche fut adoptée dans l'affaire *Barlow Clowes*[791].

Ce propriétaire de différentes compagnies fit faillite en 1988, ruinant les investisseurs qui pensaient avoir placé leur argent dans des fonds publics (*government stock*). Les compagnies *Barlow Clowes* étaient supervisées par le ministère du Commerce et de l'Industrie. Usant de son pouvoir discrétionnaire, le ministre avait gracié *Barlow Clowes* de son obligation de licence pour les dix années à venir, malgré son partenariat frauduleux avec la compagnie *Jersey*. Au terme de ces dix années, une licence fut accordée et renouvelée les deux années suivantes. En 1988, à la suite d'une enquête, la compagnie fut placée sous ordre de liquidation.

[788] Reproduite en Appendice G du 3e rapport du P.H.S.O., *préc.* ; 1er rapport du Select Committee, 1967-1968, Minutes of Evidence, 13 mars 1968, Q408.

[789] Une autre critique importante insistait sur le fait que l'administration avait établi le critère de réparation après la signature de la convention, alors même qu'elle n'avait aucune idée du nombre de victimes susceptibles d'être indemnisées : 1er rapport du Select Committee, *préc.*, p.53-58.

[790] P.H.S.O., H.C. 54 (1967-8), p.66.

[791] P.H.S.O., H.C. 301 (1988-9), p.62 et s. Pour un rapport détaillé des faits de l'affaire, suivi de quelques analyses : Roy GREGORY, Gavin DREWRY, « Barlow Clowes and the Ombudsman », *Public Law*, 1991, p.192-214 ; p.408-442.

Les investisseurs accusèrent alors le ministère de *maladministration*, en soutenant que celui-ci avait exercé ses fonctions de surveillance de manière inadéquate et incorrecte.

273. Le *Parliamentary and Health Service Ombudsman* donna suite à la plainte. En effet, selon cet Ombudsman, le ministère aurait dû prendre suffisamment en compte les faits établissant la fraude et s'apercevoir de l'irrégularité des comptes. Le *Parliamentary and Health Service Ombudsman* s'aligne, sans la citer, sur la démarche de la Cour[792], ce qui montre bien qu'il ne s'en tient pas à un pur contrôle de forme.

Certes, il refuse de se prononcer sur la décision discrétionnaire d'accorder ou non une licence d'activité. Cependant, critiquant la procédure de surveillance du ministère, il remet aussi indirectement en cause sa conséquence, à savoir l'attribution de cette licence[793].

274. Bien qu'elle n'ait donné lieu à aucune réparation, l'affaire *Court Line* mérite également d'être évoquée[794].

Dans cette affaire, le ministre de l'Industrie avait déclaré, lors d'une séance à la Chambre des Communes, que les compagnies du groupe *Court Line*, en situation financière délicate, allaient bénéficier d'une aide d'État. Cette déclaration rassurante amena des milliers de clients menacés à maintenir leurs réservations de voyages. Cependant, peu après, le groupe fit faillite, engendrant 1200 chômeurs et 100.000 clients ruinés.

Le *Parliamentary and Health Service Ombudsman* reprocha alors au ministre de ne pas avoir pris en compte la situation financière du groupe, une *maladministration* qui induisit en erreur (« *misleading* ») les plaignants. Ici encore, l'Ombudsman anglais manie finement les limites de sa compétence[795]. L'« erreur de jugement » à laquelle il fait référence ne désigne, selon lui, que le processus de prise de décision, c'est-à-dire l'appréciation rationnelle des faits. Il ne vise pas le choix même d'aider financièrement *Court Line*.

275. Aussi ne peut-on que souscrire au propos de Monsieur Magnette, selon lesquels, « *sous prétexte d'un contrôle formel, l'Ombudsman peut ainsi interférer avec la décision* »[796]. La première limite du domaine de la « mauvaise administration » consacrée en droit positif ne semble donc pas totalement vérifiée en pratique. Tout au moins est-elle appliquée de manière flexible. Il en est de même de la seconde, à savoir les affaires relevant des tribunaux.

---

792 Lord WILBERFORCE *in* Tameside [1977] A.C. 1014, 1048.

793 La « mauvaise administration » est donc étendue à la mauvaise application de l'*administrative guidance* : P.H.S.O., C 653/80, H.C. 132 (1981-2), p.83 ; C 86/G, H.C. 18 (1972-3), p.100 ; C 258/K, H.C. 126 (1977-78), p.63.

794 P.H.S.O., C 498 (1974-5) ; Roy GREGORY, « Court Line, Mr Benn and the Ombudsman », *Parliamentary Affairs*, 1977, vol.30, p.269-292. L'auteur répond, avec ironie, aux détracteurs du P.H.S.O. : « *si le P.H.S.O. n'a peut-être pas tous les attributs du parfait chien de garde, au moins, il n'est le caniche de personne* » (« *although the PHSO may not have all the attributes of the perfect watchdog, at least he is nobody's poodle* ») : p.291.

795 Sur cette question, v. Roy GREGORY, *art.cit.*, p.279-283.

796 « *Under the pretext of a formal control, the Ombudsman may thus interfere with the decision* » : Paul MAGNETTE, « Between parliamentary control and the rule of law: the political role of the Ombudsman in the EU », *Journal of European Public Policy*, octobre 2003, vol.10, n°5, p.687.

B. La compétence du juge[797], une limite d'application délicate

276. Cette seconde limite d'action de l'Ombudsman soulève le problème de la répartition des compétences entre organes juridictionnels et organes de médiation. Elle concerne donc aussi bien le système britannique que les ordres juridiques communautaire, français ou espagnol. Or, si elle soulève par ailleurs la question pratique des alternatives aux règlements des litiges, elle s'inscrit surtout ici dans la délimitation du domaine de la « mauvaise administration ».

277. Toutefois, la frontière entre les compétences respectives du juge et de l'Ombudsman n'est pas toujours clairement tracée, aussi bien en droit positif (**1**) qu'en doctrine (**2**).

1. L'ambiguïté du droit positif

278. Selon son statut, le Médiateur européen ne peut se saisir de plaintes ayant déjà fait l'objet d'un recours juridictionnel[798]. Cette exclusion est justifiée par un certain consensus entre les pouvoirs du juge et ceux du Médiateur. Cependant, elle ne semble pas refléter une réelle différence dans leur interprétation de la « mauvaise administration ». Ainsi que l'affirme Monsieur Leino, le principal intérêt de l'Ombudsman n'est pas de proposer une alternative aux règlements des litiges pour lesquels la Cour est incompétente, mais de résoudre ces mêmes litiges d'une manière plus souple et plus accessible[799].

279. Selon cet auteur, le lien entre l'illégalité et la « mauvaise administration » peut alors être envisagé de trois manières. D'une part, la « mauvaise administration » peut être assimilée à l'illégalité. Dans ce cas, son utilité pose alors problème. D'autre part, les deux notions peuvent, à l'inverse, être considérées comme exclusives l'une de l'autre. Néanmoins, on ne peut que constater qu'elles se rejoignent souvent. Enfin, la « mauvaise administration » recouvrirait un domaine plus large que l'illégalité. Cette dernière option nous semble être la plus acceptable.

La « mauvaise administration » ne peut en effet être conçue par opposition à l'illégalité. Comme le rappelle en outre Monsieur Harden de manière pragmatique, le manuel interne du Médiateur européen se réfère essentiellement aux traités et aux actes communautaires obligatoires ainsi qu'à la jurisprudence de la Cour de justice des Communautés européennes, du Tribunal de première instance et de la Cour européenne des droits de l'Homme[800]. L'approche européenne de la « mauvaise administration » confère donc à l'illégalité une place importante[801].

---

797 Art. 5(2) (a), *PCA act*, préc. Ce terme renvoie aussi bien aux tribunaux au sens classique qu'aux « *tribunals* » anglais, qui ne sont pas des cours de justice, mais des instances alternatives de règlement des litiges instaurées par le *Franck Committee on Tribunals and Inquiry, préc.*

798 Art. 1, section 3 du statut.

799 Päivi LEINO, *art.cit,* p.364.

800 Ian HARDEN, « À l'écoute des griefs des citoyens de l'Union européenne : la mission du Médiateur européen », *Revue du Droit de l'Union européenne*, 2001, n°3, p.600.

801 Sur le débat relatif au « *légalisme* » du Médiateur européen : Päivi LEINO, *art.cit,* p.346-347.

280. L'article 5 (2) (b) de la loi instaurant l'Ombudsman anglais exclut également de sa compétence les « *requêtes que l'intéressé peut adresser à une Cour* »[802]. La difficulté majeure réside ici en ce que la saisine du juge est hypothétique : le *Parliamentary and Health Service Ombudsman* ne peut se prononcer sur des cas qui relèvent *en principe* du juge. Cette limite est donc indépendante de la saisine effective du plaignant. Il faudra déterminer si, au regard du contexte et de la compétence du juge, on pouvait raisonnablement s'attendre à ce que le plaignant saisît ce dernier[803].

Il ne s'agit donc pas de dégager, de manière abstraite, un critère matériel de compétence propre au juge ou à l'Ombudsman, mais de constater, de manière concrète, qu'une possibilité de réparation est déjà disponible par la voie classique. Cela suppose une claire distinction entre le domaine du juge anglais et celui du *Parliamentary and Health Service Ombudsman.* Or, aucune différenciation ne ressort clairement ni des rapports de ce dernier ni de la jurisprudence.

281. En témoignent certains exemples de *maladministration* précités, qui peuvent relever des deux institutions. Les expressions traditionnellement rattachées au contrôle du juge sont d'ailleurs employées par Monsieur Legrand pour définir la compétence du *Parliamentary and Health Service Ombudsman* (« *légalité externe et interne* »[804]). En outre, en toute logique, si ce dernier doit se limiter à l'examen formel des décisions, c'est *a fortiori* le cas du juge. La majorité des auteurs[805], dont Monsieur Harden[806], a donc souligné le peu de pertinence de ce critère d'exclusion.

En effet, d'une part, la base du travail de l'Ombudsman anglais est constituée de la jurisprudence. D'autre part, le contrôle du juge s'est élargi à des considérations de justice et d'équité. On assiste donc indéniablement à un enchevêtrement de la compétence de ces deux institutions. L'utilité et la spécificité du *Parliamentary and Health Service Ombudsman* résident alors davantage en la souplesse de sa méthode, sa gratuité, son accessibilité ou encore ses moyens techniques, qu'en une compétence matérielle qui lui serait propre, à savoir la *maladministration.*

282. « *Maladministration* » et « pouvoir du juge » ne sont donc pas pensés de manière dichotomique. Cela tient sans doute au fait que les décisions de l'Ombudsman anglais sont régulièrement contrôlées par la Cour[807]. Ainsi, si Lord J.

---

802 « *The Commissioner may conduct an investigation notwithstanding that the person aggrieved has or had such a right or remedy if satisfied that in the particular circumstances it is not reasonable to expect him to resort or have resorted to it* ».

803 Cette condition est interprétée de manière large : JACOB SÖDERMAN, *art.cit.*, p.49.

804 André LEGRAND, *art.cit.*, p.225.

805 David CLARCK, « The Citizen and the administration in France. The *Conseil d'État* versus Ombudsman debate revisited », *Public Administration*, 1984, vol. 62, p.161-179 : l'auteur suggère que le droit anglais s'inspire de la complémentarité (et non de la concurrence) qu'il estime exister entre le C.E. français et le Médiateur de la République ; Diana WOODHOUSE, *op.cit*, p.63 ; Merris AMOS, « The Parliamentary Commissioner for Administration, redress and damages for wrongful administrative action », *Public Law*, printemps 2000, p.24 ; p.27.

806 Ian HARDEN, *art.cit.*, p.584.

807 Nous reviendrons sur ce point. R *v.* Parliamentary Commissioner for Administration, *ex parte* Dyer [1994] 1 All E.R. 375 ; R *v.* Commissioner for Local Administration, *ex parte* Eastleigh, *préc.* ; R *v.* CLA, *ex parte* Croydon L.B.C. [1989] 1 All E.R. 1033 (concernant le mauvais placement d'un élève dans une école par

Henry a montré que la *maladministration* et l'illégalité n'étaient pas synonymes, il ne peut que constater le lien qui unit ces deux notions[808]. De même, tout en validant l'allégation de *maladministration* émise par le *Parliamentary and Health Service Ombudsman*, Lord J. Denning affirme qu'il y aussi illégalité[809].

283. La difficulté de la distinction entre le domaine de la Cour et celui du *Parliamentary and Health Service Ombudsman* explique pourquoi le juge refuse généralement de se prononcer sur le respect, par cet Ombudsman, de l'article 5 (2) (b) de son statut. À notre connaissance, il s'est surtout prononcé, de manière parcimonieuse, sur les recommandations de l'Ombudsman local (*Commissioner for Local Administration*)[810].

284. La pratique nuance donc la portée de ce critère de délimitation de la *maladministration*. Au vu de ce constat, certains commentateurs proposent alors de le supprimer[811]. Ainsi, si les limites de compétences précitées pouvaient laisser à penser que la *maladministration* confinait l'action du *Parliamentary and Health Service Ombudsman*[812], celui-ci a, en pratique, contourné ces restrictions. Il en résulte une certaine indétermination quant au domaine de la première. Cette ambiguïté est également relayée par les doctrines française et espagnole.

2. Une ambivalence confirmée par les doctrines française et espagnole

285. Contrairement aux ordres juridiques anglais et communautaire, c'est la doctrine qui, en France, introduit la notion de mauvaise administration (parfois nommée « *maladministration* », voire « *mésadministration* »). À l'instar de l'Espagne, aucune disposition normative ne s'y réfère ; la loi n'en a pas fait le critère de compétence du Médiateur de la République.

286. Il faut alors se référer principalement à la contribution de Monsieur Sabourin[813], qui relève deux approches de la « mauvaise administration ».

Selon la première, qualifiée de « *phénoménologique* », la « mauvaise administration » désigne toute forme de dysfonctionnement des services publics observé aussi bien au plan interne que dans les rapports de l'administration avec les

---

l'autorité locale). Pour un rappel des faits de l'affaire *Croydon* : Vivian HORVATH, *Family Law*, vol.19, 1989, p.187.

808 R *v.* Commissioner for Local Administration, *ex parte Liverpool City Council* [2000] 2 L.G.L.R. 603. Pour un rappel des faits : Colin CRAWFORD, « Rule of Law, Lawyers or Ombudsmen », *Journal of Local Government Law*, 2001, vol.4, p.75-79.

809 « *I go further, I say it was unlawfull* » : Lord J. DENNING, *in Congreve v. Home Office* [1976] QB 629, p.652.

810 Section 26 du *Local Government Act* ; R *v.* Local Commissioner for Administration for the North and East Area of England, *ex parte* Bradford MBC [1979] QB 287, CA ; Re Fletcher's Application [1970] 2 All E.R. 527.

811 Colin CRAWFORD, « Rule of Law, Lawyers and Ombudsmen », *art.cit.*, p.79. Le propos porte sur la section 26(6) du *C.L.A. Act*, mais il peut s'étendre au *P.H.S.O.*

812 *Report of the Select Committee on the PHO*, H.C. 316 (1994-5) ; JUSTICE, *Our fettered..., op.cit.*

813 Paul SABOURIN, *art.cit.*. Citons également pour rappel le n° spécial : *La Maladministration. Témoignages-Illustrations-Réponses*, *R.F.A.P.*, janvier-mars 1988, n°45.

administrés[814]. Elle serait synonyme, ainsi que le soutient en outre Madame Delaunay, de mauvais fonctionnement des services publics[815].

Tout aussi indéterminée que la « mauvaise administration », la notion de service public est loin de lui conférer des limites claires. La nature du domaine de la « mauvaise administration » est de ce fait difficile à cerner. Celui-ci renferme des éléments d'ordre sociologique, de science administrative et juridique : « *la maladministration est aussi bien un fait administratif irrégulier, une organisation mal conçue, un problème psychosociologique mal perçu par l'administration qu'une mauvaise application d'un texte, son retard ou son inapplication* »[816].

Monsieur Sabourin évoque, dans un second temps, l'approche juridique de la mauvaise administration. À ce titre, il tente de la distinguer de l'illégalité : « *l'illégalité cesse d'être du domaine de la "maladministration" dès que le juge s'est emparé de celle-ci* »[817]. Une séparation est ainsi opérée entre la compétence du juge (la légalité au sens large) et celle du Médiateur de la République ; la « mauvaise administration » est clairement exclue du domaine juridictionnel. Plus exactement, elle désignerait l'illégalité dont le juge ne se saisit pas. En d'autres termes, si l'illégalité est en soi une « *maladministration* », elle ne peut être qualifiée de telle dès lors que le juge se prononce sur la question[818].

Nonobstant son apport, ce raisonnement soulève quelques interrogations. En effet, n'y a-t-il pas contradiction à rejeter la « mauvaise administration » du domaine du juge tout en admettant qu'elle consiste, pour partie, en une illégalité ? Peut-on vraiment définir négativement, et de manière formelle, la « mauvaise administration » par rapport aux affaires dont les juges acceptent de se saisir ?

287. Au-delà de ces remarques, le rapprochement matériel entre l'illégalité et la « mauvaise administration » est réaffirmé. De même, selon Monsieur Mesheriakoff, la « *mésadministration* » englobe l'illégalité, l'inefficacité ou encore la carence[819]. Quant à Monsieur Pelletier, il affirme que l'illégalité constitue le cas le plus grave de mauvaise administration[820]. L'illégalité et la « mauvaise administration » ne sauraient ainsi se penser séparément. En revanche, le domaine de la « mauvaise administration » dépasse celui de l'illégalité. Ainsi, selon Monsieur Chapuisat, « *le contrôle de "maladministration"* » ne se restreint pas à un contrôle de légalité[821]. Pour certains même, la « mauvaise administration revient à statuer « *en marge du droit* »[822].

---

[814] Paul SABOURIN, *art.cit.*, p.401.

[815] Bénédicte DELAUNAY, *Le médiateur de la République*, *op.cit.*, p.12. L'article 6 de la loi n°73-6 du 3 janvier 1973 prévoit la compétence du Médiateur lorsqu'un organisme « *n'a pas fonctionné conformément à la mission de service public qu'il doit assurer* ».

[816] Paul SABOURIN, *art.cit.*, p.407.

[817] Paul SABOURIN, *art.cit.*, p.403.

[818] Paul SABOURIN, *art.cit.*, p.407.

[819] Alain-Serge MESCHERIAKOFF, « Légalité, efficacité, équité, les avatars de la légitimité administrative : le cas français », *R.I.S.A.*, 1990, vol.56, n°2, p.373.

[820] Jacques PELLETIER, « 20 ans de médiation à la Française », *R.F.A.P.*, octobre-décembre 1992, n°64 : *Médiateurs et Ombudsmen*, p.599-609.

[821] Louis-Jérôme CHAPUISAT, « Le Médiateur français ou l'Ombudsman sacrifié », *art.cit.*, p.116.

[822] Jean-Claude MASCLET (dir.), *Nouveau droit des administrés...*, *op.cit.*, p.6.

288. La doctrine espagnole est également d'un riche enseignements en la matière. Dans son étude comparative portant sur les Ombudsmän, Monsieur La Pérgola affirme que la *mala administración* doit être distinguée de l'illicite et désigne davantage l'injuste, l'irrationnel ou l'inique[823]. Le contrôle de *mala administración* consiste alors en un contrôle de rationalité, d'équité, de justice, de correction et d'impartialité, paramètres qui peuvent ne pas coïncider avec les critères de légitimité et de licéité de la conduite de l'administration publique[824]. Et l'auteur de conclure que la *mala administración* se distingue à la fois de l'inopportunité et de l'illégalité[825]. De même, selon Monsieur Feltrer Rambaud, la raison d'être de l'Ombudsman est l'existence d'un domaine intermédiaire entre « *le strictement légal et ce qui, sans l'être, constitue une manifestation de la maladministration* »[826].

Si la « mauvaise administration » semble donc dépasser l'illégalité au sens strict, elle ne lui est toutefois pas opposée. La doctrine espagnole l'appréhende donc de manière juridique. À cet égard, l'œuvre de Monsieur Gómez Puente relative à l' « *inactivité administrative* »[827] est d'un apport certain. Cette notion se définit par opposition à la réalisation ordinaire des tâches obligatoires de l'administration. Or, selon l'auteur, la « mauvaise administration » vise *lato sensu* toute conduite active ou passive violant les exigences constitutionnelles et légales[828]. Cependant, le doute subsiste quant au contenu de cette notion. Le même auteur affirme d'ailleurs à une autre occasion que dans une acception plus restreinte, la « mauvaise administration » doit se penser en dehors du domaine juridique[829].

289. Elle comprendrait donc l'illégalité tout en la dépassant. Dès lors, deux remarques s'imposent. D'une part, si la « mauvaise administration » renferme l'idée d'illégalité, pourquoi l'exclure automatiquement du contrôle du juge ? Sur ce point, la position de la doctrine française diffère grandement de la jurisprudence anglaise, qui consacre la *maladministration*[830]. D'autre part, si la mauvaise administration dépasse l'illégalité, quelles sont ses limites ? À l'analyse, celles-ci s'avèrent timidement tracées.

Cette amplitude du domaine de la « mauvaise administration » n'est cependant pas validée par le juge.

---

[823] Antonio LA PÉRGOLA, *art.cit.*, p.75.

[824] Antonio LA PÉRGOLA, *art.cit.*, p.83.

[825] Antonio LA PÉRGOLA, *art.cit.*, p.84.

[826] Loreto FELTRER RAMBAUD, *in* Antonio ROVIRA VIÑA (dir.), *Comentarios a la ley orgánica del Defensor del Pueblo*, Cizur Menor (Navarre), Aranzadi, coll. Monografías Aranzadi, 2002, n°231, p.243.

[827] Marcos GÓMEZ PUENTE, *op.cit.*, p.49.

[828] Marcos GÓMEZ PUENTE, *op.cit.*, p.62. M. Puente propose par la suite une typologie de cas de mauvaise administration en reprenant la distinction classique entre action et omission.

[829] Marcos GÓMEZ PUENTE, « Defensor del Pueblo y administración tributaria », *in Escritos jurídicos en memoria de Luis Mateo Rodríguez*, t.1, Santander, éd. de l'Université de Cantabria, 1993, p.222 ; p.239.

[830] V. *infra*, n°309 et s.

§ 2. Les réserves jurisprudentielles à l'égard des cas de mauvaise administration décelés par les Ombudsmän

290. Selon le Médiateur européen, trois types de transgression peuvent constituer un cas de mauvaise administration : le manquement à des règles ou à des principes légaux, le non-respect de principes de bonne administration et la violation des droits humains et fondamentaux[831].

Cette ébauche de classification rend compte de l'approximation qui accompagne la « mauvaise administration ». En effet, les trois types d'inobservation énoncés se confondent dans bien des cas. Par ailleurs, certains principes de bonne administration (deuxième catégorie) ne relèveraient pas des principes légaux (première catégorie). Le caractère pour le moins partiellement méta-juridique de la « mauvaise administration » semble alors tacitement affirmé par le Médiateur.

291. Celui-ci a ainsi rappelé à plusieurs reprises que la « mauvaise administration » dépasse l'illégalité[832]. À titre d'exemple, si une procédure disciplinaire engagée par la Commission à la suite d'un rapport de l'Office européen de lutte anti-fraude ne répond pas aux critères jurisprudentiels d'engagement de responsabilité[833], le Médiateur exige qu'il y ait réparation du préjudice à l'amiable[834]. Monsieur Gjerloeff Bonnor rappelle aussi que l'Ombudsman européen n'hésite pas à conférer une force obligatoire à certains instruments de « droit souple » (« *soft principles of good administration* »)[835]. L'auteur se réfère notamment au rapport annuel de 1997 et en déduit que seul un tiers des cas de mauvaise administration déclaré est basé sur une approche strictement légale. Il y a donc une confusion délibérée entre les principes relevant du « droit dur » et ceux tirés du « droit souple ».

292. Cette ambivalence s'explique et se justifie par le rôle premier de l'Ombudsman : constituer une alternative aux systèmes juridictionnels de règlement des litiges. La complémentarité du juge et de cette institution, qui fait tout l'intérêt de cette dernière, n'est toutefois plus à prouver[836]. L'attention est ici davantage centrée sur les effets de cette caractéristique sur la « mauvaise administration », la polymorphie de cette notion étant renforcée par le caractère méta-juridique de certains cas soumis en pratique à l'Ombudsman.

Il paraît alors de bonne méthode d'étudier la réception du travail des Ombudsmän par le juge. Certes, ce dernier n'est pas le seul organe à délimiter le domaine du droit ; son refus de reconnaître des cas de mauvaise administration ne

---

[831] Nikiforos DIAMANDOUROS, « Respect for fundamental and human rights by the European administration : standards and remedies », Cracovie, 6 juin 2005, [en ligne].

[832] Nikiforos DIAMANDOUROS, « The Relationship between the Principle of Good Administration and Legal Obligations », *art.cit.*, p.329.

[833] C.J.C.E., 1e ch., 16 décembre 1987, *Evelyne Delauche c/ Commission*, aff. 111/86, rec.1987, p.5345.

[834] Recommandation du 18 décembre 2006 au sujet de la plainte n°1537/2003/ELB.

[835] Peter GJERLOEFF BONNOR, « The European Ombudsman: a novel source of soft law in the European Union », *European Law Review*, 2000, vol.25, p.39-56.

[836] V. introduction générale, n°75.

veut ainsi pas dire en soi que ceux-ci sont méta-juridiques. Néanmoins, au vu de la complémentarité fonctionnelle de ces deux institutions, l'étude de la jurisprudence en la matière apparaît judicieuse.

293. Cette question ne peut que concerner les systèmes juridiques où le juge s'est déclaré compétent pour se prononcer en la matière. C'est le cas des ordres juridiques communautaire[837] (**A**) et britannique[838]. Par ailleurs, le Tribunal constitutionnel espagnol peut être saisi par le *Defensor del Pueblo* de la constitutionnalité des lois. Bien que la nature législative des textes contestés diffère des autres ordres juridiques concernés, elle enrichit la question de la recevabilité juridictionnelle des critiques formulées par l'Ombudsman (**B**).

Or, quelles que soient les jurisprudences étudiées, l'attitude reste « réservée ». Ce constat est *a fortiori* valable pour le juge français, qui refuse implicitement de se prononcer sur les recommandations du Médiateur de la République[839] et qui ne fera, de ce fait, l'objet d'aucun développement dans le cadre de ce paragraphe.

A. La réception jurisprudentielle réservée des recommandations du Médiateur européen

294. Si les instigateurs du Médiateur européen ont laissé entre ses mains la définition de sa propre mission, le juge communautaire ne valide pas souvent les résultats de ses investigations[840]. Les cas de mauvaise administration n'acquièrent donc pas toujours les faveurs de sa plume.

Il semble ainsi réticent à convertir l'ensemble de ces cas en principes jurisprudentiels de bonne administration (**1**). La décision *Franck Lamberts* est une illustration pertinente de cette prudence (**2**).

1. La conversion discutée des cas de mauvaise administration en principes jurisprudentiels de bonne administration

295. L'ordonnance du Tribunal de première instance *Hans-Martin Tillack*[841] illustre la réserve du juge communautaire vis-à-vis des cas de mauvaise administration décelés par le Médiateur européen. Cette affaire concernait un avis de l'Office européen de lutte anti-fraude (O.L.A.F.) remettant en question la véracité d'articles publiés par le requérant, articles révélant certaines irrégularités constatées par un fonctionnaire communautaire. Le requérant a alors déposé une plainte auprès du Médiateur européen qui l'accepta au motif que l'avis de l'O.L.A.F., dépourvu de base factuelle à la fois suffisante et susceptible d'être soumise à l'examen public, nuisait gravement à sa réputation de journaliste[842]. Par la suite, ce dernier saisit le

---

[837] C.J.C.E., ass. plén., 23 mars 2004, *Médiateur européen c/ Frank Lambert*, aff. C-234/02 P, rec.2004, p.2803.

[838] R *v*. Parliamentary Commissioner for Administration, *ex parte* Dyer [1994] 1 All E.R. 375.

[839] C.E., ass., 10 juillet 1981, *Retail*, rec. 303, req. n°05130 ; *A.J.D.A.*, 1981, p.486 et s..

[840] Martin HEDEMANN-ROBINSON, « The individual and the EC Ombudsman », *New Law Journal*, 6 mai 1994, vol. 144, n°6646, p.609.

[841] T.P.I.C.E., 15 octobre 2004, *Hans-Martin Tillack c/ Commission*, aff. T-193/04, rec.2004, p.II- 3575.

[842] Plainte n°1840/2002/G, *in* Rapport annuel de 2003 présenté au Président du Parlement le 19 avril 2004, J.O.C.E. n°C-287du 18 novembre 2005, p.6, p.185.

Tribunal de première instance afin d'obtenir l'annulation de la décision de l'O.L.A.F. de saisir les tribunaux nationaux belges. À cette fin, il invoqua une violation du principe de bonne administration.

Le juge affirme cependant que « *le seul fait, invoqué par le requérant, que le Médiateur européen a, en 2003, constaté un "cas de mauvaise administration" ne signifie pas pour autant que l'on se trouve en présence d'une violation du principe de bonne administration tel qu'interprété par le juge communautaire* »[843]. Celui-ci se démarque donc des cas décelés par le Médiateur européen. Si cette position ne bénéfice pas aux requérants, elle confie au Médiateur une certaine spécificité et met en exergue sa « valeur ajoutée » par rapport aux modes classiques de règlement des litiges[844]. Du fait de cette dernière, on ne peut induire *ipso jure* de tous les cas de mauvaise administration dévoilés par le Médiateur européen des principes de bonne administration invocables devant le juge. Le rejet de ce moyen unique permet d'ailleurs au juge de ne pas se prononcer sur la question de savoir si la bonne administration et la proportionnalité sont de nature à conférer des droits aux particuliers. Ainsi que le résume Madame Lassalle, « *les termes " mauvaise administration" renvoient à une réalité beaucoup plus large que la simple violation du principe de bonne administration* »[845].

296. Quelques mois plus tard, le Tribunal de première instance confirme sa jurisprudence dans l'arrêt *Lutz Herrera*. Ce dernier portait sur une recommandation du Médiateur européen dénonçant la limite d'âge imposée par la Commission pour l'inscription à un concours, condition transgressant la Charte des droits fondamentaux de l'Union européenne et l'article 13 du Traité C.E.

Si le Médiateur européen a qualifié la violation de ces dispositions de cas de mauvaise administration, cela « *n'implique en rien l'infraction d'une norme juridique ou d'un principe général objet du contrôle de l'organe juridictionnel communautaire* »[846]. Le principe de bonne administration apparaît ici implicitement. En d'autres termes, un cas de mauvaise administration n'implique pas la violation du principe général de bonne administration.

En l'espèce, cette position étonne peu. En effet, la mauvaise administration invoquée consistait en la violation de dispositions dépourvues d'effet direct la Charte des droits fondamentaux de l'Union européenne et l'article 13 du Traité C.E. Néanmoins, il n'est pas interdit d'envisager une attitude plus créative de la part du juge. Cette démarche s'inscrit donc dans une volonté générale de limiter la portée juridictionnelle des recommandations du Médiateur européen. En résumé, si la notion de bonne administration dépasse celle de légalité selon le Médiateur européen, le juge communautaire adopte une toute autre position[847].

---

843 T.P.I.C.E., 15 octobre 2004, *Hans-Martin Tillack c/ Commission*, *préc.*, pt.60. La solution a été confirmée dans : T.P.I.C.E., 4e ch., 4 octobre 2006, *Hans-Martin Tillack c/ Commission*, aff. T-193/04, rec.2006, p.II-3995, pt.128.

844 Nikiforos DIAMANDOUROS, « The European Ombudsman. Origins, Establishment Evolution », 10e anniversaire, Luxembourg, Office for the Publications of the European Communities, 2005, [en ligne].

845 Julie LASSALLE, *op.cit.*, p.167.

846 T.P.I.C.E., 5e ch., 28 octobre 2004, *Lutz Herrera c/ Commission*, aff. T-219/02 et T-337/0228, rec.2004, p.II-1407, pt.101.

847 Luciano PAREJO ALFONSO, Tomás FERNÁNDEZ DEL CASTILLO (et al.), *Manual de derecho administrativo comunitario*, *op.cit.*, p.84.

297. Dans une ordonnance datant du 11 juillet 2005, le Tribunal de première instance justifie sa position en des termes dénués d'équivoque. Il rappelle à cet effet que la création du Médiateur européen se justifie par la recherche d'une voie alternative aux litiges juridictionnels, ce qui lui confère sa spécificité et ses propres critères d'action[848]. Le juge valide alors l'argument de la défenderesse selon lequel « *une remarque critique ou la constatation d'un abus par le Médiateur ne sauraient être simplement assimilées à la violation suffisamment caractérisée d'une règle de droit, telle que le principe de bonne administration* »[849]. Ainsi, si « *le principe "de minimis non curat praetor" est inconnu de l'Ombudsman* »[850], cette démarche extensive n'a pas gagné la jurisprudence.

298. Cette position est implicitement réaffirmée dans l'arrêt *Vincenzo Le Voci*, dans lequel le juge de première instance précise que le fait de donner suite à la recommandation du Médiateur européen tendant à la communication de documents n'engage pas le Conseil « *à une divulgation future systématique* »[851]. Les effets de sa décision sont en effet limités au cas porté à la connaissance du Médiateur européen.

De même, dans l'ordonnance du 11 juillet 2005 (précitée), le Tribunal de première instance souligne, à propos du remboursement des frais d'avocat devant le Médiateur européen, que le statut de ce dernier n'impose pas le recours au ministère d'avocat, qui relève du libre choix du plaignant. Cette option « *ne peut apparaître comme la conséquence nécessaire et directe des cas de mauvaise administration éventuellement imputables aux institutions de la Communauté* »[852].

299. La Cour de justice des Communautés européennes a confirmé la position du Tribunal de première instance : elle semble en effet se cantonner à la lettre des traités.

Le moyen invoquant « *l'interprétation trop restrictive* » du devoir de sollicitude et du principe de bonne administration dont aurait fait preuve le Tribunal de première instance à l'égard d'un requérant a donc pu être rejeté[853]. La Cour affirme que ces exigences ne permettent aucunement aux membres du jury de déroger aux dispositions claires de l'avis de concours prescrivant la communication des pièces requises avec l'acte de candidature, nonobstant les renseignements erronés délivrés au candidat[854].

Aussi la Cour a-t-elle eu l'occasion d'affirmer que l'équité ne permettait pas de déroger à l'application des dispositions communautaires, en dehors des cas prévus

---

848 T.P.I.C.E., ord., 3e ch., 11 juillet 2005, *Internationaler Hilfsfonds e.V. c/ Commission*, aff. T-294/04, pt.47. Sur l'absence de valeur contraignante des recommandations du Médiateur : T.P.I.C.E., 2e ch., 11 avril 2006, *Flavia Angeletti c/ Commission*, aff. T-394/03, pt.157.

849 T.P.I.C.E., 3e ch., 11 juillet 2005, *Internationaler Hilfsfonds eV c/ Commission, préc.*, pt.39.

850 André LEGRAND, *L'Ombudsman scandinave…, op.cit.*, p.506.

851 T.P.I.C.E., 3e ch., 14 juillet 2005, *Vincenzo Le Voci c/ Conseil*, aff. T-371/03, rec.2005, p.229, pt.126.

852 T.P.I.C.E., 3e ch., 11 juillet 2005, *Internationaler Hilfsfonds eV c/ Commission, préc.*, pt.56.

853 C.J.C.E., 4e ch., 31 mars 1992, *Jean-Louis Burban c/ Parlement*, aff. C-255/90 P, rec.1992, p.I-2253, pt.4.

854 C.J.C.E., 4e ch., 31 mars 1992, *Jean-Louis Burban c/ Parlement, préc.*, pt.20.

par la réglementation ou dans l'hypothèse où la réglementation elle-même serait déclarée invalide[855]. Cette position contraste fortement avec celle de l'Ombudsman.

300. Récemment, la Cour de justice des Communautés européennes a clairement marqué ses distances par rapport aux mauvaises administrations décelées par le Médiateur européen dans l'arrêt *Komninou*[856], qui concernait la construction d'une station d'épuration biologique à Prévéza (Grèce) aux conséquences néfastes sur l'environnement. À la suite du refus de la Commission d'accueillir la demande de recours en manquement, une plainte fut adressée au Médiateur européen. Celui-ci l'accueillit en dénonçant le traitement partial et le défaut d'information de la part de la Commission[857].

La Cour de justice des Communautés européennes fut alors saisie, à la suite du refus du Tribunal de première instance[858] d'accorder des réparations du préjudice moral résultant de la violation du principe de bonne administration. Plus exactement, si elle annule l'ordonnance du juge de première instance[859], ce n'est pas sur le fondement de la violation de ce principe. Le juge affirme en effet que « *la qualification d'acte de "mauvaise administration" par le Médiateur ne signifie pas, par elle-même, que le comportement de l'institution concernée constitue une violation suffisamment caractérisée d'une règle de droit, au sens de la jurisprudence* »[860]. Ainsi que le relève Monsieur Dewachter dans ses observations sur cet arrêt, cette position est parfaitement justifiée par les rôles respectifs du Médiateur et de la Cour[861]. Le premier va au-delà du respect de la légalité et est en charge de la « *bonne conduite administrative* ». En cela, le refus de la part du juge communautaire de tenir compte de ses recommandations ne réduit pas l'intérêt de cette institution. Néanmoins, il faut relever les limites de cette autorité dans la jurisprudence : les cas de mauvaise administration « *ne lient pas le juge dans sa propre qualification juridique des faits* »[862].

301. Cette attitude réservée s'exprime particulièrement lorsque le juge contrôle l'action du Médiateur européen lui-même, comme l'illustre l'arrêt *Frank Lamberts*.

---

855 C.J.C.E., 1e ch., 26 octobre 2006, *Koninklijke Coöperatie Cosun UA c/ Minister van Landbouw, Natuur en Voedselkwaliteit*, aff. C-248/04, rec.2006, p.I-10211, pt.63-64 ; C.J.C.E., 28 juin 1977, *Balkan-Import-Export GmbH c/ Hauptzollamt Berlin-Packhof*, aff. 118-76, rec.1977, p.1177.

856 C.J.C.E., 4e ch., 25 octobre 2007, *Komninou c/ Commission*, aff. C-167/06 P, rec.2007, p.I-141.

857 Décision du Médiateur européen du 18 juillet 2002 rendue sur la plainte n°1288/99/OV.

858 T.P.I.C.E., ord., 13 janvier 2006, aff. T-42/04, rec.2006, p.II-4, pt.33. Les requérants ont également invoqué les principes de confiance légitime, de sécurité juridique et le droit de pétition.

859 Sur le fondement que le juge ne s'était pas prononcé sur le grief tiré de la violation de l'article 21 al. 2 et 3 T.C.E. La bonne administration ne constitue donc pas le fondement de l'annulation.

860 C.J.C.E., 4e ch., 25 octobre 2007, *Komninou c/ Commission*, *préc.*, pt .36 et 44.

861 Kristien DEWACHTER, « Le médiateur européen et la Cour de justice : un rôle différent, un contrôle différent », *Journal de droit européen*, avril 2008, n°148, p.112-114.

862 Kristien DEWACHTER, *art.cit.*, p.114.

2. *L'arrêt Frank Lamberts : une illustration de la circonspection du juge communautaire*

302. Par un arrêt *Frank Lamberts*[863], la Cour de justice des Communautés européennes accepte la recevabilité d'un pourvoi à l'encontre des décisions et des recommandations du Médiateur européen. Selon le requérant, ce dernier devait informer le plaignant des voies de recours et parvenir à une solution à l'amiable. Le mauvais traitement d'une plainte par le Médiateur peut donc engager la responsabilité extracontractuelle de la Communauté.

À notre sens, cette décision détient une place particulière parmi celles illustrant la réserve du juge communautaire à l'égard des cas de mauvaise administration répertoriés par l'Ombudsman. En effet, puisque le Médiateur européen est le garant de la « bonne administration », le juge communautaire devrait, en principe, être particulièrement attentif aux cas de mauvaise administration commis par le premier. Par ailleurs, cette décision permet de montrer que la « mauvaise administration » n'est pas exclusivement aux mains du Médiateur européen[864].

303. Si le principe d'un recours à l'encontre du Médiateur européen est admis, il n'aboutit toutefois pas en l'espèce[865]. La Cour rejette en effet le pourvoi en reconnaissant au Médiateur européen un pouvoir discrétionnaire particulièrement étendu. Cela témoigne avec éclat, non pas de la déférence du juge vis-à-vis du Médiateur, mais de sa réserve vis-à-vis de la « mauvaise administration ».

304. S'agissant de l'obligation d'aboutir à une solution à l'amiable, la Cour affirme que le Médiateur n'est tenu qu'à une obligation de moyens et qu'il bénéficie en la matière d'une marge d'appréciation considérable[866]. S'en tenant à la « *légalité du comportement du médiateur dans l'exercice de ses fonctions* »[867], le juge constate que le statut de ce dernier ne lui impose ni d'informer le plaignant des autres voies de recours ni, *a fortiori*, de suivre une voie en particulier[868].

Par ailleurs, la délivrance d'informations « *peut être dans l'intérêt du bon accomplissement de la mission qui lui* [le Médiateur] *a été conférée par le traité* »[869], mais elle ne constitue pas une obligation. La Cour s'aligne donc sur les conclusions de l'avocat général Geelhoed, qui indiquent clairement que les limites de la procédure juridictionnelle n'amènent pas le Médiateur à prêter une entière attention aux intérêts du particulier lésé[870].

---

[863] C.J.C.E., ass. plén., 23 mars 2004, *Médiateur européen c/ Frank Lamberts, préc.*

[864] Ces raisons nous ont amené à consacrer un paragraphe spécifique à cette affaire, malgré le léger déséquilibre entre la longueur de ce paragraphe et celle du paragraphe précédent.

[865] Miguel PALOMARES AMAT, *Revista general de derecho europeo*, octobre 2004, n°5, [en ligne] ; sur la nécessité d'un contrôle limité : Edorta COBREROS MENDAZONA, « El tribunal de justicia de Luxemburgo confirma la posible responsabilidad patrimonial de la comunidad por actuaciones del defensor del pueblo », *Revista de Administración pública*, mai-août 2004, n°164, p.191-199.

[866] C.J.C.E., ass. plén., 23 mars 2004, *Médiateur européen c/ Frank Lamberts, préc.*, pt.50.

[867] C.J.C.E., ass. plén., 23 mars 2004, *Médiateur européen c/ Frank Lamberts, préc.*, pt.60.

[868] C.J.C.E., ass. plén., 23 mars 2004, *Médiateur européen c/ Frank Lamberts, préc.*, pt.80.

[869] C.J.C.E., ass. plén., 23 mars 2004, *Médiateur européen c/ Frank Lamberts, préc.*, pt.81.

[870] Concl. de l'avocat général L.A. GEELHOED présentées le 3 juillet 2003, pt.130.

305. L'engagement de responsabilité de la Communauté en raison de l'action du Médiateur n'est donc, à ce jour, qu'hypothétique. Cette jurisprudence circonspecte s'explique par l'inexistence, selon la Cour, de normes juridiques dictant l'action du Médiateur européen. Les caractéristiques fonctionnelles de ce dernier rendent particulièrement difficile la caractérisation d'une violation manifeste des règles des Traités[871]. Si cette remarque confère à l'Ombudsman toute son utilité pratique[872], elle montre ses limites dans la jurisprudence.

306. Cet aperçu montre les obstacles entravant le passage de cas de mauvaise administration aux principes jurisprudentiels de bonne administration. Le même constat s'impose à l'observation des jurisprudences anglaise et espagnol.

B. La portée limitée des observations des Ombudsmän dans les jurisprudences anglaise et espagnole

307. Il convient de rappeler que l'adjectif « limité » ou encore « réservé » exprime le contraste entre l'approche du juge et celle de l'Ombudsman vis-à-vis des cas de mauvaise administration.

308. Afin d'illustrer ce constat, il est judicieux d'évoquer successivement les réserves du juge anglais vis-à-vis des recommandations du *Parliamentary and Health Service Ombudsman* (**1**) et le faible accueil, par le Tribunal constitutionnel espagnol, des recours en inconstitutionnalité adressés par le *Defensor del Pueblo* (**2**).

1. La réticence du juge anglais à reconnaître les cas de **maladministration** *invoqués par le Parliamentary and Health Service Ombudsman*

309. À plusieurs reprises, le juge anglais a réitéré l'absence d'un droit général à réparation en cas de *maladministration*[873]. Cette position illustre sa prudence vis-à-vis de ces cas[874]. Comme nous l'avons précédemment indiqué, le contrôle a, dans un premier temps, porté sur les recommandations du *Commissioner for Local Administration*[875] et des Ombudsmän locaux. Le juge a ainsi pu relever que le *Commissioner for Local Administration.* avait outrepassé ses compétences.

---

871 Miguel PALOMARES AMAT, *art.cit.*, p.18.

872 Miguel PALOMARES AMAT, *art.cit.*, p.18.

873 « *Wrongful administrative decision by itself gives rise to no claim for damages* » : R *v.* Knowsley Metropolitan Borough Council *ex parte* Maguire, *The Times*, 26 juin 1992 ; Rawling *v.* Takaro Properties Ltd [1988] AC 473 ; X (Minors) *v.* Bedfordshire County Council [1995] 2 AC 633. A ce sujet : Merris AMOS, « The Parliamentary Commissioner for Administration, Redress and Damages for Wrongful Administrative Action », *Public Law*, printemps 2000, p.21-30.

874 Colin CRAWFORD, « Reviewing the Ombudsman », *Scottish Planning Law and Practice*, octobre 1988, n°25, p.81.

875 Hormis sur la recevabilité de la plainte : Re Fletcher's Application [1970] 2 All E.R. 527. Ce fut néanmoins le premier arrêt à permettre un recours contre une décision du *P.H.S.O.*

Selon Lord J. Donaldson, la *maladministration* n'entretient aucun lien avec « *la nature, la qualité et le caractère raisonnable de la décision elle-même* »[876]. L'Ombudsman ne serait pas compétent, selon Lord J. Denning, pour « *une décision discrétionnaire correcte que le plaignant désapprouve, lorsque celui-ci ne peut attaquer la manière dont elle a été prise* »[877]. Le juge a réaffirmé son contrôle lors d'une décision récente[878] dans laquelle il considère que le fait, pour l'Ombudsman, de discuter le sérieux et la suffisance des preuves à l'appui du diagnostic d'une unité hospitalière outrepasse sa compétence.

310. Dans une décision de 1994[879], la Cour accepte pour la première fois de se prononcer sur une recommandation du *Parliamentary and Health Service Ombudsman.* Tout en admettant le pouvoir discrétionnaire particulièrement étendu dont il dispose, elle contrôle le caractère raisonnable de ses recommandations. À l'instar de l'arrêt *Franck Lamberts*, le juge ne donne pas suite à la demande, considérant que l'analyse du *Parliamentary and Health Service Ombudsman* ainsi que les compensations financières prévues étaient suffisantes et raisonnables. Si cela montre que les principes du *judicial review* s'appliquent différemment selon la nature de l'acte contrôlé[880], l'existence d'un contrôle juridictionnel de la *maladministration* n'en est pas moins réaffirmée. À l'image de la jurisprudence communautaire, le juge anglais rejette l'argument soutenant que l'absence de communication d'une copie du rapport à l'intéressé constitue un cas de *maladministration* en retenant qu'aucune obligation légale n'impose au *Parliamentary and Health Service Ombudsman* une telle communication. Sans surprise, cette approche serait, pour certains, trop restrictive[881].

311. De même, dans la décision *Maxhuni*[882], le juge refuse de statuer sur l'obligation du *Comissioner for Local Administration* de produire un rapport et de le transmettre au plaignant. Sa démarche fut de ce fait qualifiée de « *non interventionniste* »[883].

Un arrêt de 2002[884] illustre les deux axes majeurs de cette jurisprudence. D'une part, comme le souligne Lord J. Morison, seul l'Ombudsman est arbitre de la *maladministration.* La Cour doit se contenter de vérifier qu'il agit légalement (« *inconsistency is not a breach of the law* »). D'autre part, toute *maladministration*

---

876 « *Nothing to do with the nature, quality and reasonableness of the decision itself* » : L.J. DONALDSON, *in* R *v.* Commissioner for Local administration , *ex parte* Eastleigh [1988] 1 Q.B 855 (C.A).

877 « *A discretionary decision, properly exercised, which the complainant dislikes but cannot fault the manner in which it was taken* » : Lord J. DENNING, *in* R *v.* Comr for Local Administration, *ex parte* Bradford Metropolitan Borough Council, [1979], QB 289 : l C.L.A..

878 R *v.* Health Service Commissioner [2006] 3 All E.R. 543. Par contre, la Cour rejette les arguments de procédure inéquitable et irrationnelle (« *procedurally unfair et irrational* ») à l'encontre du *P.H.S.O.*

879 R *v.* Parliamentary Commissioner for Administration, *ex parte* Dyer [1994] 1 All E.R. 375.

880 Alex J. CARROLL, *art.cit., Recent Legal Developments*, 1994, vol. 28, n°1, p.303

881 Norman S. MARSH, « The extent and depth of judicial review of the decisions of the Parliamentary Commissioner for Administration », *Public Law*, 1994, p.347-350.

882 R *v.* Commissioner for Local Administration, *ex parte Maxhuni* [2003] L.G.R. 113.

883 Colin CRAWFORD, « Consistency and Inconsistency for Ombudsmen », *Journal of Local Government Law*, 2003, vol.6, p.73. Mais l'auteur nuance quelque peu son propos en citant des décisions dans lesquelles le juge se prononce davantage : R *v.* Commissioner for Local Administration, *ex parte Turpin* [2003] L.G.R. 133 ; R *v.* Commissioner for Local Administration, *ex parte Hugues* [2003] L.G.R. 133.

884 Commissioner for Local Administration [2002] Env. L.R. 11.

n'engendre pas automatiquement une conduite condamnable par le juge (« *unlawful conduct* »). La Cour refuse régulièrement de reconnaître la responsabilité de la personne publique là où le *Parliamentary and Health Service Ombudsman* relève une *maladministration.*

312. Ce dernier a ainsi estimé qu'une surévaluation de la valeur monétaire des bateaux de la part du ministère des Transports et de la Sécurité marine[885] porte préjudice aux investisseurs et constitue de ce fait un cas de *maladministration.* Par contraste, la Cour a refusé, pour des faits similaires, d'engager la responsabilité de l'administration en déniant expressément la qualification de *maladministration*[886].

Dans l'arrêt *Balchin*, le juge remet également en cause le raisonnement du *Parliamentary and Health Service Ombudsman* en refusant de lui reconnaître une quelconque valeur[887]. Poussant cette logique jusqu'à son paroxysme, Monsieur Callaghan considère que l'illégalité relevée par le juge devrait être exclue des cas de *maladministration* énoncés par le *Parliamentary and Health Service Ombudsman*[888].

Ces discordances, essentiellement dues aux rôles respectifs des deux institutions, nourrissent l'ambiguïté de la *maladministration.*

313. C'est sur cette différence d'origine et de nature que Monsieur Varuhas s'appuie pour justifier le contrôle juridictionnel restreint portant sur le refus, par le gouvernement, de donner suite aux recommandations du *Parliamentary and Health Service Ombudsman*[889]. Afin de saisir pleinement le raisonnement de cet auteur, il convient de rappeler le contexte de sa contribution, à savoir les arrêts *Bradley* de première instance[890] et d'appel[891].

Etait ici en cause un rapport du *Parliamentary and Health Service Ombudsman* du 15 mars 2006 dénonçant une série de *maladministrations* de la part du ministère du Travail et des Retraites, notamment son erreur d'appréciation et d'évaluation des faits induisant en erreur (*misleading*) les personnes concernées par un changement de régime de pensions[892]. Face au refus exprès de la part du gouvernement de se conformer aux recommandations de ce rapport[893], les requérants saisissent la Cour de première instance, qui accueille leur recours, arrêt suivi d'un arrêt confirmatif d'appel. Bien que le juge valide en l'espèce le rapport du *Parliamentary and Health Service Ombudsman*, il n'omet pas de préciser que le gouvernement peut, par principe, ne pas tenir compte de ce dernier. La seule limite de cette liberté

---

[885] P.H.S.O., plainte n°C-57/98, *in* Rapport annuel de 1997, H.C. 20 (1997-8). L'affaire soumise au P.C.A. s'est conclue par une compensation financière de 750 000 livres.

[886] Reeman *v.* Department of Transport and Others [1997] 2 Lloyds, rec. 648.

[887] R *v.* Parliamentary Commissioner for Administration, *ex parte* Balchin (No2) [2000] 2 L.G.L.R. 87.

[888] A.J. CALLAGHAN, « Maladministration », *The Ombudsman Journal*, 1988, n°7, p.3.

[889] Jason N.E. VARUHAS, « Governmental Rejections of Ombudsman Findings: What Role for the Courts? », *Modern Law Review*, 2009, vol.72, n°1, p.91-115.

[890] R *v.* Secretary of State forWork and Pensions [2007] E.W.H.C. (Admin)242 ; [2007] Pens L.R. 87.

[891] R *v.* Secretary of State forWork and Pensions [2008] E.W.C.A. (Civ)36 ; [2008] 3 All E.R.1116.

[892] P.H.S.O., *Trusting in the Pensions Promise*, H.C. 984 [2006].

[893] H.C. Deb. 16 mars 2006, vol.443, cols.1620-1624 ; H.C. Deb. 15 mars 2006, vol.443, cols.100W.S.-102W.S. Selon le gouvernement, aucun lien de causalité n'est établi entre ses actions et la perte financière des individus. Il rejette également les *maladministrations* décelées par le P.H.S.O.

d'appréciation (ici atteinte) réside dans le caractère raisonnable[894] et rationnel[895] de ce refus.

Ainsi que l'indique Monsieur Varuhas, l'intérêt réside dans la différence de raisonnement de ces deux juridictions : la Cour de première instance est plus exigeante vis-à-vis du gouvernement que la Cour d'appel. En effet, dans le premier cas, le gouvernement sera tenu d'expliciter en quoi son approche ou sa décision est meilleure que celle proposée par le *Parliamentary and Health Service Ombudsman.* Dans le second cas, son refus ne doit simplement pas être totalement irrationnel.

Or, selon le commentateur, cette seconde approche (« *orthodox Wednesbury standard* ») est la plus fondée, eu égard à la spécificité politique du *Parliamentary and Health Service Ombudsman*, liée au rôle du parlement[896]. « *Le contrôle substantiel de cette décision a trait à la procédure politique* »[897]. Le juge doit ainsi nécessairement se montrer distant vis-à-vis des recommandations du *Parliamentary and Health Service Ombudsman*, qui offre une procédure « *informelle, discrète et non-juridictionnelle* » destinée à résoudre les problèmes dont le juge n'est pas compétent[898].

En résumé, le Ministre est tenu, selon la Cour, d'adopter une décision simplement rationnelle vis-à-vis des recommandations du *Parliamentary and Health Service Ombudsman*, ce qui montre l'effet juridictionnel limité de ces dernières.

314. À la lecture de la jurisprudence, les cas de *maladministration* précités trouvent peine à être validés par le juge. Cette retenue se retrouve en droit espagnol.

2. Le faible accueil des recours en inconstitutionnalité formés par le Defensor del Pueblo

315. Le *Defensor del Pueblo* peut déférer une loi au Tribunal constitutionnel espagnol[899]. Dans le cadre de cette compétence spécifique, il donne très rarement suite aux plaintes adressées par les citoyens. Depuis sa création en 1981, il n'a en effet saisi le Tribunal constitutionnel que vingt-deux fois[900]. À titre d'exemple, le rapport annuel de 2006 indique qu'une seule plainte sur dix-sept a été admise[901].

En effet, contrairement à ses recommandations classiques, le *Defensor del Pueblo* évalue ici la plainte « à la manière » du juge constitutionnel. Il faut donc qu'une disposition constitutionnelle[902] soit clairement et expressément violée. La

---

[894] R *v*. Secretary of State forWork and Pensions [2008], *préc.*, p.47.

[895] R *v*. Secretary of State forWork and Pensions [2008], *préc.*, p.51, 71, 72, 91.

[896] Jason N.E. VARUHAS, *art.cit.*, p.108.

[897] « *The court should limit itself (...) leaving the substantive scrutiny of the Minister's decision to the political process* » : Jason N.E. VARUHAS, *art.cit.*, p.112.

[898] « *Discrete non-legal, informal procedure* » : Jason N.E. VARUHAS, *art.cit.*, p.112.

[899] Il peut également exercer le recours d'*amparo*, mais celui-ci ne présente pas de lien suffisant avec la bonne administration. C'est pourquoi nous n'évoquerons que le recours pour inconstitutionnalité.

[900] Source : http://www.defensordelpueblo.es/index.asp?destino=informes5.asp

[901] Defensor del Pueblo, Rapport annuel de 2006 présenté au Parlement en juin 2007, Madrid, Publicaciones del Congreso de los Diputados, 2007, p.31.

[902] Le recours d'inconstitutionnalité n'est pas restreint aux droits fondamentaux du titre 1 de la Constitution : S.T.C., 15 novembre 2001, n°274/2000.

marge de manœuvre du législateur est alors régulièrement invoquée à l'appui du rejet des plaintes.

316. Ce constat est vérifié s'agissant des principes constitutionnels « *recteurs de la politique sociale et économique* » (troisième chapitre du premier titre de la Constitution espagnole). L'article 53.3 de la Constitution espagnole indique que ces derniers peuvent être invoqués devant les juridictions ordinaires en application des dispositions législatives qui les mettent en œuvre. Ces normes ne sont donc nullement dépourvues de contenu et de portée propres[903]. Néanmoins, si ces principes peuvent enrichir la motivation du juge constitutionnel, ils revêtent le caractère de « *programmation finale* » non traduisible en termes de droit, ce qui pose quelques limites à ce contrôle[904]. En effet, l'impact de ces dispositions sur les administrés dépend de leur « *conversion* »[905] par le législateur. Au niveau constitutionnel, elles ne sont que « *de simples devoirs génériques des pouvoirs publics* »[906]. Le juge ne sanctionne que les violations manifestes et claires aux fins prescrites ; il ne peut se prononcer sur l'*adaptation* du choix du législateur.

317. On peut alors se référer à la plainte pour inconstitutionnalité par omission de la loi n°61/2003 du 30 décembre 2003 relative au budget général de l'État[907]. Selon le plaignant, cette loi est inconstitutionnelle car elle ne permet pas l'effectivité des principes recteurs de la politique sociale et économique. Or, le *Defensor del Pueblo* considère que le législateur doit simplement respecter ces principes : il n'est pas tenu d'assurer de manière positive leur effectivité. Cette position particulièrement réservée contraste avec celle des recommandations classiques de la même institution.

Dans le même rapport, au sujet de la médiation familiale[908], le *Defensor del Pueblo* va en effet au-delà du simple respect d'une prestation due par les pouvoirs publics : ceux-ci seraient dans l'obligation de chercher les formules facilitant les relations parents-enfants[909]. L'adoption d'une norme fixant la base minimale commune de toute médiation familiale est alors suggérée[910]. La différence d'approche du *Defensor del Pueblo* est en ce sens significative : lorsqu'il doit s'adresser directement au juge, il s'en tient à la lettre de la norme ; lorsqu'il doit

---

903 Toute norme oblige le législateur à la mettre en œuvre : S.T.C., 1e ch., n°3/1981, 2 février 1981, B.O.E. n°47.

904 Ignacio DE OTTO, *Derecho constitucional. Sistema de fuentes*, Barcelone, Ariel, coll. Derecho, 1987, p.48-49.

905 Tomás RAMÓN FERNÁNDEZ, « Juzgar la Administración contribuye también a administrar mejor », *R.E.D.A.*, octobre-décembre 1992, n°76, p.521-524.

906 « *Simplemente un deber genérico de los poderes pùblicos* » : Tomás RAMÓN FERNÁNDEZ, p.521.

907 Defensor del Pueblo, *Rapport annuel de 2004 présenté au Parlement en avril 2005*, Madrid, éd. Publicaciones del Congreso de los Diputados, 2005.

908 Defensor del Pueblo, Recommandation n°0305008, *in* R*apport annuel de 2004*, *préc.*, p.1359 ; v. également, pour exemple : recommandation n°0110029, *in Rapport annuel de 2003 présenté au Parlement en juin 2004*, Madrid, éd. Publicaciones del Congreso de los Diputados, 2004, p.827 (recommande l'édition de cartes d'identification des étrangers en prison semblables aux cartes d'identité afin de faciliter leur intégration sociale).

909 Defensor del Pueblo, Rapport annuel de 2004, *préc.*, p.1361.

910 Selon le *Defensor del Pueblo*, la médiation familiale dépasse le devoir de tutelle administrative et vise le but d'« *unité familiale* » (articles 39.1 et 2 de la Constitution).

suggérer une réforme législative ou se prononcer sur l'attitude de l'administration, il fait preuve de créativité. Cette observation comparative laisse présager la prudence du juge vis-à-vis des recours pour inconstitutionnalité adressés par le *Defensor del Pueblo.*

318. En effet, sur les vingt-deux plaintes adressées au *Defensor del Pueblo* et déclarées recevables par le Tribunal constitutionnel, seules cinq ont abouti[911]. À ce sujet, la décision de rejet n°45/2007[912] relative à la Loi de finances n°49/1998[913] mérite d'être citée.

Était ici en cause la participation financière des entités locales au budget de l'État qui est fixée, selon cette loi, à hauteur du nombre d'habitants recensés en 1991. Or, le nouveau recensement de la population approuvé par le décret de 1997 était en vigueur au moment de l'approbation de cette loi datant de 1998. Selon le *Defensor del Pueblo*, le législateur ne pouvait donc l'ignorer en se référant au recensement de 1991 sans raison formelle et matérielle[914]. La loi violerait donc les principes d'interdiction de l'arbitraire (article 9.3 de la Constitution espagnole) et d'égalité (article 14 de la Constitution espagnole)[915].

Le Tribunal constitutionnel rejette ces deux moyens. D'une part, il considère que l'article 14 de la Constitution espagnole ne s'applique pas aux entités locales. D'autre part, il réaffirme son respect des « *choix politiques du Parlement* »[916], ce qui l'amène à n'annuler que les dispositions dépourvues de toute explication rationnelle[917]. Or, selon le Tribunal, la norme critiquée n'est pas dénuée de fondement, bien que l'on puisse légitimement ne pas adhérer à ses conséquences concrètes. Elle poursuit une finalité raisonnable, puisqu'elle complète la loi précédente de finances locales. En dépit de l'existence d'autres critères disponibles et légitimes, que le juge ne manque d'ailleurs pas d'énumérer, celui-ci valide la loi sur le fondement du pouvoir discrétionnaire du législateur. Son rôle n'est en effet pas de valider la solution la « *plus adéquate ou la meilleure possible, mais seulement de vérifier si le législateur n'a pas outrepassé son pouvoir discrétionnaire en créant une différence de traitement arbitraire ou*

---

911 Trois plaintes ont été partiellement acceptées et trois sont encore en cours. Depuis 1990, seules huit plaintes d'inconstitutionnalité adressées par le *Defensor del Pueblo* au Tribunal constitutionnel ont été déclarées recevables : S.T.C., ass. plén., n°45/2007, 1er mars 2007, B.O.E. n°327 ; S.T.C., ass. plén., n°31/2006, 1er février 2006, B.O.E. n°301 ; S.T.C., ass. plén., n°53/2002, 27 février 2002, B.O.E. n°80 ; S.T.C., ass. plén., n°290/2000, 30 novembre 2000, B.O.E. n°4 ; S.T.C, ass. plén., n°274/2000, 15 novembre 2000, B.O.E. n°299 ; S.T.C., ass. plén., n°225/1998, 25 novembre 1998, B.O.E. n°312 ; S.T.C., ass. plén., n°55/1996, 28 mars 1996, B.O.E. n°102 ; S.T.C., ass. plén., n°150/1990, 4 octobre 1990, B.O.E. n°266. Sur ces huit recours, seuls trois ont été acceptés (dont un partiellement): http:// www.tribunalconstitucional.es.

912 S.T.C., ass. plén., n°45/2007, 1er mars 2007, B.O.E. n°327.

913 Loi n°49/1998, 30 décembre 1998, *Presupuestos generales del Estado para 1999*, B.O.E. n°313 du 31 décembre 1998.

914 « *Es una decisión carente de razones formales y materiales* » : F.J.2.

915 Puisque l'évolution de la population peut être défavorable à une entité locale plutôt qu'à une autre et, par conséquent, à certains citoyens plutôt qu'à d'autres.

916 « *El control de la constitucionalidad de las leyes debe ejercerse por este Tribunal de forma que no se impongan constricciones indebidas al Poder Legislativo y se respeten sus opciones políticas* » : F.J.4.

917 La pure discordance politique ne saurait ainsi suffire à qualifier la norme d'abitraire : « *no es suficiente la mera discrepancia política para tachar a la norma de arbitraria, confundiendo lo que es arbitrio legítimo con capricho, inconsecuencia o incoherencia creadores de desigualdad o distorsión en los efectos legales* »).

irrationnelle »[918]. En l'espèce, la rationalité de la loi est validée en partie parce qu'elle réitère, dans un esprit de continuité, le critère du précédent recensement.

319. Au-delà de cette espèce, on ne peut que se convaincre de la différence d'optique du juge et du *Defensor del Pueblo*. Une analyse tant qualitative que quantitative des décisions du Tribunal constitutionnel espagnol atteste des limites juridictionnelles de l'approche de l'Ombudsman national de cet État. Ce constat ne fait que confirmer l'intérêt pratique de cette institution. En revanche, d'un point de vue théorique, il renforce l'ambiguïté entourant la « mauvaise administration ».

***

En somme, la consistance de la « mauvaise administration » est loin d'être exempte d'ambiguïté. À ce sujet, les limites tracées par le droit positif anglais à la *maladministration* s'avèrent particulièrement poreuses. La lecture attentive des rapports du *Parliamentary and Health Service Ombudsman* montre en effet que ce dernier se prononce souvent, par une interprétation constructive de la procédure, sur le choix de la décision elle-même. De la même manière, la distinction matérielle entre les domaines respectifs du juge et de l'Ombudsman s'avère bien délicate. Elle laisse souvent place à un rapport de force mettant avant tout en exergue les caractéristiques techniques des deux institutions sans leur conférer de domaines matériels de compétence précisément différenciés. L'ambivalence du domaine de la « mauvaise administration » est confortée par la réserve des juges vis-à-vis de l'Ombudsman. Les jurisprudences communautaire, anglaise et espagnole sont assez significatives à cet égard.

---

[918] « *No cabe duda de que existían otras alternativas, pudiendo haber concretado el legislador aquella variable de acuerdo con criterios diferentes (...) pero (...) no corresponde a este Tribunal "interferirse en ese margen de apreciación ni examinar la oportunidad de la medida legal" para decidir "si es la más adecuada o la mejor de las posibles", sino sólo comprobar si no se ha sobrepasado ese margen de libertad creando una diferencia de trato irracional o arbitraria* » : F.J.6.

Conclusion du chapitre 2

320. Références implicites à la « bonne administration », les cas de mauvaise administration sont d'une déroutante diversité. Celle-ci s'explique notamment par la complexité des sociétés modernes. La locution « mauvaise administration » doit en effet pouvoir refléter l'ensemble hétérogène de dysfonctionnements administratifs observés par les administrés. De plus, les Ombudsmän ont en la matière un champ d'action beaucoup plus étendu que celui des juges. La « mauvaise administration » ne semble donc pas pouvoir constituer une notion à part entière : elle est réduite à une liste ouverte de cas de nature parfois méta-juridique.

321. À travers ces cas, la « bonne administration » révèle sa présence à la fois implicite, intuitive et éparse. De manière significative, certains Ombudsmän ont élaboré, en partant de cas fréquents de mauvaise administration, des codes de bonne administration, tels que le Code européen de bonne conduite administrative. Si ces tentatives de classifications possèdent des vertus pédagogiques, leur portée juridictionnelle reste néanmoins limitée. Les cas de mauvaise administration sont en effet rarement convertis en des violations caractérisées du ou des principes de bonne administration reconnus par la jurisprudence, ainsi qu'en témoigne les droits communautaire et britannique.

322. Aussi un dialogue plus renforcé entre les juges et les Ombudsmän peut-il être espéré. Les premiers pourraient accepter de prendre en compte certains cas de mauvaise administration, notamment lorsque ceux-ci peuvent se rattacher, directement ou indirectement, au droit positif. Les seconds devraient sans doute répertorier avec plus de rigueur les principes de bonne administration qu'ils dégagent de manière inductive. Cette communication ne retirerait rien à la spécificité de chacune de ces deux institutions.

Conclusion du titre 1

323. Cette vue d'ensemble des manifestations éparses de la « bonne administration » témoigne de la difficulté à cerner son contenu. Quels que soient les systèmes juridiques, la confusion règne dès lors qu'il s'agit de la définir. Au-delà de certaines nuances dues aux différentes traditions administratives, une idée convergente demeure : tout principe guidant le fonctionnement administratif peut être rattaché, de près ou de loin, à l'idée vague de « bonne administration ».

324. Ce constat, qui confère à la fois toute la difficulté et l'intérêt de cette étude, n'exclut pas la « bonne administration » (ainsi que la « mauvaise administration ») de la sphère juridique. En effet, l'hétérogénéité des emplois d'une notion ne lui retire pas en soi sa juridicité. En réalité, il semble, à ce stade de l'analyse, que ce soit davantage l'utilité de la « bonne administration » qui semble discutable. Elle apparaît comme l'agrégat de notions, de principes, de règle, de devoirs ou encore de droits déjà existants qui emportent des conséquences juridiques différentes. Son emploi est donc redondant, voire rhétorique.

325. De manière indirecte, les cas de mauvaise administration reflètent la polymorphie de la « bonne administration ». Si ces *notions* ne sont pas de purs antonymes[919], les simples *évocations* de la « mauvaise administration » renvoient implicitement et intuitivement à un modèle indéfini de bonne administration. Il était ainsi indispensable d'observer la diversité de contenu et de nature des cas de mauvaise administration décelés par les Ombudsmän. Ces derniers ont élaboré de manière inductive certains documents regroupant des principes de bonne administration. Par ailleurs, le juge fait preuve de réticence quant à la prise en compte des cas de mauvaise administration qu'ils dénoncent. Ainsi, l'étude combinée des rapports de cette institution et de la jurisprudence illustre et nourrit le rapport conceptuel entre les notions de bonne administration et de « mauvaise administration ».

326. L'analyse critique ici menée des emplois directs (chapitre 1) et indirects (chapitre 2) de la « bonne administration » ne doit pas être réduite au constat négatif de sa malléabilité. Bien au contraire, la diversité de la réalité étudiée constitue le point de départ de toute élaboration notionnelle sérieuse. En ce sens, les références à la « mauvaise administration », aussi ambivalentes soient-elles, ne pouvaient être ignorées et l'étude de leur rapport avec la « bonne administration » est riche d'enseignements. Elles livrent des éléments utiles à sa définition, qu'il s'agit à présent de formuler.

---

919 V. *infra*, n°703 et s.

TITRE 2.
PROPOSITION DE DÉFINITION DE LA NOTION DE BONNE ADMINISTRATION

327. Il convient de dégager le contenu de la notion de bonne administration à partir de la réalité hétérogène précédemment décrite. À ce titre, une précision d'ordre méthodologique s'impose. Si les références diverses de droit positif énoncées antérieurement constituent la base de notre définition, elles ne seront toutefois pas réitérées afin d'éviter les redites maladroites. Il s'agit ici davantage de confronter notre définition à la doctrine existante, ce qui justifie la nature doctrinale d'une part importante des références exploitées dans le cadre de ce chapitre. Pour autant, de nouvelles sources de droit positif seront naturellement citées à l'appui de notre démonstration. Il ne serait en effet pas acceptable de séparer de manière dichotomique les sources de droit positif des sources doctrinales tant celles-ci sont consubstantiellement liées[920]. La démarche inductive ici adoptée nécessite seulement de conférer une place plus réduite à la seule observation critique du droit positif.

328. Ainsi que nous l'avons souligné, la majeure partie de la doctrine adopte une interprétation extensive de la notion de bonne administration. Si les rares tentatives de définition ne doivent pas être ignorées, elles ne peuvent toutefois être accueillies sans discussion. Afin d'expliciter davantage notre approche, il paraît judicieux d'émettre dès à présent certaines réserves à l'égard de ces tentatives[921].

Monsieur Simon définit le « noyau dur » de la notion de bonne administration par les principes de traitement impartial et équitable, de diligence et de sollicitude[922]. Néanmoins, l'imprécision subsiste, car le lien qui unit ces principes n'apparaît pas clairement. De plus, il est légitime de se demander ce qui justifie leur appartenance au noyau dur de la notion de bonne administration, car l'auteur n'apporte pas de précision sur ce point. Son objectif n'est en effet pas de définir la notion de bonne administration, mais d'énoncer un certain nombre de principes pouvant se rattacher à cette idée.

Dans le même esprit, Monsieur Fromont évoque les « *principaux principes de bonne administration* »[923], qui se répartissent en deux types de règles, pour la plupart supra-législatives : d'une part, celles relatives à l'élaboration d'une décision administrative, telles que l'audition préalable, l'impartialité ou encore la motivation ; d'autre part, celles dites de « fond », telles que la proportionnalité, la sécurité juridique ou encore la responsabilité. Certes, ce classement permet d'ordonner la réalité plurielle du droit positif que nous avons précédemment

[920] Pour une application de cette dialectique au droit de la responsabilité administrative : Maryse DEGUERGUE, *op.cit.*

[921] Sans prétendre à l'exhaustivité, il convient d'énoncer certaines de ces tentatives.

[922] Denys SIMON, « Le principe de "bonne administration" ou la "bonne gouvernance" concrète », *art.cit.*, p.164.

[923] Michel FROMONT, « Le renforcement des garanties de bonne administration et de bonne justice administrative en Europe », *in En hommage à Francis Delpérée, op.cit.*, p.548.

observée. Cependant, l'auteur ne propose pas de critère(s) de définition autonome(s) de la notion de bonne administration.

Les mêmes remarques peuvent être adressées à la typologie de Monsieur Manku. Cet auteur réduit le champ d'application de la notion de bonne administration aux obligations de diligence et de communication des documents[924]. Il qualifie ensuite de « *principes voisins* » les principes de sollicitude, de protection des droits de la défense ou encore de transparence.

Cette contribution appelle à notre sens deux brèves remarques. En premier lieu, l'emploi de l'expression « champ d'application » ne nous paraît pas anodin : il témoigne de la difficulté à dégager le noyau dur de la notion de bonne administration. En second lieu, les principes susmentionnés sont énoncés sans justification ; il est donc difficile de saisir leur consubstantialité avec cette notion. Leur mention résulterait-elle d'un rapprochement davantage intuitif que démontré ?

Madame Lassalle énonce également les « *éléments constitutifs* » du principe communautaire de bonne administration[925]. Ceux-ci sont classés autour de trois points : le droit à un traitement sérieux de ses affaires, le droit à un examen individualisé des affaires, et l'obligation générale de bonne conduite. Or, on ne peut que relever l'hétérogénéité de ces critères. De plus, l'auteur précise que d' « *autres éléments disparates* » gravitent autour de ce « *noyau dur* » pour former un « *concept de bonne administration* »[926]. Celui-ci comprendrait l'encadrement de l'action administrative (principes de légalité, de sécurité juridique, de cohérence, de pondération) et la bonne gestion (principes d'auto-organisation et de bonne administration du budget). Il n'est pas besoin de plus amples développements pour montrer l'approche particulièrement extensive adoptée dans le cadre de cette thèse[927].

329. L'approche restrictive ici proposée, consistant à réduire la notion de bonne administration à son unité conceptuelle notamment en la différenciant clairement du principe du même nom[928], n'est donc pas fréquente[929]. Pourtant, elle est à notre sens la seule à conférer à la bonne administration une réelle utilité.

En s'inspirant de ses références hétérogènes tout en les dépassant, il faut alors conférer une signification à cette notion (**Chapitre 1**). Cette définition positive ne suffit toutefois pas à conférer à la bonne administration le statut de notion juridique. Il est en effet nécessaire de montrer sa spécificité en la distinguant des autres notions auxquelles elle est parfois associée (**Chapitre 2**).

---

924 Martin MANKOU, « Du principe de bonne administration au droit à la bonne administration : contribution à une problématique de la bonne administration en droit communautaire », *art.cit.*

925 Julie LASSALLE, *op.cit.*, p.115-133.

926 Julie LASSALLE, *op.cit.*, p.240 et s.

927 V. introduction générale, n°19.

928 Pour rappel : Hanns Peter NEHL, *op.cit.*, p.5, note infrapaginale n°13.

929 V. néanmoins Nicolas MARTY, *op.cit.* Cependant, l'auteur ne propose pas de definition autonome de la bonne administration, qui se distingue du rassemblement de certains principes communautaires de bonne administration : v. introduction générale, n°20.

CHAPITRE 1.
LA SIGNIFICATION DE LA NOTION DE BONNE ADMINISTRATION : L'ADAPTATION ÉQUILIBRÉE DES MOYENS DE L'ADMINISTRATION

330. L'étude conjointe de la jurisprudence et de la doctrine permet d'élaborer le contenu de la notion de bonne administration. À notre sens, cette notion peut être définie comme *l'adaptation équilibrée des moyens* de l'administration publique. Cette signification n'est pas imposée de manière dogmatique ; elle s'est imposée à la lecture attentive et analytique des références à la « bonne administration »[930]. Harmonisant la quantité déroutante de droits et de principes mentionnés antérieurement, elle achève de montrer l'intérêt d'une approche restrictive.

331. Les critères de définition énoncés s'inscrivent dans des optiques contrastées. Si l'adaptation renvoie à l'idée d'action positive, l'équilibre évoque celle de retenue, de « raisonnabilité »[931]. Plus exactement, l'idée d'équilibre qualifie celle d'adaptation et spécifie du même coup la notion de bonne administration. Par ailleurs, ainsi que nous le verrons par la suite, si cette notion entretient des liens évidents avec la proportionnalité, elle s'en distingue néanmoins[932].

332. Afin de justifier convenablement la définition proposée, il semble nécessaire d'expliciter, successivement, les critères d'adaptation (**Section 1**) et d'équilibre (**Section 2**) qui forment, à notre sens, le contenu de la notion de bonne administration.

SECTION 1. L'ADAPTATION DES MOYENS DE L'ADMINISTRATION : PREMIER CRITÈRE DE DÉFINITION DE LA NOTION DE BONNE ADMINISTRATION

333. À titre liminaire, il convient de distinguer l'objectif (ou encore le but) de l'administration de ses motifs[933]. Ceux-ci relèvent de la qualification des faits extérieurs et préexistants à l'acte (par exemple, le mauvais comportement du fonctionnaire). L'objectif, lui, est subséquent à ce dernier (par exemple, le bon fonctionnement du service public). La révocation d'un fonctionnaire a alors pour motif son mauvais comportement et pour objectif le bon fonctionnement du service public.

334. La notion de bonne administration a trait, dans son essence, aux moyens et non au but de l'administration. La définition de ce dernier, fort épineuse, n'altère toutefois pas l'idée d'adaptation équilibrée des moyens. On se bornera donc au

---

[930] V. *supra*, n°87 et s.
[931] V. *infra*, n°396 et s.
[932] Cette distinction ne pourra être convenablement saisie qu'à la suite de l'explicitation de notre définition de la notion de bonne administration : v. *infra*, n°449, 520.
[933] Roger BONNARD, *Précis de droit administratif*, 4e éd., Paris, L.G.D.J., 1943, p.28-29.

renvoi global à l'intérêt général[934], sans pour autant ignorer les spécificités nationales[935]. À titre d'exemple, l'article 103 de la Constitution espagnole n'emploie pas l'expression d' « intérêt général », mais celle d' « intérêts généraux », en raison de l'importance des Communautés Autonomes. Dans le cadre de cette étude, l'objectif de l'administration sera donc employé au singulier, de manière abstraite, et parfois aussi exprimé par les termes « but », « fin » ou encore « finalité ».

Ce choix ne signifie nullement que l'objectif doit être totalement écarté du raisonnement. On veut simplement montrer que l'unité conceptuelle de la bonne administration ne peut être cernée qu'en restreignant le contenu de cette notion aux moyens de l'administration.

335. Il faut alors expliciter ce que signifie l'adaptation des moyens (**§1**). Une fois définie, nous verrons que la notion de bonne administration renferme l'idée d'*optimisation* de cette adaptation des moyens (**§2**).

§ 1. L'ADAPTATION DES MOYENS : EXPLICITATION ET ILLUSTRATIONS

336. Le verbe « adapter » signifie « *s'ajuster à, se mettre en harmonie avec, approprier quelque chose ou quelqu'un à quelque chose ou quelqu'un* »[936]. L'adaptation est une « *modification en vue d'un but précis* »[937]. Ce terme est ici préféré à celui d' « adéquation », qui désigne « *le rapport de convenance parfaite ; l'équivalence* ».

Un moyen adéquat est en effet « *exactement proportionné à son objet, ajusté à son but* ». En d'autres termes, il « *rend compte de son objet de manière exhaustive* »[938]. L'adaptation exprime davantage, à notre sens, l'*action* d'adapter des moyens, ou encore de tendre vers des moyens adéquats, c'est-à-dire parfaitement appropriés.

337. Il convient également de différencier l'adaptation des moyens de leur efficacité, qui désigne le « *caractère d'un acte ou d'une décision qui produit l'effet recherché par son auteur* » ou encore l' « *appréciation a posteriori des résultats réels d'une norme, de ses effets concrets* »[939]. L'efficacité mesure donc un résultat obtenu au regard du résultat escompté. Monsieur Pacteau confirme implicitement cette

---

934 Pour une analyse évolutive et critique de la notion d'intérêt général : CONSEIL D'ÉTAT, Rapport public : *L'intérêt général*, Études et documents, n°50, éd. Conseil d'État, coll. La doc. française, 1999, spéc. p.239-429.

935 Au sujet de l'interprétation communautaire de l'intérêt général et de la diversité de ses acceptions en droit comparé : Edmond HONORAT, « La notion d'intérêt général dans la jurisprudence de la Cour de justice des Communautés européennes », *in* CONSEIL D'ÉTAT, Rapport public : *L'intérêt général*, *op.cit.*, p.387-396 ; Bernard THIRY, « Les conceptions de l'intérêt général dans l'Union européenne », *in* CONSEIL D'ÉTAT, Rapport public : *L'intérêt général*, *op.cit.*, p.397-407 ; Franck MODERNE, « Les transpositions doctrinales de l'idée de service public », *in* Gérard MARCOU, Franck MODERNE (dir.), *L'idée de service public…*, *op.cit.*, p.9-81.

936 *Le Robert, Dictionnaire de la langue française*, 2e éd., Le Robert, 1985, p.109-110

937 *Le Robert, Dictionnaire de la langue française*, 2e éd., Le Robert, 1985, p.109-110.

938 *Le Robert, Dictionnaire de la langue française*, 2e éd., Le Robert, 1985, p.113-114.

939 François RANGEON, « Réflexions sur l'effectivité du droit », *in* C.U.R.A.P., *Les usages sociaux du droit*, Paris, P.U.F., 1989, p.130.

focalisation de l'efficacité sur les résultats. Selon l'auteur, « *il paraît bien difficile d'imposer à l'autorité publique une véritable obligation de résultat qui conduirait à la considérer comme fautive chaque fois qu'elle a été inefficace* »[940].

Par contraste, la notion de bonne administration n'est centrée ni sur les résultats ni sur la fin de l'administration, mais sur ses moyens, bien que ces éléments soient incontestablement liés.

338. Enfin, les moyens de l'administration ne doivent pas être entendus de manière purement concrète. Ainsi que nous le verrons tout au long de cette étude, ils visent également la méthode ou encore le procédé par lequel l'administration parvient à son résultat.

339. Au terme de ces remarques liminaires, la consubstantialité du lien entre « adaptation » et « bonne administration » doit être démontrée (**A**), puis illustrée par les catégories classiques de moyen de l'administration (**B**).

A. Le lien consubstantiel entre les notions d'adaptation et de bonne administration

340. Comme le souligne Monsieur Charlier, l'État doit utiliser ses moyens afin de produire des résultats convenables[941]. L' « *essentiel de l'État* » réside « *dans la fonction publique de service des fins par une organisation adéquate* »[942]. La contribution de cet auteur met en avant l'idée que l'adaptation est au cœur même de l'administration ; il n'est alors pas étonnant que la notion de bonne administration désigne la « bonne adaptation » de ses moyens.

341. La notion de bonne administration entretient alors, tout en s'en distinguant, un lien certain avec la proportionnalité[943], qui impose, en outre, l' « *existence d'un rapport, d'une adéquation, entre les moyens employés par l'Administration et le but qu'elle vise* »[944] ; elle indique le « *moyen qu'il fallait employer pour atteindre le résultat final* »[945]. L'obligation d'agir de manière proportionnée, introduite par les articles deux et trois de la Loi générale administrative hollandaise, constitue ainsi un « *devoir de bonne administration* » dont le respect est garanti par le *Wet nationale Ombudsman*[946]. Celui-ci veille à ce que l'administration agisse de manière adaptée (« *properly* »).

---

[940] Bernard PACTEAU, note sous T.A. de Paris, 6e sect., 4 novembre 1976, *Société des agrégats de Seine et Affluents* ; C.E., sect., 27 mai 1977, *Société anonyme Victor Delforge et Compagnie et Victor Delforge*, rec. 253, req. n°98122-98123 ; *J.C.P.*, 1978, I, n°18778.

[941] Robert-Édouard CHARLIER, *L'État et son Droit, leur logique et leurs inconséquences*, Paris, Économica, coll. Politique comparée, 1984, p.10.

[942] Robert-Édouard CHARLIER, *op.cit.*, p.19.

[943] V. *infra*, n°449, 520.

[944] Guy BRAIBANT, « Le principe de proportionnalité », *in Mélanges offerts à Marcel Waline*, t.2 : *Le juge et le droit public*, Paris, L.G.D.J., 1974, p.297.

[945] Charles EISENMANN, *Cours de Droit administratif*, t.2, Paris, L.G.D.J., 1983, p.278.

[946] B.J.M. TEN BERGE, A.J. BOK, « El principio de proporcionalidad en el Derecho Administrativo holandés », *Cuadernos de Derecho Público*, septembre-décembre 1998, n°5, p.287.

Toutefois, ainsi que nous le préciserons lors de la spécification de la notion de bonne administration, l'adaptation n'est qu'une composante de la proportionnalité alors qu'elle est au cœur même de la notion de bonne administration[947].

342. Afin de saisir pleinement le rôle central de l'adaptation dans la définition de la notion de bonne administration (**2**), il faut au préalable confirmer et justifier la focalisation de cette dernière sur les moyens de l'administration (**1**).

1. Les moyens de l'administration : objet de la notion de bonne administration

343. La notion de bonne administration n'a pour objet ni les résultats obtenus ni la finalité poursuivie par l'administration, mais l'usage de ses moyens, qui désignent aussi bien ses moyens matériels et humains que sa méthode et ses procédés d'action.

344. L'exclusion des résultats renvoie à la célèbre catégorisation d'origine civiliste entre les obligations de moyen et les obligations de résultat. À ce sujet, Henri Mazeaud invita la doctrine à dépasser la classification fondée sur leur caractère contractuel ou extracontractuel, ou encore selon qu'elles visent une action ou une omission[948]. L'auteur militait en faveur d'une prise en compte du contenu même des obligations. La transposition directe, en droit public, de la distinction civiliste entre les obligations de moyen et les obligations de résultat n'est cependant pas sans difficulté, ainsi que l'indique notamment Monsieur Paillet[949]. Selon le professeur, il n'y aurait, en droit public, que des obligations de résultat. L'auteur distingue alors les obligations dont le but est fragmentaire et restreint, mettant principalement en cause les moyens, et celles dont le but est étendu et imprécis. Par ailleurs, André Tunc oppose aux obligations de résultat les obligations de « diligence »[950]. Le critère de cette distinction réside dans le caractère aléatoire ou incertain du résultat fixé par les circonstances.

Ces catégorisations confèrent un cadre à l'appréhension juridique de la distinction entre les résultats et les moyens, qui forment le contenu de la notion de bonne administration.

345. On retrouve les prémices de cette focalisation sur les moyens sous la plume d'Aristote[951]. Si l'éminent philosophe reprend la distinction platonicienne entre les moyens et la fin, il en inverse le rapport de subordination[952]. Le « nécessaire », qui

---

[947] Les notions de proportionnalité et de bonne administration se distinguent également suivant d'autres critères : v. *infra*, n°449.

[948] Henri MAZEAUD, « Essai de classification des obligations : obligations contractuelles et extra-contractuelles ; "obligations déterminées" et "obligation générale de prudence et diligence", *Revue trimestrielle de droit civil,* 1936, n°35, p.1-58.

[949] Michel PAILLET, *La faute du service public en droit administratif français*, Paris, L.G.D.J., coll. Bibliothèque de droit public, t.136, 1980, p.569-570.

[950] André TUNC, « La distinction des obligations de résultat et des obligations de diligence », *J.C.P.*, 1945, I, n°449.

[951] ARISTOTE, *Ethique à Nicomaque*, [trad. Richard Bodéüs], Paris, G. Flammarion, 2004, p.146-150.

[952] Pierre AUBENQUE, *La prudence chez Aristote*, 2e éd., Paris, P.U.F., coll. Quadrige, 1997, p.134-135.

révèle un lien d' « *inhérence causale* »[953], constitue l'objet même de la science. Sans adopter une vision statique et unitaire de la matière, Aristote exprime sa nature de logicien[954]. C'est alors la fin qui est subordonnée aux moyens.

Aussi ces derniers sont-ils au cœur de la délibération (*proairesis*) et du concept de prudence : « *ce ne peut être la fin qui est objet de délibération, mais les actes qui permettent de l'atteindre* »[955]. Le philosophe définit la décision comme « *l'acte qui, à l'issue de la délibération, a été jugé préférable* »[956]. Selon Monsieur Aubenque, l'absence de toute référence à la fin est frappante : « *le bon choix ne se mesure plus à la rectitude de l'intention, mais* [aux] *moyens* »[957]. Le « bon » s'oppose alors au « bien », qui concerne les fins poursuivies et la volonté. Contrairement à celle-ci, purement morale, le choix, « *volonté de (...) réaliser* [la fin] *par les moyens adéquats* »[958], est technique. Une « *faute dans le choix des moyens est maladroit et non machiavélique* »[959]. Alors que la sagesse est contemplative, la prudence règne sur l'action humaine. Certes, la nécessité ne peut pas se concevoir sans un objectif. Ce constat n'empêche cependant pas d'affirmer que le « bon » est centré sur les moyens mis en œuvre.

346. Ces réflexions peuvent s'appliquer au droit administratif, qui tend à répondre aux besoins sociaux[960]. Elles imprègnent la notion d'État social, notamment étudiée, s'agissant de la doctrine espagnole, par Monsieur Parejo Alfonso[961] et Monsieur Nieto. Selon ce dernier, une bonne organisation s'adapte aux nécessités sociales qui l'orientent vers l'intérêt général[962]. Il s'agit alors de jauger la manière dont les objectifs sont remplis. De même, l'administration « *intelligente* »[963] s'adapte aux demandes sociales en introduisant de nouveaux principes d'organisation publique tels que l'innovation, la flexibilité ou encore la formation aux nouvelles technologies. Si les résultats ne peuvent être ignorés, l'attention est ici portée sur les moyens.

Monsieur Tanquerel a, à ce titre, réfuté l'assimilation de la « bonne administration » au bon résultat (santé, sécurité, qualité de vie, voire bonheur de la population). Cette approche « *pleinement utilitariste de légitimation par les*

---

[953] Jacques CHEVALIER, *La notion du nécessaire chez Aristote et chez ses prédécesseurs*, Paris, Librairie Félix Alcan, coll. Historique des grands philosophes, 1915, p.1. Selon cet auteur, l'idée de nécessité remonterait à Héraclite, qui la relie à la loi du devenir et à l'immuable : *op.cit.*, p.11.

[954] Jacques CHEVALIER, *La notion du nécessaire chez Aristote...*, *op.cit.*, p.106-112.

[955] ARISTOTE, *Ethique à Nicomaque*, *op.cit.*, p.148.

[956] ARISTOTE, *Ethique à Nicomaque*, *op.cit.*, p.149.

[957] Pierre AUBENQUE, *op.cit.*, p.122.

[958] Pierre AUBENQUE, *op.cit.*, p.133.

[959] Pierre AUBENQUE, *op.cit.*, p.137.

[960] Robert-Édouard CHARLIER, *art.cit.*, p.35-39.

[961] Luciano PAREJO ALFONSO, *El concepto del derecho administrativo*, Caracas, Juridica venezolana, coll. Estudios jurídicos, n°23, 1984, p.257-278. V. aussi : Jaime RODRÍGUEZ-ARANA MUÑOZ, « La ética en la modernización de las administraciones públicas », *Actualidad administrativa Aranzadi*, 15-21 février 1999, n°7, doct., p.173-174.

[962] Alejandro NIETO, *La "nueva" organización del desgobierno*, *op.cit.*, p.147.

[963] Juan Ignacio MARÍN CASTILLA, « La administración inteligente : un modelo de administración pública orientada al servicio del ciudadano », *Auditoria pública*, juillet 2005, n°36, p.48.

résultats »[964] est, selon l'auteur, doublement condamnable. D'une part, elle présente le risque d'une définition « *technocratique* » du « bon ». D'autre part, l'impératif d'efficacité entrerait en conflit avec le respect concomitant d'un certain nombre de valeurs. La notion de bonne administration ne peut ainsi viser que les moyens mis en œuvre. Refusant souvent d'opposer toute obligation de résultat à l'administration[965], le Conseil d'État pourrait ainsi conférer, *via* la notion de bonne administration, une certaine unité à sa jurisprudence.

Inhérente au droit administratif, l'idée d'adaptation est aussi partie intégrante de l'administration. Celle-ci signifie d'ailleurs : service (*ministratio*) **pour** (*ad*). Sans constituer un argument en soi, l'étymologie de ce terme aide à comprendre que la *bonne* administration désigne le *bon* usage des moyens de l'administration.

2. La bonne administration : une administration aux moyens adaptés

347. Selon Monsieur Herbert Simon, l'adaptation des moyens confère un sens à l'idée de bon comportement administratif (« *good behavior* »)[966]. Sans se limiter aux principes de bonne administration, l'auteur affirme que l'idée d'adaptation est au cœur même de la notion de bonne administration. Les critères d'évaluation de l'usage des moyens auraient donc été traités, à tort, comme des principes de bonne administration[967]. Autrement dit, « *la bonne administration désigne un comportement qui est adapté avec réalisme à ses fins* (…) »[968].

La théorie de l'administration doit alors déterminer les facteurs de cette optimisation des moyens, au premier rang desquels figure la compétence des administrateurs. Cette optique est inspirée du secteur privé[969]. Plus exactement, la différence de nature des fins poursuivies n'empêche pas une idée commune d'adaptation. Selon Monsieur Herbert Simon, les termes « bon » et « mauvais », lorsqu'ils sont appliqués à l'administration, sont rarement employés dans un sens purement éthique. « *Les procédures sont qualifiées de "bonnes" lorsqu'elles permettent d'atteindre des objectifs précis* »[970].

Cette citation est confirmée par la définition du « bon » livrée par l'Académie française. En effet, l'adjectif « bon » désigne, en outre, ce qui est « *conforme à sa nature, à sa destination ; qui convient bien à son usage, qui remplit bien sa fonction,* […] *qui est approprié, adapté au but recherché* »[971].

---

[964] Thierry TANQUEREL, *art.cit.*, *in* CONSEIL DE L'EUROPE, *À la recherche d'une bonne administration*, *coll. cit.*, p.9.

[965] V. en outre : François RAYNAUD, chron. sous C.E., 13 mars 1998, *Améon et autres*, *A.J.D.A.*, 1998, p.424.

[966] Herbert A. SIMON, *Administrative Behavior. A Study of Decision-Making Process in Administrative Organization*, 2e éd., New York, The Free Press, 1957, p.39. Nous précisons le prénom de l'auteur dans le corps du texte afin d'éviter toute confusion avec M. Denys Simon.

[967] Herbert A. SIMON, *op.cit.*, p.36.

[968] « *Good administration is a behavior that is realistically adapted to its ends* » : *op.cit.*, p.62. L'auteur ne semble pas établir une différence fondamentale entre le fonctionnement de l'administration publique et la gestion d'une entreprise privée.

[969] Herbert A. SIMON, *op.cit.*, p.172-197.

[970] « *Procedures are termed "good" when they are conductive to the attainment of specified* objectives » : Herbert A. SIMON, *op.cit.*, p.249.

[971] ACADÉMIE FRANÇAISE, *Dictionnaire de l'Académie française*, 9e éd., fasc. II, Paris, Imprimerie nationale, 1987, p.151.

348. À cet égard, le traitement de l'efficacité en droit espagnol est d'un intérêt certain[972]. Si, comme nous l'avons déjà indiqué, la notion de bonne administration et celle d'efficacité doivent être distinguées, cette dernière est ici employée dans la perspective d'une analyse des moyens. Or, selon l'article 103.1 de la Constitution espagnole[973], l'administration publique doit respecter le principe d'efficacité. Ce « *grand inconnu des principes proclamés à l'article 103* »[974] constitue paradoxalement la pierre angulaire des principes d'organisation de l'administration espagnole[975].

Monsieur Parejo Alfonso définit l'efficacité comme la réalisation matérielle et effective de l'intérêt général. Ce dernier ne peut être satisfait par les seuls principes de légalité et d'objectivité, sans quoi la disposition constitutionnelle, redondante, ferait preuve d'une « *grave déficience technique* »[976]. L'efficacité n'est donc pas synonyme d'effectivité juridique, mais de réalisation d'objectifs *via* une analyse des moyens[977]. Ainsi que l'exprime, sans équivoque, Madame Alonso Mas, la bonne utilisation de ces derniers, notamment prévue à l'article 103.1 de la Constitution espagnole, « *doit être entendue comme l'équivalent de la bonne administration* (…) »[978]. Garant de celle-ci, le *Defensor del Pueblo* se saisit donc souvent du respect de cette norme[979].

349. En résumé, l'idée d'adaptation est au cœur de la notion de bonne administration. Il s'agit maintenant de l'illustrer à travers les catégories classiques de moyens dont dispose l'administration.

[972] Luciano PAREJO ALFONSO, « La eficacia como principio jurídico de la actuación de la Administración pública », *Documentación Administrativa*, avril-septembre 1989, II, n°218-219, p.15 ; Luciano PAREJO ALFONSO, *Eficacia y administración. Tres estudios*, Madrid, Instituto nacional de administración pública, coll. Estudios, série Administración general, 1995, 213p.

[973] V. introduction générale, n°62.

[974] Luciano PAREJO ALFONSO, *art.cit.*, p.6.

[975] Manuel ALVAREZ RICO, *Principios constitucionales de organización de las Administraciones públicas*, 2e éd., Madrid, Dykinson, 1997, p.162.

[976] Luciano PAREJO ALFONSO, *Eficacia y administración*, *op.cit.*, p.123.

[977] Doña María José ALONSO MAS, *La solución justa en las resoluciones administrativas*, Valence, Tirant Lo Blanch, coll. Propuestas-Monografía, 1998, p.391.

[978] « *Si bien la misma (eficacidad) se a entendido tradicionalmente como celeridad, hoy diá cabrá entenderla equivalente a la buena administración, sobre todo desde el momento en que conecta con el principio de eficiencia* » : Doña María José ALONSO MAS, *op.cit.*, p.391.

[979] José Luis Carro FERNÁNDEZ-VALMAYOR, « Defensor del Pueblo y administración pública », *in* Sebastián MARTÍN-RETORTILLO (coord.), *Estudios sobre la Constitución española. Homenaje al Profesor Eduardo García de Enterría*, t.3, Madrid, Civitas, 1991, p.2678.

B. Les applications de la notion de bonne administration aux catégories classiques de moyen

350. Les moyens de l'administration comprennent sa méthode ; la notion de bonne administration renvoie aussi à un procédé adapté et équilibré permettant de répondre à un objectif. Cette précision est en filigrane des moyens de l'administration classiquement évoqués. Ainsi, sans prétendre à l'exhaustivité, trois catégories doivent être ici exposées : les moyens financiers, les moyens humains et les moyens matériels.

351. Cette dernière rubrique peut être définie négativement : les moyens matériels désignent les moyens qui ne sont ni financiers ni humains. Il peut, à titre d'exemple, aussi bien s'agir de la matière première[980] que des nouvelles technologies. L'introduction de l'informatique dans le fonctionnement quotidien de l'administration permet en effet un meilleur accomplissement des fins[981] et donc une bonne administration. Ce lien est particulièrement mis en exergue par le *Plan d'action i2010* pour la généralisation et l'affirmation de l'administration électronique au sein de la Communauté européenne. Ce plan est d'ailleurs fondé sur l'article 41 de la Charte des droits fondamentaux de l'Union européenne relatif au « *droit à une bonne administration* ». Les critiques quant à l'absence de moyens concrets l'accompagnant ne remettent pas en cause son lien conceptuel avec la notion de bonne administration[982].

On retrouve cette idée en filigrane des rapports de l'Ombudsman. À titre d'exemple, dans le rapport de 2004 de l'Ombudsman de Catalogne (*Syndic de Greuges de Catalunya*)[983], l'introduction aux nouvelles technologies figure sous le chapitre « droit à une bonne administration ». Un contrôle de la qualité de ces nouvelles technologies s'est alors instauré. Ainsi, le rapport de 2004 *du Defensor del Pueblo*[984] dénonce le défaut d'actualisation du site internet du ministère des Affaires étrangères. Etait ici précisément en cause la Direction générale des affaires et des assistances consulaires qui n'avait pas intégré dans son site Internet la nouvelle loi organique n°14/2003 du 20 novembre 2003 relative aux droits et libertés des étrangers et à leur intégration sociale. De même, le fait, pour le Parlement européen, de ne pas se doter de moyens suffisants pour assurer le respect de la législation antitabac est contraire à la bonne administration[985].

---

[980] V. notamment : Médiateur européen, plainte R.E. n°0301614, *in* Rapport annuel de 2003, *préc.*, p.410.

[981] Joaquín TORNOS MAS, « La simplificación procedimental en el ordenamiento español », *R.A.P.*, janvier-avril 2000, n°151, p.39.

[982] Carlos J. MOREIRO GONZALEZ, « Un plan imaginario para el derecho a una buena administración. A proposito del "plan de accion sobre administracion electronica i2010" », *Revista general de derecho europeo*, octobre 2006, vol.2, [en ligne].

[983] Síndic de Greuges de Catalunya, Rapport annuel de 2004 présenté au Parlement catalan en mai 2005, Barcelone, éd. Tallers Gràfics Hostench S.A., 2005, p.25.

[984] Defensor del Pueblo, plainte n°0411735, *in* Rapport annuel de 2004, *préc.*, p.1343.

[985] Réclamation n° 230/2003/O., *in* Rapport annuel de 2004, J.O.C.E. n°C-287 du 18 novembre 2005, p.6, p.78.

352. De par son lien évident avec la notion de bonne administration et son caractère extensif, ce type de moyens n'appelle pas à de plus amples développements. Il semble davantage judicieux de centrer notre analyse sur les moyens financiers (**1**) et sur les moyens humains (**2**).

1. L'efficience : application de la notion de bonne administration aux moyens financiers

353. L'efficience désigne l'accomplissement d'un objectif au moindre coût financier. Elle implique donc une mise en balance entre les moyens (*inputs)* et l'objectif (*output*). Alors que l'efficacité vise le rapport entre les résultats attendus et les résultats obtenus, l'efficience est évaluée sur la « *base d'un calcul d'optimisation visant à minimiser les coûts* »[986]. Or, la gestion des deniers publics est désormais dominée (du moins dans les esprits) par une prise en compte du rapport moyen / fin[987].

Dès lors, une précision s'impose : la pure véracité des comptes n'est ici pas concernée. L'efficience n'est en effet pas l'antonyme de la corruption qui a trait davantage, comme nous le verrons[988], à la mauvaise gouvernance. Le noyau dur de la notion de bonne administration n'inclut donc pas, à notre sens, la transparence, car elle désigne avant tout un rapport qualitatif, à savoir la manière dont a été utilisé l'outil financier.

354. S'inscrivant dans la perspective de l'accomplissement des buts[989], l'efficience est l'expression de la notion de bonne administration dans le domaine des moyens financiers. Aussi Monsieur Bassols Coma se fonde-t-il sur les rapports de la Cour des comptes espagnole pour introduire la notion de bonne administration dans le domaine juridique[990]. De manière plus implicite, Monsieur Gomez Puente met également en valeur ce lien conceptuel à propos des principes de bonne administration évoqués par le *Defensor del Pueblo* dans son contrôle de l'administration fiscale[991]. La notion de bonne administration se manifeste donc de manière concrète à travers cet impératif fondé sur une nouvelle conception de la

---

[986] C.-D. ECHAUDEMAISON, *Dictionnaire d'Économie et de Sciences sociales*, 6e éd., Paris, Nathan, 2003, p.178 ; Mokhtar LAKEHAL, *Dictionnaire d'économie contemporaine et des principaux faits politiques et sociaux*, 3e éd., Paris, Vuibert, 2000, p.288.

[987] Bernard ABATE, *La nouvelle gestion publique*, Paris, L.G.D.J., coll. Systèmes, 2000, 152p ; Jacques CAILLOSSE, « L'administration française doit-elle s'évader du droit administratif pour relever le défi de l'efficience ? », *in* François LACASSE, Jean-Claude THOENIG (dir.), *L'action publique*, Paris, L'Harmattan, coll. Logiques politiques, 1996, p.307-324. L'auteur souligne notamment que la « *crise de l'État-Providence a créé les conditions favorables à l'élaboration comme à la réception d'un discours juridique nouveau* » : *art.cit.*, p.308.

[988] V. *infra*, n°462. Nous n'adoptons ainsi pas la démarche de Mme Lassalle qui inclut la lutte contre la fraude dans la bonne administration du budget de l'Union européenne : Julie LASSALLE, *op.cit.*, p.346-377.

[989] Héctor FIX-FIERRO, *Courts, Justice and Efficiency. A socio-legal Study of Economic Rationality in Adjudication*, Oxford, Hart Publishing, 2003, p.26. Cette contribution concerne la bonne administration de la justice, mais le raisonnement peut s'appliquer à la bonne administration.

[990] Martín BASSOLS COMA, « El principio de buen administración y la función fizcalizadora del Tribunal de Cuentas », *in* DIRECCIÓN GENERAL DE LO CONTENCIOSO DEL ESTADO, *El Tribunal de Cuentas en España*, Actes du colloque des 25-29 mai 1981, vol.1, Madrid, Instituto de Estudios fiscales, coll. Estudios jurídicos, n°7, 1982, p.261.

[991] Marcos GÓMEZ PUENTE, « Defensor del Pueblo y administración tributaria », *in Escritos jurídicos en memoria de Luis Mateo Rodríguez*, t.1, Santander, Université de Cantabria, 1993, p.219-250.

gestion publique mettant en exergue l'importance de l'équilibre financier, de la qualité et de l'efficience des services publics[992].

355. À ce titre, la décision du Tribunal suprême espagnol du 11 juin 1991[993] mérite une attention particulière. Le juge devait ici se prononcer sur l'adjudication d'un contrat de travaux publics. Or, le rapport d'experts établissait que toutes les entreprises concurrentes présentaient un haut degré de compétence, d'expérience et disposaient de moyens suffisants (personnel et machines). La société requérante contesta alors le choix de l'administration qui n'aurait pas opté pour la société la moins coûteuse.

Le juge donna raison à cette société : afin de « *réaliser un ouvrage public, la rationalité des principes de bonne administration impose le choix de la meilleure offre économique, au moins lorsque aucune raison sérieuse n'est évoquée à l'encontre de ce critère* »[994]. La « *rationalité d'une bonne administration* » devait donc conduire à l'adjudication du contrat à la partie requérante et non à une autre entreprise dont le coût de travaux était supérieur[995].

356. Pour illustrer le lien conceptuel unissant la notion de bonne administration à l'efficience, il convient de rappeler le rôle des juridictions financières[996], qui témoignent par elles-mêmes de la juridicité de la bonne administration. À ce sujet, les références pourraient être multipliées à loisir, mais il convient de se limiter à certaines illustrations utiles à la démonstration.

L'exemple anglais *du Local Government Finance Act* de 1982, créant notamment l'*Audit Commission for Local Authorities*, est ainsi révélateur de la présence implicite de la notion de bonne administration. Il donna en effet lieu à un Code de bonne pratique en matière d'audit financier[997].

Le principe communautaire de bonne gestion financière[998], imposant que « *les moyens utilisés* [soient] *les meilleurs, les moins onéreux et les plus efficaces* »[999],

---

[992] Vicente MONTESINOS JULVE, « Nuevos ámbitos de la fiscalización de las entidades públicas », *Revista española de control externo*, janvier 2000, vol.2, n°4, p.39-40. Sur le nouveau paramètre d'économie de la procédure: Joaquín TORNOS MAS, *art.cit.*, *R.A.P.*, 2000, p.39 ; sur le lien avec la bonne administration : Doña María José ALONSO MAS, *op.cit.*, p.391.

[993] S.T.S., 1e sect., n°3134/1991, 11 juin 1991, req. n°409/1986.

[994] « *La racionalidad de los principios de buena administración exige la elección de la mejor oferta económica, al menos cuando no se invoca razón alguna para apartarse de esa solución* » : F.J. n°4.

[995] « *La racionalidad de una buena administración imponía la adjudicación del contrato a la parte apelante y no a otra empresa distinta con la que el coste de la obra sería superior* » : F.J. n°5.

[996] Pour un aperçu du contrôle financier : Jean RAYNAUD, Jean-Yves BERTUCCI, *Les juridictions financières*, Paris, P.U.F., coll. Que sais-je ?, 2003, 124p ; Jean RAYNAUD, *La cour des comptes*, 3e éd., P.U.F., coll. Que sais-je ?, 1998, 127p. Pour une étude comparative sur la gestion publique : Raphaëlle FABRE-GUILLEMANT, *Les réformes administratives en France et en Grande Bretagne*, Paris, L'Harmatthan, coll. Logiques juridiques, 1998, 367p.

[997] Code of Local Government Audit Practice for England and Wales, H.M.S.O., Londres, 1983a. V. à ce sujet : Brendan MacSWEENEY, « Accounting for the Audit Commission », *Political Quarterly*, janvier-mars 1988, vol.59, n°1, p.28-43.

[998] Sur ce principe, v. notamment : Julie LASSALLE, *op.cit.*, p.335-377. Cet aspect est amplement développé dans cette thèse. Nous nous contenterons de renvoyer à l'article 274-1 T.C.E. selon lequel « *les États membres coopèrent avec la Commission pour faire en sorte que les crédits soient utilisés conformément aux principes de la bonne gestion financière* ».

témoigne également du lien implicite entre ces impératifs et la notion de bonne administration.

357. Une référence au droit français achève de montrer les manifestations juridiques de la notion de bonne administration dans le domaine de la bonne gestion financière des fonds publics. Ainsi, l'article L.111-3 du Code des juridictions financières énumère les compétences de la Cour des comptes, c'est-à-dire le contrôle de la régularité tant des recettes et des dépenses que du *bon emploi* des crédits, fonds et valeurs. L'article L.211-8 évoque également l' « *économie des moyens* » mis en œuvre. De la même manière, la loi du 21 décembre 2001 redéfinit la compétence des chambres régionales des comptes en substituant aux termes « *contrôle de l'emploi régulier* » des comptes ceux de « *bon emploi* » des crédits[1000].

La fameuse Loi organique relative aux lois de finance (L.O.L.F.)[1001] s'inscrit également dans cet ordre d'idées. Son article 32 introduit le principe de sincérité emprunté au droit des sociétés et également consacré par le Conseil constitutionnel[1002]. Les juges l'ont alors relié à l'irréalisme des prévisions (surévaluation des recettes ou sous-estimation des dépenses) ou encore à l'usage abusif de la procédure aboutissant à une représentation faussée des données essentielles à la formation de l'équilibre budgétaire[1003]. Il ne faut ainsi pas réduire cette disposition à une simple interdiction de la corruption.

En effet, selon l'interprétation du Conseil constitutionnel, ce principe impose une bonne évaluation du rapport moyen / fin. La notion de bonne administration apparaît alors implicitement dans certains arrêts de la Cour de discipline budgétaire et financière chargée de sanctionner, par des amendes, les infractions aux règles budgétaires et financières[1004]. Mettant en cause les « *graves fautes de gestion* »[1005], son contrôle s'avère très encadré. Cette Cour est en effet la seule juridiction financière à posséder un pouvoir de sanction. Le Conseil d'État a ainsi rappelé, dans l'arrêt *Commune de la Ciotat*[1006], que les observations des chambres régionales ne font pas grief et ne sont donc pas susceptibles de faire l'objet d'un recours pour excès de pouvoir. Néanmoins, sous l'impulsion des rapports de ces juridictions, le Conseil d'État prend également en compte ce nouvel impératif. Lorsque la Haute juridiction se prononce sur le travail du comptable public, elle évoque son devoir de « *diligences adéquates, rapides et complètes* »[1007]. Si l'appréciation du comportement du comptable public revenait auparavant au ministre des

---

999 COUR DES COMPTES EUROPÉENNES, Rapport annuel relatif à l'exercice de 1977, J.O.C.E., n°C313 du 30 décembre 1978, p.1, spéc. p.6. V. Julie LASSALLE, *op.cit.*, p.338, note infrapaginale n°155.

1000 Loi n°2001-1248 du 21 décembre 2001 *relative aux chambres générales des comptes et à la Cour des comptes*, J.O.R.F. n°299, 26 décembre 2001, p.20575.

1001 Loi organique n°2001-962 du 1er août 2001 relative aux lois de finance, entrée en vigueur le 1er janvier 2005 : Jean-Pierre CAMBY (dir.), *La réforme du budget de l'État. La loi organique relative aux lois de finances*, Paris, L.G.D. J., coll. Systèmes, 2004, 411p.

1002 V. en outre : C.C., 21 juin 1993, *Loi de finances rectificative pour 1993*, n°93-320 D.C., rec. 146 ; C.C., 29 décembre 1993, *Loi de finances pour 1994*, n°93-330 D.C., rec. 572.

1003 C.C., 30 décembre 1997, *Loi de finances pour 1998*, n°96-395 D.C., rec. 333.

1004 Articles L. 313 et s du Code de justice administrative.

1005 C.D.B.F., 22 mai 1957, *Société nationale de constructions aéronautiques du Nord*, n°5-22.

1006 C.E., , 8 février 1999, *Commune de La Ciotat*, req. n°169047, [non publié].

1007 C.E., 4e-1re sous-sect., 19 janvier 2000, *Société Distribleu*, rec. 20, req. n°177914-915.

Finances[1008], elle concerne désormais le Conseil d'État dont le pouvoir d'investigation s'étend aux tiers[1009].

358. En résumé, l'efficience peut être considérée comme l'expression de la notion juridique de bonne administration dans le domaine des moyens financiers. Cette notion se manifeste également à travers les moyens humains.

2. Le « bon administrateur » : application de la notion de bonne administration aux moyens humains

359. Il semble acquis que la bonne administration se réalise *via* de bons administrateurs. En d'autres termes, elle implique un bon usage des moyens humains[1010]. Le principe de sélection des fonctionnaires selon le mérite, notamment énoncé à l'article 6 de la Déclaration universelle des droits de l'Homme et du Citoyen, est donc une expression de la notion juridique de bonne administration. Par ailleurs, ainsi que l'a expressément rappelé le Tribunal de première instance des Communautés européennes, l'examen préalable des mérites des candidats au sein de chaque direction générale « *participe du principe de bonne administration* »[1011]. Ici encore, les exemples sont innombrables et il faut se limiter à quelques références pertinentes.

360. À ce titre, on peut brièvement mentionner le décret n°2002-682 du 29 avril 2002 relatif aux conditions générales d'évaluation, de notation et d'avancement des fonctionnaires de l'État[1012]. Celui-ci instaure un nouveau système d'évaluation obligatoire mesurant l'aptitude à l'exercice de la fonction juridictionnelle ou encore la « manière de servir ».

361. De même, l'article 43 du Statut de la fonction publique européenne prescrit la rédaction d'un rapport de notation sur la compétence, le rendement et la conduite de chaque fonctionnaire. Or, selon la Cour de justice des Communautés européennes, « *cet acte doit être établi obligatoirement pour la bonne administration et la rationalisation des services de la Communauté* »[1013]. Le Tribunal de première instance a ainsi conclu à la violation du principe de bonne administration en cas de retard de trois ans dans l'établissement d'un rapport de notation[1014].

Les « *règles d'une bonne administration en matière de gestion du personnel* » sont évoquées par la jurisprudence communautaire depuis un certain nombre d'années[1015]. La Cour de justice des Communautés européennes met régulièrement

---

[1008] C.E., ass., 23 juin 1989, *Ministre du budget c/ Veque et autres*, rec. 151, req. n°67442.

[1009] C.E., 4e-1re sous-sect., 19 janvier 2000, *préc.*

[1010] Cette expression pourrait sembler maladroite, mais elle nous paraît exprimer avec fidélité l'idée de mise en œuvre de moyens.

[1011] T.P.I.C.E., 5e ch., 3 mai 2007, *Crespinet c/ Commission*, aff. T-261/04, non encore publié, pt.85.

[1012] J.O.R.F., 2 mai 2002, n°102, p.7995.

[1013] C.J.C.E., 3e ch., 5 mai 1983, *Ditterich c/ Commission*, aff. 207/81, rec.1983, p.1359, concl. Reischl, p.1376.

[1014] T.P.I.C.E., 5e ch., 8 novembre 1990, *Barbi c/ Commission*, aff. T-73/89, rec.1990, p.II-620.

[1015] Pour exemple : C.J.C.E., 2e ch., 30 mai 1973, *De Greef c/ Commission*, aff. 46/72, rec.1973, p.543, pt.21 ; T.P.I.C.E., 3e ch., 7 février 2007, *Caló c/ Commission*, aff. T-118/04 et T-134/04, non encore publié, pt.67-68 ; T.F.P.U.E., 4 septembre 2008, *Lafili c/ Commission*, aff. F-22/07, non encore publié, pt.38.

en valeur le lien entre le principe de bonne administration et le recrutement, puis la formation du personnel. Aussi est-il « *conforme à l'intérêt d'une bonne administration* » que l'institution examine les possibilités de pourvoir l'emploi par voie de concours interne à l'institution[1016].

Comme nous l'exposerons en détail par la suite[1017], la notion de bonne administration permet le déploiement des pouvoirs de chef de service de l'administration. Le Tribunal de première instance a ainsi rappelé la liberté de l'administration dans l'affectation de l'administrateur à un poste, liberté encadrée par le devoir d'adaptation aux besoins des usagers[1018]. Cette nécessité prévaut donc sur l'espoir fondé d'affectation au Secrétariat général de la Commission, invoqué par la requérante.

Le juge communautaire a également considéré que la subdélégation ou la dérogation aux critères de répartition des affaires à l'intérieur d'une institution peut entraîner la nullité de l'acte administratif si elle risquait de violer les « *règles d'une bonne administration en matière de gestion du personnel* »[1019]. Cette citation montre avec force le lien qui unit la notion de bonne administration à la bonne utilisation des moyens humains. Il ne faut donc pas se restreindre à la conception « classique » de la compétence de l'administrateur réduite à l'impartialité ou à la neutralité. Ici, le « bon administrateur » est l'incarnation personnifiée de l'idée d'adaptation des moyens.

362. Un autre exemple peut être tiré de l'article 103.3 de la Constitution espagnole consacrant les principes de mérite et de capacité. Cet article doit être relié à l'article 103.1 précité relatif au principe de bonne mise en œuvre des moyens de l'administration publique (dit principe d' « *efficacité* »), qui découle de la soumission de l'administration à l'intérêt général (« *organizacion servicial* »). Les moyens humains permettent alors de garantir, avec le principe de coordination[1020], le principe d'efficacité de l'action administrative. À ce sujet, Monsieur Parejo Alfonso rappelle que la coordination des moyens humains vise « *l'adéquation de l'organisation administrative au but poursuivi, c'est-à-dire la réalisation efficace de l'intérêt général* »[1021].

Le Tribunal supérieur de Catalogne a, à ce titre, dernièrement souligné l'impératif de « *bonne adéquation* » des moyens humains[1022]. Le Tribunal administratif doit ainsi non seulement contrôler la formation théorique et générale du personnel, mais aussi « *l'**adéquation** de ces connaissances à la réalité, et plus précisément à la fonction d'un agent de police* (...) ». Les principes de mérite, de capacité et d'égalité imposent que l'examen conduise à la sélection des candidats « *dotés des profils intrinsèquement liés à la fonction, ou encore **adaptés** au*

[1016] C.J.C.E., 1e ch., 13 décembre 1984, *Vlachos c/ Cour de justice*, aff. 20-21/83, rec.1984, p.4149, pt.23.
[1017] V. *infra*, n°928 et s.
[1018] T.P.I.C.E., 2e ch., 28 janvier 2003, *F c/ Cour des comptes*, aff. T-138/01, rec.2005, p.II-573, pt.42- 43.
[1019] C.J.C.E., 2e ch., 30 mai 1973, *De Greef c/ Commission*, *préc.*, concl. Trabucchi, p.557.
[1020] Luciano PAREJO ALFONSO, *Estado social y administración pública. Los postulados constitucionales de la reforma administrativa*, Madrid, Civitas, coll. Monografías, 1983, p.137-142.
[1021] Luciano PAREJO ALFONSO, *Estado social...*, *op.cit.*, p.138.
[1022] S.T.S. de Catalogne, 4e ch., n°2007/117660, 10 novembre 2006, req. n°835/2006, F.J.4.

poste »[1023]. L'intérêt de cette décision réside également dans l'affirmation du contrôle juridictionnel de l'adaptation des moyens humains.

363. De son côté, le *Defensor del Pueblo* fait prévaloir la compétence des administrateurs sur leur mode d'élection. Il affirme en effet que la loi n°57/2003 de modernisation du gouvernement local, qui prévoit le recrutement possible de personnel technique non élu dans l'exécutif du gouvernement local, n'est pas contraire au principe d'autonomie. L'exigence de compétence du personnel l'amène donc à une interprétation large de l'article 140 de la Constitution espagnole qui, selon les plaignants, impose que la municipalité soit exclusivement composée d'un maire et de conseillers municipaux.

L'Ombudsman espagnol a également affirmé à maintes reprises que la formation du personnel est une condition nécessaire au bon fonctionnement de l'administration publique[1024]. Un exemple peut être tiré du rapport public de 2004. À l'occasion d'une plainte mettant en cause la Communauté autonome de Valence, le *Defensor del Pueblo* considère que la prise en compte de l'expérience professionnelle du candidat ne viole pas le principe d'égal accès à la fonction publique consacré à l'article 23.2 de la Constitution[1025]. L'impératif d'adaptation du personnel justifie ainsi l'instauration d'un service de psychiatrie au sein des prisons[1026].

Dans le même ordre d'idées, le Médiateur européen met régulièrement en cause le recrutement du personnel par la Commission dont l'expertise serait déficiente. Dans le cadre du recrutement du personnel représentant le Conseil au niveau régional, il a considéré comme insuffisants les enquêtes et les examens devant à son sens permettre d'établir non seulement la bonne foi du futur employé, mais aussi l'adéquation de ses compétences à la mission[1027]. De plus, le Médiateur précise que l'administration doit fournir les connaissances adéquates à la future mission confiée.

364. Le lien entre les « bons administrateurs » et la notion de bonne administration est donc corroboré aussi bien par le droit positif que par les rapports des Ombudsmän. La doctrine souligne aussi l'importance de l'évaluation et de la notation des administrateurs. Monsieur Laveissière insiste sur les critères de qualités professionnelles, d'efficacité, d'organisation ou encore de méthode ainsi que sur leur contrôle juridictionnel[1028]. Dans le même esprit, le rôle du directeur des

---

[1023] « (...) *De acuerdo con los principios de merito y capacidad e igualdad, conducir a la selección de aquellos aspirantes dotados de los perfiles directamente adecuados a la función, en cuanto que idoneos para el cargo. Asimismo, debe significarse, respecto de la desviación de poder* (...), *que es un vicio de estricta legalidad, cuyo control se realiza mediante criterios jurídicos estrictos y no mediante reglas morales* (...) ». Nous soulignons.

[1024] Defensor del Pueblo, Recommandation n°300007, *in* Rapport annuel de 2003, *préc.*, p.785.

[1025] Defensor del Pueblo, Rapport annuel de 2004, *préc.*, p.1624.

[1026] Defensor del Pueblo, plainte n°FO-300022, Rapport annuelde 2003, *préc.*, p.826. Il en est de même s'agissant de la formation des avocats d'office : p.787.

[1027] Réclamation du Médiateur européen n°171/09.10.95/H.G.K./U.K. c/ Commission européenne, *in* Rapport annuel de 1997, *préc.*, p.213.

[1028] Jean LAVEISSIERE, « Les "mal notés" et le juge », *A.J.D.A.*, 20 mars 1981, n°3, p.119-127. V. aussi : Ministère du budget, des comptes publics et de la fonction publique, D.G.A.F.P., *Rapport annuel sur l'État de la fonction publique*, 2006-2007, La doc. française, 2007, p.16-37.

ressources humaines dans l'administration anglaise a été mis en valeur[1029]. Monsieur Guillaumin consacre aussi la deuxième partie de son mémoire relatif à la justice administrative à la formation des magistrats[1030]. Celle-ci comprend aussi bien une certaine éthique qu'une réelle compétence et une méthode de travail.

Or, le propre d'une méthode est d'*adapter* de manière *optimale* des moyens à la fin poursuivie. Il convient d'insister sur ce point. Les moyens comprennent la méthode ou le procédé que l'administration emploient pour remplir son objectif. C'est ainsi que, comme nous le verrons[1031], la procédure administrative non contentieuse peut être envisagée comme un moyen de prendre un acte administratif.

365. Ces illustrations montrent que la notion de bonne administration concerne les moyens employés par l'administration et non la fin qu'elle poursuit ou ses résultats. De plus, l'adjectif « bon », qui confère à cette notion sa spécificité, implique l'optimisation de ces moyens.

§ 2. L'OPTIMISATION DES MOYENS : NOYAU DUR DE LA NOTION DE BONNE ADMINISTRATION

366. L'optimisation peut être définie comme « *la recherche et l'accomplissement du meilleur* »[1032]. L'emploi de cet adjectif ne doit pas induire en erreur le lecteur : le choix du moyen est toujours relatif. La délibération (*proairesis)* désigne en effet, étymologiquement, « *ce qui est choisi de préférence à autre chose* »[1033]. Le « *meilleur* » renvoie donc à « *un superlatif relatif, et non absolu* »[1034] dont la détermination est objective. Selon Monsieur Picavet, celle-ci n'est pas strictement subordonnée aux conditions ou aux qualités psychologiques des sujets particuliers[1035].

367. À l'instar de la notion italienne de « *merito* »[1036], la notion de bonne administration vise la meilleure réalisation d'un objectif par l'optimisation des moyens de l'administration, ce qui nécessite souvent une utilisation judicieuse de son pouvoir discrétionnaire (**B**). Afin de le comprendre, l'administration doit être envisagée de manière dynamique et non statique ou organique. Il faut donc au

---

[1029] Randhir K. AULUCK, « La fonction de Directeur des ressources humaines : un statut ambigu dans le service public britannique », *R.I.S.A.*, mars 2006, vol.72, n°1, p.29-44.

[1030] Paul-Alexandre GUILLAUMIN, *La performance dans la justice administrative. Implications du nouveau management public dans la justice administrative*, Mémoire pour l'obtention du D.E.A. de science administrative, Université de Paris II, 2004, 193p.

[1031] V. *infra*, n°419 et s.

[1032] Emmanuel PICAVET, *Choix rationnel et vie publique : pensée formelle et raison pratique*, Paris, P.U.F., coll. Fondements de la politique, 1996, p.106.

[1033] Pierre AUBENQUE, *La prudence chez Aristote*, 2e éd., Paris, P.U.F., coll. Quadrige, 1997, p.126.

[1034] Pierre AUBENQUE, *op.cit.*, p.132.

[1035] Emmanuel PICAVET, *op.cit.*, p.108.

[1036] Lorenzo MARTÍN RETORTILLO BAQUER, « La desviación de Poder en el derecho español », *R.A.P.*, 1957, n°22, p.146.

préalable souligner la pertinence de l'approche fonctionnelle pour le discernement du contenu de la notion de bonne administration[1037] (**A**).

A. La nécessité d'une approche fonctionnelle de l'administration

368. La notion de bonne administration désigne l'action d'adapter les moyens de l'administration de manière équilibrée. L'adjectif « adapté » paraît plus explicite que celui d' « adéquat », qui désigne le résultat statique de cette action d'adaptation. La notion étudiée ne peut donc être comprise qu'en adoptant une vision fonctionnelle de l'administration.

Elle concerne en effet le fonctionnement ou encore l'action administrative (**1**) et doit de ce fait s'insérer dans une optique fonctionnelle (**2**).

1. Le lien inextricable entre la notion de bonne administration et le bon fonctionnement administratif

369. Le fonctionnement administratif exprime l'idée d'action, de comportement. Ainsi que l'affirme Monsieur Mescheriakoff, « *la maladministration est un vice de comportement* (...) »[1038]. Ce dernier terme ne doit pas prêter à confusion : il ne renvoie pas au principe de courtoisie, qui fait par ailleurs partie du Code européen de bonne conduite administrative et pourrait, selon un auteur, être appréhendé juridiquement[1039]. S'insérant à notre sens difficilement dans le domaine juridique, la courtoisie n'appartient dans tous les cas pas à l'unité conceptuelle de la notion de bonne administration.

Le fonctionnement, ou encore le comportement et la conduite de l'administration, désignent ici l'idée dynamique d'adaptation, elle-même inhérente à la notion de bonne administration. L'appellation « Code européen de *bonne conduite* administrative » suffit à convaincre : la référence à la bonne conduite est l'expression de la « bonne administration » que ce code concrétise.

370. C'est en effet dans son action, c'est-à-dire dans la concrétisation matérielle de sa fonction, que l'administration se révèle « bonne » ou « mauvaise ». Selon Monsieur Gómez Puente, « *la bonne ou mauvaise administration ne doit pas être définie en termes absolus via la relation objectif-moyen-résultat, mais via une relation plus complexe objectif-moyen-manière* [« *modos* »]-*résultat* »[1040]. Cette citation illustre parfaitement l'importance des idées d'action et d'usage des moyens (manière) dans l'appréhension de la notion de bonne administration, dont le fondement résiderait en outre à l'article 103.1 de la Constitution espagnole précité.

L'article 23 de la Loi organique instaurant le *Defensor del Pueblo* est également significative à cet égard. Il énumère les cas de « mauvaise *conduite* » du

---

[1037] V. introduction générale, n°45 et s.

[1038] Alain-Serge MESCHERIAKOFF, « Légalité, efficacité, équité, les avatars de la légitimité administrative : le cas français », *R.I.S.A.*, 1990, vol.56, n°2, p.374.

[1039] Frédéric COLIN, « De la courtoisie dans le service public », *Actualité juridique-fonctions publiques*, mars-avril 2006, n°2, p.60-64. S'agissant de l'Espagne, v. Lorenzo MARTÍN RETORTILLO BAQUER, « Honorabilidad y buena conducta como requisito para el ejercicio de profesiones y actividades », *R.A.P.*, 1993, n°130, p.23-96. Cet article concerne davantage le droit privé.

[1040] Marcos GÓMEZ PUENTE, *La inactividad de la Administración...*, *op.cit.*, p.62.

fonctionnaire pour lesquels cet Ombudsman est compétent : abus, arbitraire, discrimination, erreur, négligence, omission. Or, cette énumération coïncide avec les cas de *maladministration* pour lesquels le *Parliamentary and Health Service Ombudsman* est compétent[1041].

371. La notion de bonne administration renferme donc l'idée de bonne action administrative. Selon Monsieur Fortsakis, elle accompagne le « *déplacement d'une focalisation sur le résultat des actes administratifs à une focalisation sur le comportement administratif (fonctionnement)* »[1042]. Ainsi que nous l'avons mentionné précédemment, cette notion a trait plus globalement à la manière dont l'administration met en œuvre ses moyens et son pouvoir. Elle s'insère aussi dans l'exercice de son pouvoir normatif tout en l'encadrant, car elle concerne également la méthode selon laquelle l'administration concrétise la loi (au sens large). Nous reviendrons sur ce point par la suite[1043].

À ce stade de l'analyse, il convient simplement de préciser que la notion de bonne administration vise son bon fonctionnement ou encore sa bonne conduite. Cette notion s'inscrit indubitablement dans une optique fonctionnelle.

2. L'insertion de la notion de bonne administration dans une optique fonctionnelle

372. Dans sa thèse, Monsieur Timsit relativise la notion de « *fonction-objet* » en réorganisant les bases du droit administratif autour de la notion de « *fonction-fin* »[1044]. Celle-ci est à la fois un fondement des catégories juridiques et un critère de compétence. Selon l'auteur, il convient d'adopter une approche centrée sur la réalisation des finalités poursuivies par l'administration et non sur ses aspects purement organiques ou statiques.

Par ailleurs, il convient de distinguer l'optique finaliste de l'optique fonctionnaliste. Tout en soulignant leur lien mutuel, Monsieur Tardivel note ainsi que seule la fonction est subordonnée au but et non l'inverse[1045]. Dès lors, il faut ici opter pour une optique fonctionnaliste. Selon Monsieur Ponce Solé, la bonne administration est « *un aspect de la fonction administrative qui indique comment celle-ci doit s'exercer* »[1046]. On retrouve cette affirmation dès les années cinquante, sous la plume de Monsieur Falzone, qui qualifie la bonne administration de « *devoir fonctionnel* »[1047].

[1041] Martín BASSOLS COMA, *art.cit.*, p.284.

[1042] « *There has been a shift in emphasis from the outcome of administrative action (result) to administrative behaviour (functioning)* » : Théodore FORTSAKIS, « Principles Governing Good Administration », *European Public Law*, juin 2005, vol.11, n°2, p.217.

[1043] V. *infra*, n°924 et s.

[1044] Gérard TIMSIT, *Le rôle de la notion de fonction administrative en droit administratif français*, Paris, L.G.D.J., coll. Bibliothèque de droit public, t.54, 1963, 329p.

[1045] Boris TARDIVEL, *Recherche sur le finalisme en droit administratif français*, Thèse droit public, Université de Montpellier I, 2002, p.8-10.

[1046] « *Un aspecto de la función administrativa, que indica cómo debe ejercerse ésta* » : Juli PONCE SOLÉ, *Deber de una buena administracion…*, *op.cit.*, p.197.

[1047] Guido FALZONE, *Il dovere di buona amministrazione*, Milan, Dott. A. Giuffre, 1953, 161p.

373. L'insertion de la notion de bonne administration dans une optique fonctionnelle transparaît implicitement à travers certaines définitions de la « mauvaise administration »[1048]. Ainsi, selon Madame Delaunay, le Médiateur de la République est compétent pour les « *manifestations du fonctionnement des administrations traduisant un phénomène de maladministration* »[1049]. Le rôle de l'Ombudsman est de « *protéger les personnes contre le mauvais fonctionnement de l'administration* (…) »[1050]. Le Médiateur européen est compétent pour « *les réclamations d'ordre administratif touchant les services publics* »[1051]. Monsieur Delaunay relie également la « mauvaise administration » au mauvais fonctionnement du service public, à l'occasion de son étude sur la faute de service définie comme « *tout dysfonctionnement du service et dans le service* »[1052]. En effet, l'auteur semble utiliser de manière interchangeable les expressions « comportements de *maladministration* » et « mauvais *fonctionnement* du service public »[1053].

374. En bref, la notion de bonne administration implique une approche fonctionnelle de l'administration, qui permet une analyse de l'utilisation des moyens en termes d'optimisation. Pouvant être conçu comme un moyen de remplir ses objectifs, le pouvoir discrétionnaire se révèle alors être consubstantiellement lié à cette notion.

B. Le pouvoir discrétionnaire, au cœur de la notion de bonne administration

375. Le pouvoir discrétionnaire[1054] de l'administration constitue l'un des thèmes les plus traités en doctrine. Une étude approfondie excède donc à la fois la dimension et l'objet de cette thèse. Il s'agit ici simplement d'évoquer la connivence et l'influence réciproque entre ce pouvoir et la notion de bonne administration autour de la question de la mise en œuvre des moyens.

376. À ce stade de l'étude[1055], il faut précisément montrer en quoi la notion de pouvoir discrétionnaire permet de cerner celle de bonne administration. À cette fin, il est impératif de rappeler les contours de la notion de pouvoir discrétionnaire en

---

[1048] Même si ces deux notions ne sont pas des antonymes : v. *infra,* n°703 et s.

[1049] Bénédicte DELAUNAY, *Le médiateur de la République*, *op.cit.*, p.64.

[1050] André LEGRAND, Gérard MARCOU, Bertil WENNERGREN, « Ombudsmans et Prokuratures », *in* Guy BRAIBANT, Janusz LETOWSKI, Céline WIENER, *Le contrôle de l'administration en Europe de l'Est et de l'Ouest,* Paris, C.N.R.S., coll. Travaux de l'Institut de recherches juridiques comparatives, 1985, p.99.

[1051] Paul TEDESCHI, « Le Médiateur », *R.A.*, janvier-février 1973, n°151, p.22.

[1052] Benoît DELAUNAY, *La faute de l'administration*, Paris, L.G.D.J., coll. Bibliothèque de droit public, t.252, 2007, p.11.

[1053] Benoît DELAUNAY, *op.cit.*, p.65 (1re citation) ; p.10 (2e citation).

[1054] Selon un auteur, l'usage de l'expression « pouvoir discrétionnaire » remonterait aux écrits de Hans HÜBER, « Niedergang des Rechts und Krise des Rechtsstaat », *in Festgabe für Z. Giacometti*, Zürich, 1953, p.66. Source : Eduardo GARCÍA DE ENTERRÍA, *La lucha contra las immunidades del poder en el derecho administrativo (Poderes discrecionales, poderes de gobierno, poderes normativos)*, 3e éd., Madrid, Civitas, coll. Cuadernos, 1983, p.24. Néanmoins, il semble difficile de cerner avec exactitude la genèse de cette expression, tant son existence est liée à la naissance même de l'administration publique.

[1055] Par la suite, nous étudierons l'apport de la notion de bonne administration, telle que nous l'aurons définie, sur la notion de pouvoir discrétionnaire, pouvoir qui peut être conçu comme un moyen de bonne administration : v. *infra*, n°945 et s.

l'insérant notamment dans une optique fonctionnelle (**1**). Le rapport entre ce pouvoir et la notion de bonne administration pourra alors être établi (**2**).

1. L'aspect fonctionnel du pouvoir discrétionnaire

377. Le pouvoir discrétionnaire de l'administration est communément entendu comme « ce qui n'est pas de compétence liée »[1056]. Il est conçu comme un pouvoir résiduel ou encore une liberté concédée principalement par deux organes.

En premier lieu, par l'organe hiérarchiquement supérieur à l'administration (législateur, constituant, etc.). Le pouvoir discrétionnaire s'identifie dans ce cas aux matières et aux hypothèses non prévues par la norme supérieure. En d'autres termes, son étendue dépend du degré d'indétermination de cette norme. Certains auteurs soulignent aussi que cette liberté est implicitement ou expressément prévue par la Constitution, première source de discrétionnalité[1057].

En second lieu, le pouvoir discrétionnaire de l'administration peut résulter de l'autre organe d'exécution, à savoir le juge. Dans ce dernier cas, il désigne les questions dont le juge ne se saisit pas[1058].

Trois enjeux majeurs sont donc concernés : la localisation de ce pouvoir dans la structure « *logico-formelle* »[1059] de la norme, la question de l'intensité du contrôle juridictionnel et enfin, l'étendue de la clause constitutionnelle permettant au législateur de conférer un tel pouvoir à l'administration.

378. Ainsi que nous le montrerons par la suite, cette définition négative peut être dépassée et élargie à des critères de définition positifs, notamment sous l'influence de la notion de bonne administration[1060]. Toutefois, il convient ici de se limiter à cette définition globale du pouvoir discrétionnaire.

Par ailleurs, une précision doit être apportée. Le pouvoir discrétionnaire peut certes être conçu comme un pouvoir en tant que tel, mais il n'est pas une fin en soi. Il constitue, en des termes simplifiés, un moyen de parvenir à l'objectif imposé à l'administration. C'est en ce sens qu'il est consubstantiellement lié à la notion de bonne administration, qui désigne l'adaptation équilibrée des moyens de l'administration publique. Si le pouvoir discrétionnaire ne se situe pas sur le même

---

[1056] Léon MICHOUD, « Étude sur le pouvoir discrétionnaire de l'administration », *Revue générale d'administration*, 1914, t.3, p.5-26 ; p.193-214 ; pour une reproduction de cet article : « Étude sur le pouvoir discrétionnaire de l'administration », *Annales de l'Université de Grenoble*, 1913, t.25, p.430-500 ; 1914, t.26, p.19-58 ; Emile GIRAUD, « Etude sur la notion du pouvoir discrétionnaire », *Revue générale d'administration*, 1924, vol.47, p.298.

[1057] Eva DESDENTADO DAROCA, *Discrecionalidad Administrativa y Planeamiento Urbanístico. Construcción teórica y analisis jurisprudencial*, 2e éd., Pamplune, Aranzadi, coll. Monografías, 1999, p.57 ; Doña María José ALONSO MAS, *op.cit.*, p.236.

[1058] Roger BONNARD, « Le pouvoir discrétionnaire des autorités administratives et le recours pour excès de pouvoir », *R.D.P.*, 1923, vol.40, spéc. p.365-366.

[1059] Mariano BACIGALUPO, *La discrecionalidad administrativa (estructura normativa, control judicial y límites constitucionales de su atribución)*, Madrid, Marcial Pons, coll. Monografías jurídicas, 1997, p.107-192 ; p.192-218 ; p.219-302.

[1060] V. *infra*, n°945 et s.

plan que les moyens concrets précités, tels que les moyens financiers ou les moyens humains[1061], il s'inscrit bien dans la même optique.

379. Il désigne en effet la *manière* d'appliquer ou de concrétiser une norme. Tout comme la notion de bonne administration, il concerne l'administration dans sa fonction[1062] et non dans ses résultats. Cette idée de *modus operandi* est au cœur du « *supraconcept* » de discrétionnalité proposé par Madame Daroca. Celui-ci désigne un mode opératoire consistant en l'adoption de décisions à l'intérieur d'une marge d'appréciation prévue par l'ordre juridique[1063]. À l'instar de la notion de bonne administration, le pouvoir discrétionnaire concerne l'usage adapté des moyens de l'administration et s'inscrit dans une optique d'optimisation.

380. La norme juridique n'est en effet pas seulement la limite à l'action administrative : elle en constitue le fondement[1064] et appelle à son déploiement. Cette idée d'action positive est essentielle à notre étude : la notion de bonne administration vise la mise en œuvre positive des moyens notamment *via* le pouvoir discrétionnaire. À titre d'exemple, selon Madame Chinchilla, les articles 103 de la Constitution espagnole et 29.1 de la loi sur la procédure administrative (abrogée par la *L.R.J.P.A.C.* de 1992) introduisent le devoir, pour l'administration espagnole, de choisir la « *meilleure voie possible* »[1065], c'est-à-dire la mieux adaptée. Ces dispositions constituent de ce fait l'expression normative de la notion de bonne administration[1066]. Celle-ci ne s'inscrit pas dans une application binaire de la norme juridique, mais vise plutôt la manière optimale de l'utiliser.

Le pouvoir discrétionnaire, au cœur de l'utilisation des moyens de l'administration, constitue donc le domaine de prédilection de la notion de bonne administration. Il faut désormais clairement établir le lien qui unit ce pouvoir à cette notion.

1061 V. *supra*, n°350 et s.

1062 Miguel BELTRÁN DE FELIPE, *Discrecionalidad administrativa y constitución*, Madrid, Tecnos, coll. Temas clave de la Constitución española, 1995, p.166-168.

1063 Eva DESDENTADO DAROCA, *op.cit.*, p.70-71.

1064 Pour un exemple étranger de cette affirmation : Joaquín TORNOS MAS, « La situación actual del proceso contencioso-administrativo », *R.A.P.*, mai-août 1990, n°122, p.111.

1065 Carmen CHINCHILLA, *La desviación de poder*, Madrid, Civitas, coll. Monografías, 1989, p.151.

1066 Martín BASSOLS COMA, *art.cit.*, p.261 et s ; v. du même auteur : « La ejecución de sentencias condenatorias de la Administración Pública en jurisdicciones distintas a la contencioso-administrativa », *Documentación administrativa*, 1987, n°209, p.77.

2. *La notion de bonne administration ou l'utilisation optimale du pouvoir discrétionnaire*

381. Le pouvoir discrétionnaire permet à l'administration d'accomplir ses objectifs avec une certaine marge de manœuvre. Or, la notion de bonne administration désigne l'usage optimal des moyens de l'administration. Le pouvoir discrétionnaire et la notion de bonne administration sont donc intrinsèquement liés.

L'œuvre du Doyen Hauriou le confirme[1067]. Le pouvoir discrétionnaire correspond, chez le Doyen, à l'exercice d'une volonté libre dans le cadre des règles de droit. Il est justifié par la nécessité de définir l'intérêt public que l'administration poursuit ; cet intérêt, une fois déterminé, limite le premier. Ce pouvoir se justifie donc par la marge de liberté dont dispose tout chef d' « *entreprise* » par rapport à la notion d'intérêt public et aux directives internes qui en découlent[1068]. Ainsi que nous l'avons soulevé précédemment, le Doyen met en avant la dialectique entre le pouvoir discrétionnaire et l'idée d'Institution, elle-même aux fondements de la notion de bonne administration[1069].

382. Eduardo García de Enterría associe aussi la notion de bonne administration à la « *bonne utilisation du pouvoir discrétionnaire* »[1070]. L'auteur interprète de manière constructive l'expression « *mauvaise application des facultés discrétionnaires* » employée par le juge dans un arrêt de 1959[1071]. Le juge espagnol précise à cette occasion que les faits doivent être posés de manière objective en tenant compte des données fournies par l'administré. Également, selon Monsieur Gil Robles, l'Ombudsman, chargé de garantir la bonne administration, doit remédier à la « *"mauvaise" utilisation du pouvoir discrétionnaire* » de l'administration publique[1072].

Madame Alonso Mas définit de même la notion de bonne administration comme le « *meilleur usage du pouvoir discrétionnaire* »[1073]. Les « *critères ou standards de bonne administration* » découleraient, selon cet auteur, du principe d'interdiction de l'arbitraire[1074]. La thèse principale consiste en effet à montrer qu'en dépit de son pouvoir discrétionnaire l'administration est soumise à la clause constitutionnelle d'intérêt général. La notion même de discrétionnalité, entendue comme une pluralité de solutions permises, devrait ainsi être revue. L'indétermination ne permettrait pas le libre choix entre plusieurs solutions, mais

---

[1067] Sur le lien entre directive et pouvoir discrétionnaire : Maurice HAURIOU, « Le pouvoir discrétionnaire et sa justification », *in Mélanges Raymond Carré de Malberg*, Paris, Recueil Sirey, 1933, p.239. Selon le Doyen, l'idée d'intérêt public n'est pas extérieure à l'administration elle-même.

[1068] Maurice HAURIOU, « Le pouvoir discrétionnaire et sa justification », *art.cit.*, p.234 et s. L'intérêt du Doyen pour le droit privé transparaît à travers cette citation.

[1069] V. *supra*, n°97 et s.

[1070] Eduardo GARCÍA DE ENTERRÍA, « La interdicción de la arbitrariedad en la potestad reglamentaria », *art.cit.*, p.148.

[1071] « *Mala aplicación de facultades discrecionales* » : S.T.S., 6 juillet 1959, F.J.6 et F.J.7.

[1072] Álvaro GIL-ROBLES Y GIL-DELGADO, « La filosofia del defensor del Pueblo », *in* Paloma BIGLINO (dir.), *El Procurador del Común. Defensor del Pueblo y Comunidades Autónomas*, Journées d'études des 27-28 octobre 1994, Valladolid, Cortes de Castilla y León, 1995, p.23.

[1073] Doña María José ALONSO MAS, *op.cit.*, p.374 et s.

[1074] Doña María José ALONSO MAS, *op.cit.*, p.164-5.

imposerait implicitement une seule solution, la mieux adaptée à l'intérêt public et aux cas d'espèce[1075].

Or, le choix de la meilleure solution possible relève du « *devoir juridique de bonne administration* »[1076]. Un autre auteur espagnol souligne, indirectement, le lien unissant la notion de bonne administration au pouvoir discrétionnaire, qui permet à l'administration d'opter pour « *le choix le plus adéquat, la meilleure des solutions possibles* »[1077]. L'administration se doit en effet d'apprécier et de jauger, face à chaque situation concrète et spécifique, « *la solution la plus adéquate et conforme à l'intérêt public* »[1078]. Or, l'adéquation et, plus précisément, l'adaptation sont au cœur de la notion de bonne administration. Cette idée semble également guider la plume de Monsieur Beltrán de Felipe selon lequel le pouvoir discrétionnaire est un moyen permettant la « *constatation objective de la meilleure décision* »[1079].

383. On peut également se référer à la note de Monsieur Nauwelaers et de Monsieur Dutheillet de Lamothe à propos de l'arrêt précité *Commune de Fontenay-sous-Bois*[1080]. Comme nous l'avons indiqué, le Conseil d'État permet ici à l'administration, en évoquant expressément la « bonne administration », d'aménager le découpage cantonal afin d'amoindrir les disparités quantitatives de population en milieu urbain. Selon ces commentateurs, en imposant une cohérence et une simplicité administrative dans le découpage des circonscriptions (« *bonne administration* »), le Conseil d'État s'introduit dans son pouvoir discrétionnaire. Il est en effet clair que la notion de bonne administration encadre la manière dont il est utilisé.

Enfin, à propos de La loi générale administrative hollandaise[1081], Monsieur Boudewijn et Monsieur Waard affirment que les principes de bonne administration ont « *changé la façon dont le pouvoir discrétionnaire était considéré d'un point de vue juridique* »[1082].

384. Il faut donc clairement relever le lien unissant la bonne utilisation du pouvoir discrétionnaire à la notion de bonne administration. Tout comme cette dernière, le premier est intrinsèquement lié à l'idée d'optimalisation ou encore de « *perfection* »[1083]. Ainsi que nous le verrons tout au long de cette étude, la notion de

---

[1075] Doña María José ALONSO MAS, *op.cit.*, p.242 ; sur les concepts juridiques indéterminés : p.274-320.

[1076] Doña María José ALONSO MAS, *op.cit.*, p.35 ; p.231.

[1077] « *Permitir a la Administración la elección de la más adecuada, la mejor de las soluciones posibles* » : Germán FERNÁNDEZ FARRERES, *La subvención : concepto y regimen jurídico*, Madrid, Instituto de estudios fiscales, 1983, p.642. Pour une position espagnole similaire : Eva DESDENTADO DAROCA, *op.cit.*, p.86-90.

[1078] « *Deber de apreciar y valorar ante cada situación concreta y especifica la solución mas adecuada y conforme al interés público* » : Germán FERNÁNDEZ FARRERES, *op.cit.*, p.641.

[1079] « *La discrecionalidad es constatación de cuál es objectivamente la mejor de entre ellas* » : Miguel BELTRÁN DE FELIPE, *Discrecionalidad administrativa y constitución*, Madrid, Tecnos, coll. Temas clave de la Constitución española, 1995, p.259.

[1080] Michèle NAUWELAERS, Olivier DUTHEILLET DE LAMOTHE, *A.J.D.A.*, chro., 1978, p.209-210.

[1081] V. introduction générale, n°59.

[1082] W.N. DE WAARD BOUDEWIJN, Adrienne J.C. DE MOOR-VAN VUGT, « Les changements récents dans le droit administratif néerlandais », *in* Gérard MARCOU (dir.), *Les mutations du droit de l'Administration en Europe. Pluralisme et convergences*, Paris, L'Harmattan, coll. Logiques Juridiques, 1995, p.229.

[1083] Mariano BACIGALUPO, *op.cit.*, p.203.

bonne administration vise donc souvent la bonne mise en œuvre du pouvoir discrétionnaire. Ce constat lui confère une certaine subtilité et un indéniable intérêt.

***

En résumé, la notion de bonne administration se définit, dans son essence, par l'adaptation optimale des moyens, qui lui confère une perspective dynamique et fonctionnelle. Cette notion a également pour critère inhérent l'idée d'équilibre. L'usage adapté des moyens doit en effet résulter d'une pondération raisonnable des éléments en conflit. Cet équilibre, appliqué à l'adaptation, confère toute sa spécificité à la bonne administration publique. Il est donc nécessaire, à présent, d'expliciter ce second critère de définition.

SECTION 2. L'ÉQUILIBRE : SECOND CRITÈRE DE DÉFINITION DE LA NOTION DE BONNE ADMINISTRATION

385. Dans le langage courant, l'équilibre signifie « *l'état d'un corps en repos, sollicité par des forces qui se contrebalancent* » ou encore l' « *arrangement de choses différentes ou opposées, harmonieusement combinées* »[1084]. Or, la notion de bonne administration désigne, à notre sens, l'adaptation *équilibrée* des moyens de l'administration publique. La stabilité et l'harmonie contenues dans l'idée d'équilibre encadrent le dynamisme induit par l'idée d'adaptation ; en d'autres termes, elle lui confère un caractère raisonnable.

386. Le mot « équilibré » pourrait à première vue sembler trop vague. Cependant, il est apparu comme le plus précis et le plus fidèle au contenu de la notion de bonne administration. En effet, ce terme n'est pas employé comme substantif, mais comme adjectif qualifiant l'adaptation précédemment circonscrite dans sa définition et dans son objet. La notion de bonne administration ne désigne donc pas l'idée large d'équilibre, mais la « raisonnabilité » de l'adaptation des moyens de l'administration publique.

Cette adaptation équilibrée est le résultat d'une pondération des différents éléments en conflit utiles pour la constitution et le choix du moyen. L'adjectif « pondéré » pourrait alors sembler plus juste que celui d' « équilibré ». Néanmoins, il prête à confusion. En effet, l'expression « adaptation pondérée » pourrait laisser à penser que l'adaptation doit elle-même être pondérée avec une autre exigence, comme c'est notamment le cas dans le cadre de la proportionnalité[1085]. S'agissant de la notion de bonne administration, la pondération concerne exclusivement les éléments conduisant au choix du moyen ; elle est l'opération permettant d'aboutir à une adaptation équilibrée (bonne administration). De ce fait, si la définition

[1084] *Dictionnaire encyclopédique de la langue française*, Paris, Hachette, 1998, p.456.
[1085] Sur la distinction entre les notions de bonne administration et de proportionnalité, v. *infra*, n°449.

proposée renferme l'opération sous-jacente de pondération, cette dernière n'y figure pas formellement, dans un souci de cohérence et de clarté.

387. Il convient alors d'expliciter la place centrale de l'idée d'équilibre dans la définition de la notion de bonne administration (**§1**). Ce constat se manifeste notamment dans le domaine procédural. La mise en œuvre équilibrée de la procédure administrative non contentieuse permet ainsi de cerner davantage les contours de la notion de bonne administration (**§2**).

§ 1. LA PLACE CENTRALE DE L'IDÉE D'ÉQUILIBRE DANS LA DÉFINITION DE LA NOTION DE BONNE ADMINISTRATION

388. L'adaptation optimale de l'administration est aussi équilibrée. Les adjectifs « *adapté* » (« *proper* ») et « *équilibré* » (« *sound* ») sont ainsi utilisés par le juge communautaire comme substituts à la notion de bonne administration[1086]. Cet équilibre s'obtient en pondérant, de manière raisonnable, les éléments contribuant à l'objectif poursuivi. À ce stade de notre définition, il est alors impératif de préciser ce qu'il faut entendre par « pondération ».

389. En mathématiques, elle est l' « *affectation d'un coefficient à une variable* ». Pondérer, c'est « *examiner sérieusement, peser, équilibrer, balancer* ». L'adjectif « pondéré » renvoie à la « *qualité de celui qui observe en toute occasion une juste mesure* »[1087].

Si la pondération et l'idée d'équilibre sont consubstantielles au droit, l'utilisation de ce vocable a néanmoins longtemps suscité certaines réticences dans ce domaine, car il obéit rarement à la logique déductive du syllogisme. C'est ainsi que la pondération est classiquement opposée à la qualification juridique, la seconde étant prétendue plus stable que la première[1088]. Pourtant, cette affirmation peut être sérieusement nuancée : la pondération fait bien partie de la normativité juridique.

390. Le droit allemand a particulièrement mis en exergue la juridicité de la pondération[1089]. Il faut pour cela remonter brièvement à la définition tripartite de la proportionnalité livrée par la Cour constitutionnelle fédérale allemande (*BverfG*)[1090]. Ce thème soulève des questions fondamentales qui dépassent le cadre de cette recherche[1091] ; il s'agit donc de se limiter à montrer son intérêt au regard du sujet traité.

[1086] Hanns Peter NEHL, *op.cit.*, p.5, note infrapaginale n°13.

[1087] *Le Robert, Dictionnaire de la langue française*, 2e éd., Le Robert, 1985, p.589-590.

[1088] José María RODRÍGUEZ DE SANTIAGO, *La ponderación de bienes e intereses en el derecho administrativo*, Madrid, Marcial Pons, 2000, p.11-12.

[1089] Ainsi que nous l'avons précisé en introduction générale, les limites de nos connaissances linguistiques nous obligent à nous référer aux écrits français et espagnols décrivant le droit allemand.

[1090] Décision des pharmacies : BVerfGE 7, 377. V. aussi pour exemple : BVerfGE 79, 256 (270).

[1091] Afin d'alléger cette note infrapaginale, nous n'énumérerons pas les contributions étudiées que nous mentionnerons au fur et à mesure de la démonstration. Le thème de la proportionnalité a déjà retenu notre attention et nous nous permettons de renvoyer à : Rhita BOUSTA, « La "spécificité" du contrôle

Selon le premier sous-principe (*Geeignetheit*), la mesure contrôlée doit contribuer de manière plus ou moins adéquate à la réalisation de l'objectif. Selon le deuxième sous-principe (*Erforderlichkeit*), parmi tous les moyens adéquats doit être choisi celui qui limite le moins le droit ou la liberté concernés[1092]. Enfin, selon le troisième sous-principe (*Verhältnismäßligkeit im engeren Sinne*), le poids des éléments en conflit doit être pondéré (*Abwegung*) de manière raisonnable ; en d'autres termes, plus l'atteinte est grave, plus l'objectif qui la justifie doit être important.

Apparu plus tardivement, c'est autour de ce dernier élément que se concentre le contrôle de proportionnalité[1093], si bien que la doctrine a pu parler d'une assimilation avec le principe de proportionnalité dans son ensemble[1094]. C'est dire l'importance conférée à la pondération en droit allemand, qui s'est rapidement propagée. D'ailleurs, la doctrine française réduit parfois la proportionnalité à l' « *adéquation mathématique stricte entre avantages et inconvénients* »[1095] ou encore à l' « *exigence d'une relation logique et cohérente entre deux ou plusieurs éléments* »[1096]. De même, la proportionnalité a été définie comme un « *mode normatif, concret et effectif, de régulation juridictionnelle en vue de la détermination du juste équilibre dans la relation entre des intérêts autonomes a priori concurrents* »[1097]. Ces citations interdisent de rejeter les idées de pondération et de proportionnalité (et aussi, par conséquent, d'équilibre) en dehors de la sphère juridique.

391. À ce titre, l'ouvrage de Monsieur Rodríguez de Santiago est particulièrement enrichissant. Selon l'auteur, la pondération doit être considérée comme une méthode juridique et non comme une « *formule magique* »[1098] génératrice d'insécurité juridique. Un recensement des expressions de la pondération en droit

---

constitutionnel français de proportionnalité », *R.I.D.C.*, janvier 2007, n°4, p.859-877 ; « Une avancée "a minima" ? (à propos de la décision n°2008-562 DC du 21 février 2008 relative à la rétention de sûreté et à la déclaration d'irresponsabilité pénale pour cause de trouble mental) », *L.P.A.*, 17 juin 2008, n°121, p.7-12 ; *L'utilisation du principe de proportionnalité par le juge constitutionnel. Comparaison des jurisprudences espagnole et française relatives à la limitation de la liberté de "mouvement"*, Mémoire pour l'obtention du D.E.A. de droit public comparé, Université de Paris I, 2005, 131p.

[1092] BVerfGE, 30, 292 (316).

[1093] La « mauvaise pondération » donne le plus souvent lieu à annulation pour disproportionnalité : Petr MUZNY, *La technique de proportionnalité et le juge de la Convention européenne des droits de l'homme. Essai sur un instrument nécessaire dans une société démocratique*, 2t., Aix-en-Provence, P.U.A.M., coll. Faculté de droit et de science politique, 2005, p.178 ; p.184-185.

[1094] Michel FROMONT, « Chroniques. République Fédérale d'Allemagne », *A.I.J.C.*, 1994, p.739-743 ; Juan Carlos GAVARA DE CARA, « El principio de proporcionalidad como elemento de control de la constitucionalidad de las restricciones de los Derechos fundamentales », *Repertorio Aranzadi del Tribunal Constitucional*, 2003, n°16, p.1804 ; José María RODRÍGUEZ DE SANTIAGO, *op.cit.*, p.87 ; p.105-116.

[1095] Michel GUIBAL, « De la proportionnalité », *A.J.D.A.*, 1978, p.486.

[1096] Xavier PHILIPPE, *Le contrôle de proportionnalité dans les jurisprudences constitutionnelle et administrative françaises*, Aix-Marseille, Économica, coll. Sciences et Droit Administratif, 1990, p.8. Pour une application du principe en droit humanitaire : Xavier PHILIPPE, « Brèves réflexions sur le principe de proportionnalité en droit humanitaire », *in En hommage à Francis Delpérée. Itinéraire d'un constitutionnaliste*, Bruxelles, Bruylant, 2007, p.1183-1196.

[1097] Petr MUZNY, *op.cit.*, p.299.

[1098] « *Excluye hablar de una "fórmula mágica" carente de racionalidad, y más, de un expediente irracional* » : José María RODRÍGUEZ DE SANTIAGO, *op.cit.*, p.117.

public espagnol[1099] laisse alors place à l'énoncé d'une « *méthode de la pondération* »[1100] inspirée de la doctrine allemande.

En premier lieu, celle-ci ne saurait s'appliquer à l'ensemble des principes, valeurs, intérêts, droits ou biens, mais uniquement à ceux formulés par des normes[1101]. En second lieu, l'auteur résume les trois étapes de cette méthode juridique : l'identification des éléments en conflit, la pesée de leurs poids respectifs et la hiérarchisation de ces derniers[1102]. À cet égard, il convient de bien distinguer les circonstances, arguments de la pondération, de l'objet même de cette dernière, exclusivement juridique[1103]. Définissent la pondération en droit, ces trois étapes ne suivent pas un ordre chronologique strict, les deux dernières étant assez interdépendantes[1104].

392. La pondération est donc l'opération nécessaire à l'obtention d'une adaptation équilibrée des moyens de l'administration publique, c'est-à-dire à une bonne administration. C'est à la lumière de cette précision qu'il convient à présent d'expliciter le sens de l'adjectif « équilibré » (**A**). Cet élément permet en outre de distinguer la bonne administration privée de la bonne administration publique et est ainsi au cœur de cette dernière notion (**B**).

A. L'équilibre, résultat d'une pondération raisonnable

393. L'adjectif « équilibré » renvoie à l'idée de mesure, de modération. Il s'inscrit plus largement dans le thème de la « raisonnabilité »[1105]. Il semblera alors peut-être au lecteur que l'expression « adaptation raisonnable » serait plus habile que celle d' « adaptation équilibrée ». Néanmoins, elle est, à notre sens, moins pertinente.

En effet, le qualificatif de « raisonnable » est trop large pour prétendre définir une notion juridique dont les usages imprécis ont été précédemment critiqués. De plus, l'adjectif « équilibrée » est davantage dynamique que celui de « raisonnable », qui désigne le *résultat* de la mise en œuvre équilibrée des moyens.

À ce titre, l'adjectif « raisonné » aurait pu sembler pertinent, car il met à première vue l'accent sur la volonté active de l'administration. Néanmoins, il a trait en réalité à ce qui « *s'appuie sur le raisonnement* »[1106], autrement dit à quelque chose de fondé. Il est alors redondant avec l'idée d'adaptation et ne reflète pas suffisamment l'idée d'équilibre.

394. Il faut donc se convaincre définitivement de la congruité de l'adjectif « équilibré ». Afin de l'entériner, il convient de rappeler son fondement théorique

---

[1099] José María RODRÍGUEZ DE SANTIAGO, *op.cit.*, p.21-116.
[1100] José María RODRÍGUEZ DE SANTIAGO, *op.cit.*, p.117-142.
[1101] José María RODRÍGUEZ DE SANTIAGO, *op.cit.*, p.56-57.
[1102] José María RODRÍGUEZ DE SANTIAGO, *op.cit.*, p.121-138.
[1103] José María RODRÍGUEZ DE SANTIAGO, *op.cit.*, p.134.
[1104] José María RODRÍGUEZ DE SANTIAGO, *op.cit.*, p.138-139.
[1105] Ce terme n'est certes pas très adroit, mais il permet de distinguer le « raisonnable » du « rationnel ». Cette idée est consubstantiellement liée à celle de justice : John RAWLS, *A therory of Justice*, Etats-Unis, Harvard University Press, 1971, 3e partie : « *Goodness as Rationality* » [« *Le bien comme rationalité* »], p.395 et s. L'œuvre de Rawls lie justice, bien et rationalité.
[1106] *Dictionnaire encyclopédique de la langue française*, Paris, Hachette, 1998, p.1064.

plus large, à savoir la « raisonnabilité » (**1**). Cette précision doit alors laisser place à l'explicitation de l'opération de pondération, dont l'équilibre est le résultat (**2**).

1. La « raisonnabilité » : fondement théorique de l'équilibre

La quantité et la qualité des études dédiées à la notion de « raisonnabilité » impose un propos concis. Dans l'optique choisie, il faut se limiter à en dessiner les contours.

395. Au préalable, il convient de distinguer la « raisonnabilité » de la rationalité. Cette dernière obéit à une logique formelle et déductive, alors que la première est un critère de méthodologie plus concret[1107]. Si la « raisonnabilité » n'exclut pas la rationalité, elle implique également l'idée de sens commun, de bon sens. Monsieur Picavet rappelle ainsi que les principes rationnels doivent également être raisonnables, ce qui montre la différence entre ces deux impératifs[1108] ; un choix rationnel peut donc tout à fait être déraisonnable.

L'œuvre de Hume confirme cette distinction[1109]. L'éminent philosophe s'attache à déconstruire l'argument rationnel au profit des passions et du « raisonnable ». Selon le modèle de décision humien[1110], la raison intervient dans le choix. Ainsi que l'indique Madame Landemore, il ne faut pas réduire la pensée de Hume à ses « *métaphores frappantes mais trompeuses* »[1111] qui laisseraient à penser que l'action résulte exclusivement des passions. En réalité, Hume aurait simplement souhaité avancer que la raison *seule* ne suffit pas à motiver l'action. Cela n'implique nullement qu'elle n'ait aucun rôle à jouer. La raison, à travers les jugements de probabilité, régule les passions : « *l'équilibre passionnel, parce qu'il peut et doit être atteint, implique en effet une intervention de la raison sur la répartition des poids* (…) »[1112]. Cette citation met en exergue le lien entre « raisonnabilité » et pondération, qui est l'instrument permettant d'aboutir à un choix raisonnable et équilibré. Chaque probabilité est alors comparée en fonction de son poids respectif.

396. La thèse de Monsieur Corten soulève l'importance de ces idées dans le domaine juridique. Selon cet auteur, le « raisonnable » permet de dépasser, voire d'occulter, par une logique discursive, les contradictions particulièrement présentes en droit international[1113]. Ce propos vaut pour tout système juridique. Le « raisonnable » a en effet une fonction d'adaptation[1114] et de résolution des conflits,

---

[1107] Konstantinos PAPADIAMANTIS, *Le fondement et le concept du Raisonnable en Droit : étude comparative entre les systèmes du Droit continental et de la Common Law*, Thèse droit, Nanterre, Université de Paris X, 1990, p.4-5.

[1108] Emmanuel PICAVET, *op.cit.*, p.410.

[1109] David HUME, *Traité de la nature humaine*, [trad. A. LEROY], Paris, Aubier, 1983, t.1, 3e partie, p.142-266 ; t.2, 3e partie, p.507-566.

[1110] Sur ce point, v. notamment : Hélène LANDEMORE, *Hume : probabilité et choix raisonnable*, Paris, P.U.F., coll. Philosophies, 2004, p.84-88.

[1111] Hélène LANDEMORE, *op.cit.*, p.97. La métaphore visée est : « *la raison est esclave des passions* ».

[1112] Hélène LANDEMORE, *op.cit.*, p.112.

[1113] Olivier CORTEN, *L'utilisation du "raisonnable" par le juge international. Discours juridique, raison et contradictions*, Bruxelles, Bruylant, coll. Droit international, n°34, 1997, p.670.

[1114] Olivier CORTEN, *op.cit.*, p.129-153.

à côté des fonctions de systématisation de l'activité juridique[1115] et de légitimation d'une solution juridique particulière[1116]. Il peut être employé comme qualificatif d'une opération, d'un substantif ou d'un adjectif[1117].

397. S'agissant de la notion de bonne administration, le « raisonnable » et l'équilibre donnent corps à l'idée d'adaptation. Rappelant l'intéraction entre le droit naturel (d'où proviendrait l'idée de raison) et le droit positif, Monsieur Perelman associe l'irraisonnable à l' « *inapproprié* »[1118]. L'adjectif « raisonnable », en filigrane de celui d' « équilibré », confère alors à la notion de bonne administration publique toute sa spécificité. Alors que la bonne administration des entreprises privées se caractérise par une rationalité économique aboutissant à l'optimalité de la satisfaction d'intérêts privés, la bonne administration publique obéit à une logique d'adaptation équilibrée. Cette position est en outre défendue par Monsieur Herbert Simon selon lequel l'adaptation des moyens de l'administration aboutit à une solution satisfaisante et non purement rationnelle (*bound rationality*)[1119]. Ainsi que le résume clairement Monsieur Hummel, ce qui est manifestement déraisonnable est de ce fait « *manifestement non conforme à une bonne administration* »[1120].

398. La notion de bonne administration ne peut donc se comprendre sans ce bref retour sur la « raisonnabilité ». Ainsi que nous le noterons par la suite, cette notion se manifeste parfois à travers cet adjectif, comme c'est le cas de l'impératif de délai raisonnable[1121]. À présent, il faut préciser le contenu de la notion d'équilibre en décrivant l'étape nécessaire à son obtention : la pondération.

2. La pondération : opération nécessaire à la bonne administration

La bonne administration implique la pondération optimale de l'importance de chaque élément en fonction de sa capacité à remplir l'objectif fixé. Les faits seront alors classés par ordre de pertinence[1122].

399. Cette idée s'exprime également à travers le terme « diligence ». Ainsi que nous l'avons vu précédemment, le principe communautaire de diligence (ou *principle of care*) fut évoqué, au départ, dans le domaine de la concurrence et fut par la suite qualifié par la Cour de justice des Communautés européennes de « *principe de*

1115 Olivier CORTEN, *op.cit.*, p.200-238.
1116 Olivier CORTEN, *op.cit.*, p.261-305.
1117 Olivier CORTEN, *op.cit.*, p.620-626.
1118 Chaïm PERELMAN, *Le raisonnable et le déraisonnable en droit. Au-delà du positivisme juridique*, Paris, L.G.D.J., Bibliothèque de philosophie du droit, vol.19, 1984, p.11-26. V. du même auteur : *Ethique et Droit*, Bruxelles, éd. de l'Université de Bruxelles, 1990, p.511-522.
1119 Herbert A. SIMON, *op.cit.*
1120 Jacky HUMMEL, « La théorie de la moralité administrative... », *art.cit.*, p.338.
1121 V. *infra*, n°640 et s.
1122 À titre d'exemple, l'article 111.2 *L.R.J.P.A.C.* soumet la suspension du caractère exécutoire d'un acte à « *la pondération suffisamment raisonnée* » (« *previa ponderacion, suficientemente razonada* ») entre les inconvénients que cette suspension pourrait présenter à l'égard de l'intérêt public et des tiers et le préjudice causé au requérant résultant de l'exécution de l'acte.

bonne administration »[1123]. Le contrôle s'effectue en deux étapes : la Commission doit d'abord avoir examiné sérieusement la demande ; ensuite, son investigation doit être sérieuse, soignée et diligente[1124].

Quant au Conseil d'État, il précise que cette exigence justifie la réouverture de l'instruction en cas d'éléments pertinents apparus après sa clôture[1125].

On retrouve cette idée, dans le système britannique, à travers l'adjectif « *relevant* ». Ainsi que le souligne Lord J. Denning, le juge se doit de contrôler la pondération des faits effectuée par l'administration. Il peut ainsi considérer que cette dernière n'a pas accordé suffisamment d'importance à certains faits[1126].

400. L'idée de pondération, en filigrane de celle d'équilibre, est aussi présente à travers le terme d' « objectivité ». Il en est ainsi de l'article 9 du Code européen de bonne conduite administrative, dont la finalité est de clarifier et de développer le « *droit à une bonne administration* » consacré à l'article 41 de la Charte des droits fondamentaux de l'Union européenne[1127]. Selon cet article, « *lors de la prise de décisions, le fonctionnaire tient compte des facteurs pertinents et les pondère comme il se doit dans la décision, tout en excluant tout élément non pertinent* ». De même, Monsieur Ponce Solé affirme que l'objectivité est le second principe dérivé du devoir de bonne administration[1128]. Ici, l'objectivité ne doit pas être entendue comme synonyme d'impartialité ; elle désigne plutôt la pondération des faits et leur correcte appréciation (*valoración*).

401. Le lien établi par la jurisprudence entre la notion de bonne administration et la pondération est également mis en valeur par les Ombudsmän, chargés de veiller à la bonne administration.

Monsieur Ferris a à cet égard précisé que cette institution se devait d'apprécier les faits pertinents pour rendre sa recommandation[1129]. La pondération constitue en effet la méthode de base du Médiateur de la République[1130].

On retrouve la même idée chez Madame Severinatne selon laquelle les investigations du *Parliamentary and Health Service Ombudsman* sont entreprises uniquement « *si elles sont nécessaires à une recommandation juste et raisonnablement fondée* »[1131].

Le Médiateur européen rappelle aussi régulièrement que l'obligation d'être consciencieux fait partie de la bonne administration. L'affaire *Blue Dragon* est à cet

---

[1123] C.J.C.E., 24 novembre 1987, *R.S.V. c/ Commission*, aff. C-223/85, rec.1987, p.4617. Par la suite, le « *principle of care* » apparaît dans la jurisprudence du T.P.I.C.E., 1e ch., 18 septembre 1995, *Nölle c/ Conseil et Commission*, aff. T-167/94, rec.1995, p.II-2589.

[1124] T.P.I.C.E., 2e ch., 29 juin 1993, *Asia Motor France*, préc., pt.36.

[1125] C.E., sect., 27 février 2004, *Préfet des Pyrénées-Orientales c/ Abounkhila*, rec. 94, req. n°252988.

[1126] Lord J. DENNING, *in* Baldwin & Francis Ltd *v.* Patents Appeal Tribunal [1959], A.C. 663, 693.

[1127] V. *supra*, n°146 et s.

[1128] Juli PONCE SOLÉ, *op.cit.*

[1129] Charles FERRIS, « Special Ombudsman investigation », *in* Linda C. REIF (dir.), *The Ombudsman : Diversity and Development*, Edmonton, International Ombudsman Institute, p.194.

[1130] Michel LE CLAINCHE, « Le Médiateur et l'urbanisme », *R.F.D.A.*, 1990, p.639. La remarque concernait le domaine de l'urbanisme, mais il est permis de l'étendre à notre étude.

[1131] « *Investigations are only taken as far as necessary to reach a fair and soudly based resolution* » : Mary SENEVIRATNE, *op.cit.*, p.132.

égard significative[1132]. En l'espèce était mis en cause le professionnalisme de l'Office européen de lutte anti-fraude (O.L.A.F.) dans le cadre de l'attribution d'une concession. Celui-ci fut accusé de ne pas avoir pris en compte de manière optimale les allégations de fraude à l'encontre de la *Generalitat de Catalunya*, alors en concurrence avec l'entreprise *Blue Dragon* et un groupe d'action locale. Si la plainte fut, ici, rejetée, le contrôle du Médiateur européen sur la pondération des faits effectuée par l'administration n'en demeure pas moins réel. Ainsi, selon le Médiateur, les principes de bonne administration requièrent que l'O.L.A.F. réalise une enquête « *sérieuse, impartiale et objective* » et impliquent également que ce devoir soit respecté de manière « *raisonnable* ».

402. Le lien entre la notion de bonne administration et la pondération est également mis en exergue par la doctrine. Selon Henri Welter, un défaut d'équilibre dans l'appréciation des faits en présence est « *contraire aux intérêts d'une bonne administration* »[1133]. Cette observation datant du début du XXème siècle est loin d'avoir vieilli. Ainsi, Monsieur Ponce Solé a dernièrement rappelé que la bonne administration doit être entendue comme « *le devoir juridique de se placer dans la meilleure position possible pour exercer la fonction administrative, en pondérant tous les facteurs pertinents pour la décision* »[1134].

Aussi l'idée d'optimisation est-elle commune à la pondération et à la bonne administration. Relevant de la « *manière de décider* »[1135], celles-ci visent la meilleure solution possible. Elles entretiennent ainsi un lien étroit avec les principes, qui sont des mandats d'optimisation (*Optimierungsgebote*[1136]) et qui, contrairement aux règles, se caractérisent par une application graduée en fonction des circonstances particulières. L'idée de relativité est donc fortement liée à celle de pondération. La notion de bonne administration doit s'entendre comme le bon exercice de la fonction administrative *via* une analyse consciencieuse et équilibrée des circonstances de fait[1137]. Selon Monsieur Nehl, l'examen consciencieux des circonstances concrètes du cas individuel constitue un principe de bonne administration, corollaire du pouvoir d'investigation étendu des organes de l'Union européenne[1138]. L'appréciation raisonnable des intérêts en présence a également été qualifiée de principe de bonne administration[1139].

1132 Réclamation du Médiateur européen n°1769/2002 (I.J.H.), *E.L.B. c/ Commission et Office européen de lutte contre la fraude*, *in* Rapport annuel de 2004, *préc.*, p.101. V. également : plainte n°406/2003/(P.B.), *in* Rapport annuel de 2003, *préc.*, p.42.

1133 Henri WELTER, *op.cit.*, p.21.

1134 « *Deber jurídico de situarse en la mejor de las situaciones posibles antes de ejercer la función administrativa, ponderando todos los factores relevantes en la decisión* » : Juli PONCE SOLÉ, *op.cit.*, p.154.

1135 José María RODRÍGUEZ DE SANTIAGO, *op.cit.*, p.9.

1136 José María RODRÍGUEZ DE SANTIAGO, *op.cit.*, p.40-41.

1137 Juli PONCE SOLÉ, *op.cit.*, p.148.

1138 Hanns Peter NEHL, *op.cit.*, p.106. Ce pouvoir d'investissement est consacré à l'article 213 T.C.E.

1139 Robert ANDERSEN, « Le juge de l'excès de pouvoir et la mise en balance des intérêts en présence », *in* Philippe GÉRARD, François OST, Michel VAN DE KERCHOVE (dir.), *Droit et intérêt*, vol.3 : *Droit positif, droit comparé et histoire du droit*, Bruxelles, Facultés universitaires Saint-Louis, n°49, 1990, p.141. Cette étude concerne les Pays-Bas et la Belgique, mais son apport dépasse ces ordres juridiques. Par ailleurs, l'auteur relève que le principe d'appréciation raisonnable des intérêts figure dans toutes les classifications : p.142-143.

403. Cette idée, loin de se réduire à *un* principe de bonne administration, est au cœur même de la notion de bonne administration[1140]. À titre d'exemple, le pouvoir d'investigation des organes communautaires sert aussi bien l'intérêt de la communauté que celui des ressortissants des États membres. Il répond « *au double intérêt des principes procéduraux de bonne administration* »[1141] : la protection des administrés, d'une part, et l'efficacité de la procédure, d'autre part.

En d'autres termes, contrairement à une idée répandue, la bonne administration n'est pas synonyme de satisfaction optimale des administrés, mais d'équilibre optimal des intérêts divergents.

B. L'équilibre optimal, au centre de la notion de bonne administration

404. Il semble désormais acquis que le droit administratif est un droit d'équilibre. Ainsi que l'indique Monsieur Pontier, l'essence du droit administratif réside dans le maintien de la conciliation entre les intérêts de l'État et ceux des citoyens[1142]. Ce professeur retrace ainsi le passage d'un droit de dérogation à un droit de confrontation des droits pour aboutir à ce droit d'équilibre.

405. La notion de bonne administration s'inscrit dans cette troisième étape. À cette fin, elle concilie des éléments en conflit (**1**). Cette notion ne désigne donc aucunement la satisfaction optimale des administrés (**2**).

1. La « bonne conciliation » d'intérêts en conflit

406. La notion de bonne administration renferme l'idée d'équilibre entre différents intérêts ou différents principes. En premier lieu, elle unifie les principes de bonne administration. D'abord, en leur conférant un but commun, à savoir l'adaptation ; ensuite, en les conciliant entre eux. À titre d'exemple, la notion de bonne administration est évoquée par le juge communautaire pour résoudre le conflit entre les impératifs d'efficacité et de garanties des destinataires concernés[1143].

En second lieu, elle harmonise les différents intérêts, qui sont davantage imbriqués que conflictuels. La vision dichotomique administré(s) / administration semble en effet dépassée. À titre d'exemple, dans le cadre de la motivation des décisions administratives, l'intérêt de l'administré (contradictoire) et celui de l'administration (confidentialité) se contredisent. Néanmoins, la confidentialité protège également l'intérêt d'un autre administré, voire l'intérêt général. « Intérêt public » et « intérêt privé » ne doivent donc pas être opposés de manière stricte[1144].

[1140] Sur ce point, v. Julie LASSALLE, *op.cit.*, p.290-312. Nous n'adhérons cependant pas au titre choisi (« *honnêteté de l'administration* ») ; sur la prise en compte équilibrée d'intérêts distincts dans l'organisation interne : p.328-335.

[1141] « *This is commensurate with the twofold rationale of process principles of good administration in general, namely the combination of an instrumental and a dignitary purpose under the heading of one process standard* » : Hanns PeterNEHL, *op.cit.*, p.110.

[1142] Jean-Marie PONTIER, « Qu'est-ce que le droit administratif ? », *A.J.D.A.*, 23 octobre 2006, n°35, p.1937-1940.

[1143] T.P.I.C.E, 2e ch., ord., 19 juin 1996, *N.M.H. Stahlwerke GmbH c/ Commission*, aff. 134/94 et s., rec.1996, p.II-537.

[1144] Sur ce point, v. notamment Luciano PAREJO ALFONSO, *Crisis y renovación…*, *op.cit.*

Monsieur Truchet affirme sur ce point que « *l'intérêt général ne s'oppose pas à l'intérêt privé, mais il s'impose à lui* »[1145]. Ce professeur distingue l'approche conceptuelle, qui dépasse toute vision dichotomique, et le poids concret de ces intérêts dans la jurisprudence du Conseil d'État qui fait prévaloir l'intérêt général. Cette combinaison des intérêts a également été soulignée par Madame Fouletier[1146]. De même, selon Monsieur Sánchez Móron, la multiplicité d'intérêts révèle leur complémentarité[1147]. L'État, « *démythifié* »[1148], ne permet ainsi plus une opposition stricte entre intérêts public et privé. La notion d'intérêt général permet de réduire cette dualité, même si elle n'est pas univoque. La Constitution espagnole évoque par exemple les « *intérêts généraux* »[1149], mettant en exergue la multiplicité des expressions de l'intérêt général qui peuvent entrer en conflit[1150].

407. Une recommandation du *Defensor del Pueblo*, concernant l'impôt sur la valeur ajoutée supporté par les laboratoires pharmaceutiques, illustre ce constat. À cette occasion, l'Ombudsman espagnol ne confronte pas l'intérêt public (service public de la santé) et l'intérêt privé (intérêt financier des pharmacies) de manière duale. La recherche d'un système fiscal « *juste* » permet de concilier et de satisfaire ces deux intérêts : les citoyens doivent recevoir un meilleur service, sans que cela soit nécessairement à la charge des professionnels des offices de pharmacie[1151].

408. La notion de bonne administration contribue donc à harmoniser la coexistence de ces intérêts. Le principe communautaire de bonne administration, synthèse de règles régissant le fonctionnement des institutions, leur impose un comportement permettant « *d'atteindre un équilibre entre le respect des droits des administrés, la promotion de l'unité communautaire et la préservation du bon fonctionnement du système communautaire dans son ensemble* »[1152]. La même idée est clairement exprimée par le juge selon lequel le principe de bonne administration impose à l'administration d'opérer une mise en balance des intérêts en cause[1153].

Un auteur espagnol relie aussi l'idée d'équilibre à la bonne administration en des termes dénués d'équivoque : « *dans une bonne administration publique, au sens matériel ou objectif, la satisfaction de l'intérêt général défini par la loi doit concorder avec le respect des intérêts particuliers affectés* »[1154]. Elle doit ainsi prévoir un système de garanties permettant d'évaluer la résolution correcte du conflit. Intrinsèquement liée à l'idée de « *meilleure solution* », cette notion contribue également à l'équilibre des intérêts et du système dans sa globalité.

1145 Didier TRUCHET, *in* CONSEIL D'ÉTAT, Rapport public : *L'intérêt général*, *op.cit.*, p.371.

1146 Marjolaine FOULETIER, *Recherches sur l'équité en droit public français*, Paris, L.G.D.J., coll. Bibliothèque de droit public, t.229, 2003, spéc. p.232-236.

1147 Miguel SÁNCHEZ MORÓN, *El control de las administraciones públicas y sus problemas*, Madrid, Espasa-Calpe, 1991, p.111.

1148 Jacques CHEVALLIER, *L'État post-moderne*, *op.cit.*, p.65.

1149 Article 103.1 préc.

1150 Gérard MARCOU, « La Gouvernance : innovation conceptuelle… », *art.cit.*, p.12.

1151 Defensor del Pueblo, recommandation n°F0-200126, *in* Rapport annuel de 2003, *préc.*, p.796.

1152 Rébecca-Emmanuèla PAPADOPOULOU, *op.cit.*, p.127.

1153 T.P.I.C.E., 4e ch., 9 juillet 1999, *New Europe Consulting*, *préc.*, pt.39.

1154 Marcos GÓMEZ PUENTE, *op.cit.*, p.52.

L'optimisation doit s'entendre non seulement comme l'adaptation des moyens à la fin, mais aussi comme la pondération aboutissant à un équilibre[1155]. Ces deux éléments forment donc le contenu de la notion de bonne administration.

409. En parallèle, Monsieur Perez Calvo définit la « mauvaise administration » comme le dysfonctionnement des procédures administratives résultant d'une mauvaise pondération des intérêts en cause[1156]. Au sujet de la *maladministration*, Madame Wheare affirme que l'administration doit non seulement être efficace en atteignant les objectifs d'une politique sans retard, mais aussi assurer, de manière raisonnable, l'équilibre entre l'intérêt public qu'elle défend et l'intérêt privé qu'elle limite[1157].

Le système des Ombudsmän démontre avec vigueur cette idée. Garant de la bonne administration, cette institution est en effet considérée comme un conciliateur (médiateur) d'intérêts en conflit. Le passage de cas individualisés de mauvaise administration à la généralisation en termes de bonne administration en témoigne. Ce point a notamment été soulevé au sujet du Médiateur européen[1158], mais il ne se réduit pas à cette institution. Ainsi que le souligne Monsieur Moore, bien que compétent pour les cas de *maladministration* des particuliers, le *Parliamentary and Health Service Ombudsman* se prononce en réalité souvent sur des dysfonctionnements généraux de l'administration[1159]. Cette remarque souligne à nouveau l'intérêt de cette institution pour notre étude[1160].

410. Enfin, l'ouvrage de Monsieur Nehl permet d'entériner le lien entre l'équilibre et la notion de bonne administration. Selon l'auteur, cette notion désigne le contrepoids entre deux types d'intérêt : celui de l'individu (« *dignitary rationale* ») et celui de l'administration (« *instrumentary rationale* »). Or, « *un effacement démesuré du pouvoir de l'administration en faveur de la protection de l'individu et de la transparence est incompatible avec la "bonne administration"* »[1161].

« *Composantes essentielles de la notion* », ces intérêts doivent donc être conciliés de manière raisonnable. La notion de bonne administration ne saurait ainsi être confondue avec la satisfaction unilatérale des administrés.

1155 María José ALONSO MAS, *op.cit.*, p.393. Le lien est ainsi établi entre proportionnalité et efficacité.

1156 Alberto PEREZ CALVO, « Aspectos constitucionales del Defensor del Pueblo », *art.cit.*, p.90.

1157 K.C. WHEARE, *Maladministration and its remedies*, *op.cit.*, p.20.

1158 Wanda YENG-SENG, « Le Médiateur Européen, artisan du développement du droit à une bonne administration communautaire », *art.cit.*, p.527-552.

1159 Victor MOORE, « Peut-on évaluer le rôle des Ombudsmans ? », *R.F.A.P.*, octobre-décembre 1992, n°64 : *Médiateurs et Ombudsmans*, p.628.

1160 V. introduction générale, n°76.

1161 « *Disproportionate curtailing of the administration for the sake of individual protection and transparency is to be regarded as incompatible with "good administration". Both the dignitary rationale and the instrumental rationale of process rules as essential components of this notion are to be combined in a reasonable manner* » : Hanns Peter NEHL, *op.cit.*, p.167.

2. *La notion de bonne administration n'équivaut pas à la satisfaction unilatérale de l'administré*

411. Instinctivement, l'assimilation entre la notion de bonne administration et la satisfaction unilatérale de l'administré paraît tentante. Par « satisfaction unilatérale » ou encore « maximale », il faut entendre un bénéfice uniquement ressenti par l'administré, bénéfice qui tend vers sa satisfaction optimale. Cet amalgame est souvent usité afin d'améliorer les relations entre Administration et administrés. La « bonne administration » est dans ce cas souvent réduite à un « slogan ». Cette démarche, utile pour certaines revendications sociales ou politiques, ne peut être transposée à une étude juridique. « *L'écoute du client, interprétée de manière étroite, ne peut constituer un principe de bonne administration* »[1162].

412. Les rapports des Ombudsmän militent en faveur de la dissociation entre la notion de bonne administration et la satisfaction unilatérale des administrés. Le pouvoir d'auto-saisine, qui constitue une des caractéristiques majeures de l'institution, en témoigne. Celui-ci montre en effet que la bonne administration ne découle pas uniquement du point de vue de l'administré. Dans certains État, tels que la Suède, le Portugal ou encore la Finlande, l'intérêt pour agir n'est d'ailleurs pas requis[1163]. Monsieur Fernandez-Valmayor va jusqu'à revendiquer la suppression de cette condition pour le *Defensor del Pueblo*[1164]. La même conclusion peut être tirée de l'examen, par cette institution garante de la bonne administration, de la constitutionnalité d'une loi par définition générale et impersonnelle[1165]. Un manque de personnel dans l'administration de la justice (adaptation des moyens humains) concerne à la fois l'intérêt du plaignant (condition de travail déplorable) et le fonctionnement général du système administratif[1166].

413. Cette position est confirmée par une lecture attentive du droit positif. À titre d'exemple, le droit espagnol (article 39 *L.R.J.P.A.C.*) consacre le devoir des citoyens de livrer à l'administration les informations nécessaires à sa prise de décision raisonnable. Certes, il faut replacer cette disposition dans son contexte : la protection des administrés face à l'arbitraire éventuel de l'administration. L'article précise en effet que ce devoir ne peut être opposé à l'administré que pour les « *cas prévus par la loi* ». Au-delà de cette finalité générale de garantie, l'article montre que la transparence, nécessaire à la bonne administration, s'impose aussi bien à l'administration qu'aux administrés. Sans pour autant évoquer expressément la

---

[1162] Patrice DURAN, « Les non-dits de l'évaluation », *in* Gérard TIMSIT, Alain CLAISSE, Nicole BELLOUBET-FRIER, *Les administrations qui changent*, Paris, P.U.F., coll. Politiques d'aujourd'hui, 1996, p.162.

[1163] Jacob SÖDERMAN, « Le citoyen, l'administration et le droit communautaire », *art.cit.*, p.48.

[1164] José Luis Carro FERNÁNDEZ-VALMAYOR, *art.cit.*, p.2690.

[1165] José Luis CASCAJO CASTRO, « Los defensores del pueblo en el estado social y democrático de derecho : una perspectiva teórica », *R.V.A.P.*, mai-août 1989, n°24, p.44 ; p.50. Pour une critique de cette vision : Joaquin VARELA SUANZES-CARPEGNA, « La naturaleza jurídica del Defensor del Pueblo », *art.cit.*, p.77-78 ; Alberto PÉREZ CALVO, « Rasgos esenciales del Defensor del Pueblo según la Constitución y la Ley Organica 3/1981 de 6 de Abril », *Revista de derecho político*, 1981, n°11, p.72.

[1166] Defensor del Pueblo, Rapport annuel de 2004, *préc.*, p.148.

locution « bonne administration », le Tribunal constitutionnel espagnol a d'ailleurs clairement relié ce devoir de transparence de l'administré à la bonne marche du système administratif dans son ensemble[1167].

414. Un autre exemple peut également être tiré de la responsabilité de l'administration pour retard. Ainsi que le rappelle Monsieur Medinal Alcoz, dans cette hypothèse, le retard sera sanctionné même si la mesure visée restreint la liberté de l'administré. Ce sont en effet les tiers et, plus globalement, l'équilibre du système que la bonne administration vise à garantir[1168]. À ce titre, l'interprétation doctrinale et jurisprudentielle de l'article 24 de la Constitution espagnole mérite une attention particulière.

415. Cet article consacre un droit à une protection judiciaire effective, qui comprend notamment un droit à un avocat, à une information complète, à un procès public rendu dans un délai raisonnable et respectant toutes les garanties, dont la présomption d'innocence. Ce droit est souvent rattaché à la notion de bonne administration de la justice[1169]. Certes, les notions de bonne administration de la justice et de bonne administration n'ont pas le même champ d'application. Nous reviendrons en détail sur cette distinction par la suite[1170]. Toutefois, si la remarque concerne la notion de bonne administration de la justice, le raisonnement vaut tout autant pour la notion de bonne administration. Or, la disposition ici concernée met en exergue les limites d'une approche purement tournée vers l'administré.

En effet, selon la lettre de l'article 24 de la Constitution espagnole, « *toute personne* » est titulaire du droit à une protection judiciaire effective (ou bonne administration de la justice). Ainsi que l'a précisé le Tribunal constitutionnel espagnol, c'est le critère de partie au procès et non celui de personne privée qui permet son application[1171]. Ainsi, si la personne publique ne s'identifie pas à la personne privée (notamment en ce qu'elle est au service de l'intérêt général), il n'est pas inconcevable de l'envisager comme titulaire du droit de l'article 24[1172]. Le fondement de cet article n'est d'ailleurs pas la protection de l'administré, mais la « *paix sociale* » (article 10.1 de la Constitution espagnole)[1173].

C'est tout l'apport de la contribution de Monsieur Velasco Caballero[1174]. Invoqué par une personne publique, ce droit a pour finalité d'assurer une bonne

---

[1167] S.T.C., 2e ch., n°119/1995, 17 juillet 1995, B.O.E. n°200, F.J.6 ; S.T.C., ass. plén., n°102/1995, 26 juin 1995, B.O.E. n°181.

[1168] Luis MEDINA ALCOZ, *La responsabilidad patrimonial por acto administrativo. Aproximación a los efectos resarcitorios de la ilegalidad, la morosidad y la deslealtad desde une revisión general del sistema*, Cizur Menor (Navarre), Aranzadi, 2005, p.313-315.

[1169] Sur ce point, v. *infra*, 481 et s.

[1170] V. *infra*, n°488 et s.

[1171] S.T.C., 1e ch., n°4/1998, 12 janvier 1998, req. n°3.656/1996 (jugement d'office) ; S.T.C., ass. plén., n°175/2001, 26 juillet 2001, B.O.E. n°194 ; S.T.C., 1e ch., n°19/1983, 14 mars 1983, B.O.E. n°87, F.J.5.

[1172] Mariano BACIGALUPO, *op.cit.*, p.199. *A contra* : Ignacio DÍEZ-PICAZO GIMÉNEZ, « Reflexiones sobre algunas facetas del derecho fundamental a la tutela judicial efectiva », *Cuadernos de derecho público*, mai-août 2000, n°10, p.19.

[1173] Le droit à une protection judiciaire effective a également été fondé sur la dignité humaine afin de l'étendre aux étrangers : S.T.C., 2e ch., n°99/1985, 30 septembre 1985, B.O.E. n°265, F.J.2.

[1174] Francisco VELASCO CABALLERO, *Administraciones públicas y derecho a la tutela judicial efectiva*, Barcelone, Bosch, 2003, 207p.

distribution des rôles que la Constitution attribue aux juges. L'opposition entre les droits subjectifs des administrés et les prérogatives de puissance publique de l'administration peut ainsi être relativisée[1175]. La bonne administration de la justice n'est donc pas uniquement « au service » des administrés : elle peut être invoquée par l'administration elle-même.

Il en est de même de la bonne administration.

416. Cette notion n'impose en effet pas uniquement des devoirs à l'administration, ainsi que l'illustre le droit communautaire. L'obligation de diligence, rattachée à la bonne administration, a ainsi pu être invoquée à l'encontre du requérant. À l'occasion de l'arrêt *Stark*, la Cour de justice des Communautés européennes rappelle l'obligation incombant à ce dernier de prendre des mesures appropriées afin que sa convocation lui parvienne à son lieu de séjour[1176]. Le Tribunal de la fonction publique de l'Union européenne a également rappelé que le principe de diligence ne devait pas se confondre avec l'obligation de donner suite à toute demande de recrutement[1177]. De même, l'impératif de délai raisonnable sert aussi bien les intérêts de l'administré que ceux de l'administration[1178]. Par ailleurs, le devoir d'effectuer toutes les vérifications nécessaires sur les données susceptibles de jouer au détriment de l'administré est parfois fondé sur l'interdiction objective de l'arbitraire[1179] et non systématiquement sur un droit subjectif de l'administré.

417. Au vu de l'importance de l'idée d'équilibre dans la définition de la notion de bonne administration, la position de Monsieur Mankou doit être, à notre sens, nuancée. L'auteur énonce en effet deux acceptions de la bonne administration : l'une tendant à l' « *efficacité* » de l'action administrative, l'autre garantissant l'intérêt des citoyens[1180].

Cette appréhension de la *notion* de bonne administration semble découler de certaines classifications des *principes* du même nom[1181]. Par exemple, Madame Woodhouse distingue les principes de bonne administration se rattachant à l'intérêt de l'individu (« *individual interest* ») des principes de bonne administration servant l'intérêt public (« *public interest* »)[1182]. Relèverait de la première catégorie les principes suivants : motivation, transparence, confidentialité, équité, confiance légitime. L'intérêt public serait, lui, garanti notamment par la rapidité et l'efficience des décisions. Cette classification n'est toutefois pas exempte de critiques. Les principes censés servir l'intérêt de l'administré peuvent également satisfaire l'intérêt public, et inversement. Comme cela a été montré, il semble au contraire

---

[1175] Francisco VELASCO CABALLERO, *op.cit.*, p.77-78.

[1176] C.J.C.E., 1e ch., 27 novembre 1986, *Strack c/ Parlement européen*, aff. 155/85, rec.1986, p.3561.

[1177] T.F.P.U.E., 2e ch., 1er mars 2007, *Neirinck, préc.*, pt.119. Il s'agit ici plus précisément de l'argument invoqué par la Commission mais le Tribunal le confirme implicitement. Il donne raison à la Commission en constatant qu'aucune promesse n'avait été adressée à l'intéressée et qu'en ce cas « *l'intérêt de la personne ne prévaudrait en aucun cas sur l'intérêt du service* ».

[1178] C.J.C.E., 1e ch., 4 février 1970, *Van Eick c/ Commission*, aff. 13/69, rec.1970, p.3, pt.4.

[1179] T.P.I.C.E., 4e ch., 9 juillet 1999, *New Europe Consulting*, préc.

[1180] Martin MANKOU, *art.cit.*, p.21-23.

[1181] Sur la distinction entre notion et principe, v. introduction générale, n°26 et s.

[1182] Diana WOODHOUSE, *op.cit.*, p.190.

que la notion de bonne administration réalise l'équilibre entre ces deux optiques ; elle ne renferme donc qu'une seule acception.

De la même manière, la position quelque peu ambiguë de Monsieur Tornos Mas dans son étude relative à la simplification administrative soulève des interrogations critiques.

À cette occasion, l'auteur emploie, à diverses reprises, le vocable de « bonne administration » sans en préciser le sens. Il rappelle d'abord que la procédure remplit deux fonctions : celle de garantie des droits et intérêts des administrés et celle de participation des administrés et des instances concernées afin d'aboutir à une bonne décision. Or, la procédure aurait « *davantage rempli sa fonction de garantie des intéressés que celle tendant à la bonne administration* »[1183]. Cette dualité est confortée quelques lignes plus loin : « *la procédure poursuit deux objectifs. D'une part, la garantie des droits et intérêts des intéressés et, d'autre part, la garantie d'une bonne administration* »[1184].

Certes, ces citations soutiennent notre position consistant à discerner la notion de bonne administration de la satisfaction unilatérale des administrés. Néanmoins, elles paraissent excessives. En effet, cette notion ne saurait exclure, en soi, l'idée de garantie des administrés. Simplement, celle-ci n'est pas unilatérale et la bonne administration vise le juste équilibre entre des intérêts divergents. L'imprécision s'accroît, lorsque la « bonne administration » semble par la suite opposée à l'efficience de la procédure.

Au sujet de la nécessaire pondération des intérêts en cause, l'auteur affirme en effet : « *dans ces cas, les biens devront être pondérés : par exemple, la rapidité ou l'efficacité face à la bonne administration* »[1185]. Cette fois, la « bonne administration » semble séparée de ce qui fait l'intérêt du système dans son ensemble, à savoir la rapidité de l'action administrative. Si l'idée d'équilibre demeure au cœur de cette contribution, celle-ci ne semble pas être associée au vocable de « bonne administration », qui est réduit à un objet (incertain) de la pondération.

C'est également à cette conclusion que semble parvenir Madame Lassalle selon laquelle le principe de bonne administration « *porte fondamentalement en lui cette contradiction et cette recherche d'équilibre* »[1186]. L'auteur semble en effet envisager le problème de manière duale. Du moins, sa position ne paraît pas dépasser la lecture de la jurisprudence qui, en évoquant la « bonne administration », « *fait référence aux deux possibilités et montre l'ambivalence du principe de bonne administration* »[1187]. Ce « *véritable dualisme dans la fonction de la notion de*

[1183] « *El procedimiento ha asumido una función mas garantista de la posición de los interesados en el mismo que una función tendente a lograr una buena administración* » : Joaquín TORNOS MAS, « La simplificación procedimental en el ordenamiento español », *art.cit.*, p.44-45.

[1184] « *El procedimiento administrativo tiene dos fines diversos que no puende desconocerse. Por un lado, la garantia de los derechos e intereses de los sujetos interesados y, por otro lado, la garantia de una buena administración* » : Joaquín TORNOS MAS, *art.cit.*, p.66.

[1185] « *En estos casos deberan ponderarse los dos bienes en juego : por ejemplo, la eficacia o celeridad frente a la buena administración* » : Joaquín TORNOS MAS, *art.cit.*, p.66.

[1186] Julie LASSALLE, *op.cit.*, p.548-555.

[1187] Julie LASSALLE, *op.cit.*, p.387.

"bonne administration" »[1188] nous paraît excessif. Ainsi que nous l'avons précédemment souligné, les intérêts de l'administration et de l'administré ne doivent pas être opposés de manière schématique. La prétendue « *ambivalence* » de la notion de bonne administration peut donc être dépassée et remplacée par l'idée d'équilibre optimale.

418. En somme, la notion de bonne administration vise l'adaptation des moyens obtenue par une pondération raisonnable et raisonnée des éléments pertinents. L'idée d'équilibre lui est consubstantielle.

Cette idée s'exprime principalement par la mise en œuvre d'un moyen important de l'administration : la procédure administrative non contentieuse.

§ 2. La mise en œuvre équilibrée de la procédure administrative non contentieuse : manifestation de la notion de bonne administration

419. « *L'État de droit s'ensable dans les tas de droits* »[1189] : il est tributaire de la clarté et de l'intelligibilité du droit en vigueur[1190]. Si cette mise en garde de Monsieur Carcassonne concerne principalement l'inflation législative, elle peut s'appliquer à la procédure administrative non contentieuse, c'est-à-dire à l' « *ensemble des règles qui régissent l'opération d'édiction des actes administratifs* »[1191].

420. En la matière, l'administration dispose en général d'un pouvoir discrétionnaire étendu. Bien que la loi ne lui interdise pas la mise en place de certaines procédures, ces dernières peuvent toutefois être excessives dans leur mise en œuvre. La clarté du droit et son adaptation à la complexité des besoins sociaux se trouvent alors menacées. Plus précisément, l'application excessivement lente, complexe, voire coûteuse d'une procédure peut entraver son objectif. Dès la moitié du XIXème siècle, Alexandre-FrançoisVivien alla jusqu'à dénoncer certaines formalités qualifiées non seulement d'inutilement complexes, mais aussi d' « *illusoires* », telles que les signatures des ministres : « *celui, en effet, qui voudrait connaître, même superficiellement, les actes sur lesquels il engage sa responsabilité, y dépenserait ses jours et ses nuits, et ne pourrait consacrer un instant aux pensées générales, aux études, aux projets de réforme d'amélioration qui doivent tenir la première place dans l'esprit des hommes publics investis d'une autorité élevée* »[1192].

1188 Julie LASSALLE, *op.cit.*, p.387. La « *supériorité nécessaire de l'intérêt de l'administration* » (p.543-546) est traitée séparément de la « *fragile protection des intérêts des administrés* » (p.546-548).

1189 Guy CARCASSONNE, « Société de droit contre État de droit », *in L'État de droit. Mélanges en l'honneur de Guy Braibant*, Paris, Dalloz, 1996, p.44.

1190 Jean RIVERO, « État de droit, État du droit », *in L'Etat de droit. Mélanges en l'honneur de Guy Braibant*, Paris, Dalloz, 1996, p.609.

1191 Guy ISAAC, *La procédure administrative non contentieuse*, Paris, L.G.D.J., coll. Bibliothèque de droit public, t.79, 1968, p.153 ; p.173. Pour une précision de cette définition : p.154-172.

1192 Alexandre-François VIVIEN, *Études administratives*, *op.cit.*, p.346-347. Et l'auteur de poursuivre : « *le résultat le plus certain de cette multiplication de papiers est que tout classement devient impossible, et qu'à force de tout conserver, on ne retrouve rien* » : *op.cit.*, p.347.

421. Le « *formalisme pointilleux et étroit* »[1193] va en effet à l'encontre des garanties des administrés d'autant que, malgré la « *protection symbolique qu'(...) assure* [aux fonctionnaires] *la rhétorique juridique* »[1194], le droit n'est pas toujours aux fondements de la lourdeur de certains comportements bureaucratiques. À ce sujet, la notion d'équité[1195] est souvent évoquée. Adaptation de l'idée de justice[1196] aux contingences de la règle de droit, l'équité permet de tempérer sa rigueur éventuellement néfaste pour les administrés[1197]. Ce problème se pose également au sujet des procédures internes qui, mises en œuvre de manière non pertinente, peuvent s'avérer inefficaces pour l'administration elle-même. Ce nécessaire équilibre dans l'application des procédures, dans l'intérêt des administrés comme dans celui de l'administration, est permis par la notion de bonne administration[1198].

Celle-ci désigne la mise en œuvre adaptée et équilibrée des moyens, dont fait partie la procédure administrative non contentieuse. Certes, les « *exigences d'une bonne administration* » peuvent justifier l'application de règles non prévues expressément par le droit positif[1199]. Monsieur Fordhman[1200] établit ce constat s'agissant du juge anglais qui impose un devoir de motivation non prévu légalement sur le fondement de la bonne administration[1201]. Cependant, cette notion permet surtout d'atténuer la rigueur de certaines procédures.

422. Afin d'illustrer nos propos, deux hypothèses doivent être distinguées.

D'une part, la notion de bonne administration guide l'administration dans son utilisation discrétionnaire de la procédure. Elle permet alors d'aménager les règles de procédures légales en faisant la part entre les règles accessoires et les règles substantielles (**A**).

D'autre part, la procédure peut elle-même être le véhicule de la notion de bonne administration. C'est notamment le cas lorsque la loi prévoit des dérogations à sa propre application. Il ne s'agit plus dans ce cas de tempérer ses effets, mais de l'appliquer en tant que « bonne procédure » (**B**).

[1193] Guy ISAAC, *op.cit.*, p.287.

[1194] Jacques CAILLOSSE, « Le droit administratif contre la performance publique ? », *art.cit*, p.200.

[1195] Pour une perspective comparative, v. notamment : CENTRE D'ÉTUDE DES DROITS DU MONDE ARABE, SOCIÉTÉ DE LÉGISLATION COMPARÉE, *L'équité ou les équités. Confrontation occident et monde arabe*, Actes du colloque des 3-4 octobre 2002, Paris, Société de législation comparée, 2004, 251p.

[1196] Cette idée remonterait à Aristote. Selon Dessens, l'équité est une « *approximation de la Justice pure : elle est de la justice sociale* » : André DESSENS, *Essai sur la notion d'équité*, Toulouse, F. Boisseau, 1934, p.101.

[1197] Yves GAUDEMET, *op.cit.*, p.19-25 ; sur l'utilisation implicite par les commissaires du gouvernement de l'équité : Maryse DEGUERGUE, *op.cit.*, p.724-726 ; pour une appréciation de l'équité comme « *norme inspiratrice du droit de la responsabilité* » : Marcel SOUSSE, *La notion de réparation de dommages en droit administratif français*, Paris, L.G.D.J., coll. Bibliothèque de droit public, t.174, 1994, p.21-42 ; v. plus généralement : Marjolaine FOULETIER, *op.cit.*

[1198] Bien que les notions d'équité et de bonne administration soient intimement liées, elles se distinguent : v. *infra*, n°450.

[1199] René HOSTIOU, *Procédures et formes de l'acte administratif unilatéral en droit français*, Paris, L.G.D.J., coll. Bibliothèque de droit public, t.119, 1975, p.78.

[1200] Michael FORDHMAN, « Surveying the Grounds: Key Themes in Judicial Intervention », *in* Peter LEYLAND, Terry WOODS, *Administrative Law Facing the Future*, Londres, Blackstone Press, 1997, p.189.

[1201] Doody, [1993] 3 All E.R. 92.

A. Le recours à la notion de bonne administration dans le cadre du pouvoir discrétionnaire : le « bon formalisme »

423. L'administration peut user de son pouvoir discrétionnaire afin d'écarter des formalités excessives alors considérées comme « accessoires ». Elle fait dans cette hypothèse preuve de « bon formalisme ».

424. Ce vocable ne désigne nullement une dérogation illégale aux règles expressément prévues par la loi, mais un aménagement encadré de ces règles dans le cadre du pouvoir discrétionnaire de l'administration. Or, cet encadrement est permis par la notion de bonne administration[1202] (**2**). Afin de le comprendre, il faut au préalable brièvement revenir sur le « bon formalisme » (**1**).

1. Le « bon formalisme » ou la distinction entre les formalités substantielles et les formalités accessoires

425. Le formalisme désigne « *un système dans lequel la validité des actes est strictement soumise à l'observation des formes, des formalités* ». Plus généralement, il renvoie à une « *théorie où les formes sont particulièrement étudiées* »[1203]. En droit, le formalisme est souvent associé au strict respect de la procédure et des formulaires[1204]. Or, ainsi que le souligne Guy Isaac, « *le culte immodéré de la forme est le grand danger qui guette toute procédure et tout organisme administratif* »[1205].

426. Le fonctionnement administratif quotidien a alors vu naître « *un bon et un mauvais formalisme* »[1206]. Selon Monsieur Lachaume, l'idée de pondération fait « basculer » le formalisme du « bon » côté. Le « bon formalisme » désigne le « *formalisme modéré* »[1207] de l'administration dans son application de la procédure. La simplification, qui s'inscrit dans un concept plus ample de modernisation, vise en ce sens à réduire les procédures injustifiées ou disproportionnées[1208].

Aussi le Conseil d'État a-t-il précisé que, même sans texte, l'administration pouvait déroger à la saisine d'une commission pour avis lorsque celle-ci refuse sa délivrance[1209]. Mais au-delà de la jurisprudence relative aux formalités impossibles

---

[1202] Sur le lien entre « pouvoir discrétionnaire » et « bonne administration » : v. *supra*, 375 et s. ; *infra*, n°831 et s.

[1203] *Le Robert*, *op.cit.*, t.4, p.624.

[1204] Pour une réflexion générale sur les formulaires : Serge SALON, « Le droit des formulaires », *in* Françoise GALLOUÉDEC-GENUYS (dir.), *Le dialogue écrit administration / administrés*, Paris, La doc. française, 1981, p.107-117 ; Catherine LALUMIERE, « formulaires et questionnaires comme enjeux de pouvoir dans les administration », *in* Françoise GALLOUÉDEC-GENUYS (dir.), *op.cit.*, p.121-130 ; Yves PRATS, « L'information écrite, enjeu ou leurre », *in* Françoise GALLOUÉDEC-GENUYS (dir.), *op.cit.*, p.163-167.

[1205] Guy ISAAC, *op.cit.*, p.287.

[1206] Jean-François LACHAUME, « Le formalisme », *A.J.D.A.*, 20 juin 1995, n° spécial, p.133.

[1207] Par « modération », il faut entendre l'action de « *diminuer l'intensité d'un phénomène, réduire à une juste mesure ce qui est excessif, tempérer* » : *Le Robert*, *op.cit.*, t.6, p.504.

[1208] V. notamment : Joaquín TORNOS MAS, *art.cit.*, p.42-43 ; p.45-58.

[1209] C.E., 13 juin 1956, *Syndicat départemental de la Boucherie d'Ille-et-Vilaine et autres*, [non publié] ; *A.J.D.A.*, 1956, p.390-391.

à réaliser dans le cas d'espèce[1210], le Conseil d'État a admis que l'administration puisse passer outre à une formalité jugée non nécessaire.

427. À titre d'exemple, il ne valide pas l'obligation, invoquée par l'administration, d'édicter un règlement non nécessaire à un acte individuel[1211]. L'exigence d'un «*formalisme modéré et intelligent*»[1212] a amené les juges du Palais Royal à distinguer les formalités substantielles de celles de moindre importance et, par-là, à cerner le but exact de la procédure[1213]. Le commissaire du gouvernement Théry a à cet égard précisé, à l'occasion de l'arrêt *Syndicat national de l'enseignement supérieur*, que la jurisprudence du Conseil d'État est « *tout entière fondée au-delà de l'application des textes en vigueur qui n'imposaient nullement la consultation, sur une appréhension directe du processus réel d'élaboration des décisions administratives* »[1214].

C'est dans cette optique que s'inscrit également la distinction britannique entre les exigences procédurales obligatoires (*mandatory requirement*) et celles guidant l'action administrative (*directory requirement*). Cette distinction n'est certes pas facile à établir, car la qualification dépend des circonstances et notamment du caractère substantiel de la violation et du préjudice de l'individu[1215]. Néanmoins, elle confirme l'intérêt d'une graduation de l'importance des procédures.

De même, au sujet de l'article 24 de la Constitution espagnole (droit à une protection judiciaire effective) le Tribunal constitutionnel affirme que la Constitution prohibe les obstacles procéduraux excessifs qui ne paraissent pas justifiés et proportionnés aux finalités de la procédure en question[1216]. Selon Monsieur Manuel Bandres, « *l'antiformalisme* » (« *antiformalismo* »)[1217] constitue la règle interprétative de l'article 24 de la Constitution.

En droit français, «*le juge s'attache davantage aux conséquences d'une formalité, et aux raisons qui en justifient l'existence qu'à la formalité elle-même*»[1218]. Les règles de forme substantielles désignent, en bref, celles qui sont indispensables à la décision ; les formalités sans réelle portée sur la décision sont, quant à elles, qualifiées d' « accessoires ». La violation des premières engendre automatiquement l'annulation de l'acte tandis que l'inobservation des secondes n'est pas un obstacle à sa survivance. Il est néanmoins permis de souligner l'incertitude de cette qualification établie *a posteriori*. Guy Isaac propose alors d'y substituer le critère de la finalité de la procédure, tirée de la volonté du législateur : la formalité substantielle serait celle qui est nécessaire à la réalisation de l'objectif

---

[1210] Guy ISAAC, *op.cit.*, p.295. L'auteur vise davantage les cas de force majeure et d'urgence.
[1211] C.E., sect., 23 mai 1958, *Ministre de l'Éducation nationale c/ sieur Weber*, rec. 293, req. n°42465.
[1212] Marcel WALINE, *Traité élémentaire de droit administratif*, 6e éd., Recueil Sirey, 1951, p.139.
[1213] Guy ISAAC, *op.cit.*, p.287-299.
[1214] J. THÉRY, concl. sur C.E., sect., 14 novembre 1975, *Syndicat national de l'enseignement supérieur*, rec. 571, req. n°93351, p.575.
[1215] Durayappah *v.* Fernando [1967], 2 A.C. 337.
[1216] S.T.C., ass. plén., n°3/1983, 25 janvier 1983, B.O.E. n°41.
[1217] José Manuel BANDRÉS SÁNCHEZ-CRUZAT, *Derecho fundamental al proceso debido y el Tribunal Constitucional*, Pamplune, Aranzadi, 1992, p.276.
[1218] Guy ISAAC, *op.cit.*, p.288.

imposé par le parlement[1219]. Ce rapport entre les moyens et la fin révèle la présence de la notion de bonne administration en ce domaine.

2. La notion de bonne administration : instrument du « bon formalisme »

428. Les enjeux de la jurisprudence relative aux formalités accessoires ne se limitent pas à ses implications purement contentieuses. Ainsi que le souligne Marcel Waline, suivant les conséquences de la violation d'une formalité sur la légalité de l'acte administratif, « *l'administration est incitée à exagérer ou, au contraire, autorisée à tempérer quelque peu son formalisme* »[1220]. La jurisprudence constitue donc une « *directive de non formalisme* »[1221], ou plutôt d'absence de formalisme excessif. Autrement dit, le juge contribue à définir, en amont, les formalités immodérées.

Cette analyse en termes d'incitation a également été soutenue par Guy Isaac. L'objectif est que « *l'administration ne juge pas les règles prévoyant des formalités non substantielles aussi obligatoires que les autres* »[1222]. L'emploi du verbe juger, apposé au terme d' « administration », rend compte de la complémentarité de la jurisprudence et de l'administration active dans ce domaine. Par ailleurs, l'auteur relève la contradiction consistant à affirmer la valeur obligatoire de certaines règles dont l'omission n'est pourtant pas sanctionnée par le juge pour cause de formalisme excessif. Si ces formalités sont qualifiées de telles par le juge, leur imposition ne conduirait-elle pas en effet à alourdir de manière injustifiée le fonctionnement administratif ?

429. Ayant pour composante essentielle l'idée d'équilibre, la notion de bonne administration guide l'administration publique dans l'application de cette jurisprudence.

À l'occasion de son étude précitée, Guy Isaac affirme ainsi que l'impact de la jurisprudence sur les formalités substantielles est « *uniquement fonction de la capacité des administrateurs de s'assimiler, dans ce domaine, les principes jurisprudentiels de bonne administration* »[1223]. La notion de bonne administration est donc reliée au « bon formalisme ». Elle semble guider l'attachement de l'auteur au critère finaliste de la nécessité de la procédure au regard de son objectif (et non au regard de l'importance des effets de l'inobservation de la procédure sur l'illégalité de l'acte). De manière indirecte, les vices de comportement de l'administration (ou « mauvaise administration ») désignent « *le formalisme dans l'application des principes et règles juridiques* »[1224].

La notion de bonne administration encadre donc l'application de la procédure dans le cadre du pouvoir discrétionnaire de l'administration, même si elle contribue par ailleurs à étendre ce dernier. À titre d'illustration, si les principes de bonne

---

[1219] Guy ISAAC, *op.cit.*, p.291.

[1220] Marcel WALINE, *Droit administratif*, 7e éd., Traités Sirey, 1957, n°693.

[1221] Guy ISAAC, *op.cit.*, p.294.

[1222] Guy ISAAC, *op.cit.*, p.293. Et l'auteur de poursuivre : « *c'est toute la signification, en effet, de la jurisprudence des formalités substantielles que d'aider les administrateurs à faire le tri entre les règles de procédure obligatoires et celles qui ne sont pas inutiles, mais facultatives* (…) » : p.294.

[1223] Guy ISAAC, *op.cit.*, p.295.

[1224] Alain-Serge MESCHERIAKOFF, « La place du Médiateur… », *art.cit.*, p.533 ; p.31.

administration et d'économie de procédure confèrent à la Commission européenne une certaine latitude dans la gestion de la procédure préliminaire en matière d'aides d'État[1225], la notion de bonne administration limite toutefois aussi cette marge de manœuvre.

430. Afin d'illustrer le lien conceptuel entre les notions de bonne administration et de « bon formalisme », il semble opportun de revenir sur certaines recommandations des Ombudsmän, garants de la bonne administration.

La rigueur néfaste des procédures constitue, selon le Médiateur européen, un cas de mauvaise administration[1226]. Celui-ci a réclamé le versement d'une aide communautaire malgré l'inobservation de la procédure, en raison des « *circonstances* »[1227]. Dans d'autres cas, l'intérêt public justifie une dérogation à l'application de la procédure. Il en était ainsi de la réouverture d'un dossier de demande de subvention publique pour un chalet classé patrimoine public malgré la clôture des travaux qui constituait un motif légal de refus[1228]. Par ailleurs, la « *grande difficulté sociale* »[1229] du citoyen peut justifier, selon le Médiateur, une remise gracieuse de dettes fiscales.

L'affaire *Blue Dragon*[1230] est aussi une illustration de cet aspect de la notion de bonne administration. Le Médiateur européen considère ici que le directeur général de l'Office européen de lutte anti-fraude (O.L.A.F.) peut adopter la signature de cet office au lieu de la sienne comme la loi le prévoit. Cette délégation de signature, bien que non expressément prévue, améliore la lisibilité du document[1231] : elle est reconnue conforme aux principes de bonne administration.

De même, selon l'Ombudsman d'Irlande du Nord[1232], la modération des exigences procédurales est au cœur de la notion de bonne administration. Lors de la création du *Parliamentary and Health Service Ombudsman*, Madame Wheare refusait toute distinction entre la bonne administration et la bonne loi, car selon elle, une injustice découlant de l'application stricte de la loi est en soi un cas de *maladministration*[1233]. Les spécificités de l'Ombudsman (au regard de l'institution juridictionnelle) amène donc à une lecture des prescriptions procédurales plus large que celle du juge.

Une plainte adressée au *Defensor del Pueblo* et relative aux étrangers en situation irrégulière victimes de délits pénaux peut, au même titre, être citée. Il était

---

[1225] T.P.I.C.E., 5e ch., 15 mars 2001, *Société chimique Prayon-Rupol S.A.C.*, aff. T-73/98, rec.2001, p.II-867.

[1226] Pour exemple : plainte n°172/2003/I.P., *in* Rapport annuel du Médiateur européen de 2003, *préc.*, p.76 ; plaintes n°878/13.9.96/T.T./I.T./P.D. et n°905/26.9.96/A.G.S./I.T./P.D., *in* Rapport annuel du Médiateur européen de 1998, *préc.*, p.235 (réduction brutale des bourses de chercheurs contractuels et information postérieure à l'entrée en vigueur de la décision).

[1227] Plainte n°01-4133, *in* Rapport annuel de 2003, *préc.*, p.15.

[1228] Plainte n°03-0877, *in* Rapport annuel de 2003, *préc.*, p.27.

[1229] Plainte n°02-4470, *in* Rapport annuel de 2003, *préc.*, p.41.

[1230] Réclamation du Médiateur européen n°1769/2002 (I.J.H.), *E.L.B. c/ Commission et Office européen de lutte contre la fraude*, *in* Rapport annuel de 2004, *préc.*, p.101.

[1231] La dérogation de signature est reconnue par la jurisprudence : Julie LASSALLE, *op.cit.*, note infrapaginale n°49.

[1232] Northern Irland Ombudsman, Rapport annuel de 1999, p.28, [en ligne], texte du rapport disponible sur : http://www.ombudsman.gov.ie/en/Publications/AnnualReports/AnnualReportoftheOmbudsman1999/

[1233] K.C. WHEARE, *Maladministration and its remedies*, *op.cit.*, p.12.

ici reproché à la police espagnole l'établissement, à cette occasion, d'un rapport sur l'irrégularité de leur situation. Or, selon l'Ombudsman espagnol, la gravité des délits dont ces étrangers sont victimes peut justifier un aménagement de cette règle. La pondération des biens juridiques en conflit implique donc, comme critère général, que la poursuite de l'illicite administratif cède devant la plus grande gravité de l'illicite pénal[1234].

La suppression de l'intervention du juge d'instruction dans la mise en liberté d'étrangers, à la suite de la suspension de leur ordre d'expulsion, a dans le même ordre d'idées été recommandée[1235]. Cette intervention ne constitue en effet pas une garantie « *matérielle* », mais est « *en pratique* » un obstacle à leur rapide mise en liberté[1236].

Enfin, le Médiateur de la République met implicitement en exergue le lien entre la bonne administration et le « bon formalisme » à travers la notion d'équité qui forme un de ses critères légaux d'action[1237]. En effet, « *la raison d'être intrinsèque du Médiateur tient dans la volonté de suppléer à la rigueur du droit positif par une appréhension équitable des manifestations concrètes de la puissance publique* »[1238]. Dans son rapport de 2003[1239], il considère qu'un dossier de demande de versement de pension de décès doit être accepté par l'administration, nonobstant la forconclusion du délai.

431. Si l'Ombudsman n'est certes pas une administration, il met donc en exergue le lien conceptuel entre la notion de bonne administration et le « bon formalisme », notamment via ses recommandations. La notion de bonne administration guide en effet l'administration dans sa mise en œuvre équilibrée des procédures.

Par ailleurs, la procédure elle-même, indépendamment de ses éventuels aménagements, peut être considérée, dans certains cas, comme le véhicule de la notion de bonne administration.

1234 Defensor del Pueblo, cas n°0315783, *in* Rapport annuel de 2004, *préc.*, p. 1327.

1235 Defensor del Pueblo, cas n°0420054, *in* Rapport annuel de 2004, *préc.*, p.1364.

1236 Defensor del Pueblo, *préc.*, p.1364. L'adjectif « *agil* » est ici traduit par « rapide ». Ou encore, il dénonce la rigidité de l'application des critères d'attribution d'une bourse de recherche universitaire : Defensor del Pueblo, Rapport annuel de 2003, *préc.*, p.438.

1237 Art.9 de la loi n°73-6 du 3 janvier 1973 telle que modifiée par la loi n°89-18 du 13 janvier 1989. Le Médiateur Stasi a rappelé le « *devoir d'équité de la part des services publics vis-à-vis des usagers* » : Médiateur de la République, Rapport annuel de 1998 présenté au Président de la République et au Parlement, Paris, La documentation française, 1999, p.17. Pour un rappel du rôle correctif de l'équité et de son insertion dans le thème de l'efficacité : Philippe WARIN, *op.cit.*, p.48.

1238 Marjolaine FOULETIER, *op.cit.*, p.117 ; Paul LEGATTE, *art.cit.* ; Anne BARBÉ, *Le principe d'équité. Défendre le citoyen face à l'administration*, Paris, Presses de la Renaissance, 1992, 201p.

1239 Médiateur de la République, dossier n°013428, *in* Rapport annuel de 2003 présenté au Président de la République et au Parlement, Paris, La documentation française, 2004, p.20.

B. Le recours à la notion de bonne administration dans le cadre de la compétence liée : la « bonne procédure »

432. Ainsi que le souligne Monsieur Stark, la justice procédurale est l'instrument de la justice matérielle[1240]. Il s'agit ici de montrer que la « bonne procédure », celle qui est en soi adaptée, est un véhicule de la notion de bonne administration. D'une part, la loi procédurale peut prévoir ses propres dérogations : similaire au cas précédemment examiné, ces dérogations légalement prévues constituent des expressions de la notion de bonne administration (**1**). De manière plus globale, la procédure peut être conçue, en dehors de ces dérogations, comme un support tangible de la notion de bonne administration (**2**).

1. La dérogation, renvoi à la notion de bonne administration prévu par la loi

433. La dérogation peut être définie comme le pouvoir détenu par l'administration, en vertu d'une règle générale, de mettre à l'écart partiellement ou totalement cette même règle dans certains cas particuliers. Les motifs justifiant la mise à l'écart de la règle doivent être dictés par la satisfaction de l'intérêt général[1241].

La dérogation est donc subordonnée à des conditions légales. Contrairement à la possibilité de l'administration d'aménager les règles procédurales dans le cadre de son pouvoir discrétionnaire, elle ne se déduit pas de l'absence de règle. Ainsi que le souligne Monsieur Lecocq, il faut distinguer le pouvoir de dérogation (prévu et encadré par les textes) du pouvoir discrétionnaire de l'administration. Ce pouvoir discrétionnaire peut certes également résulter du pouvoir de dérogation. Il réside dans ce cas principalement dans le choix d'appliquer ou non la dérogation prévue par le texte (« *compétence déliée* »)[1242]. Mais les deux hypothèses doivent être différenciées.

434. En l'absence de pouvoir discrétionnaire, le juge sanctionne les dérogations non expressément prévues par la norme générale et cela, malgré l'attitude bienveillante de l'administration[1243]. Même en cas de pouvoir discrétionnaire, le juge précise que l'administré n'a pas de droits acquis au maintien d'une dérogation non prévue par la loi. C'est souvent le cas des accords passés entre l'administration et les administrés en matière fiscale[1244].

[1240] Christian STARK, « Droits fondamentaux, État de droit et principe démocratique en tant que fondements de la procédure administrative non contentieuse. Approche comparative », *R.E.D.P.*, 1994, n°5, p.48 ; au même numéro : P. CRAIG, « Procedures and administrative decision making: a Common Law perspective », p.56. Pour une théorie de la procédure liée au fond : Niklas LUHMANN, *La légitimation par la procédure*, [trad. : Lukas K. SOSOE et Stéphane BOUCHARD], Laval, Presses de l'Université de Laval, 2001, 247p.

[1241] Pierre-André LECOCQ, *Le pouvoir de dérogation de l'administration*, 3t., Thèse droit, Université de Lille II, 1985, p.611-612. M. Lecocq distingue deux types de dérogation en droit public : les « *dérogations-infractions* », infléchissements de la règle, et les « *dérogations de compétence déliée* », prévues par le droit.

[1242] Pierre-André LECOCQ, *op.cit.*, p.619-636.

[1243] C.E., 2e sect., 16 février 1966, *Ministre des Anciens combattants c/ sieur Idier*, rec. 118, req. n°16692.

[1244] C.E., 4 décembre 1963, *Préfet de Police c/ Sieur Marsigny,* [non publié] : octroi à titre exceptionnel, par un arrêté préfectoral, d'un traitement afférent à l'indice 490 au lieu de 315 « *par mesure de bienveillance* ». Cette dérogation ne créé pas de droit au profit du fonctionnaire visé.

Le propre de la dérogation est donc d'être précisément prévue par la norme elle-même (ici, les lois encadrant la procédure administrative non contentieuse). C'est la raison pour laquelle elle est envisagée comme une technique juridique permettant l'adaptation, la continuité et la cohérence des normes générales d'un ordre juridique. Modération de l'application de la règle de droit, elle est un outil de résolution des conflits relatifs au domaine matériel d'application des règles[1245]. Jugée « *indispensable au bon fonctionnement d'un État moderne* », la dérogation permet une « *meilleure adaptation du droit au fait* », un « *meilleur résultat* »[1246].

435. En d'autres termes, elle est une technique d'adaptation de la règle prévue par cette dernière (adaptation). De plus, elle doit permettre cette adaptation de la règle aux faits sans porter atteinte à l'intérêt général[1247] (équilibre). La citation suivante montre l'imbrication des critères d'adaptation et d'équilibre : « *la dérogation, par sa fonction d'adaptation, et par cette seule fonction, est susceptible d'aboutir à l'équilibre recherché* »[1248]. C'est donc l'équilibre raisonnable entre le respect d'une règle et ses effets néfastes en pratique qui est ici visée.

Ces critères d'adaptation et d'équilibre tissent le lien entre la dérogation et la notion de bonne administration. La dérogation se justifie, du moins en partie, par « *un but de sécurité juridique et de bonne administration* »[1249]. Cette dernière permet alors de distinguer les dérogations nécessaires au bon fonctionnement du système des dérogations illégales. On peut déceler sa présence dans les multiples dérogations légalement prévues.

De manière plus générale, la « bonne procédure » peut elle-même être considérée comme le support matériel de la notion de bonne administration.

2. La « bonne procédure », expression tangible de la notion de bonne administration

436. La notion de bonne administration se traduit par l'exigence selon laquelle les actes administratifs se produisent à travers une « bonne procédure ». La « bonne administration procédurale » (« *good procedural administration* ») est, selon Monsieur Nehl, celle qui pondère de manière juste les impératifs d'efficacité et de sécurité juridique[1250]. L'importance de la procédure précontentieuse dans le système du recours en carence en est une illustration. Certains auteurs ont ainsi souligné son intérêt pour la réduction des recours dont la multiplication incontrôlée est « *contraire à la bonne administration* »[1251].

[1245] Françoise LEURQUIN-DE VISSCHER, *La dérogation en droit public*, Bruxelles, Bruylant, coll. Centre d'études constitutionnelles et administratives, 1991, p.55 ; Lucile TALLINEAU, « Les tolérances administratives », *A.J.D.A.*, 20 janvier 1978, n°13, p.3-38.

[1246] Françoise LEURQUIN-DE VISSCHER, *op.cit.*, p.103 (première citation) ; p.106 (deuxième citation) ; p.56 (troisième citation).

[1247] Pierre-André LECOCQ, *op.cit.*, p.611.

[1248] Pierre-André LECOCQ, *op.cit.*, p.640. Sur la fonction d'adaptation de la dérogation : p.641-748.

[1249] Pierre-André LECOCQ, *op.cit.*, p.195.

[1250] Hanns Peter NEHL, *op.cit.*, p.103-108.

[1251] Marianne DONY, Thierry RONSE, « Réflexions sur la spécificité du recours en carence », *Cahiers de droit européen*, 2000, n°5, p.634 et s.

La « bonne procédure » peut alors être envisagée comme le « *corollaire de la bonne administration* »[1252]. Monsieur Millet associe également le droit à une bonne administration au droit à une bonne procédure[1253]. De même, selon Monsieur Sánchez Morón, « *les règles de procédure sont d'ordre technique, interne, de bonne administration* (…) »[1254]. L'auteur propose ainsi une appréhension de la procédure liée à la notion de bonne administration.

437. En la matière, certains droits étrangers apportent un enrichissement considérable à la réflexion. Cette mise en valeur de la « bonne procédure » comme corollaire de la notion de bonne administration a ainsi particulièrement été mis en exergue par la doctrine espagnole (b). L'établissement de ce lien implique au préalable de concevoir la procédure de manière matérielle, et non de manière purement formelle, ainsi que nous y invite notamment le *due process of law* (a).

a. Le *due process of law* : une invitation à une interprétation matérielle de la procédure

438. On se souvient[1255] que les systèmes anglo-saxons confèrent une importance particulière à la procédure. La notion de *due process of law* en témoigne. La traduction de cette notion, consubstantiellement liée à la culture juridique anglo-saxonne, s'avère complexe[1256] ; nous préférons donc employer le terme anglais.

439. Apparu pour la première fois en 1215 au chapitre 29 de la *Magna Carta*[1257], le *due process of law* encadre la privation de liberté énoncée à l'article 39 (*arrestation according to the law of the land*). Elle impose deux exigences : le respect du droit d'audience (*hearing*) et l'absence de détournement de pouvoir (*bias*). La loi de 1354 reformule ces exigences : « *aucun homme* (…) *ne sera dépossédé de sa terre ou de sa tenure, ni arrêté, ni emprisonné, ni déshérité, ni mis à mort, sans être mis en mesure d'y répondre selon la procédure exigée par le droit* [*due process of law*] »[1258]. Dès lors, les garanties procédurales accompagnent systématiquement toute privation de bien ou de liberté.

[1252] Deirdre CURTIN, « Constitutionalism in the European Community. The right to fair procedures in Administrative Law », *in* O'REILLEY (dir.), *Human rights and Constitutional Law. Essays in Honour of Brian Walsh*, Dublin, Round Hall Press, 1992, p.186.

[1253] Lord J. MILLET, « The Right to Good Administration in European Law », *Public Law*, 2002, n°47, p.310.

[1254] « *Las reglas procedimientales son más bien técnicas, internas, de buena administración, que jurídicas o relacionales* » : Miguel SÁNCHEZ MORÓN, *La participación…*, *op.cit.*, p.168.

[1255] V. introduction générale, n°63.

[1256] Elisabeth ZOLLER, « *Due Process of Law* et principes généraux du droit », *in Mélanges en l'honneur de Benoît Jeanneau. Les mutations contemporaines du droit public*, Paris, Dalloz, 2002, p.239.

[1257] Denis James GALLIGAN, *Due process and fair procedures. A study of administrative procedures*, New York, Oxford, coll. Clarendo Press, 1996, p.173.

[1258] Traduction proposée par Elisabeth ZOLLER, *art.cit.*, p.235.

440. À l'origine, le *due process of law* était donc envisagé de manière formelle. Cependant, son adoption aux cinquième, neuvième et quatorzième amendements de la Constitution américaine de 1787 lui confère une substance matérielle[1259].

Ainsi que l'illustre la décision *Rochin v. California*[1260], le *due process* américain appelle à des questions de droit et de fait. Cette approche généreuse est sans doute la contrepartie de la réduction du champ d'application du *due process* (circonscrit aux atteintes à la vie, à la liberté ou à la propriété). Celui-ci interdit ici toute décision qui serait arbitraire et non conforme aux valeurs reconnues par la société[1261]. Selon cette notion, « *le droit doit être appliqué de manière adéquate et exacte* (...). *La procédure a alors pour but d'atteindre le meilleur résultat, au regard de tous les éléments* »[1262]. Le *due process* américain comporte ainsi un aspect procédural mais aussi substantiel, au centre duquel se trouve la notion d'adéquation. Monsieur Mashaw nomme cette dernière approche « *dignitary theories of due process* »[1263].

441. La notion d'équité procédurale (*procedural fairness*[1264]) est alors souvent présentée comme le critère de définition du *due process*. Or, elle ne se limite pas au respect, par l'administration, des principes du contradictoire (*natural justice*), mais est la transposition, sur le plan procédural, de l'idée de pondération juste des intérêts en cause (*fairness*)[1265]. La procédure n'est due que si elle protège des intérêts juridiquement prévus explicitement ou implicitement (*legal entitlements*). La nature et le poids des intérêts en conflit influencent son respect[1266]. Selon Monsieur Galligan, « *la procédure est juste dès lors qu'elle tend vers un juste traitement* »[1267]. Si la simple *natural justice* est souvent reliée à la bonne administration[1268], celle-ci s'étend donc à la juste mise en œuvre de la procédure.

Cette interprétation matérielle de la procédure n'est pas restreinte aux pays anglo-saxons. La doctrine espagnole montre par exemple de manière très nette que la procédure doit être entendue de manière constructive et peut ainsi être conçue comme le véhicule de la notion de bonne administration.

[1259] Pour un aperçu institutionnel et historique : George C. CHRISTIE., « Due Process of Law - a Confused and Confusing Notion », *in* Chaïm PERELMAN, Raymond VAN DER ELST (dir.), *Les notions à contenu variable en droit*, *op.cit.*, p.159-163.

[1260] Rochin *v.* California, 342 U.S. 165 (1952). Source : George C. CHRISTIE, *art.cit.*, p.164.

[1261] Elisabeth ZOLLER, *art.cit.*, p.239.

[1262] « *The law should be applied accurately and properly.* (...) *The fixing of procedure is then aking to a calculation of the best result, all things considered* » : D.J. GALLIGAN, *op.cit.*, p.198 ; p.203.

[1263] Jerry L. MASHAW, « Administrative Due Process: the Quest for a Dignitary Therory », *Boston University Law Review*, juillet 1981, vol.61, n°4, p.886-887.

[1264] Lord J. REID, *in* Wiseman *v.* Borneman [1971] A.C. 297. Sur la notion de *fairness* : Michael ZACKS, « Administrative Fairness in the Investigative Process », *in* Linda REIF, *op.cit.*, p.553 ; p.560.

[1265] Il nous semble difficile de traduire par un seul substantif le terme de « *fairness* ». On trouve aussi souvent le terme de « *consistency* » : D.J. GALLIGAN, *op.cit.*, p.56.

[1266] Mathews *v.* Eldridge, 424 U.S. 315 (1976).

[1267] « *Procedure are fair to the extent that they lead to a fair treatment* » : D.J. GALLIGAN, *op.cit.*, p.54.

[1268] Michel FROMONT, « Le renforcement des garanties de bonne administration... », *art.cit.*, p.548.

b. La « bonne procédure » comme véhicule de la notion de bonne administration : les enseignements de la doctrine espagnole

442. Le juge espagnol opère un contrôle assez poussé de la procédure ; il évoque régulièrement la proportionnalité dans l'interprétation d'une exigence procédurale[1269]. Ainsi que le rappelle Madame Malaret, la procédure désigne la « *réalisation d'un ensemble d'opérations destinées à garantir la prise en compte de la pluralité d'intérêts en jeu* »[1270]. De même, Monsieur Rodriguez Pontón affirme qu'elle renferme toutes les étapes de la prise de décision et pas uniquement la décision finale. Ainsi entendue, elle entrerait dans le champ d'application de l'article 6 de la Convention européenne des droits de l'Homme[1271].

Cette interprétation de la procédure permet de l'envisager comme le véhicule de la notion de bonne administration.

443. La thèse de Monsieur Ponce Solé s'inscrit dans cette tendance[1272]. Appliquant la notion de *due process of law* au système espagnol (*procedimiento debido*[1273]), l'auteur fait de la procédure le support de la bonne administration. Elle ne désigne donc pas les exigences purement externes aux actes administratifs, mais « *le procédé de prise de décision* » (« *proceso de toma de decisión* »)[1274]. Les vices de procédure, tels qu'envisagés ici, sont distingués des vices formels de l'article 63.2 *L.R.J.P.A.C.*

La définition du « *droit à une bonne procédure* » (« *derecho a un proceso debido* ») renferme alors les éléments de base de la notion de bonne administration. Celui-ci désigne le droit d'exiger l'application diligente des formalités prévues par l'ordre juridique et le choix de toute procédure nécessaire à une « *solution meilleure* »[1275]. La « bonne procédure » est donc au cœur de la bonne administration[1276], dont elle est le reflet.

1269 S.T.S., 2e sect., n°299/2004, 23 janvier 2004, req. n°139/2000 : « *proporcionalidad en la interpretación de un requisito procesal* ».

1270 Elisenda MALARET I GARCÍA, « Los principios del procedimiento administrativo y el responsable del procedimiento », *in* Joaquín TORNOS MAS (dir.), *Administración Pública y Procedimiento Administrativo*, Barcelone, Bosch, 1994, p.306 ; du même auteur : « El Derecho a la Administración Pública : Derecho público y Derecho privado ; la relevancia de los principios constitucionales », *art.cit.*, p.21.

1271 Francisco José RODRÍGUEZ PONTÓN, *La Articulación de las Garantías adminisrativas y jurisdiccionales en el sistema del CEDH*, Madrid, Aranzadi, coll. Thomson Civitas, 2005, p.101.

1272 Juli PONCE SOLÉ, *op.cit.* ; « Good Administration and Administrative Procedures », *art.cit.*, p.551 ; « The Fight for Quality in the Field of Administrative Decisions », *R.E.D.P.*, hiver 2002, vol.14, n°4, p.1503-1544 ; « Procedimiento administrativo, globalización y buena administración », *art.cit.*, spéc. p.10-13.

1273 Juli PONCE SOLÉ, *op.cit.*, p.200.

1274 Juli PONCE SOLÉ, *op.cit.*, p.533.

1275 « *Derecho público subjectivo típico o activo, que otorga el poder a su titular para exigir la realización de aquellos trámites previstos por el ordenamiento de forma diligente, así como el poder de proponer la realización de todas aquellas actividades procedimientales que se crean precisas para resolver mejor* » : Juli PONCE SOLÉ, *op.cit.*, p.210.

1276 « *La buena administración reclama colocar en un puesto central la institución del procedimiento* » : Joaquín TORNOS MAS, *art.cit.*, p.45.

444. À cet égard, l'ouvrage de Madame Núñez Gómez est également riche d'enseignements[1277].

Celui-ci porte sur le droit des administrés à ne pas transmettre des documents non exigés par les normes applicables ou qui ont déjà été mis à disposition de l'administration (article 35.f *L.R.J.P.A.C.*)[1278]. Le respect de ce droit revient à encadrer, par des critères de « raisonnabilité » et de proportionnalité, les sollicitudes complémentaires[1279]. En la matière, il s'agit d'interdire tout retard injustifié dans la procédure.

Madame Núñez Gómez évoque deux fondements à ce principe. D'abord, le principe de légalité impliquant que toute demande de document ait une base légale, même indirecte[1280]. Cela exclut de prime abord la demande réitérée de documents en possession de l'administration. L'exigence de nécessité de la demande de documents complémentaires se fonde ensuite sur le principe précité d'efficacité de l'action administrative, prévu à l'article 103 de la Constitution espagnole[1281]. Loin d'impliquer une illégalité, l'exigence de « bon formalisme » s'inscrit donc dans le droit positif. Si l'abus de la demande n'est pas établi, l'administré devra alors se plier aux règles procédurales prévues par la loi[1282].

La demande de documents non expressément imposée par la loi *(procedimientos no formalizados)* doit donc être motivée de manière raisonnable, cela afin d'éviter des « *conduites contraires aux principes qui régissent la bonne administration* »[1283]. Cette dernière citation met ainsi particulièrement en exergue le lien entre la notion de bonne administration et la « bonne procédure ».

***

L'équilibre constitue donc le second critère de définition de la notion de bonne administration. Il implique la pesée raisonnable et raisonnée des éléments en conflit. L'adaptation des moyens doit ainsi être également équilibrée. De ce fait, la notion de bonne administration ne saurait être assimilée à la satisfaction maximale et unilatérale de l'administré. À ce titre, elle imprègne la mise en œuvre équilibrée de la procédure administration non-contentieuse, qui en est à son tour le véhicule.

1277 Teresa D. NÚÑEZ GÓMEZ, *Abuso en la exigencia documental y garantías formales de los administrados*, Barcelone, Atelier libros jurídicos, coll. Atelier administrativo, 2005, 177p.

1278 V. Amendement n°447 présenté par le groupe parlementaire populaire pour la suppression de ce droit (D.O.C.G. Congreso de los Diputados, 7 mai 1992, série A, n°82-6). Pour une critique de l'ancien article 75.4 L.P.A. et une invitation à la présente réforme : Valentín RODRÍGUEZ VÁZQUEZ DE PRADA, « La exigencia abusiva de documentación complementaria en el actual procedimiento administrativo », *R.E.D.A.*, janvier-mars 1991, n°69, p.33-41.

1279 Teresa D. NÚÑEZ GÓMEZ, *op.cit.*, p.153.

1280 Teresa D. NÚÑEZ GÓMEZ, *op.cit.*, p.79-100.

1281 Teresa D. NÚÑEZ GÓMEZ, *op.cit.*, p.102-112.

1282 Teresa D. NÚÑEZ GÓMEZ, *op.cit.*, p.118 ; p.126.

1283 « *Conductas contrarias a los principios que regulan la buena administración* » : Teresa D. NÚÑEZ GÓMEZ, *op.cit.*, p.114.

CONCLUSION DU CHAPITRE 1

445. L'analyse combinée du droit positif, de la jurisprudence et de la doctrine permet de proposer une définition de la notion de bonne administration. Celle-ci désigne *l'adaptation équilibrée des moyens* dont elle dispose pour remplir son objectif. La notion de bonne administration ne se confond donc ni avec l'idée de bon résultat ni avec celle de bon objectif : elle vise avant tout le bon usage des moyens. Cette optimisation des moyens est obtenue par la pondération raisonnable des éléments en conflit. L'adaptation et l'équilibre ne sont pas deux critères de définition étanches : l'équilibre encadre l'adaptation. La notion de bonne administration ne saurait donc s'assimiler à la satisfaction unilatérale des administrés.

On pourrait opposer à cette définition son caractère restrictif. Elle ne tiendrait pas compte de tous les emplois répertoriés[1284] de la « bonne administration ». Cependant, il faut se convaincre de sa rigueur et de son utilité. L'essence de la notion de bonne administration ne doit pas être entièrement soumise à la réalité qui l'a accompagnée. Comme toute notion juridique, elle doit exprimer une idée claire, unique et cohérente. À notre sens, c'est le cas de l'*adaptation équilibrée des moyens* de l'administration publique.

446. Trois fondements possibles de cette notion ont pu être évoqués : l'idéal de démocratie participative ; la justice procédurale ; et la théorie de l'Institution du Doyen Hauriou[1285]. Au terme de ce chapitre, nous ne pouvons que souscrire à cette troisième option. La notion juridique de bonne administration ne désigne en effet pas un « idéal ». Par ailleurs, elle dépasse les garanties procédurales subjectives de l'administré. À ce sujet, le procéduralisme excessif de ce second fondement peut être regretté. Certes, la nécessité d'une participation des administrés à l'action administrative ainsi que la responsabilité de cette dernière sont nécessaires[1286]. Cependant, elles existent indépendamment de la notion de bonne administration. L'intérêt est donc de dépasser ces différents fondements, en mettant en exergue son essence objective.

447. Pour autant, cette définition de la bonne administration ne suffit pas à lui conférer le statut de notion juridique. En effet, pour l'obtenir, elle doit présenter un certain degré d'autonomie. L'approche restrictive ici adoptée permet une réponse positive.

Il s'agit alors d'illustrer cette spécificité en confrontant la définition proposée aux notions auxquelles la bonne administration est parfois assimilée.

[1284] V. *supra*, n°87 et s.

[1285] Loïc AZOULAI, « Le principe de bonne administration », *in* Jean-Bernard AUBY, Jacqueline DUTHEIL DE LA ROCHÈRE (dir.), *op.cit.*, p.510-517.

[1286] La bonne administration se fonderait sur l'article 15 D.D.H.C. : Nicolas MARTY, *op.cit.*, p.308 et s.

CHAPITRE 2.
LA SPÉCIFICATION DE LA NOTION DE BONNE ADMINISTRATION

448. Il convient de spécifier la notion de bonne administration, c'est-à-dire de montrer sa « *capacité à être appréhendée d'elle-même, sans référence à d'autres concepts* »[1287]. Cette démonstration s'impose pour au moins deux raisons : d'une part, l'autonomie d'une notion est une condition même de son existence ; d'autre part, elle permet d'entériner son contenu. Les distinctions que nous établirons constituent en effet des compléments de la définition positive précédemment suggérée[1288].

La notion de bonne administration doit alors être à la fois large et précise : suffisamment large, celle-ci n'est pas réduite à un élément d'une autre notion[1289] ; suffisamment précise, son existence n'est pas subordonnée à d'autres notions. La définition proposée d'*adaptation équilibrée des moyens* répond, à notre sens, à cette double exigence.

449. Au vu de nos développements précédents, il peut paraître utile de caractériser dès à présent le lien qui unit la notion de bonne administration à celle de proportionnalité. Cette dernière apparaît en effet en filigrane de l'idée d'adaptation équilibrée des moyens. Les notions de bonne administration et de proportionnalité partagent à la fois les idées d'adaptation (ou d'adéquation) et de pondération. De plus, la proportionnalité appelle, à l'instar de la bonne administration, à une analyse affinée du fonctionnement administratif : elles s'inscrivent dans une logique dialectique et non analytique ou dogmatique. Si ces notions sont liées, elles demeurent toutefois indépendantes, pour au moins trois raisons.

D'abord, la proportionnalité couvre un domaine plus étendu que la bonne administration. Celle-ci est, comme nous l'avons déjà indiqué, cantonnée à l'administration publique. Ces notions se distinguent donc principalement par leur champ d'application.

Ensuite, si la proportionnalité relève du « *raisonnement dialectique associé à des droits dits fondamentaux* »[1290] et, plus généralement, des limites de ces droits, cette idée d'atteinte n'est pas une condition d'apparition de la notion de bonne administration. La proportionnalité est en effet souvent définie, notamment dans le domaine juridique, par l'absence de disproportion. Par contraste, la notion de bonne administration implique une action positive d'adaptation des moyens et non pas « une limite aux limites » de l'exercice de certains droits. La disproportion (et la proportionnalité) sont alors davantage liées à la « mauvaise administration » qui n'est pas l'antonyme de la notion de bonne administration, ainsi que nous le montrerons en détail par la suite[1291].

[1287] Théodore FORTSAKIS, *Conceptualisme et empirisme en droit administratif français*, *op.cit.*, p.321.
[1288] V. *supra*, n°330 et s.
[1289] Roger LATOURNERIE, *art.cit.*, p.96.
[1290] Petr MUZNY, *op.cit.*, p.45.
[1291] V. *infra*, n°703 et s.

Enfin, l'idée de pondération, commune aux deux notions, ne porte néanmoins pas sur le même objet. La proportionnalité pondère les incidences ou encore les *effets* de l'objectif avec ceux du moyen. En revanche, dans le cadre de la notion de bonne administration, ce sont les *éléments* constituant le moyen qui sont pondérés. Alors que la pondération désigne, dans le cadre de la notion de bonne administration, la *pertinence* de plusieurs éléments, dans le cadre de la notion de proportionnalité, elle renvoie au rapport de *concordance* entre deux éléments (l'objectif et l'atteinte au(x) droit(s)). L'évaluation de l'*importance* de l'objectif poursuivi est incluse dans la proportionnalité, tandis qu'elle est exclue de la notion de bonne administration. Aussi Monsieur Andersen distingue-t-il clairement, en les traitant dans deux paragraphes séparés, le principe de proportionnalité et le principe d'examen diligent, qui est quant à lui rattaché à la bonne administration[1292].

450. La notion d'équité présente également un rapport certain avec celle de bonne administration, que nous avons notamment soulevé à l'occasion du thème de la « bonne procédure »[1293]. L'idée de pondération tisse ce lien. En effet, l'équité désigne la « *juste et raisonnable appréciation des priorités de l'espèce* »[1294] et, plus généralement, une appréciation raisonnable guidée par des considérations de justice et d'équilibre[1295]. Monsieur Mescheriakoff illustre indirectement son rapport avec la bonne administration en montrant que la nouvelle « *légitimité-équité* » de l'administration est un « *antidote à la mésadministration* »[1296].

Néanmoins, ces notions sont bien distinctes. Dans son *Précis de droit administratif*, le Doyen Hauriou affirme en effet qu' « *il y a un écart entre ce qui est juste et ce qui est bien* »[1297]. Il distingue à ce titre l'esprit de la loi (intérêt de la justice) et celui de la moralité (intérêt de la bonne administration). La bonne administration n'a pas pour objectif exclusif la justice. Alors que l'équité est principalement appréhendée au regard des effets du droit sur ses destinataires, la bonne administration concerne l'équilibre général. Certes, celui-ci est aussi présent dans l'idée d'équité, mais il semble atteint en partant uniquement d'une focalisation des effets du droit sur ses destinataires.

Par ailleurs, l'équité est souvent présentée sous un aspect « moralisateur »[1298]. Or, la notion juridique de bonne administration ne relève pas de ce domaine[1299].

Ces deux notions se distinguent surtout par leur champ d'application respectifs. Tout comme la proportionnalité, on peut difficilement présenter l'équité sur le même plan que la bonne administration. Si la première peut donner un cadre à la seconde, celle-ci ne concerne que l'administration publique. Ne présentant, à notre

---

[1292] Robert ANDERSEN, « Le juge de l'excès de pouvoir et la mise en balance des intérêts en présence », *art.cit.*, p.141.
[1293] V. *supra*, n°436 et s.
[1294] Marjolaine FOULETIER, *op.cit.*, p.233.
[1295] Mouhaib MAAMARI, « Réflexions sur l'équité », *in* CENTRE D'ÉTUDES DES DROITS DU MONDE ARABE, SOCIÉTÉ DE LÉGISLATION COMPARÉE, *L'équité ou les équités…*, *op.cit.*, p.84.
[1296] Alain-Serge MESCHERIAKOFF, « Légalité, efficacité, équité… », *art.cit.*, p.359-381.
[1297] Maurice HAURIOU, *Précis de droit administratif et de droit public*, *op.cit.*, p.443.
[1298] André DESSENS, *op.cit.*, p.104-105. L'auteur prend l'exemple de la charité.
[1299] V. inroduction générale, n°32 et s.

sens, pas de difficultés majeures, il n'apparaît pas nécessaire d'expliciter davantage cette distinction.

451. Afin de spécifier la notion de bonne administration, il a paru pertinent de la confronter à quatre autres notions auxquelles elle est plus fréquemment rattachée : la bonne gouvernance, la bonne administration de la justice, la qualité et la confiance légitime (ou la bonne foi).

Au regard des multiples notions et principes auxquels est associée la « bonne administration » en pratique[1300], cette liste pourrait sembler incomplète. Par ailleurs, chacune de ces notions pourrait faire l'objet d'une thèse. On peut néanmoins aisément répondre à ces éventuelles objections. D'une part, le but étant de proposer une acception restreinte de la notion de bonne administration, il serait incohérent de reprendre la quantité de notions qui lui sont couramment adjointes. D'autre part, la dimension de notre étude nous interdit de disserter sur chacune des notions évoquées. On se contentera de reprendre les définitions livrées par la doctrine et par le droit positif.

452. L'hétérogénéité des notions précitées rend difficile leur présentation. Il est alors tentant de les énumérer successivement car chacune d'elles combine différents critères de distinction avec la notion de bonne administration. Toutefois, elles peuvent être classées selon l'intensité du lien qui les unit à cette dernière. C'est alors par ordre décroissant d'intensité qu'il convient de les évoquer, certaines distinctions étant radicales (**Section 1**) tandis que d'autres sont plus subtiles (**Section 2**).

SECTION 1. LES DISTINCTIONS RADICALES

453. Les adjectifs « radicales » et « subtiles » sont certes subjectifs et ils pourront être nuancés selon les points de vue. Cependant, il nous semble possible de les employer en partant de la définition proposée de la notion de bonne administration (adaptation équilibrée des moyens de l'administration). Sont ainsi concernées ici les notions qui entretiennent, à notre sens, un lien assez éloigné avec cette notion. Leur distinction avec cette dernière, bien que nécessaire, nous semble relativement aisée à établir.

454. Il en est ainsi de certaines notions formulée par l'adjectif « bon », qui conduit souvent à un rapprochement hâtif avec la notion de *bonne* administration. Deux d'entre elles s'inscrivent, à notre sens, dans cette catégorie : la bonne gouvernance (**§1**) et la bonne administration de la justice (**§2**).

[1300] V. *supra*, n°87 et s.

§ 1. BONNE ADMINISTRATION ET BONNE GOUVERNANCE

455. Ainsi que le souligne Madame Dutheil de la Rochère[1301], les expressions « bonne administration » et « bonne gouvernance » sont souvent évoquées de manière interchangeable[1302]. D'ailleurs, le droit à une bonne administration consacré à l'article 41 de la Charte des droits fondamentaux de l'Union européenne était dénommé, peu avant son adoption et sous l'impulsion d'une proposition finlandaise, « *droit à un procès équitable et à une bonne gouvernance* »[1303]. Il est donc clair que la notion de bonne administration présente des liens avec la bonne gouvernance. Ceux-ci sont notamment mis en avant par le Conseil de l'Europe, qui intègre la bonne administration dans l'optique plus large de la bonne gouvernance[1304].

Cette optique est confortée par la majeure partie de la doctrine[1305]. Ainsi que le résume Monsieur Simon, « *le concept de "bonne administration" se rattache incontestablement au champ sémantique de la notion de "bonne gouvernance"* »[1306]. Madame Lassalle suit la même démarche[1307] en relevant des éléments constitutifs qui seraient communs aux deux notions, tels que la transparence ou encore le principe de responsabilité. Celles-ci présenteraient également des « *objectifs proches* », à savoir le renforcement de la légitimité de l'Union européenne, notamment par le « *nouveau concept de gouvernance administrative* »[1308]. Au-delà des éventuelles réserves à l'égard de ce « *nouveau concept* », notre différence d'optique, ainsi que la définition restrictive de la notion de bonne administration ici proposée, ne nous permettent pas de suivre intégralement la position de cet auteur.

[1301] Jacqueline DUTHEIL DE LA ROCHÈRE, « Charte des droits fondamentaux de l'Union européenne », *art.cit.*, p.28.

[1302] Jaime RODRÍGUEZ-ARANA MUÑOZ, *El buen gobierno y la buena administración de Instituciones Públicas*, Madrid, Thomson Aranzadi, coll. Divulgación jurídica, 2006, 208p ; « *The right to good governance (**or** right to "good administration" or "sound administration") has been recognized as a principle of Community law and has, as such, been included in Article 41 of the EU Charter of Fundamental Rights* » : Hielke HIJMANS, « The European Data Protection Supervisor: the Institutions of the EC controlled by an Independant Authority », *Common Market Law Review*, octobre 2006, vol.43, n°5, p.1333. Nous soulignons.

[1303] Jacques ZILLER, « Droit à une bonne administration », *art.cit.*, n°1.

[1304] Pour exemple : Recommandation du Conseil de l'Europe, CM/Rec(2007)7, cons. 8.

[1305] V. notamment : Juli PONCE SOLÉ, « Procedimiento administrativo, globalización y buena administración », *Jurisprudencia argentina*, *art.cit.*, p.25-26 ; Tom ZWART, « Good Governance as a Legal Concept with a Bite », *in* Chaire « Mutations de l'Action Publique et du Droit Public », *Problèmes de procédure administrative non contentieuse*, Table ronde organisée le vendredi 13 mars 2009, Paris, Institut d'Etudes politiques [non publié]. Afin de montrer la juridicité du concept de bonne gouvernance, l'auteur se centre en particulier sur les jurisprudences chinoise et indienne.

[1306] Denys SIMON, « Article II-101 », *in* Laurence BURGORGUE-LARSEN, Anne LEVADE, Fabrice PICOD (dir.), *Traité établissant une Constitution pour l'Europe. Commentaire article par article.*, t.2, Bruxelles, Bruylant, 2005, p.528.

[1307] Julie LASSALLE, *op.cit.*, p.645-648.

[1308] Julie LASSALLE, *op.cit.*, p.662-669.

456. En effet, les notions de bonne administration et de bonne gouvernance doivent être, à notre sens, radicalement distinguées[1309], car aussi bien leur domaine (**A**) que leur objet ne coïncident pas (**B**).

A. Une différence de domaines

457. La quantité d'études dédiées à la notion de bonne gouvernance n'a d'égale que l'imprécision qui l'entoure. Elle semble réduite à un « *bric-à-brac de dispositifs hétérogènes, instables et évolutifs* »[1310] (**1**). De plus, sans nier son intérêt pour les réflexions sur le droit[1311], il semble que la bonne gouvernance relève encore davantage du domaine politique ou économique que du domaine juridique (**2**).

1. La bonne gouvernance, une notion polysémique

458. Équivalente de la notion anglaise de *governance*[1312], la gouvernance n'est pas sans susciter d'ambiguïtés. Elle semble souvent évoquée sans véritable contenu matériel[1313]. Son apparence novatrice doit donc être nuancée.

S'insérant dans « *une réflexion en vogue sur une certaine façon de prendre les décisions et d'harmoniser les intérêts* »[1314], la gouvernance appelle au déploiement et à l'intensification de la concertation et de la négociation ainsi qu'à la transparence[1315]. Plus globalement, elle désigne la « *façon dont une société est gouvernée* » et « *projette au premier plan la fonction gouvernante et les processus par lesquels elle est exercée* »[1316]. En soulignant la polysémie de cette notion, Monsieur Marcou distingue l'approche normative de l'approche analytique. La première désigne la « *façon dont est exercé un pouvoir légitime en interaction avec les différentes composantes de la société et pour le bien commun* ». Selon cette approche, la bonne gouvernance implique l'ouverture et l'accessibilité des politiques publiques aux citoyens[1317]. Quant à l'approche analytique, elle décrit les

---

[1309] Nicolas MATY, *op.cit.*, p.40 ; Julie LASSALLE, *op.cit.*, p.649-657.

[1310] Mireille DELMAS-MARTY, *Les forces imaginantes du droit,* t.3 : *La Refondation des pouvoirs*, Paris, éd. du Seuil, coll. La couleur des idées, 2007, p.69-97.

[1311] Sur ce point, v. notamment : Jacques CAILLOSSE, « Questions sur l'identité juridique de la "gouvernance" », *in* Romain PASQUIER, Vincent SIMOULIN, Julien WEISBEIN, *La gouvernance territoriale. Pratique, discours et théories*, Paris, L.G.D.J., coll. Droit et société, série Politique, n°44, 2007, p.35-64. Tout en expliquant que la gouvernance accompagne le renouvellement de la conception du droit (décentrement de l'État, mutations de la puissance publique, déplacements de la rationalité juridique , dérèglements du monde bipolaire des juristes) et certaines évolutions juridiques (régulation, contractualisation, partenariat), le professeur précise que « *la gouvernance n'a pas de concept juridique* » : *art.cit.*, p.52.

[1312] M. Marcou précise que la notion tire ses racines du vieux français et de l'anglo-normand. Elle aurait fait son apparition en France dans les années 80 à propos de l'urbanisme : Gérard MARCOU, « La Gouvernance : innovation conceptuelle ou artifice de présentation ? », *art.cit.*, p.6-18. Sur les origine et le regain de la notion de gouvernance dans les années 80 : Gérard MARCOU, « Gouverner les villes par le droit ? », *in* C.U.R.A.P.P., *La gouvernabilité*, Paris, P.U.F., 1996, p.181-185.

[1313] Gerry STOKER, « Cinq propositions pour une théorie de la gouvernance », *Revue internationale des sciences sociales*, mars 1998, n°155, p.20.

[1314] Gérard MARCOU, « Gouverner les villes par le droit ? », *art.cit.*, p.275.

[1315] Gérard CORNU, *Vocabulaire juridique*, *op.cit.*, p.444.

[1316] Gérard MARCOU, « Gouverner les villes par le droit ? », *art.cit.*, p.176.

[1317] Gérard MARCOU, « Gouverner les villes par le droit ? », *art.cit.*, p.183.

« *nouvelles formes interactives de gouvernement* »[1318]. Cette distinction ne réduit pas, ainsi que le souligne le professeur, l'élasticité de la notion de gouvernance. De plus, celle-ci se caractérise avant tout par ce qu'elle nie[1319] et apparaît comme un « *mot valise* »[1320]. L'imprécision de la gouvernance s'étend, avec plus d'ampleur, au « *credo* »[1321] de la *bonne* gouvernance.

459. Il existe en effet, au-delà de l'utopie du meilleur gouvernement[1322], une multiplicité de points de vue concernant la bonne manière de gouverner. La bonne gouvernance est alors fréquemment évoquée à travers une diversité de principes renvoyant à des réalités hétérogènes. À titre d'illustration, cinq principes dits de « bonne gouvernance » ont été énoncés à l'échelle européenne[1323] : l'ouverture, la participation, la responsabilité, l'efficacité et la cohérence. Madame Stowe énonce également six critères de définition : la liberté politique (liberté d'expression et droit de vote) ; la protection judiciaire et constitutionnelle des droits individuels ; l'indépendance de la justice ; le maintien d'une monnaie stable ; le développement de la société par l'éducation et la santé ; et, enfin, la responsabilité de l'exécutif envers un parlement élu librement[1324]. D'aucuns soulignent à ce sujet la nécessité d'un gouvernement local fort[1325]. Par ailleurs, Monsieur Bevir met en lumière l'aspect économique de la bonne gouvernance. Selon cet auteur, elle désigne avant tout l'efficacité des remèdes institutionnels contre la corruption dans une économie de marché[1326].

460. Cette multiplicité d'idées rattachées à la « bonne gouvernance » témoigne de son élasticité. Il n'est de plus pas interdit de s'interroger sur son réel apport au regard de la notion de gouvernance. En effet, certains auteurs définissent cette dernière, en tant que forme spécifique de gouvernement, par les caractéristiques de la *bonne* gouvernance, telles que la souplesse[1327]. De même, la gouvernance a pu être définie autour de trois pôles rappelant davantage la problématique de la *bonne* gouvernance : le processus de rationalisation des choix ou des objectifs politiques, l'instauration de dispositifs d'échanges et de négociation, et la participation[1328].

[1318] Gérard MARCOU, « Gouverner les villes par le droit ? », *art.cit.*, p.182.
[1319] Mireille DELMAS-MARTY, *op.cit.*, p.69-97.
[1320] François MORVAN, « Les aspects majeurs de la nouvelle gouvernance financière », *in* Michel BOUVIER (dir.), *Réforme des finances publiques, démocratie et bonne gouvernance*, Actes de la 1re Université de printemps de finances publiques, Paris, L.G.D.J., 2004, p.122.
[1321] Gérard MARCOU, « Gouverner les villes par le droit ? », *art.cit.*, p.11.
[1322] V. introduction générale, n°46.
[1323] COMMISSION DES COMMUNAUTÉS EUROPÉENNES, *Gouvernance européenne, un Livre blanc*, 25 juillet 2001, COM (2001) 428 final. Ce livre blanc est souvent considéré comme le fondement des principes de bonne administration : Jean-Bernard AUBY, Jacqueline DUTHEIL DE LA ROCHÈRE, *art.cit.*, p.379.
[1324] Kenneth STOWE, « Good Piano won't play Bad Music: Administrative Reform and Good Governance », *Public Administration*, vol.70, 1992, p.388. L'auteur mentionne aussi les principes de bonne gouvernance des fonctionnaires : recrutement au mérite, probité financière, neutralité, impartialité et responsabilité.
[1325] Arnaud CABANES, *Essai sur la gouvernance publique. Un constat sans concession...quelques solutions sans idéologie*, Paris, Gualino, coll. FideCitea, 2004, p.30-39, spéc. p.29.
[1326] Mark BEVIR, « What is Governance » *in* Mark BEVIR (dir.), *Public Governance*, t.1, Londres, Sage Publication, 2007, vi-xlv.
[1327] Gary STOCKER, *art.cit.*, p.19.
[1328] C.U.R.A.P.P, *La gouvernabilité*, Paris, P.U.F., 1996, p.11-13.

461. Les exemples illustrant la polysémie des notions de gouvernance et de bonne gouvernance pourraient être multipliés à loisir. Dans l'optique choisie, il faut se limiter à la distinguer de la bonne administration. D'ores et déjà, cette polysémie n'est pas partagée par la notion proposée de bonne administration[1329]. De plus, la bonne gouvernance relève avant tout, sans y être restreinte, du domaine politique.

2. La dimension politique de la bonne gouvernance

La question de la bonne gouvernance est fréquemment associée à celle de la corruption politique ou économique[1330].

462. Il est souvent question de la transparence des gouvernements africains. À titre d'exemple, dans le sommaire du Rapport sur le Développement en Afrique de 2001, intitulé « *Renforcement de la bonne gouvernance en Afrique* »[1331], il est question de politique, de conflits ou encore de corruption. La bonne gouvernance est alors conçue comme le fondement du développement socio-économique durable. Les facteurs d'une bonne gouvernance sont évoqués de la manière suivante : l'élection des dirigeants, leur responsabilité politique, leur attention aux besoins de la population, le lien de réciprocité, la définition du paradigme économique, le climat des affaires responsable et transparent, la capacité de l'État à innover, etc. Il en est de même d'un dossier récent relatif à la « *gouvernance mondiale* »[1332] qui renvoie à la mondialisation, à l'économie ou encore à l'aide humanitaire.

Monsieur Minorgue insiste sur l'importance de la valeur « corruption » dans l'appréhension de la bonne gouvernance. L'auteur énonce les principes de bonne gouvernance suivants : responsabilité, transparence, honnêteté et démocratie[1333]. L'on retrouve semblable approche chez Monsieur Morvan, qui souligne l'importance des critères sociologiques et politiques dans la compréhension de la « *nouvelle gouvernance* »[1334]. L'auteur la définit autour de trois critères fondamentaux : la responsabilité civique collective et individuelle des membres de l'organisation ; la concertation et le partage des pouvoirs et des responsabilités à plusieurs échelons des organisations ; enfin, la perspective systémique, c'est-à-dire

---

[1329] *A contra* : Julie LASSALLE, *op.cit.*, p.645. Selon cet auteur, l'élasticité de la bonne gouvernance se rapproche de celle de la bonne administration.

[1330] Jean-Pierre GAUDIN, *Pourquoi la gouvernance ?*, Paris, Presses de science politique, coll. La bibliothèque du citoyen, 2002, 137p ; Jean LECA, « La "gouvernance" de la France sous la cinquième République. Une perspective de sociologie comparative », *in* François DARCY, Luc ROUBAN (dir.), *Hommage à Jean-Louis Quermonne. De la Ve République à l'Europe*, Paris, Presses de science politique, 1996, p.329-365 ; Maurice ENGUELEGUELE, « Les usages politiques du concept de "gouvernance" dans le discours des organisations économiques internationales », *in* C.U.R.A.P., *La gouvernabilité, op.cit.*, p.375-394.

[1331] BANQUE AFRICAINE DU DÉVELOPPEMENT, *Renforcement de la bonne gouvernance en Afrique*, Paris, Économica, 2001. Sommaire : l'Afrique dans l'économie mondiale ; le renforcement de la bonne gouvernance ; les statistiques économiques et sociales sur l'Afrique.

[1332] « Gouvernance mondiale : la nécessaire utopie », *Revue politique et parlementaire*, avril-juin 2005, vol.107, n°1035, p.1-190.

[1333] Martin MINORGUE, *Is Good Governance a Universal Value?*, *in* INSTITUTE FOR DEVELOPMENT POLICY AND MANAGEMENT, *Public Policy and Management* : *Working Paper Series*, n°6, avril 1998, Université de Manchester, p.4.

[1334] François MORVAN, « Les aspects majeurs de la nouvelle gouvernance financière », *art.cit.*

la compréhension des interactions entre acteurs et leur influence efficace sur la réalité.

Monsieur Marcou a en outre relevé la parcimonie des considérations juridiques entourant la gouvernance[1335], qui se caractérise davantage par sa dimension politique[1336]. Le professeur relève l'ambiguïté qu'entretient cette notion avec les valeurs fondamentales du fonctionnement administratif, telles que la démocratie et l'intérêt général[1337]. Comme le rappelle Monsieur Stephanou, la gouvernance « *se situe "en marge ou à la marge" du droit* »[1338] et a pour fonction de justifier les politiques publiques[1339].

463. Parfois, l'accent est davantage mis sur l'aspect économique et social de la (bonne) gouvernance. C'est l'optique logiquement adoptée par la Banque mondiale en 1992[1340]. Suivant le contexte et la prétendue « avancée démocratique », la bonne gouvernance est synonyme d'anti-corruption, d'efficience ou de gestion efficace des fonds. C'est l'approche de Monsieur Bouvier[1341], selon lequel la « nouvelle gouvernance » désigne le modèle de gestion publique inspiré des entreprises. La bonne gouvernance financière permettrait une nouvelle organisation de la structure et des méthodes de la finance internationale.

464. Combinant des critères de gestion issus de l'entreprise privée et des critères de tradition démocratique, la bonne gouvernance semble pour l'instant laisser peu de place aux considérations juridiques. Cela ne signifie pas que le droit doit définitivement y être hermétique. Il s'agit simplement ici de constater que cette notion n'a pas pour l'instant de traduction juridique précise. Ce premier aspect de la notion la distingue de la notion de bonne administration. Ainsi que le souligne Madame Lassalle, « *la question de la "bonne gouvernance" se pose en termes idéologiques, là où la "bonne administration" se présente en des termes plus tangibles* »[1342]. Au-delà de ce critère de distinction auquel nous adhérons, les deux notions se différencient principalement par leur objet.

[1335] Gérard MARCOU, « Gouverner les villes par le droit ? », *art.cit.,* p.174-205.

[1336] Gérard MARCOU, « Gouverner les villes par le droit ? », *art.cit.*, p.183.

[1337] Gérard MARCOU, « Gouverner les villes par le droit ? », *art.cit.*, p.11-14.

[1338] Constantin A. STEPHANOU, « La nouvelle gouvernance européenne : bilan et perspectives », *Cahiers de droit européen*, 2006, vol.42, n°5-6, p.582. L'auteur se réfère à C. BLUMANN, L.DUBOUIS (dir.), *Droit institutionnel de l'Union européenne*, 2e éd., Paris, Litec, 2005, p.151. Sur le concept de gouvernance : p.582-586.

[1339] Constantin A. STEPHANOU, *art.cit.*, p.586-607.

[1340] BANQUE MONDIALE, *Governance and Development*, Washington, mai 1992, 61p. Rapport disponible sur : http://www.gsid.nagoyau.ac.jp/sotsubo/Governance_and_Development_1992.pdf.

[1341] Michel BOUVIER (dir.), « Avant propos », *in op.cit.*, p.3.

[1342] Julie LASSALLE, *op.cit.*, p.650.

B. Une différence d'objets

465. La bonne administration et la bonne gouvernance portent sur des objets différents. En effet, la bonne administration vise l'administration publique ; la bonne gouvernance, quant à elle, concerne principalement le gouvernement (**1**). De plus, alors que la bonne administration a trait exclusivement aux moyens de l'administration, la bonne gouvernance concerne davantage ses objectifs ou ses résultats (**2**).

1. La distinction entre le gouvernement (bonne gouvernance) et l'administration (bonne administration)

466. La bonne gouvernance concerne trois acteurs : l'État, la société civile et le secteur privé[1343]. Madame Lassalle évoque à ce propos les « *niveaux multiples du principe de bonne gouvernance* », à savoir le législateur, le juge et l'administration alors que la notion de bonne administration se situe à un « *niveau unique* »[1344]. Bien qu'elle ne se réduise pas à ce dernier, la bonne gouvernance souligne la nécessaire distinction (qui n'efface en rien leurs liens ténus) entre le gouvernement et l'administration déjà établie ici[1345]. Elle concerne le gouvernement dans son exercice de la politique[1346] et a trait à la légitimité et à la bonne exécution du pouvoir par l'État. C'est dans ce cadre que Monsieur Chevallier expose sa théorie de l'État post-moderne[1347]. Ainsi que le rappelle Monsieur Cabannes, l'usage de la notion de gouvernance révèle « *un nouvel exercice plus pragmatique du pouvoir* »[1348]. La gouvernance se substitue ainsi aux termes de « gouvernement » dans le secteur public et de « gestion » dans le secteur privé. Fondée sur les idées de légitimité, de liberté des individus, de participation citoyenne et d'État de droit, elle est synonyme de bon gouvernement[1349].

467. En revanche, la notion de bonne administration a pour objet exclusif l'administration publique. Toute considération d'ordre politique doit être exclue, en particulier lorsqu'il s'agit d'en faire une notion juridique. Ainsi que l'indique Monsieur Marty, « *la confusion ne doit pas être opérée entre le gouvernement qui impulse les politiques publiques et l'administration qui les met en œuvre et veille à leur exécution* »[1350]. Au-delà du lien entre le gouvernement et l'administration, il convient donc de distinguer le bon gouvernement de la bonne administration.

[1343] Ali FARAZMAND, « Sound Governance in the Age of Globalisation: A Conceptual Framework », *in* Ali FARAZMAND (dir.), *Sound Governance*, Londres, Praeger, 2004, p.1-25. La bonne gouvernance n'inclut pas la dimension internationale ; c'est pouruqoi, l'auteur propose le concept de « *sound governance* » : p.9.

[1344] Julie LASSALLE, *op.cit.*, p.652-657.

[1345] V. introduction générale, n°46.

[1346] Gary STOCKER, *art.cit.*, p.19 ; Francisco URÍA FERNÁNDEZ, « El buen gobierno en al ámbito del sector público. Una reflexión jurídica », *in* Manuel BALMASEDA Y MELGUIZO (et al.), *La administración pública que España necesita*, Madrid, Círculo de Empresarios, coll. Libro Marrón, 2007, p.339-340.

[1347] Jacques CHEVALLIER, *L'État post moderne*, *op.cit.*, p.205.

[1348] Arnaud CABANES, *op.cit.*, p.18.

[1349] Martin MINORGUE, *art.cit.*, p.4

[1350] Nicolas MARTY, *op.cit.*, p.41.

L'objet de cette dernière notion est plus restreint que celui de la bonne gouvernance. Monsieur Bemelmans[1351] affirme effectivement que les principes de bonne gouvernance sont une combinaison de principes de bonne administration (efficacité, efficience, légalité) et des idées de démocratie ou d'éthique. Monsieur Diarra regrette le changement opéré par les rédacteurs de la Charte des droits fondamentaux de l'Union européenne, substituant le terme de « bonne administration » à celui de « bonne gouvernance », en considérant que le droit à une bonne administration est davantage restreint que le droit à une bonne gouvernance[1352]. Cette différenciation est aussi implicitement confortée lorsque la bonne administration est qualifiée de composante de la bonne gouvernance.

468. Outre leur champ d'application, l'optique des notions de bonne administration et de bonne gouvernance constitue un critère supplémentaire de leur distinction. Plus précisément, alors que la notion de bonne administration est centrée sur les moyens de l'administration, la notion de bonne gouvernance s'intéresse à ses buts, voire à ses résultats.

2. Le départ entre une analyse des moyens (bonne administration) et une analyse des résultats et des buts (bonne gouvernance)

469. La bonne administration a pour objet, comme nous l'avons montré, les moyens de l'administration[1353] et désigne leur adaptation équilibrée. En revanche, la bonne gouvernance concerne, en substance, la définition des objectifs (politiques ou économiques) du gouvernement et ses résultats. Monsieur Cabannes associe implicitement la gouvernance à un centrage des résultats en l'inscrivant dans un courant « managérial ». L'objectif est alors d'introduire des préoccupations éthiques et parfois démocratiques parmi les impératifs de gestion de l'entreprise[1354]. La notion de bonne administration se distingue donc de la bonne gouvernance par le truchement de la distinction entre les moyens et les résultats. Il peut donc y avoir bonne administration et mauvaise gouvernance. Madame Stowe[1355] le démontre clairement en rappelant que lors de l'Holocauste, les moyens de l'administration étaient adaptés.

470. De surcroît, la bonne gouvernance ne semble pas obéir à une logique de pondération ou encore de modération du droit : la corruption « est ou n'est pas ». C'est pourquoi, à notre sens, les questions de transparence, de participation, d'accessibilité et de responsabilité de l'administration relèvent davantage de la bonne gouvernance que de la bonne administration. Plus exactement, elles sont la

---

[1351] M.-L. BEMELMANS-VIDEC, « Guidelines and Standards: Assuring the Quality of Evaluation and Audit Practice by Instruction », *in* Robert SCHWARTZ, John MAYNE, *Quality Matters. Seeking Confidence in Evaluating, Auditing, and Performance Reporting*, New Brunswick, Transaction Publishers, coll. Comparative Policy Evaluation, 2005, p.151-152 ; p.166.

[1352] Éloi DIARRA, « Les administrés et l'administration », *in* Laurence BURGORGUE-LARSEN (dir.), *La France face à la Charte des droits fondamentaux de l'Union européenne*, Bruxelles, Bruylant, coll. du C.R.E.D.H.O., 2005, p.605.

[1353] V. *supra*, n°343 et s.

[1354] Arnaud CABANES, *op.cit.*, p.19.

[1355] Kenneth STOWE, *art.cit.*, p.389.

transposition, sur le plan administratif, de l'idée de démocratisation des rapports entre les citoyens et l'État. Elles ne renferment pas l'idée d'adaptation équilibrée (bonne administration).

471. Du fait de sa distinction avec la bonne gouvernance, la notion de bonne administration renforce son contenu spécifique. S'il ne faut donc pas assimiler ces deux notions, il ne faut pas non plus nier leur lien évident. La bonne administration peut donc être intégrée dans un objectif plus large de bonne gouvernance. Le rapport entre ces notions est à l'image de l'enrichissante interdisciplinarité entre le droit et les autres domaines, notamment le domaine politique.

Obéissant à d'autres raisons et à d'autres critères, la distinction entre les notions de bonne administration et de bonne administration de la justice doit également être établie.

§ 2. Bonne administration et bonne administration de la justice

472. À titre liminaire, un rappel s'impose[1356] : il faut distinguer la décision de justice de l'administration de la justice. La première désigne le jugement *stricto sensu* (visa, motif, dispositif). La seconde concerne les organes juridictionnels dans leur prestation du service public de la justice. Seule l'administration de la justice est ici concernée.

473. Dès lors, quel(s) rapport(s) les notions de bonne administration de la justice et de bonne administration entretiennent-elles ? La réponse peut paraître évidente. La notion de bonne administration de la justice est une application de la notion de bonne administration à l'administration de la justice (**B**). Cependant, assez curieusement, les deux notions sont parfois confondues. Cela s'explique sans doute par l'ambiguïté de la bonne administration de la justice. Plus précisément, celle-ci semble fréquemment réduite à une définition fonctionnelle qu'il convient de dépasser (**A**).

A. Le dépassement de la définition fonctionnelle de la notion de bonne administration de la justice

474. La notion de bonne administration de la justice renferme, en substance, les principes contenus à l'article 6 de la Convention européenne des droits de l'Homme relatif au droit à un procès équitable. Elle est donc rattachée aux droits de la défense. Ainsi que l'affirme la Cour européenne des droits de l'Homme, « *eu égard à la place éminente qu'occupe le droit à une bonne administration de la justice dans une société démocratique, toute mesure restreignant les droits de la défense doit être absolument nécessaire* »[1357].

[1356] V. introduction générale, n°48.

[1357] C.E.D.H., 23 avril 1997, *Van Mechelen et autres c/ Pays-Bas*, req. n°21363/93 et autres, rec.1997-III, pt.58.

475. Or, le droit positif ne semble pas être totalement relayé par la doctrine. En effet, la bonne administration de la justice est encore, du moins en droit français, souvent envisagée de manière fonctionnelle (**1**). C'est par contraste une approche matérielle qu'il s'agit, à notre sens, d'adopter (**2**).

1. Le cantonnement regrettable à une approche fonctionnelle

476. Selon Monsieur Robert, la bonne administration de la justice peut être envisagée comme une « *notion-justification* » ou une « *notion-ambition* »[1358]. Suivant la première acception, elle est exclusivement définie par sa fonction de dérogation aux règles de compétence juridictionnelle dont l'application rigide peut s'avérer peu efficace. Selon la seconde, elle désigne les critères et les conditions que doit remplir toute justice pour être bien administrée : impartialité, accessibilité, etc. Cette dernière interprétation est incontestablement plus ambitieuse. C'est alors sans surprise que, suivant la célèbre distinction du Doyen Vedel[1359], la bonne administration de la justice est souvent appréhendée exclusivement de manière fonctionnelle.

Cela s'explique sans doute par les origines de sa consécration dans le système français. Dans la décision *Conseil de la Concurrence*, le Conseil constitutionnel affirme en effet que le législateur peut, « *dans l'intérêt d'une bonne administration de la justice* » [1360], unifier les règles de compétence juridictionnelle au sein de l'ordre juridictionnel principalement intéressé. Le Conseil permet une entorse aux règles du dualisme juridictionnel lorsque cette application de la compétence de principe engendre des conséquences néfastes sur le plan contentieux.

477. Dès lors, deux remarques consubstantiellement liées s'imposent. D'abord, la bonne administration de la justice est évoquée dans l'unique but de justifier une dérogation de compétence (en l'espèce, celle du juge administratif). Ensuite, le Conseil n'emploie pas les termes de « principe » ou de « notion » de bonne administration de la justice, mais celui d' « *intérêt* ». C'est le sens également repris par le Code de justice administrative et le Conseil d'État[1361]. Il n'est alors pas étonnant que cette notion soit cantonnée à son aspect fonctionnel : la jurisprudence semble guider la plume des auteurs de doctrine[1362].

[1358] Jacques ROBERT, « La bonne administration de la justice », *A.J.D.A.*, 20 juin 1995, p.117.

[1359] V. introduction générale. Pour rappel : Georges VEDEL, « La juridiction compétente pour prévenir, faire cesser ou réparer la voie de fait administrative », *J.C.P.*, janvier 1950, I, n°1, 851, n°4.

[1360] Conseil constitutionnel, 23 janvier 1987, *Loi transférant à la juridiction judiciaire le contentieux des décisions du Conseil de la concurrence,* n°86-224 DC, cst.16.

[1361] Pour rappel : « *s'il prononce l'annulation d'une décision d'une juridiction administrative statuant en dernier ressort, le Conseil d'État peut* (...) *régler l'affaire au fond si l'intérêt d'une bonne administration de la justice le justifie* » : art. L.821-2 du code de justice administrative. Pour une application récente, v. en outre : CE, 5e sous-sect., 4 juin 2008, *Société Omnium de gestion immobilière*, [non publié], req. n°308334 ; CE, 5e sous-sect., 30 mai 2008, *Ministre de l'Intérieur c/ société immobilière 3F S.A.*, [non publié] req. n°301541. V. aussi : Cour de cass., 3ème ch. civ., 21 mai 2008, n° de pourvoi 07-14.517.

[1362] Philippe YOLKA, « La bonne administration de la justice : une notion fonctionnelle ? », *A.J.D.A.*, 7 février 2005, n°5, p.233.

478. Monsieur Chapus confirme cette tendance en qualifiant la bonne administration de la justice de « *notion fonctionnelle* »[1363]. L'attention est alors exclusivement portée sur ses fonctions de dérogation aux règles de compétences juridictionnelles et d'aménagement des méthodes jurisprudentielles. À titre d'exemple, le juge module les effets de l'annulation lorsqu'elle est le fruit d'une « *mauvaise administration de la justice* »[1364]. La contribution de Monsieur Gabarda s'inscrit dans cette approche. Selon l'auteur, « *ce qui caractérise le plus la notion n'est donc pas sa propension à garantir un droit ou à consacrer un objectif mais plutôt sa faculté à légitimer une dérogation* »[1365]. L'intérêt d'une bonne administration de la justice est alors toujours évoqué *ex officio*, constat regrettable selon l'auteur, qui propose de la qualifier de principe général du droit afin de permettre aux justiciables de l'invoquer. La notion est également présentée sous la plume de Madame Laval[1366] comme à la fois transversale et fonctionnelle.

479. Envisagée de manière fonctionnelle, la notion de bonne administration de la justice n'entretient qu'un faible lien avec la notion de bonne administration. Les deux notions partagent seulement l'idée d'aménagement des règles de droit dans un souci de simplification[1367]. Elles sont alors aisément distinguables. Cependant, la notion de bonne administration de la justice doit également être appréhendée de manière matérielle.

2. Le choix préférable de l'approche matérielle

480. Monsieur Favret[1368] semble adopter une position médiane, témoignant de la complémentarité des approches matérielle et fonctionnelle[1369]. Selon lui, la bonne administration de la justice gouverne les règles de compétences juridictionnelles et inspire les règles de fonctionnement de la justice administrative. L'auteur y rattache les principes suivants : impartialité, indépendance, inamovibilité et rapidité. De même, Madame Deguergue montre qu'au-delà de son aspect fonctionnel, la notion de bonne administration de la justice désigne l'adaptation des méthodes juridictionnelles telles que la motivation ou la rectification d'une erreur matérielle[1370]. Selon Madame Pauliat, cette notion désigne le bon fonctionnement du service public de la justice, notamment dans l'organisation des procédures[1371].

En outre, la jurisprudence constitutionnelle a récemment érigé la bonne administration de la justice au rang d'objectif de valeur constitutionnelle en fondant

---

1363 René CHAPUS, « Georges Vedel et l'actualité d'une "notion fonctionnelle" : l'intérêt d'une bonne administration de la justice », *R.D.P.*, janvier-février 2003, t.119, n°1, p.3-17.

1364 René CHAPUS, *art.cit.*, p.16.

1365 Olivier GABARDA, « "L'intérêt d'une bonne administration de la justice". Etude de droit du contentieux administratif », *R.D.P.*, janvier-février 2006, t.122, n°1, p.174.

1366 Nathalie LAVAL, « La bonne administration de la justice », *L.P.A.*, 12 août 1999, n°160, p.12-21.

1367 Pour un aspect procédural de la question, v. *supra*, n°419 et s.

1368 Jean-Marc FAVRET, « La "bonne administration de la justice" administrative », *R.F.D.A.*, septembre-octobre 2004, n°5, p.943-952.

1369 Nathalie LAVAL, *art.cit*, p.20.

1370 Maryse DEGUERGUE, *Procédure administrative contentieuse*, Paris, Montchrestien, coll. Focus droit, 2003, p.39.

1371 Hélène PAULIAT, « Justice, performance et qualité », *in Mélanges en l'honneur de Jean-François Lachaume. Le droit administratif : permanences et convergences*, Paris, Dalloz, 2007, p.844.

celui-ci sur les articles 12, 15 et 16 de la Déclaration des droits de l'Homme et du Citoyen[1372], ce qui pourrait permettre un dépassement de l'approche purement fonctionnelle.

481. Une référence au droit espagnol confirme l'importance de la reconnaissance du contenu matériel de la notion de bonne administration de la justice. La Constitution espagnole consacre en effet un droit fondamental à « *la protection judiciaire effective* »[1373] et un principe de responsabilité de la personne publique pour fonctionnement anormal du service public de la justice (article 121 de la Constitution)[1374]. Par contraste avec son homologue français, le juge espagnol n'invoque pas un intérêt, mais un principe ou un droit à une bonne administration de la justice. Cette donnée influe sur leurs efforts respectifs de définition.

Cependant, la diversité des principes et des droits que la Constitution espagnole[1375] rattache à la bonne administration de la justice n'échappe à aucun observateur. Madame Carballeira Rivera[1376] opte pour une systématisation temporelle en classant ces principes selon trois blocs : l'accès à la justice, la procédure de la décision (« *proceso debido* ») et son exécution.

Selon Monsieur Diez-Picazo Giménez[1377], le droit consacré à l'article 24 de la Constitution a pour noyau dur l'idée d'accès aux tribunaux[1378]. Cette idée recouvre à la fois le droit d'accès à la juridiction et le droit au rendu d'une décision (*decision sobre el fondo*), qui équivaut à l'interdiction du déni de justice. Alors que le premier est absolu et toujours invocable, le second est conditionné par le respect de certaines conditions de saisine. Les deux pendants de ce droit sont réunis autour de la proportionnalité et du caractère raisonnable (*razonabilidad*) de l'application des règles de procédures. Les diverses exigences de l'article 24 de la Constitution sont en effet d'une intensité variable selon les cas.

Définie matériellement, la notion de bonne administration de la justice révèle alors sa connexité avec celle de bonne administration.

[1372] C.C., 3 décembre 2009, *Loi organique relative à l'application de l'article 61-1 de la Constitution*, n°2009-595 D.C., J.O. du 11 décembre 2009, p.21381, cst.4. Pour une approche similaire, bien que le juge s'en tienne à l'expression « *intérêt du bon emploi des deniers publics et de la bonne administration de la justice* » :C.C., 28 décembre 2006, *Loi pour le développement de la participation...*, n°2006-545 D.C., rec.138, cst. 24. Dans cette décision, le juge évoque également le « *droit à une recours juridictionnel effectif* » tiré de l'article 16 D.D.H.C. (cst.36).

[1373] V. *infra*, n°646 et s.

[1374] V. *infra*, n°683.

[1375] Tomàs FONT Í LLOVET, *La ejecución de las sentencias contencioso-administrativas. Aspectos constitucionales*, Madrid, Civitas, coll. Cuadernos Civitas, 1985, p.39 ; Ignacio DÍEZ-PICAZO GIMÉNEZ, « Reflexiones sobre algunas facetas del derecho fundamental a la tutela judicial efectiva », *Cuadernos de derecho público*, mai-août 2000, n°10, p.20.

[1376] Maria Teresa CARBALLEIRA RIVERA, « Gozan de derechos fundamentales las administraciones públicas ? », *Revista de administración pública*, mai-août 2002, n°158, p.246.

[1377] Ignacio DÍEZ-PICAZO GIMÉNEZ, *art.cit.*, p.23. V. aussi : Ignacio BORRAJO INIESTA, Ignacio DIEZ-PICAZO GIMENEZ, German FERNANDEZ FARRERES, *El derecho a la tutela judicial efectiva y el recurso de amparo*, Madrid, Civitas, 1995, 163p.

[1378] Sur le lien entre le droit au recours et l'accès à la justice : Álvaro GIL-ROBLES Y GIL DELGADO, *Los nuevos límites de la tutela judicial efectiva*, Madrid, Centro de Estudios Constitucionales, coll. Cuadernos y debates, 1996, 129p.

B. La notion de bonne administration de la justice : application de la notion de bonne administration à l'administration de la justice

482. La notion de bonne administration de la justice peut être considérée comme le reflet de la notion de bonne administration dans le secteur de l'administration de la justice. Cette sectorisation montre à la fois son lien matériel (**1**) et sa différence (**2**) avec la notion plus générale de bonne administration.

1. Le lien matériel entre les notions de bonne administration et de bonne administration de la justice

483. Le lien entre les notions de bonne administration de la justice et de bonne administration se tisse d'abord par l'intermédiaire des droits de la défense. En effet, ainsi que nous l'avons montré précédemment[1379], le principe de bonne administration est associé à ces derniers.

De plus, ceux-ci sont intégrés dans le discours relatif à la procédure « équitable ». On observe en effet fréquemment un usage extensif de la notion d'équité[1380], inspiré de l'article 6 de la Convention européenne des droits de l'Homme. Dénommé « *droit à un procès équitable* », cet article renferme en réalité une série de droits, en grande partie procéduraux, qui ont inspiré les rédacteurs du « *droit à une bonne administration* » de l'article 41 de la Charte des droits fondamentaux de l'Union européenne[1381]. Ce dernier serait le résultat d'une extension du champ d'application des droits de l'article 6 de la Convention européenne des droits de l'Homme[1382]. L' « *administration équitable* »[1383] désignerait, suivant cette approche particulièrement extensive de l'équité, une administration garante des droits de la défense[1384], équitable *stricto sensu*[1385] et respectueuse du principe d'égalité de traitement[1386].

484. Par ailleurs, selon Monsieur Diez-Picazo, l'idée de mesure ou de pondération constituerait l' « *essence du droit fondamental* » à la bonne administration de la justice[1387]. De même, un auteur estime que le fonctionnement anormal de la justice désigne principalement le retard déraisonnable des décisions de justice[1388].

[1379] V. *supra*, n°128.

[1380] Pour une critique de cet usage extensif de l'équité, v. France DRUMMOND, Hervé LECUYER, « Equité et droit européen », *in L'équité ou les équités*, *op.cit.*, p.99.

[1381] Sur la connexité entre le droit à un procès équitable (art. 47 C.D.F.) et le droit à une bonne administration (art. 41 C.D.F.) : Jacques ZILLER, *art.cit.*, n°91-95 ; s'agissant de la jurisprudence de la C.E.D.H. étendant le champ d'application de l'article 6 C.E.D.H., voir notamment : C.E.D.H., 1er juillet 1997, *Rolf Gustafson c/ Suède*, req. n°23196/94, rec.1997-IV ; C.E.D.H., 22 novembre 1995, *Bryan c/ Royaume-Uni*, req. n°19178/91, rec.A335-A.

[1382] Maryse DEGUERGUE, « Les dysfonctionnements du service public de la justice », *R.F.A.P.*, 2008, n°125 : *Une administration pour la justice*, p.152.

[1383] Julie LASSALLE, *op.cit.*, p.295-312.

[1384] Julie LASSALLE, *op.cit.*, p.296-300.

[1385] Julie LASSALLE, *op.cit.*, p.307-312.

[1386] Julie LASSALLE, *op.cit.*, p.300-307.

[1387] Ignacio DÍEZ-PICAZO GIMÉNEZ, *art.cit.*, p.26.

[1388] Joaquín TORNOS MAS, « La situación actual del proceso contencioso-administrativo », *R.A.P.*, mai-août 1990, n°122, p.108.

Monsieur Gil-Robles précise à ce sujet la nécessaire conciliation à opérer entre les garanties des citoyens et les exigences de rapidité[1389]. Or, ces références ne sont pas sans rappeler la définition proposée de la notion de bonne administration, qui renferme l'idée de pondération. Selon Madame Laval, la bonne administration de la justice « *exprime par la présence de l'adjectif qualificatif "bon", la raisonnabilité, la normalité d'un comportement humain ou d'une situation* »[1390].

De même, Monsieur Font i Llovet définit le droit à l'exécution des décisions de justice[1391] comme le droit à ce que l'autorité compétente adopte les moyens opportuns pour exécuter la décision avec l'intensité nécessaire[1392]. Cette définition comporte, en filigrane, les deux éléments inhérents à la notion de bonne administration : l'adaptation (moyen opportun *pour* exécuter) et l'équilibre (intensité nécessaire). Madame Pauliat associe également la bonne administration de la justice au bon fonctionnement du service public de la justice, en insistant sur la nécessaire adéquation entre moyen(s) et objectif(s).

L'approche purement quantitative, caractéristique de la L.O.L.F. et de l'ensemble des instruments de mesure de la justice qui réduisent le problème de la qualité au problème financier, doit ainsi être relativisée[1393]. Une justice qui fonctionne bien est une justice efficace et cohérente, dont les décisions sont rapidement prises et exécutées[1394]. Cette définition rappelle l'importance de la méthode et de l'adaptation des moyens humains évoquées à l'occasion de la notion de bonne administration[1395].

485. En effet, à l'instar de la notion de bonne administration, celle de bonne administration de la justice ne s'inscrit pas dans une optique de résultat. Elle vise les moyens de l'administration de la justice.

À titre d'exemple, le droit au recours signifie que l'administration doit utiliser de manière adéquate les moyens dont elle dispose pour traiter la demande[1396] ; il n'équivaut pas au droit à une décision favorable au requérant. Le « *fonctionnement anormal de l'administration de la justice* », consacré à l'article 121 de la Constitution espagnole, « objectivise » cette notion. En effet, comme l'indique Madame Malaret[1397], l'article 121 est qualitativement distinct de l'article 24, qui consacre un droit subjectif (fondamental) à une protection judiciaire effective. Dans le cadre de l'article 121, le juge ne se limite pas à régler le litige, mais veille au bon équilibre du système juridictionnel.

1389 Álvaro GIL-ROBLES Y GIL-DELGADO, *op.cit.*

1390 Nathalie LAVAL, *art.cit.*, p.18.

1391 Ce droit a pour pendant le principe d'exécution des décisions de justice (article 118 C.E.).

1392 Tomàs FONT Í LLOVET, *op.cit.*, p.63.

1393 Hélène PAULIAT, *art.cit.*, p.834.

1394 Alain MARION, « Du mauvais fonctionnement de la juridiction administrative et de quelques moyens d'y remédier », *Pouvoirs*, 1988, n°46, p.24.

1395 V. *supra*, n°359 et s.

1396 Pour des exemples jurisprudentiels de l'interprétation de l'article 13 C.E.D.H. : C.E.D.H., 2e sect., 20 septembre 2005, *Ertas Aydin et autres c/ Turquie*, req. n°43672/98, pt.58 ; C.E.D.H., gr. ch., 27 juin 2000, *İlhan c/ Turquie*, req. n°22277/93, rec.2000-VII, pt.97. La Cour distingue par ailleurs le droit au recours du bien fondé du grief. Pour des exemples tirés de la jurisprudence espagnole : S.T.C., 1e ch., n°9/1981, 31 mars 1981, B.O.E. n°89 ; S.T.C., 2e ch., n°22/1982, 12 mai 1982, B.O.E. n°137 ; S.T.C., ass. plén., n°35/1982, 14 juin 1982, B.O.E. n°153 ; S.T.C., 2e ch., n°131/1987, 20 juillet 1987, B.O.E. n°191.

1397 Elisenda MALARET I GARCIA, « El Derecho a la Administración Pública… », *art.cit.*, p.9.

En France, le Conseil d'État fait référence au « *bon fonctionnement du service public de la justice* »[1398]. En visant l'équilibre optimal du système judiciaire, la bonne administration de la justice révèle alors son lien avec la notion de bonne administration.

486. Le rapprochement matériel entre les deux notions découle aussi de la lecture des travaux du *Council of Tribunal,* mis en place dans le cadre des réformes anglaises du secteur judiciaire[1399]. Selon le Code de procédure des tribunaux, la bonne décision est celle qui « *juge de manière adéquate la plainte, au regard d'une pesée des faits et d'une application correcte des standards légaux* »[1400]. Adéquation et équilibre sont, à l'instar de la notion de bonne administration, au cœur de cette notion. De plus, selon la section 31(6) du *Supreme Court Act*, la *High Court* peut rejeter une plainte jugée trop tardive si elle considère que son traitement serait « *préjudiciable à la bonne administration* »[1401]. Il est ainsi frappant de constater que l'une des rares consécrations législatives anglaises expresses de la « bonne administration » concerne en réalité la bonne administration de la justice. Le lien entre les deux notions se tisse alors à travers l'impératif de délai raisonnable. Ainsi, la bonne administration de la justice doit guider le juge (critère directif de bon sens) dans la recherche des meilleures solutions à donner à des problèmes de procédure et de compétence dans un délai raisonnable[1402].

487. Les notions de bonne administration et de bonne administration de la justice présentent donc un lien matériel évident. Cependant, elles se distinguent par leur champ d'application.

2. Le champ d'application, principal critère de distinction

488. Selon Monsieur Delaunay, la jurisprudence française relative à la bonne administration de la justice a brouillé la notion de bonne administration par « *cette homonymie singulière qui interdit toute comparaison utile* »[1403]. Ces notions n'ont, en effet, pas le même champ d'application. Le domaine de la notion de bonne administration dépasse incontestablement celui de la bonne administration de la justice. Monsieur Marty soutient cette position en affirmant que la bonne administration de la justice a trait au contentieux alors que la bonne administration concerne la phase pré-contentieuse[1404].

[1398] CE, 4e-1re sous-sect., 29 juillet 1998, *Syndicat des avocats de France et autres*, rec. 313, req. n°188715 et s. ; C.E., 6e-4e sous-sect., 27 juillet 2001, *Titran*, rec. 411, req. n°222509.

[1399] V. notamment : Ministre de l'Intérieur, *Criminal Justice* : *The way Ahead*, 2001.

[1400] « *Properly judges the appellant's claim according to an accurate finding of facts and the correct application of legal standards* » : Conseil des Tribunaux, *Model rules of Procedurees of Tribunals* (Cm 1434, 1991). Le Conseil des tribunaux a été créé à la suite des recommandations du Francks Committee.

[1401] « *Where the High Court considers that there has been undue delay in making an application for judicial review, the court may refuse to grant (b) any relief sought on the application, if it considers that the granting of the relief sought would be (…) detrimental to good administration* » : *Supreme Court Act*, 1981; v. : LAW COMMISSION, *Report on Remedies in Administrative Law,* Law.Comm n°73, Cmnd. 6407 (1976).

[1402] Héctor FIX-FIERRO, *Courts, Justice and Efficiency. A socio-legal Study of Economic Rationality in Adjudication*, *op.cit.*, p.119-120.

[1403] Benoît DELAUNAY, *op.cit.*, p.168.

[1404] Nicolas MARTY, *op.cit.*, p.27-34.

489. Si nous rejoignons l'auteur sur la conclusion de son raisonnement, ce dernier semble toutefois pouvoir être nuancé. D'une part, la bonne administration de la justice se limite au *service public* de la justice. Sous réserve d'une erreur d'interprétation de notre part, son assimilation au contentieux, apparemment réalisée par l'auteur, pourrait alors prêter à confusion. En effet, il convient de distinguer l'organisation et le fonctionnement du service public de la justice, des techniques de contrôle juridictionnelles. D'autre part, la notion de bonne administration a, à notre sens, des implications contentieuses : le juge administratif l'utilise implicitement[1405]. C'est ce qui fait, selon nous, tout son intérêt. Le critère du contentieux ne semble donc pas délimiter de manière opportune les domaines des deux notions et paraît impuissant à fonder leur distinction.

Elles peuvent alors simplement être différenciées par le *service public* qu'elles concernent. En d'autres termes, seule la bonne administration de la justice vise exclusivement le service public de la justice. Ainsi que l'affirme Madame Deguergue, « *il paraît admissible de considérer que la bonne administration de la justice n'est qu'une modalité particulière de la bonne administration du service public de la justice* »[1406].

490. Il apparaît alors légitime de penser que la notion de bonne administration de la justice est apparue postérieurement à la notion de bonne administration puisque, entendue au sens matériel, elle est une application de cette dernière dans un domaine plus précis. Toutefois, il est intéressant de noter que la notion de bonne administration de la justice est au contraire davantage reconnue que la notion de bonne administration, qui peine à être consacrée[1407]. Madame Mallen montre ainsi que la notion de bonne administration est une généralisation de la bonne administration de la justice[1408]. Cette remarque n'altère pas la différence de leur champ d'application, principal critère de leur distinction.

***

On peut conclure à la spécificité de la notion de bonne administration par rapport à celles de bonne gouvernance et de bonne administration de la justice. Les rapports qu'elle entretient avec ces notions n'aboutissent nullement à une identité de contenus. Une autre série de notions présentent un lien particulier avec la bonne administration et doivent en être distinguées. Ces différenciations, qu'il s'agit à présent d'établir, nous paraissent plus subtiles que les premières.

[1405] V. *infra*, n°766 et s.

[1406] Maryse DEGUERGUE, « Les dysfonctionnements du service public de la justice », *art.cit.*, p.153.

[1407] V. conclusion générale, n°1028.

[1408] Beatriz TOMÁS MALLÉN, *op.cit.*

SECTION 2. LES DISTINCTIONS SUBTILES

491. Les développements futurs regroupent les notions qui entretiennent des rapports étroits avec celle de bonne administration. La proportionnalité et l'équité auraient, à ce titre, pu être évoquées ici. Il a néanmoins paru judicieux de clarifier, dès l'introduction de ce chapitre, leur lien et leur distinction avec la notion de bonne administration[1409].

492. À l'instar des notions de proportionnalité et d'équité, celles évoquées ici présentent un lien ténu avec la bonne administration. Néanmoins, ce lien ne se convertit pas en une identité de contenus. C'est en particulier le cas des notions de qualité (**§1**) et de confiance légitime (**§2**).

§ 1. BONNE ADMINISTRATION ET QUALITÉ

493. Selon une idée relativement répandue, « *la qualité confère sa substance à la bonne administration* »[1410]. La « *pluralité intrinsèque* » à celle-ci trouverait une harmonie dans un « *standard qualitatif* »[1411]. À son tour, le devoir de bonne administration permettrait d'intégrer l'impératif de qualité en droit public[1412].

À première vue séduisante, cette approche peut toutefois être nuancée. D'abord, l'élasticité ne nous semble pas caractériser la notion de bonne administration ici définie comme l'adaptation équilibrée des moyens. Ensuite, l'association de cette notion à la qualité lui retirerait sa spécificité et son statut de notion juridique pourrait alors être mis en cause.

494. À notre sens, les notions de qualité et de bonne administration ne sont donc pas similaires, tant par leur objet (**A**) que par l'importance conférée à l'administré dans leur mise en œuvre (**B**).

A. La distinction entre les moyens (bonne administration) et les résultats (qualité)

495. La distinction entre les moyens et les résultats a déjà été établie[1413] ; il ne convient donc pas de l'expliciter à nouveau. Il en est de même de l'inscription de la notion de bonne administration dans le choix des moyens mis en œuvre par l'administration publique. De nouveau, le lien évident entre les moyens, les objectifs et les résultats de l'administration ne doit nullement être ignoré. Si ces éléments sont reliés entre eux, ils ne se confondent néanmoins pas.

[1409] V. *supra*, n°449, 450.

[1410] Nicolas MARTY, *op.cit.*, p.552 ; Julie LASSALLE, *op.cit.*, p.560-633.

[1411] Nicolas MARTY, *op.cit.*, p.116. L'auteur exclut néanmoins le qualificatif de « standard » par la suite.

[1412] Juli PONCE SOLÉ, « Procedimiento administrativo… », *art.cit.*, p.9.

[1413] V. *supra*, n°344.

496. Alors que la notion de bonne administration a trait aux moyens de l'administration, la qualité est centrée sur ses résultats (**2**). Afin de le montrer, une définition préalable de la qualité en droit public s'impose (**1**).

1. La reconnaissance d'une notion de qualité en droit public

497. La qualité se définit comme un « *critère de valeur qui permet de classer une chose par ordre de mérite, à un niveau supérieur, inférieur ou moyen, relativement aux choses de même genre* »[1414]. Cette définition n'est spécifique ni à l'administration publique, ni au droit.

498. Certains auteurs ont alors proposé une définition de la qualité administrative. La doctrine anglo-saxonne est à cet égard riche d'enseignements. Selon Monsieur Walsh, la qualité du service public comprend deux éléments[1415] : d'une part, la capacité à remplir la fonction pour laquelle un service a été créé (« *fitness* ») ; d'autre part, la bonne évaluation du produit ou de la prestation par le citoyen (« *conformance* »). Cette signification est largement inspirée du secteur privé. Monsieur Liston définit quant à lui la qualité comme « *l'effet final des éléments du procédé, produit ou service, sur sa performance ou sur la perception du client ou consommateur de cette performance* (…) »[1416].

Madame Coote et Madame Pfeffer[1417] relèvent quatre approches contrastées de la qualité de l'administration. Selon l'approche traditionnelle, la qualité est synonyme de prestige comme c'est le cas dans le langage courant. Suivant l'approche scientifique, la qualité est basée sur l'accomplissement de standards élaborés par des experts. En revanche, l'approche « managériale » est fondée sur la satisfaction du consommateur. Enfin, l'approche consumériste donne l'essentiel du pouvoir à ce dernier. Sans nier l'utilité de ces approches pour le service public, les auteurs soulignent leurs limites, en prônant une approche dite « *démocratique* » de la qualité, principalement fondée sur l'équité.

499. La plupart des définitions proposées sont en effet des transpositions de la qualité des entreprises privées au secteur public. Retraçant la « *généalogie du discours* » sur la qualité, Monsieur Chevallier relève que celui-ci renferme deux idées fortes directement inspirées du secteur privé : l'efficacité et la participation. La qualité est plus largement associée à la productivité, à la modernisation, au changement technologique, à l'innovation ou encore à la transparence[1418]. Le professeur n'omet pas de signaler son enjeu, à savoir le fondement de la légitimité

[1414] Gérard CORNU, *Vocabulaire juridique*, 8e éd., Paris, P.U.F., coll. Quadrige, série Dicos Poche, 2007, p.748-749. L'auteur aborde par ailleurs les autres sens de la qualité en droit (titre, qualification, etc.).

[1415] K. WALSH, « Quality and public services », *Public Administration*, 1991, vol.69, p.502.

[1416] « *Total effect of the features of a process, product or service on its performance, or on the customer's or client's perception of that performance* (...) » : Colleen LISTON, *Managing Quality and Standards*, Philadelphie, Open University Press, 1999, p.4.

[1417] Anna COOTE, Naomi PFEFFER, *Is Quality Good for You? A critical review of quality assurance in welfare services*, Londres, Institute for Public Policy Research, 1991, p.2.

[1418] Jacques CHEVALLIER, « Le discours de la qualité administrative », *R.F.A.P.*, avril-juin 1988, n°46, p.289 ; p.302-305.

de l'action administrative. Néanmoins, la « *faiblesse de son contenu conceptuel tend souvent à le réduire à une pure et simple tautologie* »[1419].

Les auteurs[1420], au premier rang desquels Madame Cluzel, ont alors tenté de dépasser la pure retranscription des valeurs du secteur privé au service public. L'auteur envisage la qualité comme une future loi du service public. De « *l'essence même du service public, puisqu'elle participe à la réalisation de l'intérêt général* »[1421], la qualité désigne le bon fonctionnement du service et inclut les principes de rapidité, de simplicité et d'accessibilité[1422].

500. Il ressort de ces contributions que la qualité de l'administration publique se caractérise par un centrage sur les résultats obtenus par celle-ci. Elle vise l'évaluation de ces résultats en partant du point de vue de l'administré. Cette optique de résultat, bien que liée, doit être distinguée de l'analyse des moyens propre à la notion de bonne administration.

2. L'évaluation des résultats, objet de la qualité

501. La qualité vise le « produit » fini, qui est comparé avec le produit attendu par ses destinataires. Elle concerne donc les résultats obtenus tandis que la notion de bonne administration se situe en amont, c'est-à-dire au niveau de la mise en œuvre des moyens. Si cette dernière notion s'inscrit dans une approche fonctionnaliste, celle de qualité obéit à une logique finaliste qui désigne « *toute théorie qui explique le droit à travers ses finalités ainsi que tout mouvement qui conçoit le droit à partir de ses finalités* »[1423]. Certes, la prise en compte de la fin est nécessaire à l'évaluation des moyens ; mais le noyau dur de ces deux approches est différent. Aussi Monsieur Tardivel distingue-t-il la perspective des fins de l'administration publique et la perspective de ses moyens, sans nier leur évidente complémentarité[1424]. L'intensification du finalisme en droit administratif français se manifesterait par la multiplication et l'essor des outils d'évaluation[1425], qui sont davantage rattachés à la qualité qu'à la bonne administration. Le même critère nous a d'ailleurs permis également de distinguer la bonne administration de l'efficacité[1426].

502. La notion de bonne administration ne semble pas réellement s'inscrire, d'un point de vue conceptuel, dans le mouvement de « management public »[1427]. Ce thème est à notre sens davantage relié à la notion de qualité, ainsi que l'illustre la thèse de Madame Cluzel. Portant sur l'exigence de qualité de l'administration, la

---

[1419] Jacques CHEVALLIER, *art.cit.*, p.309.

[1420] Sur l'introduction de la qualité parmi les lois de Rolland : Hélène PAULIAT, *art.cit.* ; Michèle VOISSET, « La reconnaissance, en France, d'un droit des citoyens à la qualité dans les services publics », *R .F.D.A.*, juillet-août 1999, n°4, p.743-749.

[1421] Lucie CLUZEL-METAYER, *Le service public et l'exigence de qualité*, Paris, Dalloz, coll. Nouvelle bibliothèque de thèses, vol.52, 2006, p.433 ; p.453.

[1422] Lucie CLUZEL-METAYER, *op.cit.*, p.824.

[1423] Boris TARDIVEL, *op.cit.*, p.9.

[1424] Boris TARDIVEL, *op.cit.*, p.147.

[1425] Boris TARDIVEL, *op.cit.*, p.196-233.

[1426] V. *supra*, n°337.

[1427] *A contra* : Nicolas MARTY, *op.cit.*, p.378-414.

majorité des chapitres de cette thèse est en effet consacrée aux nouveaux instruments du « management public ». Afin de mieux cerner la distinction entre bonne administration et qualité, un rappel de cette dernière notion et de ses corollaires s'avère utile.

503. Le management est un « *néologisme provenant de la francisation (par prononciation) du terme anglais management, soit la gestion et l'administration d'une entreprise* »[1428]. Sans adopter une vision binaire du rapport entre les droits public et privé, désormais quasiment désuète[1429], il convient de centrer cette notion sur l'idée de rendement de l'action publique[1430]. Dans ce cadre, la performance désigne le « *résultat optimal qu'une machine peut obtenir* »[1431]. D'origine anglo-saxonne, ces notions véhiculent une culture de résultat[1432] et insèrent une logique « managériale » dans le droit administratif[1433]. Cette « *rationalité managériale* » désigne l' « *ensemble de règles très générales visant à permettre aux organisations d'atteindre les objectifs qu'elles se sont fixés* (...) »[1434]. La qualité a donc trait à l'évaluation et à l'efficacité. Or, de nouveau, ces idées ne constituent pas, à notre sens, l'unité conceptuelle de la bonne administration.

504. Une référence au droit espagnol illustre cette différence d'objet. Le législateur de cet État a en effet consacré le principe d'amélioration continue de la qualité du service public (« *continua mejora de los procedimientos, servicios y prestaciones públicas* »)[1435]. La loi du 18 juillet 2006 relative aux agences étatiques pour l'amélioration des services publics[1436] montre que la qualité concerne principalement les résultats obtenus. L'exposé des motifs indique en effet que la

---

[1428] Gérard CORNU, *op.cit*, p.571.

[1429] Sur la critique de cette opposition duale et sa valeur explicative quant aux réticences à l'égard des notions de performance et de management public, v. notamment : Jacques CAILLOSSE, « Droit public-droit privé : sens et portée d'un partage académique », *A.J.D.A.*, 20 décembre 1996, n°12, p.954-964 ; « L'administration française doit-elle s'évader du droit administratif pour relever le défi de l'efficience ? », *in* François LACASSE, Jean-Claude THOENIG (dir.), *L'action publique*, Paris, L'Harmattan, coll. Logiques politiques, 1996, p.320. L'auteur précise néanmoins que cette division conserve une valeur explicative permettant de comprendre pourquoi la gestion du management est tellement disputée : « Les figures croisées du juriste et du manager dans la politique française de réforme de l'État », *R.F.A.P.*, 2003, n°105-106, p.121, note infrapaginale n°3.

[1430] Jacques CAILLOSSE, *La constitution imaginaire de l'administration. Recherches sur la politique du droit administratif, op.cit.*, p.292.

[1431] *Le nouveau petit Robert de la langue française*, Larousse-Le Robert, 2007, p.1860.

[1432] Sur l'inscription du management et de la performance dans une culture de mesure des résultats : Jacques CAILLOSSE, *La constitution imaginaire de l'administration. Recherches sur la politique du droit administratif, op.cit.*, p.313.

[1433] Jacques CHEVALLIER, *L'État post-moderne*, *op.cit.*, spéc. p.70 ; Jacques CAILLOSSE, *La constitution imaginaire de l'administration..., op.cit.*, p.271-321 ; « Le droit administratif contre la performance publique ? », *art.cit.* ; Jean-François AUBY, *Management public. Introduction générale*, Paris, Sirey, coll. Notions essentielles, 1996, p.1-7 ; Michel COTTEN, Sylvie TROSA, « Les réformes comptables dans les pays de l'OCDE et en France : des outils pour la performance et la transparence », *R.F.A.P.*, varia 2007, n°123, p.293-300.

[1434] Jacques CHEVALLIER, Danièle LOSCHAK, *art.cit.*, p.85.

[1435] Article 4.1.b de la Loi n°6/1997 du 14 avril 1997 relative à l'organisation et au fonctionnement de l'Administration générale de l'État, *Ley de Organización y Funcionamiento de la Administración General del Estado*, B.O.E. n°90 du 15 avril 1997 (L.O.F.A.G.E.)

[1436] Loi n°28/2006 du 18 juillet 2006, *Ley de agencias estatales para la mejora de los servicios públicos*, B.O.E. n°171 du 19 juillet 2006.

réforme vise à une clarification des objectifs, concrets et évaluables, et des résultats de l'administration, ainsi que la manière dont les administrateurs se responsabilisent. Un renforcement des mécanismes de contrôle de l'efficacité et la promotion d'une « *culture de la responsabilisation des résultats* »[1437] sont alors prévus. C'est sur cette base qu'est notamment créée l'Agence étatique d'évaluation des politiques publiques et de la qualité des services[1438] dont l'objectif est d'évaluer les politiques et les programmes publics de l'administration générale de l'État.

505. Les notions de bonne administration et de qualité n'ont donc pas exactement le même objet. L'évaluation des résultats, propre à la qualité, ne se confond pas avec la notion de bonne administration. Certes, le rapport étroit entre les notions de qualité et de bonne administration résulte de la ténacité du lien entre moyen(s) et résultat(s). Si l'adaptation équilibrée des moyens (bonne administration) peut donc améliorer la qualité de l'administration, il faut néanmoins distinguer ces deux notions. L'importance contrastée conférée à l'administré dans leur mise en œuvre entérine leur différenciation.

B. La distinction entre la recherche de l'équilibre optimal (bonne administration) et la satisfaction exclusive de l'administré (qualité)

506. L'administré, parfois appréhendé comme un pur « consommateur »[1439], est au cœur de la notion de qualité. C'est en effet le destinataire direct de la prestation qui détermine son niveau de qualité, qui s'obtient par la confrontation entre l'attente et la performance réelle[1440]. Par contraste, une bonne administration ne découle pas nécessairement et exclusivement de la vision de l'administré (**1**). La *Citizen's Charter* et la Charte Marianne illustrent ce critère de distinction (**2**).

1. La satisfaction exclusive de l'administré comme critère de définition de la qualité

507. Comme nous l'avons déjà indiqué, l'évaluation et la performance sont au cœur de la notion de qualité[1441]. L'estimation est, dans ce cadre, confiée à l'administré envisagé davantage comme un « consommateur ». Il s'agit en effet de mesurer les effets du « produit » ou de la prestation sur son destinataire. La qualité est la

---

[1437] « *Refuerce los mecanismos de control de eficacia y promueva una cultura de responsabilización por resultados* ».

[1438] Disposition additionnelle, n°1 de la Loi n°28/2006 précitée : « *Autorización para la creación de la Agencia Estatal de Evaluación de las Políticas Públicas y la Calidad de los Servicios e Informe anual al Congreso de los Diputados* ».

[1439] Pour une remise en question du terme « consommateur » dans un contexte de service public : Howard ELCOCK, « The Fallacies of Management », *Public Policy and Administration*, printemps 1995, vol.10, p.44-46.

[1440] La notion de performance « *signifie que l'on doit se placer du point de vue de l'usager* » : Jacques CAILLOSSE, « Le droit administratif contre la performance publique ? », *art.cit.*, p.195, note infrapaginale n°2.

[1441] Pour une approche conceptuelle de l'évaluation des politiques publiques : Eric MONNIER, *Evaluation de l'action des pouvoirs publics. Du projet au bilan*, Paris, Économica, 1987, p.123-137. L'auteur distingue notamment les études, les recherches et les évaluations.

« *recherche de l'efficacité et de la correction auquel le public doit s'attendre* »[1442]. Elle est donc fonction des exigences du bénéficiaire du produit ou de la prestation[1443]. Madame Lassalle exprime clairement cet aspect essentiel de la qualité en droit public. Selon les termes de l'auteur, « *ce sont les interlocuteurs de l'administration qui interrogent sur sa performance, sur le suivi des prestations et la gestion des fonds publics. Ce sont les mêmes interlocuteurs qui demandent participation et intervention dans la gestion de la vie publique communautaire* »[1444]. Si cette caractéristique justifie, selon Madame Lassalle, l'association entre « bonne administration » et « qualité », il constitue au contraire, à notre sens, un critère de distinction de ces deux notions.

508. Par ailleurs, pour certains, la qualité relèverait en partie de critères extra-juridiques. Elle serait en effet basée sur la simple satisfaction du consommateur ou encore sur des « *directives morales* »[1445]. Cette interprétation paraît pouvoir être nuancée, notamment au regard de la jurisprudence récente qui reconnaît l'importance des Chartes, telles que la Charte du contribuable vérifié[1446]. Cependant, le juge précise en l'espèce que ce document a davantage pour fonction de prévenir que de servir de support à l'identification d'une faute. Il ne lui donne ainsi pas d'effet direct, en considérant que le simple fait que le vérificateur ne signe pas lui-même l'avis de vérification ne porte pas atteinte de manière substantielle au droit des contribuables. Au-delà de la décision d'espèce, la notion de qualité a bien une consistance juridique. La récente loi espagnole précitée acclimate cette idée. On peut lire à l'exposé des motifs l'engagement des pouvoirs publics à satisfaire les nécessités et les demandes des citoyens avec le niveau de qualité exigé par la société moderne[1447].

509. Le droit adopte donc parfois une optique « consumériste ». L'essence de la notion de bonne administration ne s'inscrit pas directement dans cette optique. Les critères d'une bonne administration (adéquation / équilibre) ne sont pas exclusivement établis par les administrés, mais vise l'équilibre du système[1448]. C'est en ce sens que les notions de bonne administration et de qualité doivent être différenciées. Un détour sur les Chartes de service public permet, à notre sens, de conforter cette distinction.

[1442] Guy BRAIBANT, Nicole QUESTIAUX, Céline WIENER, *Le contrôle de l'administration et la protection des citoyens (étude comparative), op.cit.*, p.87.

[1443] Sur l'importance des destinataires dans l'évaluation : Eric MONNIER, *op.cit.*, p.113-121.

[1444] Julie LASSALLE, *op.cit.*, p.590.

[1445] Juli PONCE SOLÉ, *op.cit.*, p.126.

[1446] C.E., 9e-10e sous-sect., 10 novembre 2000, *Milhau, préc.*

[1447] « *Satisfacer las necesidades y demandas ciudadanas con el nivel de calidad que en estos momentos la sociedad exige* » : Loi n°28/2006 du 18 juillet 2006, *préc.*

[1448] V. *supra*, n°404 et s.

2. Les Chartes, instruments de la qualité

510. Ainsi que le souligne Madame Seneviratne, la délivrance du service public est désormais soumise à des critères de qualité et d'efficacité[1449]. Cet impératif s'est accompagné d'une multiplicité de Chartes de service public, au premier rang desquelles la *Citizen's Charter*[1450]. La plupart des contributions mettent en exergue son lien avec l'essor du *New public management*[1451], jusqu'à parfois l'insérer dans une évolution aux teneurs constitutionnelles[1452]. Symbole de l'approche britannique du service public, cette Charte a néanmoins beaucoup inspiré des systèmes juridiques dont la culture est en apparence assez éloignée[1453].

511. En France, les années quatre-vingt-dix marquèrent la première influence de la *Citizen's Charter*. La circulaire du 26 juillet 1995 ajoute aux principes classiques de la Charte des citoyens et des Services publics du 18 mars 1992[1454] les principes de qualité, d'accessibilité, de simplicité, de rapidité, de transparence, de médiation, de participation et de responsabilité[1455]. L'influence s'est toutefois principalement faite sentir lors de la rédaction de la Charte Marianne[1456]. Comme l'indique Madame Gonod[1457], cette charte impulse la démarche qualité dans le secteur public français. Elle prend donc place dans un *corpus* large et hétérogène d'instruments d'évaluation de l'administration[1458]. Ici encore, l'administré est au cœur de l'évaluation de l'administration.

1449 « *Public service delivery is now concerned with quality and effectiveness* » : Mary SENEVIRATNE, *op.cit.*, p.74 ; Göran ARVIDSSON, « Performance and Evaluation », *in* Franz-Xaver KAUFMANN (et al.), *Guidance, Control, and Evaluation in the Public Sector*, Berlin, Walter de Gruyter, coll. Studies in organization,1986, p.625-643.

1450 Sans prétendre à l'exhaustivité, on peut renvoyer à : Dawn OLIVER, Gavin DREWRY, *Public Service Reforms. Issues of Accountability and Public Law*, Londres, Pinter, coll. The Constitutional Reform Series, 1996, p.15-44 ; Anne BARRON, Colin SCOTT, « The Citizen's Charter Programme », *Modern Law Review*, 1992, vol.55, p.526-546.

1451 Sur ce point, v. notamment : Chris WILLETT, *Public Sector Reform and The Citizen's Charter*, University of Warwick, 1996, 127p ; Roy GREGORY, Philip GIDDINGS, « The Ombudsman and the New Public Management », *art.cit.*, spéc. p.425.

1452 Noman LEWIS, « The Citizen's Charter and the Next Steps: a New Way of governing? », *Political Quarterly*, juillet-septembre 1993, vol.64, n°3, p.316-326.

1453 Peter K. FALCONER, Kathleen ROSS, « Les Chartes des Citoyens et les prestations des services publics : leçons à tirer de l'expérience du Royaume-Uni », *R.I.S.A.*, 1999, vol.65, n°3, p.399-414 ; Ronald MYERS, Robert LACEY, « Satisfaction du consommateur, performance et responsabilité au sein du secteur public », *R.I.S.A.*, 1996, vol. 62, n°3, p.395-419. Pour une approche comparative de la démarche qualité en France et en Angleterre : Raphaëlle FABRE-GUILLEMANT, *op.cit.*, p.247-268.

1454 Cette Charte, adoptée en Conseil des Ministre à cette date, évoquait les principes d'égalité, de neutralité et de continuité des services publics, tout en introduisant les principes de transparence, de simplicité, de participation des usagers et de confiance.

1455 Circulaire ministérielle du 26 juillet 1995 relative à la préparation et à la mise en œuvre de la réforme de l'État et des services publics, J.O.R.F. n°174 du 28 juillet 1995, p.11217, pt.I-2.

1456 Circulaire ministérielle du 2 mars 2002, *Charte Marianne*, J.O. du 3 mars 2004, p.1471 ; Circulaire ministérielle du 6 mai 1995, *Charte du Patient hospitalisé*, n°95-22, B.O. n°95/21, texte n°1347, p.11.

1457 Pascale GONOD, « L'accueil dans les services publics : à propos de la charte Marianne », *in Etudes en l'honneur de Gérard Timsit*, Bruxelles, Bruylant, 2004, p.327-341.

1458 Lucie CLUZEL-METAYER, *op.cit.*, p.154 et s.

512. Dans le cadre de cette étude, on s'attachera seulement à montrer que les Chartes s'inscrivent dans une optique qualitative de l'action administrative. C'est d'ailleurs sur ce point qu'insiste Monsieur Lovell, à propos de la *Citizen's Charter*, en décrivant la formation et la capacité des fonctionnaires à s'ouvrir à l'originalité et à la créativité[1459]. Les premières lignes de la *Citizen's Charter* indiquent que « *les citoyens sont en droit d'exiger des services de haute qualité, répondant à leurs besoins, délivrés de manière efficace et à un prix raisonnable* »[1460]. Les destinataires du service public sont donc au cœur de la Charte.

Cette affirmation doit être analysée au regard du contexte précédemment évoqué du *New Public Management*[1461]. La privatisation est en effet présentée comme un moyen d'augmenter la qualité du service[1462]. La qualité offerte aux administrés désigne le rapport qualité / prix, qui permet notamment de justifier la privatisation et la mise en concurrence accentuées sous le Gouvernement de Madame Thatcher[1463]. Cette restriction de la qualité a, à juste titre, été remise en cause par certains auteurs anglais qui nuancent fortement le prétendu lien de causalité entre la privatisation et l'augmentation de la qualité du service public[1464]. La participation de l'administré, objectif de la *Citizen's Charter*[1465], se réduit au choix qu'il effectue entre plusieurs offres. Elle ne désigne nullement, comme on pourrait *a priori* le penser, sa participation effective dans l'élaboration des critères de qualité du service public.

513. Reprenant l'esprit du *Civil Service Code* et des rapports *Justice*[1466], le document énonce sept principes du service public[1467]. Parmi eux figure la publication de standards explicites, tels que la courtoisie ou le dévouement du personnel[1468]. De même, la transparence (*openness*) constitue l'un des principes phares puisqu'elle permet la publication des objectifs et des résultats[1469]. Enfin, afin d'inciter à l'accomplissement de ces objectifs, la Charte prévoit un système de récompense (*Charter Mark*) aux « meilleurs administrateurs ». Cette dernière donnée traduit son orientation concurrentielle et consumériste qui, étoffée par le Livre blanc de

---

1459 Roger LOVELL, « Citizen's Charter: the Cultural Challenge », *Public Administration*, 1992, vol.70, p.397-404.

1460 « *Individual citizens are entitled to expect high-quality services, responsive to their needs, provided efficiently at a reasonable cost* » : *The Citizen's Charter*, National Consumer Council, H.M.S.O., Cm 1599, 1991, p.4.

1461 V. introduction générale, n°63 ; *supra*, n°162 et s.

1462 *The Citizen's Charter, préc.*, p.29.

1463 *Competing for Quality*, C.m. 1730 ; *Civil Service, Continuity and Change*, Cm 2627.

1464 Laura ROVIZZI, David THOMPSON, « The Regulation of Product Quality in the Public Utilities and the Citizen's Charter », *Fiscal Studies*, 1992, vol.13, n°3, p.74-95.

1465 NATIONAL CONSUMER COUNCIL, *The Citizen's Charter: five years on. Evidence to the inquiry by the House of Common's Public Service Select Committee*, octobre 1996, P.D. 49/P/96, recommandation n°3.

1466 V. *supra*, n°165 et s.

1467 *The Citizen's Charter, préc.*, p.5.

1468 « *Helpfullness from staff, accuracy in accordance with statutory entitlements, commitment to prompt action, value for money* » : *The Citizen's Charter: Second report*, mars 1994, H.M.S.O., Cm 2540 ; v. Aussi : *The Citizen's Charter: First Report*, 1992, H.M.S.O., Cm 2101.

1469 Le *corpus* de la *Citizen's Charter* contient également le *Code of Practice on Access to Government Information*, 2e éd., 1997.

1996[1470] et la réédition de la Charte en 1998, forme la base des chartes sectorielles au Royaume-Uni.

514. Il découle de la lecture de ces documents que les chartes sont des instruments qui relèvent davantage de la qualité que de la bonne administration. Certes, celles-ci sont liées ; d'ailleurs, ainsi que nous l'avons précisé en introduction générale[1471], les chartes ont constitué des instruments non négligeables de cette étude. Néanmoins, à l'analyse, elles ont davantage trait à la notion de « mauvaise administration » qu'à la notion de bonne administration. Comme nous le montrerons clairement par la suite[1472], ces notions ne sont pas antonymes et la « mauvaise administration » recouvre un champ bien plus étendu, incluant la « mauvaise qualité », que celui de la notion de bonne administration proposée ici.

Les chartes sont alors reliées à la « mauvaise administration », ou encore à la *maladministration* anglaise. Ainsi, la violation de la *Citizen's Charter* constitue *prima facie* un cas de *maladministration*[1473]. En 1994, on notait une augmentation des plaintes auprès du *Parliamentary and Health Service Ombudsman* de 46 % depuis la publication de la *Citizen's Charter* en 1989[1474]. L'Ombudsman anglais a affirmé que l'inadéquation des réparations prévues en cas d'inobservation de cette Charte constituait un cas de *maladministration*[1475]. Bien que le *Parliamentary and Health Service Ombudsman* ne soit pas lié par cette Charte[1476], il souligne le lien conceptuel qui unit les deux notions.

515. Si le rapport entre la « mauvaise qualité » et la « mauvaise administration », *via* les chartes, est établi, il ne faut pas l'étendre intuitivement au rapport entre les notions de qualité et de bonne administration.

La spécificité de cette dernière peut être par ailleurs affirmée de nouveau à l'occasion de sa comparaison avec la confiance légitime.

1470 NATIONAL CONSUMER COUNCIL, *The Citizen's Charter: five years on, préc.*

1471 V. introduction générale, n°72 et s.

1472 V. *supra*, n°703 et s.

1473 P.H.S.O., Rapport annuel de 1993, H.C. 290 (1993-4), §6.

1474 Sel. Comm. on the P.H.S.O., H.C. 112 (1993-4) ; Rapport du P.H.S.O., H.C. 569 (1992-3) §2-5.

1475 P.H.S.O., Rapport annuel de 1993, H.C. 290 (1993-4), §8.

1476 P.H.S.O., Rapport annuel de 1991, H.C. 347 (1991-2), §8 ; M. REID, *in* Second Report of Select Committee for 1991-2, *The Implications of the Citizen's Charter for the Work of the Parliamentary Commissioner for Administration*, H.C. 158 (1992-3), Evidence, p.12-13.

§ 2. BONNE ADMINISTRATION ET CONFIANCE LÉGITIME

516. Issu du droit allemand, le principe de confiance légitime (*Vertrauenschutz*)[1477] a été transposé dans les droits communautaire[1478], hollandais ou encore espagnol, qui se sont largement acclimatés à son existence. Le droit espagnol est particulièrement significatif à cet égard. Le principe de confiance légitime, notamment consacré à l'article 3.1 *L.R.J.P.A.C.*, désigne la confiance des citoyens dans l'agissement correct de l'administration, la licéité de leurs relations entretenues avec l'administration ou encore le caractère raisonnable de leurs attentes. L'administration espagnole doit donc orienter sa conduite en respectant une certaine cohérence vis-à-vis des administrés[1479].

Par contraste, ce principe n'est pas clairement consacré en droit français. Certains auteurs affirment néanmoins son existence implicite[1480]. Fondé sur le principe de sécurité juridique[1481], il apparaît en effet comme le corollaire de tout État de droit, comme c'est le cas en Allemagne. Monsieur Puissochet[1482] énonce deux conditions à l'invocabilité de ce principe par l'administré : d'une part, l'administration doit faire naître en lui des espérances fondées ; d'autre part, il doit être dans l'impossibilité de prévoir la modification de la réglementation.

517. Si la confiance légitime est généralement qualifiée de « principe », elle peut également être envisagée comme une notion renfermant, en substance, l'idée de cohérence de l'action administrative. Elle est de ce fait liée à celle de bonne administration (**A**), tout en s'en distinguant (**B**).

[1477] Sylvia CALMES, *Du principe de protection de la confiance légitime en droits allemand, communautaire et français*, Paris, Dalloz, coll. Nouvelle bibliothèque de thèses, 2001, 711p.

[1478] C.J.C.E., 13 juillet 1965, *Lemmerz-Werke c/ Haute autorité de la C.E.C.A.*, aff. 111-63, rec.1965, p.835 ; C.J.C.E., 5 juin 1973, *Commission c/ Conseil*, aff. 81/72, rec.1873, p.575 ; Jean-Bernard AUBY, Delphine DERO-BUGNY, « Les principes de sécurité juridique et de confiance légitime », *in* Jean Bernard AUBY, Jacqueline DUTHEIL DE LA ROCHÈRE (dir.), *op.cit.*, p.473-491 ; Jean-Pierre PUISSOCHET, « "Vous avez dit confiance légitime ?" (le principe de confiance légitime en droit communautaire) », *in L'Etat de droit. Mélanges en l'honneur de Guy Braibant*, Paris, Dalloz, 1996, p.581-593.

[1479] Pour un exemple de rappel des conditions de l'invocation de la confiance légitime : S.T.S., 1e sect., n°13239/1990, 8 juin 1990, req. n°624/1988.

[1480] Mireille HEERS, « La sécurité juridique en droit administratif français : vers une consécration du principe de confiance légitime ? », *R.F.D.A.*, 1995, n°4-6, p.963.

[1481] Bertrand MATHIEU, « La sécurité juridique : un principe constitutionnel clandestin mais efficient », *in Mélanges Patrice Gélard. Droit constitutionnel*, Paris, Montchrestien, 1999, p.301-305 ; Olivier DUTHEILLET DE LAMOTHE, « La sécurité juridique : le point de vue du juge constitutionnel », *in* CONSEIL D'ÉTAT, Rapport public 2006 : *Sécurité juridique et complexité du droit*, La doc. française, E.D.C.E., n°57, p.369-375. Sur le lien et la distinction entre la sécurité juridique et la bonne administration : Nicolas MARTY, *op.cit.*, p.95-104.

[1482] Jean-Pierre PUISSOCHET, « "Vous avez dit confiance légitime ?"… », *art.cit.*, p.588.

A. Les éléments communs aux notions de confiance légitime et de bonne administration

518. Lors de la Convention relative à la Charte des droits fondamentaux de l'Union européenne, Monsieur Rodriguez-Bereijo proposa d'introduire un « *droit à la sécurité juridique* » à l'article 41 relatif au droit à une bonne administration[1483]. Cette proposition, qui fut écartée, témoigne de la connexité entre les notions de sécurité juridique (et, par extension, de confiance légitime) et de bonne administration[1484]. Monsieur Bouchard emploie d'ailleurs parfois de manière interchangeable ces trois termes[1485]. Si l'auteur affirme par ailleurs que les principes de sécurité juridique et de confiance légitime découlent du principe de bonne administration[1486], ce dernier reste indéfini et semble s'y assimiler. Bien que notre définition nuance cette assimilation, il faut admettre les liens qui unissent les notions de confiance légitime et de bonne administration.

519. Celles-si se rapprochent à travers deux idées communes précédemment étudiées: celle de « raisonnabilité » (**1**) et celle de « bonne procédure » [1487] (**2**).

1. L'idée commune de « raisonnabilité »

520. L'idée de « raisonnabilité », ou encore de cohérence de comportement, a été développée précédemment[1488]. Elle illustre avant toute chose le lien entre les notions de bonne administration et de proportionnalité. Aussi Monsieur Philippe qualifie-t-il le principe de proportionnalité de principe de bonne administration, alors défini comme une « *obligation de cohérence aux actions et aux actes des autorités publiques* »[1489]. C'est également sur ce fondement que Lord J. Denning affirme que la proportionnalité est « *la pierre angulaire de la bonne administration publique* »[1490]. Plus modéré, Monsieur Dellis souligne que le principe de proportionnalité est « *une composante du principe de bonne administration* »[1491]. Cette même idée de cohérence du comportement se retrouve dans la confiance légitime qui est souvent, pour cette raison, rattachée à la notion de bonne administration.

[1483] Guy BRAIBANT, *op.cit.*, p.216.

[1484] Jean-Pierre PUISSOCHET, « "Vous avez dit confiance légitime ?"... », *art.cit.*, p.585.

[1485] Jean-Claude BOUCHARD, « La note 442 du 28 mars 1928, un retour vers le futur ? Des principes de bonne administration, de sécurité juridique, de confiance légitime... », *Revue de droit fiscal*, 17 mai 2007, n°20, p.10-16. Selon cette note, la bonne foi évidente du contribuable peut annuler une réclamation rétroactive de l'impôt. Reprise dans une instruction du 3 novembre 1975, cette note est, au regret de l'auteur, inlassablement rejetée par les tribunaux.

[1486] Jean-Claude BOUCHARD, *art.cit.*, p.11 ; p.16.

[1487] V. *supra*, n°436 et s.

[1488] V. *supra*, n°396 et s.

[1489] Xavier PHILIPPE, *Le contrôle de proportionnalité dans les jurisprudences constitutionnelle et administrative française*, Aix-Marseille, Économica, coll. Sciences et Droit Administratif, 1990, p.663.

[1490] « *Cornerstone of good public administration* » : R *v.* Barnsley MBC *ex parte* Hook [1976] 1 WLR 1052.

[1491] Georges DELLIS, *L'évocation du principe de la bonne administration au sein du contrôle juridictionnel du pouvoir discrétionnaire et le rôle du concept de moralité administrative dans le système juridique hellénique*, Mémoire pour l'obtention du D.E.A. de droit public interne, Université de Paris II, 1989, p.12.

521. Le fait, pour l'administration, d'induire en erreur le citoyen, est constitutif d'un cas de « mauvaise administration ». Les exemples relevés dans les rapports du *Parliamentary and Health Service Ombudsman* et du *Commissioner for Local Administration* sont innombrables. Aussi peut-on citer la condamnation de l'administration pour avoir construit un nouveau parc national au Pays de Galles sans avoir procédé à l'enquête publique qu'elle avait pourtant promise[1492]. Cette plainte donna d'ailleurs lieu à un arrêt de principe en la matière[1493]. La « bonne administration » inclut les compensations nécessaires pour les changements intempestifs de politique portant préjudice aux administrés[1494].

De même, le Médiateur de la République évoque souvent l'obligation de cohérence de l'action administrative. Il lui reproche ainsi d'exercer son droit d'appel alors qu'elle l'avait omis pour une situation similaire[1495].

Enfin, selon le juge communautaire, la Commission, qui n'a pas répondu à un télex, « *a négligé de façon regrettable les règles de bonne administration* »[1496] en laissant la requérante dans l'incertitude quant à l'acceptation de son offre. L'idée de cohérence unit donc la confiance légitime à la bonne administration. Ce point commun s'illustre par la relation entre cette dernière et la bonne foi.

522. Celle-ci n'est ici pas entendue comme l' « *attitude traduisant la conviction ou la volonté de se conformer au Droit qui permet à l'intéressé d'échapper aux rigueurs du droit* »[1497]. Ainsi que le souligne Madame Lombard, la bonne ou la mauvaise foi de l'administration peuvent recouvrir deux sens différents[1498] : la « *croyance erronée ou* [la] *conscience de l'irrégularité commise* » (tromperie, dol, fraude)[1499] ou le comportement de l'administration « *tel qu'il trompe un administré de bonne foi* »[1500] (confiance légitime). Relevant son caractère polymorphe et sa présence implicite en droit administratif français, Monsieur Carpano rappelle le double sens de la bonne foi[1501] : une règle objective de comportement traduisant un esprit de loyauté (bonne foi objective) et la disposition de l'intelligence caractérisée par l'état d'esprit d'une personne qui croit en une certaine apparence des choses (bonne foi subjective). Une interprétation constructive et rénovée de la bonne foi confère à cette dernière acception toute son utilité.

1492 Plainte n°PC 162/V, H.C. 259 (1975-6), 185. v. Paul BROWN, « The Ombudsmen: Remedies for Misinformation », *in* Genevra RICHARDSON, Hazel GENN (dir.), *Administrative Law and Government Action*, Oxford, Clarendon Press, 1994, p.318-327.

1493 R *v.* Liverpool Corporation *ex parte* Liverpool Taxi Owners'Association [1972] 2 All E.R.

1494 « *Good administration demands either that they should be excluded from the change in policy or that they be compensated for their loss or expense* » : Paul BROWN, *art.cit.*, p.332.

1495 Médiateur de la République, plainte n°031268, *in* Rapport annuel de 2003, *préc.*, p.19.

1496 C.J.C.E., 5e ch., 19 octobre 1983, *Lucchini Siderurgica SPA c/ Commission*, aff. 179-82, rec.1983, p.3095, pt.27.

1497 Ou l' « *absence de mauvaise volonté* », l' « esprit de droiture » : Gérard CORNU, *op.cit.*, p.119.

1498 Martine LOMBARD, *Recherches sur le rôle de la bonne et la mauvaise foi en droit administratif français*, 2 t., Thèse droit public, Université de Strasbourg III, 1978, spéc. p.29-57.

1499 Martine LOMBARD, *op.cit.*, p.38. Sur la mauvaise foi et le mauvais vouloir : p.55-57.

1500 Martine LOMBARD, *op.cit.*, p.448.

1501 Eric CARPANO, « Le droit administratif français est-il perméable à la bonne foi ? », *D.A.*, janvier 2005, n°1, p.10-17.

523. À cet égard, le droit espagnol soulève un intérêt certain. Puisant ses origines dans les principes généraux de l'article 7 du Code civil espagnol, la bonne foi figure parmi les principes généraux de l'administration publique, à l'article 3 de la *L.R.J.P.A.C.*[1502] qui impose son respect ainsi que celui des principes d'équité et de légalité à tout retrait d'acte(s) administratif(s).

Soutenant l'existence d'un principe de bonne foi propre au droit public, Monsieur González Pérez la définit comme le « *comportement moyen pour une relation juridique concrète donnée* »[1503]. C'est donc l'idée de « *cohérence de comportement dans les relations humaines et commerciales* »[1504], mise en exergue par les jurisprudences constitutionnelle et administrative[1505] espagnoles, qui est au centre de cette conception de la bonne foi. Celle-ci semble alors se confondre avec la confiance légitime : « *la bonne foi incorpore la valeur éthique de la confiance* »[1506].

La thèse de Madame Díez Sastre est, à cet égard, intéressante. L'auteur appelle en effet à une reconnaissance jurisprudentielle expresse[1507] du « *précédent administratif* » (« *precedente administrativo* ») entendu comme l'action administrative accomplie, se rapportant à une relation juridique précédente, mais susceptible de produire des effets juridiques en vertu de certains principes généraux du droit[1508], à savoir principalement le principe de sécurité juridique. Le « *devoir de cohérence* » de l'administration, qui s'applique à l'administration de la justice[1509], serait ainsi consacré *via* le devoir de motivation des critères d'action de l'administration (article 54.c *L.R.J.P.A.C.*)[1510]. Cette exigence de cohérence remettrait ainsi en cause la vision « *classique* »[1511] de la bureaucratie : l'action administrative sera appréciée en fonction de sa capacité à rationaliser son comportement. *via* une motivation rationnelle[1512]. Il s'agit de trouver l'équilibre entre l'automatisation des comportements et l'appréciation des circonstances concrètes[1513]. Cela souligne implicitement le lien entre la sécurité juridique et la bonne administration, laquelle comprend l'équilibre raisonnable.

1502 Loi n°4/1999 du 13 janvier 1999 modifiant l'article 106 de la loi n°30/1992 du 26 novembre 1992.

1503 Jesús GONZÁLEZ PÉREZ, *El principio general de la buena fe en el derecho administrativo*, 4e éd., Madrid, Civitas, coll. Monografías, 2004, p.97.

1504 S.T.C., ass. plén., n°27/1981, 20 juillet 1981, B.O.E. n°193, F.J.4.

1505 Pour exemple : S.T.S., 4e ch., n°7711/1998, 17 décembre 1998, req. n°13468/1991. Sur les conséquences de l'obligation de cohérence sur la responsabilité de l'administration : Luis MEDINA ALCOZ, *op.cit.*, p.355-360.

1506 Frederico A. CASTILLO BLANCO, *La protección de confianza en el derecho administrativo*, Madrid, Marcial Pons, coll. Monografías jurídicas, 1998, p.67.

1507 Sîlvia DÍEZ SASTRE, *El precedente administrativo. Fundamentos y eficacia vinculante*, Madrid, Marcial Pons, 2008, p.25-68.

1508 Sîlvia DÍEZ SASTRE, *op.cit.*, p.239.

1509 Artcile 54.1 *L.R.J.P.A.C.*

1510 Sîlvia DÍEZ SASTRE, *op.cit.*, p.21.

1511 Sîlvia DÍEZ SASTRE, *op.cit.*, p.30.

1512 Sîlvia DÍEZ SASTRE, *op.cit.*, p.30-34.

1513 Sîlvia DÍEZ SASTRE, *op.cit.*, p.43.

Dans le même ordre d'idées, Monsieur Mangarano[1514] unit la bonne foi de l'administration à la pondération des intérêts divergents. Selon l'auteur, elle est un principe constitutionnel non écrit qui s'applique à l'administration dans sa fonction et qui consiste en une obligation de comportement correct et pondéré[1515]. Ainsi, l'adjectif « bon » est associé, à l'instar de la « bonne administration », à la cohérence du comportement.

524. Le lien entre les notions de confiance légitime et de bonne administration s'illustre ainsi par le truchement de la notion de bonne foi. Il se tisse également à travers l'idée commune de « bonne procédure » particulièrement mise en exergue par le droit britannique.

2. L'exigence commune de « bonne procédure » : les enseignements du droit britannique

525. Un détour par la notion de *legitimate expectation* semble utile à la démonstration. Traduisant l'idée de confiance légitime en droit anglais, la notion de *legitimate expectation* semble remonter à la décision *Schmidt*[1516]. Le juge décide à cette occasion que tout changement impromptu dans les décisions ou les normes de l'administration doit être accompagné d'une audience de l'intéressé (selon l'adage : « *legitimate expectation cannot be denied without a hearing* »). La notion fut donc, dans ses débuts, associée aux droits de la défense (*natural justice*) et l'approche était purement procédurale.

526. Par la suite, le juge anglais a conféré un aspect matériel à cette notion. C'est à l'occasion de l'arrêt *Hong Kong* que le lien avec la bonne administration apparaît clairement. En effet, selon Lord J. Fraser, il est de l' « *intérêt d'une bonne administration* »[1517] d'adopter une conception matérielle de la confiance légitime.

Il était question ici de l'adoption d'un enfant pakistanais par un couple anglais qui s'était vu refuser ce droit à la suite d'un changement des critères d'adoption par le ministère de l'Intérieur alors même qu'ils répondaient aux critères qui leur avaient été préalablement indiqués. Comme le souligne Monsieur Forsyth, le juge se prononce sur le fond du problème en dépassant les questions purement procédurales[1518]. Les critères de la légitimité de l'attente seront alors exposés dans la jurisprudence postérieure : la proximité des relations entre l'administration et l'administré ainsi que le comportement général de l'autorité[1519].

1514 Francesco MANGANARO, *Principio di buona fede e attività delle amministrazione pubbliche*, Naples, Edizioni scientifiche italiane, coll. Pubblicazioni della Facoltà di Giurisprudenza di Catanzaro, n°30, 1995, p.58.

1515 Francesco MANGANARO, *op.cit.*,p.72.

1516 Lord J. DENNING, *in* Schmidt *v.* Secretary of State for the Home Affairs [1969] 2 Ch.149.

1517 « *In the interest of good administration* » : Lord J. FRASER, *in* Attorney-General for Hong Kong *v.* Ny Yuen Shiu [1983] 2 All E.R. 311 ; v. aussi : R *v.* Secretary of State for the Home Department, *ex parte* Kahn [1984] 1 W.L.R 1337 (C.A).

1518 C.-F. FORSYTH, « The Provenance and Protection of Legitimate Expectations », *Cambridge Law Journal*, 1988, vol.47, p.247-250.

1519 Lord J. DIPLOCK, *in* G.C.H.Q. [1985] AC 374 (droit au logement) ; R *v.* Secretary of State for Health *ex parte* United States Tobacco International Inc., [1992] QB 353 (changement d'avis du gouvernement en interdisant la production d'un type de tabac).

527. Monsieur Galligan[1520] met en exergue le lien entre la notion de *legitimate expectation* (confiance légitime) et celle, précédemment évoquée[1521], de *due process of law* (que l'on peut associer à la « bonne procédure »). L'attente légitime constitue souvent une source de *procedural fairness*[1522]. Monsieur Craig insiste également sur cet aspect des choses : l'attente légitime justifie un certain nombre de droits procéduraux aux teneurs substantielles[1523]. Or, la notion de *procedural fairness* est liée, comme nous l'avons vu, à celle de bonne administration. Ici encore, le renforcement de la procédure provient de l'exigence de pondération. Puisque le devoir d'agir de manière raisonnable est une garantie de la confiance légitime[1524], celle-ci est nécessairement reliée à la bonne administration[1525].

528. Il est également intéressant de relever que la prise en compte raisonnable des faits, consubstantielle à cette dernière notion, n'est pas étrangère à la confiance légitime ou à la sécurité juridique. Une nouvelle interprétation des faits ayant fondé une décision serait ainsi, selon Lord J. Collins, « *contraire à une bonne administration* »[1526]. Lord J. Woolf considère également que la confiance légitime (*consistency*) et la sécurité juridique (*certainty*) sont partie intégrante de cette dernière[1527]. Au même titre, Lord J. Brooke affirme que la sécurité juridique et la prévisibilité sont « *des attributs de la bonne administration* »[1528].

Si les notions de bonne administration et de confiance légitime se rapprochent ainsi sur certains aspects, elles se distinguent néanmoins.

B. Les éléments de distinction des notions de confiance légitime et de bonne administration

529. Au-delà de leurs liens évidents, les notions de bonne administration et de confiance légitime se distinguent à bien des égards. L'exposé des éléments communs de ces notions a révélé un certain lien d'imbrication, qui ne doit néanmoins pas se convertir en une assimilation. À cet égard, plusieurs critères de différenciation pourraient être évoqués.

530. On peut se limiter à l'énoncé de deux d'entre eux. D'une part, les notions de bonne administration et de confiance légitime n'appartiennent pas au même

---

[1520] D.-J. GALLIGAN, *op.cit.* Pour une synthèse des arrêts en la matière : Robert BALDWIN, David HORNE, « Expectations in a Joyless Landscape », *Modern Law Review*, novembre 1986, vol.49, n°6, p.685-711.

[1521] V. *supra*, n°438 et s.

[1522] Pour exemple : R *v.* Liverpool Corporation, [1972] L QB 299 (respect du contradictoire).

[1523] Paul CRAIG, « Legitimate expectations: a conceptual analysis », *Law Quarterly Review*, 1992, vol.108, p.84-86.

[1524] Lord J. TEMPLEMAN, *in* Preston *v.* I.R.C [1985] A.C. 837 (H.L.) ; Pour des brèves remarques sur cet arrêt : C. F. FORSYTH, *art.cit.*, p.251-252.

[1525] Kirsi KUUSIKKO, « Advice, Good Administration and Legitimate Expectations: Some Comparative Aspects », *European Public Law*, septembre 2001, vol.7, n°3, p.455-472.

[1526] R. *v.* Secretary of State for Foreign and Commonwealth Affairs, *ex parte* Ramanathan, [1993], C.O./3600/93.

[1527] Lord J. WOOLF, *in* R. *v.* Secretary of State for Health, *ex parte* Keen [1990] 10 BMLR 13.

[1528] « *Consistency and predictability are both attributes of good administration* »: Lord J. BROOKE, *in* R. *v.* Secretary of State for the Home Department, *ex parte* Stround [1992] The Times, 19 août 1992.

domaine (**1**). D'autre part, seule la notion de bonne administration a pour objet exclusif les moyens (et non les résultats) de l'administration (**2**). Ces critères ayant précédemment été évoqués afin d'établir d'autres démarcations, il a paru opportun de circonscrire nos propos à l'essentiel.

1. Une différence de domaines

531. Selon Monsieur Marty, la confiance légitime et la bonne administration relèvent de logiques distinctes[1529]. La logique temporelle, qui caractériserait la confiance légitime, s'opposerait à la logique qualitative de la bonne administration. Selon l'auteur, « *les divergences apparaissent avec une finalité temporelle omniprésente pour la confiance légitime, finalité opposée à celle de la bonne administration* »[1530]. Elles ne concordent en effet pas véritablement.

Il est cependant permis de relativiser l'idée d'opposition apparemment émise par l'auteur. En premier lieu, comme nous l'avons déjà indiqué, la bonne administration n'est pas étrangère à l'idée de cohérence et de stabilité. En second lieu, la confiance légitime, tout comme la sécurité juridique, n'est pas synonyme de fixité absolue des normes. Ainsi que l'indique Madame Heers, le phénomène d'imbrication des espaces normatifs implique des changements qui, eux-mêmes, garantissent la sécurité juridique[1531]. S'il existe bien une distinction entre les finalités remplies par les deux notions, il n'y a toutefois pas stricte opposition. Néanmoins, nous ne pouvons affirmer avec certitude que cette vision duale occupe véritablement l'esprit de l'auteur.

532. C'est alors leur domaine ou encore leur champ d'application qui distinguent les notions de bonne administration et de confiance légitime. Ainsi que l'indique Monsieur Marty, la seconde vise « *la limitation de la rétroactivité des lois et règlements, la modulation de l'application des lois nouvelles, le retrait des actes individuels, la validité et l'invocabilité des circulaires, instructions, directives ou pratiques administratives* (…) »[1532]. En revanche, la notion de bonne administration n'est pas réduite à l'application temporelle des normes. Elle se situe « *en amont* », lors de « *la prise en compte des situations juridiques* [qui] *intervient sur un autre plan* »[1533]. Le domaine de la confiance légitime dépasse donc celui de la bonne administration, restreint à l'administration publique.

De plus, l'idée commune de « raisonnabilité » n'a pas le même objet. La confiance légitime a trait au caractère raisonnable du changement normatif. La bonne administration renferme la pondération raisonnable des faits contribuant à un objectif.

Outre leur champ d'application, les notions de confiance légitime et de bonne administration se distinguent par leur objet. Alors que la notion de bonne

---

[1529] Nicolas MARTY, *op.cit.*, p.112-113. L'auteur reprend le même raisonnement pour distinguer la bonne administration de la sécurité juridique : p.102-104.

[1530] Nicolas MARTY, *op.cit.*, p.112.

[1531] Mireille HEERS, « La sécurité juridique en droit administratif français : vers une consécration du principe de confiance légitime ? », *R.F.D.A.*, septembre-octobre 1995, n°5, p.963.

[1532] Nicolas MARTY, *op.cit.*, p.112.

[1533] Nicolas MARTY, *op.cit.*, p.103.

administration concerne exclusivement les moyens de l'administration, celle de confiance légitime s'étend à ses résultats et ses effets sur la confiance des administrés.

2. Les moyens de l'administration : objet exclusif de la notion de bonne administration

533. Ainsi que l'affirme Madame Calmes, le principe de confiance légitime est essentiellement subjectif[1534]. Il est en effet souvent défini comme la transposition de l'idée objective de sécurité juridique[1535]. L'auteur déconseille, principalement pour cette raison, son implantation en droit français, qui serait de tradition objective. Cet aspect se traduit pour certains par l' « *impératif moral du respect de la parole donnée* »[1536]. On pourrait rattacher cet impératif au thème de l'éthique du service public[1537].

À cet égard, l'approche anglaise (*public service ethics*) s'avère particulièrement intéressante. L'éthique du service public est en effet perçue comme un standard de « *bonne conduite dans la sphère administrative du gouvernement* » (« *right conduct in the administrative sphere of government* »)[1538]. Cette notion est centrée sur les valeurs personnelles des administrateurs[1539]. À l'instar de la déontologie[1540], le caractère méta-juridique de l'éthique du service public se dégage. Ainsi que l'indique Monsieur Oppetit, l'éthique vise un compromis entre « *la morale du sacrifice et l'amoralisme individualiste* »[1541].

534. Cet impératif moral est étranger à la notion de bonne administration. Plus largement, ainsi que nous l'avons montré à maintes reprises, cette notion ne se caractérise pas par le souci exclusif de la satisfaction de l'administré. Objective, elle vise le juste équilibre entre intérêts divergents, qui n'est pas toujours en faveur de l'administré[1542].

[1534] Sylvia CALMES, *op.cit.*

[1535] Bertrand MATHIEU, Michel VERPEAUX, *Contentieux constitutionnel des droits fondamentaux*, Paris, L.G.D.J., coll. Manuels, 2002, p.705 ; C.J.C.E., 22 mars 1961, *S.U.P.A.T. c/ Haute Autorité C.E.C.A.*, aff. 42 et 49/59, rec.1961, p.101.

[1536] Odile FICKLER-DESPRES, « Les promesses de l'administration », *J.C.P.*, 21 janvier 1998, n°4, I.,104, p.133-138. Sur la jurisprudence relative à ces cas de faute : Maryse DEGUERGUE, « Promesses, renseignements, retards », *Rép. Dalloz de responsabilité de la puissance publique*, avril 2007.

[1537] Pour une référence espagnole : Jaime RODRÍGUEZ-ARANA MUÑOZ, *op.cit.*, p.173-182.

[1538] Kenneth KERNAGHAN, « Promoting Public Service Ethics : The Codification Option », *in* Richard Arnold CHAPMAN (dir.), *Ethics in Public Service for the New Millenium*, Ashgate, Durham University Business School, 2000, p.16.

[1539] Richard Arnold CHAPMAN, « Ethics in Public Service », *in* Richard Arnold CHAPMAN (dir.), *Ethics in Public Service*, Edinburgh, Edinburgh University Press, 1993, p.168.

[1540] V. introduction générale, n°4, *supra*, n°121.

[1541] Bruno OPPETIT, « L'éthique », *in Droit et modernité*, Paris, P.U.F, coll. Doctrine juridique, 1998, p.276.

[1542] Nicolas MARTY, *op.cit.*, p.112.

De plus, la confiance légitime s'inscrit dans une optique de résultat[1543] alors que la notion de bonne administration a pour objet les moyens de l'administration. Il nous semble en effet que, si l'aspect « qualitatif » de la confiance légitime ou de la sécurité juridique peut contribuer à une bonne administration, les deux notions se distinguent[1544].

Cette dissociation théorique se vérifie en pratique. À titre d'exemple, lorsque les deux principes sont évoqués conjointement, ils font l'objet d'examens distincts par le juge communautaire[1545]. La notion de bonne administration est donc autonome par rapport à celle de confiance légitime.

***

La notion de bonne administration se différencie de la qualité et de la confiance légitime. La confrontation du contenu de ces notions fait ressortir certaines de ses caractéristiques, dont l'idée d'équilibre. De plus, la bonne administration est tout entière centrée sur les moyens et non sur les résultats de l'administration.

CONCLUSION DU CHAPITRE 2

535. La notion de bonne administration se distingue de la bonne administration de la justice, de la bonne gouvernance, de la qualité et de la confiance légitime. Au-delà de ses liens évidents avec ces notions, elle a également été différenciée de la proportionnalité et de l'équité. Plusieurs critères de distinction ont été combinés pour le montrer. Il ressort de cette analyse que la différence réside principalement dans les objets et les domaines respectifs de ces notions.

Cet effort de spécification de la notion de bonne administration ne nie pas les liens incontestables qui relient ces notions entre elles. Ceux-ci renforcent certaines caractéristiques de la notion étudiée exposées au chapitre précédent.

536. Notre hypothèse de départ est donc validée : la bonne administration est une notion juridique. Sa distinction avec les notions précédemment mentionnées permet à la fois de lui conférer ce statut et d'entériner ses deux critères de définition, à savoir, à notre sens, l'adaptation et l'équilibre[1546].

Aussi n'est-il pas inutile d'inciter à son usage plus rigoureux, car elle demeure encore notamment assimilée, dans certains esprits, à la bonne administration *de la justice*[1547].

[1543] CONSEIL D'ÉTAT, Rapport 2006 : *Sécurité juridique et complexité du droit*, *op.cit.*, p.337. Cette remarque s'applique également à la confiance légitime.

[1544] *A contra* : Nicolas MARTY, *op.cit.*, p.104. Selon l'auteur, le lien entre la sécurité juridique et la qualité permettrait d'inclure la première dans la notion de bonne administration.

[1545] Julie LASSALLE, *op.cit.*, p.282-283, spéc. note infrapaginale n°276 (pour d'autres exemples).

[1546] V. chapitre précédent.

[1547] V. conclusion générale, n°1028.

CONCLUSION DU TITRE 2

537. Au seuil de cette étude, la nécessité d'une approche restrictive de la « bonne administration » peut être affirmée sans équivoque. Les diverses évocations de cette notion ont en effet permis de dégager son unité conceptuelle : *l'adaptation équilibrée des moyens de l'administration*.

La notion de bonne administration désigne donc la maximisation des moyens matériels et humains de l'administration publique. Ce « bon usage » des moyens s'étend à l'utilisation optimale du pouvoir discrétionnaire. Le lien entre ce pouvoir et la notion de bonne administration est une illustration supplémentaire de sa subtilité et de son intérêt. Cette adaptation doit également être équilibrée. Contrairement à une idée répandue, la bonne administration ne désigne pas la satisfaction unilatérale et maximale de l'administré. Cette idée d'équilibre s'exprime tout particulièrement lors de la mise en œuvre de la procédure administrative non contentieuse : la bonne administration régule l'application des exigences procédurales dans certains cas excessives.

538. Cette définition, construite de manière inductive, confère à la notion de bonne administration sa spécificité. Cette dernière doit ainsi être distinguée des notions de bonne gouvernance, de bonne administration de la justice, de qualité, de confiance légitime, d'équité et de proportionnalité. Cet effort de spécification renforce la définition positive proposée. Nécessaire à toute construction théorique, elle ne nie pas les liens qu'entretient la notion de bonne administration, notamment avec la notion de bonne administration de la justice. La reconnaissance de certains points communs, loin de constituer un obstacle dirimant à la reconnaissance de la notion de bonne administration, souligne au contraire sa pertinence. En effet, si celle-ci n'entretenait aucun rapport avec des notions existantes, on peinerait sans doute à déceler son intérêt.

CONCLUSION DE LA PREMIÈRE PARTIE

539. Au-delà de ses évocations éparses et hétérogènes (Titre 1), la notion de bonne administration possède une unité conceptuelle (Titre 2) : *l'adaptation équilibrée des moyens de l'administration.* Cette définition n'a pu être élaborée qu'en partant de ces renvois, sans quoi elle aurait été frappée de « *caducité par" distension"* »[1548].

Cela illustre le lien inextricable entre la théorie et la pratique. Il convenait ainsi de voir à quelles idées est rattachée la « bonne administration », aussi bien dans les droits français et communautaire que dans certains droits étrangers. Par la suite, il fallait conférer à cette réalité particulièrement hétérogène une certaine cohérence. En partant de cette dernière, il s'agissait de spécifier la notion de bonne administration par rapport aux notions auxquelles elle est souvent assimilée en pratique.

540. Le droit positif a donc été à la fois le tremplin de notre construction et l'objet de réserves. Résultat de cet examen critique, la définition proposée ne saurait elle-même prétendre à l' « excellence ». La démarche adoptée montre en effet que toute élaboration doctrinale n'est qu'une étape pour atteindre un concept idéal.

Spécifique, la notion de bonne administration possède désormais des traits fonciers sans prétendre à une « *rigueur mathématique* »[1549] dont le droit s'accommode fort peu. L'idée d'*adaptation équilibrée des moyens* nous semble en effet assez circonscrite afin de l'envisager en droit et de l'introduire, le cas échéant, dans la jurisprudence[1550]. L'adoption de cette définition pourrait conférer davantage de cohérence aux usages épars répertoriés.

541. Qu'en est-il des effets de la notion de bonne administration en droit public ? Si, à la différence des catégories juridiques[1551], les notions juridiques n'emportent pas toujours un régime homogène[1552], il faut néanmoins qu'elles aient une certaine fonction en droit. La spécification du contenu de la notion de bonne administration, précédemment opérée, doit alors s'accompagner d'une caractérisation de ses fonctions. En d'autres termes, il convient à présent de montrer l'apport de la notion de bonne administration ainsi définie au droit public.

[1548] Roger LATOURNERIE, *art.cit.*, p.99.

[1549] « *Il serait évidemment tout à fait vain d'espérer élaborer en droit un vocabulaire d'une rigueur absolue, mathématique* » : Théodore FORTSAKIS, *op.cit.*, p.301.

[1550] Les notions juridiques doivent aider le juge dans sa recherche de la juste solution : Henri BATIFFOL, « Sur la positivité du droit », *in Mélanges en l'honneur de Jean Dabin*, t.1 : *théorie générale du droit*, Paris, Sirey, 1963, p.41.

[1551] « *La loi crée une catégorie juridique lorsqu'elle a défini ou simplement prévu une situation à laquelle elle attache des effets de droit* » : Marcel WALINE, « Etendue et limites du contrôle du juge administratif sur les actes de l'administration », *E.D.C.E.*, 1956, p.31. Sur la distinction entre catégorie et notion juridiques : Maryse DEGUERGUE, *op.cit.*, p.650.

[1552] V. introduction générale, n°40.

SECONDE PARTIE :

L'APPORT DE LA NOTION DE BONNE ADMINISTRATION AU DROIT PUBLIC

542. Selon un *a priori* répandu, l'élaboration de la notion de bonne administration relèverait du pur « exercice de style ». Désormais définie comme l'*adaptation équilibrée des moyens* de l'administration, cette notion se révèle au contraire d'un apport certain au droit public. Il convient donc de dépasser le discrédit intuitif qui l'entoure : ses fonctions[1553] s'imposent à tout observateur.

Celles-ci sont en partie prospectives : il s'agit d'exposer les effets de la notion de bonne administration, telle que nous l'avons définie dans le cadre de cette thèse. Si la reconnaissance de certains d'entre eux nécessite donc l'adoption de la définition ici proposée, ils montrent tout autant son concours à l'enrichissement du droit public.

Par ailleurs, la notion ainsi construite, qui puise notamment ses origines dans des écrits datant du début du XXème siècle[1554], est implicitement présente dans le droit actuel. Il ne faut en effet pas confondre le contenu matériel de la notion de bonne administration et ses expressions formelles. En d'autres termes, cette notion peut être employée sans que l'expression « bonne administration » n'apparaisse toujours. Elle possède des fonctions d'ordre systémique qui permettent l'ordonnancement de la réalité hétérogène existante.

543. Puisqu'il serait incohérent de lui conférer des applications vastes dépassant le sens auquel nous l'avons confinée[1555], deux fonctions principales[1556] doivent être énoncées. D'une part, la notion de bonne administration introduit un modèle de fonctionnement administratif suivant lequel l'administration réglera son action et au regard duquel celle-ci sera évaluée, notamment dans le cadre du régime de responsabilité pour faute de service[1557]. D'autre part, cette notion contribue à la réflexion et au renouvellement de la légalité.

[1553] Ainsi que nous l'avons précisé, la notion de bonne administration n'engendre pas un régime juridique spécifique sans que cela ne soit un obstacle dirimant à son existence et à son intérêt: v. introduction générale, n°40.

[1554] V. *supra*, n°97 et s.

[1555] V. partie précédente.

[1556] La notion de bonne administration contribue certes à la mise en exergue du travail des Ombudsmän et pourrait amener le juge à reconnaître davantage de principes de bonne administration tirés de leurs recommandations. Cette fonction, esquissée précédemment, ne sera pas développée ici, car elle ne met pas, à notre sens, suffisamment en valeur l'apport de la notion juridique de bonne administration au droit public.

[1557] Nous emploierons l'expression « faute de service » et non « faute du service » car la première est davantage usitée et aucune différence conceptuelle substantielle ne semble résulter de la jurisprudence : Michel PAILLET, *op.cit.*, p.51 ; Marcel SOUSSE, *op.cit.*, p.157 ; « Faute de service », *J.C.P.A*, fasc. 818, n°5. *A contra* : Maryse DEGUERGUE, *op.cit.*, p.163 : la « faute de service » désigne la faute commise par un agent identifiable tandis que la « faute du service » est la faute anonyme. Cette distinction, qui rend compte de l'évolution de la responsabilité de l'administration, n'est pas fondamentale pour notre étude.

544. L'apport de la notion de bonne administration à la légalité semblerait alors pouvoir être décrit avant d'analyser son incidence plus précise sur le fonctionnement administratif et sur la responsabilité de l'administration. Néanmoins, la présentation inverse s'est avérée plus judicieuse. Il a paru de bonne méthode de débuter par une fonction communément admise, aux incidences aisément observables, pour en dégager une autre davantage systémique et globale. De plus, certaines réflexions émises à l'occasion de la première fonction sont indispensables afin de saisir la seconde.

Aussi convient-il d'abord de montrer que la notion de bonne administration consolide un modèle de fonctionnement administratif (**Titre 1**) pour mettre ensuite en exergue sa contribution plus globale à l'enrichissement de la légalité (**Titre 2**).

TITRE 1.
L'ANCRAGE D'UN MODÈLE DE FONCTIONNEMENT ADMINISTRATIF

545. La notion de bonne administration formalise un modèle de fonctionnement administratif suivant lequel les moyens de l'administration doivent être adaptés à leur finalité et doivent résulter d'une pondération optimale. Le terme « modèle » doit s'entendre dans son sens courant, comme une schématisation sur laquelle on règle sa conduite[1558] ou encore comme une « *structure formalisée utilisée pour rendre compte d'un ensemble de phénomènes qui possèdent entre eux certaines relations* »[1559]. Ici, il consiste en une systématisation de diverses données servant de guide de fonctionnement à l'administration. Ce terme englobe par ailleurs les différentes qualifications de la bonne administration que nous proposerons[1560].

546. Cette notion a alors inévitablement une incidence sur le décèlement de fautes de service.

Dès lors faut-il souligner, à titre liminaire, le lien l'unissant à la responsabilité de l'administration publique. Le principe de responsabilité est à ce titre parfois qualifié de composante ou encore d'aspect fondamental[1561]de la bonne administration. Fidèle à la rédaction de l'article 41 de la Charte des droits fondamentaux de l'Union européenne et à son interprétation par certaines juridictions[1562], cette approche envisage la « bonne administration » de manière large. Désormais restreinte à l'adaptation équilibrée des moyens de l'administration, elle doit dans ces conditions être distinguée du principe même de responsabilité[1563]. Ainsi différenciée, elle exerce une influence sur la responsabilité pour faute de service.

L'exclusion du régime de responsabilité sans faute doit alors dès à présent être justifiée. Il faut à cette fin brièvement rappeler que ce régime est centré sur le préjudice, dont la réparation est indépendante de la bonne mise en œuvre, par

---

1558 *Dictionnaire encyclopédique de la langue française*, Paris, Hachette, 1998, p.836.

1559 *Petit Larousse en couleurs*, Paris, Larousse, 1989, p.645.

1560 Elle peut aussi bien être qualifiée de standard que de devoir : v. *infra*, n°559 et s.

1561 Herman R. VAN GUNSTEREN, « The Ethical Context of Bureaucracy and Performance Analysis », *in* Franz-Xaver KAUFMANN (et al.), *Guidance, Control, and Evaluation in the Public Sector*, *op.cit.*, p.7 ; p.89 ; p.271 ; Carol HARLOW, *State Liability. Tort Law and Beyond*, Oxford, Oxford University Press, 2004, p.105. Il faut noter que la responsabilité (*accountability*) est souvent entendue de manière large en droit britannique : William REID, « Changing Notions of Public Accountability », *Public Administration*, 1992, vol.70, p.80-87. Le lien entre responsabilité et bonne administration apparaît aussi dans la doctrine espagnole à travers l'impératif d'efficacité de l'administration publique : Luis MARTÍN REBOLLO, « Nuevos planteamientos en materia de responsabilidad de las administraciones públicas », *in* Sebastián MARTÍN-RETORTILLO BAQUER (coord.), *Estudios sobre la Constitución española, Homenaje al Profesor Eduardo Garcia de Enterria*, t.3, Madrid, Civitas, 1991, p.2790-2792, p.2823 ; « Ayer y hoy de la responsabilidad patrimonial de la administración : un balance y tres reflexiones », *R.A.P.*, septembre-décembre 1999, n°150, p.366.

1562 Le juge espagnol précise que le droit à indemnisation est une composante du droit subjectif à une bonne administration : S.T.S., 5e sect., n°6527/2002, 7 octobre 2002, , req. n°11785/1998.

1563 Le principe de responsabilité est davantage lié, à notre sens, à la notion de bonne administration de la justice. Sur la distinction entre bonne administration et bonne administration de la justice, v. *supra*, n°488 et s.

l'administration, de ses moyens. L'indemnisation est dans ce cas fondée sur le risque, ou encore sur le principe d'égalité des citoyens devant les charges publiques. Or, à notre sens, la notion de bonne administration concerne l'évaluation du comportement de l'administration et non la gravité subjective du préjudice causé à l'administré. Ainsi que nous l'avons affirmé précédemment, elle ne se réduit pas à la satisfaction unilatérale de ce dernier, mais désigne le bon équilibre. Ce constat, ainsi que l'approche restrictive de la bonne administration ici proposée, rend plus judicieuse et plus cohérente une limitation de notre analyse à la responsabilité pour faute, même si une autre conception de la bonne administration aurait pu justifier un élargissement de l'étude à la responsabilité sans faute[1564].

547. Il s'agit donc de montrer l'apport de la notion de bonne administration à celle de faute de service. Cette fonction principalement systémique ne peut toutefois être convenablement saisie que dans un second temps (**Chapitre 2**). En effet, il convient au préalable d'établir que la notion étudiée constitue un modèle en outre garant d'une amélioration médiate de l'administration (**Chapitre 1**).

[1564] Par souci de cohérence avec la définition restrictive proposée, nous ne pouvons pas étendre la bonne administration à l'idée de « prudence » ou d' « absence de risque ». La responsabilité pour faute semble davantage fidèle à l'essence objective de la notion de bonne administration.

CHAPITRE 1.
LA FORMULATION D'UN MODÈLE DE BONNE ADMINISTRATION

548. L'affirmation d'une amélioration immédiate de l'administration par le biais de la notion de bonne administration est à première vue séduisante. Néanmoins, cette intuition se heurte à un obstacle principal. Ainsi que nous l'avons signalé en introduction générale de cette étude[1565], la bonne administration, envisagée comme une notion, ne peut avoir un effet strictement normatif. On peut en effet difficilement prétendre que l'introduction et la reconnaissance expresse d'une notion juridique engendre immédiatement, par l'effet de sanctions, une amélioration de l'administration publique.

Loin d'être niée, cette amélioration est en réalité médiate. La notion de bonne administration contribue à l'amélioration du fonctionnement administratif et, plus précisément, à l'adaptation équilibrée et raisonnable des moyens de l'administration.

549. Elle explique et systématise d'ores et déjà certaines données du droit positif et peut dans ce cadre être envisagée comme un devoir (**Section 1**). Certes, cette qualification est quelque peu prospective, car la notion de bonne administration n'est pas, telle que nous l'avons définie, expressément reconnue dans le droit français actuel. Néanmoins, les manifestations implicites de cette notion révèlent l'existence d'un tel devoir.

550. Par ailleurs, elle peut être conçue comme un instrument d'évaluation du fonctionnement administratif. Complémentaire à sa qualification de « devoir », elle peut aussi constituer un standard aux mains notamment du juge. En l'absence de consécration textuelle, la bonne administration schématise le comportement attendu, dans certains cas, de l'administration (**Section 2**).

SECTION 1. L'IMPOSITION D'UN DEVOIR DE BONNE ADMINISTRATION

551. La notion de bonne administration ne donne pas véritablement lieu à une obligation précise : elle s'exprime davantage en termes de devoir. Le droit communautaire constitue une bonne illustration de ce constat : « *le traité ne consacre aucun principe quelconque de bonne administration qui engendrerait dans son chef certaines obligations de service public au profit du particulier* »[1566].

552. Aussi convient-il, en premier lieu, de montrer l'existence d'un devoir de bonne administration (**§1**). Cette qualification nuance la dimension subjective souvent conférée à cette notion (**§2**).

[1565] V. *supra*, n°15.

[1566] Marianne DONY, Thierry RONSE, « Réflexions sur la spécificité du recours en carence », *Cahiers de droit européen*, 2000, n°5, p.625.

§ 1. La caractérisation du devoir objectif de bonne administration

553. Comme nous l'avons déjà indiqué[1567], le champ du droit est plus restreint que celui de la morale. Sans nier leur lien essentiel, il convient de distinguer le devoir juridique du devoir moral[1568]. Ainsi que le souligne en outre Monsieur Peces-Barba, le premier se différencie du second dans la mesure où il est prévu par une norme juridique[1569]. De même, Monsieur Perret fait le départ entre la responsabilité morale et la responsabilité légale, davantage objective[1570]. Il est donc nécessaire de préciser que seule la notion de devoir juridique est ici concernée.

554. La notion de bonne administration relève, à notre sens, du devoir juridique (**A**). Telle que nous l'avons définie, sa reconnaissance en termes de « droit » est loin d'être évidente (**B**).

A. La congruence de la qualification de « devoir »

555. Le devoir de bonne administration n'est pas encore expressément admis en droit positif français. Ce constat n'est cependant pas un obstacle dirimant à la reconnaissance de ses manifestations implicites ou explicites. Telle que nous l'avons définie, la notion de bonne administration relève, à notre sens, du devoir. Afin de soutenir cette qualification (**2**), il convient, dans un premier temps, de rappeler la distinction entre le devoir et l'obligation juridiques (**1**).

1. Le rappel de la distinction entre le devoir et l'obligation juridiques

556. La distinction entre le devoir et l'obligation juridiques a notamment été mise en exergue par Paul Roubier[1571]. L'auteur dénonce l' « *abus du mot "obligation"* » et sa confusion avec la notion de devoir. Alors que la première, qui fait naître un droit-créance, ne peut se concevoir sans dette, le second peut se penser indépendamment de cette dernière.

Il convient alors de distinguer le devoir de la dette. Ainsi, selon Paul Roubier, on ne peut parler d'obligation extracontractuelle dans la mesure où, dans ce cas, le prétendu « débiteur » n'a pas de dette, mais doit en réalité respecter un devoir général de prudence et de diligence. Joseph Barthélémy avait précédemment précisé que l'obligation de faire ou d'agir relève davantage du devoir, c'est-à-dire d'une ligne directrice de conduite générale imposée à l'administration[1572].

[1567] V. introduction générale, n°32 et s.

[1568] Paul ROUBIER, *Droits subjectifs et situations juridiques*, réimp., Paris, Dalloz, coll. Bibliothèque Dalloz, 2005, (1re éd. : Sirey, 1963), p.100-102 ; Manuel FLORES MUÑOZ, *El deber juridico-social*, Madrid, Impresa, Asilo de Huer, 1900, p.30-36.

[1569] Gregorio MARTINEZ PECES-BARBA, *Derecho y derechos fundamentales*, Madrid, Centro de estudios constitucionales, 1993, p.367.

[1570] Robert-Louis PERRET, De la faute et du devoir en droit international. Fondement de la responsabilité, Thèse droit, Université de Berne, Polygraphischer, 1962, p.22-32.

[1571] Paul ROUBIER, *op.cit.*, p.45-125.

[1572] Joseph BARTHÉLEMY, « Sur l'obligation de faire ou de ne pas faire et son exécution forcée dans le droit public », *R.D.P.*, 1912, vol.29, p.505-540, spéc. p.509.

Par ailleurs, toute faute est un manquement à un devoir[1573] tandis que seules certaines fautes sont constitutives d'un manquement à une obligation.

Enfin, toute obligation a pour pendant un droit, sans que cela soit toujours le cas du devoir[1574].

557. Cette distinction entre le droit et le devoir justifie, selon Paul Roubier, l'élaboration de la notion de « *situation juridique* » ainsi que la distinction entre les situations juridiques « *objectives* », qui tendent à créer principalement des devoirs, et les situations juridiques « *subjectives* », qui tendent à créer principalement des droits[1575]. Dans le premier cas, les dispositions impératives ne sont pas établies en vue de satisfaire aux désirs des particuliers, mais en vue de garantir certaines exigences de l'ordre public, entendu au sens le plus large du terme[1576].

558. La notion de bonne administration s'inscrit davantage dans une logique de devoir d'agir que d'obligation positive. Si cette notion participe au « *déploiement des obligations de faire* »[1577], on ne peut que constater que ces obligations existaient bien avant sa consécration.

Ces définitions du devoir concordent avec la notion de bonne administration, congruence qu'il s'agit à présent d'établir.

2. L'appartenance de la bonne administration à la catégorie des devoirs

559. Selon Paul Roubier, « *le droit public est un complexe de pouvoirs et de devoirs* »[1578]. Reprenant la vision de Léon Duguit, l'auteur précise que ces pouvoirs trouvent leur fondement dans les devoirs imposés à l'administration publique. Si la notion de devoir est familière au droit administratif, il semble alors possible de l'appliquer à la notion de bonne administration. Ainsi, l'une des rares contributions dédiées exclusivement à cette dernière lui confère ce qualificatif[1579].

560. De plus, il apparaît que l'essence même de la faute relève davantage du devoir que de l'obligation. René Savatier définit ainsi la faute comme « *l'inexécution d'un devoir que l'agent pouvait connaître et observer* »[1580]. Monsieur Henriot rappelle également que l'exigence générale du respect des droits d'autrui ne saurait être qualifiée d'obligation[1581]. De même, selon Monsieur Delaunay[1582], la notion

---

[1573] Paul ROUBIER, *op.cit.*, p.97.

[1574] Eduardo GARCÍA DE ENTERRÍA, *Curso de derecho administrativo*, t.2, Madrid, Thomson-Civitas, 2004, p.32.

[1575] Cette distinction est indépendante de la distinction entre situation contractuelle et situation légale.

[1576] Paul ROUBIER, *op.cit.*, p.73.

[1577] Nicolas MARTY, *op.cit.*, p.494. Selon l'auteur, la bonne administration permettrait à ces obligations de déployer toute leur potentialité.

[1578] Paul ROUBIER, *op.cit.*, p.113.

[1579] Juli PONCE SOLÉ, *op.cit.*, 2001.

[1580] René SAVATIER, *Traité de la responsabilité civile en droit français civil, administratif, professionnel, procédural*, 2e éd., t.1, Paris, L.G.D.J., 1951, p.6.

[1581] Guy-Claude Aimé HENRIOT, *Le dommage anormal*, Paris, éd. Cujas, 1960, p.8. Cette thèse concerne davantage le droit civil.

[1582] Benoît DELAUNAY, *op.cit.*, p.230-232.

d'obligation est inadaptée au droit administratif : la prééminence du devoir lui retire toute utilité en ce domaine.

Par ailleurs, la fonction prescriptive du devoir s'étend à la *manière* dont sont exécutées les règles de conduite[1583]. Cette optique comportementale correspond à celle de la bonne administration[1584]. De plus, les « *devoirs publics* » obéissent à deux critères : un critère organique (devoir de la puissance publique) et un critère finaliste (guide de l'action des pouvoirs publics[1585]). Ces critères concordent également avec la bonne administration.

Enfin, l'affirmation d'un devoir de bonne administration semble s'inscrire dans la pensée du Doyen Hauriou, dont on a déjà souligné l'importance en la matière[1586]. Le Maître de Toulouse utilise le vocable du devoir en associant la notion de bonne administration à la moralité administrative : « *l'obligation n'existait qu'au point de vue de la moralité administrative tout interne et n'était en somme qu'un devoir* (…) »[1587].

561. La préférence du devoir à l'obligation n'implique aucune exclusion de la bonne administration de la sphère juridique. Cette position erronée tend à considérer que la contrainte juridique ne se réalise qu'à travers l'obligation. Or, rien n'est moins vrai : la contrainte vise tout autant le « *devoir faire* »[1588].

La notion de bonne administration correspond donc au « devoir » ou encore au « *futur de comportement* »[1589]. Or, cette optique objective semble laisser peu de place à un « droit » à une bonne administration.

B. La « subjectivation » difficile du devoir de bonne administration

562. Il semble aujourd'hui admis que la notion de bonne administration *de la justice* donne lieu à des droits subjectifs. L'article 6 de la Convention européenne des droits de l'homme en apporte la preuve. Cette « subjectivation » s'applique néanmoins plus difficilement à la notion de bonne administration[1590].

563. Définie comme l'*adaptation équilibrée des moyens*, cette notion ne paraît en effet se rattacher à aucun droit (**1**). La seule optique envisageable réside dans l'expression « *droit au fonctionnement normal* » du service public. Toutefois, celle-ci n'est pas exempte d'ambiguïté (**2**).

[1583] Robert HANICOTTE, *Devoirs de l'homme et constitutions. Contribution à une théorie générale du devoir*, Paris, L'Harmattan, coll. Logiques juridiques, 2007, p.177.

[1584] V. *supra*, n°369 et s.

[1585] Le lien est alors établi avec les codes de déontologie : Robert HANICOTTE, *op.cit.*, p.235-238 ; p.243

[1586] V. *supra*, n°100 et s.

[1587] Maurice HAURIOU, note sous C.E., 3 août 1900, *Ville de Paris c/ Dame veuve Sanoner*, rec. 535, req. n°93241 ; S.1902, III, p.42.

[1588] Christophe GRZEGORCZYK, « Obligations, normes et contraintes juridiques. Essai de reconstruction conceptuelle », *in* Michel TROPER, Véronique CHAMPEIL-DESPLATS, Christophe GRZEGORCZYK, *Théorie des contraintes juridiques*, Paris, L.G.D.J., coll. La pensée juridique, 2005, p.25-42.

[1589] Serge SYRAT, *Le bon père de famille (Etude sur l'originalité, la signification et la fonction de l'expression en droit)*, Thèse droit, Université de Paris II, 1985, p.212. L'auteur montre le lien entre le devoir et le standard de bon père de famille : p.209-213.

[1590] Sur la distinction entre les deux notions : v. *supra*, n°488 et s.

1. L'inexistence d'un droit à une administration adaptée et équilibrée

Une lecture attentive de la jurisprudence ne fait ressortir aucun droit à une administration adaptée et équilibrée. Significatif est à cet égard le refus, de la part du juge français, de consacrer un droit à l'adaptation du service public.

564. Le principe d'adaptation, formulation moderne du principe de mutabilité du service public, est l'une des « lois de Rolland » que certains considèrent comme la plus importante[1591]. Selon ce principe, le service public doit s'adapter de manière optimale aux besoins exprimés par les usagers et par l'évolution technologique. Si le contenu du principe ne pose pas de problème majeur, son expression en termes de droit ne semble avoir emporté ni la conviction du juge ni celle de la doctrine.

Selon Monsieur Lachaume, le principe d'adaptabilité (ou d'adaptation) doit être conçu davantage comme une prérogative de puissance publique au service de l'intérêt général que comme un droit de l'usager[1592]. On retrouve semblable approche sous la plume de Monsieur Guglielmi[1593]. Aussi Monsieur Venezia dénie-t-il l'existence d'une obligation d'adaptation « *au sens actif* », c'est-à-dire d'une obligation d'agir de manière positive donnant lieu à un droit[1594].

Face à ces réticences, Monsieur Markus divise l'adaptation en deux sous-principes : le principe de *mutabilité* se convertissant en un droit de l'administration de modifier l'organisation des services publics envers laquelle l'usager n'a aucun droit acquis ; et le principe d'*adaptabilité* donnant lieu à un droit de l'usager de recevoir une prestation adaptée à ses besoins. Suivant cette approche, le « *droit de l'usager à l'adaptation s'oppose au droit de l'administration de modifier l'organisation des services publics* »[1595].

Cette vision duale a fait l'objet de critiques[1596]. Elle n'emporte également pas notre pleine conviction, au moins pour deux raisons. D'une part, à l'instar de la notion de bonne administration, le principe d'adaptation ne doit pas être pensé en termes dichotomiques administration / usager. Il s'agit en revanche d'un principe d'équilibre. D'autre part, l'évocation d'un « *droit de l'usager à l'adaptation* » semble davantage relever de la prospection que d'une jurisprudence établie[1597] . En

---

[1591] Laurent RICHER, *Recherches sur la faute dans le contentieux administratif de la responsabilité,* 2t., Thèse droit public, Université de Paris II, 1976, p.523 ; Rémy SAYADI, *op.cit.*, Sur l'insertion du principe d'adaptation et de continuité dans les principes d'administration publique : CONSEIL D'ÉTAT, *Rapport public de 1994. Service public, services publics : déclin ou renouveau,* Paris, La doc. française, coll. E.D.C.E., n°46, 1994, p.71-75.

[1592] Jean-François LACHAUME, « Les lois du service public : entre tradition et modernité », *R.F.D.A.*, novembre-décembre 2006, n°6, p.1233.

[1593] Gilles GUGLIELMI, Geneviève KOUBI, *Droit du service public,* 2e éd., Paris, Montchrestien, coll. Domat droit public, 2007, p.711.

[1594] Jean-Claude VENEZIA, « Le principe d'adaptation », *in* CENTRE DE FORMATION PERMANENTE DE L'UNIVERSITÉ DE PARIS II, *Clés pour le Siècle*, Paris, Dalloz, 2000, p.1662-1675.

[1595] Jean-Paul MARKUS, « Le principe d'adaptabilité : de la mutabilité au devoir d'adaptation des services publics aux besoins des usagers », *R.F.D.A.*, mai-juin 2001, n°3, p.589.

[1596] Jean-François LACHAUME, *art.cit.* ; Rémy SAYADI, *op.cit.*, p.15.

[1597] Rappelons que l'usager n'a ni droit à la création d'un service public ni droit au maintien d'un service public : C.E., sect., 27 janvier 1961, *Sieur Vannier,* rec. 60, req. n°38661 ; note Galabert et Gentot, *A.J.D.A.*, 1961, p.75 et 111, note Galabert et Gentot. L'usager ne peut pas non plus obtenir la suppression d'un service public : C.E., sect., 15 juin 1945, *Commune de Turny*, rec. 123, req. n°69882 et 74050 (création d'une école

effet, la pensée du Doyen Hauriou, selon laquelle il n'existe aucun droit-créance ni même aucun moyen de contraindre l'administration à l'adaptation[1598], semble toujours d'actualité. Le juge manifeste une certaine circonspection à reconnaître un droit à l'adaptation[1599]. La division conceptuelle de Monsieur Markus n'est donc confortée ni par la jurisprudence ni par la doctrine.

565. L'inexistence d'un droit à l'adaptation n'implique pas que le principe d'adaptation soit exclusivement conçu comme une prérogative de l'administration. Celle-ci peut en effet être contrainte à s'adapter. Simplement, cette contrainte relève davantage du devoir que du droit[1600].

Le même raisonnement s'applique au second critère de définition de la bonne administration, c'est-à-dire à l'équilibre. Il ne semble pas nécessaire de nourrir ce constat d'amples développements. Il paraît en effet admis que le juge ne consacre aucun « droit » à une administration équilibrée. S'il veille à la prise en compte équilibrée des circonstances et des éléments pertinents, ce contrôle n'implique pas pour autant la reconnaissance d'un droit invocable par l'administré.

566. Ainsi que l'affirme sans équivoque Monsieur Tanquerel, le prétendu droit à une bonne administration « *ne saurait être compris comme équivalant à la reconnaissance d'un droit individuel et subjectif à une administration efficace, efficiente et économe, dont on voit mal au demeurant comment il pourrait être justiciable. Le "droit" évoqué à cet égard est plutôt une formule rhétorique renvoyant à un devoir général de l'administration* »[1601]. On comprend alors aisément l'hésitation de la majorité des organismes à consacrer expressément un droit à une bonne administration.

La réserve du Conseil de l'Europe est à cet égard significative. Malgré un appel à la consécration de cette expression en 2003, l'idée fut abandonnée ainsi que le souhaitait notamment Monsieur Dévolvé, et l'actuel Code précité ne mentionne aucun droit à une bonne administration[1602]. Il en est de même de la jurisprudence de la Cour européenne des droits de l'homme qui, selon les commentateurs avisés[1603], est peu encline à consacrer un droit individuel à une bonne administration malgré

---

dans un hameau) ; pour une synthèse de cette jurisprudence : José-Manuel DAUCHY, « Mutabilité du service public et droits des usagers », *L.P.A.*, 17 décembre 2003, n°251, p.8-16.

1598 Maurice HAURIOU, *Précis de droit administratif et de droit pubic*, 12e éd., Paris, Recueil Sirey, 1933, p.138. Si le Doyen relève une « *obligation infinie* » d'adaptation, celle-ci ne donne pas lieu à un droit de l'administré : Maurice HAURIOU, note sous C.E., 10 janvier 1902, *Compagnie nouvelle du gaz de Deville-lès-Rouen*, rec. 5, req. n°94624 ; *notes d'arrêts sous décisions du C.E. et du T.C.*, t.3, p.568.

1599 Le Conseil constitutionnel affiche une volonté délibérée de ne pas consacrer le principe d'adaptabilité tant que le C.E. ne s'est pas prononcé : C.C., 23 juillet 1996, *Loi relative à l'entreprise nationale France Télécom*, n°96-380 D.C., rec. 107.

1600 Rémy SAYADI, *op.cit.*, p.14.

1601 Thierry TANQUEREL, « La bonne administration au service de la bonne gouvernance... », *art.cit.*, *in* CONSEIL DE L'EUROPE, *À la recherche d'une bonne administration*, *préc.*, p.6. Néanmoins, selon l'auteur, le droit à une bonne administration de l'article 41 C.D.F. est une « *synthèse de droits individuels* » : p.7.

1602 Philippe GERBER, « La Recommandation CM/Rec(2007)7 relative à une bonne administration : présentation générale », *in* CONSEIL DE L'EUROPE, *À la recherche d'une bonne administration*, *préc.*, DA/ba/Conf (2007) 4 f, p.8.

1603 Magdalena KRZYŚANOWSKA MIERZEWSKA, « Bonne administration et jurisprudence de la Cour européenne des droits de l'homme », *in* CONSEIL DE L'EUROPE, *À la recherche d'une bonne administration*, *préc.*, DA/ba/Conf (2007) 12 f, p.3.

l'existence et la reconnaissance fréquentes de divers droits subjectifs pouvant intuitivement s'y rattacher.

567. Il est donc permis de soutenir que, telle que nous l'avons définie, la notion de bonne administration n'engendre aucun droit. Toutefois, le juge évoque parfois un « *droit au fonctionnement normal du service* ». Cette expression serait-elle la transposition du devoir de bonne administration ? Nous ne le pensons pas.

2. L'inconsistance du « droit au fonctionnement normal du service »

568. Les locutions « *droit au fonctionnement normal* » et « *droit au fonctionnement correct* » du service public sont employées en doctrine[1604] comme en jurisprudence[1605]. À titre d'exemple, à l'occasion de l'arrêt *Giraud*, Monsieur Plouvin évoque un « *droit des usagers au fonctionnement normal du service public obligatoire* »[1606]. Cependant, le qualificatif de « droit » se justifie par le caractère obligatoire du service en l'espèce concerné, à savoir le service public de l'enseignement. Ainsi que le précise le commentateur, la portée de l'arrêt *Giraud* doit être appréciée à sa juste mesure : le droit au fonctionnement normal ne peut être invocable qu'en cas de service public obligatoire.

569. Dans la majeure partie des cas (services non obligatoires), ces « droits » se réduisent en réalité à des « droits à réparation » pour dysfonctionnement du service public. À cet égard, le Doyen Duguit niait l'existence d'un droit au bon fonctionnement du service public pour admettre un droit à réparation[1607]. On retrouve cette prise de position dénuée d'équivoque chez Monsieur Paillet[1608]. De manière plus implicite, Monsieur Du Bois de Gaudusson soutient également cette position[1609]. Le professeur souligne, dans un premier temps, que l'usager n'a pas de droit général au bon fonctionnement du service public, mais un droit d'accès à certaines prestations prévues par la loi[1610]. Subordonné à cette dernière, ce droit à la création[1611] ou à l'organisation du service n'est reconnu que lorsque celle-ci le prévoit[1612]. À défaut, la responsabilité pour faute de service pourra être engagée non

---

[1604] « *Droit au fonctionnement correct* » : Francis-Paul BÉNOIT, « Le régime et le fondement de la responsabilité de la puissance publique », *J.C.P.*, 1954, I, n°1178 ; Jean-Pierre DUBOIS, « Responsabilité pour faute », *Rép. Resp. puiss. publ. Dalloz*, septembre 2007, n°177.

[1605] « *Droit au fonctionnement normal* » : C.E., 28 juin 1918, *Heyriès*, rec. 651, req. n°63412 ; C.E., 25 juin 1969, *Sieur Vincent*, rec. 334, req. n°69449 ; *A.J.D.A.*, 1969, p.566 ; François GAZIER, concl. sur C.E., 11 janvier 1957, *Dame veuve Étienne*, rec. 27, req. n°13818 ; *A.J.D.A.*, 1957, p.71 : « *les administrés sont en droit d'exiger, dès lors que ce service existe, qu'il fonctionne correctement* ».

[1606] C.E., 4e-1re sous-sect., 27 janvier 1988, *Ministre de l'Education nationale c/ Giraud*, rec. 40, req. n°64076 ; obs. Joël-Yves PLOUVIN, *J.C.P.*, 1988, II, n°21063. En l'espèce, la responsabilité de l'État fut engagée en raison d'enseignements non dispensés dans un collège.

[1607] Léon DUGUIT, « De la situation des particuliers à l'égard des services publiccs », *R.D.P.*, 1907, p.411-439, spéc. p.419-421 ; p.427-432.

[1608] Michel PAILLET, *op.cit.*

[1609] Jean DU BOIS DE GAUDUSSON, *L'usager du service public administratif*, Paris, L.G.D.J., coll. Bibliothèque de droit public, t.115, 1974, p.166.

[1610] Jean DU BOIS DE GAUDUSSON, *op.cit.*, p.131-150.

[1611] C.E., sect., 6 juillet 1934, *Sieur Van Outryve et autres*, rec. 786, req. n°32266-8 ; S.1934, III, p.116 et s.

[1612] Pour une référence étrangère, on peut citer l'intéressant règlement espagnol des services des corporations locales de 1955 dans lequel figure l'obligation de créer des services publics « *adaptés* » aux besoins des

pas tant sur « *une obligation précise, de fonctionnement continu ou adapté, que* [sur] *l'obligation plus générale de fonctionnement correct, diligent qui pèse sur tout service public* (…) »[1613]. Le fonctionnement correct du service public n'engendre donc qu'un droit à réparation en cas de dysfonctionnement (en dehors de l'annulation pour illégalité). En outre, bien que l'auteur emploie l'expression « *obligation générale* », il semble désigner en réalité un devoir, car il semble difficile de concevoir qu'une obligation n'ait pas d'objet précis.

570. À cet égard, les critiques de Paul Roubier relatives aux dérives de l'emploi du terme « droit »[1614] doivent être rappelées. L'auteur nie tout droit à la vie pour reconnaître un devoir de respecter la vie d'autrui, devoir dont la violation engage la responsabilité de l'administration[1615]. L'existence d'un droit se caractérise en effet par la restitution de son objet ; chose impossible s'agissant de la vie[1616]. Il en est de même de la notion de bonne administration. Celle-ci se manifeste par un devoir de l'administration de respecter les impératifs d'adaptation et de pondération des moyens dont elle dispose. Relevant par essence du devoir, cette notion ne pourrait alors être qualifiée de « droit » que dans le cadre d'un « droit à indemnisation » ou encore d'un « *droit au respect de la légalité* »[1617]. Aussi Monsieur Gentot affirme-t-il que le principe d'adaptation du service public acquiert une dimension subjective par le truchement d'un « *droit au fonctionnement légal et réglementaire du service* »[1618].

Cependant, ces expressions encourent à notre sens la critique.

571. Le « *droit au respect de la légalité* », en particulier, a fait l'objet de nombreuses réserves[1619]. Celles-ci ne sont pas essentiellement dues à l'approche objective du principe de légalité répandue en France. Monsieur García de Enterría affirme ainsi que « *le respect de la légalité est, pour l'Administration, un devoir purement objectif* »[1620].

L'adjonction du substantif « droit » au respect de la légalité objective ne manque en effet pas d'étonner. Elle peut paraître à la fois inutile et source d'ambiguïtés. Il est admis depuis longtemps que l'existence d'une sanction

---

usagers (art. 31). L'article 45 al.2 instaurait un droit de contestation du budget municipal si celui-ci était dépensé pour des services non obligatoires : *Reglamento de servicios de las corporaciones locales*, 17 juin 1955 ; B.O.E., 15 juillet 1955, n°196, R.C.L. 1956, p.85.

1613 Jean DU BOIS DE GAUDUSSON, *op.cit.*, p.167.

1614 Paul ROUBIER, *op.cit.*, p.47-54.

1615 Paul ROUBIER, *op.cit.*, p.50.

1616 Paul ROUBIER, *op.cit.*, p.52.

1617 Cette expression remonterait au droit à la compétence, aux formes et aux procédures : Norbert FOULQUIER, *Les droits publics subjectifs des administrés. Emergence d'un concept en droit administratif français du XIXème au Xxème siècle*, Paris, Dalloz, coll. Nouvelle bibliothèque de thèse, vol.25, 2003, n°590 et s. ; André DE LAUBADÈRE, *Manuel de droit administratif*, 9e éd., Paris, L.G.D.J., 1969, p.88.

1618 M. GENTOT, concl. sur C.E., sect., 26 janvier 1973, *Ville de Paris c/ Sieur Driancourt*, rec. 78, req. n°84768.

1619 Paul ROUBIER, *op.cit.*, p.52 ; Benoît DELAUNAY, *op.cit.*, p.198 ; Eduardo GARCÍA DE ENTERRÍA, *Curso de derecho administrativo*, t.2, Madrid, Thomson-Civitas, 2004, p.46 ; Eduardo GARCÍA DE ENTERRÍA, « Sobre los derechos públicos subjectivos », *R.E.D.A.*, juillet-septembre 1975, n°6, p.442-443.

1620 « *La observancia de la legalidad es para la Administración un deber puramente objectivo* (…) » : Eduardo GARCÍA DE ENTERRÍA, « Sobre los derechos públicos subjectivos », *art.cit.*, p.443.

n'implique pas par elle-même celle d'un droit[1621]. Ainsi que l'affirmait le Maître de Toulouse à propos de la délivrance d'un alignement, l'administration « *y est obligée par les règles de sa moralité interne, elle n'y est pas obligée par le droit de l'administré* »[1622].

Fidèle à sa conception objective de la légalité, le Conseil d'État préfère ainsi ne pas « trahir » sa substance en consacrant un « *droit procédural accessoire à la légalité* »[1623]. À titre d'illustration, à l'occasion de l'arrêt *Vaillant*, la Haute juridiction constate et confirme l'inexistence d'un « *droit fondamental à vivre dans un État de droit* ». Trop « *universel* », ce prétendu « droit » ne confère pas à l'intéressé un intérêt suffisant à agir[1624]. Il convient donc de distinguer la sanction objectivement prévue du droit de l'usager[1625].

572. Quant à l'expression « *droit à indemnisation* », elle ne désigne en réalité que la mise à disposition de moyens propres à faire respecter la légalité. On pourrait alors lui substituer le terme d' « intérêt »[1626]. Monsieur Delaunay relativise à ce titre la définition de la faute comme manquement aux droits des administrés[1627].

Les notes du Doyen Hauriou sous l'arrêt *Empis* sont assez significatives à cet égard. En l'espèce, le requérant mettait en cause l'hygiène et la salubrité des bureaux de l'administration centrale du ministère de la Marine ainsi que l'inactivité du ministre du Travail et de la Prévoyance sociale face à la demande d'une visite de l'inspection du travail. En ouvrant le recours pour excès de pouvoir aux agissements de l'administration qui n'impliquent aucun « *droit acquis* », le Doyen Hauriou évoquait des « *intérêts qui s'identifient à la préoccupation objective de la bonne administration, de telle sorte qu'ils se rattachent à l'idée du contrôle de l'Administration* »[1628]. Cette citation, particulièrement convaincante, achève de soutenir nos propos. Par ailleurs, elle nuance la prétendue « subjectivation », voire la « moralisation » en faveur desquelles aurait, selon certains, milité le Doyen[1629].

573. Ces précisions n'ont pas d'impact conséquent sur la protection de l'administré sur le plan pratique : exprimée en termes de devoir, la bonne administration n'en est pas moins garantie par le juge. Toutefois, il paraît nécessaire de clarifier le statut de la notion de bonne administration afin d'éviter de lui conférer des fonctions qui ne lui sont pas propres. Ainsi, si l'approche de la bonne administration en termes de droit appelle à la prudence, il en est *a fortiori* de même de sa qualification de « droit subjectif ».

[1621] C.E., 4e-1re sous-sect., 27 janvier 1988, *Ministre de l'Education nationale c/ Giraud, préc.*

[1622] Maurice HAURIOU, note sous C.E., 3 août 1900, *Ville de Paris c/ Dame veuve Sanoner, préc.*, p.41.

[1623] Fabrice HOURQUEBIE, « Les droits publics subjectifs : échec de l'importation d'une théorie allemande en droit administratif français ? », *in* Fabrice MELLERAY (dir.), *L'argument de droit comparé en droit administratif français*, Bruxelles, Bruylant, coll. Droit administratif, 2007, p.226.

[1624] C.E., 9e-8e sous-sect., 16 juin 1993, *Vaillant*, req. n°69952, [non publié].

[1625] Pierre MONTANÉ DE LA ROQUE, *L'inertie des pouvoirs publics*, Toulouse, Imprimerie Moderne, 1948, p.279.

[1626] Benoît DELAUNAY, *op.cit.*, p.194-196.

[1627] Benoît DELAUNAY, *op.cit.*, p.191-199.

[1628] Maurice HAURIOU, note sous C.E., 1er juillet 1910, *Empis et association professionnelle du personnel civil de la Marine*, rec. 544, req. n°31801 ; S.1911, III, p.89 et s.

[1629] V. *supra*, n°114 et s.

§ 2. Le rejet de la « *dimension subjective* » de la notion de bonne administration

574. La notion de bonne administration est souvent présentée comme comportant une dimension dite « *objective* » (principe matriciel) et une dimension dite « *subjective* » (droit(s) subjectif(s))[1630]. Or, ainsi que nous l'avons indiqué[1631], elle désigne l'équilibre optimal entre ces deux dimensions. La vision quelque peu dichotomique adoptée fréquemment ne semble donc pas pertinente, d'autant que la dimension dite « *objective* » contribue indirectement à une meilleure protection des administrés (dimension dite « *subjective* »). Théoriquement formulée, cette critique est concrètement validée par le droit communautaire peu familier de la distinction entre les droits procéduraux des administrés et les obligations de l'administration[1632].

575. Il est cependant devenu commun de voir la « bonne administration » insérée dans un mouvement dit de « *citoyenneté administrative* »[1633] ou encore de « *citoyenneté administrative européenne* »[1634]. Le principe de responsabilité de l'administration devrait ainsi s'étendre à l'idée de participation, « *fer de lance* »[1635] de la citoyenneté. Cette participation serait permise par le « *droit* » à une bonne administration, « *vecteur d'une refondation de la relation administrative* »[1636].

Ce raisonnement n'a à notre sens d'égal que la polysémie de la notion de citoyenneté. En effet, l'expression même de « *citoyenneté administrative* » n'est pas sans susciter de controverses nourries par l'inflation verbale dont elle fait preuve. Aussi Monsieur Picard nous met-il en garde contre les déformations nouvelles de cette notion. Le professeur la définit alors strictement comme la responsabilité de fixer délibérément les règles de constitution et de fonctionnement d'une Cité. Les idées de démocratie et de souveraineté sont à la base de cette définition[1637]. Il semble donc difficile de concevoir une « *citoyenneté administrative* »[1638] ou encore une « *citoyenneté européenne* »[1639]. En effet, « *quelle que puisse être l'importance de tous leurs droits, les usagers et les administrés ne sauraient entretenir, avec l'Administration, un vrai rapport de citoyenneté* (…) »[1640].

[1630] Nicolas MARTY, *op.cit.*, seconde partie.

[1631] V. *supra*, n°404 et s.

[1632] Loïc AZOULAI, « Le principe de bonne administration », *art.cit.*, p.508.

[1633] Jean-Louis AUTIN, Catherine RIBOT, *Droit administratif général*, 5e éd., Paris, Litec, coll. Objectif droit, 2007, p.386-388 ; Nicolas MARTY, *op.cit.*, p.497-547 (second chapitre du second titre de la seconde partie).

[1634] Julie LASSALLE, *op.cit.*, p.629-631. L'auteur emploie également l'expression « *démocratie administrative* » en la liant à la bonne administration : p.614-626. Elle fait aussi référence à l'expression de « *bonne gouvernance administrative* » : p.669.

[1635] Nicolas MARTY, *op.cit.*, p.498.

[1636] Nicolas MARTY, *op.cit.*, p.526 ; l'auteur qualifie aussi la bonne administration de « *pivot* » de la citoyenneté administrative naissante : p.536.

[1637] Étienne PICARD, « La notion de citoyenneté », *art.cit.*, p.716.

[1638] Étienne PICARD, « La notion de citoyenneté », *art.cit.*, p.727.

[1639] « La "*citoyenneté européenne*" *n'est pas une vraie citoyenneté, et elle n'est même pas vraiment européenne* » : Étienne PICARD, « La notion de citoyenneté », *art.cit.*, p.728.

[1640] Étienne PICARD, « La notion de citoyenneté », *art.cit.*, p.727.

À supposer l'existence ou l'émergence de ces formes de citoyenneté, leur(s) lien(s) avec la notion de bonne administration n'est (ou ne sont) pas concrètement établi(s). En d'autres termes, si l'émergence d'une relative participation permet un changement des relations entre administrés et Administration, son lien avec la notion de bonne administration n'est cependant pas flagrant[1641]. Ce rapprochement semble en effet obéir à une approche extensive de cette notion, que nous avons écartée.

576. Au-delà de ces termes « en vogue », la bonne administration demeure souvent présentée comme une notion contribuant à la « subjectivation » du droit administratif français, qui, construit autour du principe de légalité, serait essentiellement objectif[1642]. Accueillie avec un certain enthousiasme, elle permettrait le développement de droits subjectifs face à la « machine administrative ».

Si cette approche paraît à première vue séduisante, elle ne peut être accueillie sans discussion. Nous ne pouvons en effet que constater la discordance entre les définitions existantes du droit subjectif et le contenu de la notion de bonne administration, du moins tel que nous l'avons déterminé (**A**). Consacrant expressément un « *droit à une bonne administration* », l'article 41 de la Charte des droits fondamentaux de l'Union européenne doit alors faire l'objet d'une analyse critique (**B**).

A. Le défaut de correspondance entre les notions de bonne administration et de droit subjectif

577. Si, pour certains, la reconnaissance d'un « *droit public subjectif à une bonne administration est théoriquement envisageable* »[1643], il faut accueillir cette éventualité avec prudence. Telle que nous l'avons définie, la notion de bonne administration contribue davantage à enrichir le principe de légalité[1644] qu'elle ne fait naître de nouveaux droits dits « subjectifs ».

Afin de soutenir cette position (**2**), il convient, en premier lieu, de rappeler la définition du droit subjectif (**1**).

[1641] Selon Monsieur Marty, la participation ferait partie du contenu matériel de la bonne administration : Nicolas MARTY, *op.cit.*, p.536. Nous n'avons pas adopté cette approche.
[1642] Nicolas MARTY, *op.cit.*, p.447-549.
[1643] Nicolas MARTY, *op.cit.*, p.447-496.
[1644] V. *infra*, n°754 et s.

1. Les contours de la notion de droit subjectif

578. Inépuisable, le thème du droit subjectif fait l'objet d'innombrables contributions parfois réticentes à sa reconnaissance[1645]. Sans prétendre à l'exhaustivité, il s'agit d'esquisser les principaux traits de cette notion afin de mener à bien notre démonstration.

579. À l'origine, la notion de droit subjectif opposa deux Écoles[1646]. La première, dont Bernhard Windscheid fut le principal instigateur, voit en l'idée de puissance de volonté son critère principal[1647]. La seconde, représentée par Rudolf von Ihering[1648], définit le droit subjectif comme un intérêt juridiquement protégé ou encore un intérêt que l'on peut faire valoir en justice.

Face à cette querelle doctrinale, Georg Jellinek fusionna les idées d'intérêt et de puissance de volonté : « *le droit subjectif est la puissance de volonté humaine qui, protégée et reconnue par l'ordonnancement juridique, a pour objet un bien ou un intérêt* »[1649]. Cette optique fut également adoptée, en France, par Léon Michoud[1650]. Cependant, contrairement à Georg Jellinek, cet auteur considère, à l'instar de Roger Bonnard[1651], que la volonté n'est pas l'essence du droit subjectif, mais le moyen de relier l'intérêt au titulaire du droit.

580. À l'opposé de ces approches, certains auteurs rejettent catégoriquement la notion même de droit subjectif : c'est le cas de Hans Kelsen et de Léon Duguit. Pour le Maître de Vienne, la volonté ne peut être que le produit du droit objectif : tout pouvoir de volonté de l'individu se situe en dehors de la sphère juridique[1652]. Il

---

[1645] Pour une synthèse des débats : Daniel GUTMAN, « Droit subjectif », *in* Denis ALLAND, Stéphane Rials (dir.), *Dictionnaire de la culture juridique*, Paris, P.U.F., coll. Quadrige, série Dicos poche, 2003, p.529-533 : l'auteur doute de l'utilité de la notion de droit subjectif qui servirait davantage à alimenter la controverse sur la place de l'individu dans le droit que d'avoir des effets précis ; Pierre MOOR, « "Droit subjectif" et "sujet de droit" dans une théorie du droit comme processus », *in Etudes en l'honneur de Gérard Timsit*, Bruxelles, Bruylant, 2004, p.141-167 : selon cet auteur, il n'y a pas de notion générale de droit subjectif, celle-ci étant rétrospectivement caractérisée par le juge ; sur l'adoption de la théorie allemande des droits subjectifs : Fabrice HOURQUEBIE, *art.cit.*, p.203-228. L'auteur souligne la parenté entre le droit subjectif et la notion française d'intérêt à agir : p.225.

[1646] Roger BONNARD, « Les droits publics subjectifs des administrés », *R.D.P.*, 1932, vol.49, p.695-728 ; Jean DABIN, *Le droit subjectif*, réimp., Paris, Dalloz, 2008, p.56-80 ; Norbert FOULQUIER, *op.cit.*, Nicolas MARTY, *op.cit.*, p.448-461.

[1647] Bernhard WINDSCHEID, *Lehrbuch des Pandektenrechts*, 9e éd., 1906, I, p.156. *Source* : Roger BONNARD, *art.cit.*, p.699. Cette puissance de volonté est conférée par l'ordonnancement juridique et consiste soit en un pouvoir d'exécution du droit soit en un pouvoir de création d'une règle nouvelle.

[1648] Rudolf VON IHERING, *Esprit du droit romain*, [Meulenaere], IV, p.315 et s. *Source* : Roger BONNARD, *art.cit.*, p.699.

[1649] Georg JELLINEK, *System der subjektiven öffentlichen Rechte*, 2e éd., Tübingen, 1905, p.44. *Source* : Roger BONNARD, *art.cit.*, p.701.

[1650] Léon MICHOUD, *Théorie de la personnalité morale*, 2 vol., Paris, 1906, I, p.99 et s. Il faut toutefois noter que, pour Michoud, l'essence du droit subjectif réside dans l'intérêt protégé et la puissance de volonté n'est que le moyen de sa protection. Par contre, pour Jellinek, l'essence première du droit subjectif réside dans l'acte de volonté et l'intérêt protégé n'en est que le complément.

[1651] Roger BONNARD, *art.cit.*, p.702.

[1652] Hans KELSEN, *op.cit.*, p.94-104. Selon le théoricien, la notion de sujet de droit est une « *construction artificielle, un concept anthropomorphique créé par la science juridique en vue de présenter le droit de façon suggestive* » : p.104.

n'existerait donc pas de droit subjectif, mais un « *fragment du droit objectif imputé à une personne juridique* »[1653]. Adoptant une approche davantage concrète de la norme juridique, le Maître de Bordeaux ne reconnaît également que l'existence du droit objectif : l'expression « droit subjectif » ne serait qu'une application du droit objectif à des situations particulières[1654].

581. Le principal apport de la contribution de Roger Bonnard est d'avoir dépassé l'apparente automaticité entre cette exclusivité du droit objectif et le rejet de la notion de droit subjectif. L'auteur définit en effet ce dernier comme « *le pouvoir d'exiger de quelqu'un, en vertu d'une règle de droit objectif, quelque chose à laquelle on a intérêt, sous la sanction d'une action en justice* »[1655]. Le contenu même de la chose exigible peut être déterminé soit par le droit objectif, soit par un acte juridique individuel. L'auteur propose de refondre le contentieux, puis le droit administratif dans son ensemble, autour de cette notion[1656].

Suivant cette approche, le droit objectif (et non la puissance de volonté de l'individu) est à la base de la notion de droit subjectif. L'essence de celle-ci réside dans le pouvoir d'exiger quelque chose de quelqu'un (action ou omission). Par conséquent, l'action en justice n'est pas l'essence du droit subjectif ; elle en est la sanction. Il en est de même de l'intérêt qui en est la justification. Par opposition au « *droit privé subjectif* », Roger Bonnard énonce dans un second temps la notion de « *droit public subjectif* » qui se définit comme le pouvoir d'exiger quelque chose de la part de l'État et de l'administration[1657].

Claire et séduisante, l'approche de Roger Bonnard, en outre inspirée de celle de Joseph Barthélémy[1658], a ainsi pour mérite de réconcilier les approches précitées[1659]. Elle fut reprise par de nombreux auteurs, tels que René Capitant[1660], Monsieur Bénoit[1661] ou encore Monsieur Stark[1662]. De même, selon Monsieur García de Enterría, un droit subjectif est un droit reconnu à l'individu par le droit objectif et bénéficiant d'une protection appropriée. Ce droit comporte un « *pouvoir d'agir* » à l'égard d'autres sujets. Le professeur distingue les droits subjectifs typiques (*derechos subjectivos típicos*), correspondant aux droits-créances, des droits

---

[1653] Hans KELSEN, *Hauptprobleme der Staatsrechtslehre*, Tübingen, J.C.B. Mohr, 1911, p.663. *Source* : Roger BONNARD, *art.cit.*, p.703.

[1654] Léon DUGUIT, *Etudes de droit public*, t.1 : *L'État, le droit objectif et la loi positive*, Paris, A. Fontemoing, 1901, p.127.

[1655] Roger BONNARD, *art.cit.*, p.707.

[1656] Roger BONNARD, *Précis de droit administratif*, 3e éd., Paris, L.G.D.J., 1940, 30p ; *Le contrôle juridictionnel de l'administration. Etude de droit administratif comparé*, réimpr., Paris, Dalloz, 2005 (1re éd. : Paris, Delagrave, 1934), 266p.

[1657] Fabrice HOURQUEBIE, *art.cit.*, p.224 ; J. CHOUMENKOVITCH, *Les droits subjectifs publics des particuliers*, Thèse droit, Université de Paris, 1912, p.147 ; p.155-192.

[1658] « *Le droit subjectif est celui dont la réalisation peut être obtenue par un moyen juridique à la disposition du sujet* » : Joseph BARTHELEMY, *Essai d'une théorie des droits subjectifs des administrés dans le droit administratif français*, Paris, S.R.G.L.A., 1899, p.21-22.

[1659] Hormis celle de Windscheid, puisque la puissance de volonté de l'individu est niée.

[1660] René CAPITANT, *Cours de principes du droit public*, Paris, Les cours de droit, 1953, p.24 ; p.54.

[1661] Francis-Paul BÉNOIT, *Le droit administratif français*, Paris, Dalloz, 1968, p.692.

[1662] Christian STARCK, « Droits fondamentaux. État de droit ...», *art.cit.*, p.31.

subjectifs de défense contre l'intrusion illégale de la puissance publique dans la sphère individuelle (*derechos subjectivos reaccionales*)[1663].

582. Jean Dabin semble adopter une vision plus restrictive centrée sur la double condition d' « *appartenance-maîtrise* » du titulaire du droit subjectif[1664], qui est défini comme une « *prérogative, concédée à une personne par le droit objectif et garantie par des voies de droit, de disposer en maître d'un bien qui est reconnu lui appartenir, soit comme sien, soit comme dû* »[1665]. L'auteur relativise l'importance de l'intérêt juridiquement protégé. Le droit subjectif n'est donc pas un intérêt en soi : il est l'appartenance d'une chose qui fait le propre de l'individu. Selon cette conception, la maîtrise de la chose[1666] est le propre du droit subjectif, qui existe indépendamment de la volonté de l'individu et dépend de la notion d'opposabilité[1667]. Cette dernière ne doit pas être confondue avec l'effectivité[1668] : l'opposabilité ne concerne que les situations de droit ou de fait face aux tiers alors que l'effectivité est plus générale.

583. Ce bref retour sur la notion de droit subjectif ferait preuve d'une certaine carence sans une référence à la thèse de Monsieur Foulquier. Le professeur, qui synthétise les diverses approches susmentionnées, définit le titulaire d'un droit subjectif comme le bénéficiaire d'un « *pouvoir d'exiger* » quelque chose des personnes publiques, alors obligées. Ce pouvoir procure à l'individu un certain avantage moral ou matériel « *que l'ordre juridique a, expressément ou implicitement, considéré comme licite* »[1669]. L'auteur reprend en substance la vision de Roger Bonnard mêlant droit objectif et droit subjectif.

584. Au vu de ces définitions, la notion de bonne administration peut-elle être qualifiée de droit subjectif ? Fidèle à notre approche restrictive, nous ne pouvons que répondre par la négative[1670].

2. L'absence d'un droit subjectif à une bonne administration

Tout droit subjectif a pour pendant une obligation[1671]. Relevant par essence du devoir, il semble alors *a priori* difficile de qualifier la bonne administration de droit subjectif.

[1663] Eduardo GARCÍA DE ENTERRÍA, « Sobre los derechos públicos subjectivos », *R.E.D.A.*, juillet-septembre 1975, n°6, p.427-446 ; Franck MODERNE, « Sous le signe du subjectivisme juridique (regard sur l'œuvre d'Eduardo García de Enterría) », *R.F.D.A.*, janvier-février 2004, n°1, p.102.

[1664] Jean DABIN, *Le droit subjectif*, *op.cit.*, p.5-54.

[1665] Jean DABIN, *Le droit subjectif*, *op.cit.*, p.105.

[1666] « *Pouvoir de libre disposition de la chose, objet de droit* » : Jean DABIN, *op.cit.*, p.89.

[1667] Jean DABIN, *op.cit.*, p.95.

[1668] Jacques MOREAU, « Vous avez dit opposable ? », *J.C.P. Administrations et collectivités territoriales*, 15 janvier 2007, n°3, p.3-4.

[1669] Norbert FOULQUIER, *op.cit.*, p.405.

[1670] *A contra* : Nicolas MARTY, *op.cit.*, p.461-475. Il faut préciser que, selon l'auteur, seuls certains des éléments contenus dans la notion de bonne administration (droits dits « procéduraux ») peuvent faire l'objet d'un droit subjectif.

[1671] V. en outre : Franck MODERNE, « Sous le signe du subjectivisme juridique… », *art.cit.*, p.105.

585. Il convient en effet de distinguer un droit subjectif d'un intérêt juridiquement protégé. Si l'exercice d'un droit subjectif implique une action en justice, l'inverse n'est pas toujours vérifié : la faculté d'ester en justice n'implique pas, par elle-même, la détention d'un droit subjectif.

L'œuvre de Paul Roubier entérine cette nécessaire dissociation. Selon l'auteur, l'intérêt juridiquement protégé s'applique davantage au devoir qu'au droit subjectif. La notion de droit subjectif est alors substituée à celle de « *situations subjectives* », « *situations régulièrement établies* (...) *desquelles découlent principalement des prérogatives qui sont à l'avantage de leurs bénéficiaires* (...) »[1672].

Pour les mêmes raisons, il est nécessaire de différencier l'État de droit des droits subjectifs. Si celui-ci permet à ses destinataires de faire valoir leurs intérêts contre l'administration, cela n'implique nullement qu'ils soient titulaires de droits subjectifs.

586. À la lumière de ces contributions, l'expression précitée de « *droit subjectif à la légalité* » encourt de nouveau la critique[1673]. Le droit de revendiquer, devant le juge, le fonctionnement normal du service public n'implique pas, comme cela a déjà été indiqué, l'existence d'un droit subjectif. Cette action est en effet subordonnée à l'existence d'un préjudice : l'intéressé n'a donc pas une maîtrise complète de ce droit.

La faculté de saisir le juge en raison du dysfonctionnement de l'administration relève, notamment en France, d'une optique objective. De même, selon la Cour de justice des Communautés européennes, la possibilité de faire valoir ses droits est l'expression d'un principe général du droit résultant des traditions constitutionnelles communes aux États membres[1674]. Cette ouverture du recours est alors parfois qualifiée de simple faculté. Ainsi que le souligne le Président Odent, « *le Conseil d'État considère comme fondamentale la faculté reconnue aux justiciables de saisir le juge* »[1675]. Aussi, si la possibilité du recours[1676] renforce la juridicité de la notion de bonne administration, elle ne la convertit nullement en droit subjectif. Il faut faire la part entre le recours juridictionnel effectif, qui peut être considéré comme une condition d'une bonne administration[1677], de la qualification de la notion de bonne administration de « droit subjectif ».

587. Un argument supplémentaire soutient notre position. Selon Roger Bonnard, le pouvoir discrétionnaire, liberté de l'administration dans le choix de ses motifs, exclut tout droit (public) subjectif[1678]. Or, nous avons précédemment montré que le

---

[1672] Paul ROUBIER, *op.cit.*, p.73.

[1673] V. *supra*, n°570.

[1674] C.J.C.E., 15 mai 1986, *Marguerite Johnston c/ Chief Contestable of the Royal Ulster Constabulary*, aff. 222/84, rec.1986, p.1651 ; Gaz. Pal., 1986, III, doct., p.568 ; D., 1986, p.454, note J. MAURO ; *R.F.D.A.*, 1988, p.691, note L. DUBOUIS.

[1675] Raymond ODENT, *Contentieux administratif*, réimp., t.2, Paris, Dalloz, 2007, fascicules V et VI.

[1676] Cependant, il existe bien un « *droit au recours* » : Jean-François HENRY, concl. sur C.E., sect., 11 mai 1962, *Sieur Salan*, rec. 317, req. n°57975 ; *R.D.P.*, 1962, p.542 ; CE, 4e-1re sous-sect., 29 juillet 1998, *Syndicat des avocats de France et autres*, *préc.*; *A.J.D.A.*, 1998, p.1010, concl. R. SCHWARTZ.

[1677] Guy BRAIBANT, *op.cit.*, p.236.

[1678] Roger BONNARD, *art.cit.*, p.712-713. Sur ce point, v. aussi : Joaquim FERRET I JACAS, « El control jurisdiccional de la inactividad administrativa », *Documentación administrativa*, avril-décembre 1986, n°208, p.263-275.

pouvoir discrétionnaire de l'administration entretient un lien direct avec la notion de bonne administration, qui comble le vide de la loi quant à la *manière* dont doit être exercé ce pouvoir. Par conséquent, la notion de bonne administration semble peu compatible avec celle de droit subjectif.

De même, en Espagne, si le droit de ne pas faire l'objet de demande excessive de documents peut être rattaché à la notion de bonne administration, il vise davantage l'administration dans l'usage de son pouvoir discrétionnaire. La doctrine a insisté sur les limites de ce prétendu droit subjectif portant sur un objet considéré comme obscur[1679]. En effet, le caractère lacunaire de la loi laisse place à un droit à portée très limitée.

588. L'optique générale de moyens, dans laquelle s'inscrit la notion de bonne administration, ne semble donc pas épouser celle du droit subjectif qui se caractérise par son invocabilité générale et absolue. Si aucun résultat précis de « bonne administration » n'est exigé des pouvoirs publics, comment concevoir qu'il y ait un droit subjectif à l'invoquer[1680] ?

589. Notre position est confortée par le Doyen Hauriou en des termes très nets. Selon lui, le recours pour excès de pouvoir « *n'est institué, ni en faveur de l'administré, ni en faveur de l'administration active, il apparaît plutôt comme la garantie d'un résultat objectif* : *la bonne administration* »[1681], qui est « *une notion purement objective* »[1682]. Ces citations nuancent fortement les diverses qualifications, assez récentes, de la bonne administration. Elle semble une fois de plus remettre en cause une certaine lecture des écrits du Doyen lui affectant l'idée de subjectivation et de moralisation du recours pour excès de pouvoir[1683].

Il paraît en effet peu pertinent de conférer à la notion de bonne administration une fonction que le droit positif du XXIème siècle ne corrobore pas. Si elle est implicitement consacrée par le juge, qui en fait un devoir, il n'en demeure pas moins qu'aucun élément concret ne nous autorise à la qualifier, du moins telle que nous l'avons définie, de droit subjectif. Dans cette optique, on peut s'interroger sur la pertinence de l'article 41 de la Charte des droits fondamentaux de l'Union européenne qui consacre un droit subjectif à une bonne administration.

[1679] Teresa D. NÚÑEZ GÓMEZ, *op.cit.*, p.115-156.

[1680] Bertrand MATHIEU, Sophie MONNIER, « Le droit au logement : un droit subjectif ? », *in* Martine BARRE-PEPIN, Christelle COUSTANT-LAPALUS (dir.), *Logement et famille : des droits en question*, Paris, Dalloz, coll. Thèmes et commentaires, 2005, p.20. Les auteurs justifient leur position sur le fait que le droit au logement a été qualifié d'objectif de valeur constitutionnelle.

[1681] Maurice HAURIOU, Guillaume DE BEZIN, « La déclaration de volonté dans le droit administratif français », *Revue trimestrielle de droit civil*, 1903, p.572.

[1682] Maurice HAURIOU, Guillaume DE BEZIN, *art.cit.*, p.576.

[1683] V. *supra*, n°114 et s.

B. Analyse critique de l'article 41 de la Charte des droits fondamentaux de l'Union européenne

590. On se souvient[1684] que l'article 41 de la Charte des droits fondamentaux de l'Union européenne retranscrit l'hétérogénéité des principes de bonne administration dégagés par le juge communautaire. Cette élasticité du contenu de la notion de bonne administration s'étend à sa qualification de « droit subjectif » et *a fortiori* de « droit fondamental ».

591. Ainsi, l'expression « *droit à* une *bonne administration* », telle qu'envisagée par cette Charte, suscite certaines remarques critiques (**1**). Par ailleurs, la qualification implicite de droit fondamental semble davantage relever de l'intuition que de la démonstration (**2**).

1. L'inexactitude du « droit à **une** *bonne administration »*

592. Une lecture attentive et constructive de la rédaction du premier alinéa de l'article 41 de la Charte des droits fondamentaux de l'Union européenne, consacrant un « *droit à une bonne administration* », semblerait paradoxalement nous inviter davantage à une qualification en termes de devoir. En effet, l'administré n'a pas un droit à une administration équitable, diligente et impartiale, mais un « *droit de voir ses affaires traitées impartialement, équitablement et dans un délai raisonnable par les institutions, organes et organismes de l'union* ». L'emploi de la tournure adverbiale pourrait trahir l'essence objective de la bonne administration.

593. Au-delà de cette suggestion formulée avec une extrême prudence, il est depuis longtemps établi que tout droit désigne un objet précis. Or, cela ne semble pas être le cas du droit consacré à l'article 41 de la Charte des droits fondamentaux de l'Union européenne (**a**). D'aucuns considèrent alors que, puisque la bonne administration engendre des droits subjectifs, ce qualificatif pourrait lui être attribué par « contagion ». Peu rigoureuse, cette démarche se fonde, de surcroît, sur un postulat fragile (**b**).

a. <u>Le « *droit à une bonne administration* » : un « *droit* » sans objet précis</u>

594. L'emploi du singulier (« droit à *une* bonne administration ») implique que la notion de bonne administration, telle qu'envisagée dans la Charte des droits fondamentaux de l'Union européenne, désigne un objet précis. Cette logique s'applique *a fortiori*, ainsi que l'indique Monsieur Cohen, aux droits subjectifs. En effet, ces droits se distingueraient de ceux dits « classiques » principalement en ce qu'ils seraient, contrairement aux droits réels ou aux droits-créances, totalement dépendants de leur objet[1685].

[1684] V. *supra*, n°148 et s.

[1685] Par ailleurs, leur fonction est souvent « *invocatoire* » : Dany COHEN, « Le droit à… », *in Mélanges en hommage à François Terré. L'avenir du droit*, Paris, P.U.F., Dalloz, 1999, p.393-400.

Cependant, la Charte des droits fondamentaux de l'Union européenne fait davantage œuvre de « catalogue ». Le « droit à *une* bonne administration » vise l'ensemble *des* droits qui peuvent être regroupés, de manière approximative, sous l'expression « bonne administration », alors employée de manière extensive et instrumentale.

595. Nous n'avons pas suivi cette démarche, à notre sens regrettable. La circonscription de la bonne administration doit aussi guider sa qualification, et plus largement, sa fonction. Or, au regard du droit positif existant, le « *droit à une bonne administration* » ne détient pas une fonction novatrice en matière de droits subjectifs des administrés.

Monsieur Delvolvé a récemment eu l'occasion de le rappeler. Selon le professeur, le droit de l'article 41 de la Charte des droits fondamentaux de l'Union européenne apparaît comme une « *affirmation générale et vague* » ou encore comme le « *support de droits plus précis* ». La réserve de l'auteur est exprimée en des termes très nets : « *on voit mal comment un administré pourrait invoquer un droit personnel à une bonne administration* »[1686]. En effet, quelle(s) mesure(s), prestation(s) ou action(s) ce prétendu « *droit* » pourrait-il permettre de contester ? Relevant de la prospective, il semble difficile de l'envisager en l'état actuel du droit positif. Monsieur Azoulai propose alors de qualifier la « bonne administration » de « *charge incombant à l'administration communautaire* »[1687].

Cette essence objective est validée par la jurisprudence communautaire, qui ne sanctionne le comportement ou l'acte attaqué sur le fondement du principe de bonne administration que si la violation de ce principe a des conséquences substantielles sur la décision finalement adoptée[1688]. Ainsi, selon l'avocat général Slynn, « *le principe de bonne administration est imposé d'abord dans l'intérêt public de la collectivité* »[1689].

596. Une lecture attentive de l'article 41 de la Charte des droits fondamentaux de l'Union européenne confirme ce constat.

Le terme « droit » n'est en effet pas reproduit pour toutes les composantes de la bonne administration. L'éventuel droit à la motivation laisse place à une obligation pour l'administration de motiver ses décisions. Certes, cette obligation a probablement pour pendant un droit. Néanmoins, on peut légitimement se demander pourquoi les rédacteurs se sont refusés à reproduire ici le terme de « droit » alors qu'ils le consacrent à propos du contradictoire (premier paragraphe du deuxième alinéa), de l'accès aux dossiers (deuxième paragraphe du deuxième alinéa), de la réparation (troisième alinéa) et du multilinguisme (quatrième alinéa). S'agit-il là d'un simple hasard de plume ?

La question se pose avec acuité à la lecture du quatrième alinéa selon lequel « *toute personne* ***peut*** *s'adresser aux institutions de l'Union dans une des langues*

[1686] Pierre DELVOLVÉ, « Rapport général », *in* CONSEIL DE L'EUROPE, *À la recherche d'une bonne administration*, *préc.*, DA/ba/Conf (2007) 15 f, p.11.

[1687] Loïc AZOULAI, *art.cit.*, p.510.

[1688] Loïc AZOULAI, *art.cit.*, p.509 ; v. *infra*, n°875 et s.

[1689] Concl. de l'avocat général SLYNN sur C.J.C.E., 10e ch., 10 juin 1982, *Lord Bethell c/ Commission*, aff. 246/81, rec.1982, p.2296.

de la Constitution et ***doit*** *recevoir une réponse dans la même langue* »[1690]. L'utilisation des verbes « pouvoir » et, en particulier, « devoir » semble traduire la véritable essence objective de la bonne administration. Cette discordance entre la volonté des auteurs de la Charte d'introduire un nouveau droit fondamental et la prudence des termes employés ne manque pas d'étonner. À tout le moins, rien n'interdit de conclure que faute d'objet précis, le « *droit à une bonne administration* » de l'article 41 de la Charte des droits fondamentaux de l'Union européenne est sans réelle portée juridique.

597. Face à ce constat, on pourrait maintenir néanmoins le qualificatif de « droit subjectif » sur le fondement que la notion de bonne administration engendre de tels droits. Toutefois, cette démarche n'emporte pas notre adhésion.

b. L'absence de lien de causalité entre la reconnaissance d'un « *droit à une bonne administration* » et l'existence de droits subjectifs des administrés

598. Un constat rarement contesté s'impose : les droits prévus à l'article 41 de la Charte des droits fondamentaux de l'Union européenne existaient déjà avant la rédaction de cette dernière. On peut alors affirmer qu'ils existent indépendamment de la « bonne administration ». Il semble ainsi paradoxal d'affirmer que l'article 41 de la Charte des droits fondamentaux de l'Union européenne, reproduction partielle de la jurisprudence existante, créé de nouveaux droits subjectifs[1691]. À l'inverse, ce sont l'ensemble de ces droits ainsi que leurs prétendus points communs qui engendrent l'émergence de la notion de bonne administration ou plutôt le relatif besoin de les regrouper sous une appellation commune. Cela n'implique cependant pas qu'elle en soit l'origine.

599. De nouveau, la jurisprudence communautaire conforte notre position. Le juge a en effet souligné, à plusieurs reprises et postérieurement à l'adoption de la Charte des droits fondamentaux de l'Union européenne, que le principe de bonne administration « *ne saurait être qualifié de règle de droit ayant pour objet de conférer des droits aux particuliers* »[1692]. De manière encore plus nette, le juge affirme que « *le principe de bonne administration ne confère pas, par lui-même, de droits aux particuliers sauf lorsqu'il constitue l'expression de droits spécifiques* »[1693]. Ceux-ci figurent dans ce même article : le droit de voir ses affaires traitées impartialement, équitablement et dans un délai raisonnable, le droit d'être entendu, le droit d'accès au dossier, le droit à la motivation des décisions.

La notion de bonne administration est donc employée de deux façons par le juge communautaire : comme un principe à part entière ou comme l' « *expression* » de droits subjectifs. Dans le premier cas, elle ne donne lieu à aucun droit subjectif. Dans le second, les droits subjectifs, dont elle n'est *que* l'expression, sont par définition déjà existants. Par conséquent, en aucun cas la bonne administration ne

---

[1690] Nous soulignons.

[1691] Julie LASSALLE, *op.cit.*, p.451-452. Il faut néanmoins préciser que l'auteur apporte des réserves à cette affirmation quelques lignes plus loin. Sa position ne nous paraît pas clairement arrêtée.

[1692] T.P.I.C.E., 3e ch., 6 décembre 2001, *Area Cova e.a. c/ Conseil et Commission*, aff. T-196/99, rec.2001, p.II-3597, pt.43.

[1693] T.P.I.C.E., 4e ch., 4 octobre 2006, *Tillack c/ Commission*, préc.

crée-t-elle un ou des droit(s) subjectif(s). Le passage précité semble ainsi comporter une légère faute de formulation (ou peut-être de traduction) : « *expression* » de droits subjectifs, la bonne administration ne peut, par elle-même, « *conférer* » des droits au particulier[1694]. Pour le moins, elle ne les confère pas par elle-même.

600. Les analyses qui précèdent montrent un relatif manque de rigueur dans la rédaction de l'article 41 de la Charte des droits fondamentaux de l'Union européenne. Il paraît en effet improbable que la notion de bonne administration puisse être qualifiée de droit subjectif. On comprendra alors que notre analyse critique s'étende à la qualification de « droit fondamental ».

2. La fondamentalité discutable du « droit à une bonne administration »

601. L'insertion de l'article 41 dans la Charte des droits fondamentaux de l'Union européenne établit une présomption de fondamentalité du « *droit à une bonne administration* »[1695]. Cependant, cette présomption n'est pas irréfragable, quelle que soit l'approche de la fondamentalité adoptée.

602. Selon une première conception formelle et restrictive des droits fondamentaux, qui limite le « fondamental » à ce qui est posé comme tel par le constituant ou le législateur, la fondamentalité du « *droit à une bonne administration* » s'est longtemps heurté à l'absence de valeur contraignante de la Charte des droits fondamentaux de l'Union européenne[1696], malgré l'intention des auteurs et l'évocation par les juges de cette Charte[1697].

De plus, suivant cette approche des droits fondamentaux, ceux-ci créent des permissions d'agir au bénéfice de toutes les personnes relevant du système[1698]. Or, les droits énoncés à l'article 41 de la Charte des droits fondamentaux de l'Union européenne désignent davantage des garanties à un agissement (motivation, contradictoire, droit à réparation, etc.) que l'agissement lui-même.

603. Cette qualification ne s'impose également pas selon la conception substantielle des droits fondamentaux[1699]. En effet, ni les droits énoncés à l'article 41 de la Charte des droits fondamentaux de l'Union européenne (conception extensive de la bonne

---

[1694] La pertinence du terme « sauf », peut donc être discutée, car, à notre sens, il ne s'agit pas d'une exception à la règle.

[1695] « *La Charte devrait constituer un instrument privilégié servant à l'identification des droits fondamentaux* » : concl. de l'avocat général P. LÉGER, présentées le 10 juillet 2001 dans l'affaire C.J.C.E., 6 décembre 2001, *Conseil de l'Union c/ Hautala*, C-353/99 P, rec.2001, p.I-9565, pt.83.

[1696] V. la communication de la Commission, « Sur la nature de la Charte des droits fondamentaux de l'Union européenne », Charte 4956/00, p.7. (C.O.M. [2000] 644 final). Par ailleurs, selon l'article 51, celle-ci s'impose uniquement dans l'application du droit communautaire par les États Membres.

[1697] Julie LASSALLE, *op.cit.*, p.196-203. L'inscription de l'article 41 C.D.F. au Traité de Lisbonne justifierait en partie son qualificatif de droit fondamental.

[1698] Louis FAVOREU, Patrick GAÏA, Richard GHEVONTIAN, Otto PFERSMANN (et al.), *Droit des libertés fondamentales*, *op.cit.*, n°92. Trois autres conditions d'existence d'un droit fondamental sont par ailleurs énoncées : les normes abolissant ou réduisant excessivement ces droits sont considérées comme fautives ; l'organe juridictionnel est habilité à annuler ces normes fautives ou d'empêcher qu'elles deviennent des normes juridiques ; les titulaires sont habilités à saisir l'organe juridictionnel de contrôle : *op.cit.*, n°86.

[1699] Étienne PICARD, « L'émergence des droits fondamentaux en France », *A.J.D.A.*, 1998, n°spécial : *Les droits fondamentaux, une nouvelle catégorie juridique ?*, p.6-42.

administration) ni les critères d'adaptation et d'équilibre (conception proposée de la bonne administration) ne semblent relever de cette catégorie. Ils n'ont pas la même importance que les droits fondamentaux « classiques ». La jurisprudence comme l'importance de ce droit au sein de la société n'impose pas, *a priori*, leur fondamentalité.

Monsieur Flauss regrette ainsi la démarche syncrétique de cette Charte qui se justifie, selon l'auteur, par des raisons « *esthétiques ou/et plus vraisemblablement tactiques* ». S'apparentant à la « *caverne d'Ali Baba* »[1700], la catégorie des droits de la citoyenneté, dont fait partie le « *droit à une bonne administration* » consacre des droits à la fondamentalité contestable. À l'inverse, Madame Dutheil de la Rochère semble reconnaître l'avancée que représenterait notamment l'article 41 de la Charte des droits fondamentaux de l'Union européenne en tant que droit fondamental, obtenu par le truchement des principes généraux[1701].

Certes, les droits de l'article 41 peuvent constituer des garanties de certains droits fondamentaux. Le droit d'être entendu permet ainsi le droit à la liberté d'expression. Pour autant, cela ne suffit pas, à notre sens, à leur conférer une fondamentalité par « contagion ». En raison du lien établi entre la « bonne administration » et la citoyenneté européenne dans la Charte des droits fondamentaux de l'Union européenne, les réflexions émises au sujet de cette dernière notion peuvent ici s'appliquer. Ainsi que l'indique Monsieur Picard, si la citoyenneté peut déterminer les droits de l'homme des intéressés, elle ne peut elle-même, sur ce seul fondement, être qualifiée ainsi[1702].

À cet égard, l'analyse critique de Madame Harlow mérite une attention particulière[1703]. L'auteur relativise dans un premier temps l'objectif officiellement affiché de la Charte des droits fondamentaux de l'Union européenne, à savoir le renforcement des droits fondamentaux. Cette Charte viserait avant tout à « *auto-légitimer* » les institutions européennes en comblant leur déficit démocratique[1704]. La reconnaissance d'une liberté et d'un droit fondamentaux aussi établis que la liberté d'expression laisse place à de « *mini-droits* » (« *mini-rights* »)[1705]. L'auteur regrette l'amalgame entre les droits fondamentaux et les droits des citoyens : les droits figurant à l'article 41 de la Charte des droits fondamentaux de l'Union européenne « *ne méritent pas la qualification de droits fondamentaux* »[1706]. Ses

---

[1700] Jean-François FLAUSS, « Les droits fondamentaux dans la constitution européenne : la constitutionnalisation de la Charte des droits fondamentaux de l'Union européenne », *Revue des affaires européennes*, 2001-2002, n°6, p.705.

[1701] Jacqueline DUTHEIL DE LA ROCHÈRE, « The EU and the Individual: Fundamental Rights in the Draft Constitutional Treaty », *Common Market Law Review*, avril 2004, vol.41, n°2, p.345-354, spéc. p.349-350.

[1702] Étienne PICARD, « La notion de citoyenneté », *art.cit.*, p.727.

[1703] Carol HARLOW, « The Charter of Fundamental Rights: a Textual Critique », *R.E.D.P.*, printemps 2002, vol.14, n°1, p.255-271.

[1704] Carol HARLOW, *art.cit.*, p.257. L'auteur souligne également les divergences d'interprétation et la complexification résultant de ce nouveau document. Pour des critiques en ce sens : Franz C. MAYER, « La Charte des droits fondamentaux de l'Union européenne et la Constitution européenne », *Revue trimestrielle de droit européen*, avril-juin 2003, n°2, p.175-196.

[1705] Carol HARLOW, *art.cit.*, p.264.

[1706] « *They do not deserve the designation* » : Carol HARLOW, *art.cit.*, p.264. L'auteur regrette, par ailleurs, que l'article 41 C.D.F. ne prenne pas suffisamment en compte le C.E.B.C.A. en garantissant une protection inférieure des droits fondamentaux.

rédacteurs n'ont en effet pas distingué « *les droits essentiels et fondamentaux* (…) *et les principes voire les standards de bonne pratique administrative d'une société moderne bien administrée et prospère* »[1707].

Plus globalement, en l'absence d'objet précis, la notion de bonne administration saurait difficilement être qualifiée de droit fondamental. Les arguments soutenant le rejet de la qualification en termes de droit subjectif s'appliquent *a fortiori* ici.

604. Les approches « *structurelle* » et « *commune* »[1708] paraissent à première vue plus à même de soutenir la fondamentalité de la bonne administration. Néanmoins, à l'analyse, elles s'avèrent insuffisantes à établir cette qualification.

Selon l'approche structurelle, le droit est qualifié de « fondamental » lorsqu'il possède une fonction structurante du système juridique ou de l'un de ses sous-systèmes. Telle que nous l'avons définie, la notion de bonne administration ne remplit pas une telle fonction. De plus, telle qu'elle est employée en droit communautaire, son ambiguïté et sa flexibilité peuvent réduire sa prétendue fonction structurante en une simple apparence. Dans tous les cas, à notre sens, un droit ne saurait être qualifié de « fondamental » sur le seul fondement qu'il regroupe d'autres droits.

Cette conception des droits fondamentaux renferme également les droits qui conditionnent la validité d'un élément du système ou d'un droit. À titre d'exemple, la dignité ne pourrait exister pleinement sans le droit au logement qui serait, pour cette raison, qualifié de droit fondamental. Cette démarche semble confondre fondamentalité et garantie ; il n'est ainsi pas impossible de l'écarter.

La définition dite « commune » des droits fondamentaux confère une valeur fondamentale aux droits formant le *jus commun* d'une communauté d'États, telle que la Communauté européenne. Suivant cette approche, c'est la reconnaissance du droit qui justifie sa fondamentalité. Cette optique semble avoir été adoptée par les rédacteurs de la Charte des droits fondamentaux de l'Union européenne. Cependant, comme nous l'avons déjà indiqué, si la motivation, l'impartialité ou le droit d'être entendu font sans conteste partie de ce *jus commun* procédural européen, le droit à une bonne administration, en tant que droit à part entière, n'emporte pas, notamment à cause de son ambiguïté, l'adhésion de tous. De plus, cette démarche, qui fait de la reconnaissance d'un droit le critère de sa fondamentalité, peut paraître critiquable. La logique inverse, faisant de la fondamentalité d'un droit le critère de sa nécessaire reconnaissance, nous séduit davantage.

605. L'évocation d'un droit fondamental à une bonne administration semble donc s'engouffrer dans le décalage entre le discours méta-juridique et la réalité du

---

1707 « (…) *Failure to separate essential and fundamental citizenship rights, such as the universal rights to suffrage, a public "right to know", freedom of opinion and association or press freedom, with principles or even standards of good administrative practice in a prosperous and well-administered modern society* »: Carol HARLOW, *art.cit.*, p.265-266.

1708 Véronique CHAMPEIL-DESPLATS, « Les droits et libertés fondamentales en France. Genèse d'une qualification », *in* Antoine LYON-CAEN, Pascal LOKIEC (dir.), *Droits fondamentaux et Droit social*, Paris, Dalloz, coll. Thèmes et commentaires, 2005, p.11-36.

droit[1709]. L'effet rhétorique de la référence au « fondamental » est sans doute à l'origine de cette qualification davantage intuitive que démontrée[1710].

La même critique peut s'appliquer à l'insertion de la bonne administration dans la catégorie des droits de l'homme dit de « troisième génération ». Elle serait ainsi le symbole d'une « *troisième étape dans l'évolution de l'État de droit* » qui se caractériserait par une dimension finaliste[1711]. Au-delà des critiques qu'encourt l'expression « droit de l'homme de troisième génération »[1712], cette démarche peut être nuancée. En effet, l'idée même de finalisme correspond davantage à la réalisation d'objectifs (tels que les objectifs de valeur constitutionnelle dégagés par le Conseil constitutionnel) qu'à la reconnaissance de droits subjectifs.

606. En somme, la rédaction de l'article 41 de la Charte des droits fondamentaux de l'Union européenne n'est pas sans susciter de remarques critiques. Ni la jurisprudence communautaire ni les définitions existantes du droit subjectif n'imposent de qualifier ainsi la notion de bonne administration. Il en est *a fortiori* de même quant à sa qualification implicite en termes de droit fondamental. Si la violation d'un droit fondamental par l'administration est un cas de mauvaise administration[1713], la notion de bonne administration, qui n'est pas l'antonyme de cette dernière[1714], paraît difficilement pouvoir constituer un droit fondamental à part entière. Peu d'exemples concrets soutiennent cette qualification qui est davantage prospective. Si l'on ne peut prédire une telle consécration à l'avenir, force est de constater que l'idée d'adaptation équilibrée des moyens de l'administration peut difficilement être qualifiée, en l'état du droit, de « droit fondamental ».

***

La notion de bonne administration a donc en partie pour fonction d'introduire un nouveau devoir de l'administration. Ayant pour critère intrinsèque l'idée d'équilibre optimal, on ne saurait, contrairement à une idée répandue, lui attribuer la reconnaissance de droits subjectifs. De plus, telle que nous l'avons définie, la notion de bonne administration ne se traduit par aucun droit. Telle que consacrée par la

---

[1709] Sur ce décalage, v. notamment : Véronique CHAMPEIL-DESPLATS, *art.cit.*, p.14-25.

[1710] Selon Madame Lassalle, « *la bonne administration est donc fondamentale au titre d'une attention d'un genre nouveau* » : Julie LASSALLE, *op.cit.*, p.196. Au-delà des réserves émises, il ne nous paraît pas que (selon les termes de l'auteur) la « *limitation de l'intervention arbitraire des autorités publiques et la mise en place de relations respectueuses de ses interlocuteurs* » relèvent de préoccupations d'un « *genre nouveau* ».

[1711] Nicolas MARTY, *op.cit.*, p.472-473. L'auteur semble, à cette occasion, assimiler « bonne administration » et « transparence ».

[1712] Jean-Jacques ISRAËL, *Droit des libertés fondamentales*, Paris, L.G.D.J, coll. Manuel, 1998, p.52 ; « *à notre sens, cet impérialisme est dangereux, moins pour les disciplines qu'il prétend annexer, que pour les droits de l'homme qu'il prétend exalter* » : Robert PELLOUX, « Vrais et faux Droits de l'Homme », *R.D.P.*, 1981, vol.97, n°1, p.68.

[1713] Syméon KARAGIANNIS, « L'apport du Médiateur à la protection des droits fondamentaux », *in* Syméon KARAGIANNIS, Yves PETIT, *Le Médiateur européen : bilan et perspective*, Bruxelles, Bruylant, coll. Rencontres européennes, 2007, p.122.

[1714] V. *infra*, n°703 et s.

Charte des droits fondamentaux de l'Union européenne, son contenu et sa qualification soulèvent des critiques.

Il faut donc se rendre à l'évidence du droit actuel : la notion de bonne administration n'a ni pour fonction de créer de nouveaux droits ni pour essence l'idée de subjectivité ; elle est un devoir objectif. De ce devoir peut être tiré un standard, qui conforte son essence objective.

SECTION 2. L'INTRODUCTION D'UN STANDARD DE BONNE ADMINISTRATION

607. La bonne administration renferme l'idée de modèle au regard duquel l'administration sera évaluée ou évaluera elle-même son fonctionnement. Elle s'insère dans la thématique du standard en droit public et peut, plus précisément, être considérée comme un standard à part entière.

608. Deux raisons peuvent être avancées à l'appui de cette qualification. En premier lieu, les éléments de définition du standard concordent avec ceux de la bonne administration : la qualification est donc vérifiée d'un point de vue théorique (**§1**). En second lieu, l'idée de « normalité », noyau dur du standard, constitue le moyen d'expression principal de la notion de bonne administration : la qualification est alors également validée d'un point de vue pratique (**§2**).

§ 1. LA BONNE ADMINISTRATION, UN STANDARD D'ÉVALUATION DU FONCTIONNEMENT ADMINISTRATIF

609. À titre liminaire, il convient de rappeler la distinction qui doit être opérée entre la notion de bonne administration et les principes du même nom. Si ceux-ci sont souvent dénommés, en particulier en droit britannique, « *standards of good administration* »[1715], il s'agit ici d'affirmer l'existence d'*un* standard de bonne administration, tiré de la notion précédemment définie comme l'adaptation équilibrée des moyens de l'administration publique.

610. Deux étapes sont nécessaires à notre démonstration. Afin d'établir que la bonne administration peut être qualifiée de « standard », il s'agit, au préalable, de définir cette dernière notion (**A**). Il conviendra alors de la confronter à la notion de bonne administration (**B**).

[1715] JUSTICE, *The Citizen and the Administration: the Redress of Grievances*, Londres, Stevens, 1961, p.34-35 ; John S. BELL, « Comparative Administrative Law », *art.cit.*, p.1273-1274.

A. Les contours et l'apport de la notion de standard au droit public

611. La remise en cause de l'École de l'Exégèse à la fin du XIXème siècle a permis l'émergence du standard en droit[1716]. On ne peut ici décrire toutes les conséquences de ce mouvement ; le propos doit être circonscrit à l'essentiel. Plus exactement, il s'agit d'esquisser les traits principaux de la notion de standard en vue de montrer sa connivence avec celle de bonne administration.

612. Ces deux notions s'insèrent dans la réflexion plus globale relative aux critères de la normativité juridique et en particulier à la place du raisonnement empirique et inductif en droit. Le standard a à ce titre suscité au départ quelques réticences, car il ne s'inscrit pas dans une vision figée et déductive de l'application des normes juridiques. Afin de saisir cette spécificité, ses origines anglo-saxonne et son appartenance première au droit privé doivent être précisées (**1**). La mise en valeur de son apport permet en effet d'expliquer sa transposition en droit public français (**2**).

1. Les origines anglo-saxonnes du standard

613. C'est en grande partie au Doyen Roscoe Pound que nous devons l'insertion du standard dans la sphère juridique[1717]. Le Doyen distingue les standards des règles, des principes et des conceptions. Alors que le standard est une idée générale, une directive ou encore un guide, la règle de droit a des conséquences juridiques précises. La seconde concerne la technique juridique tandis que le premier relève d'une application du droit davantage empirique que déductive. Le standard découle nécessairement d'éléments extra-juridiques : il formule un modèle compatible avec les réalités économiques et sociales qui participent à son élaboration. Néanmoins, cela n'est pas un obstacle dirimant à son appartenance au domaine juridique[1718].

614. Le standard est alors défini par trois éléments. D'abord, il s'agit d'un instrument de mesure de comportement. Ensuite, il désigne le comportement normalement attendu d'une personne (« *common sens about common things* »[1719]). Ce « sens commun » ne résulte pas d'un raisonnement déductif partant d'une règle, mais d'un raisonnement inductif partant de l'expérience. Enfin, la « normalité » varie selon les circonstances : le contenu d'un standard n'est donc jamais fixé de manière définitive et uniforme.

615. Ces idées se retrouvent en substance dans l'œuvre d'Al-Sanhoury, qui définit le standard comme la « *mesure de la conduite moyenne d'une personne normale dans*

[1716] Pour un rapport complet de cette notion dans divers États : « Les standards dans les divers systèmes juridiques », *Revue de la recherche juridique, droit prospectif*, 1988, n°4, p.805-1195.

[1717] Roscoe POUND, *An Introduction to the Philosophy of Law*, New Haven, Yale University Press, coll. Storrs Lectures, 1922, p.116 et s.

[1718] Marcel O. STATI, *Le standard juridique*, Paris, Librairie de jurisprudence ancienne et moderne, 1927, p.39-43.

[1719] Roscoe POUND, *An Introduction to the Philosophy of Law, op.cit.*, p.118.

des circonstances déterminées ». Constituant « *une directive générale destinée à guider le juge dans l'administration du droit et à lui donner une idée de son but et de sa finalité* »[1720], il détient un rôle juridictionnel non négligeable. L'un des apports de l'œuvre d'Al-Sanhoury est d'avoir montré que, de par sa flexibilité et son adaptabilité, le standard était un instrument indispensable aux juristes. Il entérina cette idée quelques années plus tard en soulignant notamment le besoin d'individualisation des solutions[1721].

Cet aspect fut également développé par Marcel Stati qui met en avant la fonction sociale du droit[1722] dont l'adaptabilité est présentée comme une nécessité de sa nature et de ses fonctions. Novatrice, la vision dans laquelle s'inscrit cet auteur dépasse la conception classique du droit pour révéler son « *antinomie naturelle* »[1723], c'est-à-dire sa double exigence de stabilité et d'adaptation, que le standard concilie.

616. En réalité, le standard n'a rien de « révolutionnaire » puisque le propre du droit est de s'adapter aux faits sociaux. Ainsi que le souligne Monsieur Charlier, la fonction de celui-ci consiste certes à résoudre des conflits, mais aussi à orienter les conduites conformément aux fins sociales[1724]. Seule la dénomination même de « standard » constitue donc une réelle nouveauté. En s'inspirant de l'œuvre de Roscoe Pound, Marcel Stati définit le standard sous l'angle d'un procédé juridictionnel permettant au juge de se prononcer au regard d'un type moyen de conduite sociale correcte[1725]. Il est alors à distinguer de la standardisation, qui vise la simplification et l'uniformisation d'anciens modèles divers[1726].

Assez réfractaire à cette approche, la doctrine publiciste française a toutefois peu à peu intégré le standard au droit public.

2. La transposition de la notion de standard au droit public français

617. L'idée de flexibilité, opposée à la rigidité de la règle de droit, est à la base de la conception du Doyen Hauriou[1727]. En reprenant ce dualisme introduit par Al-Sanhoury, Maurice Hauriou distingue ce qui relève de la « *police juridique* », les procédés techniques tels que le standard ou la directive, de ce qui relève du « *fond du droit* », la règle de droit écrite. Alors que cette dernière, qui lie strictement le juge, se caractériserait par sa précision et sa rigidité, le standard, élément de

[1720] A.-A. AL SANHOURY, *Les restrictions contractuelles à la liberté individuelle de travail dans la jurisprudence anglaise*, Paris, M. Giard, coll. Bibliothèque de l'institut de droit comparé de Lyon, série Études et documents, 1925, p.23 (pour les deux citations).

[1721] A.-A. AL SANHOURY, « Le standard juridique », *in Recueil Gény*, t.2 : *Les sources générales des systèmes juridiques actuels*, Paris, Duchemin, 1977, p.145.

[1722] Marcel O. STATI, *op.cit.*, p.11-30.

[1723] Marcel O. STATI, *op.cit.*, p.29.

[1724] Robert-Édouard CHARLIER, « La technique de notre droit public est-elle appropriée à sa fonction ? », *E.D.C.E.*, 1951, n°5, p.32 ; p.55.

[1725] Marcel O. STATI, *op.cit.*, p.45.

[1726] Marcel O. STATI, *op.cit.*, p.46.

[1727] Maurice HAURIOU, *Aux sources du droit. Le pouvoir, l'ordre et la liberté*, *op.cit.*, p.147-191 ; Maurice HAURIOU, « Police juridique et fond du droit », *R.T.D. Civ.*, 1926, p.265.

mobilité[1728] à l'origine des directives, ne ferait que le guider en lui laissant une certaine marge d'appréciation.

Dans ce cadre, le Doyen qualifie la bonne administration de « directive » entendue globalement comme l'application concrète d'un standard. L'attention semble ici davantage portée sur la distinction subtile entre standard et directive. Le premier, méthode de raisonnement, engendre la seconde, solution concrète à un problème. Le standard et la directive ne se différencient donc pas par leur nature, mais par leur précision. Les directives de bonne administration sont les instruments principaux, ou plutôt directs, d'autolimitation de l'action administrative qui « *suppose la violation non pas de règles de droit établies, mais de simples directives de la bonne administration* »[1729].

L'adjectif « simples » doit être interprété à sa juste mesure. Le Doyen n'entend nullement dénier toute valeur juridique aux directives (et aux standards). C'est davantage sur la rigidité de la formulation que se situe la différence entre « *règles de droit établies* » (hétérolimitation) et « *directives* » (autolimitation). Le standard, comme la directive, sont bien des questions de droit[1730] ; ils dictent le comportement de l'administration au regard de sa discipline interne, de son objectif.

618. À la suite de cette amorce, la thèse de Monsieur Rials[1731] entérine l'existence de standards en droit public, ultérieurement réitérée[1732]. Tout en soulevant l'ambiguïté de cette notion ainsi que le caractère prétorien de la jurisprudence, l'auteur se focalise sur l'idée même de « normalité » : « *le standard juridique est un pur instrument de mesure des comportements et des situations en termes de normalité* »[1733].

Le professeur relève par ailleurs deux types de standard. D'une part[1734], les standards de « *pure administration du droit* », tels que la présomption, la théorie de l'acte clair ou encore la causalité. D'autre part, les standards de « *fond du droit* », tels que la bonne foi. L'auteur distingue également deux types de « normalité ». La première est descriptive : elle vise la réalité existante communément admise. Cela semble être l'optique de Monsieur Gaudemet, qui avait auparavant défini les standards comme des « *pôles de référence construits autour d'un comportement moyen, de l'attitude qui serait celle d'un individu moyen, qui par définition n'est*

[1728] Maurice HAURIOU, note sous C.E., 17 juillet 1925, *Association du personnel de la Banque de France*, S.1925, III, p.33, notes d'arrêts, II, p.90-91.

[1729] Maurice HAURIOU, « Police juridique et fond du droit », *in* CENTRE DE PHILOSOPHIE POLITIQUE ET JURIDIQUE, *Aux sources du droit. Le pouvoir, l'ordre et la liberté*, réimp., Université de Caen, Textes et documents, p.166 (1re éd. : *Cahiers de la nouvelle journée*, 1933, n°23).

[1730] Lucien SFEZ, *op.cit.*, p.153 ; Stéphane RIALS, *Le juge administratif français et la technique du standard. Essai sur le traitement juridictionnel de l'idée de normalité*, Paris, L.G.D.J., coll. Bibliothèque de droit public, t.135, 1980, p.53. En revanche, M. Rials critique l'optique fonctionnelle de Maurice Hauriou : le standard doit également être qualifié de manière matérielle sans être « réduit » à un instrument d'autolimitation : p.54-55.

[1731] Stéphane RIALS, *op.cit.*

[1732] V. notamment pour la France : Jean-Jacques BIENVENU, *L'interprétation juridictionnelle des actes administratifs et des lois : sa nature et sa fonction dans l'élaboration du droit administratif*, Thèse droit, Université de Paris II, t.2, 1979 ; Yves GAUDMET, *op.cit.* ; Xavier PHILIPPE, *op.cit.*

[1733] Stéphane RIALS, *op.cit.*, p.61.

[1734] Stéphane RIALS, « Les standards, notions critiques du droit », *in* Chaïm PERELMAN, Raymond VAN DER ELST (dir.), *Les notions à contenu variable en droit*, Bruxelles, Bruylant, coll. Travaux du centre national de recherches de logique, 1984, p.43.

personne, mais un peu chacun »[1735]. La seconde est dogmatique : elle retranscrit l'idéal communément souhaité. Or, l'une des spécificités du standard est de mêler ces deux sens de la normalité[1736].

619. Le principal apport de la thèse de Monsieur Rials est d'avoir non seulement axé le débat autour de l'idée de normalité, mais aussi d'avoir réduit la démarcation entre le standard et la règle de droit : le premier est un pur moyen d'expression de la seconde, un élément de sa formulation[1737].

Une fois la notion de standard admise et définie en droit public, il s'agit de montrer que la notion de bonne administration peut être qualifiée ainsi.

B. La cohérence de la qualification de standard

620. La notion de bonne administration peut, en outre, être qualifiée de « standard ». Un certain nombre d'arguments soutiennent cette qualification (**1**). Sans constituer une justification en soi, la relative adhésion de la doctrine vis-à-vis de cette approche de la bonne administration doit toutefois être relevée (**2**).

1. Arguments proposés à l'appui de la qualification de « standard »

621. Ayant pour noyau dur l'idée d'adaptation, il est cohérent d'envisager la bonne administration comme un standard, instrument principal d'ajustement du droit au fait ; sa qualification est alors le reflet de sa signification. Il faut à cet égard distinguer clairement la *mise en œuvre* de cette notion de ses *critères intrinsèques*. Sa qualification en termes de « standard » n'implique donc pas qu'elle soit imprécise[1738] : ce sont les résultats de sa mise en œuvre qui ne sont pas déterminés *a priori*. En d'autres termes, le standard se caractérise par la flexibilité de ses applications suivant les circonstances et non par la dilution du contenu de la notion qualifiée comme tel[1739].

Sur ce point, un parallèle peut être établi avec la notion de proportionnalité. Si les critères d'adéquation, de nécessité et de proportionnalité au sens strict permettent d'en donner une définition[1740], les résultats de son emploi dépendent des circonstances, ce qui laisse au juge une certaine marge d'appréciation. Or, à l'instar de la bonne administration, la proportionnalité peut être qualifiée de standard[1741] sans que cette qualification la réduise à une notion indéterminée.

622. Envisagé comme un moyen conféré à son destinataire, le standard semble épouser l'idée de bonne administration. Cela apparaît en filigrane de la contribution de Monsieur Rials : technique de « *formulation* » de la règle de droit, le standard

---

[1735] Yves GAUDEMET, *op.cit.*, p.47.
[1736] Stéphane RIALS, *op.cit.*, p.77.
[1737] Stéphane RIALS, *op.cit.*, p.33.
[1738] *A contra* : Nicolas MARTY, *op.cit.*, p.334.
[1739] Elsa BERNARD, *op.cit.*, p.37-39.
[1740] V. *supra*, n°341.
[1741] Hélène BAUER-BERNET, « Notions indéterminées et droit communautaire », *in* Chaïm PERELMAN, Raymond VAN DER ELST (dir.), *Les notions à contenu variable en droit*, Bruxelles, Bruylant, coll. Travaux du centre national de recherches de logique, 1984, p.275.

n'est pas la règle elle-même[1742]. La bonne administration ne pouvant, telle que nous l'avons définie, être qualifiée de règle, le raisonnement est ici transposable. Le standard n'est qu'une formulation de la notion de bonne administration mettant en valeur à la fois la casuistique de son application et sa fonction systémique. De plus, cette qualification semble vérifiée au regard de ce que l'auteur appelle les «*formulations elliptiques du standard*»[1743]. Ces dernières prennent la forme d'adjectifs ou d'adverbes ; or, tel est le cas de la *bonne* administration.

623. Tout en admettant une « *correspondance partielle* »[1744] entre le standard et la bonne administration, Monsieur Marty rejette une telle qualification en avançant, pour argument principal, l'incompatibilité qui existerait entre le caractère concret du standard et les vertus généralisatrices de la « bonne administration »[1745]. Nullement critiquable dans son raisonnement, ce propos peut néanmoins être nuancé. En effet, il faut, encore une fois, distinguer la mise en œuvre du standard, qui nécessite effectivement une prise en compte circonstanciée des faits, et le contenu même de la notion-standard de bonne administration.

L'auteur invoque un autre élément à l'appui de sa position : la bonne administration engendrerait des règles ou des principes, alors que le standard n'aurait aucune valeur normative, bien qu'il permette le passage de la normalité à la normativité. Cet argument paraît pertinent, mais sa validation dépend de l'acception retenue de la « bonne administration ». Si l'on adopte une conception relativement extensive de cette dernière (à savoir la somme de règles et de principes existants), il paraît effectivement impropre de la qualifier de standard. En revanche, si l'on s'attache à lui donner une définition indépendante et restrictive, cette qualification semble cohérente.

Enfin, selon Monsieur Marty, la qualification de « principe » serait plus précise que celle de « standard ». Cependant, comme le souligne Madame Leturcq, le premier est tout aussi « *vague et imprécis* »[1746] que le second. De plus, le principe est plus subjectif que le standard, qui est concret et objectif[1747].

624. En effet, le principe est la prémisse majeure du raisonnement syllogistique alors que le standard s'inscrit dans une démarche empirique[1748]. Or, à notre sens, il est quelque peu « illusoire » de considérer que la bonne administration est un principe posé *a priori* et au regard duquel serait évaluée de manière déductive l'action administrative. Les deux critères de définition de la notion de bonne administration (adaptation et équilibre) nécessitent une appréciation casuistique et circonstanciée : le « curseur » du « bon » ne peut être fixé par anticipation. Tout comme l'opération

---

[1742] Stéphane RIALS, « Les standards, notions critiques du droit », *art.cit.*, p.44.
[1743] Stéphane RIALS, *op.cit.*, p.114.
[1744] Nicolas MARTY, *op.cit.*, p.334.
[1745] Nicolas MARTY, *op.cit.*, p.336.
[1746] Shirley LETURCQ, *Standards et droits fondamentaux devant le Conseil constitutionnel français et la Cour européenne des droits de l'homme*, Paris, L.G.D.J., coll. Bibliothèque constitutionnelle et de science politique, t.125, 2005, p.109.
[1747] A.-A. AL SANHOURY, « Le standard juridique », *art.cit.*, p.146.
[1748] « *C'est l'intuition et l'expérience pratique des choses de la vie qui inspirent et guident le juge dans l'application empirique du standard* » : A.-A. AL SANHOURY, « Le standard juridique », *art.cit.*, p.146.

de définition de la notion de bonne administration, sa fonction appelle, à notre sens, un raisonnement davantage inductif que déductif.

C'est la raison pour laquelle il nous paraît plus judicieux de l'envisager comme un standard plutôt que comme un principe. De nouveau, ce constat ne réduit pas pour autant la notion de bonne administration à une notion indéterminée. La démarche de Monsieur Corten au sujet de la notion de « raisonnabilité », ici transposable, en est la preuve. Selon cet auteur, la pluralité de solutions possibles n'empêche pas l'existence d'un modèle unitaire et rationnel comme outil préexistant à l'interprétation[1749].

625. En bref, trois arguments majeurs soutiennent notre position. D'abord, la fonction systémique de la notion de bonne administration épouse celle du standard[1750]. Ensuite, la mise en œuvre de cette notion (et non sa définition) appelle à une prise en compte casuistique et circonstanciée des faits[1751], comme c'est le cas du standard. Enfin, elle a pour essentiel véhicule l'idée de normalité : selon Monsieur Blaevoet, l'anormal désigne à la fois le mauvais emploi des choses selon leur usage naturel et leur mise en œuvre déraisonnable[1752]. Ces deux éléments font échos aux critères intrinsèques de la bonne administration, à savoir l'adaptation et l'équilibre raisonnable.

626. La notion de bonne administration peut alors être qualifiée de standard dogmatique[1753]. Elle est le modèle à atteindre au regard duquel est, en partie, évaluée l'action de l'administration. Il convient d'exclure sa qualification de standard descriptif, qui conviendrait davantage à la « mauvaise administration». Le standard de bonne administration implique un jugement sur la réalité, mais traduit davantage un jugement partagé par la société qu'un choix purement personnel du juge[1754].

Cette fonctionnalité a amené une bonne partie de la doctrine à qualifier la bonne administration de tel.

[1749] Olivier CORTEN, *L'utilisation du "raisonnable" par le juge international. Discours juridique, raison et contradictions*, Bruxelles, Bruylant, coll. Droit international, n°34, 1997, p.678-9.

[1750] V. en ce sens : André TUNC, « Standards juridiques et unification du droit », *in Livre du centenaire de la Société de législation comparée*, t.2, 1971, p.105-144, spéc. p.112-113.

[1751] Luis MORELL OCAÑA, « La inactividad de la Administración : técnicas alternativas a la del silencio, ante la omisión administrativa de los *standards* de conducta previstos por la ley », *Documentación administrativa*, avril-décembre 1986, n°208, p.65-80.

[1752] Charles BLAEVOET, « De l'anormal devant les hautes juridictions civile et administrative », *J.C.P.*, 1946, I, n°560. L'administration normale respecterait les principes de continuité, de régularité, d'impartialité et de vigilance que l'on attend du particulier.

[1753] « *Idéal normal* » : Nicolas MARTY, *op.cit.*, p.335.

[1754] Cette distinction est établie par Stéphane RIALS, *op.cit.*, p.144-150.

2. La reconnaissance d'un standard de bonne administration en doctrine

627. Outre l'apport précité des écrits du Doyen Hauriou, Monsieur Rials évoque plusieurs exemples de standards, sous forme d'adjectifs : suffisant ou insuffisant, défectueux, satisfaisant, grave, manifeste, clair, notable, notoire, sensiblement, sérieux, valable, légitime, convenable, impropre, proportionné, dangereux, imprévisible, irrésistible. L'auteur mentionne également des substantifs pouvant être qualifiés de standards : faute, imprudence, négligence, besoin, utilité publique, urgence, réserve (obligation de réserve des fonctionnaires), ordre public, intérêt général. Par ailleurs, certains adjectifs seraient des substituts au « normal », tels que l'exceptionnel, le particulier, le spécial, l'excessif, l'abusif, l'ordinaire ou l'extraordinaire, l'exorbitant.

L'adjectif « bon », associé à « administration », ne figure donc pas dans cette énumération. Cependant, la qualification de la bonne administration de « standard » ne semble pas exclue de l'esprit de l'auteur. En effet, Monsieur Rials ne rejette guère une telle qualification s'agissant de la bonne foi, à condition qu'elle soit objective. Cela semble pouvoir s'appliquer à la bonne administration. Ensuite, le professeur considère que le « normal » se manifeste de manière positive (suffisant) ou négative (insuffisant). En effet, l'échelon médian « *a sans doute toujours le même aspect, mais rien n'assure qu'il soit toujours à la même hauteur* »[1755]. La normalité peut de la même manière s'exprimer à travers l'adjectif « bon », qui n'implique pas en soi de « plus-value » par rapport à une moyenne.

628. La notion de bonne administration est alors volontiers conçue comme une « notion-standard »[1756]. Dans sa thèse, Madame Bernard la classe parmi les standards « *transposés des droits nationaux* » et « *à faible coloration communautaire* »[1757]. De même, la bonne administration serait un standard proche de celui de « bon père de famille »[1758]. En appliquant ce dernier au Parlement européen, la Cour de justice des Communautés européennes renvoie aux conclusions de son avocat général évoquant un « *devoir de bonne administration* »[1759]. Cette tendance a récemment été confirmée par Madame Lassalle : l'utilisation fluctuante de cette notion par le juge communautaire témoignerait de la flexibilité qui l'entoure[1760].

Monsieur Stati relie également indirectement la notion de bonne administration à celle de standard. Utilisé pour des questions dont la nature l'exige, cette dernière est qualifiée de garantie dans « *l'intérêt d'une bonne administration de la*

[1755] Yves GAUDEMET, *op.cit.*, p.47.

[1756] Caroline VAYROU, *op.cit.*, p.142.

[1757] Elsa BERNARD, *La spécificité du standard juridique en droit communautaire*, Thèse droit, Université de Strasbourg III Robert Schuman - Université Libre de Bruxelles, 2006, p.252-254.

[1758] Nous adopterons une approche contrastée par la suite : v. *infra*, n°719 et s.

[1759] C.J.C.E., 3e ch., 16 juin 2005, *Parlement européen c/ R.S.A.*, aff. C-123-4-5/02, J.O.C. n°144 du 15 juin 2002, pt. 85, 80, 70. La cour emploie l'expression de « bon père de famille » pour l'appliquer au Parlement, en se référant (pt.119) à l'avocat général Léger alors que celui-ci emploie l'expression de « devoir de bonne administration ». Sur ce point : Elsa BERNARD, *op.cit.*, p.252-254.

[1760] Julie LASSALLE, *op.cit.*, p.383-384.

justice »[1761]. Si les notions de bonne administration et de bonne administration de la justice ne doivent pas être confondues[1762], l'essence même de la bonne administration, à savoir l'idée d'adaptation, adhère à l'idée d'adaptabilité qui caractérise le standard.

629. Standard dogmatique, la bonne administration se manifeste dans la jurisprudence à travers l'idée de « normalité » du fonctionnement de l'administration, qu'elle contribue par là-même à enrichir.

§ 2. La « normalité » du fonctionnement administratif : expression du standard de bonne administration

630. L'étalon du « *comportement normal* »[1763], au regard duquel est évaluée l'action administrative, recouvre plusieurs réalités. Parmi celles-ci figure la bonne administration. La connivence entre l'appréciation de cette normalité et la notion de bonne administration apparaît implicitement sous la plume de Monsieur Blaevoet : « *en droit public, le normal est plus exigeant qu'en droit privé. Il impose une certaine "moralité administrative"* »[1764]. L'auteur souligne alors la participation du principe de responsabilité au bon fonctionnement des services. Or, ainsi que nous l'avons montré, les notions de moralité administrative et de bonne administration sont consubstantiellement liées[1765].

631. En d'autres termes, dans certains cas, le fonctionnement « anormal » désigne la violation du standard de bonne administration (**A**). Significative est à cet égard la jurisprudence relative au délai normal (**B**).

A. L'expression du standard de bonne administration en termes de normalité

632. Ainsi que le souligne Monsieur Ponce Solé, la violation « *du devoir de bonne administration* » constitue un cas de « *fonctionnement anormal* » de l'administration[1766]. On peut donc affirmer *a contrario* que le fonctionnement « normal » de cette dernière correspond, du moins dans certains cas, au standard de bonne administration.

633. Afin de le montrer, il convient d'appliquer l'idée de normalité aux deux critères de définition de la bonne administration : l'adaptation (**1**) et l'équilibre (**2**).

[1761] Marcel O. STATI, *op.cit.*, p.153.

[1762] V. *supra*, n°480 et s.

[1763] L'anormalité du comportement est le fondement de la responsabilité pour faute : Jacques MOREAU, *La responsabilité administrative*, 3e éd., Paris, P.U.F., coll. Que sais-je ?, 1996, p.83-84.

[1764] Charles BLAEVOET, *art.cit.*, p.65.

[1765] V. *supra*, n°100 et s.

[1766] L'auteur se réfère aux articles 9.3, 106.2 de la Constitution espagnole et 35, 139.1 *L.R.J.P.A.C.* : Juli PONCE SOLÉ, « Procedimiento administrativo,... », *art.cit.*, p.19.

1. Adaptation et normalité

634. La « normalité » de l'action administrative est souvent évaluée par rapport à son but. L'administration engage ainsi sa responsabilité si elle n'utilise pas ses moyens selon leur « *destination logique et naturelle* »[1767]. Par exemple, le fonctionnement anormal du service public de la justice consiste en une utilisation déficiente des moyens permettant de résoudre le conflit[1768]. La « normalité » entretient donc un rapport évident avec l'idée d'adaptation et donc, avec la notion de bonne administration[1769].

635. Cette position théorique est confortée par la jurisprudence. À titre d'illustration, dans un arrêt du 5 avril 2005, le Tribunal administratif de Lille affirme que le « *fonctionnement normal* » du service public consiste en ce que l'accès aux bâtiments qui en sont le siège soit « *adapté à la finalité du service public correspondant* »[1770]. Cet emploi de la normalité rejoint le critère d'adaptation inhérent à la notion de bonne administration.

Il en est de même de l'arrêt *Frischmann*[1771] dans lequel le Conseil d'État censure un accord intersyndical impliquant une utilisation anormale ou encore inadaptée du service public postier. Cet accord, signé par le requérant, compromettrait le fonctionnement normal du service public dans la mesure où il aurait pu être utilisé pour la défense nationale : les motifs de la révocation sont donc exacts.

Le Tribunal administratif de Clermont-Ferrand a également évoqué, dans un arrêt du 14 juin 2006[1772], la notion d'adaptation des « moyens humains »[1773] : l'absence répétée d'un enseignant, son manque de rigueur et son insuffisance pédagogique privant d'une formation utile un étudiant ayant échoué à son épreuve de philosophie constituent une faute de nature à engager la responsabilité de l'État.

De même, est fautif le fait de laisser un fonctionnaire sans affectation effective, cette carence ne répondant pas « *aux nécessités de la gestion normale des personnels* »[1774]. L'affectation fautive d'une mission à un agent qui n'en a ni les capacités ni l'expérience est donc contraire à la bonne administration. Cette correspondance entre la normalité et la bonne adaptation s'applique également aux

---

[1767] Charles BLAEVOET, « De l'anormal… », *art.cit.*

[1768] « *Deficiente utilización de los medios para aplicar la justicia al caso concreto* » : Joaquín TORNOS MAS, « La responsabilidad patrimonial del Estado por el funcionamiento de la administración pública. Algunos aspectos conflictivos, con especial referencia al procedimiento para hacerla efectiva », *R.E.D.A.*, janvier-avril 1985, n°13, p.95.

[1769] Roger LATOURNERIE, « De la faute et du risque à propos des dommages causés par les travaux publics », *R.D.P.*, 1945, p.317-333.

[1770] T.A. de Lille, 5 avril 2005, *Mme Marianne Bleitrach*, [non publié], req. n°34644 ; *A.J.D.A.*, 18 avril 2005, p.807, obs. Carine BIGET. Le juge considère ici que l'accès aux handicapés ne figure pas au nombre des missions du service public de la justice.

[1771] C.E., sect., 8 juin 1962, *Ministre des Postes et Télécommunications c/ Frischmann*, rec. 382, req. n°55252 ; *A.J.D.A.*, 1962, p.443.

[1772] T.A. de Clermont-Ferrand, 14 juin 2006, req. n°500025, [non publié] ; *A.J.D.A.*, 19 juin 2006, n°22, p.1244, obs. Erwan ROYER.

[1773] Sur le lien entre la notion de bonne administration et les moyens humains, v. *supra*, n°359 et s.

[1774] C.E., 9 avril 1999, *Rochaix*, rec.tab. 864, req. n°155304.

moyens matériels : le service est jugé « *normal* » si ces derniers sont adaptés[1775]. Ainsi que l'a souligné le Conseil d'État, cette normalité s'apprécie en fonction des possibilités techniques ou financières[1776].

636. On peut donc considérer que l'adaptation, premier critère de définition de la notion de bonne administration, s'exprime principalement dans la jurisprudence par le terme de « normalité ». Il en est de même du second critère de définition de la notion de bonne administration, c'est-à-dire l'équilibre.

2. Équilibre et normalité

L'équilibre est à la base de la reconnaissance de certains comportements « anormaux » de l'administration. Plus généralement, l'idée même de normalité implique celle de raison et de pondération[1777].

637. Le lien entre la « raisonnabilité » et le fonctionnement normal du service public a notamment été établi dès le début du XXème siècle sous la plume de Gaston Jèze. Selon l'éminent juriste, « *il serait excessif d'exiger de l'administration la perfection. Lorsque les agents préposés à un service public ont agi raisonnablement, ont pris des dispositions raisonnables pour en assurer le fonctionnement régulier, cela doit suffire pour écarter la faute, même si les mesures prises n'ont pas empêché un dommage* »[1778].

638. La bonne administration se manifeste, en outre, à travers l'expression « *diligence normale* », l'adjectif « normale » exprimant l'idée de prudence[1779]. Pour s'en convaincre, on citera comme exemple l'arrêt *Commune de Bollène*[1780] dans lequel le Conseil d'État reproche aux autorités communales de ne pas avoir respecté les « *diligences normales* » afin d'être en mesure d'entreprendre des travaux. Le lien entre la normalité et la bonne administration est également affirmé par certaines dispositions écrites. À titre d'exemple, une recommandation du Conseil de l'Europe fait du caractère irraisonnable de l'action administrative le fondement de la faute[1781].

[1775] C.E., sect., 20 avril 1934, *Sieur Le Meut*, rec. 464, req. n°19118 (état défectueux du marteau appartenant à la marine nationale et causant un préjudice physique au requérant lors d'un essai professionnel en vue de son classement pour un emploi réservé d'ouvrier de la marine).

[1776] C.E., 1re sous-sect., 3 janvier 1934, *Ministre des travaux publics c/ Sieur Michenot*, rec. 18, req. n°24068 (obligations incombant « *normalement* » à l'administration publique dans le cadre de l'entretien de ses ouvrages publics).

[1777] Sur le lien entre équilibre, raison et pondération, v. *supra*, n°396 et s.

[1778] Gaston JÈZE, note sous C.E., 4 janvier 1918, *Sinaïs, Duchesne*, rec. 10, req. n°53178 ; *R.D.P.*, 1918, p.402 (aucune négligence ou manque de précaution de l'administration quant à l'attentat commis par une tierce personne à l'encontre du requérant).

[1779] Pour un exemple, v. en outre : C.E., sect., 25 avril 1958, *Dame veuve Barbaza et société d'assurances « La mutuelle générale française »*, rec. 228, req. n°8477-12.435 ; note Charles BLAEVOET, D.1960, I, p.64-66 (négligence consistant en le rétablissement du courant éléctrique, sans avertissement préalable, par le maire d'une commune, causant l'électrocution du mari de la requérante).

[1780] C.E., 4 novembre 1959, *Commune de Bollène*, rec. 575, req. n°41530.

[1781] Recommandation du Comité des ministres aux États membres relative à la responsabilité publique, 18 septembre 1984, R (84) 15, premier principe.

639. De ce bref rappel il résulte que la « normalité » de l'action administrative peut traduire une violation du standard de bonne administration. Ce lien est étayé par la jurisprudence relative au délai normal de l'action administrative.

B. Le délai normal de l'action administrative : manifestation implicite du standard de bonne administration

640. Ainsi que l'affirme le Conseil d'État dans l'arrêt *Pierron*[1782], le délai d'action administrative prévu par les textes n'est qu'indicatif. Il ne constitue, pour l'administration et, le cas échéant, pour le juge, qu'une base d'appréciation[1783] de la normalité du délai, qui dépend de l'étendue et de la nature des missions incombant à l'administration. L'évocation du principe de bonne administration n'implique donc pas l'existence d'un délai précis[1784]. Il n'est alors pas interdit d'associer l'idée de délai normal (ou encore de délai raisonnable) à celle de délai adapté et équilibré (bonne administration).

641. La sanction du retard, loin d'être automatique[1785], est donc guidée par le standard de bonne administration (**1**). Le retard du service public de la justice est un exemple pertinent de ce constat (**2**).

1. Le standard de bonne administration : outil d'évaluation du délai de l'action administrative

642. Comme l'affirme Monsieur Gómez Puente, la normalité du délai de l'action administrative est le reflet de l'idée de bonne administration[1786]. Un autre auteur espagnol relie cette normalité à l'adéquation ou encore à l'adaptation des

---

[1782] C.E., sect., 28 octobre 1960, *Sieurs Pierron et Thouvenin*, rec. 575, req. n°48665-6 (recours pour excès de pouvoir acueilli sur le fondement du retard dans l'intégration de nouveaux fonctionnaires dans le corps des administrateurs civils) ; C.E., 17 février 1926, *Sieur Bellan*, rec. 181, req. n°68245 (retard concernant la procédure de concession susceptible d'engager la responsabilité de l'administration qu'en cas de « *mauvais vouloir* » ou de « *négligence* » de sa part) ; C.E., 26 mars 1926, *Sieur Renard*, rec. 354, req. n°76082 (délai raisonnable dans la délivrance de titres résultant de dommages de guerre) ; C.E., sect., 24 juillet 1936, *Syndicat de défense des grands vins de la Côte d'Or*, rec. 861, req. n°43758 (silence gardée pendant plus de quatre mois par le ministre de l'Agriculture sur une demande d'indemnité).

[1783] C.E., 17 février 1926, *Sieur Bellan*, *préc.*

[1784] Avocat général F.G. JACOBS, concl. présentées le 13 juillet 2000 sur C.J.C.E., 15 février 2001, *République d'Autriche c/ Commission*, aff. C-99/98, rec.2001, p.I-1101, pt.77.

[1785] Sur la non-impérativité du délai : C.E., sect., 16 octobre 1931, *Dame Dufresne*, rec. 879, req. n°20113 (demande de pension à la caisse intercoloniale des retraites) ; exceptions à la règle générale de non-impérativité du délai pour les activités largement « *standardisées* » ne présentant aucune difficulté : C.E., sect., 10 juillet 1992, *Ministre de l'Agriculture et de la Forêt c/ Touzan*, rec. 298, req. n°120047 ; D.1992, p.231 (demande de communication de documents) ; ou les cas où le succès de la mission dépend de la rapidité de l'administration : C.E., sect., 20 juin 1997, *Theux* ; rec. 254, req. n°139495 ; *R.F.D.A.*, janvier-février 1998, p.85, concl. STAHL (responsabilité de l'État engagée pour toute faute commise dans l'organisation et le fonctionnement du service d'aide médicale d'urgence) ; Pour exemple : C.E., 25 novembre 1921, *Malou-Dupré*, rec. 975, req. n°68374 (lenteur de la délivrance d'informations donnant lieu à l'abattage du chien de la victime).

[1786] Marcos GÓMEZ PUENTE, « Responsabilidad por inactividad de la Administración », *Documentación administrativa*, janvier-juin 1994, n°237-238, p.163-164. Sur le délai raisonnable, v. notamment : S.T.C., 1e ch., n°198/1999, 25 octobre 1999, B.O.E. n°286 du 30 novembre 1999, F.J.3.

moyens[1787]. Or, ainsi que nous l'avons maintes fois indiqué, l'adaptation est consubstantielle à la notion de bonne administration. Il en est de même de l'équilibre et de la pondération, qui sont également des critères d'appréciation du délai normal. En effet, « *une bonne administration doit toujours agir dans un temps qui, d'après l'opinion de tout homme de bon sens (boni viri), est convenable pour son action* »[1788]. Cette citation met de nouveau en exergue le lien unissant la notion de bonne administration à l'appréciation du délai de l'action administrative.

643. Ce rapport apparaît implicitement sous la plume de Monsieur Richer. Le professeur souligne en effet que la « *bonne exécution de l'obligation principale* » constitue le critère d'appréciation du délai en l'absence de texte[1789].

De même, la Commission parlementaire du *Parliamentary and Health Service Ombudsman* a affirmé qu'un délai anormal était contraire au principe de bonne administration[1790]. Dès les années soixante, l'Ombudsman anglais avait dégagé un standard de délai raisonnable (*reasonable speed*)[1791]. Cette opinion est relayée par le juge anglais, selon lequel la rapidité est un élément de la bonne administration[1792].

Le Médiateur de la République ainsi que le *Defensor del Pueblo* ne manquent pas non plus de souligner régulièrement l'apport de la bonne administration sur l'appréciation du délai de l'action administrative[1793].

644. La notion de bonne administration semble ainsi implicitement guider l'emploi des expressions « *laps de temps anormal* »[1794], délai « *anormalement lent* »[1795], ou encore « *délai raisonnable* »[1796]. Les exemples jurisprudentiels en la matière sont innombrables et il n'apparaît pas nécessaire à la démonstration de les multiplier.

Tout au moins un extrait de la jurisprudence communautaire mérite-t-il d'être reproduit à la lettre, car il établit expressément le lien entre le délai raisonnable et la notion de bonne administration : ces délais « *énoncent une règle de bonne*

[1787] Rafael GÓMEZ-FERRER MORANT, « El silencio administrativo desde la perspectiva constitucional », *Documentación administrativa*, avril-décembre 1986, n°208, p.97.

[1788] Michel STASSINOPOULOS, *Traité des actes administratifs*, Athènes, coll. de l'Institut français d'Athènes, 1954, p.103. L'auteur énonce un principe général selon lequel l'administration doit agir dans un délai raisonnable ou encore convenable.

[1789] Laurent RICHER, *op.cit.*, p.174.

[1790] « *An obligation, under the principles of good administration, to convey their decision with reasonable dispatch* »: P.C.A., H.C. 116 (1976-7). Sur le caractère excessif du retard dans le paiement d'avantages à une jeune femme enceinte : P.C.A., H.C. 62 (1989-90), §12 ; Diana WOODHOUSE, *op.cit.*, p.62-63 ; Sheena N. MacMURTRIE, « The Waiting Game - the Parliamentary Commissioner's Response to Delay in Administrative Procedures », *Public Law*, automne 1997, p.159 ; p.171.

[1791] P.C.A., H.C. 129 (1968-9), p.84-85 ; p.125.

[1792] Lord J. DIPLOCK, *in* R *v.* Secretary of State for Education, *ex parte* Banham [1992] The Times, 9 mars 1992 ; O'Reilly *v.* Mackman [1982] 3 All E.R. 1124 ; Lord J. DONALDSON, *in* R *v.* Monopolies and Mergers Commission, *ex parte* Argyll Group p.l.c. [1986] 1 W.L.R. 763.

[1793] Médiateur de la République, recommandation n°FO-300026, *in* Rapport annuel de 2003, *préc.*, p.115.

[1794] Pour exemple : François GAZIER, concl. sur C.E., 11 janvier 1957, *Dame veuve Étienne*, *préc.*

[1795] Pour exemple, de la remise en état des lieux en matière de travaux publics, qui excède la mesure des inconvénients prévisibles : C.E., 22 janvier 1964, *Etablissemnts Houdry,* rec. 32, req. n°58282 ; *A.J.D.A.*, 1964, p.453, obs. LAPORTE.

[1796] Pour citer un exemple des juridictions inférieures au C.E., dont la jurisprudence est sur ce point abondante, concernant la responsabilité de l'État engagée devant le client d'un expert-comptable en raison de sa lenteur à prendre le décret relatif à l'organisation et au fonctionnement de la caisse de garantie : C.A.A. de Paris, 23 février 1999, *Société « Garage ABC » et Tchilinguirian*, rec.tab. 1009, req. n°96PA02092.

administration dont le but est d'éviter, dans l'intérêt tant de l'administration que des fonctionnaires, un retard injustifié dans l'adoption de la décision (...) »[1797].

De même, l'élargissement du champ d'application de l'article 6 de la Convention européenne des droits de l'Homme (droit à un procès équitable) au contentieux disciplinaire de la fonction publique[1798] renforce le rapport entretenu entre le délai raisonnable et la notion de bonne administration, cette dernière permettant de mesurer la « raisonnabilité temporelle » du fonctionnement administratif. En droit espagnol, ainsi que l'indique Monsieur Medina Alcoz tout en le regrettant pour la sécurité juridique des intéressés, la faute ne sera caractérisée que si le délai est anormal, au regard d'un standard et en fonction des circonstances[1799]. De même, l'article 49 *L.R.J.P.A.C.* précise que le délai peut être prolongé par l'administration, en fonction des circonstances, dans la limite de la moitié du délai initial et sans préjudice des droits des tiers. Or, ainsi que nous l'avons montré précédemment, la notion de bonne administration renferme l'idée de pondération raisonnable en fonction des circonstances et des éléments pertinents.

Le domaine de l'administration de la justice est à son tour une bonne illustration de cette relation.

2. L'exemple du service public de la justice

645. La jurisprudence de la Cour européenne des droits de l'homme illustre avec éclat la préoccupation croissante du caractère raisonnable du délai des décisions de justice (article 13 de la Convention européenne des droits de l'Homme)[1800]. Le droit communautaire relie également cette exigence à celle de l'efficacité de l'application de ce droit, concrétisée par les principes de subsidiarité et de proportionnalité[1801].

646. Au sujet de l'anormalité du délai d'un jugement, le Tribunal suprême espagnol a aussi rappelé, en s'inspirant de la jurisprudence européenne, que l'anormalité s'apprécie selon un critère objectif traduisant une « *interprétation raisonnable* » des niveaux d'exigence que l'administration de la justice doit respecter « *du point de vue de l'efficacité* »[1802]. La doctrine se fait écho de la jurisprudence. Ainsi que le souligne Monsieur Movilla Álvarez, le délai anormal est caractérisé par la violation des principes basiques d'efficacité et de fonctionnement en harmonie avec les

---

[1797] T.P.I.C.E., 5e ch., 10 juin 2004, *Jean-Paul François*, préc., pt.47 ; T.P.I.C.E., 3e ch., 13 mars 2003, *José Martí Peix*, préc., pt.97.

[1798] C.E.D.H., 8 décembre 1999, *Pellegrin c/ France*, req n°28541/95. Pour une application nationale : C.E., 4e-6e sous-sect., 23 février 2000, *L'Hermite*, rec. 101, req. n°192480 ; *A.J.D.A.*, 2000, p.363 ; Julien JORDA, « Le délai raisonnable et le droit disciplinaire de la fonction publique », *A.J.D.A.*, 2002, n°1, p.13-21.

[1799] Luis MEDINA ALCOZ, *La responsabilidad patrimonial por acto administrativo. Aproximación a los efectos resarcitorios de la ilegalidad, la morosidad y la deslealtad desde une revisión general del sistema*, Cizur Menor (Navarre), Aranzadi, 2005, p.324-p.331.

[1800] C.E.D.H., ch., 10 juillet 1984, *Guincho c/Portugal*, req. n°8990/80, spéc. pt.36 et 44 ; C.E.D.H., 2e sect., 30 mai 2006, *Engin Çolak c/ Turquie*, req. n°60176/00.

[1801] C.J.C.E., 10 mai 1960, *Barbara Erzbergbau A.G. et al. c/ Haute Autorité de la C.E.C.A.*, aff. 3-58 à 18-58, 25-58 et 26-58, rec.1960, p.369 ; C.J.C.E., 17 décembre 1998, *Baustahlgewebe*, aff. C-185-95 P, rec.1998, p.I-8417 ; T.P.I.C.E., 22 octobre 1997, *SCK*, aff. T-213/95, rec.1997, p.II-1739.

[1802] S.T.C., 2e ch., n°36/1984, 14 mars 1984, B.O.E. n°80, FJ3 ; S.T.C., 1e ch., n°180/1996, 12 novembre 1996, B.O.E. n°303 ; S.T.C., 2e ch., n°109/1997, 2 juin 1997, B.O.E. n°159 ; S.T.C., 2e ch., n°220/2004, 29 novembre 2004, B.O.E. n°3, F.J.6.

nécessités sociales et les intérêts des justiciables[1803]. De même, Monsieur Medina Alcoz souligne que le délai des décisions de justice doit être analysé au regard du principe d'efficacité de l'article 103.1 de la Constitution ainsi que du droit à une protection judiciaire effective (article 24 de la Constitution)[1804]. Bien que l'énoncé d'un critère uniforme du délai normal soit particulièrement complexe[1805], les idées d'adaptation et d'équilibre, critères de définition de la bonne administration, sont sous-jacentes au propos.

647. La rapidité est une donc composante du droit à une protection judiciaire effective figurant dans la Constitution espagnole[1806], bien qu'elle puisse être pensée indépendamment. L'article 24 de la Constitution ne se limite pas à l'interdiction d'un délai anormalement lent (carence), mais comporte également une obligation positive d'agir convenablement[1807]. La violation du délai raisonnable est établie lorsque « *l'administration met en œuvre des formalités inadaptées qui retardent de manière excessive la procédure* »[1808]. Cette interprétation met en exergue la fonction de la notion de bonne administration (ici, de la justice)[1809], entérinée par la jurisprudence constitutionnelle espagnole. Saisi dans le cadre du recours d'*amparo*[1810], le Tribunal constitutionnel veille en effet à ce que l'organe judiciaire mette en œuvre tous les moyens nécessaires pour faire appliquer ses décisions[1811]. Ce centrage sur l'optimisation des moyens révèle la présence sous-jacente de la notion de bonne administration sans pour autant que le juge ne se substitue à l'administration de la justice.

648. Il n'est alors pas impossible de penser que la bonne administration de la justice guide la plume du juge français dans l'arrêt *Magiera*, lorsqu'il étend la faute de l'administration au délai anormalement lent des décisions de justice[1812]. Ce standard permet d'apprécier, au cas par cas, l'anormalité du retard et, plus généralement, du fonctionnement de l'administration de la justice.

[1803] « *Patrones basicos de eficacia y de funcionamiento de acuerdo con las necesidades sociales y los intereses de los justiciables* » : Claudio MOVILLA ÁLVAREZ, *Libertades públicas y derecho administrativo*, Madrid, Consejo general del poder judicial, 1995, p.358.

[1804] Luis MEDINA ALCOZ, *op.cit.*, p.311-340.

[1805] Eduardo COBREROS MENDAZONA, *La responsabilidad del Estado derivada del funcionamiento anormal de la Administración de Justicia*, Madrid, Civitas, coll. Cuadernos,1998, p.53.

[1806] S.T.C., 1e ch., n°24/1981, 14 juillet 1981, B.O.E. n°172, F.J.3. Pour une analyse récente du droit fondamental à une justice rapide et de la jurisprudence constitutionnelle : Adrià RODÉS MATEU, « Consideracions constitucionals sobre el dret a un procés sense dilacions indegudes », *Revista Catalana de dret públic*, novembre 2006, n°33, p.440-463.

[1807] S.T.C., 2e ch., n° 32/1999, 8 mars 1999, B.O.E. n°89, F.J.3.

[1808] « *La vulneración del plazo razonable se produce no sólo cuando media inactividad administrativa, sino incluso cuando la Administración lleva a cabo trámites improcedentes que alargan excesivamente el procedimiento* » : Jesús GONZÁLEZ PÉREZ, *El derecho a la tutela jurisdiccional*, *op.cit.*, p.220.

[1809] notamment présente à l'art. 41 CDF.

[1810] Saisine du juge constitutionnel en cas de violation de droits fondamentaux, directement enclanchée par l'intéressé (articles 53.2 et 161.1.b de la Constitution espagnole).

[1811] S.T.C., 1re ch., n°144/1983, 13 avril 1983, req. n°267/1982, F.J.3.

[1812] C.E., 28 juin 2002, *Garde des Sceaux, ministre de la Justice c/ M. Magiera*, rec. 247, req. n°239575, concl. M. LAMY (le commissaire du gouvernement semble inviter en dernier lieu le Conseil d'État à opter pour la faute simple, après l'avoir invité au régime de la faute lourde ; *R.F.D.A.*, 2002, p.756 ; *R.F.D.A.*, 2003, p.85 ; *A.J.D.A.*, 2002, p.596.

Le lien entre la notion de bonne administration et l'anormalité du délai des décisions de justice a également été mis en exergue par Madame Gaté à l'occasion de l'arrêt *Association Dijon Football Côte d'Or*[1813]. Etait ici concernée la contestation, par cette association, de diverses décisions de classement en seconde division de la Ligue nationale de football. Le Conseil d'État mit dix ans avant de reconnaître que le Tribunal administratif était bien compétent en la matière. L'observatrice considère que l'ordonnance permettant de régler les conflits de compétence entre juridictions répond au « *souci de bonne administration* »[1814]. Evitant un allongement inutile de la durée de la procédure, cette règle permet une « *meilleure administration de la justice* ».

L'exemple de l'administration de la justice est donc une illustration pertinente du lien entre la notion de bonne administration et le délai « normal ».

***

Il est donc permis de qualifier la notion de bonne administration de « standard ». Ses critères intrinsèques de définition ainsi que sa connexité avec l'idée de « normalité » militent en faveur de cette qualification. Standard dogmatique, la bonne administration guide le juge (et, indirectement, l'administration) dans l'évaluation du fonctionnement administratif.

[1813] Juliette GATÉ, note sous C.E., 27 juillet 2005, *Association « Dijon Football Côte-d'Or »*, rec.tabl. 809, 1069, 1112, req. n°249426-450652 ; *A.J.D.A*, 12 décembre 2005, n°42, p.2352-2355.
[1814] Juliette GATÉ, note sous C.E., 27 juillet 2005, *préc.*, p.2354.

CONCLUSION DU CHAPITRE 1

649. La notion de bonne administration relève, par essence, du devoir objectif. Cette qualification est confortée tant par la jurisprudence que par les textes de droit positif. L'existence de ce devoir n'implique toutefois pas la reconnaissance d'un droit subjectif à une bonne administration. Contrairement à une idée communément partagée, ce qualificatif n'est pas vérifié. Plus exactement, la notion de bonne administration ne devrait pas, à notre sens, être réduite à l'ensemble des droits subjectifs préexistants et souvent hâtivement rattachés à l'idée vague de « bonne administration ». La rédaction de l'article 41 de la Charte des droits fondamentaux de l'Union européenne encourt ainsi, du moins sur ce point, la critique.

Il paraît à ce titre utile d'inviter aussi bien les rédacteurs de textes de droit que le juge à user d'un vocable plus précis, les administrés étant les premières « victimes » des approximations du langage juridique.

650. Devoir incombant à l'administration, la notion de bonne administration permet aussi l'évaluation de son fonctionnement et de son action. Cette fonction éclaire sa qualification de « standard ». Validée par la pratique et par une bonne part de la doctrine, elle s'illustre principalement par la connivence entre la notion de bonne administration et le fonctionnement « normal » du service public. À titre d'exemple, la notion de bonne administration est sous-jacente au délai normal ou raisonnable de l'action administrative irriguant la jurisprudence. Implicitement présente sous la plume du juge, elle s'insère alors dans la réflexion globale sur l'idée de normalité et de standard en droit public.

De ce fait, elle permet de caractériser certaines fautes de service. C'est sur cet apport que nos développements doivent désormais porter.

CHAPITRE 2.
L'HARMONISATION DES CAS DE FAUTE DE SERVICE

651. La faute de service[1815] peut être définie comme un dysfonctionnement du service public résultant de l'inobservation des devoirs incombant à l'administration dans le cadre de ses missions. Adopté dans la majeure partie des systèmes juridiques[1816], ce mécanisme est subordonné à trois conditions : l'existence d'un préjudice, la reconnaissance d'une faute de service et l'établissement d'un lien de causalité entre la faute et le préjudice[1817].

652. Il convient d'exclure de l'analyse deux questions : celle du lien de causalité et celle de l'appréciation du préjudice. La question du lien de causalité entre la faute et le préjudice n'entretient en effet aucun rapport avec la notion de bonne administration. Afin de cerner la fonction de cette dernière, il convient également de se placer au niveau de la définition même de la faute et non au niveau de son appréciation *in concreto* par le juge[1818]. Cette appréciation dépend en effet des circonstances et, dans une certaine mesure, du système juridique[1819].

Par ailleurs, l'anormalité du préjudice n'affecte pas celui du comportement fautif, ainsi que l'a notamment affirmé Roger Latournerie[1820]. L'existence d'un régime de responsabilité sans faute, exclu de notre analyse[1821], témoigne de la différence entre l'anormalité du comportement et celle du préjudice. La notion de bonne administration a trait à l'anormalité du fonctionnement ou encore du comportement administratif puisqu'elle désigne, à notre sens, l'adaptation équilibrée des moyens de l'administration publique[1822]. Son apport se situe donc au niveau de l'action et du fonctionnement administratifs et non au niveau du préjudice causé par cette dernière.

[1815] L'expression « faute de service » serait apparue pour la première fois dans l'arrêt C.E., 1er juillet 1904, *Sieur Nivaggioni*, rec. 536, req n°11273 : « *une faute de service peut seule expliquer qu'une semblable erreur* [violation de l'interdiction du cumul de rémunération pendant plus de 15 ans] *ait été commise durant un si long intervalle de temps et qu'elle engage la responsabilité de l'État* ». Sur l'affirmation de cette primeur: Christophe GUETTIER, « La responsabilité en droit administratif », *in* Philippe LE TOURNEAU (dir.), *Droit de la responsabilité et des contrats*, Paris, Dalloz, coll. Dalloz Action, 2006/2007, n°134. L'expression, principalement utilisée en France, se retrouve en substance dans les autres systèmes juridiques, dont le droit communautaire (art. 40 C.E.C.A.) ; pour un aperçu comparatiste : Jesús LEGUINA VILLA, « El fundamento de la responsabilidad de la Administración », *R.E.D.A.*, janvier-mars 1979, n°20, p.523-536.

[1816] Pour une analyse historique du principe de responsabilité de la puissance publique et ses « *îlots de résistance* » : Gérard SOULIER, « Réflexion sur l'évolution et l'avenir du droit de la responsabilité de la puissance publique », *R.D.P.*, juillet-août 1969, n°4, p.1039-1103.

[1817] Pour un aperçu d'ensemble : Roland DRAGO, « Responsabilité (Principes généraux de la) », *in Rép. Dalloz, Resp. puiss. pub.*, avril 2007.

[1818] Paul DUEZ, *La responsabilité de la personne publique (en dehors du contrat)*, Paris, Dalloz, 1938, p.24.

[1819] À titre d'exemple, le droit communautaire exige une « violation caractérisée » d'une règle conférant des droits aux particuliers. Cependant, s'agissant de la fonction publique, seule une illégalité est requise.

[1820] Roger LATOURNERIE, « De la faute... », *art.cit.*, p.320-321 ; v. aussi : Jean-Pierre DUBOIS, « Responsabilité pour faute », *in Rép. Dalloz, Resp. puiss. pub.*, oct. 2003, n°60-61 ; Charles BLAEVOET, « De l'anormal... », *art.cit.*, n°560.

[1821] Pour une justification de cette restriction au régime de responsabilité pour faute, v. *supra*, n°546.

[1822] V. *supra*, n°329 et s.

653. Ses devoirs sont rarement exposés, dans un texte[1823], de manière exhaustive : le juge les « découvre » selon l'acception qu'il se fera d'une administration correcte dans le cas de l'espèce. Il en résulte une multiplicité incontestable et incontestée des cas de faute de service. Leur énumération rigide n'est ni de l'intérêt de l'administré ni de celui du juge. Ce constat ainsi que la qualité des études dédiées au sujet laissent peu de place à l'innovation. Toutefois, sans constituer le paramètre exclusif de définition de la faute de service, la notion de bonne administration contribue à son discernement : la jurisprudence relative à la faute de service consiste en un « *contrôle de la moralité administrative, de la bonne administration* »[1824].

654. Afin de rendre compte pleinement de l'apport de la notion de bonne administration à la faute de service (**Section 2**), il est nécessaire de souligner, au préalable, l'hétérogénéité des cas que celle-ci recouvre (**Section 1**).

SECTION 1. L'HÉTÉROGÉNÉITÉ DES CAS DE FAUTE DE SERVICE

655. « *Depuis plus d'un demi-siècle, les spécialistes du droit de la responsabilité essayent de forger des définitions de la faute de service. Ces tentatives doctrinales ont pour l'essentiel échoué ; elles ne pouvaient qu'échouer tant est grande la diversité des situations concrètes rencontrées par le juge* »[1825].

Monsieur Moreau exprime, en des termes limpides, la difficulté à définir la faute de service : l'hétérogénéité des cas de faute de service rendrait vaine tout entreprise de définition de cette notion. Cette situation n'est pas propre à la France : elle se retrouve dans la majorité des systèmes juridiques européens, ainsi que l'illustre la jurisprudence de la Cour de justice des Communautés européennes[1826].

656. La faute de service est avant tout une notion fonctionnelle dégagée par le juge. Elle est nécessaire à l'imputation de préjudice et, en France, à la détermination de la juridiction compétente. La doctrine française a néanmoins tenté de répertorier, dans une optique conceptuelle, les différents cas de faute de service. Cependant, ces tentatives de systématisation ont leurs limites. La classification des cas de faute de service s'avère donc délicate (**§1**). Face à cette difficulté, d'autres systèmes juridiques renvoient à l'idée générale d' « anormalité ». Cette démarche globalisante, inverse de la précédente, n'uniformise qu'en apparence les cas de faute de service (**§2**).

[1823] Charles, BLAEVOET, « De l'anormal… », *art.cit.*.
[1824] Michel PAILLET, *op.cit.*, p.656-661. L'auteur souligne néanmoins l'imprécision de ces notions.
[1825] Jacques MOREAU, *La responsabilité administrative*, 3e éd., Paris, P.U.F., coll. Que sais-je ?, 1996, p.62.
[1826] C.J.C.E., 28 mai 1970, *Richez-Parise c/ Commission*, aff. 19/69, rec.1970, p.727, spéc. p.752.

§ 1. LA SYSTÉMATISATION DÉLICATE DES CAS DE FAUTE DE SERVICE

657. L'adjectif « délicate » permet à notre sens d'exprimer à la fois la difficulté et le caractère inapproprié d'un recensement rigide des cas de faute de service. Ainsi que nous l'avons précédemment souligné, cette rigidité ne sert ni les intérêts des administrés, ni ceux du juge. Elle ne ferait preuve que d'une certaine déférence à l'égard de l'administration publique, qui pourrait alors opposer aux administrés et aux juges l'absence de reconnaissance de tel ou tel cas de faute de service. La communication entre la doctrine et la jurisprudence a alors amené certains auteurs français à classifier de manière didactique les cas de faute de service reconnus par la jurisprudence. Cet effort de systématisation, caractéristique de notre culture juridique, doit être analysé à sa juste mesure. Il faut dans ce cadre notamment examiner la pertinence des critères de classification proposés.

658. Afin de mener cette analyse critique, il convient au préalable de revenir sur le fondement des classifications existantes : le constat de l'impossibilité et de l'inopportunité d'un critère unique de définition de la faute de service (**A**). Fidèle à la diversité des cas révélés par la jurisprudence, ces tentatives se réduisent, pour la plupart, à des classifications dont l'étanchéité des critères reste souvent fragile (**B**).

A. L'absence d'un critère unique de définition de la faute de service

659. Selon Monsieur Soulier, la malléabilité de la notion de faute permettrait au Conseil d'État « *de tout transformer sans rien changer en apparence* »[1827]. Le juge comme la doctrine[1828] s'accordent en effet à l'unisson sur l'impossibilité de définir de manière abstraite la faute de service. D'aucuns considèrent alors qu'elle doit être délimitée négativement, par rapport à la faute personnelle[1829].

660. Sans adopter cette dernière approche, il faut admettre la « *polymorphie* »[1830] de la notion de faute de service. Face à ce constat, un consensus s'est opéré pour la définir comme le « *manquement à une obligation préexistante* »[1831]. Cette signification soulève le problème de la transposition de la faute civiliste en droit public. Or, cette dernière ne nous paraît pas parfaitement épouser les

---

[1827] Gérard SOULIER, « Réflexion sur l'évolution et l'avenir du droit de la responsabilité de la puissance publique », *R.D.P.*, juillet-août 1969, n°4, p.1072. Sur l'imprécision : p.1072-1077.

[1828] René CHAPUS, *Responsabilité publique et responsabilité privée : les influences réciproques des jurisprudences administrative et judiciaire*, 2e éd., Paris, L.G.D.J., coll. Bibliothèque de droit public, t.8, 1957, p.351.

[1829] Pierre DARESTE, *Les voies de recours contre les actes de la puissance publique*, Paris, A. Challamel, 1914, p.544-548 ; « *La définition essentielle est donc celle de la faute personnelle, par laquelle la faute administrative se trouve définie négativement* » : p.548.

[1830] « *Polymorphisme naturel* » : Françoise LLORENS-FRAYSSE, « Le poids de la faute dans la responsabilité administrative », *Droits : Revue française de théorie juridique*, 1987, n°5, p.66-67 ; Gilles DARCY, *La responsabilité de l'administration*, Paris, Dalloz, coll. Connaissance du droit, 1996, p.88.

[1831] Maryse DEGUERGUE, *op.cit.*, p.622. Sur la notion de faute : p.622-626.

caractéristiques de l'administration publique et de ses fautes de service (**1**). C'est alors la spécificité même de la faute de service qui doit être discutée (**2**).

1. L'inadéquation de la définition civiliste de la faute

661. En droit civil, la faute renvoie au « *manquement à une obligation préexistante* »[1832]. Cette définition énoncée par Marcel Planiol semble à première vue universelle. Elle est alors parfois transposée au droit public[1833]. Cependant, ni le substantif d' « obligation », ni l'adjectif « préexistant » ne nous semblent adaptés à l'action administrative.

662. L'impératif devant être respecté par l'administration est en effet rarement préexistant à son action. La doctrine [1834] a maintes fois souligné le rôle éminent du juge dans la fixation des « obligations » de service. Ces dernières sont donc souvent déterminées à l'occasion du litige. Bien que le principe de légalité constitue la pierre angulaire du droit administratif français, la loi est particulièrement muette en ce domaine.

Certes, Marcel Planiol ne vise pas uniquement les obligations préexistantes écrites. Il évoque également une « *règle générale* » : l'interdiction de léser autrui par des actes « *malhonnêtes* » ou « *maladroits* »[1835]. La contravention à ce principe n'équivaut pas toujours à la violation d'une obligation légale *stricto sensu.* Cependant, il ne s'agit là que d'un principe qui ne saurait épuiser la diversité et la précision des règles dégagées par le juge administratif. Pour s'en convaincre, on peut s'en remettre à la position de Monsieur Gaudemet selon lequel la définition civiliste de l'obligation ne rend pas suffisamment compte de la spécificité de l'histoire et des principes du droit public[1836].

663. C'est en partie pour cette raison que le vocable même d' « obligation » semble impropre à caractériser la faute de service[1837]. Soulignant l'inadéquation de la notion d'obligation et le rôle créateur du juge en droit public, Charles Eisenmann définit la faute de service comme « *toute infraction provoquant l'application des sanctions juridiques* »[1838]. Bien que Roger Latournerie emploie le vocable d' « obligation », la même approche paraît guider sa plume. Selon cet auteur, la faute de service est un

---

1832 Marcel PLANIOL, « Etudes sur la responsabilité civile », *Revue critique de législation et de jurisprudence*, 1905, p.287 ; *Traité élémentaire de droit civil,* 7e éd., t.2, Paris, L.G.D.J., 1917, n°863.

1833 René CHAPUS, *op.cit.* ; Charles EISENMANN, « Sur le degré d'originalité du régime de responsabilité extracontractuelle des personnes (collectivités) publiques », *J.C.P.*, 1949, I, n°742 et 751 ; Rozen NOGUELLOU, *La transmission des obligations en droit administratif*, Paris, L.G.D.J., coll. Bibliothèque de droit public, t.241, 2004, p.5-12.

1834 Michel PAILLET, *op.cit.*, p.323 ; Benoît DELAUNAY, *op.cit.*, p.39 ; André HAURIOU, « Le droit administratif de l'aléatoire », *in Mélanges offerts à Monsieur le doyen Louis Trotabas*, Paris, L.G.D.J., 1970, p.117 et s.

1835 Marcel PLANIOL, *art.cit.*, p.287. Pour un examen critique de la notion de faute en droit civil : Ernest TRIANDAFIL, *L'idée de faute et l'idée de risque*, Paris, A. Rousseau, 1914, p.18 et s.

1836 Yves GAUDEMET, « Prolégomènes pour une théorie des obligations en droit administratif français », *in Nonagesimo anno. Mélanges en hommage à Jean Gaudemet*, Paris, P.U.F., 1999, p.615. L'auteur ne nie pas catégoriquement l'intérêt des transposition de notions civilistes en droit public.

1837 Sur la qualification de la bonne administration de « devoir » : v. *supra*, n°559 et s.

1838 Charles EISENMANN, *Cours de droit administratif*, réimp., t.2, L.G.D.J., 1983, (1re éd. : 1953-4), p.830-831.

manquement des autorités publiques « *à l'une des obligations, écrites ou non, qui leur incombent dans la gestion des services publics* (…) »[1839]. Par ailleurs, le juste équilibre entre les intérêts de l'administration et des administrés, qui constitue l'objet du droit public, implique une appréhension différente de la notion d'obligation préexistante.

La Cour administrative d'appel comme le Conseil d'État ont ainsi fait prévaloir l'obligation de sauver la vie d'un patient, témoin de Jéhovah, sur celle de respecter son refus de bénéficier d'une transfusion sanguine. C'est ici la nécessité d'une conciliation qui poussa la Cour, par dogmatisme, et le Conseil d'État, par pragmatisme, à énoncer l'obligation préexistante, en l'espèce non violée malgré le décès du patient[1840].

664. Si l'on associe souvent cette autonomisation de la faute de l'administration au fameux arrêt *Blanco*[1841], l'on en trouve la primeur, ainsi que l'indique Madame Deguergue, dans des arrêts antérieurs[1842]. Sa portée particulière peut aussi être tirée, selon cet auteur, d'un certain contexte doctrinal[1843] favorable à une spécification du droit administratif. Cette position a été consacrée notamment par Édouard Laférrière[1844], puis réaffirmée par de nombreux auteurs[1845]. Récemment, Monsieur Delaunay a relativisé de nouveau l'utilité de la notion d'obligation pour le discernement de la faute de l'administration : « *la faute n'est pas tant le manquement à une obligation que le manquement à l'idéal de l'action administrative* »[1846]. Cette citation rend implicitement compte de l'intérêt de la notion de bonne administration pour le discernement de la notion de faute de service.

665. La transposition de l'idée d' « *obligation préexistante* » ne semble ainsi pas en phase avec l' « esprit » de la faute administrative, qui s'inscrit aussi bien dans une optique de discipline que de réparation. Ainsi que l'indique Monsieur Gaudemet, il s'agit avant tout de borner l'administration dans ses modalités et la rendre responsable de ses actes vis-à-vis des administrés. Les notions civilistes d'obligation, de créancier et de débiteur ne sont pas au cœur de ces questions[1847].

1839 Roger LATOURNERIE, « De la faute… », *art.cit.*, p.5.

1840 Maryse DEGUERGUE, note sous C.E., 26 octobre 2001, *Mme Senanayake*, rec. 514, req. n°198546 ; *A.J.D.A.*, 20 mars 2002, n°3, p.259-263.

1841 T.C., 8 février 1873, *Blanco*, rec.T.C. 62, concl. DAVID ; S.1873, III, p.153, G.A.J.A., 16e éd., p.1 et s.

1842 Notamment dans les motifs de l'arrêté de conflit pris par le préfet élevé dans : C.E. sur conf., 8 août 1844, *Dupart*, rec. 464 ; D.1845, III, p.3 ; S.1845, II, p.58. Source : Maryse DEGUERGUE, *op.cit.*, p.92, note infrapaginale n°247.

1843 Maryse DEGUERGUE, *op.cit.*, p.93-94, notes infrapaginales n°251-253.

1844 « *La doctrine que nous combattons conduirait à ce résultat que l'État serait responsable d'infractions dont il a lui-même à se plaindre, de violation du mandat qu'il a conféré, de désobéissances aux règles qu'il a tracé à ses agents. On arriverait aussi, sous prétexte d'appliquer le droit commun à l'État, à y déroger à son préjudice* » : Édouard LAFERRIÈRE, *Traité de la juridiction administrative et des recours contentieux*, 2e éd., t.1, Paris, Berger-Levrault et Cie, 1896, p.679 (inapplicabilité de l'art. 1384 du Code civil à la responsabilité de l'État).

1845 Pour exemple : Paul DUEZ, *op.cit.* ; Michel PAILLET, *op.cit.* ; Laurent RICHET, *op.cit.* ; Gérard SOULIER, *art.cit.*, p.1052-1054.

1846 Benoît DELAUNAY, *op.cit.*, p.44.

1847 Yves GAUDEMET, « Prolégomènes… », *art.cit.*, p.620.

Des remarques qui précèdent, il ressort que la faute de service ne peut être définie, du moins exclusivement, comme un « *manquement à une obligation préexistante* ». Il s'agit alors de lui conférer des critères propres. Toutefois, cette démarche n'est pas sans obstacle.

2. La spécification difficile de la notion de faute de service

666. On peut déceler la présence de la notion de faute de service dès le début du XXème siècle, notamment sous la plume du commissaire du gouvernement Teissier qui employa l'expression de fonctionnement « *à faux* »[1848]. La distinction entre les « *actes de puissance publique* » (ou actes de souveraineté), qui justifiaient une irresponsabilité absolue, et les « *actes de gestion courante* » était remise en cause : l'administration devait dès lors assurer le fonctionnement de ses pouvoirs émis par la loi[1849]. Au seuil de la naissance de la faute de service se laissait ainsi présager son lien avec l'idée de prérogatives exorbitantes de puissance publique. Cette spécificité de la puissance publique guida la plume du commissaire du gouvernement, puis du juge dans les arrêts fondateurs de la responsabilité du service public[1850].

667. La question de l'imputation d'une faute à une personne morale fut alors soulevée. C'est davantage l'anonymat que le vieux principe d'irresponsabilité de la puissance publique qui poserait ici problème. Il a pu en effet paraître étonnant de qualifier une fiction juridique de « fautive ». Cette fiction de l'anonymat ne fut donc pas accueillie par une part de la doctrine[1851], dont le Doyen Vedel. Selon l'éminent juriste, la faute de l'administration ne serait qu'un « *raccourci* »[1852]. À l'inverse, les partisans de la théorie organiciste[1853] retirent toute autonomie à l'agent, auteur direct de la faute, alors endossée par l'organe administratif.

Sans s'aligner sur une telle conception, il est permis de considérer que la « *dysfonction* »[1854] de l'appareil prime sur l'erreur humaine. Ainsi que le souligne Henri Dupeyroux, l'agent est envisagé comme un « *rouage du service* »[1855] dont le fonctionnement engage la responsabilité de l'administration. La faute de service est alors définie comme « *le manquement à la loi du service public* »[1856]. De plus, la notion de faute de service appelle à dissocier la question de la faute de celle de la

---

[1848] C.E., 31 janvier 1902, *Sieur Grosson*, rec. 56, req. n°95973. Le principe de l'irresponsabilité de l'État est « *manifestement contraire aux principes les plus certains de notre droit public et de notre organisation administrative* » : concl. TEISSIER sur T.C., 29 février 1908, *Feutry c/ Département de l'Oise,* rec. 208, req. n°624.

[1849] M. TEISSIER, concl. sur C.E., 29 mai 1903, *Sieur Le Berre*, rec. 415, req. n°4804 ; D.1904, III, p.89-90.

[1850] Maurice HAURIOU, note sous C.E., 10 février 1905, *Tomaso-Grecco*, rec. 142, req. n°10365 ; S.1905, III, p.113 et s. Les précédents directs de ces arrêts fondateurs seraient : C.E., 18 avril 1902, *Brugalais*, rec. 282 ; D.1903, III, p.96 ; S.1905, III, p.25 ; C.E., 1er juillet 1904, *Nivaggioni*, rec. 536 ; S.1904, III, p.121 : Maryse DEGUERGUE, *op.cit.*, p.166.

[1851] Marcel WALINE, *Droit administratif*, 8e éd., Paris, Sirey, 1959, p.785 ; Gérard SOULIER, *art.cit.*, p.1088.

[1852] Georges VEDEL, *Droit administratif*, 2e éd., Paris, P.U.F., coll. Thémis, 1961, p.228.

[1853] Maurice HAURIOU, *art.cit.* ; Léon MICHOUD, « La responsabilité de l'État à raison des fautes de ses agents », *R.D.P.*, 1895, p.401.

[1854] Jacques MOREAU, *op.cit.*, p.69.

[1855] Henri DUPEYROUX, *Faute personnelle et faute du service public : étude jurisprudentielle sur les responsabilités de l'administration et de ses agents*, Paris, A. Rousseau, 1922, p.215.

[1856] Henri DUPEYROUX, *op.cit.*, p.217.

culpabilité au sens large. Souvent moralisée, celle-là se cantonne, lorsqu'elle est imputée à la collectivité abstraite, au manquement à un devoir juridique.

L'anonymat serait ainsi, pour certains, le critère de définition de la faute de service[1857] ; pour d'autres, ce critère de définition serait « *excessif* »[1858]. Il aurait trait davantage à l'imputation de la faute qu'à sa définition même. L'approche fonctionnelle semble alors l'emporter sur l'approche organique[1859]. Ainsi que le soutient Madame Deguergue, seule la première reflète la spécificité de la faute « *du* » service public de l'administration qui peut ainsi commettre des fautes collectives, telles que la mauvaise organisation ou le fonctionnement défectueux du service[1860].

668. La notion de service public permettrait alors de conférer une certaine spécificité à la faute de service[1861]. Néanmoins, elle ne remédie pas à son imprécision pour au moins deux raisons. D'abord, du fait de son ambiguïté intrinsèque : la diversité d'interprétations et la diversification[1862] des services assumés par la personne publique multiplient les cas de faute de service. Ensuite, cette « *interdépendance des notions de faute et de service public* »[1863] est, par définition, réciproque. L'affirmation prétorienne d'une faute de service permet, par induction, de reconnaître l'existence d'un service public. Celui-ci ne saurait donc être le critère exclusif de la faute de service.

669. Il paraît alors hautement difficile de dégager un critère exclusif de la faute de service. De plus, la référence aux droits de la victime n'est ici d'aucun secours puisqu'ils portent sur l'évaluation du préjudice et non sur la faute[1864]. Renonçant à un critère unique de définition[1865], la doctrine a alors classifié les cas de faute de service dégagés par le juge. Ces classifications, pour utiles qu'elles soient, comportent cependant des limites conceptuelles.

1857 Guy BRAIBANT, Bernard STIRN, *Le droit administratif français*, 7e éd., Paris, Presses de Sciences Po : Dalloz, coll. Amphithéâtre, 2005, p.326.

1858 Benoît DELAUNAY, *op.cit.*, p.40.

1859 « *À notre sens, le triomphe de la formule "faute du service public" peut s'expliquer par l'avènement de la notion de service public comme critère décisif de la compétence administrative à la même époque* » : Maryse DEGUERGUE, *op.cit.*, p.166.

1860 Maryse DEGUERGUE, *op.cit.*, p.706 ; p.92-100.

1861 Henri DUPEYROUX, *op.cit.*, p.198-200.

1862 Maryse DEGUERGUE, *op.cit.*, p.170-176.

1863 Maryse DEGUERGUE, *op.cit.*, p.167-170.

1864 Maryse DEGUERGUE, *op.cit.*, p.624-625.

1865 Pour des illustrations de ce polymorphisme : Christophe GUETTIER, « La responsabilité en droit administratif », *art.cit.*, n°410-411.

B. Les limites des classifications des cas de faute de service

670. La dimension du thème de la faute de service, ainsi que la qualité des recherches lui ayant été consacré, nous conduisent à centrer notre réflexion sur les principales classifications existantes. Cette analyse critique n'est pas établie afin de substituer une nouvelle systématisation à ces classifications. Ainsi que nous l'avons indiqué[1866], la notion de bonne administration contribue à la clarification de la notion de faute de service sans en constituer le critère unique de définition. Notre analyse vise avant tout à montrer la délicatesse de l'opération de classification des cas de faute de service[1867].

671. Il convient, à ce titre, de mettre en valeur la relative porosité de certains critères de classification. Si l'on ne peut examiner l'ensemble des systématisations existantes, on peut toutefois relever que toutes se basent principalement sur l'objet de la faute (**1**) ou sur la nature de l'acte fautif (**2**).

1. Les limites des classifications basées sur l'objet de la faute

672. Les contributions étudiées consistent parfois en un recensement des principales hypothèses de faute.

À titre d'exemple, Monsieur Darcy[1868] recense les cas suivants : défaut d'organisation ou défaut de surveillance ; défaut d'entretien normal de l'ouvrage public ; perte d'objets ; négligence, maladresse, imprudence des agents publics ; abstention d'agir ou fermeture intempestive des bureaux ; fourniture de renseignements erronés ; retard abusif ; promesse non tenue ; illégalité.

À cette diversité de cas s'ajoute parfois une diversité de typologies. Monsieur Dubois en relève cinq : selon l'activité (édiction d'actes juridiques, communication d'informations ou conduite d'opérations matérielles) ; selon le manquement (faute anonyme ou individualisable) ; selon la nature des normes violées (normes écrites ou prétoriennes) ; selon qu'il s'agit d'une action ou d'une omission ; enfin, selon l'intention de l'auteur[1869]. Suivant cette méthode, les cas de faute de service peuvent être regroupés sous une même catégorie en dépit de leur nature fort différentes.

673. Une partie importante de la doctrine[1870] recourt à la célèbre classification de Paul Duez. L'auteur distribue les cas de faute de service autour de trois hypothèses : le mauvais fonctionnement du service (*culpa in committendo*), l'absence de fonctionnement du service (*culpa in ommittendo*)[1871] et le fonctionnement tardif du

[1866] V. *supra*, n°609 et s.

[1867] V. titre du présent paragraphe.

[1868] Gilles DARCY, *La responsabilité de l'administration*, Paris, Dalloz, coll. Connaissance du droit, 1996, p.88-90.

[1869] Jean-Pierre DUBOIS, « Responsabilité pour faute », *Rép. Dalloz, Resp. puiss. publ.*, septembre 2007.

[1870] Pour exemple : Roger BONNARD, *Précis de droit administratif*, 4e éd., 1943, p.124 ; Jean-Pierre DUBOIS, *art.cit.*, n°82 ; n°235-285.

[1871] « *Obligation fonctionnelle d'être vigilant* » : Paul DUEZ, *op.cit.*, p.30.

service[1872]. Cette systématisation a pour principal mérite de recouvrir *a priori* tous les cas de faute de service.

Cependant, d'un point de vue conceptuel, les frontières de chaque catégorie semblent poreuses[1873]. En effet, le fonctionnement tardif (troisième catégorie) ne désigne-t-il pas, en soi, un mauvais fonctionnement (première catégorie) ? Ne signifie-t-il pas, du moins pour un moment, l'absence de tout service public (deuxième catégorie) ? À l'appui de cette dernière suggestion, on peut citer l'opinion de Madame Deguergue selon laquelle le déni de justice inclut le retard à juger[1874]. Une dernière interrogation suffira à convaincre des limites de cette classification : que recouvre exactement la notion de « mauvais fonctionnement » (première catégorie)? Celui-ci n'est-il pas parfois tel qu'il réduit le service à néant (deuxième catégorie) ? On a alors pu reprocher à cette classification de ne pas rendre compte de la nature de la faute de service, car elle n'en fournit pas le critère d'identification[1875]. Nonobstant ses mérites, on peut donc entrevoir ses limites.

674. La classification proposée par le Doyen Colliard[1876] n'est également pas exempte d'ambiguïté, ainsi que l'affirme la doctrine[1877]. Cet auteur distingue les cas de maladresse, de négligence (juridique ou matérielle)[1878] et d'erreur (de droit ou de fait[1879]).

Trois interrogations critiques peuvent être soulevées. D'abord, il semble légitime de s'interroger sur la différence essentielle entre « *maladresse* » et « *négligence* ». Aucun argument n'est en effet développé à l'appui de cette distinction. Ensuite, l'erreur ne procède-t-elle pas pour partie d'une négligence ? Enfin, l'énoncé du cas d' « *erreur* » nourrit le flou existant entre l'erreur et la faute ; il accroît la difficulté à cerner les cas d'erreurs non fautives[1880].

Ces classifications laissent alors place à celles basées sur la nature de l'acte fautif.

1872 Pour un exemple parmi tant d'autres : C.E., 8 juin 1917, *Baës*, rec. 455, req. n°53114 (diligence de l'administration militaire pour donner à l'affaire une solution rapide).

1873 Benoît DELAUNAY, *op.cit.*, p.42.

1874 Maryse DEGUERGUE, « Les dysfonctionnements du service public de la justice », *R.F.A.P.*, 2008, n°125 : *Une administration pour la justice*, p.156.

1875 « Faute de service » *Rép. Dalloz, Resp. puiss. pub.*, n°174.

1876 Claude-Albert COLLIARD, *Le préjudice dans la responsabilité administrative*, Paris, Dalloz, 1938, p.264-274.

1877 Maryse DEGUERGUE, *op.cit.*, p.669-670 ; Michel PAILLET, *op.cit.*, p.309.

1878 Défaut d'entretien d'ouvrages publics, défaut de précaution, défaut de surveillance, retard.

1879 L'auteur semble aussi inclure dans cette dernière catégorie les cas de retard et de défaut d'entretien d'ouvrages publics.

1880 L'erreur est fautive sous trois conditions : l'ignorance, l'irrespect des instructions de service et la délivrance de renseignements erronés : Claude-Albert COLLIARD, *op.cit.*, p.178.

2. *Les limites des classifications basées sur la nature de l'acte fautif*

675. La systématisation de Henri Dupeyroux[1881] possède une certaine autorité[1882]. L'auteur distingue l'acte matériel dommageable (service public) de l'acte juridique illégal ou irrégulier (fonction normative de l'administration). Le premier cas recouvre une violation flagrante de la règle (par action ou par omission) ou, en l'absence d'un texte, un manquement aux « *obligations qui sont de l'essence même du service public* ». Cette classification possède un avantage indéniable : la clarté du critère de la nature de l'acte (matériel ou juridique), la frontière entre ces deux catégories étant suffisamment étanche.

Aussi convaincante qu'elle puisse paraître, cette systématisation ne peut néanmoins être accueillie sans discussion. Elle paraît en effet impuissante à mettre en relief la spécificité de la faute de service. La distinction entre les actes matériels et les actes juridiques existe indépendamment de la question de la faute (de service). Les cas de faute engendrés par l'activité matérielle peuvent s'identifier à ceux rencontrés dans le cadre de l'activité juridique. À titre d'exemple, le retard peut aussi bien concerner l'édiction d'un règlement que la livraison d'un colis par la Poste. Il est aussi frappant de noter que le droit communautaire ne distingue pas la responsabilité pour activité administrative de la responsabilité pour activité normative[1883]. Le juge communautaire a en outre abandonné la distinction artificielle entre les actes administratifs et les actes normatifs[1884].

Par ailleurs, aucune précision complémentaire n'est apportée quant à l'expression « *obligations qui sont de l'essence même du service public* ». Se limitent-elles aux « lois de Rolland » (égalité, continuité, mutabilité) ou recouvrent-elles d'autres hypothèses ? De plus, ce sous-classement, distinguant les fautes prévues par la loi des autres fautes, semble peu pertinent dans la mesure où, comme nous l'avons déjà indiqué, la loi est souvent muette à ce sujet.

676. Ce critère de la nature de l'acte en cause a toutefois séduit Monsieur Paillet[1885] qui distingue l'acte juridique de l'acte matériel. À la différence de Henri Dupeyroux, l'acte juridique a pour seul critère la légalité tandis que l'acte matériel se mesure à sa rectitude. Les hypothèses d'enchevêtrement semblent donc moins nombreuses. Cependant, le critère de la rectitude n'épuise pas tous les cas de fautes de service. Il en est de même des actes juridiques qui, sans violer la loi, peuvent être fautifs car inadaptés.

L'auteur classe également les cas de faute de service suivant un second critère de distinction[1886] tiré du droit civil, à savoir la différenciation entre l'action et l'omission (violation d'une obligation de faire[1887] et violation d'une obligation de ne

---

[1881] Henri DUPEYROUX, *op.cit.*, p.220-224. Sur les origines de cette distinction : Maryse DEGUERGUE, *op.cit.*, p.668.

[1882] M. Paillet adopte cette classification : Michel PAILLET, *op.cit.*, p.533.

[1883] Fabrice PICOD, Laurent COUTRON, *art.cit.*, p.171-211.

[1884] C.J.C.E., 4 juillet 2000, *Bergarderm S.A. c/ Commission*, aff. C-352/98 P, rec.2000, p.I-5291, pt.41.

[1885] Michel PAILLET, *op.cit.*, p.538.

[1886] Sur la redondance de cette classification : Maryse DEGUERGUE, *op.cit.*, p.670.

[1887] Pour des exemples classiques : C.E., 26 avril 1918, *Sieur Gaillard*, rec. 395, req. n°63347 ; S.1920, III, p.49, note M. Hauriou ; C.E., 24 mars 1976, *Dame Veuve Thiémard*, rec. 179, req. n°95720.

pas faire). Néanmoins, le vocable d' « obligation » ne semble pas adapté dans la mesure où la majorité des cas de faute de service ne constitue pas une violation directe de la loi[1888]. De plus, la première hypothèse recouvre à la fois des obligations de moyen et des obligations de résultat[1889], tandis que la seconde ne renferme que des obligations de résultat (ou plutôt de « non-résultat »). Un certain déséquilibre dans le nombre de cas relevant de chaque hypothèse peut alors être redouté. Enfin, à l'instar de la classification distinguant les actes matériels des actes juridiques, la différenciation entre les obligations de faire et les obligations de ne pas faire est peu spécifique à la faute de service.

677. En résumé, nonobstant leur autorité certaine et reconnue, les classifications classiques ont leurs limites. Au-delà de leur indéniable utilité pratique, elles ne parviennent pas totalement, sinon à définir la faute de service, du moins à répertorier de manière rigoureuse et cohérente les cas que cette notion génère. Sans adopter cette démarche de recensement, d'autres systèmes juridiques ont préféré le renvoi à l'idée générale d' « anormalité ». Globalisante et relativement imprécise, cette démarche peut également faire l'objet d'une analyse critique.

§ 2. Le renvoi à l'idée générale d' « anormalité » : une démarche globalisante, source d'imprécision

678. L' « anormalité » du fonctionnement administratif permet fréquemment au juge français d'affirmer l'existence d'une faute de service. Ce vocable est donc loin de lui être étranger. Toutefois, il a paru judicieux de centrer notre attention sur des ordres juridiques consacrant clairement ce « critère » en se limitant principalement à son renvoi général. Celui-ci ne clarifie en effet qu'en apparence le contenu de la notion de faute de service : les cas hétérogènes qu'elle comprend ne sont pas délimités. L'idée d' « anormalité » fait alors davantage œuvre de terme générique que de critère de définition de la notion de faute de service.

679. Deux ordres juridiques paraissent illustrer particulièrement cette approche : les droits espagnol et britannique. Le premier renvoie expressément au « *fonctionnement normal ou anormal de l'administration* » à la fois dans la Constitution et dans certaines lois (**A**). On retrouve cette approche globalisante au sujet de la notion de *negligence* qui contribue à définir, dans le système britannique, la faute de l'administration (**B**).

[1888] Sur la critique de la transposition du vocable civiliste au droit public, v. *supra*, n°661 et s.

[1889] Pour l'introduction de cette distinction civiliste en droit administratif : Denise DORLENCOURT-DETRAGIACHE, *op.cit.*

A. L'exemple du droit espagnol : le renvoi vague au fonctionnement *« normal ou anormal »*

680. Le constituant et le législateur espagnols ont consacré le principe d'indemnisation pour tout fonctionnement « *normal ou anormal* » du service public. C'est dire si la faute de service est peu circonscrite (**1**). La doctrine a alors tenté de dégager certains exemples d' « anormalité » ; elle est cependant loin d'avoir réduit son imprécision à néant (**2**).

1. Le laconisme des textes

681. Le deuxième alinéa de l'article 106 de la Constitution espagnole prévoit un droit à indemnisation pour tout préjudice résultant du « *fonctionnement des services publics* », en renvoyant au législateur le soin de préciser ce régime[1890]. Celui-ci n'a toutefois pas réduit la généralité de cette clause de responsabilité : l'article 139.1 *L.R.J.P.A.C.* prévoit en effet un droit à indemnisation pour tout préjudice résultant d'un « *fonctionnement normal ou anormal des services publics* »[1891].

682. La rédaction de cet article témoigne de la volonté d'objectiver, et donc d'élargir, les cas de responsabilité. En effet, l'adjectif « normal » inclut et généralise la responsabilité sans faute de l'administration alors même que cette dernière n'est pas expressément prévue par la Constitution[1892]. Or, la diversification de l'activité administrative multiplie les possibilités d'engagement de responsabilité sur ce fondement. Aux yeux de la majorité de la doctrine, cette rédaction paraît alors regrettable. Ainsi que le rappelle Monsieur Rebollon, la responsabilité est un corollaire de la liberté ; en tant que telle, elle ne saurait être engagée que lorsque cette dernière est utilisée de manière excessive[1893]. Le cantonnement de l'engagement de responsabilité au fonctionnement anormal du service public aurait également un intérêt conceptuel. Aussi Monsieur Mir encourage-t-il le législateur et la doctrine à l'élaboration de standards de mauvais fonctionnement du service public[1894]. À ce titre, Monsieur Gómez Puente a proposé la notion d'inactivité fondée sur l'idée de faute[1895].

1890 « *Los particulares, en los términos establecidos por la ley, tendrán derecho a ser indemnizados por toda lesión que sufran en cualquiera de sus bienes y derechos, salvo en los casos de fuerza mayor, siempre que la lesión sea consecuencia del funcionamiento de los servicios públicos* ».

1891 « *Los particulares tendrán derecho a ser indemnizados por las Administraciones Públicas correspondientes, de toda lesión que sufran en cualquiera de sus bienes y derechos, salvo en los casos de fuerza mayor, siempre que la lesión sea consecuencia del funcionamiento normal o anormal de los servicios públicos* ».

1892 Luis MEDINA ALCOZ, *op.cit.*, p.137-174 ; Jesús LEGUINA VILLA, « El fundamento de la responsabilidad de la Administración », *R.E.D.A.*, janvier-mars 1979, n°20, p.523-536.

1893 Martín REBOLLON, « La responsabilidad de las Administracioes públicas en España : estado de la cuestión, balance general y reflexión crítica », *Documentación administrativa*, janvier-juin 1994, n°237-238, p.11-104 ; Oriol MIR PUIGPELAT, *La responsabilidad patrimonial de la administración. Hacia un nuevo sistema*, Madrid, Civitas, coll. Monografías, 2002, p.255.

1894 Oriol MIR PUIGPELAT, *op.cit.*, p.2809.

1895 Marcos GÓMEZ PUENTE, *op.cit.*

683. Au-delà de cet élargissement de la responsabilité, l'expression même de « fonctionnement anormal » n'est pas dénuée d'ambiguïté. Cette consécration textuelle ne s'accompagne en effet pas d'éléments de définition. Le « *fonctionnement anormal* » du service public de la justice, qui fait l'objet d'une disposition constitutionnelle spécifique, illustre ce constat.

L'article 121 de la Constitution espagnole fait du « *fonctionnement anormal* » du service public de la justice un cas (avec l'erreur judiciaire) d'engagement de la responsabilité de l'administration[1896]. Cette disposition résulte d'un compromis entre le projet de Constitution, qui limitait l'engagement de responsabilité au cas unique d'erreur judiciaire et un amendement, qui l'étendait aux cas de fonctionnement normal et anormal, suivant le modèle de la responsabilité de l'administration générale[1897]. Le constituant a donc été plus tolérant vis-à-vis de l'administration de la justice, qui ne peut voir engagée sa responsabilité qu'en cas de fonctionnement anormal comprenant les actions se déroulant dans le cadre de l'activité nécessaire au jugement et à son exécution ou à la garantie d'un droit[1898]. Si le champ d'application est plus restreint que celui de la responsabilité de l'administration générale, l'absence de responsabilité personnelle subsiste[1899]. Le législateur, quant à lui, a légèrement complété cet énoncé en y ajoutant les règles de la responsabilité de droit commun concernant l'évaluation du préjudice[1900].

684. Aucune indication n'est donc livrée quant au critère de l' « anormalité » de l'administration de la justice. L'imprécision est de même teneur que l' « anormalité » de l'administration au sens large. La doctrine espagnole a alors tenté de préciser le contenu de ce vocable.

2. Les clarifications discrètes de la doctrine

685. La doctrine espagnole a proposé certaines catégories de faute de service. À titre d'exemple, Monsieur Medina Alcoz dégage les cas suivants : diligence, violation des « *standards moyens de qualité exigibles* »[1901] et illégalité formelle et fautive de l'action administrative[1902]. Cet énoncé suscite des interrogations. D'une part, les « *standards de qualité* » dont fait état l'auteur ne sont pas précisés. Doivent-ils exclusivement résulter de la vision de l'administré ? D'autre part, la frontière entre ces cas semble fragile : la diligence n'est-elle pas, en soi, un standard moyen de

---

[1896] « *Los daños causados por error judicial, así como los que sean consecuencia del funcionamiento anormal de la Administración de Justicia, darán derecho a una indemnización a cargo del Estado, conforme a la Ley* ». Pour une synthèse sur le régime de la responsabilité de l'administration de la justice : José Luis MANZANARES SAMANIEGO, « Responsabilidad patrimonial del Estado por el funcionamiento de la Administración de Justicia », *Actualidad Administrativa Aránzadi*, doct., 1999, n°1, p.125-141.

[1897] Perfecto Andres IBAÑEZ CLAUDIO MOVILLA ALAVAREZ, *El poder judicial*, Madrid, Tecnos, coll. Temas clave de la Constitución española, 1986, p.335-369.

[1898] Eduardo COBREROS MENDAZONA, *La responsabilidad del Estado derivada del funcionamiento anormal de la Administración de Justicia*, Madrid, Civitas, coll. Cuadernos, 1998, p.26.

[1899] Joaquín TORNOS MAS, « La responsabilidad patrimonial del Estado por el funcionamiento de la administración pública. Algunos aspectos conflictivos, con especial referencia al procedimiento para hacerla efectiva », *R.E.D.A.*, janvier-avril 1985, n°13, p.75.

[1900] Article 292 de la Loi organique n°6/1985 du 1er juillet 1985 relative au pouvoir judiciaire, *Ley Orgánica del poder judicial* (L.O.P.J.), B.O.E. n°157 du 2 juillet 1985.

[1901] « *Estandares medios de calidad exigibles* » : Luis MEDINA ALCOZ, *op.cit.*, p.144.

[1902] Luis MEDINA ALCOZ, *op.cit.*, p.140-145.

qualité exigible ? Face à ces difficultés, Monsieur Mir s'en remet aux expressions étrangères telles que « bon père de famille » ou encore « *reasonable man* »[1903].

686. S'agissant du fonctionnement anormal de l'administration de la justice, Monsieur Manzanares Samaniego distingue les cas d'activité anormale et d'inactivité anormale des juges, des magistrats et du personnel non juridictionnel[1904]. Contrairement à la responsabilité de l'administration au sens large, la responsabilité de l'administration de la justice donne lieu à un droit fondamental consacré à l'article 24 de la Constitution[1905]. Selon l'auteur, le critère de l'anormalité n'est alors pas la « *normalité pratique* » (situation habituelle ou attendue), mais le contenu de ce droit[1906]. Toutefois, celui-ci reste incertain et l'auteur n'apporte pas de clairs éléments de réponse.

687. Aussi la doctrine espagnole semble-t-elle partagée sur le point de savoir si l'erreur judiciaire est une composante de ce droit fondamental et donc du fonctionnement anormal de l'administration de la justice. Alors que Monsieur Tornos Mas[1907] relie ces deux notions, Monsieur Ibañez[1908] considère qu'elles sont exclusives l'une de l'autre. Selon ce dernier auteur, l'erreur judiciaire provient d'un organe doté de pouvoirs juridictionnels ; elle doit être déclarée expressément dans un procès postérieur ; enfin, elle doit être commise au cours d'une procédure déterminée. Ses caractéristiques la distingueraient des cas de fonctionnement anormal[1909]. De même, selon Monsieur Manzanares, l'erreur judiciaire doit être traitée indépendamment du fonctionnement anormal, car elle consiste en un risque couru dans le cadre du fonctionnement normal de l'administration de la justice[1910].

688. De plus, le lien conceptuel entre les articles 24 et 121 de la Constitution espagnole ne semble pas être validé par la jurisprudence[1911]. En effet, la décision du Tribunal constitutionnel *Méndez García*[1912], qui établit ce lien, est restée lettre morte[1913]. Le Tribunal constitutionnel continue à différencier les indemnisations résultant du mauvais fonctionnement de l'administration de la justice (article 121 de la Constitution espagnole) de celles découlant de la violation du droit fondamental de l'article 24 de cette même Constitution (avec pour conséquence pratique l'impossibilité de demander une indemnisation dans le cadre du recours

---

[1903] Oriol MIR PUIGPELAT, *op.cit.*, p.256-259.

[1904] José Luis MANZANARES SAMANIEGO, *art.cit.*

[1905] Francisco VELASCO CABALLERO, *Administraciones públicas y derecho a la tutela judicial efectiva*, Barcelone, Bosch, 2003, p.33 : pour l'auteur, le droit de l'article 24 est fondamental, car il permet de saisir le Tribunal constitutionnel dans le cadre du recours d'*amparo*.

[1906] José Luis MANZANARES SAMANIEGO, *art.cit.*, p.133-134.

[1907] Joaquín TORNOS MAS, « La responsabilidad patrimonial… », *art.cit.*, p.91.

[1908] Perfecto Andres IBAÑEZ CLAUDIO MOVILLA ALAVAREZ, *op.cit.*, p.352. L'auteur admet toutefois, par la suite, que l'erreur judiciaire est un signe de mauvais fonctionnement.

[1909] Perfecto Andres IBAÑEZ CLAUDIO MOVILLA ALAVAREZ, *op.cit.*, p.355.

[1910] José Luis MANZANARES SAMANIEGO, *art.cit.*, p.132.

[1911] Ignacio BORRAJO INIESTA « Los derechos a un proceso sin dilaciones indebidas y a un proceso público », *Cuadernos de Derecho Público*, mai-août 2000, n°10, p.133-151.

[1912] S.T.C., 2e ch., n°36/1984, 14 mars 1984, B.O.E. n°80.

[1913] S.T.C., 2e ch., n°5/1985, 23 janvier 1985, B.O.E. n°37.

d'*amparo*[1914]). La majorité des auteurs s'en tient alors à des termes vagues pour désigner les dysfonctionnements de l'administration de la justice, tel que le « *mauvais gouvernement judiciaire* »[1915].

689. Afin de remédier à l'imprécision de la notion de faute de service, certains auteurs en appellent à la notion de bonne administration. Monsieur Mir emploie ainsi le standard de bonne administration comme critère d'appréciation de l'anormalité de l'action administrative. La raison justifiant ce choix éveille notre intérêt. Selon l'auteur, seule la notion de bonne administration permet d'évaluer les moyens de l'administration, alors que les chartes ne concernent que les résultats[1916]. Cette remarque, exprimée en des termes très nets, conforte notre définition de la notion de bonne administration[1917] ainsi que son incidence sur la notion de faute de service. Sans étayer plus amplement son propos, Monsieur Mir invite alors la doctrine à définir la notion de bonne administration en se fondant notamment sur l'article 103.1 de la Constitution relatif au principe d'efficacité de l'administration publique espagnole[1918]. De même, Monsieur Martín Rebollo rappelle la nécessité de fixer des paramètres de bonne administration afin de guider le contrôle du juge dans le décèlement de fautes de service[1919].

690. Ce bref détour par l'ordre juridique espagnol est riche de deux enseignements corrélatifs. D'abord, il montre que la notion de bonne administration a bien un rôle à jouer dans la détermination de la notion de faute de service. Ensuite, il souligne les limites des références à l'idée générale d' « anormalité ». Afin d'étayer cette dernière idée, un détour sur le droit britannique est paru utile.

B. L'exemple du droit britannique : la largeur des critères de la faute de service (*negligence*)

691. En droit britannique, les cas de responsabilité concernent aussi bien le contentieux des personnes publiques que celui des personnes privées, qui en est d'ailleurs à l'origine. Le régime de responsabilité est donc à distinguer du *judicial review*, qui concerne exclusivement l'administration. Les cas de responsabilité extracontractuelle communs aux droits privé et public (*tort law*) sont classiquement répartis en quatre catégories : nuisance lésant les intérêts ou les droits d'autrui (*nuisance*)[1920], atteinte aux biens d'autrui (*trespass*)[1921], diffamation (*defamation*)[1922] et négligence (*negligence*)[1923].

1914 S.T.C., 1e ch., n°209/1992, 30 novembre 1992, B.O.E. n°307. Pour une critique de cette jurisprudence : Ignacio BORRAJO INIESTA, *art.cit.*, p.146.

1915 Alejandro NIETO, *El desgobierno judicial*, *op.cit.* ; *La « nueva » organización del desgobierno*, *op.cit.*, p.185-197 : l'auteur emploie l'expression « *administración de Injusticia* » en l'associant à une administration de la justice inefficace.

1916 Oriol MIR PUIGPELAT, *op.cit.*, p.271-272.

1917 V. *infra*, n°329 et s.

1918 Oriol MIR PUIGPELAT, *op.cit.*, p.280.

1919 Luis MARTÍN REBOLLO, « Ayer y hoy de la responsabilidad patrimonial… », *art.cit.*, p.363.

1920 Il nous paraît ainsi plus prudent de conserver le terme de « nuisance » tant le terme anglais recouvre des hypothèses multiples : « *There is perhaps no more impenetrable jungle in the entire law than that which*

692. Cette dernière catégorie, qui représente une bonne part du *tort law*, semble correspondre, lorsqu'elle implique l'administration, à la faute de service. Elle se définit comme la violation du devoir de diligence (*duty of care*[1924]). Or, ce critère est aussi général que l'idée d' « anormalité ». Afin de le montrer (**2**), il convient de préciser les contours de ce chef de responsabilité (**1**).

*1. La vacuité du devoir de diligence (***duty of care***)*

693. La reconnaissance d'un cas de *negligence* est subordonnée à trois conditions : l'existence d'un devoir de diligence (*duty of care)*, la violation de ce devoir et un lien de causalité entre cette violation et le préjudice. Le juge et la doctrine considèrent à l'unisson que ces conditions ne constituent pas des étapes distinctes du raisonnement. Aussi toute l'attention est-elle portée sur la notion de *duty of care*.

694. Celle-ci a été associée dès le XIXème siècle par Lord J. Brette au respect d'un principe général de « *diligence et de compétence moyenne* » (« *ordinary care and skill* »)[1925]. Cette avancée coupa court au refus d'admettre l'existence d'un principe général de responsabilité extracontractuelle[1926]. Cependant, si le principe d'une telle responsabilité fut admis, voire étendu[1927], la notion même de *duty of care* est longtemps restée indéfinie.

Il a en effet fallu attendre l'arrêt *Donague v. Stevenson*[1928] à l'occasion duquel Lord J. Atkin livra une définition qui a désormais acquis droit de cité. Les faits de cet arrêt sont assez célèbres : la victime trouva des morceaux de limaces dans la bière au gingembre qu'elle avait commandée. Bien qu'aucun lien contractuel ne la reliait au serveur et au fournisseur de bière, elle fut indemnisée pour *negligence* de ce dernier. Le Lord construit de manière inductive le contenu de la *negligence* : son essence réside dans l'idée de comportement raisonnable attendu de tout individu normalement prévoyant envers son « voisin » (« *you must take reasonable care to avoid acts or omissions which you can reasonably forsee would be likely to injure your neighbour* »). Le terme « voisin » doit évidemment être entendu au sens large. Il désigne toute personne pouvant être directement affectée et devant être

---

surrounds the world "nuisance" » : Bryan A. GARNER (dir.), *Black's Law Dictionary*, 8e éd., États-Unis, Thomson, p.1096.

1921 Bryan A. GARNER (dir.), *Black's Law Dictionary, op.cit.*, p.1541-1542. Ainsi que l'indique cet ouvrage, la principale différence entre le cas de *nuisance* et celui de *trespass* est le caractère physique et matériel du dommage dans le second cas : *op.cit.*, p.1096.

1922 « *The act of harming the reputation of an other by making a false statement to a third person* » : Bryan A. GARNER (dir.), *Black's Law Dictionary, op.cit.*, p.448.

1923 « *Failure to exercise the standard of care that a reasonably prudent person ould have exercised in a similar situation* » : Bryan A. GARNER (dir.), *Black's Law Dictionary, op.cit.*, p.1061. Nous reviendons sur ce point.

1924 V. notamment: Paula GILIKER, Silas BECKWITH, *Tort*, 2e éd., Londres, Sweet & Maxwell, coll. Textbook Series, 2004, p.21.

1925 Lord J. BRETTE, *in* Heaven *v.* Pender [1883] 11 Q.B.D. 503-509.

1926 Winterbottom *v.* Wright [1842] M & W 109. Principe par la suite dénommé « *Privity of contract fallacy* ».

1927 Néanmoins, certains prônent davantage une extension du *judicial review* : A.W. BRADLEY, « Administrative Law and the Law of Torts - An Unresolved Boundary Dispute ? », *The Law Teacher*, 1989, vol.23, spéc. p.119-120.

1928 Donague *v.* Stevenson [1932] A.C. 562-580.

« raisonnablement » prise en compte par l'auteur de l'action ou de l'omission en cause.

695. Ce cas a été appliqué aux personnes publiques à partir des années soixante. Ainsi, à l'occasion de l'arrêt *Home Office v. Dorset Yacht,* Lord J. Reid affirma la nécessité d'en faire un principe général[1929]. Le ministère de l'Intérieur engagea donc en l'espèce sa responsabilité pour *negligence* dans la surveillance d'un centre de rééducation pour délinquants juvéniles entraînant l'endommagement d'un yacht lors d'une tentative de fuite. Cette affirmation fut renforcée par l'instauration d'une présomption de faute. À l'occasion de l'arrêt *Anns v. Merton*[1930], Lord J. Wilberforce confirme ce principe en formulant le test de *negligence* par un raisonnement en deux étapes. D'abord, il doit y avoir une proximité suffisante entre la victime et le coupable (« *sufficient relationship of proximity or neighbourhood* »). Ensuite, il faut vérifier qu'aucun motif ne justifie raisonnablement l'imprudence. En l'espèce, un acheteur engagea la responsabilité de l'autorité locale en raison du défaut d'information quant à la mauvaise dimension de la construction d'un immeuble.

Cette approche n'échappa cependant pas à la critique. Aussi certains juges revendiquent-ils un retour à la démarche analogique et pragmatique qui caractérise le *Common Law*[1931]. Les deux approches semblent désormais conjointement utilisées, comme en témoigne l'arrêt *Caparo v. Dickman.* En effet, à l'occasion de cet arrêt, Lord J. Oliver évoque à la fois la technique du précédent et un principe général de responsabilité formulé autour de trois critères : le dommage doit être prévisible ; les parties concernées doivent présenter un lien de proximité suffisant ; et l'imposition d'un devoir de diligence doit être « *juste, équitable et raisonnable* » (« *fair, just and reasonable* »)[1932].

696. Ce rappel des origines du cas de *negligence* rend compte de l'imprécision du cas de *negligence* et du devoir de diligence (*duty of care*). Celui-ci semble comprendre principalement l'idée de « raisonnabilité » (*reasonableness*), qui se caractérise par sa flexibilité.

2. La notion de **reasonableness** *: un critère approximatif*

697. Le cas de *negligence* a pour critère de définition principal l'idée de comportement raisonnable (ou *reasonableness*, également nommé *Wednesbury principle*[1933]). Selon ce principe dégagé à la fin des années quarante, la décision d'une administration est illégale dès lors qu' « *aucune autorité raisonnable n'aurait pu la prendre* » (« *so unreasonable that no reasonable authority could have come*

[1929] Lord J. REID, *in* Home Office *v.* Dorset Yacht [1970] A.C. 1004-1027 ; v. aussi : Lord J. MASON *in* The High Court of Australia, Sutherland Shire Council *v.* Heymen [1985] 157 C.L.R. 424, 459.

[1930] Lord J. WILBERFORCE, *in* Anns *v.* Merton LBC [1978] A.C. 728.

[1931] Yuen Kun Yeu *v.* Att. Gen. Of Hong Kong [1988] A.C. 175.

[1932] Lord J. OLIVER, *in* Caparo *v.* Dickman [1990] 2 A.C. 605.

[1933] Lord J. HUTTON, « Reasonableness and the Common Law », *Northern Ireland Quarterly*, 2004, vol.55, n°3, p.242-258 ; Gilbert TIXIER, « La règle de "reasonableness" dans la jurisprudence anglo-américaine », *R.D.P.*, mars-avril 1956, n°2, p.276.

to it »)[1934] . Ce principe présente, à certains égards, des points communs avec celui de proportionnalité. Cette connivence rendrait inutile, pour certains, l'adoption du principe de proportionnalité en droit britannique tandis que pour d'autres, ces idées sont bien distinctes[1935].

698. Sans entrer dans ce débat qui dépasse le cadre de notre recherche, il faut noter la flexibilité qui caractérise le critère de *reasonableness*. Selon Monsieur Jowell[1936], ce terme recouvre aussi bien les cas d'arbitraire totalement irrationnels que la pesée inadéquate des éléments pertinents[1937]. L'imprécision de l'idée de *reasonableness* se reporte donc sur la faute de service alors qu'elle est présentée comme le critère principal de définition de cette dernière.

À titre d'exemple, l'affaire *Barrett*, relative au mauvais fonctionnement des autorités de garde d'enfants à l'origine de troubles psychologiques, a fait l'objet de divers revirements avant que le juge n'établisse une *negligence*, en dépit du pouvoir discrétionnaire reconnu à l'administration en ce domaine. La Cour a rejeté l'*unreasonableness*[1938] avant de revenir sur cette appréciation[1939] sans fournir au lecteur des raisons claires justifiant l'une et l'autre position. Par ailleurs, la diversité des cas reconnus de *negligence* suffit à convaincre de la difficulté à définir cette notion. Elle apparaît aussi bien au sujet des mauvais conseils émis par une banque publique portant préjudice à une agence de publicité, qui avait accepté d'endosser la responsabilité d'une compagnie en faillite[1940], que dans le secteur de l'éducation publique[1941].

Un parallèle peut ici être établi avec le critère d' « *illicéité* »[1942], qui fonde, avec les principes généraux de responsabilité communs aux États membres[1943], la responsabilité extracontractuelle de la Communauté européenne. Comme nous l'avons déjà indiqué, cette illicéité peut comprendre une certaine diligence dans la mise en œuvre de dispositions impératives[1944]. Le contrôle s'étend alors aux actes

---

1934 Lord J. GREEN, *in* Associated Provincial Picture Houses Ltd *v.* Wednesbury Corporation [1948], 1 K.B. 223.

1935 Jeffrey JOWELL, Anthony LESTER, « Beyond Wednesbury: Substantive Principles of Administrative Law », *Public Law*, 1987, p.368-382 ; Lord J. HOFFMAN, « A Sense of Proportion », *Irish Jurist*, 1997, vol.32, p.49-61, spéc. p.60-61 ; Ian THOMAS, Nicola GREANEY, « Wither Wednesbury? », *New Law Journal*, 2003, vol.153, p.829-830 ; Garreth WONG, « Towards the Nutcracker Principle: Reconsidering the Objections to Proportionality », *Public Law*, printemps 2000, p.92-109 ; Lord J. IRVINE OF LAIRG, « Judges and Decision-Makers: The Theory and Practice of *Wednesbury* Review », *Public Law*, 1996, p.59-78.

1936 Jeffrey JOWELL, « Restraining the State. Politics, Principle and Judicial Review », *Current Legal Problems*, 1997, vol.50, p.189-212.

1937 R *v.* Secretary of State for the Home Department, *ex parte* Handscomb [1988] 68 C.A. 59 ; *ex parte* Walsh [1992] C.O.D. 240.

1938 Barrett *v.* Enfield London Borough Council [1998] Q.B. 367.

1939 House of Lords [2001] 2 A.C. 530 ; v. aussi : Barrett *v.* Enfield LBC [2001] 2 A.C. 550 qui revient sur la position de Lord J. Browne-Wilkinson, in X *v.* Bedfordshire C.C. [1995] 2 A.C. 633.

1940 Hedley Byrne & Co *v.* Heller and Partners [1964] A.C. 465.

1941 Phelps *v.* Hillingdon L.B.C. [2001] 2 A.C. 619.

1942 Articles 235 et 288.2 T.C.E. ; articles 151 et 188 C.E.E.A.

1943 C.J.C.E., 28 avril 1971, *Lütticke c/ Commission*, aff. 4/69, rec.1971, p.325 ; C.J.C.E., 2 juillet 1974, *Holtz et Willemsen c/ Conseil et Commission*, aff. 153/73, rec.1971, p.675, concl. REISCHL. Il faut néanmoins noter que la responsabilité sans faute n'est pas admise.

1944 C.J.C.E., 6e ch., 27 mars 1990, *Grifoni c/ Communauté européenne de l'énergie atomique*, aff. C-308/87, rec.1990, p.I-203, ccl G. TESAURO.

normatifs impliquant des choix de politique économique, sous réserve d'une violation suffisamment caractérisée d'une règle supérieure de droit protégeant les particuliers[1945].

***

Il n'est sans doute pas inutile, en guise de résumé, de rappeler la flexibilité caractérisant la notion de faute de service. S'invitant sous différentes formes, son imprécision de fond fait l'unanimité. La doctrine partage le relatif embarras du juge, du législateur ou du constituant. Les systématisations doctrinales des cas de faute de service ont en effet leurs limites. Cette flexibilité est au bénéfice de l'administré et du juge ; il ne s'agit donc pas de la remettre en cause.

Cependant, l'absence de critère exclusif de définition, qui puisse lui conférer sa spécificité, doit être soulevée. Selon une bonne part de la doctrine, la définition civiliste de la faute comme manquement à une obligation préexistante n'est en effet pas adaptée à l'action administrative. Or, « *l'avenir de la responsabilité pour faute passe nécessairement par une définition plus rigoureuse et plus précise des obligations administratives dont elle est la sanction* »[1946]. Cette citation ne saurait mieux montrer l'utilité de la notion de bonne administration en ce domaine.

SECTION 2. L'APPORT SYSTÉMIQUE DE LA NOTION DE BONNE ADMINISTRATION À LA FAUTE DE SERVICE

699. Des développements qui précèdent, il résulte que la faute de service ne peut être ni définie par l'idée trop vague d'anormalité, ni réduite à l'hétérogénéité des cas qu'elle recouvre. La notion de bonne administration concilie ces deux extrêmes. Monsieur González Pérez souligne ainsi l'utilité de cette notion en envisageant la faute de service comme l'inadaptation des moyens des administrations publiques[1947].

700. À première vue tentante, la définition de la faute de service comme manquement au devoir de bonne administration suscite néanmoins des réserves, car elle implique une vision extensive de la « bonne administration ». Compte tenu de l'approche restrictive de la bonne administration ici adoptée, cette définition de la faute de service n'épuiserait pas la réalité du droit positif. Bon nombre de cas (négligence, imprudence, carence patente, etc.) ne correspondent en effet pas à l'idée d'adaptation équilibrée des moyens (bonne administration).

[1945] C.J.C.E., 2 décembre 1971, *Aktien-Zuckerfabrik Schöppenstedt c/ Conseil*, aff. 5/71, rec.1971, p.975, concl. K. ROEMER ; *G.A.*, n°70.

[1946] Michel PAILLET, *op.cit.*, p.675.

[1947] Jesús GONZÁLEZ PÉREZ, *Responsabilidad patrimonial de las administraciones públicas*, 4e éd. Madrid, Thomson-Civitas, coll. Aranzadi, 2006, p.187.

701. Si la notion de bonne administration ne constitue pas le critère unique permettant de caractériser une faute de service, il n'en demeure pas moins qu'elle possède une réelle fonction systémique en ce domaine. Pour en prendre une vue la plus exacte possible, il faut préciser la place que cette notion occupe par rapport à la « mauvaise administration ».

Contrairement à une intuition répandue, ces notions ne sont pas contraires, mais forment un diptyque, qui enrichit les classifications des cas de faute de service. Avant d'examiner l'apport de celui-ci (**§2**), il convient, au préalable, de dépasser l'apparente antonymie entre la notion de bonne administration et la « mauvaise administration » (**§1**).

§ 1. Le dépassement de l'antonymie entre la notion de bonne administration et la « mauvaise administration »

702. À titre liminaire, il convient de rappeler que la « mauvaise administration » peut difficilement, à notre sens, être envisagée comme une notion définie[1948]. On emploiera donc l'expression entre guillemets[1949]. En revanche, à ce stade de l'étude, la bonne administration doit être envisagée comme une notion juridique signifiant l'adaptation équilibrée des moyens de l'administration publique[1950].

703. Cette notion est souvent présentée comme l'antonyme de la « mauvaise administration »[1951]. Cependant, cet *a priori* doit être nuancé, comme l'illustre notamment la Charte des droits fondamentaux de l'Union européenne dans laquelle la « mauvaise administration » (article 43) fait l'objet d'un article distinct du droit à une bonne administration (article 41).

Les rôles respectifs de l'Ombudsman et du juge sont en majeure partie à l'origine du dépassement de cette antonymie. Si la violation des principes dits de « bonne administration » est souvent qualifiée de cas de mauvaise administration, cela n'implique en effet pas que les deux notions qui les sous-tendent soient opposées[1952].

Il faut en outre distinguer ces notions des principes ou des cas qu'elles génèrent en pratique. On ne saurait ainsi considérer la « mauvaise administration » comme une « *simple décalcomanie négative de la "bonne administration"* »[1953]. Monsieur Syrat dresse la même conclusion à propos de la notion de bon père de famille. Selon

---

[1948] V. conclusion générale, n°1027.

[1949] Il faut de nouveau préciser que les guillemets seront supprimés lorsque l'on évoquera les cas de mauvaise administration, distincts de la « mauvaise administration » envisagée comme une entité.

[1950] Sur cette définition, v. *supra*, n°329 et s.

[1951] Juli PONCE SOLÉ, *op.cit.*, p.134 ; Kirsi KUUSIKKO, *art.cit.*, p.455-472 ; Mario P. CHITI, « Il Mediatore europeo e la buona amministrazione comunitaria », *Rivista Italiana di Diritto Pubblico Comunitario*, 2000, n°2, p.314 ; Antonio LA PERGOLA, « Ombudsman y Defensor del Pueblo... », *art.cit.*, p.90 ; Marcos GÓMEZ PUENTE, « Responsabilidad por inactividad... », *art.cit.*, p.140.

[1952] Nikiforos DIAMANDOUROS, « The Relationship between the Principle of Good Administration and Legal Obligations », *art.cit.*, p.340 ; Julie LASSALLE, *op.cit.*, p.166-170.

[1953] Syméon KARAGIANNIS, « L'apport du Médiateur à la protection des droits fondamentaux », *in* Syméon KARAGIANNIS, Yves PETIT, *Le Médiateur européen : bilan et perspective*, Bruxelles, Bruylant, coll. Rencontres européennes, 2007, p.119.

lui, le modèle du bon père de famille n'a pas la même fonction que le « *mauvais père de famille de circonstance* » révélé par la jurisprudence et la lecture des textes. Cette induction par symétrie ne doit donc pas être automatique : « *le mauvais père de famille ne peut faire un "bon père de famille a contrario"* »[1954].

Ces remarques s'appliquent parfaitement à notre étude.

De plus, par contraste avec la notion de bonne administration, qui vise l'équilibre optimal[1955], la « mauvaise administration » est un « *phénomène observé du point de vue des usagers du service* »[1956], qui « *naît du sentiment des usagers* »[1957]. Par conséquent, le domaine de la « mauvaise administration » est nécessairement plus étendu que celui de la notion de bonne administration.

704. Le critère principal de leur distinction est donc leur domaine respectif. Afin de rendre compte de ce constat, il a paru convaincant de souligner, successivement, le caractère étendu du domaine de la « mauvaise administration » (**A**) puis le caractère restreint du domaine de la notion de bonne administration (**B**).

A. La multitude de fautes de service relevant de la « mauvaise administration »

705. L'hétérogénéité des cas de mauvaise administration ainsi que la difficulté à cerner son contenu ont déjà été montrées[1958]. Il s'agit ici de l'envisager sous l'angle de la faute de service[1959] et de la distinguer de la notion de bonne administration.

706. Or, bon nombre de cas de mauvaise administration ou encore de mauvais fonctionnement de l'administration[1960] n'entretiennent pas de lien direct avec la notion de bonne administration (**1**). La violation des droits fondamentaux est une illustration pertinente de ce constat (**2**).

1. Aperçu du vaste domaine de la « mauvaise administration »

707. Selon Monsieur Blaevoet, l'anormalité peut s'exprimer par la pure méconnaissance de la loi, du règlement ou de leur esprit, et la violation de l'égalité devant les services publics[1961]. Dépourvus de lien avec la notion de bonne administration, ces exemples relèvent de la « mauvaise administration », qui peut également être exprimée, dans la jurisprudence, par le terme « anormalité ».

708. Par contraste avec la notion de bonne administration, la « mauvaise administration » recouvre les cas de dysfonctionnement d'une administration que

---

[1954] Serge SYRAT, *Le bon père de famille (Etude sur l'originalité, la signification et la fonction de l'expression en droit)*, Thèse droit, Université de Paris II, 1985, p.166.

[1955] V. *supra*, n°404 et s.

[1956] Michel LE CLAINCHE, « Introduction », *R.F.A.P.*, 1998, n°45, p.5.

[1957] Philippe WARIN, *Les dépanneurs de justice…*, *op.cit.*, p.34.

[1958] V. *supra*, n°211 et s.

[1959] Benoît DELAUNAY, *op.cit.*, p.132-146.

[1960] Sur cette assimilation, v. notamment : M. CHANDERNAGOR, J.O.A.N., 14 décembre 1972, p.6206.

[1961] Charles BLAEVOET, « De l'anormal… », *art.cit.* L'auteur invite à l'abandon de la théorie du risque au bénéfice de l'idée d'anormalité.

l'on pourrait qualifier de « moyenne » et non de « normale ». Elle désigne, à titre d'exemple, l'erreur grossière dans le fonctionnement du service hospitalier[1962] telle que le mauvais placement, en raison du manque de lits, d'un enfant alors contaminé par la variole[1963], la faute du S.A.M.U.[1964] ou encore le « *mauvais vouloir à communiquer des documents* »[1965]. Selon Madame Deguergue, « *le juge déplace le curseur de la faute parce qu'il subit la pression sociale qui veut voir sanctionnée la "maladministration"* »[1966]. Il en résulte une certaine extension du domaine de cette dernière, qui comprend les vices de procédure[1967] sans s'y limiter.

709. Quelques exemples suffisent à le montrer. Ainsi, les cas d'inexécution, cas fréquemment traités par les Ombudsmän[1968], relèvent de son domaine. Il en est de même des cas d'erreurs de fait, de droit[1969] et des carences[1970]. Monsieur Gómez Puente associe, dans ce cadre, la « mauvaise administration » à l'inactivité de l'administration[1971].

On peut citer pour exemple le problème du silence de l'administration, qui occupe une grande part des plaintes traitées par les Ombudsmän[1972]. La carence matérielle, c'est-à-dire l'absence totale de prestation de service public prévue par la loi ou par la Constitution, s'inscrit également dans cet ordre d'idées. De même, la « mauvaise administration » recouvre la violation directe de la loi. Elle est souvent associée au respect de règles de base, telles que la sécurité. Le principe de sécurité guide en réalité souvent les décisions du juge alors même que les faits de l'espèce peuvent paraître subtils. Ainsi, dans leur conclusion sur l'arrêt *M et Mme Aït Ahmad*[1973], Monsieur Guglielmi et Madame Koubi considèrent qu'en se prononçant

---

1962 C.E., ass., 10 avril 1992, *Epoux V.*, rec. 171, req. n°79027 ; G.A.J.A., 16e éd., 2007, n°98 ; C.E., sect., 5 janvier 1966, *Sieur Hawezack*, rec. 6, req. n°58623 ; D.1966, p.317-322, note Franck MODERNE ; C.E., sect., 13 mars 1998, *Améon et autres*, rec. 82, req. n°89370 ; chron. Raynaud et Fombeur, *A.J.D.A.*, 20 mai 1998, n°5, p.418-424 ; C.E., 13 juillet 1962, *Ministre de la Santé Publique et de la Population c/ sieur Lastrajoli*, rec. 507, req. n°54052.

1963 Pour exemple : C.E., 18 novembre 1960, *Sieur Savelli*, rec. 640, req. n°27.844.

1964 C.E., sect., 20 juin 1997, *Theux*, *préc.*

1965 C.E., 10 juillet 1992, *Ministre de l'Agriculture c/ Touzan*, *préc.*

1966 Maryse DEGUERGUE, note sous T.A. de Paris, 28 février 2001, *Mme Arndt*, [non publié], req. n°9913599/3, *A.J.D.A.*, 20 juin 2001, n°6, p.599.

1967 Charles DEBBASCH, *Science administrative : administration publique*, Paris, Dalloz, 1971, p.615.

1968 P.C.A., cas n°C76/J, (1974-5), §25-26 ; commentaires de Carol HARLOW, « Administrative reaction to judicial review », *Public Law*, 1976, p.131.

1969 Médiateur de la République, plainte n°024193, *in* Rapport annuel de 2003, *préc.* La plainte concernait une erreur dans l'adresse d'un bien immobilier ayant fait l'objet de fouilles policières dans le cadre de la recherche de stupéfiants. De même, l'inexactitude de l'information peut induire les citoyen en erreur et constituait un cas de mauvaise administration : Médiateur de la République, plaine n° 0206928, *in* Rapport annuel de 2003, *préc.*, p.838.

1970 C.E., sect., 2 juin 1933, *Protectorat de l'Annam*, rec. 611, req. n°6239 ; D.1934, III, p.61, note APPLETON (l'administration avait laissé circuler sans assurance réglementaire le véhicule à l'origine de l'accident causant un préjudice au requérant) ; Alejandro NIETO, « La inactividad de la administración y el recurso contencioso-administrativo », *R.A.P.*, janvier-avril 1962, vol.37, p.75-126 ; Alejandro NIETO, « La inactividad material de la Administración : veinticinco años después », *Documentación administrativa*, avril-décembre 1986, n°208, p.11-64.

1971 Marcos GÓMEZ PUENTE, *op.cit.*, p.49.

1972 On peut citer l'exemple du *Defensor del Pueblo* : « El Defensor del Pueblo y el silencio administrativo. Informe », *Documentación administrativa*, avril-décembre 1986, n°208, p.209-217.

1973 La règle du port de tenues compatibles avec le bon déroulement des cours est donc établie indépendamment des circonstances d'espèce, à savoir le danger concret que présente le port du foulard : C.E.,

sur l'interdiction du port du foulard dans le cadre de l'éducation physique et sportive, c'est l'impératif général de sécurité, « *principe de bon fonctionnement du service* », qui guide le Conseil d'État et non pas le critère des circonstances. La « mauvaise administration » a trait davantage à ces préoccupations « premières » d'une administration moyenne. Ainsi que le soutient Monsieur Delaunay, « *l'anormalité et la déloyauté peuvent être présentées comme deux composantes (…) de la maladministration* »[1974].

710. Les exemples pourraient être multipliés à loisir. Il ne paraît cependant pas de l'intérêt de la démonstration de les répertorier de manière exhaustive. Nous voulons en effet simplement montrer que la « mauvaise administration », par contraste avec la notion de bonne administration, recouvre l'inobservation de règles de base. La violation de droits fondamentaux illustre ce constat.

2. La violation des droits fondamentaux : un cas de « mauvaise administration »

711. La question de la définition des droits fondamentaux excède les dimensions de cette étude. Néanmoins, la justification de ce terme s'impose. La notion de droit fondamental est ici préférée à celle de liberté publique, qui paraît moins transposable aux autres ordres juridiques[1975]. Il convient également d'écarter la notion de droit de l'Homme : fondée sur une conception métaphysique de l'Homme, cette dernière inclut difficilement les droits fondamentaux économiques et sociaux. De plus, elle vise la symbolisation, voire la sacralisation, d'un système de valeurs[1976] tandis que la notion de droit fondamental possède une dimension normative et dépasse le débat opposant parfois de manière schématique le jus-naturalisme au normativisme[1977]. Elle semble donc plus adaptée à notre étude.

712. Cette précision établie, il peut être affirmé que la violation d'un droit fondamental relève de la « mauvaise administration ». Un rappel permet déjà de l'illustrer. Nous avons en effet précédemment montré que la notion de bonne administration ne peut, telle que nous l'avons définie, être qualifiée de « droit fondamental »[1978]. Exemple topique d'intrusion dans la sphère de l'individu, la violation d'un droit fondamental par l'administration est, en revanche, un cas de mauvaise administration[1979].

---

20 octobre 1999, *Ministre de l'Éducation nationale, de la Recherche et de la Technologie c/ Époux Ait Ahmad*, rec.tabl. 776, 810, 812, req. n°181486 ; concl. SCHWARTZ, D.2000, n°251 ; note Gilles J. GUGLIELMI, Geneviève KOUBI, *J.C.P.*, 2000, II, p.10306 et s.

[1974] Benoît DELAUNAY, *op.cit.*, p.146.

[1975] Louis FAVOREU, Patrick GAÏA, Richard GHEVONTIAN (et al.), *Droit des libertés fondamentales*, 4e éd., Paris, Dalloz, coll. Précis, série Droit public - science politique, 2007, 622p.

[1976] V. notamment sur ce point : Bertrand MATHIEU, Michel VERPEAUX, *op.cit.* ; Gregorio PECES-BARBA MARTÍNEZ, *Théorie générale des droits fondamentaux*, [trad. Illié Antonio PELÉ], Paris, L.G.D.J, coll. Droit et société, vol.38, 2004, 497p.

[1977] Gregorio PECES-BARBA MARTÍNEZ, *op.cit.*, p.35.

[1978] V. *supra*, n°601 et s.

[1979] MÉDIATEUR EUROPÉEN, *Bulletin de liaison*, mars 2003, n°9, p.56.

713. À l'appui de cette opinion, on peut notamment citer Monsieur Giddings, selon lequel la *maladministration* correspond souvent à un abus de droit et donc à la violation d'un droit fondamental[1980]. Un exemple édifiant est également fourni par le *Human Rights Act* du 2 octobre 2000, qui incorpore la Convention européenne des droits de l'Homme au droit britannique[1981]. Modifiant considérablement les devoirs et les prérogatives de l'administration de cet ordre juridique[1982], ce document est désormais le paramètre principal du décèlement de *maladministrations* par le *Parliamentary and Health Service Ombudsman*[1983]. Dans son discours à la Chambre des Lords en 1958, Lord J. Denning proposait déjà que la réparation des préjudices subis pour cause de *maladministration* soit inscrite dans la troisième partie d'un nouveau *Bill of Rights*[1984].

De même, dans un rapport spécial[1985], le Médiateur de la République française a montré que la Convention européenne des droits de l'Homme (principalement les droits à la liberté d'expression et à l'intimité) était souvent utilisée pour déceler des cas de mauvaise administration. Cette qualification apparaît également à l'article 30 de la loi slovène qui dispose que le *Varuh človekovih pravic* (Ombudsman slovène) est compétent pour la violation de droits fondamentaux ou « *toute* ***autre*** *mauvaise administration* »[1986].

714. Le *Defensor del Pueblo* met également en exergue le lien unissant la violation des droits fondamentaux à la « mauvaise administration ». Selon l'article 54 de la Constitution, l'Ombudsman espagnol est chargé de garantir le respect de ces droits en supervisant le fonctionnement administratif. Ce rôle est étayé par l'article 9 de la loi organique relative au *Defensor del Pueblo*, qui dispose que ce dernier doit contrôler le fonctionnement administratif à la lumière à la fois de l'article 103.1 de la Constitution, consacrant notamment le principe d'efficacité, et des droits de son premier Titre. Lors des débats parlementaires portant sur l'adoption de l'institution, le groupe parlementaire « Union de Centre Démocratique » (« *Unión de Centro*

[1980] Philip GIDDINGS, Vladimir SLADECEK, Laura DIEZ BUESO, « The Ombudsman and Human Rights », *in* Roy GREGORY, Philip GIDDINGS, (dir.), *Righting wrongs. The Ombudsman in six Continents,* Amsterdam, I.O.S. Press, 2000, p.441.

[1981] Dès lors, le juge anglais doit toujours interpréter les lois (*Statutes*) en conformité avec la C.E.D.H. ; le fameux *Bill of Rights* du 16 février 1689 consacrait déjà, de manière davantage procédurale, de tels droits, mais il visait avant tout à mettre fin à des prérogatives royales.

[1982] « *The HRA radically affects the scope of the powers conferred and duties imposed upon public authorities* » : Lord J. LESTER OF HERNE HILL, Lydia CLAPINSKA, « Human Rights and the British Constitution », *in* Jeffrey JOWELL, Dawn OLIVER (dir.), *The changing constitution*, 5e éd. Oxford, Oxford University Press, 2004, p.81. Il existe désormais un nouveau « *tort* » des personnes publiques lorsque celles-ci ne respectent pas la C.E.D.H. (section 6).

[1983] Mary SENEVIRATNE, *op.cit.*, p.44.

[1984] Source : A.W. BRADLEY, « The Ombudsman and the Protection of the Citizen's Rights: a British Perspective », *in* Gerald E. CAIDEN (dir.), *International Handbook of the Ombudsman. Evolution and present function. Country Surveys*, Londres, Greenwood Press, 1983, p.96.

[1985] MÉDIATEUR DE LA RÉPUBLIQUE, *Le Médiateur de la République et la Convention européenne des droits de l'Homme. Éléments de réflexion*, Paris, Médiateur de la République, 1994, 52p.

[1986] Nous soulignons. « *The Ombudsman shall reject a petition (item (3) of the Article 28) particularly due to the following reasons: when it is obvious from the available data and circumstances that human rights or fundamental freedoms have not been violated nor other maladministration done* » : Loi de décembre 1993 disponible sur : http://www.varuh-rs.si. Lors d'un court entretien en septembre 2006 avec M. Jernej Rovšek, responsable des plaintes relatives aux droits fondamentaux, celui-ci nous a signalé qu'il pourrait s'agir d'une traduction quelque peu anglicisée de la version slovène. Nous formulons donc cette suggestion avec la plus grande réserve.

Democrático » ou *U.C.D.*) proposa un amendement (non retenu) visant à préciser davantage les types d'irrégularité administrative liés à la violation d'un ou de plusieurs droits fondamentaux. Les cas suivants furent alors cités : abus, arbitraire, erreur, discrimination, négligence et omission[1987]. Cette énumération est frappante, car elle ressemble, à s'y méprendre, aux cas de *maladministration* cités par Monsieur Crossman lors de la création du *Parliamentary Commissioner for Administration* (ancien *Parliamentary and Health Service Ombudsman*) en 1967[1988].

La majeure partie de la doctrine espagnole[1989] considère alors que la « mauvaise administration » et la défense des droits fondamentaux sont consubstantiellement liées. À cet égard, Monsieur Pérez Calvo proposa d'ajouter à l'article 9 précité le partitif « de » devant l'expression « droits fondamentaux » : ainsi, les principes de bonne administration *et* la protection des droits fondamentaux seraient tous deux clairement qualifiés de critères d'action du *Defensor del Pueblo*[1990].

715. L'exemple de la violation des droits fondamentaux montre que le rapport entre la bonne administration et la « mauvaise administration » n'est pas antinomique. Fidèle à notre conception restrictive, le domaine de cette dernière s'avère plus restreint.

[1987] On retrouve cependant cette liste à l'article 23.2 de la loi actuelle, comme critère d'engagement de la responsabilité des fonctionnaires.

[1988] V. *supra*, n°219.

[1989] Álvaro GIL-ROBLES Y GIL-DELGADO, *in* Centro de Estudios Constitucionales, Dirreción General de Ordenación y Desarrollo Administrativo, table ronde des 1er, 2 et 6 juillet 1981, « El Defensor del Pueblo y la Administración », Madrid, coll. Actas y Documentos, p.42 ; p.13 ; Joaquín VARELA SUANZES-CARPEGNA, « La naturaleza jurídica del Defensor del Pueblo », *R.E.D.C.*, mai-août 1983, n°8, p.76 ; Laura DÍEZ BUESO, *op.cit.* ; Pedro CARBALLO ARMAS, *op.cit.*, p.147 ; Maria PEREZ-UGENA Y COROMINA, *Defensor del Pueblo y Cortes Generales*, Madrid, Congreso de los Diputados, coll. Monografías, 1996, p.68 ; Carlos GINER DE GRADO, *El Defensor del Pueblo en la teoría y en la práctica*, Madrid, Popular, 1986, p.47 ; Antonio BAR CENDON, « El Defensor del Pueblo en el ordenamiento español », *in* Manuel RAMIREZ JIMENEZ (dir.), *El desarollo de la Constitucion española de 1978*, Saragosse, Libros Pórtico, coll. Ciencia Política, 1982, p.321. Par contraste, le *Defensor del Pueblo* ne serait que la *longa manus* du parlement : Antonio LA PERGOLA, *art.cit.*, p.85.

[1990] Alberto PÉREZ CALVO, *in* Fernando GARRIDO FALLA, *Comentarios a la Constitución*, 3e éd., Madrid Civitas, 2001, p.548 ; « Rasgos esenciales del Defensor del Pueblo... », *art.cit.*, p.74. L'actuel article 9 est ainsi rédigé : « *El Defensor del Pueblo podrá iniciar y proseguir, de oficio o a petición de parte, cualquier investigación conducente al esclarecimiento de los actos y resoluciones de la Administración pública y sus agentes, en relación con los ciudadanos, a la luz de lo dispuesto en el artículo 103.1 de la Constitución y el respeto debido a los derechos proclamados en su Título I* ».

B. Le nombre modéré de fautes de service relevant de la bonne administration

716. Dans le cadre de cette étude, la notion de bonne administration a été définie comme l'adaptation équilibrée des moyens dont dispose l'administration publique. Les fautes de service relevant de l'inobservation du devoir[1991] de bonne administration sont moins nombreuses que celles relevant de la « mauvaise administration ». Il faut donc accueillir certains parallèles avec prudence.

717. Ainsi, le standard de bon père de famille, qui relève davantage, à notre sens, du domaine de la « mauvaise administration », doit être clairement distingué de la bonne administration (**1**). Certains exemples de faute permettront alors de rendre compte de manière positive du domaine de cette dernière (**2**).

1. La distinction des standards de bon père de famille et de bonne administration

718. « *Le bon père de famille, c'est l'homme droit et avisé, l'homme honnête et consciencieux ou raisonnable ou encore, plus fréquemment, l'homme soigneux, prudent, diligent ; l'homme qui gère intelligemment ses affaires et à qui l'on peut faire confiance* »[1992].

Une chose est sûre : le standard de bon père de famille est particulièrement abstrait et flexible[1993]. La tentation est alors grande de l'appliquer à tout domaine. Toutefois, ce glissement lexical doit être mesuré. Aussi Monsieur Renault nous met-il en garde contre l'assimilation du standard de bon commerçant à celui de bon père de famille. Selon l'auteur, l'extension de certains attributs d'une notion à une autre ne suffit pas à les fondre dans un même « *concept* »[1994]. Ce raisonnement peut s'appliquer à notre étude.

719. Bien que l'analogie entre les standards de bon père de famille et de bonne administration puisse paraître à première vue opportune, l'idée de prudence, à la base du premier standard, relève à notre sens davantage de la « mauvaise administration ». Cette idée appelle en effet davantage à ne pas agir qu'à agir de manière positive et optimale. Ainsi, l'abondante jurisprudence relative à la responsabilité hospitalière et mettant en cause la négligence flagrante de son personnel semble davantage relever de la « mauvaise administration » que de la bonne administration. C'est le cas, à titre d'exemple, du décès d'un enfant malade

---

[1991] Sur cette qualification, v. *supra*, n°559 et s. Il paraît préférable de l'employer pour désigner un fait constitutif d'une faute de service, la violation d'une notion étant assez impropre. Le titre de ce paragraphe ne mentionne pas ce qualificatif, car il sera également fait état de la notion de bonne administration dans certains développements. L'expression « inobservation de la bonne administration » permet ainsi d'englober ces différentes hypothèses sans pour autant diluer le contenu de la « bonne administration », qui reste limitée à l'adaptation équilibrée.

[1992] Serge SYRAT, *op.cit.*, p.125-126.

[1993] Ernest TRIANDAFIL, *op.cit.*, p.19.

[1994] Pierre RENAULT, *Base de la responsabilité contractuelle en matière civile et commerciale. (Etude comparée des articles 1.137 et 1.147 du Code civil d'après la Jurisprudence. Bon père de famille et bon commerçant)*, Thèse droit, Université de Paris, 1938, p.42.

contaminé par la variole en raison de son mauvais placement faute de lit disponible[1995], de la parésie d'un membre en relation directe avec des perfusions[1996], ou encore d'une incapacité permanente résultant d'une vaccination contre la variole[1997].

720. Afin d'étayer nos propos, un retour sur la notion de *negligence* semble judicieux. Comme nous l'avons déjà signalé[1998], la reconnaissance d'un cas de *negligence* est notamment subordonnée à la violation d'une obligation de prudence ou encore d' « appréhension raisonnable du comportement » (*reasonably forseeable*) et à l'existence d'un dommage. Selon Lord J. Hoffman, la prévision raisonnable du dommage est « *un critère ou un standard* »[1999] constitutif d'une obligation de prudence (*duty of care*). Le cas de *negligence* désigne donc un comportement imprudent. Les critères de cette imprudence sont le caractère prévisible du dommage, l'ampleur du risque, l'obligation de prendre des précautions, la conduite du requérant, et la pratique communément partagée[2000].

Or, selon Madame Wheare, le cas de *negligence* est le critère de reconnaissance d'une *maladministration*[2001]. La majorité des cas de *negligence* de l'autorité publique n'a donc pas nécessairement trait à la notion de bonne administration. On voit mal comment l'adaptation équilibrée des moyens de l'administration (bonne administration) permettrait d'engager la responsabilité d'une autorité locale ayant placé un enfant abusé sexuellement par le père de la famille d'accueil[2002]. En effet, le *duty of care* semble exclure toute idée d'obligation positive[2003]. Selon la jurisprudence, si aucune obligation expresse d'action n'est prévue, il ne peut y avoir *negligence*, sauf si l'omission est totalement irrationnelle, comme lorsque l'administration est elle-même à l'origine d'un chemin pédestre mal construit causant un grave accident de voiture[2004]. Il pourrait enfin être avancé que la prudence semble davantage relever de la personne physique que d'une personne morale telle que l'administration. L'utilisation du standard de *reasonable man* en témoigne, ainsi que le met en exergue Lord J. Alderson au sujet de la décision *Blyth v. Birminham Waterworks Co*[2005].

721. Par contraste, la bonne administration est un standard propre à l'administration publique. Son domaine est assez restreint. Sans prétendre à l'exhaustivité, il a paru pertinent de citer quelques exemples de fautes de service relevant de cette notion.

[1995] C.E., 18 novembre 1960, *Sieur Savelli, préc.*

[1996] C.E., 9 janvier 1980, *Mme Martins*, rec. 4, req. n°6403.

[1997] C.E., 5e-3e sous-sect., 15 juin 1988, *Consorts Grandmaison*, rec. 242, req. n°45397.

[1998] V. *supra*, n°691 et s.

[1999] « *Reasonable forseeability of physical injury is the standard criterion for determining the duty of care* » : Lord J. HOFFMAN, *in* Gorringe *v.* Calderdale Metropolitan Borough Council [2004], pt.17.

[2000] Paula GILIKER, Silas BECKWITH, *Tort, op.cit.*, p.135.

[2001] K.C. WHEARE, *op.cit.*, p.11.

[2002] X (Minors) *v.* Bedfordshire County Council [1995] 2 A.C. 633.

[2003] Stovin *v.* Wise [1996] A.C. 923 (l'omission d'aménagement d'une route causant un accident n'engage pas la responsabilité de l'autorité locale).

[2004] Comme c'était le cas dans Kane *v.* New Forest District Council [2002] 1 W.L.R. 312.

[2005] Lord J. ALDERSON, *in* Blyth *v.* Birminham Waterworks Co [1856] 11 Ex. 781-784.

2. *Aperçu des manifestations implicites de la notion de bonne administration*

722. Dans l'arrêt *Courtial*, le Conseil d'État estime fautive une transmission inadaptée de l'information concernant l'état de santé d'un patient. Le service d'hygiène scolaire, organisateur de visite dans les écoles publiques, est ainsi tenu, afin d'« *assurer l'efficacité de ces visites* », de « *prendre toutes mesures* ***appropriées*** *pour que les familles soient aussitôt informées des constatations médicales* »[2006] nécessaires à la santé de leur enfant. Excluant toute obligation de résultat[2007], les juges du Palais Royal centrent ici leur attention sur l'usage des moyens de l'administration. Le standard de bonne administration imprègne en effet le raisonnement du juge.

723. Si le Conseil d'État nie tout droit au maintien d'un service public non obligatoire[2008], il admet, dans certains cas, un droit au maintien d'un certain niveau de prestation. A titre d'exemple, dans l'arrêt *Guisset*[2009], le juge administratif a estimé que l'affectation d'un fonctionnaire à un poste correspondant à son grade devait s'effectuer dans un délai raisonnable. En l'espèce, le délai excessif de onze ans était constitutif d'une faute de nature à engager la responsabilité de l'État[2010]. Cet arrêt éveille notre intérêt davantage en raison de ses conclusions que de son contenu. Le commissaire du gouvernement Stahl[2011] invitait le Conseil d'État à ne pas se cantonner au simple respect des règles régissant la fonction publique. Il s'agissait ici d'assurer l'effectivité de l'article 15 de la Déclaration des droits de l'Homme et du Citoyen. Cette règle d'affectation, censée ne concerner que le fonctionnaire, permet au juge de consacrer l'idée d'une bonne gestion publique. La même remarque peut s'appliquer, à titre d'illustration, au sujet des arrêts *Langlet*[2012] et *Commune d'Orvault*[2013].

[2006] C.E., 15 juin 1955, *Sieur Courtial*, rec. 327, req. n°17597 (nous soulignons). Pour une autre application de l'exigence d'information appropriée par l'administration organisatrice d'une surveillance médicale, condition de l'efficacité de cette visite médicale : C.E., 6 avril 1962, *Ministre des Affaires étrangères c/ Charrier*, rec. 259, req. n°49779.

[2007] C.E., sect., 13 mars 1998, *Améon et autres, préc.*

[2008] C.E., sect., 27 janvier 1961, *Sieur Vannier, préc.*

[2009] C.E., sect., 6 novembre 2002, *Guisset*, rec. 376, req. n°227147-244410 ; v. aussi : C.E., 9 avril 1999, *Rochaix, préc.* ; C.A.A. de Nancy, 23 novembre 1993, *Département du Haut Rhin*, rec.tabl. 625,1028, req.n°92NC00279 (en l'espèce, la responsabilité de l'État n'est pas engagée, car le remplacement n'était pas légalement prévu).

[2010] L'administration fut exonérée en raison de l'attitude négligente de l'intéressé qui n'avait envoyé qu'une seule lettre de réclamation dans une période de six ans.

[2011] Jacques-Henri STAHL, concl. sur C.E., sect., 6 novembre 2002, *Guisset, préc.* ; *R.F.D.A.*, 2003, p.984-989, spéc. p.985-986.

[2012] C.E., 8 octobre 1986, *Langlet c/ Centre hospitalier général de Château-Thierry*, rec. 227, req. n°61503-61495 (absence de médecin-anesthésiologiste dans le personnel de l'hôpital privant l'opération des garanties médicales nécessaires provoquant un décès) ; C.E., 30 janvier 1995, *Centre hospitalier régional d'Amiens*, [non publié], req. n°94965 (erreur manifeste d'appréciation dans l'organisation des services).

[2013] C.E., 3e sous-sect., 13 novembre 1991, *Commune d'Orvault c/ Mme Chevalier*, [non publié], req. n°84937. Ainsi, la délibération du conseil municipal de la Commune d'Orvault supprimant deux emplois d'hôtesses-d'accueil et créant deux emplois d'agent de bureau n'avait pas pour but « *d'améliorer la qualité du service en répondant mieux aux besoins des associations* » et est, de ce fait, illégale.

Cette idée de bonne gestion publique, reflet de la notion de bonne administration dans le domaine des moyens financiers[2014], fonde également l'argumentation du Conseil d'État dans l'arrêt *Département de la Dordogne*[2015]. Ici, la Haute juridiction condamne le département pour mauvaise gestion d'une association transparente chargée du développement de l'économie locale. Le recrutement d'agents sans rapport réel avec le service et le manque de planification dans la gestion constituent des fautes de service[2016] se rattachant, à notre sens, à la notion de bonne administration.

724. Cette dernière s'exprime également à travers le terme « qualité », bien que les deux notions soient distinctes[2017]. Ainsi, si le juge refuse d'engager la responsabilité de l'administration lorsque aucune obligation précise n'est prévue[2018], il n'en demeure pas moins que le manque de compétence de l'administration est fautif. L'arrêt *Aguila* fut ainsi l'occasion, pour le Conseil d'État, de confirmer son contrôle relatif à la suffisance des moyens mis en œuvre par l'administration (en l'espèce, le service de garde d'un hôpital)[2019].

725. Ces exemples montrent que la notion de bonne administration imprègne la reconnaissance de certaines fautes de service : l'absence du mot n'efface nullement la réalité qu'il désigne. Ces cas sont toutefois moins nombreux que ceux relevant de la « mauvaise administration ». Cela ne remet pas pour autant en cause l'influence de la notion de bonne administration en ce domaine. Loin du rapport réducteur d'antonymie, elles renvoient à deux champs d'application différents. Il convient alors à présent de montrer l'apport de ce diptyque à la notion de faute de service.

[2014] V. *supra*, n°354 et s.

[2015] C.E., 3e-8e sous-sect., 5 décembre 2005, *Département de la Dordogne*, rec. 552, req. n°259748 ; *D.A.*, février 2006, p.37-38 ; *J.C.P.*, 2006, n°1005, concl. GLASER.

[2016] Selon M. Glaser, la faute simple suffit à engager la responsabilité de l'État, car elle provient ici du département lui-même et non de son contrôle sur l'association.

[2017] V. *supra*, n°501 et s.

[2018] C.A.A. de Nancy, 23 novembre 1993, *préc.* Il n'incombe pas à l'État de prévoir les fonds nécessaires au recrutement de documentalistes par le département du Haut-Rhin.

[2019] C.E., 4e-1re sous-sect., 20 mai 1996, *Aguila et autres*, [non publié], req. n°161656. Le Conseil annule la décision du conseil national de l'Ordre des médecins rejetant la demande tendant à l'annulation de la décision du conseil départemental de l'Ordre des médecins qui refusait au requérant leur participation au service de garde médicale de Bordeaux. En effet, les moyens de l'hôpital étaient en l'espèce suffisants.

§ 2. Le diptyque bonne administration / « mauvaise administration », outil d'harmonisation et de renforcement du domaine de la faute de service

726. À titre liminaire, un rappel s'impose[2020]. Cette étude ne vise pas à proposer un critère unique de définition de la notion de faute de service ; notre proposition de classification n'a nullement la prétention de se substituer aux systématisations précédemment évoquées. En d'autres termes, si la notion de bonne administration permet un renouveau de la réflexion sur la notion de faute de service, elle n'en est pas pour autant le critère exclusif de définition.

727. Le diptyque bonne administration / « mauvaise administration », sans se substituer aux critères de classification existants, les dépasse pour former ce qu'il est permis d'appeler des « méta-critères » leur conférant une certaine cohérence (**A**). De plus, la fonction de la notion de bonne administration n'est pas uniquement de nature systémique : elle présente l'intérêt pratique d'élargir le domaine de la responsabilité pour faute (**B**).

A. Des « méta-critères » de classification des cas de fautes de service

728. Dans sa thèse, Henri Dupeyroux montre implicitement l'intérêt de la notion de bonne administration pour le discernement d'une faute de service. Selon l'auteur, l'obligation administrative peut se résumer autour de deux exigences[2021] : d'une part, la conformité de l'acte au but du service ; d'autre part, le rapport de l'acte avec l'activité normale ainsi que les moyens du service. Or, comme nous l'avons maintes fois indiqué, ces éléments d'adaptation et d'équilibre sont au cœur de la notion de bonne administration.

729. Avant de présenter le schéma de classification proposé (**2**), il est nécessaire de préciser que la « mauvaise administration » sera ici entendue *stricto sensu* (**1**).

1. Le choix de la « mauvaise administration » stricto sensu

La « mauvaise administration » peut être employée *lato sensu* ou *stricto sensu.*

730. *Lato sensu*, elle est synonyme de fonctionnement défectueux du service[2022]. C'est par exemple l'optique de la loi organique du 5 mars 2007 relative à la responsabilité des magistrats qui, « *conforme à la philosophie du dysfonctionnement* »[2023], prévoyait une saisine du Médiateur de la République. Dans

[2020] V. introduction de ce chapitre.

[2021] Henri DUPEYROUX, *op.cit.*, p.219.

[2022] Ainsi, « *le dysfonctionnement est proche de la maladministration* (…) » : Maryse DEGUERGUE, « Les dysfonctionnements du service public de la justice », *art.cit.*, p.152. Le professeur l'oppose alors à la « bonne administration » telle que consacrée à l'article 41 de la C.D.F. Cette affirmation n'est pas contraire à notre dissociation des deux notions puisque nous ne nous limitons pas à l'article 41 C.D.F.

[2023] Maryse DEGUERGUE, *art.cit.*, p.162.

cette hypothèse, la « mauvaise administration » dépasse les limites de la faute et vise aussi un fait objectif, un résultat. Recouvrant tous les cas de dysfonctionnement, cette expression comprendrait aussi, en partie, la violation du standard de bonne administration. Pour certains cas précis, « mauvaise administration » et bonne administration seraient alors effectivement contraires.

Cette approche globalisante n'emporte pas notre pleine adhésion. Elle suscite en effet peu d'intérêt : synonyme de dysfonctionnement, la « mauvaise administration » est à la fois redondante et, en partie, méta-juridique[2024]. Nous avons longuement eu l'occasion de le montrer en répertoriant l'hétérogénéité des renvois à la « mauvaise administration »[2025].

731. Cette expression peut aussi être employée *stricto sensu*. Dans cette hypothèse, elle désigne la violation d'une administration « moyenne », telle que nous l'avons précédemment décrite[2026]. C'est cette optique que nous avons choisie ici. Selon cette approche, la notion de bonne administration et la « mauvaise administration » recouvrent des domaines distincts. En effet, comme nous l'avons déjà montré, le standard d'une administration « moyenne » ne se confond pas avec celui d'une bonne administration. Une fois cette précision apportée, il s'agit de voir comment les cas de faute de service se répartissent autour de ce diptyque.

2. Résumé de la « méta-classification » proposée

Avant de résumer la classification proposée, il convient d'y superposer la distinction traditionnelle entre la faute personnelle et la faute de service.

732. Introduite en France par l'arrêt Pelletier, puis confirmée notamment par le commissaire du gouvernement Teissier dans l'arrêt *Feutry*[2027], la distinction entre la faute personnelle et la faute de service est le reflet de la différence entre le fait personnel et l'acte administratif[2028]. La faute personnelle est traditionnellement définie comme celle qui révèle l' « *homme avec ses faiblesses, ses passions et ses imprudences* »[2029] et ne peut être appréhendée que par une série de critères[2030]. L'intention de nuire, qui doit être distinguée de la faute consciente[2031], en fait partie.

[2024] Sur l'imbrication d'éléments méta-juridiques et juridiques : Nicolas MARTY, *op.cit.*, p.124.

[2025] V. *supra*, n°211 et s.

[2026] V. *supra*, n°707 et s.

[2027] La faute personnelle est celle qui implique la « *mauvaiseté de l'agent* » et la faute de l'administration vise l'acte « *impersonnel, s'il est un exercice erroné, fautif, inintelligent ou négligent de la fonction* », « *une mauvaise organisation, un mauvais fonctionnement ou une mauvaise exécution du service* » : TEISSIER, concl. sur T.C., 29 février 1908, *Feutry*, *préc.*, p.210 ; p.214.

[2028] Jean-Claude MAESTRE, *La responsabilité pécuniaire des agents publics en droit français*, Paris, L.G.D.J., 1962 p.47 et s ; Maryse DEGUERGUE, *op.cit.*, p.516-533.

[2029] Édouard LAFERRIÈRE, *Traité de la juridiction administrative et des recours contentieux*, 2e éd., t.1, Paris, Berger-Levrault et Cie, 1896, livre III, p.648.

[2030] Maryse DEGUERGUE, *op.cit.*, p.633-637.

[2031] C.E., ass., 18 novembre 1949, *Demoiselle Mimeur*, rec. 492, req. n°91864 ; *J.C.P.*, 1950, II, p.7.

Cependant, ce critère subjectif[2032] et intentionnel n'est pas exempt d'ambiguïté[2033]. La difficulté de distinguer l'Homme de l'administrateur est en effet admise de longue date. Le régime de cumul de fautes[2034] et de responsabilités[2035] illustre les enchevêtrements entre ces deux catégories. Monsieur Dubois[2036] propose alors de distinguer trois catégories de faute : la faute de service commise pendant le service, ni intentionnelle ni révélatrice d'un comportement incompatible avec l'état de fonctionnaire ; la faute « *objectivement personnelle* », dépourvue de tout lien avec le service ; et la faute « *subjectivement personnelle* », intentionnelle ou révélatrice d'un comportement incompatible avec l'état de fonctionnaire. La création d'une troisième catégorie de faute « *objectivement personnelle* » ne réduit néanmoins pas l'imprécision de la faute personnelle. Cette classification a uniquement pour effet de faire basculer la faute intentionnelle du statut de cas à celui de catégorie.

733. Malgré son ambiguïté conceptuelle, la faute personnelle permet de déterminer, en France, le juge compétent[2037] et la personne (morale ou physique) qui aura à sa charge l'indemnisation. Cette distinction existe donc à côté du diptyque bonne administration / « mauvaise administration », qui n'obéit pas à cette fonction de répartition des compétences juridictionnelles. Il ne s'agit donc en aucun cas de substituer ce diptyque à la distinction entre la faute personnelle et la faute de service.

Celle-ci peut alors consister soit en une mauvaise administration *stricto sensu*, soit en la violation du standard de bonne administration. Par contraste, la faute personnelle relève toujours de la « mauvaise administration ». En effet, l'intention de nuire n'entretient aucun lien avec la notion d'adaptation équilibrée des moyens (bonne administration). Il en est de même de l'erreur flagrante détachable du service, telle que les coups portés par un agent de la Poste à un usager[2038] ou un tir de balle perdue lors d'une promenade[2039]. Quant au cas d'une faute commise matériellement en dehors du service, il ne semble concerner ni la « mauvaise administration » ni la bonne administration.

En résumé, les diptyques bonne administration / « mauvaise administration » et faute personnelle / faute de service se complètent et se superposent. En France, le second a aussi pour objectif de déterminer la juridiction compétente et, plus

---

[2032] En outre énoncé par Maurice HAURIOU, note sous T.C., 26 juin 1897, *Préfet de l'Aisne c/ Métivier*, rec. 499, req. n°492 ; S.1898, III, p.49 et s. (absence de faute personnelle dans la délivrance, par un maire, des certificats de bonne vie et de bonnes mœurs au requérant).

[2033] Henri DUPEYROUX, *op.cit.*, p.83 ; Jean-Pierre DUBOIS, *art.cit.*, p.49-62.

[2034] C.E., 3 février 1911, *Anguet*, rec. 146, req. n°34922 ; S.1911, III, p.137 et s., note M. HAURIOU ; G.A.J.A., 16e éd., 2007, n°23.

[2035] C.E., 26 juillet 1918, *Époux Lemonnier c/ Commune de Roquecourbe*, rec. 761, req. n°4959-555240, concl. Léon BLUM ; D.1919, III, p.9 et s ; G.A.J.A., 16e éd., 2007, n°33. Pour une synthèse, v. notamment : Christophe GUETTIER, *art.cit.*, n°311-317.

[2036] Jean-Pierre DUBOIS, *art.cit.*, n°62-65.

[2037] Jacques MOREAU, « Responsabilité personnelle des agents et responsabilité de l'administration », *Jurisclasseur Administratif*, fasc. 806, n°1.

[2038] C.E., 3 février 1911, *Anguet*, *préc.*

[2039] C.E., 26 juillet 1918, *Époux Lemonnier c/ Commune de Roquecourbe*, *préc.* Il y a ici cumul de responsabilité pour défaut de surveillance. Pour d'autres exemples de décisions de principe, v. : C.E., ass., 18 novembre 1949, *Demoiselle Mimeur*, *préc.* ; C.E., ass., 26 octobre 1973, *Sieur Sadoudi*, rec.603, req. n°81977.

largement, le régime d'indemnisation. La classification proposée peut alors être résumée.

734. Les cas de faute de service pourraient être classés autour des « méta-critères » suivants :

- *Violation du devoir / standard de bonne administration* : défaut d'adaptation équilibrée de l'action administrative (matérielle ou juridique) pouvant être constitué par action ou par omission. Cette norme est généralement jurisprudentielle. Elle peut être exprimée, à titre d'exemple, par les vocables de « bon fonctionnement », « fonctionnement normal », « adaptation », fonctionnement « efficace ». Elle recouvre exclusivement les cas de faute de service.
- *Mauvaise administration (stricto sensu)* : imprudence, négligence, violation pure de la règle de droit, erreur de fait ou de droit, etc. Ces cas de mauvaise administration découlent en grande partie des textes de loi écrits. Ils peuvent viser soit des cas de faute de service soit des cas de faute personnelle.

Cette « méta-classification » complète les classifications existantes. Elle permet d'appréhender de manière nouvelle la notion de faute de service. La notion de bonne administration invite en effet le juge à centrer son contrôle sur le comportement de l'administration, et non sur le choix du régime de responsabilité ou encore sur la qualification de la faute (lourde ou simple). Elle contribue à une appréhension des faits *constitutifs* de la faute en relativisant l'importance des faits *qualifiés* de faute. Outre cette fonction, la notion de bonne administration a aussi pour intérêt pratique d'étendre le domaine de la faute de service.

B. Le renforcement du domaine de la responsabilité pour faute

735. Le principal apport de la thèse de Monsieur Delaunay est d'avoir montré que la faute de l'administration ne se réduit pas à une condition d'engagement de responsabilité[2040] ; elle concerne également le fonctionnement interne de l'administration. Le devoir de bonne administration permet de renforcer cette discipline interne. Si cette fonction ne doit nullement être ignorée[2041], l'attention est centrée, à ce stade de l'analyse, sur l'impact juridictionnel de la bonne administration en matière de responsabilité.

736. L'apport systémique de cette notion, précédemment illustré, se prolonge sur le plan pratique. Plus exactement, il convient de prendre la mesure la plus complète de cet apport, la systématisation consolidant indirectement les éléments systématisés.

737. La clarification et la systématisation des cas de faute de service ont donc pour effet de renforcer le domaine de la responsabilité pour faute de service. Bien qu'en majeure partie prospective, cette fonction de la notion de bonne administration ne

---

[2040] Benoît DELAUNAY, *op.cit.*, p.9-14.
[2041] V. *infra*, n°928 et s.

doit nullement être passée sous silence (**2**) d'autant qu'elle limite la tendance à recourir, de manière parfois rapide, à la responsabilité sans faute (**1**).

1. Le recours à la responsabilité sans faute, signe d'une « **hésitation à blâmer** »[2042] *l'administration*

738. La responsabilité sans faute est née de la volonté d'indemniser les victimes de préjudices difficilement imputables à une faute de l'administration[2043]. Si ce régime paraît favorable à la victime, elle l'est tout autant à l'administration.

En effet, le développement de cette « *responsabilité de réserve* »[2044] témoigne de l'hésitation du juge à porter un regard négatif sur l'administration. La reconnaissance d'une faute implique en effet nécessairement un « *jugement de valeur* » sur l'action administrative[2045]. Monsieur Delaunay achève de le montrer. Selon cet auteur, la faute de l'administration « *est une erreur de conduite, une façon d'agir blâmable qu'elle aurait pu ou dû éviter* »[2046]. Si la faute peut se penser indépendamment de la responsabilité juridictionnelle, elle est inextricablement liée à la notion d'imputabilité. Elle a d'ailleurs pu être définie comme l'illicéité imputable à son auteur[2047].

739. Par conséquent, le régime de responsabilité sans faute permet au juge d'indemniser les victimes sans pour autant se prononcer clairement sur la faute potentiellement commise par l'administration. On trouve cette affirmation chez le commissaire du gouvernement Guy Braibant selon lequel le recours à la responsabilité sans faute permet au juge de « *pallier les insuffisances de l'action administrative sans avoir à critiquer et censurer cette action* »[2048]. Cette distanciation du juge vis-à-vis de l'administration transparaît également à travers l'expression « *faute "de nature à"* » ou *via* l'exigence d'une faute lourde dont la distinction avec la faute simple peut, en raison de ses incertitudes, être remise en cause[2049].

740. Cette attitude réservée peut paraître regrettable. La fonction même de juger n'implique-t-elle pas, en soi, une analyse critique du fonctionnement administratif ? Une réponse positive semble s'imposer : le juge administratif manquerait à sa

---

[2042] Benoît DELAUNAY, *op.cit.*, p.203-229. Sur les îlots de résistance de la responsabilité fondés sur la séparation des pouvoirs : Gérard SOULIER, *art.cit.*, p.1060-1071.

[2043] Sur le fondement de la rupture anormale et spéciale de l'égalité : Gérard SOULIER, *art.cit.*, p.1054-1059.

[2044] Expression de François GOLIARD, *Le domaine de la responsabilité sans faute dans le contentieux administratif français*, Thèse droit, Université de Paris II, 1995, p.286-306. Sur le développement de la responsabilité sans faute : Gérard SOULIER, *art.cit.*, p.1090-1097.

[2045] Léon BLUM, concl. sur C.E., 26 juillet 1918, *Epoux Lemonnier, préc.* ; Marcel WALINE, note sous C.E., 18 novembre 1949, *Carlier, préc.*, p.178 ; Danièle LOCHAK, « Réflexion sur les fonctions sociales de la responsabilité administrative à la lumière des récents développements de la jurisprudence et de la législation », *in* C.U.R.A.P.P., *Le droit administratif en mutation*, Paris, P.U.F., 1993, p.287-296.

[2046] Benoît DELAUNAY, *op.cit.*, p.202.

[2047] Jean COMBACAU, « L'illicite et le fautif », *Droits*, 1987, n°5, p.5.

[2048] Guy BRAIBANT, concl. sur C.E., ass., 16 octobre 1970, *Époux Martin*, rec. 593, req. n°72409 ; *J.C.P.*, 1971, I, n°16577 (préjudice matériel subi par des coopérants français au Laos et résultant du risque exceptionnel provoqué par des troubles dans la région ; engagement de la responsabilité sans faute de l'État alors même que celui-ci avait invité les requérants à se maintenir sur les lieux).

[2049] Benoît DELAUNAY, *op.cit.*, p.233-239.

mission et perdrait en partie sa raison d'être le jour où il ne sanctionnerait plus les fautes[2050]. De plus, le jugement et la sanction possèdent également une fonction préventive[2051] ou encore « pédagogique »[2052], que la responsabilité sans faute entrave. « *Peu à peu, on en arrive à ce que le service accepte de payer pour éviter d'avoir à bien fonctionner* (...) »[2053].

Le choix de la responsabilité sans faute n'apparaît donc pas toujours fortuitement. Il trahit parfois une certaine déférence à l'égard de l'administration. De plus, les mots ne suivent pas toujours pleinement les idées. En effet, « *il faut partir de cette considération essentielle que le droit commun de la responsabilité administrative s'inspire toujours de l'idée de faute* »[2054]. Passée sous silence, celle-ci ne se trouve pas moins en filigrane de cette politique jurisprudentielle[2055] tendant à atténuer la crainte « *d'essuyer une nouvelle défaite contentieuse* »[2056]. Aussi la doctrine a-t-elle pu regretter que la responsabilité pour faute ne soit pas soulevée d'office alors que la responsabilité sans faute est, elle, d'ordre public[2057].

741. En toute logique, la responsabilité sans faute devrait se cantonner à un régime d'exception[2058]. La reconnaissance expresse de la notion de bonne administration permettrait d'établir cet équilibre.

[2050] A. MATHIOT, note sous C.E., ass., 21 novembre 1947, *Société Boulenger*, rec. 436, req. n°71382 ; S.1948, III, p.25 et s.

[2051] Philippe LE TOURNEAU, *op.cit.*, n°22.

[2052] Pour exemple : C. GUETTIER, note sous C.E., 3e-8e sous-sect., 6 octobre 2000, *Commune de Meylan*, rec. 416, req. n°202838 ; *L.P.A.*, 4 juillet 2001, n°132, p.17 et s. (faute dans la procédure d'expropriation) ; Benoît DELAUNAY, *op.cit.*, p.131.

[2053] André DEMICHEL, *Le droit administratif. Éssai de réflexion théorique*, Paris, L.G.D.J., 1978, p.157.

[2054] Frank MODERNE, obs. sous C.E., 3e-10e sous-sect., 9 mars 1966, *Ministre de la Justice c/ Sieur Trouillet*, rec. 201, req. n°66731, *J.C.P.*, 1966, II, n°14811 (responsabilité sans faute du service de rééducation de l'enfance délinquante en raison des risques encourus par ces méthodes dites « libérales »-en l'espèce, vol par deux pensionnaires évadés-).

[2055] « *L'alternative entre l'individualisme et la solidarité est d'ordre purement politique* » : Maryse DEGUERGUE, « Le contentieux de la responsabilité : politique jurisprudentielle et jurisprudence politique », *A.J.D.A.*, 20 juin 1995, n° spécial, p.213.

[2056] Marcel WALINE, note sous C.E., ass., 7 mai 1971, *Ministre de l'Économie et des Finances et ville de Bordeaux c/ Sieur Sastre*, rec. 335, req. n°74669-74977 ; *R.D.P.*, janvier-février 1972, vol.88, n°1, p.449.

[2057] Maryse DEGUERGUE, note sous C.E., 5e-7e sous-sect., 27 octobre 2000, *Centre hospitalier de Seclin*, rec. 478, req. n°208640 ; *A.J.D.A.*, 2001, p.307.

[2058] René CHAPUS, *Droit administratif général*, *op.cit.*, n°1484.

2. *La notion de bonne administration, instrument de renforcement de la responsabilité pour faute*

742. Ainsi que l'affirmait un commissaire du gouvernement, le juge administratif « *ne doit pas hésiter, le cas échéant, à rappeler l'administration à ses devoirs essentiels* »[2059]. Cependant, la Haute juridiction ne se range pas toujours aux conclusions de ses commissaires du gouvernement. En effet, le Conseil d'État se cantonne parfois à la responsabilité sans faute alors même que la reconnaissance de la faute de service lui avait été conseillée[2060]. Celle-ci est souvent passée sous silence en partie parce que le juge considère que son établissement n'est pas indispensable à l'indemnisation[2061]. Or, comme nous l'avons déjà indiqué, la prudence du juge ne nous paraît pas toujours tributaire de ce souci casuistique.

Cette « *hypertrophie du fait* » a notamment été décrite par Madame Deguergue au sujet du service public de la justice[2062]. Ce secteur illustre en effet le « glissement » du domaine de la faute vers celui du fait objectif de dysfonctionnement établi par la violation du droit à un délai raisonnable des décisions de justice[2063]. Le dysfonctionnement relevé « *demeure un fait objectif dont la survenance, du moment qu'elle cause un dommage, est de nature en elle-même à engager la responsabilité de l'État* »[2064].

743. Plusieurs exemples peuvent être cités à l'appui de ce constat. Ainsi, la substitution de motif opérée par le Conseil d'État dans l'arrêt *Dame Marzouk* peut paraître à certains égards critiquable. La défaillance mortelle d'un appareil respiratoire semble davantage relever de la présomption de faute que de la présomption de responsabilité automatique du fait de la « *défaillance* » des produits utilisés[2065]. Il en est de même de l'arrêt *Magiera* dans lequel le Conseil d'État se garde de qualifier la faute du service public de la justice. Se fondant principalement sur le droit au recours des administrés consacré par la Convention européenne des droits de l'Homme, la Haute juridiction ne se détache pas substantiellement de la responsabilité sans faute, qui se base sur le préjudice et le droit de la victime.

2059 Michel BERNARD, concl. sur C.E., sect., 16 mars 1962, *Sieur Toubhans et autres*, rec. 183, req. n°50601 ; spéc. p.191 (en l'espèce, négligence globale de l'administration laissant penser qu'un organisme tiers (une association) assurait sa mission de service social).

2060 Pour exemple : CORNEILLE, concl. sur C.E., 28 mars 1919, *Regnault-Desroziers*, rec. 329, req. n°62273 ; *R.D.P.*, 1919, p.329 et s. ; note M. HAURIOU, S.1919, III, p.25 et s.

2061 Benoît DELAUNAY, *op.cit.*, p.289-302 ; Christophe GUETTIER, *La responsabilité administrative*, Paris, L.G.D.J., coll. Systèmes, 1996, p.35.

2062 Maryse DEGUERGUE, « Les dysfonctionnements du service public de la justice », *art.cit.*, p.160-161.

2063 C.E., 4e-5e sous-sect., 25 janvier 2006, *S.A.R.L. Potchou*, [non publié], req. n°284013 : préjudice moral du fait du retard dans le jugement (18 années). Le Conseil d'État énonce un principe général au-delà du renvoi à l'article 6 C.E.D.H. : « *il résulte de ces stipulations, lorsque le litige entre dans leur champ d'application, ainsi que, dans tous les cas, des principes généraux qui gouvernent le fonctionnement des juridictions administratives, que les justiciables ont droit à ce que leurs requêtes soient jugées dans un délai raisonnable* » ; sur le délai d'exécution des décisions de justice, v. en outre les exemples classiques : C.E., 30 novembre1923, *Sieur Basilio Couitéas*, rec. 789, req. n°38284-48688.

2064 Maryse DEGUERGUE, *art.cit.*, p.158.

2065 Maryse DEGUERGUE, « La responsabilité du fait des produits et appareils de santé défectueux à l'hôpital », note sous C.E., 5e-7e sous-sect., 9 juillet 2003, *Assistance publique - Hôpitaux de Paris c/ Mme Marzouk*, rec. 338, req. n°220437 ; *A.J.D.A.*, 27 octobre 2003, n°36, p.1946-1950.

744. Ayant pour noyau dur l'idée d'adaptation équilibrée, la notion de bonne administration permet, à notre sens, de trouver une répartition davantage satisfaisante des faits préjudiciables entre le domaine de la responsabilité pour faute et celui de la responsabilité sans faute. Cet équilibre fait écho à celui conciliant les intérêts de l'administration avec ceux des administrés[2066]. En ce sens, cette notion pourrait être considérée comme un instrument utile de politique jurisprudentielle. Le déplacement, parfois opéré sans justification claire[2067], sur le terrain de la responsabilité sans faute serait alors davantage encadré et la responsabilité administrative déploierait sa fonction à la fois de prévention et de sanction[2068].

Dans cet ordre d'idées, Monsieur Guettier invite à l'instauration d'une « *responsabilité sanction de second degré* » obligeant l'administration à adapter « *ses méthodes d'organisation et de fonctionnement pour le bien commun* »[2069]. Cette citation reflète le contenu de la notion de bonne administration, qui permettrait alors de réduire les cas de responsabilité sans faute renfermant des fautes potentielles.

745. Si certains faits relevant du régime de responsabilité sans faute sont pourtant constitutifs d'une faute éventuelle[2070], il semble en aller de même de l'un de ses fondements : la responsabilité pour risque. Selon Monsieur Delaunay, la création d'un risque, notamment en cas d'activité dangereuse, est en réalité une faute[2071]. En effet, le risque implique, au moins en partie, l'anormalité du fait générateur du préjudice. Or, la faute entretient un lien évident avec les choses et les situations dangereuses. Selon cet auteur, seule la responsabilité pour rupture d'égalité devant les charges publiques correspond fidèlement à la responsabilité sans faute, qui devrait donc se limiter à ce fondement[2072].

746. L'extension du domaine de la responsabilité pour faute *via* la notion de bonne administration permettrait alors d'harmoniser une jurisprudence vacillante entre les deux types de responsabilité[2073]. La notion étudiée contribue, par une appréhension nouvelle de la notion de faute de service, à lever ce « *voile pudique jeté sur la faute* »[2074] et à dépasser le cantonnement de la notion de faute de service au respect des obligations légales. L'incapacité de l'administration à utiliser « *réellement* »[2075]

2066 Maryse DEGUERGUE, « Le contentieux de la responsabilité... », *art.cit.*, p.211-226.

2067 Christophe GUETTIER, *art.cit.*, n°221-222.

2068 Cette caractéristique de « *responsabilité assurance* » a été décrite avec regret : Jean-Claude VENEZIA, « Les idées de Charles Eisenmann en matière de responsabilité de l'administration », *in* Paul AMSELEK (dir.), *La pensée de Charles Eisenmann*, Paris, Économica, P.U.A.M., 1986, p.216.

2069 Christophe GUETTIER, « La responsabilité en droit administratif », *in* Philippe Le TOURNEAU, *op.cit.*, n°226.

2070 François GOLIARD, *op.cit.*, p.291-293.

2071 Benoît DELAUNAY, *op.cit.*, p.294. Nous laissons de côté l'hypothèse de la responsabilité sans faute sur le fondement de la rupture d'égalité devant les charges publiques car, dans ce cas, l'attention est centrée sur l'anormalité du préjudice et non sur le fait fautif.

2072 Benoît DELAUNAY, *op.cit.*, p.300.

2073 V. notamment : Étienne FATÔME, « Audaces et prudences en matière de responsabilité de la puissance publique », *A.J.D.A.*, 1999, n° spécial, p.94-96.

2074 Maryse DEGUERGUE, *art.cit.*, p.158.

2075 Danièle LOSCHAK, « Un nouveau cas de responsabilité sans faute : l'impuissance de l'administration à faire respecter ses propres décisions », *J.C.P.*, 5 janvier 1972, I, n°2446.

les moyens dont elle dispose serait de ce fait directement reliée à la responsabilité pour faute.

***

En résumé, il ressort que les notions de bonne administration et de « mauvaise administration » dépassent le statut de purs antonymes pour former un diptyque. Les cas de faute de service peuvent alors être classés autour de ce diptyque qui se superpose aux classifications existantes et à la catégorisation « faute personnelle / faute de service ». Cette classification ne réduit pas la flexibilité de la faute de service, qui sert son domaine, mais contribue au renouveau de la réflexion. De plus, l'insertion du devoir de bonne administration permet l'extension du domaine de la faute de service. En effet, certains faits générateurs de responsabilité sans faute pourraient désormais, sous l'influence de la notion de bonne administration, être qualifiés de faute. Le nécessaire rééquilibrage entre les régimes de responsabilité pour faute et de responsabilité sans faute est en partie réalisée par la notion de bonne administration qui mériterait de ce fait, à notre sens, une reconnaissance expresse de la part du juge.

CONCLUSION DU CHAPITRE 2

747. La notion de faute de service se caractérise par sa malléabilité. Les classifications existantes n'ont en effet pas réduit son indétermination à néant. Il en est *a fortiori* de même du renvoi à l'idée générale d'anormalité en droit espagnol, ou encore du critère de *negligence* en droit britannique. Quels que soient les systèmes juridiques, aucun critère unique de définition n'épuise les cas de faute de service.

748. Sans constituer un tel critère, la notion de bonne administration contribue au discernement de celle de faute de service. Cela nécessitait, dans un premier temps, de la distinguer de la « mauvaise administration ». Contrairement à une idée répandue, la « mauvaise administration » n'est pas l'opposé de la notion de bonne administration, telle que nous l'avons définie[2076]. La réfutation de cette antonymie confère à la notion de bonne administration tout son intérêt, car elle introduit un nouveau paramètre de caractérisation de la faute de service. Il faut donc distinguer la violation du devoir de bonne administration (adaptation équilibrée des moyens de l'administration) des cas de mauvaise administration[2077]. Nous avons ainsi pu proposer une classification des cas de faute de service autour de ces « méta-critères ».

749. La notion de bonne administration a, de plus, une incidence pratique sur le domaine de la responsabilité pour faute de service. En défiant l' « *hésitation à blâmer* »[2078] imprégnant le régime de la responsabilité sans faute, elle élargit le domaine de la responsabilité pour faute.

Aussi est-il permis d'inviter le juge à utiliser clairement et expressément cette notion afin de limiter le recours à la responsabilité sans faute lorsqu'une faute de l'administration est pourtant bien décelable. Cette reconnaissance enrichirait la fonction préventive de la responsabilité pour faute de service, qui contribuerait de manière indirecte à l'amélioration du fonctionnement administratif.

[2076] Pour rappel : adaptation équilibrée des moyens de l'administration publique.

[2077] Il convient de préciser, à titre de rappel, que la « mauvaise administration » est employée entre guillemets car elle désigne une notion aux contours peu délimités. Les guillemets sont supprimés lorsque ce sont les *cas* de mauvaise administration qui sont visés.

[2078] Expression de M. Benoît Delaunay, *op.cit.*, p.203-229.

Conclusion du titre 1

750. Telle que nous l'avons définie[2079], la bonne administration désigne l'*adaptation équilibrée des moyens* de l'administration publique. D'essence objective, cette notion s'exprime avant tout en termes de devoir. Sa qualification de « droit subjectif » semble davantage relever de l'intuition, voire de la prospection que de la démonstration.

À notre sens, la notion de bonne administration ne saurait hériter de ce qualificatif par « contagion », sur le seul fondement erroné qu'elle regroupe un certain nombre de droits subjectifs. Possédant un contenu propre que nous avons dégagé, elle ne peut être qualifiée, en l'état du droit positif, de « droit subjectif » à part entière. Cette réserve à l'égard de la générosité des qualificatifs qu'on lui prête fréquemment n'enlève rien à l'importance de son rôle dans le fonctionnement de l'administration.

751. Devoir s'imposant à l'administration, la bonne administration constitue également un standard d'évaluation du fonctionnement administratif, notamment aux mains du juge. Le fonctionnement normal du service public ou encore le délai normal de l'action administrative sont ainsi, dans certains cas, le reflet de la notion de bonne administration. D'un apport pratique certain, cette fonction enrichit également la réflexion théorique sur le rôle du standard et de la « normalité » en droit public.

752. La notion de bonne administration permet alors d'appréhender de manière nouvelle certains cas de faute de service. À ce titre, elle possède une fonction à la fois théorique et pratique.

En premier lieu, si la diversité des cas de fautes de service est incontestable et incontestée, ces derniers peuvent être classés autour de « méta-critères » basés sur le diptyque bonne administration / « mauvaise administration », lesquelles ne sont pas de purs antonymes. Les cas de faute de service sont alors harmonisés et la notion de faute de service est davantage différenciée de la définition civiliste de la faute inadaptée à l'administration publique.

En second lieu, la notion de bonne administration contribue à élargir le domaine de la responsabilité pour faute. Certains cas contestables de responsabilité sans faute pourraient ainsi, sous l'influence de cette notion, (re)gagner le domaine de la responsabilité pour faute et dissiper le doute quant à l'apparente déférence du juge à l'égard de l'administration. Cet apport (Chapitre 2) est en harmonie avec l'essence objective de la notion de bonne administration et sa qualification de « devoir » (Chapitre 1).

753. L'élaboration de la notion de bonne administration n'est donc pas un pur « exercice de style » : cette notion est d'un réel apport pour le fonctionnement de l'administration. De surcroît, ses fonctions ne se limitent pas à ce domaine. Consubstantielle au droit administratif, elle a une incidence sur la légalité, apport qu'il s'agit à présent d'examiner.

[2079] V. *supra*, n°329 et s.

TITRE 2. L'ENRICHISSEMENT DE LA LÉGALITÉ

754. Au sens formel, la « loi » renvoie à une source du droit provenant du parlement. Au sens matériel, elle devient synonyme de « droit », « *sens qu'*[elle] *a dans le langage courant et dans un langage juridique correct* »[2080]. La signification de la loi et, par extension, de la légalité se limite en effet rarement à la norme produite par le législateur. Hérité du légicentrisme de la période révolutionnaire française, cet usage extensif témoigne d'une certaine relativisation de la norme constitutionnelle en droit administratif français[2081].

Toutefois, cet emploi ne se limite pas à la France. À titre d'exemple, en droit espagnol, la loi désigne la plupart du temps l'ensemble des normes dictées par les organes de l'État dotés d'un pouvoir normatif. Cette acception est également le reflet d'un changement constitutionnel profond. La vision classique selon laquelle l'administration n'agit que sur habilitation expresse du législateur paraît en effet révolue. La majeure partie de la doctrine espagnole milite en faveur d'une relativisation de l'habilitation légale dans la définition de la légalité[2082]. Ainsi définie, la légalité est davantage fidèle à la pratique.

Aussi Monsieur Amselek propose-t-il une substitution du mot « norme » au mot « loi » tant celui-ci est employé de manière large[2083]. C'est ce sens répandu de la légalité que nous adopterons dans le cadre de cette étude.

755. Le principe de légalité renvoie, lui, aux normes juridiques devant être mises en œuvre par l'administration et respectées par celle-ci et les administrés. Par contraste avec la légalité au sens large, il peut difficilement être conçu, à notre sens, indépendamment d'un contrôle de légalité. Selon Charles Eisenmann[2084], ce principe renferme une acception restrictive et une acception extensive. La « *notion-minimum* » de légalité équivaut à la compatibilité par rapport à la loi ; la « *notion maximum* » désigne le rapport de conformité[2085] suivant lequel la norme inférieure est, selon une conformité logique et rationnelle, la mise en œuvre parfaitement

---

2080 Georges ROUHETTE, « Le genre de "Common Law" », *in* Gérard SNOW, Jacques VAN DERLINDEN, *Français juridique et science du droit*, Bruxelles, Bruylant, 1995, p.318 ; pour un exemple d'une analyse en ce sens : François OST, « La légitimité dans le discours juridique : cohérence, performance, consensus ou dissensus ? », *Archives de philosophie du droit et de philosophie sociale* [*Archiv für Rechts und Sozialphilosophie*], 1985, n°25, p.191.

2081 V. notamment : Louis FAVOREU, « Légalité et constitutionnalité », *Les Cahiers du Conseil constitutionnel*, 1997, n°3, p.73 ; Bertrand SEILLER, *Droit administratif*, t.2, Paris, Flammarion, 2001, p.212 ; Charles-Albert MORAND, « La légalité de la légalité », *in* Charles-Albert MORAND (dir.), *Figures de la légalité*, Paris, Publisud, coll. Droit public et institutions politiques, 1992, p.185.

2082 Pour exemple : Ignacio DE OTTO, *Derecho constitucional. Sistema de fuentes*, Barcelone, Ariel, coll. Derecho, 1987, 315p ; Francisco RUBIO LLORENTE, *La forma del poder (Estudios sobre la Constitutción)*, Madrid, Centro de estudios constitutionales, coll. Estudios constitucionales, 1993, p.333-367 ; Francisco J. LAPORTA, *El imperio de la ley. Una visión actual*, Madrid, Trotta, coll. Estructuras y procesos, série Derecho, 2007, p.152 ; Juan DE LA CRUZ FERRER, « Sobre el control de la discrecionalidad en la potestad reglamentaria », *R.A.P.*, mai-août 1988, n°116, p.65-105.

2083 Paul AMSELEK, « Norme et loi », *A.P.D.*, 1980, t.25 : *La loi*, p.102.

2084 Charles EISENMANN, « Le droit administratif et le principe de légalité », *E.D.C.E.*, 1957, n°11, p.25-40.

2085 Charles EISENMANN, *art.cit.*, p.30.

fidèle de la norme supérieure. Dans tous les cas, le principe de légalité a avant tout été élaboré afin d'encadrer l'administration : il impose le respect de la légalité garanti principalement par le contrôle de légalité.

La légalité et le principe de légalité ne se situent donc pas sur le même plan ; la première est plus large que le second.

756. Le qualificatif choisi de « notion » de bonne administration implique, dans un souci de cohérence, que l'on fasse davantage référence à la légalité (ici entendue comme synonyme de droit) qu'au principe du même nom[2086]. En effet, si une *notion* peut faire partie de la légalité, il est difficile de l'inclure dans le *principe* de légalité[2087].

Par ailleurs, le contrôle de légalité ne comprend pas uniquement le respect du principe de légalité. Il inclut, à notre sens, les méthodes, les techniques ou encore les instruments du juge dans la mise en œuvre de ce contrôle. Cette précision établie, la notion de bonne administration peut avoir une incidence sur le *contrôle* de légalité même si elle ne peut, contrairement à une norme juridique, être intégrée au *principe* de légalité.

757. Cette notion participe à la réflexion sur la légalité, ce qui témoigne de son intérêt pour le droit public. Il faut dès lors insister sur le fait que la légalité comprend les normes juridiques ainsi que les notions juridiques permettant de conférer à ces normes une certaine cohérence systémique ou explicative. L'utilisation de ce terme permet ainsi de décrire les fonctions de la notion (et non du principe) de bonne administration, que nous avons définie comme l'*adaptation équilibrée des moyens* de l'administration publique[2088].

758. L'apport la notion étudiée à la légalité se situe principalement à deux niveaux[2089]. À l'instar de l'exposition de l'ensemble de ses fonctions[2090], il semble de bonne méthode de débuter par la présentation d'une fonction concrètement observable pour étendre notre analyse à une fonction davantage abstraite.

La notion de bonne administration s'insère en premier lieu dans le contrôle de légalité en contribuant à son adaptation (**Chapitre 1**). En second lieu, elle participe, de manière plus globale, à la réflexion sur l'importance du rôle des pouvoirs législatif et exécutif dans l'élaboration du droit. Elle invite notamment à une appréhension matérielle de la légalité en reléguant au second plan son approche purement formelle. C'est sur cet apport qu'il conviendra de clore le propos (**Chapitre 2**).

[2086] Toutefois, le « principe » de légalité sera évoqué à propos de la fonction indirecte de la notion de bonne administration dans le renforcement du pouvoir normatif de l'administration publique. Dans cette hypothèse, ce n'est pas la notion de bonne administration qui est incluse dans le principe de légalité, mais les normes élaborées par l'administration publique, multipliées en outre sous l'influence de la notion de bonne administration : v. *infra*, n°924 et s. Hormis cette fonction, la notion de bonne administration s'insère plus largement dans la réflexion sur la « légalité ».

[2087] Sur la distinction entre notion et principe, v. introduction générale, n°26 et s.

[2088] V. *supra*, n°329 et s.

[2089] Ainsi que nous l'avons précédemment précisé, cet apport est avant tout systémique car nous visons la notion de bonne administration et non pas le principe du même nom.

[2090] V. *supra*, n°544.

CHAPITRE 1.
L'ADAPTATION DU CONTRÔLE DE LÉGALITÉ

759. Sommairement, le contrôle de légalité consiste à mesurer de manière objective[2091] la conformité ou la compatibilité d'un acte administratif au principe de légalité. Si cette définition générique s'applique au droit administratif français, l'idée de contrôle de légalité se retrouve, comme nous l'avons vu, au-delà de nos frontières.

Quelle est alors l'incidence de la notion de bonne administration, définie comme l'*adaptation équilibrée des moyens* de l'administration, sur ce contrôle ?

760. Il convient à ce titre de distinguer la fonction de la notion de bonne administration de celle de la notion de bonne administration de la justice. Monsieur Marty exclut à cet effet le domaine de la bonne administration de la justice de son étude sur la bonne administration[2092]. Dans ce cadre, il qualifie la substitution de motifs[2093], la neutralisation des motifs illégaux[2094] et l'injonction[2095], de manifestations du « *renforcement des contrôles juridictionnels par le principe de bonne administration* »[2096].

Cependant, ces techniques tendent à éviter des annulations juridictionnelles « inutiles » et à assurer l'effectivité des décisions *de justice*. Elles ont donc trait, à notre sens, à la notion de bonne administration de la justice et non à celle de bonne administration[2097]. Pour s'en convaincre, il suffit d'évoquer les réticences émises à l'égard de la substitution de motifs, technique participant à une bonne administration de la justice mais incitant, voire confortant, une « *maladministration* »[2098].

761. Dans le cadre de cette étude, nous examinerons exclusivement l'incidence de la notion de bonne administration, telle que nous l'avons définie, sur le contrôle de légalité. Ayant pour idée centrale l'adaptation, la notion de bonne administration contribue à son ajustement. Elle constitue un outil nouveau pour le juge tout en améliorant la structuration de son contrôle. À l'analyse, cette notion présente un double intérêt : l'enrichissement du contenu du contrôle de légalité (**Section 1**) et l'extension de son degré (**Section 2**).

[2091] Edouard LAFERRIÈRE, *Traité de la juridiction administrative et des recours contentieux*, 2e éd., t.1, Paris, Berger-Levrault, 1896, p.14-18.
[2092] Nicolas MARTY, *op.cit.*, p.27-34 et spéc. p.34.
[2093] Nicolas MARTY, *op.cit.*, p.418-422.
[2094] Nicolas MARTY, *op.cit.*, p.423-427.
[2095] Nicolas MARTY, *op.cit.*, p.427-437.
[2096] Nicolas MARTY, *op.cit.*, p.415.
[2097] Pour une distinction des deux notions, v. *supra*, n°488 et s.
[2098] À propos de l'arrêt C.E., sect., 6 février 2004, *Mme Hallal*, rec. 48, req. n°240560, concl. DE SILVA ; *A.J.D.A.*, 1er mars 2004, n°8, p.436 et s., spéc. p.438 ; Bertrand SEILLER, « L'illégalité sans annulation », *A.J.D.A.*, 10 mai 2004, n°18, p.963-970.

SECTION 1. L'ENRICHISSEMENT DU CONTENU DU CONTRÔLE DE LÉGALITÉ

762. Traditionnellement, le contenu du contrôle de légalité se divise en quatre moyens d'illégalité : l'incompétence[2099], les vices de forme et de procédure, le détournement de pouvoir et la violation directe de la loi. Ces vices sont souvent regroupés autour de deux catégories de légalité : la légalité dite « externe » (vices de forme et de procédure, incompétence) et la légalité dite « interne » (détournement de pouvoir, violation directe de la loi). Cette catégorisation fait écho à la distinction entre le fond ou l'objet de l'acte (légalité « interne ») et sa forme (légalité « externe »). Découlant du développement empirique du contentieux administratif français, cette classification se justifie avant tout historiquement[2100]. Sa valeur est principalement pédagogique : elle est un « *instrument d'analyse que le juge utilise pour dire le droit* »[2101].

Si cette subdivision irrigue le droit administratif français, on la retrouve dans d'autres systèmes juridiques. Ainsi, l'article 173 du Traité C.E. prévoit les vices d'illégalité suivants : incompétence, violation de formes substantielles, violation du traité ou de toute règle de droit relative à son application et détournement de pouvoir. L'action en annulation[2102] peut donc être considérée comme l'équivalent communautaire du recours pour excès de pouvoir. Certes, le contrôle du juge communautaire possède ses caractéristiques propres, notamment la place conférée à la procédure ou le rôle important des États membres[2103]. Néanmoins, les subdivisions utilisées illustrent la confluence des systèmes juridiques quant à la teneur du contrôle de légalité.

763. Il s'agit alors de mesurer les fonctions de la notion de bonne administration sur le contenu de ce contrôle. Celles-ci sont principalement de deux ordres. D'une part, cette notion constitue un instrument du juge (**§1**). D'autre part, de manière plus abstraite, elle nuance certaines subdivisions « classiques » en les harmonisant (**§2**).

[2099] V. en outre : Georges VEDEL, Pierre DELVOLVÉ, *Droit administratif*, 12e éd., Paris, P.U.F., coll. Thémis, série Droit public, 1992, p.241 et s.

[2100] Georges VEDEL, Pierre DELVOLVÉ, *op.cit.*, p.300.

[2101] J. THÉRY, concl. sur C.E., sect., 14 novembre 1975, *Syndicat national de l'enseignement supérieur*, rec. 571, req. n°93351, spéc. p.578. Le commissaire nie ainsi toute valeur normative à ces classifications et estime que l'erreur dans la qualification du moyen avancée par le requérant (à savoir un moyen d'ordre procédural), même inexacte (moyen se rattachant davantage au motif), ne doit pas être mentionnée par le juge (à propos de la valeur du vœu spontané à l'origine de la suppression, puis de la création de la nouvelle Université Aix-Marseille II). Nous reviendrons sur cet arrêt à d'autres occasions.

[2102] Articles 230 et 231 C.E. ; 146 et 147 C.E.E.A.

[2103] Jacqueline DUTHEIL DE LA ROCHÈRE, « Le principe de légalité », *A.J.D.A.*, 1996, n° spécial, p.101.

§ 1. LA NOTION DE BONNE ADMINISTRATION, UN OUTIL DE CONTRÔLE DU JUGE

764. Partie intégrante de la légalité[2104], la notion de bonne administration imprègne le contrôle de légalité. Une fois de plus, sans faire strictement partie du principe de légalité, cette notion permet au juge d'en assurer le respect. Il faut en effet bien distinguer les normes juridiques des notions juridiques, qui ne possèdent pas la même fonction. Pour autant, ainsi que nous l'avons précisé tout au long de cette étude, ces dernières sont d'une importance indéniable, notamment pour le juge. Sous la condition qu'elle soit définie, elle confère une cohérence à la jurisprudence tout en permettant au juge de motiver de manière habile son raisonnement ou ses interprétations. Désormais définie, à notre sens, comme l'adaptation équilibrée des moyens de l'administration publique, l'intérêt de la notion de bonne administration pour le contrôle de la légalité doit être mis en valeur.

Certes, comme nous l'avons longuement précisé, l'expression « bonne administration » n'est, à notre connaissance, apparue expressément qu'une fois dans la jurisprudence française[2105]. Mais le silence du juge n'efface en rien la réalité qu'il désigne fréquemment.

765. Il convient alors de rendre compte de manière globale de la présence implicite de la notion de bonne administration dans le contrôle de légalité (**A**) avant de confronter cette notion à chaque moyen classique d'illégalité (**B**).

A. La bonne administration, une notion imprégnant le contrôle de légalité

766. Si l'expression « bonne administration » apparaît rarement dans les décisions du Conseil d'État, la notion de bonne administration guide bien souvent la plume du juge. Elle est d'ailleurs intrinsèquement liée, dès ses origines, au recours pour excès de pouvoir (**1**). Cette consubstantialité se manifeste également par l'emploi de la notion dans les conclusions des commissaires du gouvernement. Elle constitue un instrument important d'interprétation du juge dont l'évocation dans les conclusions des commissaires du gouvernement est saisissante (**2**).

1. La consubstantialité originelle entre la notion de bonne administration et le recours pour excès de pouvoir

767. Une étude portant sur les origines et l'évolution du recours pour excès de pouvoir dépasse largement les limites de cette thèse[2106]. À titre de rappel, il faut simplement préciser qu'il s'agit de l'action permettant d'annuler un acte administratif en raison de son illégalité[2107]. L'excès de pouvoir est donc synonyme

---

[2104] V. l'ensemble de la thèse soutenue et spéc. *infra*, n°899 et s.
[2105] V. *supra*, n°89.
[2106] Sur ses origines, v. en outre : Georges VEDEL, Pierre DELVOLVÉ, *op.cit.*, p.240-249 ; Raymond ODENT, *Contentieux administratif*, réimp., t.2, Paris, Dalloz, 2007, p.248-251.
[2107] Georges VEDEL, Pierre DELVOLVÉ, *op.cit.*, p.240.

d'illégalité au sens large et n'est pas cantonné au vice d'incompétence, bien que ce vice ait été le premier à être reconnu.

768. Il est alors frappant de constater que le recours pour excès de pouvoir fut dès ses origines lié à la notion de bonne administration. Garante d'un contrôle objectif de l'administration dépassant les « droits acquis » des administrés, cette notion contribua en effet à élargir son domaine[2108]. C'est en outre dans sa note sous l'arrêt *Casanova* qui étend la « *tutelle* » du Conseil d'État sur les communes que le Doyen Hauriou emploie l'expression : « *un grand pays comme la France ne peut pas au-delà d'une certaine mesure se passer de bonne administration. Si la politique électorale a eu besoin de se créer son organe, et si elle l'a trouvé dans la hiérarchie préfectorale, la bonne administration doit aussi se créer le sien* [le Conseil d'État] »[2109].

769. À l'origine, la notion de bonne administration constituait donc un moyen de justifier et d'étendre le recours pour excès de pouvoir. Liée à la moralité administrative et à la théorie de l'Institution[2110], cette notion est dissociée par le Doyen Hauriou du contrôle du pur respect de la loi[2111]. Nonobstant sa relative longueur, une citation, riche d'enseignements, doit être reproduite dans son intégralité afin de saisir à sa juste mesure la pensée du Doyen : « *par un coup de barre hardi, le recours pour excès de pouvoir revient à ce qu'il fut toujours essentiellement, un moyen de bonne administration, et il y revient par le pouvoir d'appréciation qui est inséparable de l'administration active ; le Conseil d'État reprend ainsi son véritable rôle, qui est non pas celui d'un juge chargé uniquement d'assurer l'application des lois, mais celui d'un juge chargé d'assurer la bonne administration. Et cela n'est pas la même chose, car la bonne administration ne se décrète point par les textes de lois, même les plus soigneusement rédigés* »[2112].

Le lien établi entre le recours pour excès de pouvoir et la notion de bonne administration s'explique certainement par l'acception première que livra le Doyen Hauriou de cette dernière en l'associant au détournement de pouvoir. Selon le maître de Toulouse, « *le recours pour excès de pouvoir s'est toujours présenté comme un moyen d'assurer la bonne administration* (…), *une procédure contentieuse d'introspection administrative* »[2113]. Cette référence à l' « *introspection administrative* » fait écho à la théorie de la moralité administrative que nous avons étudiée[2114]. Elle renforce de nouveau l'essence objective et interne de la notion de bonne administration[2115]. Cette notion constitue alors un critère de définition

---

[2108] Sur ce point et sur la fonction de légitimation de l'exorbitance du droit administratif : Nicolas MARTY, *op.cit.*, p.347-356.
[2109] Maurice HAURIOU, note sous C.E., 29 mars 1901, *Sieurs Casanova, Canazzi et autres*, *préc.*
[2110] V. *supra*, n°97 et s.
[2111] V. *infra*, n°907.
[2112] Maurice HAURIOU, note sous C.E., 29 mars 1901, *Sieurs Casanova, Canazzi et autres*, *préc.*
[2113] Maurice HAURIOU, notes sous C.E., 24 juillet 1903, *Commune de Massat*, rec. 556, req. n°11777 et C.E., 7 août 1903, *Sieurs Chabot et autres*, rec. 620, req. n°7836-13608 ; S.1904, III, p.1 (ouverture du recours pour excès de pouvoir à l'encontre des délibérations du Conseil général prononçant le sectionnement électoral de la commune concernée).
[2114] V. *supra*, n°100 et s.
[2115] V. *supra*, n°574 et s.

fonctionnelle du recours pour excès de pouvoir, entendu comme un « *moyen de nullité objectif organisé dans un but de bonne administration* »[2116].

770. La notion de bonne administration forme à la fois le but et l'essence du recours pour excès de pouvoir, qui est à son tour un moyen de garantir, voire de promouvoir la première. Cette interdépendance s'explique par leur essence objective commune. En effet, ainsi que nous l'avons montré[2117], la notion de bonne administration n'est pas synonyme de satisfaction optimale et exclusive de l'administré, mais d'équilibre et d'adaptation optimale des moyens de l'administration à ses objectifs. Contrairement à une idée largement répandue, cette notion n'est pas, dans la signification que nous lui avons attribuée, d'essence « subjective ». De même, le propre du contrôle de légalité, objet du recours pour excès de pouvoir dans le système français ou encore du *judicial review* dans le système anglais, est de mesurer la conformité objective d'un acte à la légalité.

771. Ce raisonnement peut s'appliquer aux autres ordres juridiques qui n'emploient pas l'expression « recours pour excès de pouvoir », mais qui connaissent en substance la distinction entre le contentieux de la légalité et le contentieux de la responsabilité. Au-delà de cette consubstantialité originelle, la bonne administration est un instrument d'interprétation guidant la plume du juge.

La lecture attentive de certaines conclusions des commissaires du gouvernement est, sur ce point, éclairante.

2. L'évocation saisissante de la bonne administration dans les conclusions des commissaires du gouvernement

772. La notion de bonne administration permet de conférer un certain sens à la norme à appliquer dans le cas d'espèce. La bonne application de la norme réside alors dans son adaptation équilibrée[2118] par rapport à l'objectif poursuivi. Selon le juge communautaire, la bonne application des règles en fonction des objectifs des Traités est imposée dans l' « *intérêt d'une bonne administration des règles fondamentales du traité* »[2119]. Si elle ne figure pas expressément dans les motifs des arrêts du Conseil d'État, la notion apparaît en ce sens dans certaines conclusions des commissaires du gouvernement.

773. Aussi le commissaire du gouvernement Rivet conseillait-il au juge, dès les années vingt, d' « *apprécier, dans chaque cas d'espèce, en faisant état des circonstances de fait et, parfois, de raisons d'opportunité et de bonne*

[2116] Maurice HAURIOU, note sous C.E., 8 décembre 1899, *Ville d'Avignon*, rec. 720, req. n°82919 et C.E., 15 décembre 1899, *Sieur Adda*, rec. 734, req. n°90503 ; S.1900, III, p.73.

[2117] V. *supra*, n°411 et s.

[2118] V. *infra*, n°973 et s.

[2119] T.P.I.C.E., 3e ch., 15 septembre 1998, *Gestevision c/ Commission*, aff. T-95/96, rec.1998, p.II-3407, pt.53. Le délai d'exécution raisonnable est rattaché à l'intérêt d'une bonne administration des règles du traité : T.P.I.C.E., 2e ch., 12 décembre 2006, *Asociacion de Empresarios de Estaciones de Servicio de la Comunidad Autonoma de Madrid c/ Commission*, aff. T-95/03, rec.2006, p.II-4739, pt.121 ; pt.129.

administration, si le texte était ou n'était pas applicable »[2120]. En l'espèce, était en cause l'application d'une réglementation fiscale à une catégorie d'industriels que l'administration prétendait pouvoir exonérer. Le commissaire du gouvernement souligne que, si cette exonération dérogatoire concernait un particulier, le juge devait se remettre au pouvoir discrétionnaire de l'administration, qui est de « *l'essence même de la fonction administrative* ». Or, ici, le nombre de personnes visées, qui forme une catégorie, permet au juge de se prononcer sur l'interprétation de l'administration, alors jugée erronée.

Ainsi que nous avons eu l'occasion de le souligner[2121], la notion de bonne administration est intrinsèquement liée au pouvoir discrétionnaire de l'administration, qui lui permet d'interpréter le droit à appliquer. De même, devant l'obscurantisme de la loi, la notion de bonne administration est un moyen, pour le juge, de se prononcer sur le pouvoir d'appréciation de l'administration tout en déployant son propre pouvoir discrétionnaire. Par là-même, ce dernier est davantage légitimé. Cependant, bien qu'elle en soit distinguée, l'adjonction de la bonne administration à l' « *opportunité* » ne manque ici pas de nourrir l'imprécision de la notion.

774. Le commissaire du gouvernement Combarnous leva cette ambiguïté à l'occasion de l'arrêt *Sieur Canton*[2122]. Au sujet de la légalité de l'octroi d'un permis de construire comportant une dérogation au règlement sanitaire départemental, le commissaire du gouvernement estime « *conforme à l'esprit des textes et conforme à l'intérêt d'une bonne administration* »[2123] d'éviter, par voie de dérogations excessivement accordées, de détourner les dispositions réglementaires susvisées. La notion de bonne administration encadre donc la légalité d'une dérogation. Celle-ci doit être adaptée au but de la réglementation (adaptation) sans aboutir à l'anéantissement de la règle (équilibre). Bien que le juge valide en l'espèce la dérogation apportée par l'administration, il ouvre la possibilité, *via* la bonne administration, de se prononcer sur son pouvoir discrétionnaire, sans pour autant porter une appréciation d'ordre politique.

775. À propos d'une affaire posant des problèmes similaires, le commissaire du gouvernement Fournier s'adresse aux juges en leur confirmant que leur interprétation des dispositions litigieuses, qui fait prévaloir l'esprit général de la législation d'urbanisme sur les termes précis de la disposition litigieuse, est « *la seule compatible avec les exigences d'une bonne administration* »[2124].

Ces conclusions illustrent avec éclat la fonction « interprétative » que possède cette notion. Désignant l'adaptation des moyens à la fin, celle-ci permet d'affirmer que la dérogation du préfet à la réglementation en vigueur doit se fonder sur sa compatibilité avec la réglementation future.

2120 Concl. sur C.E., 24 mars 1922, *Chambre syndicale des fabricants d'eaux gazeuses de Paris*, rec. 256, req. n°58327 ; *R.D.P.*, 1922, n°39, p.251.

2121 V. *supra,* n°375 et s.

2122 Concl. sur C.E., 12 janvier 1962, *Sieur Canton*, rec. 23, req. n°48837 ; *A.J.D.A.*, 20 avril 1962, n°4, p.234-236.

2123 Concl. sur C.E., 12 janvier 1962, *Sieur Canton, préc.*, p.235.

2124 Concl. sur C.E., sect., 5 mars 1965, *Sieur Pernot et autres*, rec. 145, req. n°57235 ; *A.J.D.A.*, 1965, p.232.

776. Dans d'autres cas, c'est davantage le second critère de définition de la notion de bonne administration, à savoir l'équilibre, qui est mis en exergue. Pour illustrer ce constat, on peut notamment citer les conclusions du commissaire du gouvernement Guy Braibant sur l'arrêt Dame *Pouvillon*[2125].

En l'espèce, l'administration commença à élaborer le plan directeur de la ville de Toulouse sous l'empire de la loi de 1943. Ce plan fut adopté lors de l'entrée en vigueur d'un décret de 1958 dont le champ d'application s'étend rétroactivement aux plans entrepris pendant le régime de la loi de 1943. Or, ce décret prévoyait, en outre, de procéder à une publication avant l'enquête d'utilité publique. Ce n'était pas le cas en l'espèce puisque la loi de 1943, qui prévoyait également une telle publication, n'imposait pas qu'elle intervînt avant cette enquête. La publication ne fut toutefois pas entachée d'illégalité, bien qu'elle aurait dû avoir lieu antérieurement.

Selon le commissaire du gouvernement, cette solution « *a le mérite d'être conforme aux intentions exprimées dans le décret de 1958, et aux exigences d'une bonne administration* »[2126]. La notion de bonne administration est ici clairement rattachée à l'économie des moyens dans la procédure. Il suffit donc que le plan reflète de manière correcte la réalité et que l'acte de volonté soit raisonnable. Ce formalisme modéré, relevant de l'exigence d'une bonne administration[2127], permet d'interpréter le texte de loi en ce sens. Les deux critères de définition de la notion de bonne administration (adaptation et équilibre) correspondent donc à la fonction qui lui est attribuée.

777. Le commissaire du gouvernement Donnat a dernièrement mis en valeur cette fonction « interprétative » de la bonne administration[2128]. Etait ici en cause une réglementation interdisant le cumul d'indemnités en cas d'éloignements alloués aux fonctionnaires mariés. Les époux Leroy considéraient cette mesure comme discriminatoire, car elle ne s'appliquait pas aux concubins.

Le commissaire du gouvernement leur donna raison, en considérant que la nature du lien unissant le couple n'était pas un critère pertinent de différenciation de traitement eu égard à l'objet de la réglementation. Les termes employés méritent d'être reproduits aussi bien en raison de leur apport que de leur ambivalence : « *lorsque le texte est obscur, vous vous attachez à en dégager le sens en tenant compte de sa genèse, de son économie générale et, reconnaissons-le, d'une conception qui est la vôtre de ce qu'est la bonne administration* »[2129].

Préférant une interprétation extensive du texte plutôt que son annulation, la notion de bonne administration permet ainsi à celui-ci de s'adapter à l'évolution des mœurs (le développement du concubinage) jusqu'à presque créer, au fond, une nouvelle règle de droit. Néanmoins, l'emploi de l'expression « *reconnaissons-le* » confère à la bonne administration un aspect « peu avouable ». Elle jette un doute sur sa juridicité et peut en ce sens paraître regrettable. De même, il ne nous semble pas opportun de l'opposer à l'esprit du texte en la réduisant à une « *conception* » qui

---

[2125] Concl. sur C.E., sect., 20 mai 1966, *Dame veuve Pouvillon et autres*, rec. 355, req. n°59186.
[2126] C.E., sect., 20 mai 1966, *Dame veuve Pouvillon et autres*, rec. 355, req. n°59186, p.357.
[2127] V. *supra*, n°428 et s.
[2128] Concl. sur C.E., sect., 15 juillet 2004, *M. et Mme Leroy*, rec. 338, req. n°242318 ; *R.F.D.A.*, 2004, p.911.
[2129] Concl. sur C.E., sect., 15 juillet 2004, *M. et Mme Leroy*, *préc.*, p.911.

serait celle du Conseil d'État. Cette rédaction, à certains égards quelque peu maladroite, pourrait en effet laisser entendre que la bonne administration est tributaire de ce que le juge considère personnellement comme une administration convenable. Or, non seulement il est fidèle à l'esprit du texte, puisqu'il n'en modifie que le champ d'application, mais sa démarche consiste uniquement à le mettre en adéquation avec l'évolution des mœurs.

778. Il apparaît à la fois difficile et inutile de reporter de manière exhaustive les références à la « bonne administration » dans les conclusions des commissaires du gouvernement. Les passages précités suffisent à convaincre : l'absence de l'expression « bonne administration » dans la jurisprudence n'efface pas sa présence. Si le recours pour excès de pouvoir est un « *moyen de bonne administration* »[2130], il ne semble pas impossible d'envisager la notion de bonne administration comme un moyen pour le juge de contrôler l'excès de pouvoir.

Il convient, à ce titre, de confronter cette notion aux moyens classiques d'illégalité.

B. La connexité entre la notion de bonne administration et certains moyens classiques d'illégalité

779. L'établissement du lien entre la notion de bonne administration et certains vices classiques d'illégalité conforte son appartenance au contrôle de légalité. L'examen doit tout de même rester rigoureux : la notion de bonne administration n'est pas reliée à l'ensemble des moyens d'annulation.

780. Si son rapport avec le contrôle des motifs et de la forme est bien réel (**2**), il n'en va pas tout à fait de même de l'incompétence et du détournement de pouvoir (**1**).

1. Les moyens d'illégalité sans lien réel avec la notion de bonne administration

L'incompétence, telle que classiquement entendue, ne semble pas entretenir de rapports ténus avec la notion de bonne administration (**a**). De même, il faut revenir sur l'association originelle de cette notion avec le détournement de pouvoir (**b**).

a. Bonne administration et incompétence

781. Historiquement, l'incompétence est le premier cas d'ouverture du recours pour excès de pouvoir[2131]. Cela explique que l'on ait conservé l'expression « excès de pouvoir » alors que les cas d'ouverture dépassent cette question. L'incompétence désigne, dans son acception première et restrictive, un acte ou une action prise par

---

[2130] Maurice HAURIOU, note sous C.E., 29 mars 1901, *Sieurs Casanova, Canazzi et autres, préc.*, p.73.

[2131] Gaston JÈZE, « Essai de théorie générale de la compétence pour l'accomplissement des actes juridiques en droit public français », *R.D.P.*, 1923, p.58-76. L'auteur compare notamment la compétence de l'administration à la capacité du particulier.

un auteur à la place d'un autre[2132]. Elle peut se situer *rationae temporis, rationae materiae ou rationae loci*. Selon une acception extensive, l'incompétence désigne un défaut de procédure nécessaire à la prise de l'acte. Elle renferme également les cas d'usurpation de pouvoir, c'est-à-dire d'absence totale d'habilitation à agir.

Ces acceptions de l'incompétence juridique entretiennent peu de lien avec la notion de bonne administration. L'idée d'adaptation équilibrée des moyens n'est en effet pas en cause. Il s'agit davantage du respect des compétences légalement prévues.

782. Il convient toutefois de signaler que le lien peut se tisser si l'on adopte une définition différente de la compétence. Aussi Monsieur Truchet emploie-t-il la notion d'incompétence matérielle, relative au manque de moyen, tout en la distinguant du détournement de pouvoir, relatif à la fin[2133]. Dans ce cas, l'incompétence est synonyme d'incapacité, de manque de connaissance ou d'inaptitude à faire quelque chose.

Les illustrations précitées de la notion de bonne administration peuvent s'inscrire dans cet ordre d'idées. En effet, cette notion renferme l'idée d'administration « capable » ou compétente, usant de manière adaptée des moyens dont elle dispose.

783. Hormis cette hypothèse, rarement envisagée, l'incompétence relève de considérations assez étrangères à la notion de bonne administration, telle que nous l'avons définie. À l'analyse, il en va de même du détournement de pouvoir.

b. Bonne administration et détournement de pouvoir

784. Le détournement de pouvoir est classiquement entendu comme l'utilisation, par l'administration, de ses pouvoirs dans un but autre que celui en vue duquel ils lui ont été conférés[2134]. Ce vice est donc essentiellement subjectif, ainsi que l'illustre notamment l'arrêt *Pariset*[2135]. Afin de l'établir, il faut déterminer, puis confronter l'esprit de la loi avec l'intention de l'auteur de l'acte (mobile).

La notion de bonne administration fut liée, sous la plume du Doyen Hauriou, à ce vice. Comme nous l'avons souligné, la première découlait, selon le maître de Toulouse, de la théorie de la moralité administrative. Le détournement de pouvoir, « *subordination du pouvoir administratif au bien du service* »[2136], est alors la

---

[2132] Elle relève des vices de légalité externe : C.E., sect., 10 mars 1978, *Commune de Roquefort-les-Pins*, rec.126, req. n°3895 (autorité compétente en matière de délivrance de permis de construire). Pour des exemples, v. en outre : Raymond ODENT, *op.cit.*, p.385-424.

[2133] Didier TRUCHET, *op.cit.*, p.91.

[2134] Raymond ODENT, *op.cit.*, fasc.VI, p.575-593. Pour une étude complète de la question et une distinction entre le détournement de pouvoir et la compétence : Roger VIDAL, « L'évolution du détournement de pouvoir dans la jurisprudence administrative », *R.D.P.*, 1952, p.275-316.

[2135] C.E., 26 novembre 1875, *Pariset*, rec. 934, req. n°47544. Le but peut être d'intérêt privé ou d'intérêt public local : C.E., 6e-2e sous-sect., 24 mai 1993, *Commune du Vésinet*, rec. 163, req. n°118414 ; C.E., 20 juillet 1971, *Ville de Sochaux*, rec. 561, req. n°80804.

[2136] Maurice HAURIOU, *Précis de droit administratif et de droit public*, 10e éd., Paris, Sirey, 1921, p.456 ; p.459.

projection des idées de moralité et de bonne administration dans le contentieux. Ces idées auraient ainsi permis de pénétrer dans le contrôle des mobiles de l'acte[2137].

785. La note de Maurice Hauriou sous l'arrêt *Ville de Paris*[2138] est significative à cet égard. Selon le Doyen, « *c'est imaginer un droit administratif irréel* »[2139] que de vouloir fonder le contentieux administratif sur le droit violé de l'administré.

Afin de saisir le raisonnement de l'auteur, la distinction entre les actes d'autorité et les actes de gestion doit être rappelée. Maurice Hauriou commence par qualifier les refus de délivrance préfectorale d'alignement de propriété d' « *actes d'autorités* » ne conférant aucun droit acquis au propriétaire. Toutefois, cette qualification n'empêche pas l'indemnisation si l'acte peut être rattaché à une opération de travaux publics ou s'il engendre une privation de jouissance liée à une expropriation imminente, ce qui fut le cas en l'espèce.

L'ouverture du recours pour excès de pouvoir est alors permise dans les cas où les motifs du refus « *n'étaient pas conformes à la bonne administration* », c'est-à-dire à la conservation des voies et à la salubrité. Le détournement de pouvoir est établi sur ce fondement : « *le calcul était bon au point de vue des finances de la ville, et cependant l'acte n'était pas de bonne administration* »[2140]. En effet, la délivrance des alignements et des permissions de construire est une mesure de police qui ne doit pas être inspirée par des considérations financières. Ainsi, « *au point de vue de la bonne administration, il y a des hypothèses où le refus d'alignement est fondé* (…) *et c'est une preuve de plus que le propriétaire n'a pas de droit acquis à obtenir l'alignement* »[2141].

786. En somme, sur le plan conceptuel, la bonne administration et le détournement de pouvoir se trouvent reliés par l'idée de moralité administrative. On retrouve implicitement ce raisonnement sous la plume de Raymond Odent. Celui-ci précise que ce vice d'illégalité amène à une analyse subjective, voire péjorative du fonctionnement administratif « *dont la moralité, la loyauté sont plus ou moins suspectées* »[2142]. D'un point de vue fonctionnel, la bonne administration contribue, tout comme le détournement de pouvoir, à l'extension du recours pour excès de pouvoir aux hypothèses dans lesquelles le requérant n'a pas de droits acquis. La puissance publique n'a alors pas d'obligation envers le propriétaire, mais est « *obligée vis-à-vis d'elle-même, au point de vue des règles d'une sorte de moralité administrative, à ne pas commettre d'excès de pouvoir* (…) ». Sans faire valoir un quelconque droit, le propriétaire « *met en mouvement un moyen de bonne administration* »[2143].

787. C'est sans doute cette optique fonctionnelle qui occupa principalement l'esprit du Doyen Hauriou. L'imprécision quant aux notions de moralité administrative et

---

2137 Maurice HAURIOU, Guillaume de BEZIN, *art.cit.*, p.573.
2138 Maurice HAURIOU, note sous C.E., 3 août 1900, *Ville de Paris c/ Dame veuve Sanoner*, *préc.*, p.41-43.
2139 Maurice HAURIOU, note sous C.E., 3 août 1900, *préc.*, p.42.
2140 Maurice HAURIOU, note sous C.E., 3 août 1900, *préc.*, p.41.
2141 Maurice HAURIOU, note sous C.E., 3 août 1900, *préc.*, p.41.
2142 Raymond ODENT, *op.cit.*, fasc.VI, p.574.
2143 Maurice HAURIOU, note sous C.E., 3 août 1900, *préc.*, p.41 (deux dernières citations).

de bonne administration en témoigne[2144]. Si l'évocation du détournement de pouvoir et de la « bonne administration » ont permis le déploiement du contrôle de légalité, leur connexité matérielle semble reposer sur une assise fragile. Telle que nous l'avons définie, la notion de bonne administration entretient en réalité peu de lien avec le détournement de pouvoir.

En premier lieu, le détournement de pouvoir est d'essence subjective tandis que la bonne administration est d'essence objective[2145]. Alors que la seconde vise l'équilibre optimal entre les intérêts en conflit[2146], le premier est empreint des idées de morale, de loyauté, de subjectivité.

En second lieu, le détournement de pouvoir est axé sur la fin poursuivie alors que la notion de bonne administration vise l'adaptation des moyens. Ainsi que nous l'avons souligné[2147], cette notion a trait à l'utilisation des moyens et n'entretient pas de lien avec l'idée intuitive et abstraite de « bonne finalité ».

Il peut donc y avoir bonne administration (adaptation équilibrée des moyens de l'administration) tout en ayant détournement de pouvoir. Loin de s'y assimiler, la première participe à la relativisation de la théorie classique du détournement de pouvoir[2148], qui substitue le contrôle des motifs au contrôle des mobiles.

Une fois délimitée, elle se révèle être davantage liée aux autres moyens classiques d'illégalité.

2. Les moyens d'illégalité reliés à la notion de bonne administration

788. Il convient ici de rendre compte, de manière concise, du lien qui unit la notion de bonne administration aux contrôles des motifs (**a**) et de la forme (**b**). Le but étant de montrer l'imbrication de la notion de bonne administration dans le contrôle de légalité, nos développements ne reviendront pas sur les enjeux de chacun de ces moyens d'illégalité.

a. Bonne administration et vice dans les motifs

789. Le motif, contrairement au mobile, est essentiellement objectif : il désigne l'antécédent ou encore la cause juridique d'un acte juridique ou encore les considérations de fait ou de droit à l'origine de celui-ci[2149]. Le vice dans les motifs peut concerner les motifs de droit ou ceux de fait. Le vice dans les motifs de droit (erreur de droit) correspond à un défaut de base légale ou à une mauvaise interprétation de la règle de droit[2150]. Le vice dans les motifs de fait concerne soit la matérialité des faits (ou encore leur pure existence)[2151], soit la qualification juridique

---

2144 V. *supra*, n°100 et s.

2145 V. *supra*, n°574 et s.

2146 V. *supra*, n°404 et s.

2147 V. *supra*, n°343 et s.

2148 Didier TRUCHET, *op.cit.*, p.97-101.

2149 Gaston JÈZE, « Essai d'une théorie générale sur l'influence des motifs déterminants sur la validité des actes juridiques en droit public français », *R.D.P.*, 1922, vol.39, p.377.

2150 « *Fausse interprétation de la loi* » : Georges VEDEL, Pierre DELVOLVÉ, *op.cit.*, p.315.

2151 C.E., 14 janvier 1916, *Camino*, rec. 15, req. n°59619-59679 ; Raymond ODENT, *op.cit.*, fasc.VI, p.530-532.

des faits, c'est-à-dire l'établissement du lien d'appartenance d'un fait à une catégorie ou à une notion juridique.

790. Réduit au départ[2152], le contrôle de la qualification juridique des faits a désormais atteint un stade avancé[2153]. Il présente de ce fait un lien certain avec la notion de bonne administration. À l'instar de la fonction de la notion de bonne administration sur la qualification de la faute « *de nature à* », elle s'insère dans l'opération de qualification du fait « de nature à justifier la décision attaquée ». Le contentieux des sanctions illustre ce constat, notamment en raison de ses similitudes avec le plein contentieux[2154]. La fameuse théorie du bilan, introduite en France notamment par l'arrêt *Ville nouvelle Est*[2155], exprime les idées d'adaptation et d'équilibre, critères de définition de la notion de bonne administration. En effet, avec le contrôle des motifs, « *le juge ne contrôle plus alors simplement la qualité des "matériaux" de fait et de droit du motif, il examine la* ***façon*** *dont ces matériaux ont été mis en œuvre* »[2156]. Or, ainsi que nous l'avons précédemment montré, la notion de bonne administration concerne la manière dont l'administration met en œuvre ses moyens. Un lien évident se tisse donc entre cette notion, le pouvoir discrétionnaire et le contrôle des motifs.

791. La notion de bonne administration est également liée aux motifs de droit, lorsque le vice se situe dans l'interprétation de la règle. En effet, ainsi que nous avons eu l'occasion de le souligner[2157], elle est un instrument d'interprétation du juge souvent évoqué par les commissaires du gouvernement dans leurs conclusions. Si elle n'entretient aucun lien avec l'idée de violation directe de la loi[2158] (qui relève davantage de la « mauvaise administration »[2159]), elle guide en revanche le contrôle des motifs. Nous reviendrons sur ce point par la suite[2160]. Il faut ici se limiter au simple établissement du lien entre la notion de bonne administration et ce moyen d'illégalité. À cette fin, il paraît judicieux de se référer aux conclusions du commissaire de gouvernement Théry à l'occasion de l'arrêt précité *Syndicat national de l'enseignement supérieur*[2161].

792. Il s'agissait ici de se prononcer sur la valeur d'une consultation antérieure à l'édiction du décret attaqué supprimant l'Université Aix-Marseille II pour créer une nouvelle Université provisoirement du même nom. Le commissaire du

---

2152 Maurice HAURIOU, note sous C.E., 4 avril 1914, *Gomel*, rec. 488, req. n°55125 ; S.1917, III, p.25.

2153 Raymond ODENT, *op.cit.*, fasc.VI, p.532-566.

2154 C.E., ass., 13 mars 1953, *Sieur Teissier*, rec. 133, req. n°7423.

2155 C.E., ass., 28 mai 1971, *Ministre de l'Équipement et du Logement c/ Fédération de défense des personnes concernées par le projet actuellement dénommé « Ville nouvelle Est »*, rec. 410, req. n°78825, concl. Guy BRAIBANT.

2156 Bernard PACTEAU, *Le juge de l'excès de pouvoir et les motifs de l'acte administratif*, Clermont-Ferrand, Travaux de recherches de la faculté de droit et de science politique, 1977, p.201. Nous soulignons.

2157 V. *supra*, n°772 et s.

2158 Raymond ODENT, *op.cit.*, fasc.VI, p.491-508.

2159 Sur le dépassement de l'antonymie entre « mauvaise administration » et « bonne administration », v. *supra*, n°703 et s.

2160 V. *infra*, n°859 et s.

2161 J. THÉRY, concl. sur C.E., sect., 14 novembre 1975, *Syndicat national de l'enseignement supérieur*, *préc.*

gouvernement invita le Conseil d'État à affirmer la valeur facultative de la consultation du Conseil de l'Université Aix-Marseille II, qui émit un vœu favorable. Les vices de forme entachant cette délibération, bien que figurant dans le visa du décret, ne sont pas, en raison de son caractère facultatif, de nature à vicier la procédure menée. La question concerne donc les motifs du décret et non la procédure, contrairement à ce qu'alléguait le requérant (Syndicat national de l'enseignement supérieur) : « *éclairée par la décision d'annulation sur la valeur de ce vœu, cette autorité aurait seulement à apprécier à nouveau, cette fois en toute connaissance de cause, s'il est ou non de bonne administration de reprendre pour un autre motif la même décision* »[2162]. La notion de bonne administration guide donc l'administration dans le choix de ses motifs et, par conséquent, le juge administratif dans son contrôle de ces derniers.

793. S'ils doivent être distingués des vices dans les motifs, les vices de forme ou de procédure entretiennent également un rapport avec la bonne administration.

b. Bonne administration et vices de forme ou de procédure

794. Le vice de forme a trait à la légalité dite « externe » ou encore formelle, c'est-à-dire au respect des formes et des procédures dans l'élaboration des actes administratifs[2163]. Ce vice est le moins rigoureux : il n'engendre l'annulation que s'il est « substantiel ». Ce qualificatif recouvre deux hypothèses : d'une part, la violation d'une garantie de l'administré, qui constitue le principal fondement du respect des formes[2164] ; d'autre part, l'incidence du vice sur le contenu de l'acte final[2165]. Il peut donc y avoir illégalité pour vice de forme sans annulation[2166].

795. Ainsi que nous l'avons déjà souligné, la notion de bonne administration entretient un lien étroit avec la « bonne procédure »[2167]. L'idée d'équilibre, intrinsèque à cette notion, permet de mettre en œuvre le contrôle de la forme et de la procédure. Ce constat s'inscrit dans les réflexions menées en outre par Raymond Odent au sujet du vice de forme et notamment du juste équilibre entre l'excès de formalisme et l'obligation de respecter les règles de forme, garantes d'une bonne décision[2168]. En d'autres termes, la bonne administration permet de déterminer le caractère essentiel des formalités à respecter. En effet, afin d'apprécier si une formalité est substantielle, il faut tenir compte des considérations en fonction desquelles elle a été instituée et de l'objectif auquel elle répond[2169]. Or, ainsi que

---

[2162] J. THÉRY, concl. sur C.E., sect., 14 novembre 1975, *Syndicat national de l'enseignement supérieur, préc.*, p.577.
[2163] Georges BERLIA, « Le vice de forme et le contrôle de la légalité des actes administratifs », *R.D.P.*, 1940, vol.47, p.371. Pour une vision générale de ce vice : Raymond ODENT, *op.cit.*, fasc.VI, p.424-486 ; Jean-Jacques BIENVENU, « Vice de forme », *Rép. cont. adm., Dalloz.*
[2164] Raymond ODENT, *op.cit.*, fasc.V, p.425.
[2165] V. pour exemple : T.A. de Dijon, 24 mars 1998, *Société Deblangey c/ Syndicat intercommunal à vocation multiple du canton de Saulieu « Le trait d'Union »*, [non publié] ; *A contrario* : C.E., 7 mars 1975, *Association des amis de l'Abbaye de Fontevraud*, rec. 179, req. n°89011, *A.J.D.A.*, 1976, p.208.
[2166] Georges BERLIA, *art.cit.*, p.386-393.
[2167] V. *supra*, n°436 et s., 525 et s.
[2168] Raymond ODENT, *op.cit.*, fasc.V, p.425.
[2169] Raymond ODENT, *op.cit.*, fasc.V, p.430.

nous l'avons montré, la notion de bonne administration se définit comme la bonne adaptation des moyens de l'administration aux objectifs qui lui sont assignés. C'est ainsi qu'une même formalité peut, en certaines matières ou dans certains cas particuliers, être considérée comme accessoire alors que, dans d'autres matières ou dans des circonstances de fait un peu différentes, on lui reconnaîtra un caractère substantiel[2170]. La notion de bonne administration permet d'expliquer ces interprétations conjoncturelles et de leur conférer une certaine cohérence.

796. En résumé, la notion de bonne administration fait partie intégrante du contrôle de légalité. Originellement liée à la naissance et au déploiement du recours pour excès de pouvoir, elle entretient un lien étroit avec le contrôle des motifs et de la procédure. Cependant, cette notion a bien une existence propre si bien qu'il peut paraître envisageable que ses critères de définition (adaptation équilibrée) forment à l'avenir un moyen de légalité à part entière (« moyen de bonne administration »). En dehors de cette suggestion prospective, le lien entre la notion de bonne administration et certains vices classiques d'illégalité confirme son appartenance au contrôle de légalité. Au-delà de ce lien d'appartenance, la notion étudiée contribue à l'adaptation du contrôle de légalité. Plus précisément, elle harmonise et assouplit certaines catégorisations contentieuses peu opérantes.

§ 2. La notion de bonne administration, un outil d'aménagement de catégorisations contentieuses peu opérantes

797. La notion de bonne administration est un facteur d'aménagement des limites classiques du contentieux administratif. Plus précisément, elle introduit des nuances aux classifications rigides souvent en décalage avec la réalité du contentieux. En effet, « *il y a tout lieu de penser que le système d'oppositions binaires que l'écriture juridique semble avoir pratiqué comme une seconde nature, est en train de perdre ses vertus heuristiques* »[2171]. Désormais définie, la notion de bonne administration enrichit la structuration du contrôle de légalité en l'adaptant à la réalité. Au-delà de l'analyse critique à laquelle elle conduit, la notion de bonne administration participe donc naturellement à l'enrichissement du contenu du contrôle de légalité[2172].

De nouveau, l'importance des fonctions systémiques d'une notion juridique ne doit pas être mésestimée. Quel serait l'intérêt du droit s'il n'était pas saisi par ses destinataires ? La fonction préventive de tout contrôle ne serait-elle pas anéantie par des décisions obscures ? Distinct de la nature, le droit est avant tout une représentation psychique véhiculée par un langage, qui se doit d'être en phase avec la réalité. La fonction de la notion de bonne administration réside alors dans l'harmonisation et dans le dépassement de catégorisations certes didactiques, mais d'application hasardeuse. Si cette fonction peut paraître uniquement pédagogique,

---

[2170] Raymond ODENT, *op.cit.*, fasc.V, p.430.

[2171] Jacques CAILLOSSE, « Quel Droit administratif enseigner aujourd'hui ? », *R.A.*, septembre-octobre 2002, vol.55, n°329, p.351.

[2172] Titre de la présente section.

la spécificité de la normativité juridique lui confère un intérêt, certes médiat, mais bien concret, pour le contentieux.

798. Dans ce cadre, la notion de bonne administration relativise la distinction entre le contrôle de légalité et le contrôle d'opportunité (**B**). De même, l'opposition entre la légalité dite « externe » et la légalité dite « interne » semble presque dénuée d'intérêt au regard de l'incidence de cette notion sur la procédure et sur la forme (**A**).

A. La relativisation de la distinction entre la légalité « externe » et la légalité « interne »

799. Il faut rappeler que la légalité « interne » vise le fond de l'acte tandis que la légalité « externe », qui comprend aussi la compétence, a trait davantage à sa forme et, en outre, à sa procédure. Nous avons déjà eu l'occasion de souligner, dans une optique de définition, le lien entre la notion de bonne administration et la « bonne procédure »[2173] : sommairement, la seconde est le véhicule de la première. Il s'agit à présent de mesurer l'incidence de la notion de bonne administration sur l'idée de forme et, en particulier, sur sa distinction avec le contenu de l'acte.

800. À cette fin, la fragilité de la différenciation entre le fond et la forme doit être clairement mise en évidence (**1**). La notion de bonne administration nous invite alors à une approche beaucoup plus substantielle de la procédure (**2**).

1. L'ambiguïté inhérente à la différenciation entre le fond et la forme

801. La forme est souvent opposée au fond[2174] ; c'est de la sorte qu'elle est « définie ». L'adjectif « formel » n'est pas employé ici au sens de solennel, qui s'oppose à certaines actions informelles efficaces, mais sans effet juridique[2175]. Le formel désigne les éléments de forme, tels que la motivation ou encore le contreseing. La forme est alors associée à la légalité dite « externe » tandis que le fond relève de la légalité dite « interne »[2176]. Le formalisme désigne l'ensemble des éléments formels et procéduraux auxquels la légalité de l'action administrative est subordonnée[2177]. Il peut également être défini comme l'expression d'un rapport juridique qui relie la forme à la réglementation. Selon Monsieur Saunier, il désigne un ensemble de règles qui constituent des « *outils de création et d'application du*

[2173] V. *supra*, n°436 et s., n°525 et s.

[2174] Sébastien SAUNIER, *Recherche sur la notion de formalisme en droit administratif français*, Thèse droit public, Université de Lille III, 2005, p.42-85. Sur le renvoi général à la forme: p.86-112 ; sur l'indétermination du fond : p.112-140.

[2175] Yves GAUDEMET, « Les actions administratives informelles », *R.I.D.C.*, 1994, n°2, p.645-654.

[2176] Cette distinction est maintenant entrée dans le vocabulaire contentieux. Pour exemple : C.E., sect., 15 février 1974, *Fédération nationale des syndicats de fonctionnaires de l'Agriculture C.F.D.T. et autres*, rec. 113, req. n°80772-80814 (contrôle des motifs expressément rattaché à la légalité interne de la décision de répartition des sièges entre les organisations syndicales au sein des comités techniques paritaires).

[2177] Amicie MAUCOUR-ISABELLE, « La simplification du droit : des réformes sans définition matérielle », *A.J.D.A.*, 14 février 2005, n°6, p.303.

droit »[2178]. Le « *droit formaliste* » se rapporte, pour cet auteur, aux formes juridiques impérativement déterminées et consécutivement irremplaçables.

802. La forme et la procédure se distingueraient du fond en partie parce qu'elles pourraient faire l'objet d'aménagements. C'est ce qui fonde la théorie de l'apparence, suivant laquelle le Conseil d'État valide les actes émis par un administrateur incompétent[2179]. Le juge n'annule la décision que pour violation de formes substantielles.

Selon la Cour de justice des Communautés européennes, les formes substantielles désignent soit la motivation, soit les impératifs procéduraux qui, faisant partie intégrante du processus d'élaboration des actes, en conditionnent la validité. À titre d'exemple, un défaut d'authentification d'une décision adoptée par le collège des membres de la Commission a été qualifié de vice substantiel[2180]. Ce critère pourrait ainsi permettre de différencier le fond de la forme.

803. Cependant, les éléments dits de « forme » se distinguent à notre sens rarement du contenu de l'acte. L'exigence de motivation en est un exemple édifiant. Si la motivation[2181] d'une décision administrative doit formellement, c'est-à-dire visuellement, figurer sur le papier (légalité dite « externe »), elle est intrinsèquement liée aux motifs, élément de la légalité dite « interne ».

La distinction entre les motifs de l'acte et la motivation est donc à relativiser[2182]. Garantie face au risque d'arbitraire, la motivation pourrait à ce titre être étendue aux raisons soutenant la décision (justification) au lieu d'être réduite à une simple description des motifs[2183]. La tendance à reléguer les vices de forme au second plan ne paraît en somme pas cohérente. En effet, la motivation conditionne l'examen des motifs[2184]. L'évocation de la jurisprudence française suffit pour convaincre. Ainsi, à titre d'exemple, dans un arrêt de 1948[2185], les juges du Palais Royal sanctionnent l'absence de mention, de la part du comité technique du ministère de la Santé publique, des inconvénients que présenteraient pour la santé publique les textes publicitaires en cause. Ce défaut de motivation entache d'irrégularité le retrait du visa précédemment accordé car le comité technique n'a « *pas mis le Conseil d'État*

2178 Sébastien SAUNIER, *op.cit.*, p.426.

2179 Sur les fonctionnaires de fait, v. notamment : Edmond JOUVE, « Recherches sur la notion d'apparence en droit administratif français », *R.D.P.*, mars-avril 1968, n°2, p.283-329.

2180 C.J.C.E., 5e ch., 6 avril 2000, *Solvay c/ Commission*, aff. C-287-8/95 P, rec.2000, p.I-2391.

2181 Sur la motivation, v. notamment : Raymond ODENT, *op.cit.*, fasc.V, p.434-437.

2182 Juan IGARTUA SALAVERRÍA, *La motivación en los nombramientos discrecionales*, Pamplona, Thomson-Civitas, coll. Cuadernos, 2007, p.23.

2183 « *Si contra el riesgo de la arbitrariedad no se conoce otro antidoto que la motivación, a esta habra que considerarla como sinónima de justificación (aducir buenas razones en favo de una decisión) y no-por mucho que sea habitual-como si fuera la descripción de las razones/motivos que han inducido a un sujeto a decidir algo* » : Juan IGUARTA SALAVERRÍA, *Discrecionalidad técnica, motivación y control jurisdiccional*, Madrid, Civitas, coll. Cuadernos, 1998, p.77.

2184 Bernard PACTEAU, *op.cit.*, p.41-80 ; Doña María José ALONSO MAS, *op.cit.*, p.264-274 : l'auteur conclut que l'absence de motivation n'implique qu'une présomption d'arbitraire : p.269.

2185 Pour exemple : C.E., ass., 27 février 1948, *Société des Laboratoires du Bac et autres*, 2e esp., rec. 101, req. n°80899, 80903, 80907 ; Sur le lien entre la motivation et le motif, v. notamment : Bernard PACTEAU, *op.cit.*, p.41-80.

à même d'exercer le contrôle qui lui appartient à l'effet de vérifier si le retrait de visa est ou non légalement justifié »[2186].

Il ressort de cette jurisprudence que les motifs sur lesquels l'administration s'est fondée sont ceux exposés dans la motivation. Hormis dans les cas de substitution de motifs, le juge prend rarement en compte d'autres motifs que l'administration pourrait éventuellement fournir dans ses observations lorsqu'une décision est expressément motivée, que cette motivation soit obligatoire ou spontanée[2187]. Il apparaît alors paradoxal de la reléguer au second rang en la dissociant de la légalité dite « interne ».

804. Ainsi que l'affirme en outre Madame Gonod, la distinction entre le formalisme essentiel et le formalisme subsidiaire s'avère particulièrement hardie[2188]. L'opposition entre le droit procédural et le droit substantiel ne recoupe pas la distinction entre « *droit abstrait* » et « *droit concret* »[2189]. Elle semble particulièrement difficile à cerner. Une même formalité peut être substantielle ou accessoire suivant la gravité de l'illégalité dont elle est entachée. Il n'y a donc pas de formalité substantielle *per se* et la distinction figée entre la substance et la forme paraît peu opérante. La démarche suivie par le juge peut, de plus, paraître curieuse : c'est le dernier élément de la « chaîne », à savoir l'annulation, qui détermine le caractère substantiel de la formalité. Le lien d'imputation est donc inversé puisque l'opportunité de l'annulation dicte la qualification juridique des faits. On peut donc douter de la pertinence de la distinction entre le fond et la forme. À titre d'exemple, le vice d'incompétence ne concerne-t-il pas également le fond de l'acte ? L'incompétence (illégalité dite « externe ») ne relève-t-elle pas de la violation directe de la loi (illégalité dite « interne ») ?

805. Le cloisonnement du contrôle de légalité en plusieurs vices peut, à cette occasion, être également discuté. En effet, si toutes les variétés de l'excès de pouvoir se ramènent à l'illégalité, est-il vraiment pertinent de compartimenter le contrôle de légalité de la sorte ? Cette remarque s'applique particulièrement au quatrième vice de violation de la loi, qui est redondant avec l'idée même d'illégalité. Ce vice, qui ne peut se définir que négativement[2190], regroupe en effet les cas d'illégalités ne relevant ni du détournement de pouvoir, ni de la procédure ou de la forme, ni de l'incompétence.

De manière plus générale, les différents vices d'illégalité s'imbriquent, ainsi que l'illustre la complémentarité entre le détournement de pouvoir et l'incompétence ou encore le contrôle des motifs. Ainsi, Monsieur Vidal est favorable à un rattachement du détournement de pouvoir au contrôle des motifs, en

---

[2186] C.E., ass., 27 février 1948, *préc.*, cst.4. V. également dans ce sens : C.E., sect., 27 janvier 1950, *Sieur Billard*, rec. 58, req. n°99605 ; S.1950, III, p.41, concl LETOURNEUR.

[2187] C.E., sect., 23 juillet 1976, *Ministre du Travail c/ U.R.S.S.A.F. du Jura*, rec. 362, req. n°96526 ; *R.A.*, 1976, p.607, concl. DONDOUX.

[2188] Pascale GONOD, « La simplification du droit par ordonnance », *A.J.D.A.*, 22 septembre 2003, n°31, p.1653.

[2189] Niklas LUHMANN, *La légitimation par la procédure*, *op.cit.*, p.277.

[2190] Georges VEDEL, Pierre DELVOLVÉ, *op.cit.*, p.312.

particulier à l'inexistence même des motifs[2191]. Si les classifications facilitent la présentation de la jurisprudence du Conseil d'État, la lecture des arrêts montre que celui-ci statue souvent en marge de ces dernières[2192]. Ainsi que le souligne Madame Guedon, « *l'inventaire systématisé des illégalités ne fournit qu'une vision fractionnée et incomplète de la réglementation de l'action administrative* »[2193].

806. Il peut alors paraître judicieux de « globaliser » le contrôle de légalité en recourant à des procédés de contrôle moins spécialisés, mais mieux adaptés[2194]. La notion de bonne administration s'inscrit dans cet ordre d'idées. Cette notion permet d'appréhender dans son ensemble la teneur de l'activité administrative litigieuse. Elle « libère » le juge du cloisonnement qu'il a lui-même en partie introduit[2195].

Outre cette fonction d'homogénéisation, la notion de bonne administration renforce la nécessité d'une approche substantielle de la procédure.

2. Vers une approche substantielle de la procédure

807. Souvent opposée en France de manière duale au fond, la procédure est, comme nous l'avons souligné, reléguée au second plan. Il est symptomatique à cet égard de noter qu'elle ne fait l'objet d'aucun chapitre spécifique au sein des traités de droit administratif français. Une bonne part de la doctrine française semble avoir adopté une approche purement formelle[2196]. Ainsi, dans de nombreux esprits, « *la légalité matérielle est la légalité essentielle, la légalité par excellence* (…). *La jurisprudence sur les vices de forme trouve son unité dans cette évidence que le fond l'emporte sur la forme* »[2197]. Cette position duale se répercute sur la distinction entre la légalité « interne » et la légalité « externe ». Selon Monsieur Pacteau, les éléments de la légalité « externe » n'entretiennent aucun lien avec la « *manifestation de la volonté administrative* »[2198].

808. À l'inverse, les systèmes anglo-saxons et le droit communautaire confèrent une place importante à la procédure. Celle-ci n'est pas pensée comme un domaine extérieur au fond de l'acte, mais comme le mécanisme nécessaire à l'appréciation de la diligence de l'organe dans la production d'un acte administratif. Loin d'être réduite à une simple succession d'étapes, elle vise la proportionnalité entre la

---

[2191] Roger VIDAL, « L'évolution du détournement de pouvoir dans la jurisprudence administrative », *R.D.P.*, 1952, vol.68, p.277-286.

[2192] Marie-José GUÉDON, « La classification des moyens d'annulation des actes administratifs : réflexions sur un état des travaux », *A.J.D.A.*, 20 janvier 1978, n°1, p.82 et s. ; « *d'une façon générale, il est pratiquement impossible de classer a priori les illégalités devant relever d'une certaine catégorie de contrôle plutôt que d'une autre* » : p.86.

[2193] Marie-José GUÉDON, *art.cit.*, p.84.

[2194] Didier TRUCHET, *op.cit.*, p.358.

[2195] Didier TRUCHET, *op.cit.*, p.359-362.

[2196] S'agissant de la France, v. pour exemple : Marcel WALINE, *Droit administratif*, 9e éd., Paris, Sirey, coll. Traités Sirey, 1963, p.458. On retrouve cette approche restrictive sous la plume d'auteurs étrangers : Fernando GARRIDO FALLA, *Tratado de Derecho Administrativo*, 10e éd., Madrid, 1987, p.436 et s.

[2197] Georges BERLIA, *art.cit.*, p.401.

[2198] Bernard PACTEAU, *op.cit.*, p.18.

décision de fond et les objectifs légaux[2199]. Madame Dutheil de la Rochère montre également que le contrôle de la procédure communautaire est parfois utilisé pour annuler un acte lorsque le détournement de pouvoir est difficile à établir[2200]. En d'autre terme, le contrôle de la procédure « objectivise » le contrôle global du fonctionnement administratif.

Cette approche permet une certaine confluence entre les différents systèmes juridiques de l'Union européenne. En effet, « *à défaut de s'entendre sur ce qui est intrinsèquement bon, on peut s'accorder sur la procédure à suivre pour dégager des normes* »[2201]. La notion de bonne administration ne vise pas, une fois de plus[2202], à imposer ce qui serait « essentiellement » ou « intrinsèquement » bon ; elle a trait au bon usage des moyens, dont la procédure fait partie.

809. Ainsi que le souligne Madame Malaret, la garantie procédurale ne doit pas être réduite à l'idée de défense contre l'acte administratif : elle introduit également « *une nouvelle forme d'administrer* »[2203]. L'auteur soutient une approche matérielle et constructive de la procédure, qui est substantielle à partir du moment où on l'interprète comme l'articulation des intérêts[2204] et comme un moyen d'améliorer l'efficacité des actes administratifs.

Ayant pour noyau dur l'idée d'adaptation équilibrée, la notion de bonne administration renforce cette exigence. Ainsi, selon Lord J. Donaldson, la notion de bonne administration a trait davantage à la substance qu'à la forme[2205]. Véhicule de la bonne administration[2206], la procédure ne peut plus être interprétée de manière purement formelle. Monsieur Saunier propose ainsi une conception rénovée de la forme comme « *technique juridique de création du droit* »[2207]. La technique juridique doit elle-même être interprétée de manière constructive comme une production de la réalité juridique et non comme un simple instrument du fond[2208].

810. Une telle interprétation de la procédure remet en cause la classification des principes de bonne administration en principes procéduraux et en principes de fond,

---

2199 « (...) *Es indudable que el examen judicial va mas alla del procedimieno como sucesión de pasos para la conformación e la voluntad final, para acercarse a la proporcionalidad entre la decisión de fondo y los objectivos legales* » : Rosa COMELLA DORDA, *op.cit.*, p.54.

2200 Jacqueline DUTHEIL DE LA ROCHÉRE, « Le principe de légalité », *art.cit.*, p.107.

2201 Niklas LUHMANN, *op.cit.*

2202 V. *supra*, spéc. n°33 et s.

2203 « *La garantia procedimental no debe contemplarse solamente desde el punto de vista patológico, de la reacción contra el acto administrativo, significa también una nueva forma de administrar* » : Elisenda MALARET I GARCIA, *Regimen juridico-administrativo de la reconversion industrial*, Madrid, Civitas, coll. Monografias, 1991, p.314 ; p.308-333. Pour une application à l'urbanisme : Elisenda MALARET I GARCIA, Marc MARSAL FERRET, *Las fundaciones de iniciativa pública : un régimen jurídico en construcción. La singularidad de las fundaciones locales*, Universitat de Barcelona, Estudis n°20, 2005, p.73-103 ; p.121-131.

2204 MALARET I GARCIA, *Regimen juridico...*, *op.cit.*, p.312-314.

2205 « *Good public administration is concerned with substance rather than form* »: Lord J. DONALDSON, *in* R *v.* Monopolies and Mergers Commission, *ex parte* Argyll group p.l.c. [1986] 1 W.L.R. 763, p.774 ; v. Michael FORDHMAN, « Surveying the Grounds: Key Themes in Judicial Intervention », *in* Peter LEYLAND, Terry WOODS, *Administrative Law Facing the Future*, Londres, Blackstone Press, 1997, p.184-199.

2206 V. *supra*, n°436 et s.

2207 Sébastien SAUNIER, *op.cit.*, p.144-200.

2208 Sébastien SAUNIER, *op.cit.*, p.221-251.

ainsi que l'envisage par exemple Monsieur Kortmann s'agissant des Pays-Bas[2209]. Le professeur distingue les principes formels (relatifs à l'élaboration d'un acte) des principes matériels (relatifs au contenu de l'acte)[2210]. Il existerait alors un principe « formel » de diligence, qui interviendrait au moment de l'élaboration de l'acte (*Formeel zorgvuldigheidsbeginsel*) et un principe matériel de diligence. De même, le terme « *zorgvuldigheid* » désigne la prise en considération des faits pertinents au moment de l'élaboration de l'acte (sens formel), alors que cette idée est traduite au sens matériel par le principe de proportionnalité.

Si cette classification contribue à clarifier la quantité de principes rattachés à la « bonne administration », son critère n'est pas des plus convaincants. Il nous semble, en effet, que la procédure d'élaboration de l'acte est le véhicule du fond : elle ne doit y être ni opposée ni apposée. La fonction homogénéisatrice de la notion de bonne administration se trouve à cette occasion confirmée. Remettant en cause les classifications rigides traditionnelles, cette notion permet d'appréhender de manière constructive et globale l'action et le fonctionnement administratifs.

Les conclusions du commissaire du gouvernement Théry à l'occasion de l'arrêt *Syndicat national de l'enseignement supérieur*[2211] peuvent encore être évoquées, sous un angle nouveau. Si le commissaire du gouvernement requalifie les vices de procédure en vices dans les motifs, il invite toutefois le Conseil d'État à ne pas mentionner cette correction dans son arrêt. Le moyen invoqué ne doit ainsi pas être rejeté sur le simple fondement qu'il aurait fait l'objet d'une qualification erronée de la part du requérant[2212]. Cet arrêt est d'autant significatif que le commissaire du gouvernement mentionne expressément, ainsi que nous l'avons précédemment indiqué[2213], la « bonne administration » pour lier cette expression au contrôle des motifs.

811. Ainsi, la notion de bonne administration réduit l'apparente dualité entre la légalité dite « interne » et la légalité dite « externe ». Cette fonction est particulièrement utile au système français, car d'autres ordres juridiques ont déjà admis une approche substantielle de la procédure. De la même manière, la notion de bonne administration remet en cause l'opposition traditionnelle entre la légalité et l'opportunité.

[2209] Constantin KORTMANN, « Les principes généraux du droit dans le droit public néerlandais », *art.cit.*, p.152-159.

[2210] Constantin KORTMANN, « Les principes généraux... », *art.cit.*, p.152-153.

[2211] J. THÉRY, concl. sur C.E., sect., 14 novembre 1975, *Syndicat national de l'enseignement supérieur, préc.*

[2212] « *Peu importe que le syndicat requérant présente le moyen comme un vice de procédure, et qu'à l'analyse il apparaisse que ce moyen ne peut affecter que les motifs de la décision* » : J. THÉRY, concl. sur C.E., sect., 14 novembre 1975, *Syndicat national de l'enseignement supérieur, préc.*, p.578.

[2213] Sur la connexité entre la notion de bonne administration et le contrôle des motifs, v. *supra*, n°789 et s.

B. La remise en cause de l'opposition entre la légalité et l'opportunité

812. Le pouvoir discrétionnaire et l'opportunité sont intrinsèquement liés et sont parfois exclus à tort du contrôle de légalité. Ainsi que nous le montrerons par la suite, la notion de bonne administration participe à l'enrichissement de la notion de pouvoir discrétionnaire, pouvant être appréhendé de manière positive comme un moyen de bonne administration[2214]. De même, la notion de bonne administration contribue à définir de manière positive l'opportunité, sans la réduire à « ce qui ne relève pas du contrôle de légalité ».

813. Conçue de manière positive, l'opportunité, distincte du choix purement politique, est alors insérée dans le contrôle de légalité (**2**). L'établissement de cette fonction implique de relever, au préalable, les limites de la distinction entre la légalité et l'opportunité (**1**).

1. La fragilité de l'antagonisme entre la légalité et l'opportunité

814. L'opportunité désigne ce qui est « *bon, convenable* »[2215]. Elle est communément définie comme l'ensemble « *des considérations d'intérêts, d'utilité et de justice* »[2216] à la base d'une décision. Selon Monsieur Delvolvé, elle se résout « *autant en termes de rapports de force que de rapports de droit* »[2217]. En l'absence de norme, le choix d'opportunité ne peut alors faire l'objet d'un contrôle[2218]. Ce dernier devrait, selon cette conception, se borner à l'application du droit.

L'opportunité est alors souvent opposée à la légalité[2219]. Elle est plus exactement réduite à une conception négative. À l'instar de la regrettable réduction du pouvoir discrétionnaire à « ce qui n'est pas de compétence liée », l'opportunité est « définie » comme « ce qui ne relève pas du contrôle de légalité ». À notre sens, ce raisonnement ne fait que révéler le caractère rhétorique du renvoi juridictionnel à cette notion.

815. Ambiguë, cette distinction est depuis longtemps remise en cause. Dans sa thèse, Monsieur Dubisson affirme que la légalité et l'opportunité ne peuvent être pensées de manière antinomique, car les deux notions ne se situent pas sur le même plan[2220]. L'idée d'un pur contrôle de légalité-conformité doit donc être dépassée. Le principal argument à l'appui de cette évolution réside dans le pouvoir créateur du juge administratif. S'appliquant particulièrement au droit administratif français, cette remarque vaut également pour les autres systèmes juridiques. En effet, on ne

---

[2214] V. *infra*, n°945 et s.

[2215] Pierre DELVOLVÉ, « Existe-t-il un contrôle de l'opportunité ? », *in Conseil constitutionnel et Conseil d'Etat*, Actes du colloque des 21 et 22 janvier 1988 organisé au Sénat, Paris, L.G.D.J., p.271.

[2216] Gérard CORNU, *op.cit.*, p.637.

[2217] Pierre DELVOLVÉ, « Existe-t-il un contrôle de l'opportunité ? », *art.cit.*, p.312.

[2218] Pierre DELVOLVÉ, « Existe-t-il un contrôle de l'opportunité ? », *art.cit.*, p.278 et s.

[2219] M. Cornu définit également l'opportunité par opposition à la légalité : *op.cit.*, p.637 ; sur ce point, v. notamment : Bernard PACTEAU, *op.cit.*, p.203-232.

[2220] Michel DUBISSON, *La distinction entre la légalité et l'opportunité dans la théorie du recours pour excès de pouvoir*, Paris, L.G.D.J., coll. Bibliothèque de droit public, t.14, 1958, p.59-60.

peut prétendre à une distinction rigide déterminée *ex ante* : c'est avant tout le juge, suivant le cas d'espèce, qui dessine les frontières de son contrôle[2221].

816. Par conséquent, si le juge affirme s'en tenir à l'examen de la légalité, c'est néanmoins parfois sur l'opportunité qu'il se prononce[2222]. À ce titre, certaines conclusions de commissaires du gouvernement semblent reposer sur des assises fragiles. Le commissaire du gouvernement Gentot affirmait ainsi, à l'occasion de l'arrêt *Adam et autres*, que le juge ne doit pas rechercher quel tracé réalise l'utilité publique optimale, mais se « *borner* » à vérifier que les effets néfastes de l'opération en cause ne sont pas de nature à lui retirer son caractère d'utilité publique[2223].

Cette subtilité de langage paraît être avant tout au service d'une neutralisation purement formelle du contrôle juridictionnel. Au fond, la différence substantielle entre l'appréciation des inconvénients engendrés par une mesure et son opportunité n'est pas limpide. Le prononcé du caractère d'utilité publique pourrait donc relever de l'opportunité, telle que nous la définirons positivement par la suite[2224].

En clair, l'évocation de l' « opportunité » relève de la politique jurisprudentielle : le juge « *suit ici une politique assez subtile…non exempte d' "astuces"* »[2225]. L'expression récurrente dans la jurisprudence, selon laquelle il « *n'appartient pas au Conseil d'État statuant au contentieux d'apprécier l'opportunité* [du tracé choisi] »[2226] semble souvent se réduire à une « *clause de style* »[2227]. En effet, le vocable de l'opportunité permet au juge, sinon de justifier, du moins d'expliquer son refus contingent de se prononcer. De même, l'absence d'une telle évocation permet parfois de « masquer » son contrôle d'opportunité.

817. La doctrine, comme les commissaires du gouvernement, ont su dépasser ces renvois formels à l'opportunité. Ils ont dès lors affirmé que le juge se saisissait bien de cette dernière. Selon Monsieur Truchet, quels que soient les termes employés, le juge se prononce en opportunité dès lors qu'il apprécie l'intérêt général[2228]. Cette idée est également soutenue par Monsieur Pacteau[2229]. Il en est particulièrement ainsi lorsque le Conseil d'État contrôle le pouvoir discrétionnaire de l'administration[2230].

Aussi le commissaire du gouvernement Bernard affirmait-il à l'occasion de l'arrêt *Grassin* : « *nous ne nous dissimulons pas qu'une telle appréciation confine à*

2221 Georges VEDEL, Pierre DELVOLVÉ, *op.cit.*, p.317 et s.
2222 Raymond ODENT, *op.cit.*, fasc.VI, p.573-575.
2223 Concl sur C.E., ass., 22 février 1974, *Sieur Adam et autres*, rec. 145, req. n°91848-93520 ; D.1974, n°430, note GILLI.
2224 V. *infra*, n°819 et s.
2225 Didier TRUCHET, *op.cit*, p.319.
2226 C.E., ass., 28 mai 1971, *Ministre de l'Équipement et du Logement c/ Fédération de défense des personnes concernées par le projet actuellement dénommé « Ville nouvelle Est », préc.*
2227 Didier TRUCHET, *op.cit*, p.342.
2228 Didier TRUCHET, *op.cit.*, p.327-333. Pour des exemples en matière de contrôle des mesures de police : p.337-343.
2229 Bernard PACTEAU, *op.cit.*, p.206.
2230 Maurice HAURIOU, « Le pouvoir discrétionnaire et sa justification », *in Mélanges Raymond Carré de Malberg*, Paris, Recueil Sirey, 1933, p.233-234.

un contrôle d'opportunité »[2231]. On retrouve la même affirmation sous la plume du commissaire du gouvernement Morisot[2232] : « *il ne faut pas se dissimuler que votre contrôle de légalité se situe aux confins de l'appréciation d'opportunité* ». Selon le commissaire du gouvernement, les juges du Palais Royal substituent leur « *propre conception de l'intérêt public à celle que l'administration a fait prévaloir* »[2233].

Le vocabulaire employé, notamment l'utilisation récurrente du verbe « *dissimuler* », témoigne à la fois de la tension et des limites intrinsèques d'une prétendue distinction objective entre la légalité et l'opportunité. « *Il faut dès lors reconnaître, même si cela ne fait pas plaisir, que les juges prennent des décisions politiques* »[2234]. Si l'association entre « opportunité » et « politique » doit être relativisée, cette citation rend bien compte des réticences à l'égard du contrôle dit d' « opportunité ». La question de la légitimité du juge pour se prononcer en opportunité revient ainsi de manière récurrente.

818. Cette tension est telle qu'elle paraît l'emporter sur la nécessité de définir le contenu même de la notion d'opportunité. L'attention est davantage portée sur le risque d'un contrôle politique[2235] que sur la définition à donner à cette notion, ainsi que sur la rigueur de sa distinction avec la légalité.

La notion de bonne administration remet en question cette distinction en invitant à une définition matérielle de l'opportunité.

2. L'insertion de l'opportunité dans le contrôle de légalité

L'insertion, par la notion de bonne administration, de l'opportunité dans le contrôle de légalité (**b**) nécessite au préalable d'adopter une définition positive de cette dernière, qui ne saurait s'assimiler à l'appréciation politique de l'administration (**a**).

a. La nécessité d'une approche positive de l'opportunité

819. Comme nous le verrons[2236], la notion de bonne administration contribue à définir de manière positive le pouvoir discrétionnaire. Celui-ci ne saurait être diamétralement opposé au principe de légalité. De même, la notion de bonne administration participe au renouveau de la notion d'opportunité, qui ne peut être définie négativement par rapport au contrôle de légalité.

[2231] Concl. sur C.E., sect., 26 octobre 1973, *Sieur Grassin*, rec. 599, req. n°83261 ; *A.J.D.A.*, 1974, p.34 (création par une commune d'un aérodrome jugé inadapté aux ressources de cette dernière et présentant un danger de morcellement de ses exploitations agricoles).

[2232] Concl sur C.E., ass., 20 octobre 1972, *Société civile Sainte-Marie de l'Assomption*, rec. 657, req. n°78829, p.661 (coût social de la construction de l'autoroute Nord de Nice en raison du mauvais fonctionnement de l'hôpital psychiatrique résultant des travaux et entachant d'illégalité la déclaration d'utilité publique).

[2233] Concl sur C.E., ass., 20 octobre 1972, *préc.*, p.661. Ainsi que nous le préciserons par la suite, nous considérons néanmoins que le contrôle poussé des motifs n'engendre pas une telle substitution et qu'il s'agit de définir l'opportunité de manière positive en l'incluant dans la légalité.

[2234] Charles-Albert MORAND, « Régulation, complexité et pluralisme juridiques », *in Mélanges Paul Amselek*, Bruxelles, Bruylant, 2005, p.625.

[2235] Jean RIVERO, « Le juge administratif français : un juge qui gouverne ? », *Dalloz*, 1951, n°1, chron., p.21-24. L'auteur ne conclut néanmoins pas à un tel gouvernement des juges.

[2236] V. *infra*, n°945 et s.

820. On ne saurait en effet se contenter d'une telle définition négative. Il ne faut pas restreindre la notion d'opportunité à la seule question de l'étendue du contrôle du juge. Monsieur Truchet la définit d'ailleurs comme « *l'adaptation de l'acte aux circonstances dans lesquelles il est intervenu* »[2237]. Le rapport de conformité au droit (légalité *stricto sensu*) est alors distingué du rapport d'adaptation de l'action aux circonstances qui l'ont entourée (opportunité)[2238]. L'opportunité est définie autour de deux éléments matériels : l'utilité de la mesure, voire sa nécessité (adéquation de la finalité poursuivie par l'acte avec les circonstances) et l'efficacité de la mesure (adéquation des moyens aux buts poursuivis)[2239]. Cet effort de définition matérielle et positive permet à la fois d'enrichir la définition de l'opportunité et de l'inclure dans le contrôle de légalité.

821. À cet égard, la doctrine espagnole est riche d'enseignements. Celle-ci remonte en général à la notion de pouvoir discrétionnaire, qui est avant tout de nature technique : il fournit des connaissances objectives pour chaque solution. Prévu à l'article 103.1 de la Constitution espagnole, qui consacre la soumission de l'administration à l'intérêt général, le pouvoir discrétionnaire est la concrétisation de la position constitutionnelle de l'administration publique espagnole[2240]. Par conséquent, celui-ci se distingue de la pure « intuition » ou de l'orientation politique de l'administration. Cette dernière est envisagée comme un « *expert qui met ses connaissances au service de l'exécution adéquate d'une idée* »[2241]. L'administration publique ne décide en effet pas de l'intérêt général, mais des moyens appropriés (bonne administration) pour le satisfaire[2242]. Le « *principe d'opportunité* », noyau dur du pouvoir discrétionnaire, permet alors de choisir la solution la plus adéquate et devient de ce fait susceptible de contrôle[2243].

Il faut donc distinguer le contrôle d'opportunité, signe d'affinement du contrôle juridictionnel, du contrôle purement politique, portant sur la pertinence politique du choix de l'administration. Selon Monsieur Rodríguez de Santiago, le contrôle de pondération (consubstantiel à la bonne administration) doit être inclus dans le contrôle de légalité et ne doit nullement être associé à un contrôle politique[2244]. En effet, la pondération d'intérêts n'implique pas nécessairement l'exercice de

---

[2237] Didier TRUCHET, « L'intérêt général dans la jurisprudence du Conseil d'État : retour aux sources et équilibre », *in* CONSEIL D'ÉTAT, Rapport public, *L'intérêt général*, *préc.*, p.368. La légalité désigne la « *fidélité de l'acte attaquée aux règles qui s'imposaient à l'auteur* ».

[2238] Didier TRUCHET, *op.cit.*, p.318.

[2239] Didier TRUCHET, *op.cit.*, p.320.

[2240] « *Por tanto, la discrecionalidad seria la expresión práctica u operativa de la posición constitucional de la Administración pública tal y como se deriva del articulo 103.1* » : Miguel BELTRÁN DE FELIPE, *op.cit.*, p.177 ; sur la réduction de l'opposition entre la discrétionnalité et la légalité : p.173-176.

[2241] « *La responsabilidad que la Administración asume en estos casos no es la del político que debe encauzar y dar expresión a la opinión pública, sino del experto que pone sus conocimientos al servicio de la ejecución adecuada de una idea* » : Fernando SÁINZ MORENO, « Reducción de la...», *art.cit.*, p.75.

[2242] Fernando SAINZ MORENO, *Conceptos jurídicos, interpretación y discrecionalidad administrativa*, Madrid, Civitas, coll. Monografías, 1976, p.327.

[2243] Fernando SÁINZ MORENO, « Reducción de la...», *art.cit.*, p.78. Pour une position similaire : Tomás RAMÓN FERNÁNDEZ, « Juzgar la Administración contribuye también a administrar mejor », *R.E.D.A.*, octobre-décembre 1992, n°76, p.525-528.

[2244] José María RODRÍGUEZ DE SANTIAGO, *op.cit.*, p.104. L'auteur précise que si la solution est « *évidente* » et la pondération non respectée, le juge peut *a priori* se substituer à l'administration ; mais l'établissement de cette « *évidence* » demeure très délicate

pouvoirs de cette nature[2245]. C'est ainsi que Monsieur Rodríguez Pontón évoque la notion d' « *opportunité réglementée* » (« *oportunidad reglada* ») qui, à la différence de la pure volonté politique, désigne la marge de manœuvre interprétative et technique conférée par l'ordre juridique à l'administration[2246].

822. Sans nier leurs liens à la fois évidents et enrichissants, le contrôle juridictionnel ne doit donc pas se confondre avec le contrôle politique, qui relève davantage du « *contrôle social* »[2247] et du contrôle du parlement sur le gouvernement. Le contrôle juridictionnel, quant à lui, peut comprendre la pesée des intérêts ainsi que l'appréciation de l'adaptation de l'action administrative sans pour autant se prononcer sur le caractère politiquement « bon » ou « mauvais » de la finalité poursuivie.

Centrée sur les moyens et non sur la fin, la notion de bonne administration participe à cette juridicisation de l'appréciation des circonstances, qui caractérise l'opportunité.

b. Le renforcement du contrôle juridictionnel de l'opportunité

823. À titre liminaire, il convient de distinguer la notion de bonne administration de l'opportunité. La première désigne l'adaptation équilibrée des moyens de l'administration par rapport à son objectif. La seconde renferme l'idée d'adaptation de la décision de l'administration aux circonstances. Distinctes, les notions sont néanmoins liées. Plus précisément, la notion de bonne administration appelle à une insertion de l'opportunité dans le contrôle de légalité.

824. Ainsi que l'indique Monsieur Fernández, la distinction entre l'opportunité et la légalité est un « *faux dilemme* »[2248] qui relève du « *sophisme pur et simple* »[2249]. L'opportunité est liée au pouvoir discrétionnaire, qui est lui-même prévu par le droit. Il serait donc illogique d'exclure, *a priori*, ces notions de la sphère juridique[2250]. Partant de cette consubstantialité entre l'opportunité et le pouvoir discrétionnaire, un autre auteur espagnol aboutit à la même conclusion : « *il n'est pas correct d'opposer dialectiquement opportunité et juridicité* »[2251]. La réflexion

---

2245 « *No toda ponderación de intereses comportara inexcusablemente que estemos ante el ejercicio de potestades de dirección política* » : Doña María José ALONSO MAS, *art.cit.*, p.390.

2246 Francisco José RODRÍGUEZ PONTÓN, *Discrecionalidad y derecho administrativo sancionador. Fundamentos y límites de la oportunidad del ejercicio de la acción administrativa sancionadora*, Thèse droit public, Université de Barcelone, 2001, p.150-153.

2247 « *Contrôle par l'opinion publique et qui se manifeste dans les critiques formulées par la presse (écrite ou audiovisuelle) à laquelle s'adressent souvent les citoyens ou des organisations* » : Gérard MARCOU, « Le contrôle social de l'administration », *in* Guy BRAIBANT, Janusz LETOWSKI, Céline WIENER, *Le contrôle de l'administration en Europe de l'Est et de l'Ouest*, Paris, C.N.R.S., coll. des travaux de l'Institut de recherches juridiques comparatives, 1985, p.217.

2248 Tomás RAMÓN FERNÁNDEZ, *op.cit.*, p.115-120 ; « Juzgar la Administración… », *art.cit.*, p.525-226.

2249 « *El dilema entre legalidad y oportunidad es, según esto, un sofisma puro y simple* » : Tomás RAMÓN FERNÁNDEZ, *op.cit.*, p.118.

2250 Sur l'insertion du contrôle du pouvoir discrétionnaire dans le contrôle de légalité, v. également : Tomás REQUENA LÓPEZ, « Ideas en torno a una expresion falaz : el control de la discrecionaliad administrativa », *in Discrecionalidad administrativa y control judicial*, Madrid, Civitas, 1996, p.95.

2251 « (…) *No es correcto dialécticamente contraponer oportunidad y juridicidad (o eficacia y derecho). Es decir, la utilización de criterios no jurídicos de decisión no tiene por qué ser antijurídica* » : Miguel

doit alors partir du principe d'interdiction de l'arbitraire et non d'une conception rigide de la séparation des pouvoirs[2252]. Il s'agit plus exactement de contrôler la légalité de la motivation des éléments constitutifs de l'opportunité[2253]. Compte tenu du fait que l'ordre juridique a concédé un pouvoir discrétionnaire à l'administration afin que celui-ci soit adapté à la fin poursuivie[2254], le contrôle de légalité est une supervision de « *l'adéquation aux fins qui justifient l'exercice des pouvoirs de l'administration* »[2255].

825. La notion de bonne administration participe à cette insertion de l'opportunité dans le contrôle de légalité. Ses critères intrinsèques de définition, à savoir l'adaptation et l'équilibre, épousent la définition positive de l'opportunité. Puisque cette notion fait partie du contrôle de légalité[2256], il en est de même de l'opportunité. Celle-ci et la bonne administration sont d'ailleurs souvent mises en relation, sans être exclues du contrôle de légalité.

L'arrêt *Fouchu* mérite à ce titre une attention particulière[2257]. Le Conseil d'État affirme en l'espèce que l'administration doit examiner les circonstances particulières même en l'absence d'obligation légale. Il était ici question d'une délibération du Conseil général de la Seine supprimant le sectionnement électoral de quatre communes, dont celle de Boulogne-Billancourt posant problème. Or, ces quatre communes n'avaient pas fait l'objet de votes distincts. Dans ces conditions, le Conseil d'État estime que le Conseil général n'était pas « *à même d'exprimer une opinion fondée sur l'appréciation des circonstances particulières à chaque commune* » et annule la délibération sur ce fondement.

Selon Marcel Waline, la Haute juridiction a fait preuve « *d'une audace singulière* » en reprochant au Conseil général de la Seine de ne pas apprécier « *correctement des considérations d'opportunité, de bonne administration* »[2258]. Le spectre du « gouvernement des juges »[2259] ainsi qu'une interprétation assez rigide de la séparation des pouvoirs entravent l'affirmation de l'opportunité comme partie intégrante et indépendante du contrôle de légalité. Cette conception semble guider la pensée de Marcel Waline, qui affirme que le contrôle d'opportunité ne se justifie que s'il est nécessaire au contrôle de légalité, c'est-à-dire uniquement dans le cas où

SÁNCHEZ MORÓN, *Discrecionalidad administrativa y control judicial*, Madrid, Tecnos, coll. Ciencias jurídicas, 1994, p.114.

[2252] V. aussi : Tomás RAMÓN FERNÁNDEZ, « Juzgar la Administración… », *art.cit.*, p.584.

[2253] Tomás RAMÓN FERNÁNDEZ, *op.cit.*, p.101-115.

[2254] « *El ordenamiento ha concedido esa potestad reglamentaria para que su ejercicio en cada caso concreto sea adecuado y congruente con el fin que se persiga* » : Juan DE LA CRUZ FERRER, « Sobre el control de la discrecionalidad en la potestad reglamentaria », *R.A.P.*, mai-août 1988, n°116, p.100. Plus largement, sur le contrôle des motifs et de la proportionnalité du pouvoir discrétionnaire : p.99-105.

[2255] « *El control judicial de la legalidad administrativa es un control pleno, es decir, de la legalidad formal y material, y de la adecuación a los fines que justifican el ejercicio de las potestades* » : Carmen CHINCHILLA, *op.cit.*, p.155.

[2256] V. *supra*, n°766 et s.

[2257] C.E., sect. 16 novembre 1928, *Fouchu et autres*, rec. 1190, req. n°96757.

[2258] Marcel WALINE, note sous C.E., sect. 16 novembre 1928, *Fouchu et autres*, rec. 1190, req. n°96757 ; D.1929, n°2, III, p.35.

[2259] V. *infra*, n°882 et s.

la loi prévoirait des conditions d'adaptation[2260]. Mais cette « *audace* » ne s'étend pourtant pas à une substitution de l'appréciation du juge à celle de l'administration[2261].

826. L'insertion de la notion de bonne administration dans le contrôle de légalité permet alors d'étendre le champ de l'opportunité juridictionnelle aux hypothèses où la loi est muette. Si l'opportunité désigne l' « *ensemble des circonstances non prévues par le droit* »[2262], elle n'est néanmoins pas laissée à l'appréciation exclusive de l'auteur de l'acte ou de son supérieur hiérarchique. La pondération d'intérêts est une question de jugement et non de volonté ; il est alors permis d'affirmer que ce jugement peut être contrôlé juridiquement. « *Les limites du contrôle de légalité ne sont ainsi que de nature cognitive* »[2263]. L'opportunité, tout comme la bonne administration, font partie du contrôle de légalité tout en l'enrichissant. Les principes de bonne administration encadrent le pouvoir discrétionnaire de l'administration publique ; « *leur application par les juges ne peut se faire que dans le cadre du contrôle de légalité* »[2264].

827. Partie intégrante du contrôle de légalité, l'opportunité permet ainsi au juge de nuancer la relative déférence qu'il semble parfois marquer envers le législateur et l'administration[2265]. Sans permettre une appréciation politique de l'action administrative, la notion de bonne administration intensifie l'encadrement de son appréciation des faits[2266].

***

En bref, la notion de bonne administration irrigue le contenu du contrôle de légalité. Le caractère implicite de ses références n'entache en rien la réalité de son influence. Elle contribue alors à l'adaptation de ce contrôle.

Dans cette optique, elle remet en cause certaines distinctions traditionnelles peu opérantes. En effet, le nécessaire ajustement du contrôle, peu compatible avec la

---

[2260] Marcel WALINE, note sous C.E., ass., 4 avril 1952, *Syndicat régional des quotidiens d'Algérie et autres*, rec. 210, req. n°86015 ; *R.D.P.*, 1952, p.1028 (annulation, pour vice d'incompétence, du décret portant application de la loi du 5 mai 1946 transférant les biens et éléments actifs d'entreprises de presse et d'information en Algérie) ; Marcel WALINE, « Etendue et limites du contrôle du juge administratif sur les actes de l'administration », *E.D.C.E.*, 1956, n°19, p.27-29. Sur ce point particulier : Maxime LETOURNEUR, *art.cit.*, p.57-61.

[2261] V. *infra*, n°881 et s.

[2262] Marc RÉGLADE, *art.cit.*, p.415. Néanmoins, selon l'auteur, l'opportunité ne peut se situer qu'au niveau du pouvoir hiérarchique : p.419.

[2263] « *Los limites a la fiscalizacion de los juicios solo pueden ser cognoscitivos* » : Doña María José ALONSO MAS, *op.cit.*, p.382. Sur la critique de la distinction entre opportunité et légalité : p.361-373.

[2264] Michel PÂQUES, *art.cit.*, p.482.

[2265] M. Truchet mène la même réflexion à propos de l'intérêt général : Didier TRUCHET, *op.cit.*, p.193

[2266] Pour une analyse comparative des systèmes britannique, américain et européen à propos du contrôle du pouvoir discrétionnaire et de la frontière fragile entre la loi et les faits : Paul CRAIG, « Law, Fact and Discretion in the UK, EU and the USA », Actes du séminaire organisé par la Chaire « Mutations de l'action publique et du droit public », *Droit Administratif comparé, européen et global,* septième session : *Le traitement du droit et du fait dans le contentieux administratif en droit administratif comparé et européen*, Paris, Institut d'Etudes politiques, 14 décembre 2007.

fixation de règles préétablies et automatiques, est communément admise[2267]. La distinction entre la légalité dite « interne » et la légalité dite « externe » est alors à relativiser. La procédure et la forme doivent ainsi, sous l'influence de la notion de bonne administration, être interprétées de manière constructive et substantielle. De plus, la distinction entre le contrôle de légalité et le contrôle dit d' « opportunité » repose sur une assise fragile. Le contrôle de légalité peut comprendre des questions d'opportunité que la notion de bonne administration contribue à définir de manière positive sans l'assimiler au contrôle politique.

La question n'est donc pas de savoir si le juge se saisit ou non de l'opportunité, mais de jauger les limites de son contrôle. Après avoir montré les fonctions de la notion de bonne administration sur le contenu du contrôle de légalité, il s'agit de mesurer son incidence sur le degré de ce contrôle.

SECTION 2. L'EXTENSION DU DEGRÉ DU CONTRÔLE DE LÉGALITÉ

828. Dans ses conclusions sur l'arrêt *Barel*, le commissaire du gouvernement Letourneur énumère trois degrés de contrôle de légalité[2268] : le contrôle « *minimum* » est limité à l'exactitude matérielle des faits, à l'erreur de droit et au détournement de pouvoir ; le contrôle « *normal* » ajoute au contrôle minimum la qualification juridique des faits ; le contrôle « *maximum* » comprend la nécessité de l'acte ainsi que certains éléments dits d' « *opportunité* ».

C'est sur ce dernier degré de contrôle que la notion de bonne administration exerce son influence majeure. Au seuil de cette étude, son lien avec les notions de pouvoir discrétionnaire et d'opportunité est acquis[2269]. Désignant l'optimisation des moyens de l'administration, cette notion appelle à un contrôle de légalité subtil et poussé.

829. L'intensification du contrôle de légalité se manifeste de diverses manières[2270]. Elle peut consister en une application plus stricte de la règle de droit ou en son extension. Elle peut également se traduire par une meilleure utilisation des pouvoirs du juge[2271], par la multiplication du type d'actes soumis à son contrôle ou encore par l'élargissement de ses normes de référence.

La notion de bonne administration participe à tous ces mouvements. À titre d'exemple, les idées d'adaptation et d'équilibre sont au cœur du contrôle relatif à la transposition des directives communautaires. Or, celles-ci permettent une extension des normes de référence du contrôle de légalité. Ainsi que nous le verrons par la suite, la notion de bonne administration contribue également à l'insertion du

---

[2267] Marie-José GUÉDON, « La classification des moyens d'annulation des actes administratifs : réflexions sur un état des travaux », *art.cit.*, p.82.

[2268] Maxime LETOURNEUR, concl. sur C.E., ass., 28 mai 1954, *Sieur Barel et autres*, rec. 308, req. n°28238 et s., *R.D.P.*, 1954, p.520 et s.

[2269] V. *supra*, n°375 et s., n°819 et s., n°831 et s.

[2270] Gustave PEISER, « Le développement de l'application du principe de légalité dans la jurisprudence du Conseil d'État », *in Mélanges René Chapus. Droit administratif*, Paris, Montchrestien, 1992, p.517-529.

[2271] Gustave PEISER, *art.cit.*, p.518.

contrôle des mesures internes dans le contrôle de légalité[2272]. *Via* ce prononcé, le juge remplit également une fonction « pédagogique » d'explication de la règle de droit. On peut prendre pour exemple les circulaires communautaires, ces dernières permettant à la fois la transposition du droit communautaire et la prévention des illégalités fautives[2273].

830. Afin de rendre compte de l'influence de la notion de bonne administration sur l'intensité du contrôle de légalité, il ne paraît pas judicieux d'énumérer sous forme de « catalogue » les jurisprudences qui y font implicitement référence. Il convient plutôt de décrire cette fonction de manière globale et systémique en évitant les redites d'arrêts précités.

L'incidence de la notion de bonne administration sur l'étendue du contrôle de légalité se manifeste d'abord par une intensification du contrôle du pouvoir discrétionnaire de l'administration (**§1**). De manière plus globale, elle est un facteur de déploiement adapté et équilibré du contrôle des motifs (**§2**).

§ 1. Le développement du contrôle du pouvoir discrétionnaire

831. Le lien entre la notion de bonne administration et celle de pouvoir discrétionnaire a maintes fois été illustré. Il s'agit ici de montrer que la première renforce, en toute logique, le contrôle de ce pouvoir. Devoir de l'administration[2274], elle est aussi un moyen, pour le juge, d'étendre son contrôle.

832. Cet encadrement resserré, par la bonne administration, de l'utilisation du pouvoir discrétionnaire de l'administration s'opère à la fois par le renforcement du principe d'examen particulier des circonstances (**A**) et par le déploiement de la technique de l'erreur manifeste d'appréciation (**B**).

A. Le renforcement du principe d'examen particulier des circonstances

833. Le principe d'examen particulier des circonstances impose à l'administration d'agir de manière consciencieuse en effectuant une évaluation diligente des circonstances. Ce principe encadre de ce fait son pouvoir discrétionnaire et peut être envisagé comme l'équivalent du principe communautaire de diligence précédemment étudié[2275]. Il s'inscrit donc dans la thématique du contrôle du pouvoir discrétionnaire de l'administration.

834. Désignant l'utilisation adaptée et équilibrée des moyens de l'administration, la notion de bonne administration peut alors être envisagée comme l'une des sources du principe de l'examen particulier des circonstances contribuant à son

---

[2272] V. *infra*, n°1003 et s.

[2273] Olivier DUBOS, « Les circulaires au service de la bonne application du droit communautaire : obligations et pouvoirs de l'administration », *Lexbase Hebdo*, [en ligne], 20 juillet 2006, n°9, 40ALE.

[2274] Sur cette qualification, v. *supra*, n°559 et s.

[2275] V. *supra*, n°142, n°399, n°638.

renforcement. Avant de le montrer (**2**), il est nécessaire de préciser le contenu de ce principe (**1**).

1. Le principe d'examen particulier des circonstances : un encadrement subtil du pouvoir discrétionnaire de l'administration

835. Le principe d'examen particulier des circonstances, équivalent du principe communautaire de diligence, présente un intérêt certain pour notre étude. Apparu dès le début du XXème siècle[2276], il met en lumière la nécessité d'une mise en œuvre affinée de la légalité et du contrôle de légalité. Si le simple respect de la règle de droit est souvent opposé à l'examen particulier des circonstances, l'inclusion désormais admise de ce principe dans le contrôle de légalité réduit cette apparente dichotomie.

836. En effet, non seulement les circonstances particulières peuvent justifier un aménagement de la règle applicable, mais le juge impose à l'administration de prendre en considération ces circonstances. En d'autres termes, dans certains cas, l'absence d'aménagement de la règle de droit constitue une illégalité.

Cette nécessaire prise en compte des circonstances fut affirmée en des termes très nets dès le début du XXème siècle sous la plume du commissaire du gouvernement Romieu, selon lequel le contrôle de légalité entraîne la plupart du temps l'appréciation des circonstances de fait dont la légalité de l'acte dépend[2277]. Le développement du pouvoir discrétionnaire a en effet permis l'émergence d'une jurisprudence affinée visant à le rationaliser[2278]. Il ressort ainsi de l'arrêt *Piron* que toute autorité investie d'un pouvoir discrétionnaire doit examiner consciencieusement les circonstances particulières de l'affaire[2279].

Le contrôle des directives est une bonne illustration de l'importance grandissante de cet impératif. Aussi le juge permet-il de déroger à la directive du supérieur hiérarchique à la condition que la situation particulière du requérant le justifie[2280]. En d'autres termes, les décisions individuelles prises sur le fondement

---

[2276] C.E., 8 février 1907, *Lévy et autres*, rec. 143, req. n°26120 (illégalité de l'arrêté du préfet du département du Doubs refusant à 57 requérants le bénéfice du repos simultané de tout le personnel le dimanche en raison de la généralité de ce refus et de l'absence de prise en compte de la situation propre à chaque commerce) ; pour la mention du même principe et des faits similaires : C.E., 26 avril 1907, *Sieur Crémieux*, rec. 393, req. n°26621.

[2277] Concl sur C.E., 30 novembre 1906, *Sieur Jacquin et autres*, rec. 863, req. n°25481 et autres (toujours à propos des dérogations au repos hebdomadaire). Le commissaire évoque également l' « *intérêt d'une prompte et bonne exécution de la loi* » (p.866). Or, nous verrons que cet intérêt est intrinsèquement lié à la notion de bonne administration : v. *infra*, n°966 et s.

[2278] Alain BOCKEL, « Contribution à l'étude du pouvoir discrétionnaire de l'administration », *art.cit.*, p.3.

[2279] C.E., ass., 24 juillet 1942, *Sieur Piron*, rec. 233, req. n°70570 (illégalité de l'arrêté du préfet de Seine-et-Oise relevant le requérant de ses fonctions de gardien de la paix sur le seul motif de son âge sans examiner sa situation de famille particulière).

[2280] C.E., sect., 11 décembre 1970, *Crédit Foncier de France c/ Demoiselle Gaupillat et Dame Ader*, rec. 750, req. n°78880, concl. BERTRAND : refus d'une aide financière du fonds national de l'amélioration de l'habitat légalement fondé sur une directive en raison de l'absence de particularité de la situation des requérantes. Le commissaire du gouvernement précise que la directive doit être conforme à l'intention du législateur et ne pas être exclusive de dérogations fondées sur des raisons particulières (spéc. p.757). Pour des faits similaires, v. notamment : C.E., 23 mai 1980, *Agence nationale pour l'amélioration de l'habitat*, rec. 238, req. n°13433. Enfin, il faut préciser que l'intérêt général peut aussi fonder une dérogation.

d'une directive sont légales si elles ne présentent pas de particularité par rapport aux normes établies, auquel cas un aménagement est nécessaire.

837. En la matière, la jurisprudence française est particulièrement abondante, notamment s'agissant du contentieux de la fonction publique[2281]. Mais l'utilisation du principe s'étend à d'autres domaines. Le juge administratif censure ainsi la motivation trop générale à l'appui de la décision de la Commission nationale de reconstitution des organisations syndicales d'employeurs qui avait déchu le requérant du droit de faire partie des bureaux et des organismes directeurs d'une organisation syndicale[2282]. Tant les actes individuels que réglementaires sont concernés. À titre d'exemple, un arrêté du Préfet de la Haute-Savoie fixant les zones d'affichage, pris sur simple proposition du maire et sans examiner la situation locale, a été annulé par le Conseil d'État[2283]. Le principe de l'examen particulier des circonstances apparaît également dans les principes généraux du droit dégagés par le juge administratif. Dans un arrêt récent, la Haute juridiction a ainsi posé un nouveau principe selon lequel l'autorité administrative est tenue de publier dans un délai raisonnable les règlements qu'elle édicte, sauf circonstances particulières[2284]. Comme que le souligne Monsieur Megret, cette jurisprudence constitue une « *garantie* » pour l'administré et un procédé indirect d'assujettissement de l'administration à un certain contrôle contentieux de son pouvoir discrétionnaire[2285].

838. Le principe de l'examen particulier des circonstances interdit donc au titulaire du pouvoir discrétionnaire de s'obliger par avance à statuer conformément au sens qu'il confère à la norme générale[2286]. Consubstantiellement lié au pouvoir discrétionnaire[2287], il découle de l'idée selon laquelle « *une autorité qui dispose d'un pouvoir d'appréciation doit l'utiliser effectivement* »[2288]. La violation de ce principe correspond à un « *abus du pouvoir réglementaire* »[2289].

S'il peut se traduire par un droit de l'administré, il peut aussi lui être opposé. En effet, celui-ci ne saurait se fonder sur une position de principe de l'administration à l'appui de sa requête. L'instruction d'une autorité administrative n'ouvre aucun droit au requérant[2290]. De même, ainsi que l'enseigne la

---

[2281] À titre d'exemple : C.E., 13 juin 1952, *Sieur Bruntz*, rec. 307, req. n°9162-13399 ; C.E., sect., 19 mai 1950, *Sieur Coquard*, rec. 302, req. n°96978-99296 ; C.E., 30 juin 1950, *Sieur Grobel*, rec. 398, req. n°3383.

[2282] C.E., ass., 20 février 1948, *Sieur Dubois*, rec. 87, req. n°83045. Sur cette affirmation, v. Hubert-Claude AMIEL, « L'examen particulier des circonstances. Contribution à l'étude du contrôle du pouvoir discrétionnaire par le juge administratif français dans la jurisprudence récente du Conseil d'Etat », *Revue de droit prospectif*, juillet-décembre 1978, n°6, p.36.

[2283] C.E., 7 avril 1965, *Société Affichage Giraudy*, rec. 226, req. n°60079.

[2284] C.E., 5e-7e sous-sect., 12 décembre 2003, *Syndicat des commissaires et hauts-fonctionnaires de la police nationale et autres*, rec. 506, req. n°243430 : en l'espèce, aucune circonstance particulière n'est évoquée à l'appui du refus de réglementer, ce qui engendre l'annulation de la décision implicite de rejet du ministre de l'Intérieur.

[2285] Jacques MEGRET, « De l'obligation pour l'administration de procéder à un examen particulier des circonstances de l'affaire, avant de prendre une décision même discrétionnaire », *E.D.C.E.*, 1953, fasc. n°7, p.77-79.

[2286] Étienne PICARD, « Le pouvoir discrétionnaire en droit administratif français », *art.cit.*, p.295-343.

[2287] Hubert-Claude AMIEL, *art.cit.*, p.25-52.

[2288] Hubert-Claude AMIEL, *art.cit.*, p.26.

[2289] MESTRE, note sous C.E., ass., 24 juillet 1942, *Sieur Piron*, rec. 233, req. n°70570 ; S.1943, III, p.1.

[2290] C.E., 12 juillet 1969, *Jacquier*, rec. 874, req. n°76020.

jurisprudence[2291], l'administration peut légalement refuser un détachement à la condition que la situation particulière du requérant justifie ce refus.

839. En résumé, le juge sanctionne l'automatisme de l'application de la règle de droit tout en privilégiant l'examen nuancé. Ainsi que nous l'enseigne par exemple l'arrêt *Dridi*, l'administration doit prendre en compte de manière consciencieuse le comportement de l'étranger afin de déterminer s'il présente réellement une menace pour l'ordre public[2292]. Plus précisément, le Conseil d'État affirme, conformément aux conclusions du commissaire du gouvernement Genevois, que la constatation d'infractions pénales ne peut justifier à elle seule l'ordre d'expulsion. En l'espèce, les juges considèrent, de manière assez laconique et sans suivre l'appréciation des faits proposée par le commissaire du gouvernement[2293], que l'autorité compétente prononçant l'ordre d'expulsion a examiné consciencieusement l'ensemble des circonstances de l'affaire. Au-delà de cette appréciation casuistique, il faut retenir que si l'administration agit avec automatisme alors que la loi prévoit une simple faculté, elle est en principe sanctionnée par le juge[2294]. Cette jurisprudence est le reflet d'une certaine volonté d'imposer à l'administration un examen approfondi de la situation.

Cette subtilité, facteur d'intensification du contrôle de légalité, est clairement liée à la notion de bonne administration qui signifie, à notre sens, l'adaptation équilibrée des moyens. Il s'agit en effet d'imposer à l'administration un examen optimal et approfondi. Plus encore, il n'est pas impossible de considérer que la notion de bonne administration est aux origines du principe d'examen particulier des circonstances.

2. La notion de bonne administration, au soubassement du principe d'examen particulier des circonstances

840. Selon Monsieur Amiel, le principe d'examen particulier des circonstances n'est nullement dogmatique. Il « *se déduit de considérations pratiques liées à une volonté de bonne administration* »[2295]. Les critères d'adaptation et d'équilibre (ou de pondération), composant le contenu de la notion de bonne administration, s'inscrivent en effet dans cette optique. Le défaut d'examen effectif et circonstancié

[2291] C.E., 24 novembre 1976, *Englander*, rec. 507, req. n°98955 ; *R.D.P.*, 1977, p.706 ; C.E., sect., 19 juin 1959, *Sieur Mailloux*, rec. 382, req. n°35185 ; *A.J.D.A.*, 1959, p.262, concl. Guy BRAIBANT.

[2292] C.E., ass., 21 janvier 1977, *Ministre de l'intérieur c/ Dridi*, rec. 38, req. n°1333 ; concl. Bruno GENEVOIS, *Gazette du Palais*, 1977, I, p.340-343 ; chron. Michèle NAUWELAERS et Laurent FABIUS, *A.J.D.A.*, 20 mars 1977, p.133 et s.

[2293] Concl. Bruno GENEVOIS sur C.E., ass., 21 janvier 1977, *Ministre de l'intérieur c/ Dridi, préc.*, *Gazette du Palais*, 1977, I, p.343 : le commissaire rappelle que l'ensemble des circonstances de l'affaire doit être pris en compte, notamment le fait que l'arme blanche dont disposait le requérant appartenait à une personne qui cherchait à en faire usage contre un tiers et que les déclarations à sa charge ne proviennent que du principal auteur de l'agression et n'ont pas été confirmées par la victime.

[2294] C.E., 18 mai 1925, *Sieur Chenu*, rec. 493, req. n°84061 (refus du maintien en fonction d'un juge de paix après 75 ans sans examen de la situation individuelle, notamment l'absence de versement d'une pension d'ancienneté, dérogation prévue par la loi) ; C.E., sect., 22 février 1974, *Association Esso-Standard*, rec. 138, req. n°84629 ; *R.D.P.*, 1975, p.510 (absence de caractère limitatif de la liste de marques aux « combinaisons ou dispositions de couleurs » prévue par la loi).

[2295] Hubert-Claude AMIEL, *art.cit.*, p.26.

des faits est de nature à entraîner l'annulation de l'acte, car « *il pèsera sur lui une présomption d'**inadaptation** aux buts qu'il doit atteindre* »[2296]. Ce principe tend donc « *à favoriser une bonne administration* »[2297]. À l'instar de la notion de bonne administration, le principe de l'examen particulier des circonstances est centré sur les moyens. L' « *excès de pouvoir négatif* »[2298] qu'il sanctionne ne porte pas sur le résultat, mais sur la manière d'y parvenir.

841. En se référant à l'œuvre du Doyen Hauriou, Marcel Waline souligne, à l'occasion de l'arrêt *Foucher*, le rapport entre la notion de bonne administration et le principe d'examen particulier des circonstances. En l'espèce, le Conseil d'État reproche à l'administration de ne pas prendre en compte les circonstances, même si cette exigence n'est pas prévue par la loi. Il n'y a donc pas de correspondance nécessaire entre les formalités légales et les formalités requises sous peine d'excès de pouvoir. L'éminent juriste revient sur l'obligation, imposée par le Conseil d'État au Conseil général, d'examiner un par un les dossiers de suppression de sectionnements. Dans ce cas, selon l'auteur, le juge ne se prononce pas sur la légalité : il s'apparente davantage à un « *censeur suprême de la moralité administrative, ramenant aux pratiques d'une sage administration (beaucoup plus que d'une administration légale) les assemblées qui s'en écartent* »[2299].

Si la mention de la notion de moralité administrative renvoie directement à la notion de bonne administration[2300], on peut regretter son assimilation implicite à la morale. Ainsi que nous l'avons montré[2301], la notion de bonne administration est dépourvue de toute considération de cet ordre. Au-delà des termes ambivalents employés par l'auteur, on ne peut que constater le lien unissant la notion de bonne administration au principe d'examen particulier des circonstances.

842. Il est donc permis de suggérer que la notion étudiée est aux origines du principe d'examen particulier des circonstances. Ne figurant dans aucun texte, il semble difficile d'associer la violation de ce principe à la violation directe de la loi. Une partie de la doctrine qualifie son manquement d'erreur de droit[2302]. Or, comme nous l'avons déjà indiqué, la notion de bonne administration est un instrument d'interprétation de la règle de droit[2303]. La violation du principe de l'examen des circonstances, qui se fonde du moins en partie sur cette notion, peut donc être interprétée comme une erreur dans l'interprétation du droit.

De plus, un vice de procédure peut être à la base de l'annulation pour violation du principe de l'examen particulier des circonstances[2304]. Or, nous avons déjà souligné la connexité entre la notion de bonne administration et la « bonne procédure »[2305]. De même, le principe d'examen particulier des circonstances est

---

[2296] Hubert-Claude AMIEL, *art.cit.*, p.30. Nous soulignons.
[2297] Hubert-Claude AMIEL, *art.cit.*, p.26.
[2298] Hubert-Claude AMIEL, *art.cit.*, p.29.
[2299] Marcel WALINE, note sous C.E., 16 novembre 1928, *Fouchu et autres*, *préc.*, p.35.
[2300] Sur le lien entre moralité administrative et bonne administration, v. *supra*, n°100 et s.
[2301] V. *supra*, n°114 et s.
[2302] V. en outre : Raymond ODENT, *op.cit.*, p.1970.
[2303] V. *supra*, n°772 et s.
[2304] Hubert-Claude AMIEL, *art.cit.*, p.27.
[2305] V. *supra*, n°436 et s., n°525 et s.

centré sur les motifs : il interdit les motifs généraux et automatiques ; la notion de bonne administration s'insère également dans ce contrôle des motifs.

Enfin, l'essence objective de la notion de bonne administration épouse celle du principe de l'examen particulier des circonstances. Ce dernier ne vise pas uniquement la garantie des droits des administrés : « *c'est, en fait, beaucoup plus la volonté d'une bonne administration qui l'a inspiré* »[2306]. Cette affirmation est confortée par la jurisprudence. En réalité, c'est un double examen qu'impose le Conseil d'État : celui de la situation de l'intéressé et celui de la situation générale. La notion de bonne administration, tout comme le principe de l'examen particulier des circonstances, permettent d'objectiver le contrôle des appréciations en opportunité[2307] *via* une exigence de bon sens.

843. Pouvant être à notre sens considérée comme étant aux origines de ce principe, la notion de bonne administration en permet également une bonne application. Le recours à l'examen particulier des circonstances doit en effet être non seulement adapté au cas d'espèce, mais aussi pondéré avec l'impératif de respect de la règle générale. Une modération de ce principe est nécessaire : « *son assouplissement est la meilleure garantie de son maintien* »[2308].

Celui-ci se réalise à travers des directives, également reliée à la bonne administration. Ainsi que le soulignent Messieurs Galabert et Gentot à l'occasion de l'arrêt *Arnaud*, cette orientation générale, permise par ces mesures internes, constitue une atténuation de l'obligation de prendre en compte les circonstances particulières[2309].

844. Ce double lien de la notion de bonne administration avec les mesures d'orientation générale et avec le principe d'examen particulier des circonstances n'est pas paradoxal. En effet, la directive n'efface pas la nécessité d'un examen particulier des circonstances, car elle laisse toujours une marge de discrétion à ses destinataires. En d'autres termes, la notion de bonne administration évite la mise en œuvre excessive à la fois des directives et de l'examen particulier des circonstances. Elle guide par ailleurs le juge dans son opération de conciliation.

On peut déceler les traces de cette notion dans le principe jurisprudentiel selon lequel la légalité des directives est subordonnée à ce qu'elle ne lie pas la compétence de l'administration[2310]. Le juge considère également que le gouvernement peut, par décret, déroger au principe d'examen particulier des

---

[2306] Hubert-Claude AMIEL, *art.cit.*, p.34.

[2307] Pour une définition positive de l'opportunité, v. *supra*, n°819 et s.

[2308] Hubert-Claude AMIEL, *art.cit.*, p.52.

[2309] GALABERT et GENTOT, chron. sous C.E., sect., 13 juillet 1962, *Sieur Arnaud et autres*, rec. 474, req. n°37586 ; *A.J.D.A.*, 1962, p.546 et s.

[2310] Principe notamment dégagé dans : C.E., sect., 11 décembre 1970, *Crédit foncier de France c/ Demoiselle Gaupillat et Dame Ader*, rec. 750, req. n°78880 ; *A.J.D.A.*, 1971, p.196 et s.

circonstances[2311]. La mise à l'écart de ce principe est également fondée lorsque l'intérêt ou les nécessités du service le justifient[2312].

845. Il est donc permis d'avancer que la notion de bonne administration renforce la nécessité d'un examen particulier des circonstances. Elle contribue, tout comme ce dernier[2313], à intensifier indirectement le contrôle de légalité. Le même raisonnement peut s'appliquer à la technique de l'erreur manifeste d'appréciation.

B. Le déploiement de la technique de l'erreur manifeste d'appréciation

846. L'influence de la notion de bonne administration sur les notions de pouvoir discrétionnaire et d'opportunité a déjà été montrée[2314]. Il convient à présent d'examiner son incidence sur l'erreur manifeste d'appréciation. En tant que technique juridictionnelle, celle-ci entretient un rapport avec la notion de bonne administration, qui peut être considérée comme un facteur de son déploiement.

L'optique fixée nous impose de circonscrire le propos. Nous reviendrons donc brièvement sur la définition de l'erreur manifeste d'appréciation (**1**) pour montrer la fonction de la notion de bonne administration en la matière (**2**).

1. La fonction latente de l'erreur manifeste d'appréciation : l'extension du contrôle juridictionnel

847. D'aucuns font remonter la technique de l'erreur manifeste d'appréciation à la jurisprudence suisse et à celle de l'Organisation Internationale du Travail[2315]. Elle ferait son apparition en France avec l'arrêt *Lagrange*[2316], bien que le terme « manifeste » ait été utilisé auparavant par les juges du Palais royal[2317]. Dans cet arrêt, la Haute juridiction estima que l'équivalence d'emploi ne devait pas comporter d'erreur manifeste. C'est désormais à cette seule condition que le juge se prononce.

Confirmée par les arrêts *Demoiselle Achart*[2318] *et Commune de Montfermeil*[2319], l'expression « erreur manifeste d'appréciation » apparaît plus fréquemment à partir

---

[2311] C.E., sect., 12 novembre 1954, *Dame Calderon*, rec. 587, req. n°17022 ; note Marcel WALINE, *R.D.P.*, 1955, p.391 et s. (application de règles analogues aux différents avoirs situés en Grande-Bretagne).

[2312] Pour exemple : C.E., sect., 23 mars 1945, *Union syndicale des ouvriers et ouvrières métallurgiques et similaires*, rec. 61, req. n°67604.

[2313] Les nouvelles techniques d'action administrative ont un impact sur le contentieux : Raymond ODENT, *op.cit.*, p.567-572.

[2314] V. *supra*, n°819 et s., n°831 et s.

[2315] Dominique LAGASSE, *L'erreur manifeste d'appréciation en droit administratif. Essai sur les limites du pouvoir discrétionnaire de l'administration*, Bruxelles, Bruylant, 1986, p.191-222 ; Jean-Yves VINCENT, « L'erreur manifeste d'appréciation », *R.A.*, juillet-août 1971, n°142, p.411. Pour un aperçu de la place de l'E.M.A. dans ses débuts : MM. GALABERT et GENTOT, « Le contrôle de l'erreur manifeste par le juge de l'excès de pouvoir », *A.J.D.A.*, 20 octobre 1962, chron., p.552-553.

[2316] C.E., sect., 15 février 1961, *Sieur Lagrange*, rec. 121, req. n°42259-42260.

[2317] Les origines de l'E.M.A. remonteraient à la question de l'équivalence d'emplois : C.E., 13 novembre 1953, *Denizet*, rec. 489. Source : Jean-Yves VINCENT, *art.cit.*, p.408 et s ; Bernard PACTEAU, *op.cit.*, p.235-245.

[2318] C.E., 13 juillet 1961, *Demoiselle Achart*, rec. 476, req. n°50609.

de la fin des années soixante[2320]. Elle gagne notamment le contentieux disciplinaire de la fonction publique, qui donne lieu à une jurisprudence laconique[2321] variant du contrôle minimum au contrôle normal[2322]. On retrouve également l'expression au sujet des autorisations d'urbanisme et de remembrement[2323].

En bref, tout en maintenant un contrôle minimum, du moins en apparence, le juge utilise cette technique dans des domaines multiples[2324]. Il convient en effet d'envisager ce critère d'évaluation du « bon sens » de l'administration dans l'usage de son pouvoir discrétionnaire d'appréciation avant tout comme une technique juridictionnelle de contrôle. « *Découverte contentieuse la plus notable* »[2325] des années soixante, on la retrouve dans la jurisprudence communautaire[2326], notamment dans le contentieux de la fonction publique. La jurisprudence anglaise consacre également cette idée à travers l'expression déjà évoquée d' « *unreasonableness* »[2327].

848. En dépit de toutes ces consécrations, une interrogation demeure : qu'entendre exactement par « erreur manifeste d'appréciation »[2328] ? La définition de Monsieur Vincent mérite d'être reproduite dans son intégralité : « *erreur commise par un administrateur dans l'appréciation des faits à laquelle il se livre discrétionnairement pour fonder sa décision et qui s'avère si grossière qu'elle ne laisse place à aucun doute* »[2329]. Dès lors, deux précisions s'imposent. D'une part, l'erreur se situe au niveau de l'opération intellectuelle d'appréciation et non au niveau de la qualification juridique des faits[2330]. D'autre part, il convient de distinguer l'évidence de l'erreur et de l'ampleur de ses conséquences. Une erreur lourde de conséquences peut être difficilement décelable et, pour cette raison, ne pas relever de l'erreur manifeste d'appréciation. Il s'agit donc strictement d'une erreur aisément identifiable par le juge[2331]. Le contrôle de l'erreur manifeste a ainsi

---

2319 C.E., 9 mai 1962, *Commune de Montfermeil c/ Sieur Foittier*, rec. 304, req. n°54073 : l'administration propose à un agent public un poste qui n'est manifestement pas équivalent au poste qu'il occupait. Le C.E. prononce pour la première fois l'annulation sur ce fondement.

2320 Raymond ODENT, *op.cit.*, p.564-565.

2321 Sur le caractère fluctuant de cette jurisprudence : Dominique LAGASSE, *op.cit.*, p.220 ; p.198.

2322 Sur l'aptitude requise d'un fonctionnaire pour obtenir un avancement : C.E., sect., 22 février 1963, *Sieur Maurel*, rec. 119, req. n°54563 ; sur le contentieux disciplinaire de la fonction publique : Dominique LAGASSE, *op.cit.*, p.200-209.

2323 Sur les autorisations d'urbanisme : Dominique LAGASSE, *op.cit.*, p.209-220.

2324 Sur ce point, v. notamment : MM. GALABERT et GENTOT, *art.cit.*, p.553.

2325 Jean-Yves VINCENT, *art.cit.*, p.407.

2326 Dominique LAGASSE, *op.cit.*, p.227-230 ; Dominique RITLENG, « Le juge communautaire de la légalité et le pouvoir discrétionnaire des institutions communautaires », *A.J.D.A.*, 20 septembre 1999, n°9, p.645-657.

2327 V. *supra*, n°697 et s.

2328 Sur l'ambiguité de cette notion, tant dans son principe que dans son application, v. aussi : LABETOULLE, CABANES, *A.J.D.A.*, 20 janvier 1971, n°1, chron., p.33-37.

2329 Jean-Yves VINCENT, *art.cit.*, p.408.

2330 Jean-Pierre HENRY, « Une nouvelle fonction pour l'erreur manifeste. Le contrôle du respect de l'obligation de diligence », *A.J.D.A.*, 20 juin 1979, n°6, p18.

2331 Bernard PACTEAU, *op.cit.*, p.248.

été qualifié de « *contrôle de normalité* »[2332] : il sanctionne l'inobservation des normes qui cantonnent l'exercice du pouvoir discrétionnaire.

849. Malgré ces propositions de définition matérielle, la notion d'erreur manifeste d'appréciation reste imprécise. Elle est alors davantage définie de manière fonctionnelle. Ayant pour objectif d' « *implanter la censure juridictionnelle sur une zone qui échappait jusque-là à son emprise* »[2333], l'erreur manifeste d'appréciation est une technique[2334] permettant d'accroître le contrôle juridictionnel du pouvoir discrétionnaire. L'appréciation factuelle devient une partie intégrante du contrôle de légalité et de la régularité de l'acte administratif[2335]. Cette technique permet au juge de se prononcer sur des questions d'opportunité traditionnellement exclues de son contrôle[2336]. L'erreur manifeste d'appréciation participe de ce fait à l'insertion précédemment indiquée de l'opportunité dans le contrôle de légalité[2337].

Le terme « manifeste » ne doit pas prêter à confusion. Si un auteur a pu redouter que le juge ne se « *réduise à débusquer des évidences avec l'enthousiasme d'un détective myope* »[2338], cette crainte a été démentie par la jurisprudence[2339]. L'erreur manifeste d'appréciation constitue au contraire une « *transformation radicale de la démarche traditionnelle* »[2340] du juge. En effet, elle ne relève pas exclusivement du contrôle « minimum »[2341], en s'élargissant à toutes les appréciations, quel que soit le degré du contrôle. Sur ce point, la doctrine[2342] et la jurisprudence[2343] s'accordent à l'unisson. L'erreur n'est donc souvent manifeste qu'en apparence[2344]. À l'instar de l'opportunité, l'adjectif « manifeste » est manié par le juge, qui peut en réalité déceler une erreur subtile. Il s'agit donc d'un instrument à géométrie variable[2345], l'évidence étant rarement objective[2346].

[2332] Pierre DELVOLVÉ, « Existe-t-il un contrôle de l'opportunité ? », *in* Conseil constitutionnel, Conseil d'État, Actes du colloque des 21 et 22 janvier 1988 organisé au Sénat, Paris, L.G.D.J., coll. Montchrestien, p.285-289.

[2333] Jean-Yves VINCENT, *art.cit.*, p.409.

[2334] « *Utiliser l'évidence à titre de technique contentieuse* » : Jean-Yves VINCENT, *art.cit.*, p.407.

[2335] Jean-Yves VINCENT, *art.cit.*, p.412.

[2336] Jean-Pierre HENRY, *art.cit.*, p.23 et s. ; Alain BOCKEL, *art.cit.*, p.369.

[2337] V. *supra*, n°823 et s. ; Jean-Yves VINCENT, *art.cit.*, p.409 ; Dominique LAGASSE, *op.cit.*, p.11. *A contra* : Bruno KORNPROBST, « L'erreur manifeste », *Recueil Dalloz*, 1965, I, chron., p.123.

[2338] Bruno KORNPROBST, *art.cit.*, p.124.

[2339] Jean-Yves VINCENT, *art.cit.*, p.414.

[2340] Jean KAHN, « Le pouvoir discrétionnaire et le juge administratif », *in* I.F.S.A., *Le pouvoir discrétionnaire et le juge administratif*, Actes du colloque du 5 mars 1977, Paris, Cujas, cahier n°16, 1978, p.15.

[2341] Sur les matières de prédilection du juge en la matière : Raymond ODENT, *op.cit.*, fasc. VI, p.534-563 ; sur l'erreur manifeste : p.563-566.

[2342] Jean-Yves VINCENT, *art.cit.*, p.415 ; Dominique LAGASSE, *op.cit.*, p.393 , Bernard PACTEAU, *op.cit.*, p.250-251.

[2343] L'E.M.A. peut être évoquée même s'il s'agit d'un contrôle normal : C.E., 4e-1re sous-sect., 14 mars 1990, *Office culturel de Cluny - Fédération nationale d'animation globale,* rec. 66, req. 65114 ; *A.J.D.A.*, 1990, p.465 (sur les motifs d'un refus d'agrément national entachés d'une erreur manifeste).

[2344] Gustave PEISER, « Le développement de l'application du principe de légalité dans la jurisprudence du Conseil d'État », *art.cit.*, p.528.

[2345] Notamment lorsque la Cour fait appel à l'expertise ; C.J.C.E., 6e ch., 12 juillet 1990, *Société C.D.F. Chimie azote c/ Commission*, aff. C-169/84, rec.1990, p.I-3110 ; Bernard PACTEAU, *op.cit.*, p.245-247.

[2346] T.P.I.C.E., 3e ch., 24 septembre 1996, *N.A.L.O.O. c/ Commission*, aff. T-57/91, rec.1996, p.II-1019, pt.111.

850. Cette technique du contentieux est utilisée notamment lors du contrôle des motifs[2347]. Renfermant l'idée de « *cohérence nécessaire* »[2348], elle en serait le prolongement[2349]. Dans tous les cas, elle permet un contrôle poussé du pouvoir discrétionnaire. Si le contenu et la fonction de l'erreur manifeste d'appréciation semblent poser peu de problèmes, il en va différemment de son fondement et de ses facteurs de déploiement.

C'est à ce niveau que la notion de bonne administration exerce sa principale fonction.

2. La connexité entre la notion de bonne administration et la technique de l'erreur manifeste d'appréciation

851. Le principal apport de la thèse de Monsieur Lagasse réside dans sa réflexion sur les fondements théoriques de l'erreur manifeste d'appréciation. L'auteur dresse à ce propos un bilan plutôt négatif. Autant la théorie du « *raisonnable* »[2350] que celle du « *minimum de logique et de bon sens* »[2351] ne semblent pas être à même de constituer la base de cette technique. Le fondement de l'erreur manifeste d'appréciation serait donc des plus incertains.

852. Il est alors permis d'avancer que la notion de bonne administration, sinon fonde, du moins est un facteur de développement de la technique de l'erreur manifeste d'appréciation. Certes, celle-ci est restreinte, en apparence, au « manifeste » ou au « grossier », alors que la notion de bonne administration désigne l'adaptation optimale des moyens de l'administration publique. Elle ne saurait ainsi strictement fonder l'erreur manifeste d'appréciation. Néanmoins, si on envisage l'erreur manifeste comme une technique d'extension du contrôle du juge, la notion étudiée est bien un facteur de son extension. Ce lien peut se fonder sur deux arguments.

853. D'une part, l'erreur manifeste d'appréciation a vocation à *adapter* le contrôle de légalité aux nouvelles matières d'une technicité élevée et aux nouvelles réalités de l'action administrative[2352]. Face à l'inadéquation des techniques de contrôle juridictionnel, elle permet de maintenir l'*équilibre* entre le pouvoir discrétionnaire et le respect de la légalité[2353]. Cet outil jurisprudentiel sanctionne les actions administratives inadaptées.

Son lien avec la notion de bonne administration (adaptation équilibrée des moyens) transparaît, à titre d'exemple, dans l'arrêt *Centre hospitalier régional d'Amiens*[2354]. Cet arrêt concernait une délibération du Conseil d'administration du

---

[2347] André DE LAUBADÈRE, « Le contrôle juridictionnel du pouvoir discrétionnaire dans la jurisprudence récente du Conseil d'État français », *in Mélanges offerts à Marcel Waline*, t.2 : *Le juge et le droit public*, Paris, L.G.D.J., 1974, p.542-543.
[2348] Dominique LAGASSE, *op.cit.*, p.523.
[2349] Dominique LAGASSE, *op.cit.*, p.521-524.
[2350] Dominique LAGASSE, *op.cit.*, p.291.
[2351] Dominique LAGASSE, *op.cit.*, p.334-340.
[2352] Jean-Pierre HENRY, *art.cit.*, p.17.
[2353] Alain BOCKEL, *art.cit.*, p.362-363.
[2354] C.E., sect., 30 janvier 1995, *Centre hospitalier régional d'Amiens*, [non publié], req. n°94965.

Centre hospitalier régional d'Amiens prévoyant la scission en deux services du service de médecine nucléaire et la création, d'une part, d'un service de médecine nucléaire « *in vivo* » et, d'autre part, d'un service de médecine nucléaire « *in vitro* ». Selon le juge, cette décision visait à combler les besoins du service dont la carence était à l'origine du mauvais fonctionnement de ce dernier. Or, ce motif n'est pas entaché d'une erreur manifeste d'appréciation. Plus généralement, l'annulation pour erreur manifeste d'appréciation vient sanctionner une « *mal administration* » patente et grave[2355]. Bien que les notions de bonne administration et de « mauvaise administration » ne soient pas de purs antonymes[2356], cette citation nous invite à penser que la première entretient un lien certain avec l'erreur manifeste d'appréciation.

854. D'autre part, celle-ci pondère la nécessaire marge d'appréciation de l'administration avec la nécessité d'un contrôle juridictionnel. Elle est avant tout une technique de compromis : « *l'évidence reçoit pour mission de sauvegarder le principe du pouvoir discrétionnaire en l'épurant de ses manifestations les plus choquantes* »[2357]. Certes, la substitution de l'appréciation du juge à celle de l'administration présente des dangers certains. Aussi Monsieur Henry indique-t-il que, faute de norme de référence, le juge les créé, au coup par coup, de manière opportune[2358]. Néanmoins, le contrôle juridictionnel du pouvoir discrétionnaire est nécessaire. L'erreur manifeste d'appréciation permet alors de porter une appréciation limitée sur la diligence de l'administration, c'est-à-dire sur l'objet du pouvoir discrétionnaire[2359].

Or, la notion de bonne administration renvoie au « raisonnable » qui est à la base de l'erreur manifeste d'appréciation. On peut à ce titre rappeler que la notion d'*unreasonableness* constitue le critère d'évaluation du *Parliamentary and Health Service Ombudsman.* De même, l'erreur manifeste d'appréciation a pu être associée à l'idée de « raisonnabilité » objective[2360]. Elle permet donc de sanctionner la mauvaise pondération des faits effectuée par l'administration. En d'autres termes, la notion de bonne administration permet à la fois de fonder et de légitimer l'utilisation par le juge de la technique de l'erreur manifeste d'appréciation.

855. Proposant une théorie de l'erreur manifeste d'appréciation[2361], Monsieur Lagasse en énonce une définition originale. Elle est selon lui non seulement une contradiction évidente, mais aussi « *inexpliquée entre la décision administrative et les faits de la cause* »[2362]. L'auteur relie donc la question de l'erreur manifeste d'appréciation à celle de la motivation. Le plus souvent, c'est en effet le défaut de motivation qui rend l'erreur « manifeste ». Dans cette optique, l'erreur manifeste d'appréciation désigne l'erreur que l'administration n'a pas pris la peine de justifier.

2355 Daniel LABETOULLE, « Le pouvoir discrétionnaire en matière d'urbanisme et d'interventionnisme économique », *art.cit.*, p.34.
2356 V. *supra,* n°703 et s.
2357 Jean-Yves VINCENT, *art.cit.*, p.419.
2358 Jean-Pierre HENRY, *art.cit.*, p.21-22.
2359 Jean-Pierre HENRY, *art.cit.*, p.23.
2360 Dominique LAGASSE, *op.cit.*, p.398-400.
2361 Dominique LAGASSE, *op.cit.*, p.351-517.
2362 Dominique LAGASSE, *op.cit.*, p.376.

La décision entachée d'une erreur manifeste d'appréciation n'est « *pas tant celle qui est manifestement injustifiable que celle qui est manifestement injustifiée au regard de l'intérêt général* »[2363]. L'erreur manifeste peut donc être considérée aussi bien comme un vice de fond que comme un vice de forme ou de procédure.

Cette optique fait écho au lien précédemment établi entre la notion de bonne administration et celle de « bonne procédure »[2364]. Imposant une approche matérielle et constructive de la procédure, la notion de bonne administration appelle à une définition à la fois plus large et plus concrète de l'erreur manifeste. Elle constitue ainsi un facteur de son extension. De plus, d'essence objective, cette notion confère à l'erreur manifeste d'appréciation sa fonction d'objectivation du contrôle des appréciations administratives d'opportunité[2365].

856. Il n'est donc pas impossible de conclure que la notion de bonne administration entraîne un développement des facteurs d'extension du contrôle de légalité, tels que le principe d'examen particulier des circonstances[2366] et la technique de l'erreur manifeste d'appréciation. Intensifiant l'encadrement du pouvoir discrétionnaire de l'administration, la notion de bonne administration permet, de manière plus globale, un approfondissement du contrôle des motifs.

§ 2. UNE ADAPTATION ÉQUILIBRÉE DU CONTRÔLE DES MOTIFS

857. Le contrôle de légalité est à contenu variable : celui-ci dépend de la liberté que « souhaite » laisser le juge à l'administration[2367]. Contribuant au déploiement des techniques d'extension de ce contrôle, la notion de bonne administration est évidemment au cœur de cette thématique. Elle permet au juge de s'immiscer dans l'exercice du pouvoir discrétionnaire de l'administration[2368]. Les développements précédents ont en effet montré à la fois la subtilité et l'ambiguïté avec laquelle le juge dessine les frontières de son contrôle. Ainsi que l'affirme Monsieur Labetoulle, « *le juge administratif définit le pouvoir discrétionnaire de l'administration de façon empirique, en mêlant aux conceptions théoriques des préoccupations finalistes de bonne administration* »[2369]. Cette notion permet au juge d'étendre son « pouvoir discrétionnaire »[2370] nécessaire à sa propre adaptation.

[2363] Dominique LAGASSE, *op.cit.*, p.522.

[2364] V. *supra*, n°436 et s., n°525 et s.

[2365] Dominique LAGASSE, *op.cit.*, p.513. L'erreur manifeste d'appréciation est un contrôle de détournement de pouvoir rendu objectif par son évidence : p.519-521.

[2366] Dans le sens d'une extension du contrôle : Raymond ODENT, *op.cit.*, fasc.VI, p.523-527.

[2367] Maxime LETOURNEUR, *art.cit.*, p.51-53.

[2368] Georges DELLIS, « Le principe de bonne administration dans la jurisprudence du Conseil d'Etat hellénique », *Mélanges en l'honneur d'Epaminondas P. Spiliotopoulos. Etat-loi-administration*, Bruxelles, Bruylant,1998, spéc. p.34-36. L'auteur précise que le principe de bonne administration constitue l'une des trois limites au pouvoir discrétionnaire (les deux autres étant les principes d'égalité et de bon sens).

[2369] Daniel LABETOULLE, « Le pouvoir discrétionnaire en matière d'urbanisme et d'interventionnisme économique », *art.cit.*, p.37.

[2370] La notion de pouvoir discrétionnaire doit être entendue telle que nous l'avons précédemment définie et analysée tout au long de cette étude (v. *supra*, n°945 et s.). Loin de se réduire à une définition négative, ce pouvoir est conçu comme l'outil nécessaire à l'adaptation des moyens de l'administration (bonne administration).

858. L'influence de la notion de bonne administration sur l'encadrement des motifs illustre ce constat. Le contrôle de la mise en œuvre raisonnée des moyens de l'administration peut alors être conçu comme une concrétisation de la notion de bonne administration (**A**). Cependant, ce déploiement reste encadré. Dénuée de considérations morales et politiques, la notion de bonne administration n'invite aucunement le juge à se substituer à l'administration (**B**).

A. L'adaptation du contrôle des motifs

859. La mise en œuvre *raisonnée* des moyens comprend l'idée de « raisonnabilité » consciente et réfléchie. On peut en effet considérer qu'une adaptation *raisonnable* n'est pas nécessairement voulue, bien que cette hypothèse se présente rarement. L'adjectif « raisonnée » permet d'insister sur le fait que la notion de bonne administration implique une prise de conscience et un choix réfléchi, de la part de l'administration, des motifs pouvant raisonnablement fonder sa décision.

860. Le contentieux des motifs « *met tout à la fois en jeu l'essentiel de l'autorité de la loi, et l'essentiel de l'indépendance de l'administration à l'égard du juge* »[2371]. On pourrait ajouter, sans risquer de trahir la pensée de l'auteur, qu'il met également en jeu l'essentiel de l'autorité du juge. C'est bien cette question délicate qui unit le contrôle des motifs à la notion de bonne administration.

Afin de s'assurer que l'administration a mis en œuvre ses moyens de manière adaptée et équilibrée (bonne administration), le juge doit renforcer son contrôle des motifs. Par conséquent, la « technicité » de certains domaines n'est plus un obstacle au contrôle juridictionnel (**1**). Le contentieux des autorités de régulation est un exemple pertinent de ce constat (**2**).

1. L'élargissement du champ du contrôle des motifs

L'intensification du contrôle des motifs, permise par la notion de bonne administration, exige au préalable de distinguer la discrétionnalité technique de la discretionnalité purement politique.

861. Le développement et la complexification des sociétés modernes amènent en effet l'administration publique à se prononcer sur des domaines de plus en plus techniques. Dans ces nombreux cas, elle dispose d'un large pouvoir discrétionnaire. À titre d'illustration, les activités économiques ont longtemps été classées parmi les activités auxquelles le juge n'était pas à même de répondre ; son contrôle était alors souvent cantonné à la légalité externe[2372]. Mettant notamment en exergue le déclin du contrôle du détournement de pouvoir en la matière, Monsieur Savy a souligné la nécessité de l'adaptation du contrôle juridictionnel[2373].

[2371] Bernard PACTEAU, *op.cit.*, p.17.

[2372] Robert SAVY, « Le contrôle juridictionnel de la légalité des décisions économiques de l'administration », *A.J.D.A.*, 20 janvier 1972, p.8-9.

[2373] Robert SAVY, *art.cit.*, p.11.

862. À cet égard, la doctrine espagnole relative à la « *discrétionnalité technique* » est riche d'enseignements. En bref, le juge ne peut s'appuyer sur la technicité pour décliner sa compétence[2374], d'autant qu'il peut recourir à des experts[2375] (*prueba pericial*[2376]). Cette position est notamment due à la fusion des procédures juridictionnelles civile et administrative en droit espagnol. Il n'y aurait ainsi pas de raisons sérieuses de limiter le contrôle du juge administratif davantage que celui du juge civil[2377]. Le Tribunal suprême n'est certes pas un technicien, mais sa qualité d'organe de contrôle juridictionnel lui permet de veiller au respect des « *règles de la saine critique* »[2378], qui assurent la solidité et le fondement rationnel des différentes solutions proposées par les parties. La mise en œuvre de concepts techniques peut donc être qualifiée, au moins dans certains cas, d'opération juridique[2379]. En d'autres termes, ce type de problèmes peut être considéré comme juridique dès lors qu'il concerne l'application d'une norme[2380]. Aussi Madame Alonso Mas invite-t-elle à substituer la notion de « *marge cognitive d'appréciation* » (« *margen cognoscitivo de apreciacion* »[2381]) à celle de discrétionnalité, seule la première étant non susceptible d'être discutée. C'est alors au travers de l'encadrement des motifs que le juge a réalisé l'adaptation nécessaire de son contrôle[2382].

La notion de bonne administration participe à cette intensification.

863. La décision précitée du Tribunal suprême espagnol du 11 juin 1991[2383], qui concerne le domaine d'adjudication d'un contrat de travaux publics, mérite une attention particulière en raison du lien expressément établi entre l'exigence d'une motivation rationnelle et la notion de bonne administration.

En l'espèce, le rapport d'expert établissait que toutes les entreprises concurrentes présentaient un haut degré de compétence et d'expérience ; elles disposaient toutes de moyens suffisants tant au point de vue du personnel qu'au point de vue des machines. La société requérante contesta alors le choix discrétionnaire de l'administration qui n'aurait pas opté pour la société la plus économique. Le juge rappelle à cette occasion que l'administration doit user de son

---

2374 Pour une synthèse de cette doctrine : Doña María José ALONSO MAS, *op.cit.*, p.496-539. La discrétion du juge encourrait la critique, notamment au regard du droit à une protection judiciaire effective (art. 24.1 de la Constitution espagnole), v. *supra*, n°481 et s., n°646 et s.

2375 Eva DESDENTADO DAROCA, *Los problemas del control judicial...*, *op.cit.*, p.122-128.

2376 Art. 74.3 L.J.C.A.

2377 Eva DESDENTADO DAROCA, *op.cit.*, p.128-138.

2378 « *El Tribunal no es un especialista en la materia pero tempoco necesita serlo para valorar las pruebas aportadas conforme a las reglas de la sana critica, que no consiste en otra cosa que en apreciar la solidez y fundamentación racional de las diferentes soluciones planteadas por las partes* » : Eva DESDENTADO DAROCA, *op.cit.*, p.137.

2379 « *La concreción y aplicación de conceptos que remiten a criterios técnicos es una operación jurídica* » : Eva DESDENTADO DAROCA, *op.cit.*, p.145.

2380 Juan IGUARTA SALAVERRÍA, *Discrecionalidad técnica, motivación y control jurisdiccional*, *op.cit.*, p.48-49. Sur la motivation insuffisante : p.153-165.

2381 Sur le concept de « *margen cognoscitivo de apreciación* » : Doña María José ALONSO MAS, *op.cit.*, p.541-547.

2382 Robert SAVY, *art.cit.*, p.19-24.

2383 S.T.S., 1e sect., n°3134/1991, 11 juin 1991, req. n°409/1986.

pouvoir discrétionnaire « *au regard des critères de rationalité et, plus précisément ici, de bonne administration* »[2384].

Il n'est alors pas impossible de penser que la « bonne administration » est surtout ici employée comme synonyme d'efficience[2385]. Le juge précise que « *la rationalité des principes de bonne administration impose le choix de la meilleure offre économique, au moins lorsque aucune raison sérieuse n'est évoquée à l'encontre de ce critère* »[2386]. Dans le cas contraire, le choix de l'administration serait « *arbitraire* »[2387]. « *La rationalité d'une bonne administration* »[2388] impose, en l'espèce, l'adjudication du contrat à la partie requérante et non à une autre entreprise dont le coût des travaux est supérieur.

Cette décision conforte le lien énoncé entre la notion de bonne administration et le contrôle des motifs. La première permet au juge d'évaluer la rationalité des seconds. Néanmoins, ce renvoi à la « bonne administration » peut paraître quelque peu ambivalent. C'est peut-être la raison pour laquelle la jurisprudence postérieure reprend le principe d'une motivation rationnelle sans utiliser cette expression[2389]. La notion de bonne administration semble en effet être employée dans deux sens différents. D'une part, comme synonyme de pondération raisonnable des éléments en conflit. Cette acception, que nous avons retenue, est au cœur de l'examen des motifs. D'autre part, comme un élément à part entière de cette pondération, à savoir l'efficience. Celle-ci devrait l'emporter en cas de compétences équivalentes. Au-delà de cette légère ambivalence, il faut relever le lien expressément établi, à juste titre, entre la notion de bonne administration et l'examen des motifs.

864. De manière plus indirecte, les arrêts *Société civile Sainte-Marie-de-l'Assomption*[2390] et *Grassin*[2391], qui concernent des domaines de technicité élevés, révèlent des « *cas de maladministration* »[2392]. En substance, il était reproché à l'administration, dans le premier arrêt, d'avoir « mal » étudié son dossier et, dans le second arrêt, d'avoir entrepris une opération d'envergure qui dépassait ses moyens.

[2384] « *La actuación de una potestad discrecional se legitima explicitando las razones que determinan la decisión con criterios de racionalidad y, en lo que ahora importa, de buena administración* » : F.J.4 ; v. aussi : S.T.S. de Madrid, 3e ch., n°2004/452, 19 mai 2004, req. n°691/2004, F.J.2 ; S.T.S. de Catalogne, 4e ch., n°2007/117660, 10 novembre 2006, req. n°835/2006, F.J.4.

[2385] Nous avons en effet montré que l'efficience est l'expression de la notion de bonne administration dans le domaine des moyens financiers : v. *supra*, n°354 et s.

[2386] « *Cuando estos otros datos se producen en términos de igualdad, los principios de buena administración imponen una decisión basada en criterios económicos (...) la racionalidad de los principios de buena administración exige la elección de la mejor oferta económica, al menos cuando no se invoca razón alguna para apartarse de esa solución* » : F.J.4.

[2387] Quatrième fondement juridique.

[2388] « *La racionalidad de una buena administración imponía la adjudicación del contrato a la parte apelante y no a otra empresa distinta con la que el coste de la obra sería superior* » : F.J.5.

[2389] S.T.S. de Madrid, 7e ch., n°2004/250209, 17 février 2004, F.J.3 : le juge fait ici référence à la rationalité de l'utilisation du pouvoir discrétionnaire, mais pas expressément à la « bonne administratin » ; sur la rationalité de la taille requise pour l'accès au corps de police : S.T.S. de Madrid, 9e ch., n°2003/214124, 29 janvier 2003, req. n°88/2003, F.J.4. Sur l'oligation générale de motivation par le juge constitutionnel : S.T.C., 2e ch., n°193/2006, 19 juin 2006, B.O.E. n°172.

[2390] C.E., ass., 20 octobre 1972, *Société civile Sainte-Marie de l'Assomption, préc.*

[2391] C.E., sect., 26 octobre 1973, *Sieur Grassin, préc.*

[2392] Daniel LABETOULLE, *art.cit.*, p.38.

Si les notions de bonne administration et de « mauvaise administration » recouvrent des domaines différents[2393], il semble que l'auteur emploie ici le terme « *maladministration* » pour désigner l'inadaptation des moyens (le contraire de la notion de bonne administration, telle que nous l'avons définie).

Le Conseil d'État effectue fréquemment un contrôle normal sur des dispositions techniques[2394]. À titre d'exemple, l'arrêt *Société maison Genestal*[2395] transpose l'obligation de motivation au contentieux fiscal en imposant à l'administration de motiver davantage son refus d'avantage fiscal. La contrainte se substitue donc, peu à peu, à l'incitation[2396]. À l'analyse, il semble d'ailleurs que ce contrôle est *a fortiori* nécessaire pour les matières délicates : « *le contrôle juridictionnel de la légalité doit être, en matière économique, d'autant plus vigilant que les décisions administratives comportent ici davantage de répercussions sur la vie même du pays* »[2397].

On peut ainsi citer, à titre d'illustration, la décision du Tribunal suprême espagnol du 4 avril 1997 relative à une demande, par certains juges d'instruction, de documents classés secrets[2398]. En l'espèce, l'accord interministériel du 2 août 1996 refusait, sur le fondement de la sécurité publique, le déclassement de certains documents relatifs à la lutte antiterroriste (E.T.A.). Le tribunal suprême qualifie alors d' « *insuffisante* » la motivation avancée par l'administration. Au sujet des licences d'armes à feu, le juge affirme également qu'il doit procéder à un contrôle formel et substantiel portant sur l'utilisation du pouvoir discrétionnaire et plus exactement sur l'adéquation entre les faits pertinents et la décision[2399]. Le contrôle de la motivation est donc le principal outil d'encadrement du pouvoir discrétionnaire de l'administration publique. Aussi, les règlements indépendants espagnols sont également soumis à cet impératif[2400].

865. La jurisprudence communautaire relative au contrôle de l'exactitude matérielle des faits en matière économique est également une bonne illustration de l'intensification du contrôle des motifs. Certes, le juge a reconnu explicitement le « *large pouvoir d'appréciation* »[2401] des institutions communautaires lorsque le choix s'avère difficile et les circonstances de fait complexes. Néanmoins, il

---

[2393] V. *supra*, n°703 et s.

[2394] Pour exemple : C.E., ass., 4 mars 1991, *Le Cun*, rec. 71, req. n°112820 ; *R.F.D.A.*, 1991, p.612 : contrôle normal de la sanction infligée par le Conseil des bourses de valeurs à un agent d'une société de bourse.

[2395] C.E., sect., 26 janvier 1968, *Société « Maison Genestal »*, rec. 62, req. n°69765, concl. BERTRAND.

[2396] Jacques DELMAS-MARSALET, « Le contrôle juridictionnel des interventions économiques de l'Etat », *E.D.C.E.*, 1969, n°22, p.135-138.

[2397] BERTRAND, concl. sur C.E., sect., 26 janvier 1968, *Société « Maison Genestal », préc.*, p.67.

[2398] S.T.S., ass., n°2359/1997, 4 avril 1997, req. n°634/1996, F.J.5.

[2399] « *En materia de actos discrecionales el orden jurisdiccional contencioso-administrativo debe proceder a un control no solo formal, o de legalidad del acto, sinon sustantivo, que alcance el uso de la potestad en el sentido de comporbar la adecuación entre los hechos determinantes y la decisión tomada* » : T.S., 8 mars 1993, F.J.3 ; T.S., 26 janvier 1974, R.J. 1974/54 ; José María RODRÍGUEZ DE SANTIAGO, *La ponderación de bienes e intereses en el derecho administrativo*, *op.cit.*, p.71-79 ; sur le contrôle peu exigeant en matière de planification : p.92-102.

[2400] Juan DE LA CRUZ FERRER, « Sobre el control de la discrecionalidad en la potestad reglamentaria », *R.A.P.*, mai-août 1988, n°116, p.81.

[2401] C.J.C.E., *Meroni c/ Haute Autorité de la C.E.C.A.*, 13 juin 1958, aff. 9/56, rec.1958, p.9.

contrôle, de manière relativement vigilante, la motivation de ces actes[2402], en conférant le plus souvent une importance réduite aux formalités accessoires[2403].

La technique de l'erreur manifeste d'appréciation lui permet de se prononcer sur le pouvoir discrétionnaire du Conseil. La principale mission du juge communautaire est en effet de garantir l'équilibre entre les nécessités de la communauté et la protection des administrés[2404]. Il impose, avec une certaine vigueur, la consultation technique ou scientifique dans le cadre des procédures à caractère normatif[2405]. Toutefois, comme le souligne Monsieur Molinier[2406], les justifications et les limites de ce contrôle sont des plus incertaines. Monsieur Dreyfus dresse le même constat s'agissant du système français. Les raisons poussant le juge à étendre son contrôle doivent se trouver dans la recherche de l'équilibre juste et optimal entre les droits respectifs de l'administration et des administrés[2407].

866. Cette idée d'équilibre, au fondement de l'intensification du contrôle des motifs, est également au cœur de la notion de bonne administration. Celle-ci implique un contrôle de pondération des intérêts à travers l'examen des motifs. Le contrôle de pondération peut porter sur la décision même ou sur la procédure qui en est à l'origine[2408]. Il permet une amélioration à la fois de l'administration et de son contrôle juridictionnel[2409].

La notion de bonne administration permet donc au juge de justifier son contrôle poussé des motifs, voire de l'orienter, dans certains cas, vers des considérations d'efficience. Le contentieux des autorités de régulation est un exemple pertinent de cette fonction de la notion de bonne administration.

[2402] C.J.C.E., 4 octobre 1983, *Fediol c/ Commission*, aff. 191/82, rec.1983, p.2913.

[2403] Jacqueline DUTHEIL DE LA ROCHÈRE, « Le principe de légalité », *art.cit.*, p.161-167.

[2404] C.J.C.E., 5e ch., 8 janvier 2002, *France c/ Monsanto et Commission*, aff. C-248/99, rec.2002, p.I-1, pt.92.

[2405] Pour un exemple dans le secteur agricole de la prévention de la santé publique (évaluation et gestion des risques pour la santé humaine liés à l'utilisation de la virginiamycine comme facteur de croissance) : T.P.I.C.E., 3e ch., 11 septembre 2002, *Pfizer Animal Health c/ Conseil*, aff. T-13/99, rec.2002, p.II-3305 ; v. aussi : C.J.C.E., 18 novembre 1999, *Pharos c/ Commission*, aff. C-198/03 P, rec.1999, p.I-6357.

[2406] Joël MOLINIER, « Le contrôle juridictionnel et ses limites : à propos du pouvoir discrétionnaire des institutions communautaires », *in* Joël RIDEAU (dir.), *De la Communauté de droit à l'union de droit. Continuités et avatars européens*, Paris, L.G.D.J., p.77-98.

[2407] François DREYFUS, « Brèves réflexions sur un concept en crise », *in* I.F.S.A., *Le pouvoir discrétionnaire et le juge administratif*, Actes du colloque du 5 mars 1977, Paris, Cujas, cahier n°16, 1978, p.91. L'auteur fait notamment référence à Maxime Letourneur, *art.cit.*

[2408] José María RODRÍGUEZ DE SANTIAGO, *op.cit.*, p.48-55 ; sur l'imposition d'un devoir rigoureux de motivation raisonnable : p.67-102.

[2409] José María RODRÍGUEZ DE SANTIAGO, *op.cit.*, p.145-146 ; p.163.

2. L'exemple du contentieux des autorités de régulation

867. La régulation peut être définie comme « *une fonction de la puissance publique tendant à satisfaire des besoins collectifs par des activités économiques en régime de concurrence* »[2410]. Elle est un type d'intervention publique se caractérisant par sa finalité : permettre le fonctionnement du marché tout en respectant les impératifs d'équité et de « *bien-être* »[2411]. Son objectif est d'assurer le fonctionnement harmonieux des différents secteurs[2412]. Les autorités de régulation relèvent souvent du droit économique, qui renferme les règles « *visant à assurer un équilibre entre les intérêts particuliers des agents économiques publics ou privés et un intérêt économique général* »[2413]. Ne s'identifiant ni au droit de l'entreprise ni au droit de l'intervention économique de l'État, le droit économique est l'un des terrains de prédilection de la notion de bonne administration. Dès lors, l'économie n'est plus considérée comme un domaine purement technique exempt du contrôle juridictionnel[2414].

868. Bien que notre étude se limite à la notion de bonne administration, il est intéressant, à titre liminaire, de souligner le lien qui existe entre le contentieux économique et la notion de bonne administration *de la justice*[2415]. Cette dernière, expression de la notion de bonne administration dans le domaine de la justice, a en effet une relative influence sur ce contentieux. Ainsi que le souligne Monsieur Delmas-Marsalet[2416], la nécessité d'adaptation du contrôle juridictionnel se manifeste, en France, par une adaptation des critères du juge compétent en matière économique. En effet, ainsi que l'affirme la décision *Conseil de la concurrence*, les critères de compétence juridictionnelle peuvent être aménagés dans l' « *intérêt d'une bonne administration de la justice* »[2417]. Si le contentieux des actes

---

[2410] Gérard MARCOU, « Régulation et service public. Les enseignements du droit comparé », *in* Gérard MARCOU, Franck MODERNE (dir.), *Droit de la régulation, service public et intégration régionale*, t.1 : *Comparaisons et commentaires*, Paris, L'Harmattan, coll. Logiques juridiques, 2005, p.30 ; « La notion juridique de régulation », *A.J.D.A.*, 20 février 2006, n°7, p.4. Le professeur distingue l'approche matérielle (ou fonctionnelle) de la régulation de son approche institutionnelle qui traite de sa place dans les pouvoirs publics.

[2411] Elisenda MALARET I GARCIA, « Administración pública y regulación económica », *in* ASSOCIATION ESPAGNOLE DE PROFESSEURS EN DROIT ADMINISTRATIF, *La Autonomía municipal. Administración y regulación económica*, 7e congrès des 9-10 octobre 2007, Madrid, Thomson-Aranzadi, 2007, p.135-137 ; « Regulación económica : su instrumentación normativa (El lugar de la ley en el Estado regulador, la experiencia reciente española) », *Homenaje al Profesor Javier Salas Hernández. Fuentes del Derecho. Derecho Privado y Constitución*, Madrid, Centro de estudios políticos y constitucionales, janvier-décembre 2003, vol.11, n°17, p.327-360 ; « Autoridades independientes y Justicia administrativa », *in* María Jesús MONTORO CHINER (coord.), *La justicia administrativa. Libro Homenaje al Professor Dr. D. Rafael Entrena Cuesta*, Barcelone, Atelier, 2003, p.745-768.

[2412] Pierre-Laurent FRIER, « La régulation comme fonction : propos introductifs », *in* Gérard MARCOU, Franck MODERNE (dir.), *Droit de la régulation, service public et intégration régionale*, *op.cit.*, p.68-69.

[2413] Robert SAVY, « La notion de droit économique en droit français », *A.J.D.A.*, 20 mars 1971, p.138.

[2414] V. notamment sur ce point : Jacques CAILLOSSE, « Le droit administratif contre la performance publique ? », *A.J.D.A.*, 20 mars 1999, n°3, p.207-210.

[2415] Il faut rappeler que celle-ci n'est que l'expression de la notion de bonne administration dans le domaine de l'administration de la justice.

[2416] Jacques DELMAS-MARSALET, *art.cit.*, p.139-136.

[2417] C.C., 23 janvier 1987, *Conseil de la Concurrence*, n°86-224 D.C., rec. 8, *préc.*

administratifs revient au juge administratif, il paraît plus adapté et raisonnable de confier le contentieux du Conseil de la concurrence au juge judiciaire, gardien de la liberté individuelle. La prémisse de ce raisonnement peut certes être nuancée étant donné que la concurrence ne se limite pas toujours à la liberté individuelle, ainsi qu'en témoignent les concentrations. Néanmoins, on retiendra la présence implicite de la notion de bonne administration de la justice en la matière, qui méritait d'être soulignée.

Il s'agit ici de se cantonner à l'incidence de la notion de bonne administration sur l'intensité du contrôle de légalité. À ce titre, il convient d'exclure de l'analyse le contrôle des sanctions, qui ne présente aucune spécificité par rapport au contrôle des décisions disciplinaires classiques.

869. Ainsi que l'indique le rapport public du Conseil d'État de 2001, le contrôle juridictionnel des autorités administratives indépendantes (dont les autorités de régulation), bien que peu développé, a permis de dégager certaines règles[2418]. En la matière, les autorités de régulation permettent avant tout de combler le déficit d'expertise du juge. Mais cela ne signifie pas que ce dernier ne puisse pas exercer un contrôle de leurs motifs. Cette nécessité d'adaptation illustre la fonction de la notion de bonne administration sur l'intensification du contrôle juridictionnel des activités économiques.

870. Outre-Manche, Monsieur MacEldowney établit explicitement le lien entre la notion de bonne administration et le contentieux des autorités de régulation : les aspects d'une bonne administration seraient dominants dans le contrôle juridictionnel des actes des autorités de régulation[2419]. De même, en soulignant le rôle important du juge allemand en la matière, Monsieur Bullinger émet des réflexions applicables à tout système juridique[2420]. Selon cet auteur, le contrôle juridictionnel des autorités de régulation n'a pas seulement pour objectif de garantir le respect de droits individuels ; sa finalité réside dans le bon fonctionnement des services d'intérêt général. Monsieur Amiel affirme ainsi que, s'agissant du droit public économique, le juge assure le « *droit à l'exercice du pouvoir discrétionnaire* » de l'administration[2421].

871. Par son contrôle poussé, le juge administratif vise l'amélioration des services régulés ou encore une « *meilleure administration* »[2422]. La notion de bonne administration imprègne cette intensification du contrôle de légalité. Son premier critère de définition (adaptation) lui permet de s'adapter à des matières nouvelles. Son second critère de définition (équilibre) est au cœur de la nécessité de modérer

---

[2418] CONSEIL D'ÉTAT, *Rapport public 2001, Les autorités administratives indépendantes*, Paris, La documentation française, coll. E.D.C.E., n°52, 2001, p.287-325 ; p.365-367. Sur la question précise des rapports entre les autorités administratives avec leurs juridictions : p.328-335.

[2419] John F. MacELDOWNEY, « Law, Regulation and Public Services : a United Kingdom Perspective », *in* Gérard MARCOU, Franck MODERNE (dir.), *Droit de la régulation, service public et intégration régionale*, t.1, *op.cit*, p.409-449.

[2420] Martin BULLINGER, « Le contrôle juridictionnel de la régulation », *in* Gérard MARCOU, Franck MODERNE (dir.), *Droit de la régulation, service public et intégration régionale*, t.1, *op.cit.*, p.131-142.

[2421] Hubert-Claude AMIEL, *art.cit.*, p.33.

[2422] Martin BULLINGER, *art.cit.*, p.139. Le terme « administration » doit ici s'entendre au sens fonctionnel.

la protection des droits et des intérêts individuels avec la considération d'objectifs sociaux. Le contrôle de légalité des actes des autorités de régulation consiste à « *exercer un arbitrage créatif, à ajuster des équilibres, à assurer des évolutions, à garantir une cohérence* »[2423]. Le juge doit concilier la souplesse nécessaire à l'action administrative économique et la sécurité juridique[2424].

Par ailleurs, dans son rapport public, le Conseil d'État souligne que les autorités administratives indépendantes ont une obligation de moyen et non de résultat. Or, la notion de bonne administration vise l'optimisation des moyens de l'administration et non la mesure des résultats obtenus[2425].

872. L'incidence de la notion de bonne administration s'illustre, comme nous l'avons déjà évoqué, par l'intensification du contrôle des motifs. Elle participe par conséquent au renforcement du contrôle de la motivation des actes administratifs. On peut citer pour exemple l'arrêt *Association d'aide sociale* dans lequel le Conseil d'État a imposé à la Commission Nationale de la Communication et des Libertés (C.N.C.L.) de préciser les critères d'attribution de fréquences[2426]. À l'appui de son refus, la C.N.C.L. avait invoqué, sous forme de lettre-type, le nombre limité de fréquences pouvant être utilisées. Le Conseil d'État en déduisit que cette lettre-type, adressée dans les mêmes termes à d'autres demandeurs, ne permettait pas de savoir quel critère n'avait précisément pas été satisfait en l'espèce par le requérant.

La notion de bonne administration est implicitement présente à travers l'obligation légale de motiver précisément le refus d'autorisation[2427]. Cette idée peut également être illustrée par un arrêt récent du Conseil d'État datant du 19 mai 2008[2428], qui concerne une décision de l'Autorité de régulation des communications électroniques et des postes (A.R.C.E.P.) fixant le prix de la terminaison d'appel vocal mobile[2429]. La Fédération nationale U.F.C. Que Choisir ?, considérant le coût supérieur à celui des opérateurs de téléphonie mobile, demanda l'annulation de cette décision. Les juges du Palais Royal ne se prononcent pas sur le coût lui-même, mais sur la motivation apportée par l'A.R.C.E.P. à l'appui de sa décision, notamment au regard des « *objectifs de concurrence et d'optimisation de l'intérêt des consommateurs* »[2430]. Le juge administratif précise alors, au terme d'une motivation relativement fournie, que l'A.R.C.E.P. s'est sérieusement fondée sur les analyses fiables du coût des opérateurs et, à juste titre, sur des considérations relatives au contexte européen (risque de déséquilibre entre opérateurs européens).

[2423] Bernard STIRN, « Le Conseil d'Etat, régulateur de l'appareil administratif », *in* Michel MIAILLE (dir.), *La régulation entre droit et politique*. Actes du colloque des 1er-2 octobre 1992 organisé par le Centre d'Etudes et de Recherches sur la Théorie de l'Etat à l'Université de Montpellier I, Paris, L'Harmattan, coll. Logiques juridiques, 1995, p.143.

[2424] Jacques DELMAS-MARSALET, *art.cit.*, p.146.

[2425] V. *supra*, n°366 et s.

[2426] C.E., 5e-3e sous-sect., 18 mai 1990, *Association arménienne d'aide sociale*, rec. 128, req n°91858 ; concl. STIRN, *A.J.D.A.*, 1990, p.772 et s.

[2427] En l'espèce, l'article 32 de la loi instaurant le C.N.C.L. prévoyait une obligation de motiver le refus d'autorisation.

[2428] C.E., 19 mai 2008, *Fédération nationale U.F.C. Que Choisir*, [non publié], req. n°311197.

[2429] 6,5 centimes d'euro la minute pour « Orange France » et « SFR », et 8,5 centimes d'euro la minute pour Bouygues Télécom à compter du 1er janvier 2008 et jusqu'au 30 juin 2009.

[2430] L.32-1 du Code des postes et communications électroniques.

873. Jusqu'alors cantonné à la légalité externe, le contrôle des actes des autorités de régulation comprend ainsi la prise en compte des circonstances particulières[2431] et l'erreur de droit. Les autorités de régulation ont une marge de manœuvre justifiée par leurs compétences, mais elles se doivent de justifier de manière raisonnable leurs décisions[2432]. Le contentieux de ces autorités est donc une parfaite illustration du déploiement du pouvoir d'appréciation du juge sur des matières techniques auparavant exclues de son contrôle. Participant à cette extension juridictionnelle, la notion de bonne administration est un instrument non négligeable du juge.

Se définissant par l'adaptation mais aussi par l'équilibre, elle élargit son pouvoir, mais dans des limites raisonnables.

B. Le caractère « raisonnable » du renforcement du contrôle des motifs

874. La notion de bonne administration participe, de façon évidente, à l'accroissement du contrôle de légalité (et plus largement du contrôle juridictionnel). Ayant pour essence l'idée d'équilibre, cette notion n'implique toutefois aucun « gouvernement des juges »[2433](**2**). Le peu d'effet attaché à l'évocation autonome du principe de bonne administration en droit communautaire nous invite *a fortiori* à un tel constat (**1**).

1. L'effet limité du « contrôle de bonne administration » en droit communautaire

875. L'expression « contrôle de bonne administration » ne doit pas prêter à confusion : celui-ci est bien inclus dans le contrôle de légalité. Par cette locution, nous souhaitons simplement mettre en lumière les effets propres au principe communautaire de bonne administration dans le cadre contentieux.

Or, ceux-ci sont limités. Rares sont en effet les pourvois accueillis sur le fondement de ce principe. L'indulgence du juge s'explique certainement par l'ambivalence de ce dernier[2434]. Certains exemples tirés de la jurisprudence suffisent à montrer son effet limité sur l'annulation de l'acte.

876. Ainsi, dans une importante décision *Carlo Scano* datant du 13 juillet 2005, le juge affirme qu'en dépit de violations établies des principes de bonne administration et de diligence ces dernières n'ont aucun impact sur l'issue du test et ne sauraient fonder une quelconque annulation[2435].

De même, une décision récente concernant la procédure d'examen en matière d'aide d'État mérite une attention particulière. Le juge de première instance affirme ici que la communication des observations pertinentes par la requérante suffit à établir « *de facto sinon de jure* » sa participation à la procédure. La Commission

---

[2431] Jacques DELMAS-MARSALET, *art.cit.*, p.154-156.

[2432] Elisenda MALARET I GARCIA, « Autoridades independientes y Justicia administrativa », *art.cit.*, p.745-768. Sur la raison d'être des A.A.I. et leur expérience renforcée : p.755-759. Sur le contrôle et la marge de manœuvre de ces autorités : p.760-767.

[2433] Au sens fonctionnel : v. *infra*, n°882 et s.

[2434] V. *supra*, n°125 et s.

[2435] T.P.I.C.E., 4e ch., 13 juillet 2005, *Carlo Scano c/ Commission*, aff. T-5/04, rec.2005, p.II-931, pt.65.

européenne a bien mis en œuvre, « *dans les limites de ses moyens* », le principe du contradictoire lors de la procédure formelle d'examen de l'aide[2436]. Le respect du principe de bonne administration s'observe donc *in concreto*, c'est-à-dire en fonction des moyens dont dispose la Commission. Cependant, la motivation quelque peu évasive du juge témoigne de son relatif embarras.

Dans une décision similaire[2437] où était en cause le retard de la Commission dans le traitement d'une demande d'allocation d'aide financière, le Tribunal de première instance affirme que la violation du délai raisonnable n'entraîne pas *ipso jure* l'annulation de l'acte. Si la notion de bonne administration est bien en cause, son effet sur l'annulation demeure limité.

877. De même, dans un arrêt récent[2438], la Commission fut accusée de violer le principe de bonne administration en faisant échouer les négociations contractuelles en raison « *d'une gestion inadaptée du contrat* ». Il lui était reproché, en substance, de ne pas avoir préparé sa décision avec la diligence requise, c'est-à-dire en pondérant de manière correcte les intérêts en cause[2439]. De plus, les interventions de différents organes administratifs ou politiques au sein d'un organe de l'Union européenne ne sauraient justifier que celui-ci ne fasse pas preuve d'une attitude cohérente et constante vis-à-vis de l'intéressé[2440].

Néanmoins, le Tribunal de première instance avance que la requérante n'est pas parvenue à fournir d'indices concrets démontrant une violation du principe de bonne administration. De plus, le comportement de celle-ci n'apparaîtrait pas exempt de tout reproche[2441]. Sans prendre systématiquement position en faveur des institutions communautaires, le juge donne donc rarement raison aux requérants. « *Quantitativement, peu d'affaires parviennent à la conclusion qu'un principe de bonne administration a été violé de manière isolée* »[2442]. Il convient surtout de voir en cette réserve un attachement au principe de légalité qui semble encore curieusement, sinon opposé, du moins apposé à la notion de bonne administration. Ainsi, même si le juge communautaire admet la violation du principe de bonne administration, il refuse de lui donner effet dès lors que celle-ci n'a aucune conséquence sur la légalité des actes attaqués[2443].

878. La jurisprudence de la Cour de justice des Communautés européennes s'aligne sur celle du Tribunal de première instance. Il en est ainsi au sujet de la procédure administrative préliminaire au prononcé de sanctions pour infraction au droit de la

---

2436 T.P.I.C.E., 2e ch., 31 mai 2006, *Kuwait Petroleum (Nederland) B.V. c/ Commission*, aff. T-354/99, rec.2006, p.II-1475, pt.91.

2437 T.P.I.C.E., 1re ch., 18 janvier 2006, *Regione Marche c/ Commission*, aff. T-107/03, rec.2006, p.II-7 ; *Europe*, mars 2006, n°3, p.15, note MEISSE. En l'absence de promesse, il n'y avait également aucune violation du principe de confiance légitime.

2438 T.P.I.C.E., 4re ch., 16 mars 2005, *En.B.W. Kernkraft GmbH c/ Commission*, aff. T-283/02, rec.2005, p.II-913.

2439 T.P.I.C.E., 1re ch., 19 mars 1997, *Oliveira c/ Commission*, *préc.*

2440 T.P.I.C.E., 4re ch., 9 juillet 1999, *New Europe Consulting*, *préc.*

2441 T.P.I.C.E., 4re ch., 9 juillet 1999, *New Europe Consulting*, *préc.*, pt.120.

2442 Julie LASSALLE, *op.cit.*, p.432 ; v. aussi : p.433-453.

2443 T.P.I.C.E., 4e ch., 4 mai 2005, *João Andrade Sena*, préc., pt.95 ; T.P.I.C.E., 4e ch., 13 juillet 2005, *Carlo Scano*, *préc.*

concurrence. Le juge suprême affirme que l'absence de prise en compte, par la Commission, du projet de convention particulière en vue de l'adaptation des pratiques incriminées aux règles du traité est « *regrettable et non conforme aux exigences d'une bonne administration* »[2444]. Néanmoins, le fait que la Commission n'ait pas poursuivi au préalable la correspondance avec la requérante n'est pas constitutive d'une faute de procédure entachant la décision d'illégalité.

La Cour semble plus réfractaire que le Tribunal à conférer un effet au principe de bonne administration. En témoigne une affaire récente concernant l'inactivité de l'administration, plus exactement le retard de l'inscription d'une composante dans une liste causant un préjudice commercial aux requérants[2445]. Dans sa décision, la Cour de justice des Communautés européennes infirme celle du Tribunal de première instance, qui affirmait la violation grave et manifeste du principe de bonne administration. Elle conclut à l'absence d'une telle violation sur le fondement du pouvoir discrétionnaire de la Commission particulièrement étendu en matière de santé publique.

879. Une lecture attentive de la jurisprudence communautaire impose donc de nuancer les effets concrets du principe de bonne administration sur l'annulation de l'acte.

Certes, l'évocation du principe de bonne administration permet d'étendre le contrôle, ainsi que l'illustre la lettre de l'arrêt *Alsace International Car Service*. Le juge confirme en effet à cette occasion le pouvoir d'appréciation du Parlement européen quant aux éléments pertinents pour la décision de passation d'un marché sur appel d'offres. Néanmoins, en vertu des principes de bonne administration et de coopération loyale entre les institutions communautaires et les États membres[2446], les institutions doivent s'assurer que les conditions prévues dans un appel d'offres n'incitent pas les soumissionnaires potentiels à violer la législation nationale applicable. De même, dans une autre affaire, l'évocation du principe de bonne administration permet au juge d'imposer une obligation d'information par le responsable de la mise en circulation d'un additif en vue de la réévaluation d'une substance. La directive concernée[2447] doit alors être interprétée « *en relation avec les principes de sécurité juridique et de bonne administration* »[2448] au sens où elle constitue la base juridique d'un droit à l'information des principales lacunes d'un dossier de mise en circulation d'un additif.

Néanmoins, cette dernière décision est assez révélatrice de l'attachement du juge à la lettre de la règle de droit. La mise en demeure formelle du responsable de la mise en circulation d'un additif par la Commission ne peut être imposée en l'absence de disposition expresse en ce sens[2449]. Au-delà de l'éventuelle

[2444] C.J.C.E., 8 novembre 1983, *N.V. I.A.Z. International Belgium et autres c/ Commission*, aff. jtes 96-102, 104, 105, 108 et 110/82, rec.1983, p.3369, pt.15.
[2445] C.J.C.E., 12 mai 2005, *C.E.V.A. Santé animale et Pfizer Entreprises c/ Commission*, aff. C-198/03 P, [non publié] ; note MEISSE, *Europe*, octobre 2005, n°10, p.15-16.
[2446] T.P.I.C.E., 5e ch., 6 juillet 2000, *Alsace International Car Service c/Parlement européen*, aff. T-139/99, p.II-2849, pt.2, 39, 41,12.
[2447] Article 9 M, cinquième tiret de la directive n°70/524.
[2448] T.P.I.C.E., 2e ch., 21 octobre 2003, *Solvay Pharmaceuticals B.V. c/ Conseil*, préc., pt.186.
[2449] T.P.I.C.E., 2e ch., 21 octobre 2003, préc., pt.187.

reconnaissance d'un principe de bonne administration, sa violation engendre très rarement l'annulation de l'acte.

880. Le caractère quelque peu fluctuant de la jurisprudence interdit toute conclusion tranchée. Dans tous les cas, si le principe de bonne administration ne permet pas de fonder à lui seul l'annulation, il ne conduit *a fortiori* à aucune substitution du juge à l'administration. Cette remarque s'applique à la notion de bonne administration, qui n'implique aucun « gouvernement des juges »[2450].

À ce stade de cette thèse, l'*a priori* reléguant la « bonne administration » au rang des notions méta-juridiques doit définitivement être déconstruit.

2. L'absence de substitution de l'appréciation du juge à celle de l'administration

881. Tout en soulignant l'apport incontesté des techniques de l'erreur manifeste d'appréciation et du bilan coût / avantage, Monsieur de Laubadère émet des craintes, notamment quant à la seconde technique qui ne porterait aucune idée limitatrice de son application[2451]. Cette question s'insère dans le thème général du « gouvernement des juges ». Il convient alors de souligner les contours de cette notion (**a**) avant d'exclure son lien avec la notion de bonne administration (**b**).

a. Les contours et les dangers d'un « gouvernement des juges »

882. Introduite en France par Edouard Lambert[2452], la notion de gouvernement des juges a accompagné, notamment aux États-Unis et au Royaume-Uni, le passage de l'interprétation littérale du juge à une approche téléologique (*purposive method*)[2453]. Elle exprime le déploiement du pouvoir créateur et normatif de celui-ci[2454]. À ce sujet, Monsieur Colin montre le grand pouvoir du juge communautaire en matière économique à l'origine d'une véritable « *politique jurisprudentielle* »[2455]. Si l'on perçoit intuitivement les enjeux du thème du « gouvernement des juges », les contours de cette notion restent néanmoins ambigus.

883. Selon Monsieur Pfersmann, l'expression « gouvernement des juges » renferme plusieurs acceptions qui partagent une connotation péjorative. *Latissimo sensu*, elle est employée dès qu'un magistrat ferait usage de son pouvoir[2456]. *Stricto sensu*, le gouvernement des juges ne concerne que le juge constitutionnel lorsque ce dernier

---

[2450] Entendu ici de manière stipulative et péjorative.

[2451] André DE LAUBADÈRE, *art.cit.*, p.545-546.

[2452] Édouard LAMBERT, *Le gouvernement des juges et la lutte contre la législation sociale aux Etats-Unis*, réimp., Paris, Dalloz, coll. Bibliothèque Dalloz, 2005 (1re éd. : 1921), 276p.

[2453] Carol HARLOW, « L'évolution du pouvoir judiciaire en Angleterre », *in* Séverine BLONDEL, Norbert FOULQUIER, Luc HEUSCHLING (dir.), *Gouvernement des juges et démocratie*, Actes du séminaire international du 13 novembre 1998 au 28 mai 1999, Université de Paris I, Publications de la Sorbonne, série Science politique, n°3, 2001, p.188-200.

[2454] Sadok BELAÏD, *Essai sur le pouvoir créateur et normatif du juge*, Paris, L.G.D.J., coll. Bibliothèque de philosophie du droit, t.17, 1974, 360p.

[2455] Jean-Pierre COLIN, *Le gouvernement des juges dans les communautés européennes*, Paris, L.G.D.J., 1966, seconde partie.

[2456] Michel TROPER, Otto PFERSMANN, *art.cit.*, p.24.

exprime une volonté qui va à l'encontre des élus de la Nation[2457]. Enfin, *strictissimo sensu*, cette expression désigne une forme de gouvernement dans laquelle les juges disposent de la totalité du pouvoir[2458]. Purement rhétorique et stipulative, réduite à un « *spectre* », cette locution ne traduirait aucun concept scientifique[2459]. Revendiquant une vision du droit totalement différente de Monsieur Pfersmann, Monsieur Troper tente de proposer une définition purement objective. Le gouvernement des juges désigne, selon cet auteur, « *toute autorité dont les décisions sont susceptibles d'avoir des conséquences pour l'organisation et le fonctionnement de la société* »[2460].

884. Apparemment « *dépolitisée* », au service d'une interprétation réaliste du droit, cette définition « objective » n'emporte pas la conviction de toute la doctrine, dont Monsieur Timsit et Monsieur Picard. Selon Monsieur Timsit, la fonction de cette notion doit demeurer dénonciatrice[2461]. Se fondant sur une approche du droit centrée sur son contenu et sa finalité[2462], Monsieur Picard affirme que les juges européens sont bien des juges qui gouvernent au sens où ils déterminent et créent les normes de référence de leurs contrôles. Ce « *gouvernement des juges européen* » doit être analysé au regard de la spécificité de ce système et non au regard de la séparation des pouvoirs et de la démocratie législative, telles que conçues en droit interne. En ce sens, il n'est pas nécessairement condamnable[2463].

885. L'apport principal de la thèse de Monsieur Belaïd est d'avoir montré la fonction créatrice et ordonnatrice du juge, en tant qu'il assure l' « *adaptation de l'ordre juridique à l'évolution de la vie sociale* »[2464]. Son rôle résiderait, au même titre que le parlement ou le gouvernement, dans le perfectionnement de l'ordre juridique[2465]. Entendu comme pouvoir créatif et créateur, le gouvernement des juges est alors lié à la notion de bonne administration. En revanche, compris dans le sens d'un contrôle purement politique, la notion de bonne administration n'engendre aucunement un « gouvernement des juges ».

b. La notion de bonne administration : un instrument apolitique d'intensification du contrôle de légalité

886. Ainsi que nous l'avons montré au sujet de l'administration, le pouvoir discrétionnaire n'est pas synonyme de « *pouvoir illimité, omniprésent et omnipotent* »[2466]. Si la notion de bonne administration permet effectivement au juge

---

[2457] Michel TROPER, Otto PFERSMANN, *art.cit.*, p.25.
[2458] Ce sens, synonyme de spectre, est alors écarté : Michel TROPER, Otto PFERSMANN, *art.cit.*, p.28-29.
[2459] Otto PFERSMANN, « Existe-t-il un concept de gouvernement des juges? », *art.cit.*, p.29.
[2460] Michel TROPER, « Existe-t-il un concept de gouvernement des juges? », *art.cit.*, p.33.
[2461] Gérard TIMSIT, *in* Séverine BLONDEL, Norbert FOULQUIER, Luc HEUSCHLING (dir.), *op.cit.*, p.53.
[2462] Étienne PICARD, « Démocraties nationales et justice supranationale : l'exemple européen », *in* Séverine BLONDEL, Norbert FOULQUIER, Luc HEUSCHLING (dir.), *op.cit.*, p.216-217.
[2463] Étienne PICARD, « Démocraties nationales et justice supranationale : l'exemple européen », *art.cit.*, p.227-232.
[2464] Sadok BELAÏD, *op.cit.*, p.316-321.
[2465] Sadok BELAÏD, *op.cit.*, p.328 ; p.343.
[2466] Jean KAHN, « Le pouvoir discrétionnaire et le juge administratif », *art.cit.*, p.10.

d'étendre le contenu et l'intensité de son contrôle, elle ne le « politise » pas pour autant. Il est à ce titre utile de renvoyer à notre critique relative aux interprétations restrictives dont a fait preuve la théorie de la moralité administrative du Doyen Hauriou, qui confère un cadre théorique à la notion de bonne administration[2467]. Cette théorie met en réalité avant tout en exergue l' « *obligation* [de l'administration] *de se placer dans les meilleures conditions pour faire une saine appréciation de l'opportunité de sa décision* »[2468] lorsqu'elle dispose d'un pouvoir discrétionnaire. La notion de bonne administration ne vise donc pas le choix politique de l'administration (objectif, voire résultat) mais le procédé suivi pour y aboutir (moyen).

887. Le recours aux décrets-lois espagnols en cas de « *nécessité extraordinaire et urgente* » est une bonne illustration de la finesse du contrôle juridictionnel permis par la notion de bonne administration[2469]. Dans ce cas, le juge constitutionnel exige une motivation rationnelle du recours à ces normes sans imposer la meilleure solution politique. Ce contrôle de la « raisonnabilité » (*razonabilidad*) se situe au juste milieu entre l'absence totale de contrôle et le respect du pouvoir politique de l'administration[2470]. Il faut en effet distinguer la discrétionnalité technique, développée et encadrée par la notion de bonne administration, de la discrétionnalité politique[2471]. Plus précisément, la notion de bonne administration appelle à une intensification du contrôle des motifs des décisions discrétionnaires sans aboutir à une substitution du juge à l'administration. Ainsi que nous l'avons souligné tout au long de cette étude, la notion de bonne administration a trait aux moyens (et donc aux motifs) mis en œuvre, et non au résultat final ou à la finalité de l'administration.

888. À ce titre, un débat doctrinal enrichissant s'est élevé à l'occasion de la décision précitée du Tribunal suprême espagnol du 11 juin 1991[2472]. Sur le fondement du droit à une protection judiciaire effective (article 24 de la Constitution espagnole), le juge ordonne l'adjudication du contrat à l'entreprise requérante. C'est sur ce point que la doctrine semble avoir centré son attention[2473]. L'évocation de la « bonne administration » semble moins avoir retenu l'attention que le danger d'une substitution du juge à l'administration. Or, sur ce point précis, les opinions divergent.

Pour certains, le juge devait se prononcer à la place de l'administration car une seule solution était, en l'espèce, possible. Si l'administration, dans l'exercice de son pouvoir discrétionnaire, n'a pas été capable de dégager d'autres critères pertinents que celui de l'efficience permettant de différencier les offres, l'unique critère est

---

2467 V. *supra*, n°100 et s.

2468 Marcel WALINE, note sous C.E., ass., 11 mai 1973, *Sieur Sanglier*, rec. 344, req. n°79230 ; *R.D.P.*, 1973, p.1752. (nécessité de prise en compte des propositions des organisations professionnelles concernées dans la nomination d'un représentant des activités économiques et sociales des territoires et départements d'outre-mer au Conseil économique et social).

2469 S.T.C., ass. plén., n°6/1983, 4 février 1983, B.O.E. n°58 (rejet du pourvoi : motivation rationnelle).

2470 Eva DESDENTADO DAROCA, *Discrecionalidad Administrativa y Planeamiento Urbanístico*, *op.cit.*, p.129-132.

2471 V. *infra*, n°945 et s.

2472 S.T.S., 1e sect., n°3134/1991, 11 juin 1991, req. n°409/1986.

2473 Pour une synthèse des commentaires : Eva DESDENTADO DAROCA, *op.cit.*, p.266-269.

celui de l'accomplissement de l'objectif aux moindres coûts[2474]. Cette exigence répond à une « *mesure ou valeur de bonne administration* »[2475]. Les décisions discrétionnaires sont alors susceptibles de contrôle, à l'exception du « *noyau dur de la discrétionnalité administrative* »[2476]. En effet, si l'ordonnancement juridique n'impose pas clairement une seule solution possible, la substitution du juge est alors contraire au principe de séparation des pouvoirs[2477]. Néanmoins, force est de constater l'ambiguïté des critères permettant une telle substitution.

Une autre partie de la doctrine, dont Madame Malaret[2478], s'oppose à un tel raisonnement. En l'espèce, le droit à une protection judiciaire effective ne suffit pas à justifier une telle substitution : le juge doit se borner à exiger de l'administration une nouvelle motivation raisonnable[2479]. De même, la décision précitée du 4 avril 1997 pose un problème crucial. En l'espèce, le juge espagnol annule la décision de l'administration et ordonne le déclassement des documents officiellement classés secrets. Il se substitue donc, à tort, à l'administration publique[2480].

889. Si la notion de bonne administration permet l'intensification du contrôle juridictionnel, elle n'appelle donc nullement à un « gouvernement des juges »[2481]. À cet égard, les arguments avancés par Monsieur Rodríguez de Santiago face à la prétendue menace du contrôle de pondération au regard de la sécurité juridique[2482] méritent d'être mentionnés. D'abord, une systématisation de contrôle est possible, notamment à travers la méthode de « *prévalence conditionnée* »[2483]. L'examen répété de la pondération et, plus largement, de la notion de bonne administration permettrait alors de prévoir, à titre de principe, la solution à certains conflits. Ensuite, c'est au législateur de fournir un effort de précision pour éviter les éventuels abus du juge[2484].

[2474] Eva DESDENTADO DAROCA, *op.cit.*, p.269.

[2475] « *Viene a equivaler a una medida o valor de buena administración* » : Eva DESDENTADO DAROCA, *op.cit.*, p.35.

[2476] « *Verdadero núcleo de discrecionalidad administrativa* » : Eva DESDENTADO DAROCA, *op.cit.*, p.273-275.

[2477] « *El entendimiento del principio de legalidad que lleva a imponer una integración del acto administrativo, cuando se trata de calibrar lo más adecuado para el servicio, hasta llegar a considerar que sólo cabe una sola solución justa sin utilizar para ello criterios estrictamente jurídicos, puede distorsionar el papel que corresponde a los Tribunales en su función de control de la actuación de la Administración* » : S.T.S. 4e sect., n°6053/2000, 19 juillet 2000, req. n°4324/1994, F.J.5.

[2478] Elisenda MALARET I GARCIA, « Los principos del procedimiento administrativo y el responsable del procedimiento, *in* Joaquín TORNO MAS (dir.), *Administración Pública y Procedimiento Administrativo, Comentarios a la Ley 30/1992*, Barcelone, Bosch, 1994, p.308 et s.

[2479] De manière plus nuancée, M. Beltrán de Felipe s'aligne sur cette position : Miguel BELTRÁN DE FELIPE, *op.cit.*, p.121-125.

[2480] Mariano BACIGALUPO, *La discrecionalidad administrativa*, *op.cit.*, p.299.

[2481] Sur l'impossibilité générale de substituer le contenu de la décision à celle voulue par les tribunaux : Doña María José ALONSO MAS, *op.cit.*, p.608-630 ; quant aux substitutions de motifs : p.630-647 ; Luciano PAREJO ALFONSO, *Administrar y juzgar…*, *op.cit.* ; S.T.S., 7e sect., n°6141/2000, 21 juillet 2000, req. n°3000/1996, F.J.1 : « *sometida al control jurisdiccional cuando esa elección se ha producido conculcando el interés público para cuya defensa fue concebida la discrecionalidad, pero nunca sustituyendo en ese juicio valorativo a la Administración en la determinación de los elementos de oportunidad y conveniencia tenidos en cuenta a la hora de decidir* ».

[2482] Pour un rappel : José María RODRÍGUEZ DE SANTIAGO, *op.cit.*, p.143-168.

[2483] José María RODRÍGUEZ DE SANTIAGO, *op.cit.*, p.150-152.

[2484] José María RODRÍGUEZ DE SANTIAGO, *op.cit.*, p.163-167.

Les exemples espagnol et communautaire permettent ainsi de montrer que le recours juridictionnel à la notion de bonne administration n'implique pas une substitution du juge à l'administration. Ce constat est également tiré des analyses précédentes relatives au droit français et, en particulier, du contrôle juridictionnel des autorités de régulation[2485]. Les exemples énoncés tout au long de cette étude suffisent à convaincre et n'appellent pas à de plus amples développements.

***

La notion de bonne administration déploie ses fonctions sur l'étendue du contrôle de légalité. En premier lieu, elle renforce le contrôle du pouvoir discrétionnaire de l'administration en intensifiant notamment la portée du principe d'examen particulier des circonstances et la technique jurisprudentielle de l'erreur manifeste d'appréciation. En second lieu, elle renforce le contrôle des motifs. En ce sens, la notion de bonne administration est un facteur d'accroissement du contrôle de légalité. Renfermant les idées d'adaptation et de pondération, elle n'engendre pas pour autant un « gouvernement des juges », mais est au contraire un outil d'adaptation équilibrée de son contrôle.

[2485] V. *supra*, n°868 et s.

CONCLUSION DU CHAPITRE 1

La notion de bonne administration est d'une utilité certaine à la fois pour le contenu et pour l'étendue du contrôle de légalité.

890. À l'origine de l'expansion du recours pour excès de pouvoir, cette notion guide l'interprétation du juge. Son énoncé dans les conclusions des commissaires du gouvernement est, à cet égard, saisissant. Partie intégrante du contrôle de légalité, elle remet en cause certaines distinctions traditionnelles peu fidèles à la réalité.

Sous son influence, la démarcation entre la légalité « externe » et la légalité « interne » semble reposer sur des assises fragiles. La procédure doit alors être interprétée de manière constructive et substantielle. De même, loin de s'y opposer, l'opportunité doit, sous l'incidence de la notion de bonne administration, être incluse dans le contrôle de légalité. Sans s'assimiler à la discrétionnalité politique, elle est définie de manière positive. La pondération raisonnable des faits pertinents, à l'origine de l'opportunité d'une décision, ne saurait ainsi être exclue de la sphère juridique.

891. Cet enrichissement du contenu du contrôle de légalité conduit à son intensification. D'une part, la notion de bonne administration renforce les techniques d'extension du contrôle juridictionnel, telles que l'erreur manifeste d'appréciation. Elle met en évidence l'importance du principe d'examen particulier des circonstances. D'autre part, la notion de bonne administration est à l'origine d'un resserrement du contrôle des motifs, ainsi qu'en témoigne le contentieux des autorités de régulation. Toutefois, ce pouvoir ne se traduit nullement par une substitution du juge à l'administration publique, la notion de bonne administration se définissant par les critères d'adaptation mais aussi d'équilibre. Notion juridique, elle ne conduit en effet pas à un « gouvernement des juges », car elle ne désigne pas l'opportunité politique des décisions. Centrée sur les moyens de l'administration, elle concerne les motifs ou encore le processus de prise de décision, et non son résultat.

892. Eu égard à son apport au contentieux administratif, il semble alors permis d'inviter le juge français à employer expressément cette notion, qui pourrait ainsi servir de fondement à l'intensification du contrôle juridictionnel sans que cette adaptation nécessaire soit entravée par la « suspicion » d'un contrôle politique. Cette fonction juridictionnelle de la notion de bonne administration laisse présager son apport plus global à la légalité.

C'est sur ce point qu'il paraît judicieux de clore notre réflexion.

CHAPITRE 2.
LA CONTRIBUTION AU RENOUVELLEMENT DE LA LÉGALITÉ

893. L'administration n'est plus seulement soumise, de manière formelle, à la légalité ; elle contribue à la formuler. Certes, ce constat n'est pas nouveau : son pouvoir normatif[2486], même autonome, est depuis longtemps admis.

Quelles conséquences supplémentaires l'idée d'*adaptation équilibrée des moyens* de l'administration (notion de bonne administration) peut-elle alors avoir sur la légalité ?

894. Il faut à cet égard rappeler que les moyens ne désignent pas uniquement les moyens concrets de l'administration publique dans le cadre de sa prestation de service public. Ils s'étendent à la méthode, au procédé d'action, de même qu'aux moyens mis en œuvre dans le cadre de sa mission d'exécution normative. C'est ainsi que, comme nous l'avons constaté à maintes reprises, la notion de bonne administration est inextricablement liée à celle de pouvoir discrétionnaire.

895. On ne peut alors que constater l'apport de cette notion à la réflexion globale sur la légalité. Cette dernière est encore parfois conçue de manière purement formelle ; elle est dans ce cas réduite à l'ensemble des normes prescriptives assorties de sanctions et s'imposant à l'administration du seul fait de leur appartenance à l'ordre juridique. Cette approche de la légalité[2487] est remise en cause par une vision davantage matérielle. Si ce mouvement n'est pas nouveau, il faut toutefois souligner que la notion de bonne administration y participe, tout en l'enrichissant.

896. Ses fonctions en la matière se manifestent plus précisément à deux niveaux. D'abord, en amont, c'est-à-dire au niveau de l'auteur de la norme : la notion de bonne administration renforce le pouvoir normatif de l'administration et son rôle dans l'élaboration du contenu de la légalité (**Section 1**). Ensuite, en aval, c'est-à-dire dans la mise en œuvre de la norme : renfermant l'idée de « bonne exécution » du droit, la notion de bonne administration, sinon améliore, du moins conforte l'importance de l'effectivité juridique dans la définition de la légalité[2488] (**Section 2**).

[2486] Nous emploierons l'adjectif « normatif » et non pas « normateur », car ce dernier exprime davantage l'idée de régulation ou de recherche d'un équilibre institutionnel. Or, nous visons ici « *ce qui énonce une règle, qui est porteur d'une norme* » : Gérard CORNU, *op.cit.*, p.617.

[2487] Nous la décrirons par la suite : *infra*, n°903 et s.

[2488] Rappelons que la légalité est ici synonyme de droit : *supra*, n°754.

SECTION 1. La valorisation du pouvoir normatif de l'administration

897. La légalité ne se limite plus, aussi bien en pratique que dans les esprits, au respect de la loi. La notion de bonne administration contribue à élargir son contenu.

À cet égard, un rappel s'impose[2489]. Il ne serait pas rigoureux de soutenir que la *notion* de bonne administration est incluse dans le *principe* de légalité. En effet, ainsi que nous l'avons précédemment précisé, une notion peut difficilement se concevoir comme partie intégrante d'un principe. À l'inverse, ce dernier peut découler de la première tout en s'en distinguant principalement par son caractère prescriptif. Ainsi, si la notion de bonne administration n'est pas, à proprement parler, incluse dans le principe de légalité, elle appartient bien au domaine de la légalité (ou du droit). Par ailleurs, les normes précédemment mentionnées qui se rattachent à cette notion peuvent, elles, être incluses dans le principe de légalité.

Par souci de cohérence, nous continuerons à traiter de la notion de bonne administration et de son intégration dans la légalité au sens large (synonyme de droit) où nous l'employons ici.

898. À ce stade de l'étude, il convient d'entériner l'inscription de la notion de bonne administration dans le domaine de la légalité (**§1**). Cette position, en filigrane de cette thèse, est un préalable nécessaire à l'exposé de la fonction principale de la notion de bonne administration en ce domaine : le déploiement du pouvoir normatif de l'administration (**§2**).

§ 1. Un rappel nécessaire à l'analyse : l'appartenance de la notion de bonne administration à la légalité

899. La notion de bonne administration est souvent reléguée, de manière parfois intuitive, au rang méta-juridique. Notre thèse consiste à soutenir l'inverse. À notre sens, l'*adaptation équilibrée des moyens* de l'administration (bonne administration) est une exigence juridique. La bonne administration a ainsi pu être qualifiée de « devoir » ou encore de « standard » et ses fonctions sur le contentieux administratif ont été montrées. Il apparaît alors difficile de nier l'appartenance de cette notion à la légalité. Toutefois, l'affirmation claire de son inclusion dans ce domaine semble nécessaire, tant des réticences sont souvent émises à son encontre. De plus, cette confirmation permet de délimiter précisément l'incidence de la notion de bonne administration sur la conception même de la légalité (§2).

900. Au stade final de notre étude, il paraît donc judicieux d'inclure clairement la notion de bonne administration dans la légalité (**B**). On peut à ce titre livrer une analyse critique des hésitations à inclure cette notion dans ce domaine (**A**).

[2489] V. *supra*, n°756.

A. Les réticences regrettables

901. Ainsi que nous l'avons précédemment souligné, il nous paraît plus juste d'employer le terme « légalité » et non l'expression « principe de légalité ». Cette dernière expression aurait pu être utilisée s'agissant du principe ou des règles de bonne administration. Néanmoins, peu d'auteurs établissent cette distinction. Notre analyse critique doit alors reproduire, dans un souci de rigueur, l'expression de leur pensée. Lorsqu'il s'agira de retranscrire les réflexions doctrinales émises sur la relation entre « bonne administration » et « légalité », nous évoquerons ainsi, parfois, le « principe de légalité ».

902. La dissociation, d'apparence parfois catégorique, entre « (principe de) légalité » et « bonne administration » (**2**) trouve son fondement dans une conception restrictive de la légalité (**1**).

1. Une position reposant sur une vision formelle et organique de la légalité

903. À titre liminaire, il faut rappeler que la loi et la légalité peuvent être conçues de manière formelle (mode d'élaboration) ou matérielle (contenu). Selon Hans Kelsen, la loi au sens matériel désigne « *toute norme juridique générale* » tandis que la loi au sens formel renferme « *toute norme générale créée dans la forme d'une loi* »[2490]. L'auteur s'en tient à une conception formelle de la légalité. Il en est de même de Raymond Carré de Malberg[2491]. L'éminent juriste substitue en effet la puissance du parlement au mythe de la volonté générale[2492] qui fait de la généralité le critère de la loi. En d'autres termes, la supériorité du parlement justifie celle de la loi. La puissance, c'est-à-dire l'obligation de ne pas contredire la loi ou de l'exécuter, est tirée de la suprématie politique du législateur. Cette approche de la légalité est davantage centrée sur l'idée d' « *État légal* »[2493] que sur celle d'État de droit[2494]. La loi est définie par sa puissance de prise de décision initiale. On retrouve semblable approche chez Félix Moreau, selon lequel la qualité de l'auteur de l'acte et sa supériorité hiérarchique permettent de distinguer la loi du règlement. Ces derniers sont en effet de même nature : la loi, comme le règlement, sont des règles impersonnelles ; le caractère spécifique du règlement est donc à relativiser[2495].

904. Selon cette approche, le principe de légalité découle principalement de la hiérarchie des organes. L'autorité administrative ne peut pas changer la loi, même par voie de règle générale. Ainsi, la « *fonction administrative* » se trouve bornée à

[2490] Hans KELSEN, *op.cit.*, p.125.

[2491] L'importance est ainsi portée sur la procédure et sur la représentation populaire : Raymond CARRÉ DE MALBERG, *Contribution à la théorie générale de l'État,* t.1, Paris, Recueil Sirey, 1920, p.102-103.

[2492] Raymond CARRÉ DE MALBERG, *La loi, expression de la volonté générale. Étude sur le concept de la loi dans la Constitution de 1875*, Paris, Recueil Sirey, 1931, p.329 et s.

[2493] Raymond CARRÉ DE MALBERG, *Contribution à la théorie générale de l'État, op.cit.*, p.490.

[2494] Raymond CARRÉ DE MALBERG, *Contribution à la théorie générale de l'État, op.cit.*, p.489.

[2495] Félix MOREAU, *Le règlement administratif. Etude théorique et pratique de droit public français*, Paris, Sirey, 1902, p.40-54, spéc. p.40.

la pure exécution des lois et aux pouvoirs administratifs fixés par ces dernières[2496]. « *L'administration doit respecter la loi dans sa lettre et dans son esprit. C'est là l'aspect le plus classique du principe de légalité* »[2497]. Ainsi que le souligne Monsieur Gaudemet, cette définition n'est pas propre au droit public, bien qu'elle en constitue la pierre angulaire[2498]. Cette conception de la légalité est à la fois composite et hiérarchisée : d'une part, la « légalité » ne vise pas seulement la loi, mais toutes les normes situées au-dessus de l'administration ; d'autre part, la hiérarchie est déterminée par la qualité de l'auteur de la norme et non par son contenu.

905. C'est également dans ce cadre que s'inscrit la conception de la légalité axée sur l'habilitation législative[2499]. En effet, celle-ci exprime la hiérarchie des organes au sens où l'action administrative ne peut se concevoir que dans un cadre conféré par le parlement. Ce dernier peut lui allouer une compétence d'attribution (*vinculación positiva*) ou une compétence de droit commun encadrée par certaines réserves législatives (*vinculación negativa*). Quelle que soit l'hypothèse concernée, les idées d'autorité et de hiérarchie des organes sont toujours aussi présentes. Ainsi, concernant le droit espagnol, cette interprétation du principe de légalité se fonde sur l'article 103.1. de la Constitution consacrant le principe de « *pleine soumission* » de l'administration à la loi[2500].

906. En résumé, selon cette première acception de la légalité, l'administration doit se borner à respecter le droit et à l'exécuter à la lettre. Cela sous-tend l'exclusion de la notion de bonne administration de ce domaine.

2. Analyse d'exemples de réticences

907. Ainsi que nous l'avons précédemment souligné, le Doyen Hauriou fut le précurseur du « contrôle de bonne administration » en reliant la notion de bonne administration au recours pour excès de pouvoir[2501]. Cependant, le Maître de Toulouse semble ne pas placer la bonne administration et la légalité au même niveau : « (…) *les autorités publiques peuvent être souvent tentées de dépasser les limites que la "bonne administration"* ***et*** *la légalité leur imposent, tentées en un mot, d'excéder leurs pouvoirs* »[2502].

Le Doyen Hauriou distingue alors ce qui relève du « *fond du droit* » (légalité) de ce qui relève de la « *police juridique* » (directive de bonne administration)[2503]. La bonne administration serait donc exclue de la légalité ; elle se situerait à un niveau

---

[2496] Raymond CARRÉ DE MALBERG, *Contribution à la théorie générale de l'État*, *op.cit.*, p.295-297.

[2497] Georges MILLARDET, *La subordination de la mise en vigueur des lois à la parution des règlements d'application,* Thèse droit, Université de Paris, 1958, p.159.

[2498] Yves GAUDEMET, « Légalité (principe de) » *in* Denis ALLAND, Stéphane RIALS, *Dictionnaire de la culture juridique*, Paris, P.U.F., coll. Quadrige, série Dicos poche, 2003, p.917-918.

[2499] V. en outre : Dietrich JESCH, *Ley y administración. Estudio de la evolución del principio de legalidad,* Madrid, Instituto de estudios administrativos, 1978, p.1-10 ; p.38-44 ; p.219-224 ; Ignacio DE OTTO, *op.cit.*, p.136-160.

[2500] Ignacio de OTTO, *op.cit.*, p.158-159.

[2501] V. *supra,* n°767 et s.

[2502] Maurice HAURIOU, Guillaume de BEZIN, *art.cit.*, p.573. Nous soulignons.

[2503] Maurice HAURIOU, « Aux sources du droit…», *art.cit.,* p.147-191.

inférieur. En d'autres termes, le Doyen Hauriou divise le système juridique en deux strates[2504]. Au-dessus, se situent les règles de droit écrites (la loi), éléments d'hétéro-limitation et de stabilité du système. En dessous, on retrouve les standards et les directives (dont celle de bonne administration), éléments d'autolimitation. Enfin, les principes juridiques et la doctrine assurent l'équilibre entre ces deux couches du système.

908. Et le Doyen Hauriou d'affirmer que « *la moralité administrative est souvent plus exigeante que la légalité* »[2505]. Il y a donc chez Maurice Hauriou une distinction entre l'esprit général de la loi et celui de l'Institution, incarnée par la moralité administrative et la bonne administration[2506]. Une citation exprime avec clarté la pensée de l'auteur et mérite de ce fait d'être retranscrite dans son intégralité : « *si l'on ne consultait que l'esprit des lois, on n'aurait qu'une piètre idée de la moralité. L'esprit de la loi, c'est la limite à imposer aux droits dans l'intérêt de la justice ; l'esprit de la moralité, c'est la directive à imposer aux devoirs dans l'intérêt du bien ; il y a un écart entre ce qui est juste et ce qui est bien* »[2507].

Cette distinction reflète une approche formelle ou encore « statique » de la légalité qui s'explique sans doute par l'époque contemporaine de Maurice Hauriou, la loi étant avant tout conçue comme une norme extérieure à l'administration qui n'aurait su pénétrer dans la mise en œuvre interne de ses moyens. La notion de bonne administration permet en revanche d'encadrer cette discipline interne. Cette vision de la légalité a toutefois été reprise par des auteurs de notre époque qui l'évoquent à l'appui de l'exclusion de la bonne administration du domaine juridique.

909. Monsieur Chiti semble, à première vue, adopter une telle démarche à propos du droit communautaire. Selon l'auteur, une distinction doit clairement être établie entre l'activité contraire aux paramètres législatifs et la « *mauvaise activité administrative* » (« *attività amministrativa "cattiva"* ») qui contrevient aux règles non juridiques de bonne administration applicables aux circonstances de l'espèce (« *regole non giuridiche di buona amministrazione applicabili alle specifiche circostanze* »)[2508]. Impliquant une appréciation casuistique, la « bonne administration » semble ainsi rompre avec cette vision relativement statique de la légalité.

Néanmoins, l'auteur paraît adopter une vision contrastée dans une autre contribution. Il affirme à cette occasion que le principe communautaire de bonne administration n'est pas fondamentalement distinct du principe de légalité. Il met simplement l'accent sur l'efficience et sur l'efficacité ainsi que sur des règles techniques et internes ou, selon les termes de l'auteur, sur la « *capacité fonctionnelle de l'administration* »[2509]. L'exclusion du droit de considérations

---

2504 Maurice HAURIOU, *art.cit.*, p.190-191.

2505 Maurice HAURIOU, *Précis de droit administratif et de droit public*, 12e éd., *op.cit.*, p.360.

2506 V. *supra*, n°97 et s.

2507 Maurice HAURIOU, *Précis de droit administratif et de droit public*, 12e éd., *op.cit.*, p.443.

2508 Mario P. CHITI, « Il Mediatore europeo e la buona amministrazione comunitaria », *art.cit.*, p.314.

2509 « *La capacità funzionale dell'amministrazione* » : Mario P. CHITI, *Diritto Amministrativo europeo*, Milan, Giuffrè, 1999, p.318.

casuistiques ne paraît en effet plus possible, tant le domaine juridictionnel nécessite leur prise en compte. Pour cette même raison, Émile Giraud critique l'association de Maurice Hauriou entre la moralité administrative et le détournement de pouvoir, qu'il inclut dans la légalité au sens large[2510]. Monsieur Chiti semble ainsi relativiser quelque peu sa première exclusion de la « bonne administration » du domaine de la légalité. Toutefois, il est permis de douter de sa position, car celle-ci n'est pas clairement exprimée.

910. Sans exclure la notion étudiée du domaine de la légalité, Monsieur Marty lui confère tout de même des aspects méta-juridiques : elle ne serait pas totalement incluse dans le principe de légalité[2511]. Si la notion de bonne administration et la légalité sont à juste titre distinguées, l'auteur entretient quelque peu le doute quant à la juridicité de la première. À l'instar de Monsieur Sabourin au sujet de la « maladministration »[2512], la juridicité est alignée sur l'étendue du contrôle juridictionnel.

Cette démarche présente à notre sens quelques limites. En effet, comme nous l'avons souligné au sujet de la « mauvaise administration »[2513], l'étendue du contrôle juridictionnel ne saurait être le critère exclusif de la juridicité d'une notion. De plus, cette affirmation pourrait contribuer à diluer la notion de bonne administration. Celle-ci aurait en effet un domaine encore plus étendu que celui de la légalité.

Il nous semble alors préférable de soutenir clairement que la notion de bonne administration, telle que nous l'avons définie, appartient à la légalité, sans la dépasser ni s'y assimiler.

B. Le rattachement de la notion de bonne administration à la légalité

911. Au regard de l'ensemble des propos soutenus dans cette thèse, la notion de bonne administration doit être clairement incluse dans la légalité. Certes, nous ne nous écartons pas radicalement des démarches précédentes. Celles-ci se caractérisent en effet avant tout par leur hésitation à inclure la notion de bonne administration dans la légalité, sans toujours l'exclure complètement de ce domaine. Il s'agit alors simplement d'affirmer nettement, sans réticence, l'appartenance de la notion de bonne administration à la légalité.

912. L'établissement de cette inclusion (**2**) implique au préalable de dissocier les idées de hiérarchie organique et de légalité (**1**).

[2510] Émile GIRAUD, « Etude sur la notion du pouvoir discrétionnaire », *Revue générale d'administration*, 1924, n°47, p.316.
[2511] Nicolas MARTY, *op.cit.*, p.135.
[2512] V. *supra*, n°286 et s.
[2513] V. *supra*, n°287.

1. Un pré-requis nécessaire : la dissociation des idées de légalité et de hiérarchie organique

913. La légalité doit être distinguée du rapport vertical et hiérarchique entre les pouvoirs législatif et exécutif. Pour s'en convaincre, on peut notamment se référer au droit communautaire qui consacre un principe de légalité sans pour autant comprendre un pouvoir exécutif et un pouvoir législatif équivalents à ceux des droits nationaux. Madame Dutheil de la Rochère précise ainsi que la légalité communautaire présente une parenté lointaine avec le bloc de légalité en droit français. On y retrouve l'idée de prééminence de certaines sources (les traités constitutifs) sur les autres sources du droit communautaire. Mais on ne constate pas de logique pyramidale purement organique[2514]. Ainsi que le souligne Monsieur Azoulai, la substance de la légalité communautaire n'est pas la volonté générale, mais la représentation valable des intérêts communs : elle « *se présente d'abord comme un ensemble organisé de moyens en vue d'atteindre les objectifs du traité* »[2515]. L'approche communautaire de la légalité ne se borne donc pas au rapport de subordination ; elle révèle l'importance de la répartition des compétences entre organes de même niveau. On ne peut en effet qu'observer l'imbrication des différentes institutions communautaires, qui reflète la spécificité de l'Union européenne[2516].

914. Cette idée de concurrence a également un impact, réciproquement, sur le concept de loi. L'image de la loi comme seule expression possible de la volonté générale[2517] est en effet depuis longtemps nuancée[2518]. « *À la loi gravée dans le marbre ou l'airain a succédé la loi plastique* »[2519]. L'idée de généralité ne peut plus caractériser, de manière exclusive, la norme supérieure à l'administration[2520]. Selon Monsieur Burdeau, la loi n'est ni générale, ni abstraite, ni permanente[2521]. Ces critères d'identification figés ne correspondent pas à la complexification des sociétés modernes.

[2514] Jacqueline DUTHEIL DE LA ROCHÈRE, « Le principe de légalité », *A.J.D.A.*, 1996, n° spécial, p.161-167.

[2515] Loïc AZOULAI, « Le principe de légalité », *in* Jean Bernard AUBY, Jacqueline DUTHEIL DE LA ROCHÈRE (dir.), *Droit administratif européen*, *op.cit.*, p.398.

[2516] André-Jean ARNAUD, « Vers un processus de décision complexe en droit », *in* Danièle BOURCIER, Pierre MACKAY (dir.), *Lire le droit. Langue, texte, cognition*, Paris, L.G.D.J., coll. Droit et Société, n°3, 1992, p.73-77. Sur la complexité du processus décisionnel européen : p.77-84.

[2517] Pour une synthèse de cette approche : Bertrand MATHIEU, *La loi*, 2e éd., Paris, Dalloz, coll. Connaissance du droit, 2004, p.8-15 ; Georges BURDEAU, « Essai sur l'évolution de la notion de loi en droit français », *A.P.D.*, 1939, vol.9, n°1-2, p.7 ; Jacques CHEVALLIER, « La dimension symbolique du principe de légalité », *R.D.P.*, juillet-août 1990, n°4, p.1656-1657.

[2518] Raymond CARRÉ DE MALBERG, *La loi…*, *op.cit.*, p.216 et s. : l'idée de représentation serait méta-juridique ; Georges BURDEAU, *art.cit.*, p.47 et s. : la conception politique se substitue à la conception juridique traditionnelle ; François TERRÉ, « La "crise de la loi" », *A.P.D.*, 1980, t.25 : *La loi*, p.21 ; Jacques CHEVALLIER, *art.cit.*, p.1653-1665 ; sur la multiplication des foyers de juridicité, v. aussi : Jacques CAILLOSSE, « Quel Droit administratif enseigner aujourd'hui ? », *R.A.*, septembre-octobre 2002, vol.55, n°329, p.348-349 ; José Antonio MONTILLA MARTOS, *op.cit.*, p.59 ; Iganacio DE OTTO, *op.cit.*, p.179-180.

[2519] Bertrand MATHIEU, *op.cit.*, p.133.

[2520] Raymond CARRÉ DE MALBERG, *La loi…*, *op.cit.*, p.297.

[2521] Georges BURDEAU, *art.cit.*, p.44.

915. La loi peut en effet concerner des domaines précis. Madame Malaret rappelle à ce titre la nécessité d'une relativisation des critères de généralité et d'abstraction[2522] dans la définition de la légalité. En Espagne, la reconnaissance de lois dites « *spéciales* » est notamment due au passage de l'État libéral à un État social et démocratique de Droit (*Estado social y democrático de Derecho*) consacré par la Constitution de 1978 désormais garante de la stabilité et de l'ordre juridique[2523]. Le Tribunal constitutionnel espagnol évoque ainsi fréquemment la catégorie de lois « *spéciales* »[2524]. Cette analyse s'étend aux critères de la règle de droit, qui est également souvent définie par sa généralité. En résumé, c'est l'impersonnalité et non la généralité qui constitue le critère de la règle de droit[2525].

916. Il faut donc noter la modification de la relation entre les pouvoirs législatif et exécutif, qui passe d'un rapport de subordination de l'administration à la loi à un rapport de concurrence[2526]. Le « *centre de gravité* »[2527] auparavant occupé par le pouvoir prééminent classique au sens organique, à savoir le parlement, comprend désormais l'exécutif et en définitive l'administration. La distinction rigide et traditionnelle entre la loi, le règlement et la décision laisse place à une légalité renouvelée ou encore à une « *interprétation flexible du principe de légalité* »[2528].

917. À l'inverse de Raymond Carré de Malberg[2529], Maurice Hauriou affirmait déjà la primauté de l'exécutif en l'envisageant avant tout comme un « *organe d'action* »[2530]. Si cette expression éclaire en partie notre démonstration, il faut préciser qu'elle permet avant tout au Doyen d'asseoir la prééminence de l'exécutif sur le législatif réduit à un « *organe de gouvernement détestable qu'on ne saurait mettre à la tête de l'État parce que gouverner, c'est agir et non délibérer* »[2531]. Alors que le pouvoir exécutif constituerait une source de droit inférieure au pouvoir législatif, il lui serait supérieur en tant qu'organe de gouvernement, l'importance des pouvoirs dans l'État se réglant, selon les termes du Doyen, « *sur le plan politique et non* [sur] *le plan juridique* »[2532]. Si nous n'adhérons pas à cette prééminence du pouvoir exécutif et à cette vision exclusivement politique de la répartition des pouvoirs, la contribution du Doyen nous intéresse en ce qu'elle

---

[2522] Elisenda MALARET I GARCIA, *Regimen jurídico-administrativo de la reconversión industrial*, Madrid, Civitas, coll. Monografías, 1991, p.33.

[2523] Sur ce point : José Antonio MONTILLA MARTOS, *op.cit.*, p.48-52 ; p.75-84 ; Francisco J. LAPORTA, *op.cit.*, p.159.

[2524] S.T.C., ass. plén., n°166/1986, 19 novembre 1986, B.O.E. n°3. Pour une synthèse des types de loi espagnole, v. notamment : Rubio LLORENTE, *op.cit.*, p.289-291.

[2525] Félix MOREAU, *op.cit.*, p.9. Le règlement est défini comme une « *règle obligatoire, imposée par une autorité publique autre que le Parlement* » : p.2.

[2526] Jacques CHEVALLIER, « La dimension symbolique...», *art.cit.*, p.1652-1675.

[2527] « *Traslado del centro de gravedad de las decisiones desde el clásico poder (en sentido orgánico) preemiente-el Parlamento-al ejecutivo y, en definitiva, a la Administración* » : Luciano PAREJO ALFONSO, *Estado social..., op.cit.*, p.97.

[2528] José Maria BAÑO LEON, *Los limites constitucionales de la potestad reglamentaria (Remision normativa y reglamento independiente en la constitución de 1978)*, Madrid, Civitas, coll. Monografías, 1991, p.180-192.

[2529] Selon cet auteur, l' « *État légal* », instauré par cette Constitution, implique que la loi soit le point de départ de tout règlement : Raymond CARRÉ DE MALBERG, *Contribution..., op.cit.*, p.490.

[2530] Maurice HAURIOU, *Précis de droit constitutionnel*, 2ᵉ éd, Paris, Recueil Sirey, 1929, p.473.

[2531] Maurice HAURIOU, *Précis de droit constitutionnel, op.cit*, p .473.

[2532] Maurice HAURIOU, *Précis de droit constitutionnel, op.cit*, p .473.

montre la complémentarité entre la hiérarchie des normes et la hiérarchie des organes. De plus, elle met en exergue le caractère dynamique de l'administration, élément important de notre définition de la notion de bonne administration.

Entendons-nous bien. Il ne s'agit nullement de considérer que l'administration ne doit pas obéir à la loi ou qu'elle peut, sans habilitation légale, y déroger selon son « bon vouloir ». L'idée est en revanche de soutenir une acception de la légalité prenant en compte le développement du rôle normatif de l'administration contemporaine. La légalité est en effet loin d'être l'apanage du seul législateur. À la définition traditionnelle du pouvoir exécutif se substitue celle qui le décrit comme le pouvoir « (...) *consistant à gouverner effectivement, même s'* [il] *excède la simple mise à exécution des lois* »[2533].

Cette idée d'administration effective sert de cadre à l'inclusion de la notion de bonne administration dans la légalité.

2. La justesse du rattachement de la notion de bonne administration à la légalité

918. Selon Monsieur Sauvé[2534], l'État de droit implique notamment un « *État dont l'administration marche bien* », c'est-à-dire un État où s'observe, d'une part, des « *conduites d'adaptation* » et, d'autre part, la mesure raisonnable, par la puissance publique, de sa propre puissance[2535]. Bien que ce critère d'un État de droit soit loin d'être exhaustif, il montre que la notion de bonne administration n'est pas à exclure, *a priori*, du droit et de légalité. On retrouve en effet en filigrane de la contribution de Monsieur Sauvé les critères d'adaptation et d'équilibre, définissant la notion de bonne administration.

919. La légalité doit alors définie en tenant compte des impératifs de l'administration contemporaine. Ainsi que le soulignent Monsieur Chevallier et Madame Loschak, le mode de raisonnement « *analytique, linéaire et déductif* » laisse place à un mode de raisonnement « *synthétique, systémique et téléologique* »[2536]. On peut donc affirmer que la notion de bonne administration contribue au processus d' « *adaptation de la technique juridique* »[2537], qu'elle exprime une « *volonté de rationalisation sociale de la production juridique* »[2538]. Dès lors, la légitimité de l'action administrative se fonde sur « *la combinaison précise entre les moyens employés et la fin poursuivie* »[2539]. Ce lien est implicitement mis en valeur sous la plume de Monsieur Ost qui rappelle qu' « *une*

2533 Gérard CORNU, *op.cit.*, p.385.

2534 Jean-Marc SAUVÉ, « État de droit et efficacité », *A.J.D.A.*, 1999, n° spécial : *Puissance ou impuissance publique*, p.126.

2535 Jean-Marc SAUVÉ, *op.cit.*, p.124-125.

2536 Jacques CHEVALLIER, Danièle LOSCHAK, *art.cit.*, p.58.

2537 Jacques CHEVALLIER, « La rationalisation de la production juridique », *in* Charles-Albert MORAND (dir.), *L'État propulsif. Contribution à l'étude des instruments d'action de l'État*, Paris, Publisud, coll. Droit public et institutions politiques, 1989, p.11.

2538 Jacques CHEVALLIER, « La rationalisation... », *art.cit.*, p.38. Sur la démarche évaluative : p.42-48.

2539 « *La legitimación de la acción estatal se encuentra inducida por la especifica combinación del fin perseguido (...) y de los medios aplicados (...)* » : Luciano PAREJO ALFONSO, *Estado social...*, *op.cit.*, p.100.

chose est bonne si elle s'avère adéquate au but poursuivi (...) »[2540]. L'étude du comportement de l'administration, c'est-à-dire de sa manière de mettre en œuvre ses moyens, ne serait alors plus exclusivement du ressort de la science administrative, mais également du droit, libéré de certaines mythifications réduisant le problème à la prétendue « crise » du service public[2541].

920. Monsieur Woehrling insiste sur cette redéfinition nécessaire du rôle de l'administration dans l'élaboration du droit[2542]. En premier lieu, l'administration est présentée comme le moteur des transformations de la société[2543]. En second lieu, le droit de l'administration obéit désormais à des finalités plus diverses (garantie de la légitimité de l'action administrative, lutte contre l'arbitraire, etc.). La légitimité du principe de légalité est désormais recherchée dans l'adhésion spontanée tant des agents que des administrés[2544]. Le défaut d'effectivité de l'encadrement juridique de l'action administrative explique, ainsi que nous le verrons ultérieurement, la multiplication des mesures internes telles que les circulaires ou les directives[2545]. La juridicité de la bonne administration implique alors la juridicisation du fonctionnement interne de l'administration[2546].

921. Ces changements, non négligeables, contribuent à insérer la notion de bonne administration dans la légalité, compte tenu notamment des missions et de l'appréhension globale de l'administration contemporaine. Il n'y a donc pas antinomie entre une administration légale et une bonne administration[2547]. La reconnaissance d'une notion juridique de bonne administration permet à son tour d'enrichir le contenu de la légalité.

Monsieur Woehrling met en valeur l'apport réciproque de ces deux notions. La reconnaissance implicite de la notion de bonne administration[2548] implique notamment, *via* la bonne formation des fonctionnaires, un respect adapté et équilibré de la légalité. Ainsi que le souligne l'auteur, la restauration « *d'un souci véritable de respecter la légalité* » contribue à remédier au formalisme excessif. Une meilleure formation des fonctionnaires au droit permettrait également une bonne application des règles centrée sur l'esprit des textes plutôt que sur leur

---

[2540] François OST, *art.cit.*, p.196.

[2541] Sur ce point, v. notamment : Jacques CAILLOSSE, « Le service public à la française : déconstruction d'un mythe ? », *in* Jean-Jacques PARDINI, Claudes DEVES, *La réforme de l'État*, Actes du colloque international des 1er et 2 octobre 2004 organisé par le Centre de droit et de politique comparés et l'Observatoire des mutations étatiques de l'espace européen à l'Université du Sud-Toulon, Bruxelles, Bruylant, 2005, p.177-199.

[2542] Jean-Marie WOEHRLING, « L'évolution du rôle du droit dans l'action administrative », *R.F.A.P.*, avril-juin 1983, n°26, p.364-383.

[2543] Jean-Marie WOEHRLING, *art.cit.*, p.365. Nous développerons ce point en détail par la suite.

[2544] Jean-Marie WOEHRLING, *art.cit.*, p. 367. Nous développerons ce point en détail par la suite.

[2545] V. *infra*, n°928 et s.

[2546] Jean-Marie WOEHRLING, *art.cit.*, p.345.

[2547] Jean-Marie WOEHRLING, *art.cit.*, p.373. L'auteur emploie le terme d'efficacité. V. note ci-dessous.

[2548] L'auteur emploie le terme « *maladministration* » et celui d'efficacité. Bien que les notions d'efficacité et de bonne administration aient été distinguées (v. *supra,* n°337) et que la notion de bonne administration ne soit pas l'antonyme de la « mauvaise administration » (v. *supra,* n°703 et s.), l'auteur vise en réalité la notion de bonne administration telle que nous l'avons définie.

lettre[2549]. Cette citation renvoie à nos développements antérieurs mettant en valeur le lien unissant la notion de bonne administration à la « bonne procédure »[2550] et aux « bons administrateurs »[2551].

922. La Constitution espagnole nous invite également à une telle approche. En effet, l'article 103, qui prévoit le principe d'efficacité du fonctionnement administratif, est souvent rattaché à la notion de bonne administration. Par conséquent, cette idée d'adaptation des moyens, par sa simple inclusion dans la Constitution, appartient bien au domaine de la légalité[2552]. Les jurisprudences constitutionnelle et administrative en témoignent[2553]. Ainsi que le souligne Monsieur Fernández Rodríguez[2554], les deux notions ne sauraient s'opposer, puisque, selon la Constitution, l'administration devra agir avec efficacité en se soumettant pleinement à la loi et au droit. Opposer « efficacité » (ou, dans ce cadre[2555], « bonne administration) et « légalité » serait faire preuve de « *dichotomie réductrice* »[2556]. La doctrine espagnole s'est donc pleinement saisie de cette consécration constitutionnelle et jurisprudentielle.

L'œuvre précitée de Monsieur Parejo Alfonso en est une illustration édifiante. L'auteur définit le principe d'efficacité comme la réalisation matérielle et effective de l'intérêt général. Ce dernier ne peut être satisfait par les seuls principes de légalité au sens classique et d'objectivité, sans quoi la disposition constitutionnelle, alors redondante, ferait preuve d'une « *grave déficience technique* »[2557]. Si le principe d'efficacité n'est pas sans limites (imprécision de l'intérêt général, pondération), sa consistance est bien juridique.

923. Il convient en dernier lieu de réfuter le raisonnement tendant à exclure la notion de bonne administration de la légalité sur le seul fondement qu'elle nécessite une appréciation circonstanciée et casuistique des faits pertinents. Il semble en effet admis de longue date que « *le jugement de valeur est une étape décisive de la réflexion juridique* »[2558]. Plus largement, la thèse de Monsieur Lagasse montre son

---

2549 Jean-Marie WOEHRLING, *art.cit.*, p.374.

2550 V. *supra*, n°436 et s., n°525 et s.

2551 V. *supra*, n°359 et s.

2552 Teresa D. NÚÑEZ GÓMEZ, *op.cit.*, p.104 ; Juli PONCE SOLÉ, « Procedimiento administrativo, globalización y buena administración », *art.cit.*, p.6 ; p.27-28.

2553 V. à titre d'exemple : S.T.C., ass. plén., n°178/1989, 2 novembre 1989, B.O.E. n°290, F.J.3. ; S.T.C., ass. plén., n°204/1992, 26 novembre 1992, B.O.E. n°307, F.J.5.

2554 Tomás-Ramón FERNÁNDEZ RODRÍGUEZ, « Los principios constitucionales del Procedimiento administrativo, *in* DIRECCIÓN GENERAL DEL SERVICIO JURÍDICO DEL ESTADO, *Gobierno y Administración en la Constitución*, Actes du colloque des 19-22 mai 1986, vol.1, Madrid, Instituto de estudios fiscales, 1988, p.99.

2555 Nous avons en effet distingué les notions de bonne administration et d'efficacité en précisant que l'article 103 de la Constitution espagnole nous paraît, malgré sa dénomination, désigner davantage la notion de bonne administration.

2556 Luis MARTÍN REBOLLO, « La Administración de Garantías : vigencia y limitaciones », *Revista del Centro de Estudios constitutionales*, septembre-décembre 1992, n°13, p.32.

2557 Luciano PAREJO ALFONSO, *Eficacia y administración…*, *op.cit.*, p.123.

2558 Christian ATIAS, Didier LINOTTE, « Le mythe de l'adaptation du droit au fait », *Recueil Dalloz*, 1977, I, doc., p.251. Cet article concerne le législateur, mais la citation peut s'appliquer à l'administration ou au juge.

importance en droit[2559]. Cette caractéristique ne permet ainsi pas à elle-seule de la rejeter hors du domaine de la légalité.

L'inclusion de la notion de bonne administration dans la légalité découle de la juridicité de la première, qui a déjà été illustrée tout au long de cette étude. Au regard des développements précédents et ultérieurs, il ne semble alors pas nécessaire de délayer davantage notre argumentation.

L'appartenance de la notion de bonne administration à la légalité ayant été soutenue, il reste à décrire sa fonction au sein de cette dernière qui consiste principalement au déploiement du pouvoir normatif de l'administration.

§ 2. LE DÉPLOIEMENT DU POUVOIR NORMATIF DE L'ADMINISTRATION

924. La notion de bonne administration est un facteur de déploiement du pouvoir normatif de l'administration dans un but d'adaptation. En effet, si elles se distinguent clairement des normes juridiques[2560], les notions juridiques peuvent toutefois participer, à un autre titre, à l'ordonnancement des pouvoirs normatifs. Ainsi, sans strictement « fonder » le pouvoir normatif de l'administration, la notion de bonne administration explique et participe tant à son extension qu'à son encadrement en le légitimant et en fournissant un instrument de contrôle au juge.

925. L'accroissement des mesures internes est l'illustration la plus pertinente de la fonction de la notion de bonne administration en la matière (**A**). L'apport cette notion ne se limite toutefois pas à ce constat. Celle-ci permet en effet également d'envisager le pouvoir discrétionnaire de manière positive. Défini dans une optique d'adaptation, celui-ci ne peut plus être opposé ou apposé au principe de légalité, mais doit être inclus dans ce dernier (**B**).

A. Le développement des mesures internes

926. Par convention, l'expression générique de « mesures internes » désigne ici les « *actes administratifs qui, bien que de caractères souvent très différents, ont en commun de n'avoir pour destinataires que des autorités ou des agents de l'administration et de ne concerner en principe que les relations juridiques existant à l'intérieur de l'administration* »[2561]. Les circulaires, les directives, les instructions ou encore les règlements internes de l'administration sont des exemples de telles mesures.

[2559] Dominique LAGASSE, *L'erreur manifeste d'appréciation en droit administratif. Essai sur les limites du pouvoir discrétionnaire de l'administration,* Bruxelles, Bruylant, 1986, spéc. p.363-369.

[2560] V. *supra*, n°15.

[2561] Gérard CORNU, *op.cit.*, p.587-588. Cette définition s'applique aux mesures d'ordre intérieur, mais nous ne souhaitons pas reprendre cette expression, car les actes visés ici font l'objet d'un contrôle du juge. Par ailleurs, si les destinataires premiers sont les agents ou l'administration, les tiers administrés sont dans certains cas concernés. Nous insisterons sur ce point par la suite.

927. La notion de bonne administration est incontestablement liée à l'édiction de ces mesures, qui en sont une manifestation (**1**). Si ces dernières n'ont pas encore acquis un statut juridique clair, la première participe à leur inclusion dans le principe de légalité (**2**).

1. Les mesures internes, corollaires de la notion de bonne administration

928. La notion de bonne administration explique l'édiction, par l'administration, de mesures internes. On peut à ce titre rappeler que l'idée même de mesure désigne un « *moyen tendant à obtenir un résultat déterminé* »[2562]. Monsieur Lecocq rappelle ainsi que les instructions éclairent l'administration sur les moyens d'exécuter les lois et, plus largement, d'accomplir ses missions[2563]. Or, ainsi que nous l'avons précédemment montré, les moyens constituent l'objet de la notion de bonne administration, qui désigne leur adaptation équilibrée.

Le pouvoir réglementaire autonome de l'administration, dont le fondement se trouve, en France, à l'article 37 de la Constitution, n'est donc ici pas concerné. En dehors de ce pouvoir, l'administration dispose par ailleurs d'un pouvoir normatif dérivé de son statut de chef de service[2564] et justifié par un but de bonne administration.

929. La fonction de la notion de bonne administration apparaît clairement, à titre d'illustration, dans l'arrêt *Arnaud*[2565]. Etait ici notamment en cause une circulaire du ministre de la Défense nationale mentionnant des critères de caractère général destinés à guider l'examen de la situation individuelle de chaque officier en vue de l'élaboration du tableau d'avancement. En précisant que ces critères n'ont pas un caractère impératif et ne sont contraires à aucune règle de droit, le Conseil d'État considère que cette circulaire répond à l' « *intérêt d'une bonne administration de l'Armée* »[2566]. Bien que la « bonne administration » ne soit pas utilisée comme une notion à part entière, elle permet toutefois d'expliquer l'existence de la mesure interne contestée. Celle-ci doit alors être adaptée au but imposé par le législateur.

Compte tenu du lien consubstantiel entre le bon usage des moyens et la bonne administration[2567], cette dernière explique le recours aux mesures internes. Sans être expressément prévue par la loi, la nécessité d'un certain nombre de normes se trouve alors légitimée[2568].

930. Le lien entre ce pouvoir normatif d'auto-organisation de l'administration et la notion de bonne administration est nettement mis en valeur dans la jurisprudence communautaire[2569]. Ainsi, au sujet des règlements intérieurs, l'avocat général Yves

---

[2562] Gérard CORNU, *op.cit.*, p.587.

[2563] Pierre-André LECOCQ, *op.cit.*, p.355-357.

[2564] « *Mesures nécessaires au bon fonctionnement de l'administration placée sous leur autorité* [des ministres] » : C.E., sect., 7 février 1936, *Sieur Jamart*, rec. 172, req. n°43321.

[2565] C.E., sect., 13 juillet 1962, *Sieur Arnaud et autres*, rec. 474, req. n°37586 ; chron. GALABERT et GENTOT, *A.J.D.A.*, 1962, p.546 et s.

[2566] 1er considérant.

[2567] V. *supra*, n°343 et s.

[2568] Sur la qualification de la notion de bonne administration de « devoir », v. *supra,* n°559 et s.

[2569] Sur ce point, v. Julie LASSALLE, *op.cit.*, p.249-322.

Bot précise que « *le respect du principe de bonne administration exige qu'*[une institution] *prenne toutes les mesures d'ordre intérieur propre à assurer le bon fonctionnement de ses services* »[2570]. Le juge communautaire a également pu affirmer que le règlement intérieur du Conseil se justifiait dans l' « *intérêt d'une bonne administration* »[2571]. La notion de bonne administration (adaptation équilibrée des moyens) explique donc le recours croissant aux instructions et aux mesures d'orientation internes[2572]. En d'autres termes, celles-ci peuvent être conçues comme « *l'expression d'un souci de bonne administration* »[2573]. La réglementation de l'accès aux documents administratifs peut aussi être citée à titre d'illustration. En effet, antérieurement à la réglementation générale relative à l'accès aux documents administratifs, l'encadrement de cet accès relevait du pouvoir de réglementation interne de chaque institution. Or, selon le juge, celui-ci « *les habilite à prendre des mesures appropriées en vue d'assurer leur fonctionnement interne dans l'intérêt d'une bonne administration* »[2574].

931. L'étude de la jurisprudence révèle le lien ténu qui existe entre la notion de bonne administration et les réglementations internes. Plus précisément, cette notion permet l'adoption, par l'administration, de telles mesures. De ce fait, elle relativise les conceptions rigides de la légalité qui ne voient en l'administration, en dehors de son pouvoir réglementaire autonome, qu'un organe de pure exécution de la loi. Justifiant le recours aux mesures internes qui « *déstabilisent certaines classifications échafaudées* »[2575], la notion de bonne administration conforte donc l'idée que l'administration n'est pas (ou plus) « *ce gigantesque automate appliquant et particularisant mécaniquement le droit (...)* »[2576].

932. Le développement de ce pouvoir réglementaire implicite remet en effet en cause la conception rigide du rapport entre la loi et le règlement[2577]. Il traduit le pluralisme institutionnel dans lequel s'insère la notion de bonne administration. La légalité se caractérise moins « *par un respect rigoureux des règles de compétence que par la réalisation d'un objectif général qui l'englobe* »[2578]. Les mesures internes

---

[2570] Yves BOT, concl. présentées le 11 septembre 2007, sur C.J.C.E., *Salzgitter c/ Commission*, aff. C-408/04 P, rec.2008, p.I-2767, pt.266.

[2571] C.J.C.E., 7 mai 1991, *Nakajima c/ Conseil*, aff. C-69/89, rec.1991, p.I-2069, pt.49.

[2572] C.J.C.E., 12 février 1960, *Comptoirs de vente du charbon de la Ruhr c/ Haute Autorité de la C.E.C.A.*, aff. jointes 16-18/59, rec.1960, p.47, pt.43 et 64. Sur les mesures d'ordre interne : C.J.C.E., gr. ch., 28 juin 2005, *Dansk c/ Commission*, aff. jointes C-189/02 P, C-202/02 P, C-205-208/02, C-213/02 P, rec.2005, p.I-5425, pt.209 et s. (lignes de conduite de la Commission en matière de calcul des amendes).

[2573] Jean MISCHO, concl. présentées le 12 mars 2002, sur C.J.C.E., *Allemagne c/ Commission*, aff. C-242/00, rec.2002, p.I-5603, pt.76.

[2574] C.J.C.E., 30 avril 1996, *Royaume des Pays-Bas c/ Conseil*, *préc.*, pt.36. Étant donné que le juge vérifie si le refus d'accès aux documents est justifié, la mesure interne a bien un effet juridique.

[2575] Yves GAUDEMET, « Remarques à propos des circulaires administratives », *in Mélanges Stassinopoulos. Problèmes de droit public contemporain*, Paris, L.G.D.J., 1974, p.561.

[2576] Yves GAUDEMET, *art.cit.*, p.563. Néanmoins, le contrôle extra-juridictionnel serait selon l'auteur plus adapté à cette spécificité institutionnelle.

[2577] Bertrand FAURE, « La crise du pouvoir réglementaire : entre ordre juridique et pluralisme institutionnel », *A.J.D.A.*, 20 juillet - 20 août 1998, n°7-8, p.547-552.

[2578] Bertrand FAURE, *art.cit.*, p.550.

doivent donc nécessairement être adaptées au but de la réglementation[2579], adaptation inhérente à la notion de bonne administration.

Ces réflexions sont liées à la théorie de l'Institution de Maurice Hauriou que nous avons précédemment étudiée[2580]. L'Idée, ou encore l'œuvre, justifie son pouvoir normatif interne concrétisé par la ou les « *directive(s) de bonne administration* »[2581]. Bien que ces directives n'aient pas connu un tel développement à l'époque du Doyen Hauriou, leur association à la notion de bonne administration illustre la fonction de cette dernière. Cette remarque ne se limite pas aux directives, mais s'applique à toutes les mesures internes.

933. L'aspect constitutionnel de ce changement est particulièrement mis en valeur par les règlements indépendants espagnols (*reglamentos indepedientes*)[2582]. Ceux-ci ne s'identifient pas aux règlements autonomes français : la Constitution espagnole ne prévoit aucun domaine de compétence autonome du règlement[2583]. L'article 97 dispose uniquement que le gouvernement doit exercer son pouvoir normatif dans le respect de la Constitution et des lois. Ce pouvoir est donc en principe soumis aux habilitations législatives.

Les règlements indépendants peuvent dans ce cadre être définis comme des règlements dépourvus de telles habilitations et qui concernent des domaines n'ayant pas été expressément confiés au législateur par la Constitution. Ainsi que le souligne Monsieur de Otto, le fondement de ces règlements réside dans la Constitution et non dans une délégation du législateur[2584]. L'article 97 de la Constitution doit en effet être interprété en fonction des évolutions historique et dogmatique[2585]. La multiplication des règlements indépendants, notamment due à l'instauration d'un État social et démocratique de Droit (*Estado social y democrático de Derecho*)[2586], nuance la conception classique du principe de légalité[2587], car la compétence de l'administration n'est dans ce cas plus subordonnée au législateur.

À ce titre, une précision s'impose : nullement exclue, la compétence du législateur n'est simplement pas *expressément* prévue par la Constitution. C'est alors au juge de se prononcer, au cas par cas, sur l'organe le mieux adapté pour la matière traitée. L'administration sera ainsi jugée plus apte, dans certains cas, à régir des domaines sensibles, tels que son organisation interne, les règlements techniques

---

[2579] C.E., 20 janvier 1971, *Union départementale des sociétés mutualistes du Jura*, rec. 45, req. n°74437 ; D.1971, p.673, note LOSCHAK ; *J.C.P.*, 1972, II, p.17132, note Fromont. En l'espèce, l'union requérante n'avait pas soutenu que les directives sur lesquelles s'appuyait la Commission interministérielle des tarifs à l'appui de son refus d'approuver l'avenant de la convention, passée entre cette union et la Caisse régionale de sécurité sociale de Dijon, étaient inadaptées au but poursuivi par l'arrêté.

[2580] V. *supra*, n°100.

[2581] V. *supra*, n°907.

[2582] José Maria BAÑO LEON, *op.cit.*, p.163-4.

[2583] José Antonio MONTILLA MARTOS, *op.cit.*, p.68.

[2584] Ignacio de OTTO, *op.cit.*, p.222. Sur le lien entre la réserve de la loi, le pouvoir réglementaire et le règlement indépendant : p.229-235. Il faut noter que la loi peut s'en remettre au règlement mais ne peut pas lui conférer l'ensemble de ses pouvoirs.

[2585] Sur ce point, v. également : Francisco RUBIO LLORENTE, *op.cit.*, p.312 ; p.343-345.

[2586] V. introduction générale, n°62.

[2587] José Maria BAÑO LEON, p.175-192.

ou encore l'exécution du droit communautaire[2588]. La notion de bonne administration permet alors d'évaluer cette adaptation. Si les règlements indépendants espagnols doivent être distingués des mesures internes proprement dites, ils demeurent des manifestations, parmi tant d'autres, du changement de la conception de la légalité dans lequel s'inscrit la notion de bonne administration.

934. L'apport de cette notion réside ainsi, en partie, dans la justification du recours aux mesures internes. Mais l'enjeu dépasse le simple constat de ces normes pour s'étendre à la place qu'elles occupent au sein du principe de légalité. Or, la notion de bonne administration participe à leur valorisation.

2. L'inclusion des mesures internes dans le principe de légalité

935. Il semble réducteur d'exclure de manière systématique les mesures internes, même interprétatives, du principe de légalité. Certes, celles-ci ne sauraient automatiquement revêtir la même valeur contraignante que les normes juridiques dites « classiques »[2589]. Néanmoins, ainsi que le souligne Madame Koubi, elles « *relèvent incontestablement des discours de droit* »[2590].

En effet, si la norme juridique se définit comme la signification d'un énoncé prescriptif[2591], la question de l'accès à cette signification est essentielle. Il semble alors nécessaire de dépasser la pure description de cette signification pour atteindre ses origines et ses instruments. La juridicité des mesures internes provient donc du fait qu'elles participent à l'élaboration de la signification des règles et énoncent la manière de les appliquer. De plus, elles constituent un canal entre la production normative et sa réceptivité sociale[2592] en assurant la « *communication entre le réseau des normes et leurs applications* »[2593].

936. La distinction entre le sens d'un énoncé et sa signification conférée par l'organe d'application (juge ou administration) doit toutefois être clairement maintenue. Les directives interviennent dans l'interprétation des énoncés prescriptifs, qui ont, par définition, déjà un sens. Il convient ainsi d'exclure toute position réaliste conférant au seul juge le pouvoir de décider du sens de l'énoncé. La signification de l'énoncé est ici co-déterminée par l'auteur souverain de la norme et l'organe d'application[2594]. Les mesures internes, dont les circulaires, sont alors conçues comme une « *formule efficace pour assurer une bonne application du droit* »[2595].

Leur insertion dans le principe de légalité est parfois confortée par le juge, même si celui-ci n'est pas le seul organe à leur conférer cette juridicité. Cette

---

[2588] José Maria BAÑO LEON, *op.cit.*, p.216.

[2589] Pierre-André LECOCQ, *op.cit.*, p.358.

[2590] Geneviève KOUBI, *Les circulaires administratives. Contribution à l'étude du droit administratif*, Paris, Économica, coll. Corpus, série Essais, 2003, p.1.

[2591] Hans KELSEN, *op.cit.*

[2592] Geneviève KOUBI, *op.cit.*, p.40-44.

[2593] Geneviève KOUBI, *op.cit.*, p.79.

[2594] Gérard TIMSIT, « Sept propositions… », *art.cit.*, p.94. Les directives relèveraient de la sur-détermination sans prédétermination, ce qui expliquerait leur faible intégration.

[2595] Geneviève KOUBI, *op.cit.*, p.131. Les circulaires sont les « *vecteurs de l'effectivité du droit* » : p.374. Sur leur rôle dans la réforme de l'État et du service public : p.177-184.

reconnaissance jurisprudentielle des pouvoirs implicites du chef de service suit une « *démarche inductive, par rétroaction, de création de droit* »[2596]. En d'autres termes, des « *manifestations spontanées d'autorité* » sont intégrées à l'ordre juridique *a posteriori*. Cette démarche permet une adaptation du droit dans le silence des textes. Ainsi que le souligne Hans Kelsen lui-même, l'auteur de la norme ne peut tout prévoir et le pouvoir de concrétisation de l'organe inférieur est également un pouvoir de création, dans la limite du sens de l'énoncé[2597]. Ce pouvoir de concrétisation, ou encore cette liberté encadrée, est implicitement prévu par la norme supérieure et par l'ordre juridique dans son ensemble.

937. La présence incontestée de ces mesures internes a amené certains auteurs à relativiser la vision exclusivement formelle du principe de légalité. L'impossibilité de classer ces normes justifierait pour certains la formulation d'une autre hiérarchie comprenant un ensemble d'actes d'orientation[2598]. Celle-ci serait alors reliée à la hiérarchie classique *via* le principe de légalité, obligeant l'auteur des normes d'orientation à se conformer aux normes plus générales.

La position de Monsieur Delmas-Marsalet est davantage tranchée : les normes internes doivent faire partie de l'ordonnancement juridique classique. Ce changement dans la conception de la légalité doit en effet avoir lieu « *si l'on ne veut pas que (...) se substitue à l'état de droit un nouvel état de fait* »[2599]. Plus précisément, le processus de formation des normes est tout aussi important que la norme elle-même. De ce fait, la distinction entre les éléments internes et externes du processus décisionnel apparaît peu pertinente[2600]. Il est donc clair que « *l'administration moderne doit faire accéder au niveau du droit positif, au besoin sanctionnable par les tribunaux, l'ensemble de ses règles d'organisation interne et de prise de décisions* »[2601].

938. La notion de bonne administration participe à ce mouvement. Elle est en effet centrée sur les moyens de l'administration, entendus au sens large comme le procédé par lequel elle se conforme aux objectifs législatifs et parvient à des résultats[2602]. Désignant l'adaptation équilibrée des moyens, la bonne administration met en valeur la fonction d'adaptation des mesures internes. Cette adaptation doit être équilibrée, au sens où ces mesures doivent respecter le sens de la norme à concrétiser de même que l'objectif du législateur.

En résumé, la notion de bonne administration contribue à élargir le contenu du principe de légalité aux mesures internes, dont elle justifie le recours. Au-delà de ce

---

[2596] Bertrand FAURE, « La crise du pouvoir réglementaire… », *art.cit.*, p.550.

[2597] Hans KELSEN, *op.cit.*

[2598] Martine CLIQUENNOIS, Michel LASCOMBE, *Les directives : approche d'un terme juridique palingénésique*, Paris, P.U.F., coll. Travaux et Recherches de l'Université de Lille II, série Droit public et sciences politiques, n°3, 1980, p.143.

[2599] Jacques DELMAS-MARSALET, « Le contrôle juridictionnel des interventions économiques de l'Etat », *E.D.C.E.*, 1969, n°22, p.135.

[2600] Sur la relativisation entre la légalité interne et la légalité externe, v. *supra*, n°799 et s.

[2601] Jean-Marie WOEHRLING, *art.cit.*, p.375. Le lien avec la notion de bonne administration est explicitement établi puisque l'auteur revendique, à ce titre, l'édiction d'un code de bonne conduite de l'administration.

[2602] V. *supra*, n°343 et s.

constat, cette notion entérine la nécessaire définition positive du pouvoir discrétionnaire qui ne saurait désormais être opposé au principe de légalité ou encore à la « compétence liée ».

B. L'ancrage d'une définition positive du pouvoir discrétionnaire

939. Les notions de bonne administration et de pouvoir discrétionnaire sont intrinsèquement liées[2603]. Il s'agit ici d'observer leur rapport sous un nouvel angle. Tandis que le pouvoir discrétionnaire permet de cerner l'objet de la bonne administration (les moyens), cette dernière modifie la conception du premier.

940. Plus précisément, elle entérine, par son idée directrice d'adaptation, la définition positive du pouvoir discrétionnaire (**2**). Celui-ci n'est alors plus opposé de manière frontale au principe de légalité, mais s'y trouve au contraire inclus. Afin de bien saisir cet apport, il convient au préalable de souligner les limites de la définition négative du pouvoir discrétionnaire (**1**).

1. Les limites de la définition négative du pouvoir discrétionnaire

941. Le pouvoir discrétionnaire est parfois réduit à « ce qui n'est pas de compétence liée »[2604]. Il est dans ce cas conçu comme un pouvoir résiduel. Si cette définition négative du pouvoir discrétionnaire s'explique par le légicentrisme d'une période de l'histoire française, elle se retrouve dans d'autres systèmes juridiques[2605]. Le pouvoir discrétionnaire de l'administration, assimilé à la liberté individuelle de l'individu, peut être concédé par deux types d'organes.

942. En premier lieu, l'organe hiérarchiquement supérieur à l'administration (législateur, constituant, etc.) peut prévoir sa marge de manœuvre[2606]. Dans cette hypothèse, le domaine du pouvoir discrétionnaire correspond aux matières et aux cas non prévus par la norme supérieure. En d'autres termes, son étendue dépend du degré d'indétermination de cette norme.

Cette vision a depuis longtemps été remise en cause. À cet égard, l'œuvre de Monsieur Venezia est riche d'enseignements. Prenant le contre-pied des définitions négatives, le professeur emprunte au domaine privé et à Maurice Hauriou l'idée d'entreprise en en faisant le noyau dur du pouvoir discrétionnaire[2607]. Outre le fait de désigner la faculté de porter librement certaines appréciations, celui-ci a pour

---

2603 V. *supra,* n°375 et s.

2604 Léon MICHOUD, « Étude sur le pouvoir discrétionnaire de l'administration », *Revue générale d'administration*, 1914, t.3, p.5-26 ; p.193-214 ; pour une reproduction de cet article : « Étude sur le pouvoir discrétionnaire de l'administration », *Annales de l'Université de Grenoble*, 1913, t.25, p.430-500 ; 1914, t.26, p.19-58 ; Emile GIRAUD, « Etude sur la notion du pouvoir discrétionnaire », *Revue générale d'administration*, 1924, vol.47, p.298.

2605 S'agissant du système espagnol, v. par exemple : Fernando GARRIDO FALLA, *Tratado de derecho administrativo*, 12e éd., t.1, Madrid, Tecnos, 1994, p.184.

2606 La doctrine espagnole a notamment contribué à élargir la « compétence liée » à la Constitution sans la limiter à la loi : Eva DESDENTADO DAROCA, *op.cit.*, p.57 ; Doña María José ALONSO MAS, *op.cit.*, p.236.

2607 Jean-Claude VENEZIA, *Le pouvoir discrétionnaire*, Paris, R. Pichon et R. Durand-Auzias, 1959, p.105 ; p.112-118.

fonction « *l'adaptation au réel de la règle de droit* »[2608]. Il n'est donc pas la simple conséquence de l'indétermination de la règle juridique, bien que cette dernière soit un signe révélateur de son existence[2609]. Obéissant à une optique fonctionnelle, la discrétionnalité contribue ainsi, avant tout, à l'élaboration du droit.

À cette volonté de « positivation » de la définition du pouvoir discrétionnaire, s'ajoute la contestation de son antonymie avec la compétence liée. Ainsi que le souligne Monsieur Timsit, celle-ci et le pouvoir discrétionnaire se distinguent sans s'opposer[2610] parce que la compétence liée ne doit pas se confondre avec l'ensemble du principe de légalité. Elle ne correspond en effet qu'au rapport de conformité. Par conséquent, le principe de légalité prévoit lui-même le pouvoir discrétionnaire de l'administration. On retrouve semblable position sous la plume du Doyen Georges Vedel et de Monsieur Devolvé, qui soutiennent la combinaison de la compétence liée et du pouvoir discrétionnaire, tout en rappelant que ce dernier est limité par les règles de compétence et de motif ainsi que par le but d'intérêt public[2611]. La compétence liée et le pouvoir discrétionnaire ne sauraient ainsi être diamétralement opposés.

Dans le même ordre d'idées, trois (et non deux) catégories d'actes administratifs ont pu être énumérés : les actes relevant de la compétence liée, les actes relevant du pouvoir discrétionnaire et les actions subordonnées au respect de certaines conditions imposées par la loi[2612]. L'existence de cette troisième catégorie d'actes montre que le pouvoir discrétionnaire ne peut pas être exclusivement défini de manière négative par rapport à la compétence liée.

943. En second lieu, l'étendue du pouvoir discrétionnaire de l'administration peut être déterminée par le juge. Dans ce cas, celui-ci renferme négativement les questions dont le juge ne se saisit pas[2613]. Par le simple prononcé de sa décision, l'organe juridictionnel fixerait la compétence liée et le pouvoir discrétionnaire de l'administration[2614].

Cette vision réductrice peut également être relativisée. Elle semble avant tout tautologique[2615]. Ainsi que le met en exergue Marcel Waline, « *s'attacher uniquement au contrôle juridictionnel, c'est prendre l'effet pour la cause* »[2616]. Monsieur Bockel adhère également à cette critique. Selon l'auteur, le point de

---

[2608] Jean-Claude VENEZIA, *op.cit.*, p.7 (première citation) ; p.156 (seconde citation).

[2609] Jean-Claude VENEZIA, *op.cit.*, p.14.

[2610] Gérard TIMSIT, « Compétence liée et principe de légalité », *Recueil Dalloz*, 1964, chro., n°31, p.219.

[2611] Georges VEDEL, Pierre DELVOLVE, *Droit administratif*, 12e éd., 2 t., Paris, P.U.F., coll. Thémis, série Droit public, 1992, p.528-536.

[2612] Maxime LETOURNEUR, « L'étendue du contrôle du juge de l'excès de pouvoir », *E.D.C.E.*, 1962, n°16, p.52.

[2613] Roger BONNARD, « Le pouvoir discrétionnaire des autorités administratives et le recours pour excès de pouvoir », *R.D.P.*, 1923, n°40, p.365-366.

[2614] « *Dans certaines conditions, le Conseil d'État contrôle les motifs de la décision et la décision elle-même.* ***Donc*** *il n'y a pas pouvoir discrétionnaire; il y a compétence liée par la loi* » : Roger BONNARD, *art.cit.*, p.386. Nous soulignons.

[2615] François DREYFUS, « Brèves réflexions sur un concept en crise », *in* I.F.S.A., *Le pouvoir discrétionnaire et le juge administratif*, Actes du colloque du 5 mars 1977, Paris, Cujas, cahier n°16, 1978, p.85-86.

[2616] Marcel WALINE, « Le pouvoir discrétionnaire de l'administration et sa limitation par le contrôle juridictionnel », *R.D.P.*, 1930, t.47, p.209.

départ n'est ni la réglementation ni le juge, mais la situation de l'administrateur[2617]. La jurisprudence n'est donc pas le critère permettant de fixer *a contrario* l'étendue du pouvoir discrétionnaire, mais constitue une clef d'interprétation de la norme supérieure. Contrairement au législateur ou au constituant, le juge ne doit pas être pensé comme un organe qui exerce un pouvoir normatif à côté de celui de l'administration, mais comme partie prenante au processus de détermination de la norme. Ainsi que l'affirme Monsieur Picard, l'amplitude du pouvoir discrétionnaire correspond à celle des lois (et, plus largement, du droit) dont l'obscurantisme n'a, *notamment*, pas été clarifié par le juge[2618]. Cela n'équivaut pas à le réduire, de manière purement binaire, aux cas où le juge refuse de se prononcer. La juridiction demeure en effet un organe d'application de la loi ; elle ne peut se situer au-dessus. Or, c'est bien ce que sous-tend la définition négative ici contestée du pouvoir discrétionnaire qui le détermine *a posteriori*, c'est-à-dire après le contrôle (ou l'absence de contrôle) du juge.

944. Cette remise en cause de la définition négative du pouvoir discrétionnaire n'est certes pas nouvelle, mais elle mérite d'être rappelée à double titre. D'une part, parce qu'elle semble encore curieusement présente dans certains esprits. D'autre part, parce que ses limites montrent l'apport de la notion de bonne administration en la matière.

2. Le pouvoir discrétionnaire, moyen de bonne administration

945. Désignant l'adaptation équilibrée des moyens, la notion de bonne administration entérine la nécessité d'une définition positive du pouvoir discrétionnaire. Celui-ci n'est plus uniquement conçu comme une liberté concédée, mais comme un moyen utilisé dans un but de bonne administration.

946. Sans ce pouvoir, il y aurait en effet « *toutes raisons de craindre que la décision finale soit en pratique inadaptée, voire incohérente* (…) »[2619]. Ces adjectifs font écho aux critères de définition de la notion de bonne administration. L'adaptation équilibrée (bonne administration) imprègne la définition du pouvoir discrétionnaire en tant que faculté de ne pas prendre ou de prendre une décision et de lui conférer un contenu « *qui* (…) *paraîtra le plus approprié* »[2620]. Le pouvoir discrétionnaire permet de trouver le juste milieu entre la pure application de la lettre de la loi et sa violation[2621].

L'influence sous-jacente de l'élément de pondération, intrinsèque à la bonne administration, doit alors être soulignée. Aussi Marc Réglade qualifie-t-il le pouvoir

---

[2617] Alain BOCKEL, « Contribution à l'étude du pouvoir discrétionnaire de l'administration », *A.J.D.A.*, 20 juillet - 20 août 1978, p.357.

[2618] Étienne PICARD, « Le pouvoir discrétionnaire en droit administratif français », *in* SOCIÉTÉ DE LÉGISLATION COMPARÉE, *11e journée franco-latino-américaine*, 1989, vol.11, p.303. Pour une position similaire : Alain BOCKEL, *art.cit.*, p.355-370.

[2619] Étienne PICARD, « Le pouvoir discrétionnaire en droit administratif français », *art.cit.*, p.298.

[2620] Étienne PICARD, « Le pouvoir discrétionnaire en droit administratif français », *art.cit.*, p.298. Le pouvoir discrétionnaire concerne le contenu de la décision, son principe même et son moment.

[2621] Jean CHATELAIN, *De la compétence discrétionnaire du Gouvernement dans l'application des lois et des jugements (sous le régime des lois constitutionnelles de 1875)*, Paris, Impr. Lavergne, 1942, p.8-9.

discrétionnaire de « *garantie de bonne administration* »[2622]. De même, Marcel Waline affirme que le pouvoir discrétionnaire est confié à l'administration dans le « *but de bien administrer* »[2623]. Il est donc issu de « *préoccupations finalistes de bonne administration* »[2624] et ne se définit plus par rapport à l'indétermination juridique, mais par rapport à des « *normes de finalité* »[2625].

947. À cet égard, la conception britannique de la discrétionnalité est riche d'enseignements. Le pouvoir discrétionnaire recouvre en effet tout le pouvoir de l'administration sans être réduit à une modalité particulière de son action[2626]. Il n'est ainsi pas pensé « *comme le point de fuite du droit administratif, mais bien plutôt* [comme] *son point de départ* »[2627].

Le droit espagnol illustre également nos propos. Le pouvoir discrétionnaire de l'administration se fonde en effet sur l'article 103.1 de la Constitution espagnole, selon lequel cette dernière doit servir avec objectivité l'intérêt général en se soumettant pleinement à la loi et au droit, et en respectant les principes d'efficacité, de hiérarchie, de décentralisation, de déconcentration et de coordination[2628]. Ce pouvoir n'est alors plus défini de manière négative par rapport à la compétence liée, mais comme un pouvoir nécessaire à l'accomplissement de la fonction administrative. Monsieur Sáinz Moreno[2629] a ainsi participé, aux côtés notamment de Madame Chinchilla[2630], au renouvellement de la conception classique. Ce changement s'explique en partie par le passage à un État de Droit social et démocratique (*Estado social y democrático de Derecho*) dans lequel l'administration tire sa légitimité de son action efficace[2631]. Le pouvoir discrétionnaire est donc, dans de nombreux cas, une nécessité institutionnelle, une condition du bon fonctionnement de l'administration[2632]. La « *conception rénovée* »

2622 Marc RÉGLADE, « Du prétendu contrôle juridictionnel de l'opportunité en matière de recours pour excès de pouvoir », *R.D.P.*, 1925, vol.42, p.424.

2623 Marcel WALINE, « Le pouvoir discrétionnaire de l'administration et sa limitation par le contrôle juridictionnel », *R.D.P.*, janvier-mars 1930, vol.37, n°1, p.203.

2624 Daniel LABETOULLE, « Le pouvoir discrétionnaire en matière d'urbanisme et d'interventionnisme économique », *in* I.F.S.A., *Le pouvoir discrétionnaire et le juge administratif*, Actes du colloque du 5 mars 1977, Paris, Cujas, cahier n°16, 1978, p.38.

2625 Lifante VIDAL, « Dos conceptos de discresionalidad juridica », *Doxa*, 2002, n°25, p.433.

2626 Emmanuel BREEN, « Le pouvoir discrétionnaire en droit administratif anglais », *R.F.D.A.*, novembre-décembre 2003, n°6, p.1159.

2627 Emmanuel BREEN, *art.cit.*, p.1160.

2628 Sur l'analyse et le rapprochement du pouvoir discrétionnaire avec l'art.103 C.E. : Miguel BELTRÁN DE FELIPE, *Discrecionalidad administrativa y constitución*, Madrid, Tecnos, coll. Temas clave de la Constitución española, 1995, p.165-200 ; Miguel SÁNCHEZ MORÓN, *Discrecionalidad administrativa y control judicial*, Madrid, Tecnos, coll. Ciencias jurídicas, 1994, p.103-112 ; Luciano PAREJO ALFONSO, *Crisis…*, *op.cit.*, p.73 et s ; Fernando SÁINZ MORENO, « Reducción de la discrecionalidad : el interés público como concepto jurídico », *R.E.D.A.*, janvier-mars 1976, n°8, p.63-93.

2629 Fernando SÁINZ MORENO, *Conceptos jurídicos, interpretación y discrecionalidad administrativa*, Madrid, Civitas, coll. Monografías, 1976, 364p.

2630 Carmen CHINCHILLA, *La desvación de poder*, Madrid, Civitas, coll. Monografías, 1989, 155p.

2631 Luciano PAREJO ALFONSO, *Administrar et juzgar : dos funciones constitucionales distintas y complementarias*, Madrid, Tecnos, coll. Ciencias jurídicas, 1993, spéc. p.96-98.

2632 « *Necesidad institucional, una premisa del buen funcionamente de la Administración cada vez en mayores áreas* » ; « *Un estado con tal volumen de tareas (…) no puede funcionar si carece de la flexibilidad necesaria para adoptar la decisión más adecuada en cada instante y cada lugar* » : Miguel SÁNCHEZ MORÓN, *Discrecionalidad…*, *op.cit.*, p.113-114 ; v. aussi : Fernando SÁINZ MORENO, *art.cit.*, p.63-93.

consiste en le définir comme un « *devoir d'adopter la solution la plus adéquate à l'intérêt public* »[2633]. Nécessaire à une administration répondant aux besoins des administrés, il est un moyen d'adopter la solution la mieux adaptée et la plus équilibrée[2634].

948. En résumé, loin de lui être opposé, le pouvoir discrétionnaire est une « *donnée intrinsèque et même nécessaire à la mise en œuvre du principe de légalité* (...) »[2635]. Il se justifie par la nécessité d' « *adapter les moyens à la réalisation des finalités prévues* »[2636]. Au cœur du droit administratif[2637], il est naturellement nécessaire à la légalité[2638]. Désignant l'adaptation équilibrée des moyens de l'administration, la bonne administration contribue à ce que ce pouvoir soit défini de manière positive, comme un moyen de bonne administration.

***

Sous l'influence de la notion de bonne administration, le pouvoir discrétionnaire ne peut plus être exclusivement défini comme recouvrant les hypothèses échappant à la compétence liée. L'étendue du pouvoir normatif de l'administration publique ne dépend pas seulement de la marge de manœuvre laissée par la loi (entendue au sens large), mais principalement de l'objectif de celle-ci. En enrichissant le contenu de la notion de pouvoir discrétionnaire, la notion de bonne administration modifie la perception classique de la légalité, qui ne peut définitivement plus se concevoir en opposition avec la discrétionnalité.

Cette dernière remarque met en exergue l'apport théorique de la notion de bonne administration. Au-delà de l'intensification du rôle de l'administration dans la mise en œuvre du principe de légalité *via* la multiplication et la légitimation des mesures internes, la notion étudiée s'inscrit dans le débat relatif aux critères de la juridicité.

Plus précisément, elle renforce l'importance de l'effectivité dans la définition de la légalité.

[2633] « *Concepción renovadora : la discrecionalidad como deber de adoptar la solución más adecuada al interés público* » : Eva DESDENTADO DAROCA, *op.cit.*, p.64-70.

[2634] Eva DESDENTADO DAROCA, *op.cit.*, p.64-70, p.273-275.

[2635] Étienne PICARD, *art.cit.*, p.319.

[2636] Charles-Albert MORAND, « Régulation, complexité et pluralisme juridiques », *in Mélanges Paul Amselek*, Bruxelles, Bruylant, 2005, p.617.

[2637] Le droit administratif est défini comme l' « *étude du pouvoir discrétionnaire des autorités administratives et sa limitation en vue de la sauvegarde des droits des tiers (administrés ou agents publics)* » : Marcel WALINE, « Etendue et limites... », *art.cit.*, p.25

[2638] Marcel WALINE, « Le pouvoir discrétionnaire... », *art.cit.*, p.203-205 ; Marcel WALINE, « Etendue et limites... », *art.cit.*, p.25-33.

SECTION 2. LA VALORISATION DE L'EFFECTIVITÉ

949. La notion d'effectivité recouvre plusieurs réalités. Le Doyen Carbonnier énumère ainsi les différentes acceptions qu'elle peut recouvrir selon que l'on adopte un point de vue sociologique ou juridique[2639]. Relative, cette notion aurait même plusieurs sens pour chacune de ces approches. On s'accordera néanmoins à la définir comme « *tout effet de toute nature qu'une loi peut avoir* », ou encore comme l' « *étude de la correspondance entre les règles de droit et les comportements* »[2640]. En soulignant son lien avec les notions de légitimité et de légalité, Monsieur Ost envisage l'effectivité comme la conformité du comportement des destinataires (y compris des autorités exécutrices) aux normes[2641].

950. Cette notion doit être distinguée de l'efficacité, qui désigne le résultat atteint[2642]. Une norme peut être appliquée effectivement sans être efficace, c'est-à-dire sans produire l'effet recherché par son auteur. À titre d'exemple, la loi obligeant le port de la ceinture au volant peut modifier les comportements (effectivité) sans pour autant baisser le taux de mortalité sur les routes (efficacité)[2643]. L'effectivité est donc une condition nécessaire, mais insuffisante de l'efficacité[2644]. De plus, le domaine de la première, qui s'étend à l'impact sociologique d'une norme, est plus étendu que celui de la seconde.

951. La notion de bonne administration valorise la place de l'effectivité dans la définition de la légalité. Ce constat s'établit à deux niveaux. D'une part, l'effectivité peut concerner la mission d'exécution, par l'administration, de la norme supérieure ; la notion de bonne administration introduit alors un devoir de « bonne mise en œuvre » du droit (**§1**). D'autre part, l'effectivité peut viser l'obéissance, par ses destinataires, de la norme juridique. Or, la notion étudiée s'insère dans la relativisation de l'importance des sanctions externes dans la définition du droit et, plus globalement, dans le dépassement de la vision formelle de ce dernier (**§2**).

[2639] Jean CARBONNIER, « Effectivité et ineffectivité de la règle de droit », *L'année sociologique*, 3e série, 1957-1958, p.3-17. Pour une approche sociologique de la question, v. également : Pierre LASCOUMES, Evelyne SERVERIN, « Théories et pratiques de l'effectivité du Droit », *Droit et société*, janvier 1986, n°2, p.101-122.

[2640] Jacques COMMAILLE, « Effectivité », *in* Denis ALLAND, Stéphane RIALS (dir.), *Dictionnaire de la culture juridique*, Paris, P.U.F., coll. Quadrige, série Dicos Poche, 2003, p.583.

[2641] François OST, *art.cit.*, p.191.

[2642] François RANGEON, « Réflexions sur l'effectivité du droit », *in* C.U.R.A.P.P., *Les usages sociaux du droit*, Paris, P.U.F., 1989, p.126-131. Pour rappel, Hans Kelsen emploie le terme d' « efficacité » alors qu'il désigne l'effectivité.

[2643] Exemple emprunté à Jacques COMMAILLE, *art.cit.*, p.583.

[2644] François RANGEON, *art.cit.*, p.131.

§ 1. La consolidation du devoir de « bonne mise en œuvre » du droit

952. À titre liminaire, une précision s'impose. Il ne s'agit nullement de substituer l'administration au législateur ou à l'auteur de la norme supérieure. La bonne administration n'implique en effet pas un renversement de la hiérarchie des normes et des organes. À l'inverse, elle la renforce en imposant[2645] à l'administration une « bonne mise en œuvre » du droit. Cette expression rend compte de la subtilité avec laquelle doit être abordée la mission d'exécution normative de l'administration. Celle-ci n'obéit pas à une logique binaire d'application ou de non-respect. La « bonne mise en œuvre » du droit renferme ainsi l'idée d'adaptation équilibrée (bonne administration) des normes de l'administration au but du législateur (au sens large).

953. La notion de bonne administration entérine donc la nécessité d'une concrétisation adaptée et équilibrée de la norme supérieure par l'administration (**B**). Afin de rendre compte convenablement de cette fonction, il semble de bonne méthode de mettre en valeur, au préalable, le rôle créateur de l'administration dans sa concrétisation des normes juridiques (**A**).

A. La concrétisation normative, une mission créatrice

954. La mission de mise en œuvre de la légalité (ou du droit) est une des fonctions principales de l'administration publique. Ses contours sont donc étudiés de longue date et laissent peu de place à l'innovation. Toutefois, il est nécessaire, en vue de notre démonstration, de souligner la nature de cette mission. Plus exactement, il convient de rendre compte de son caractère créateur.

955. Cette fonction ne saurait en effet être remplie sans une interprétation, par l'administration, de la norme à mettre en œuvre. Or, toute interprétation, même encadrée, implique une certaine forme de création (**2**). Afin de le saisir, il convient préalablement de rappeler les contours du devoir d'exécution normative de l'administration (**1**).

1. Les contours de la concrétisation normative

956. Le principe de légalité ne peut être pensé sans sa concrétisation par l'administration, ce qui confère à cette dernière un pouvoir non négligeable[2646].

La mise en œuvre du droit était, sous la plume du Doyen Hauriou, davantage une faculté qu'une obligation pour l'administration. Consentant aux lois, l'exécutif n'était pas véritablement contraint de les mettre en œuvre. Selon cette conception, l'obligation d'exécution serait strictement délimitée par la norme supérieure : si

---

[2645] Sur la qualification en termes de « devoir », v. *supra*, n°559 et s.

[2646] Devenue l'archétype des régimes parlementaires, la séparation souple des pouvoirs peut être définie comme l' « *organisation dans laquelle les autorités sont relativement spécialisées mais non indépendantes les unes des autres* » : Gérard CORNU, *op.cit.*, p.856.

cette dernière n'en prévoit pas les moyens avec exactitude, l'administration est difficilement condamnable[2647]. Le principe de légalité n'imposerait à l'administration que des obligations négatives[2648].

957. Cette vision, qui guida la plume du juge dans l'arrêt *Dame Franc*, fut notamment critiquée par Monsieur Auby[2649]. Selon le professeur, l'administration se doit, quelle que soit l'imprécision de la loi, de la mettre en œuvre[2650]. L'existence d'une sanction juridique de l'inapplication des lois, dépassant le simple engagement de responsabilité devant le parlement, est dès lors revendiquée. Cette obligation n'est pas fondée sur la hiérarchie des organes, mais sur l'impératif d'effectivité de la règle[2651].

L'administration remplit cette fonction de deux manières : d'une part, de manière formelle, en assurant la promulgation et la publication de la loi[2652] ; d'autre part, de manière matérielle, en complétant son contenu. En effet, rares sont les cas où l'administration se borne à reproduire la loi (exécution *stricto sensu*)[2653]. Dans la grande majorité des hypothèses, l'administration complète la loi *via* son pouvoir discrétionnaire. Ce pouvoir d'exécution peut se convertir en une obligation. Dans cette hypothèse, l'obligation, prévue par la norme supérieure, est le reflet d'un « *droit* »[2654] des administrés de voir fixer de façon précise les normes dont ils sont les destinataires. C'est alors au juge de déterminer le caractère indispensable de l'exercice du pouvoir normatif de l'administration[2655].

958. Le refus exprès d'édicter des règlements d'application d'une loi (au sens large) est alors annulé par le juge de l'excès de pouvoir[2656] et, plus régulièrement, par le

---

[2647] C.E., ass. plén., 7 mai 1971, *Ministre de l'Économie et des Finances et Ville de Bordeaux c/ Sieur Sastre*, rec. 334, req. n°74669 et 74977, concl. GENTOT : l'inertie du maire en matière d'exécution normative ne peut entraîner la responsabilité de la commune, sauf s'il s'abstient d'assurer le respect d'une réglementation de police.

[2648] Jean-Marie AUBY, note sous C.E., sect., 2 décembre 1960, *Dame veuve Franc*, rec. 666, req. n°43327-43445 ; D.1962, II, p.8 et s.

[2649] Jean-Marie AUBY, note sous C.E., sect., 2 décembre 1960, *préc.*, p.7-11. Dans cet arrêt, le Conseil d'État considère que le Préfet a la simple faculté et non l'obligation de faire cesser l'illégalité des formalités nécessaires pour la vente d'un lotissement.

[2650] Jean-Marie AUBY, « L'obligation gouvernementale d'assurer l'exécution des lois », *J.C.P.*, 1953, n°1080.

[2651] Jean-Marie AUBY, *art.cit.*, p.635.

[2652] Georges MILLARDET, *op.cit.*, 1re partie.

[2653] Georges MILLARDET, *op.cit.*, p.158.

[2654] Jean-Marie AUBY, note sous C.E., ass., 27 novembre 1964, *Ministre des Finances et des Affaires économiques c/ Dame veuve Renard*, rec. 590, req. n°59068, concl. GALMOT ; D.1965, II, p.632-635 ; v. la note de MM. Puybasset et Puissochet, *A.J.D.A.*, 1964, p.678 ; *R.D.P.*, 1965, p.716 (règlement d'application d'un décret fixant un régime de pension). Dans ses conclusions, le commissaire du gouvernement Galmot affirma clairement que l'absence de sanction en cas d'inexécution équivaudrait à « *introduire dans notre droit une notion de désuétude des textes* » (rec. 597).

[2655] Pour exemple : C.E., 23 novembre 1949, *Sieur Gaulard*, rec. 497, req. n°94072 ; C.E., 22 juin 1951, *Sieur Hoeffel*, rec. 365, req. n°99473.

[2656] C.E., 13 juillet 1962, *Sieur Kevers-Pascalis*, rec. 475, req. n°45891-2 ; note J.-M. AUBY, D.1963, p.606 et s. ; C.E., ass., 3 février 1989, *Compagnie Alitalia*, rec. 44, req. n°74052 ; note O. FOUQUET, *A.J.D.A.*, 1989, p.387 et s. ; concl. N. CHAHID-NOURAÏ, *R.F.D.A.*, 1989, p.391 et s., note O. BEAUD et L. DUBOUIS, p.422 et s.

juge de plein contentieux[2657]. En la matière, la jurisprudence est foisonnante, en particulier s'agissant du domaine délicat des mesures de police administrative[2658]. Par exemple, si le juge laisse une certaine marge de manœuvre à l'administration, il exige que les troubles à l'ordre public engendrés par une carence normative momentanée soient compensés par une activité matérielle de police.

C'est en effet l'un des apports de l'arrêt *Compagnie d'assurance Zurich International*[2659]. En l'espèce, était reprochée à une commune l'absence de mise en œuvre, dans un délai raisonnable, de la législation relative à la présence de nomades. Saisi par une société immobilière constatant des troubles répétés dans un centre commercial, le Conseil d'État condamna le maire pour ne pas avoir mis en œuvre son pouvoir de police de manière adéquate. Ainsi que l'affirme la Haute juridiction dans son fameux arrêt *Marabout*, la police de circulation a l' « *obligation de prendre des mesures appropriées* » afin que les interdictions de stationnement édictées et le droit d'accès des riverains soient respectés[2660].

959. C'est dans ce contexte que doit être analysée la notion de carence définie par Madame Dorlencourt-Detragiache comme l' « *insuffisance dans l'organisation des services publics,* [et plus exactement] *de leurs moyens matériels et humains* »[2661]. Selon cet auteur, la carence constitue une « *violation d'une obligation juridique d'agir, d'une compétence liée* »[2662]. Si le pur refus d'exécuter la loi est à distinguer du retard de l'exécution (« *carence relative* »)[2663], ces deux cas s'inscrivent dans une même optique.

On retrouve la même approche sous la plume de Monsieur Gómez Puente qui introduit la notion précitée d'inactivité[2664]. L'auteur met notamment en exergue le problème du silence de l'administration. L'inactivité est établie lorsque le règlement ne confère pas à la loi la technicité qu'elle nécessite[2665]. La jurisprudence espagnole, qui admet le principe d'indemnisation pour les dommages résultant de l'inactivité réglementaire, est sur ce point globalement similaire à la jurisprudence française[2666].

[2657] Sur la responsabilité, v. aussi : C.E., 6e-4e sous-sect., 28 juillet 2000, *Association France nature environnement*, rec. 323, req. n°204024 ; *A.J.D.A.*, 2000, p.959 ; obs. A. ONDOUA, *J.C.P.*, 2000, I, n°274 ; note A. LAQUIÈZE, *L.P.A.*, 2000, p.230 et s. ; *R.F.D.A.*, 2000, p.1167.

[2658] C.E., sect., 14 décembre 1959, *Doublet*, rec. 540, req. n°40922 ; note D.-G. LAVROFF, D.1960, p.191 et s. ; concl. A. BERNARD, *R.D.P.*, 1959, p.1235 et s. ; note M. WALINE, *R.D.P.*, 1960, p.802 et s.

[2659] C.E., 3e-8e sous-sect., 20 décembre 2000, *Compagnie d'assurances Zurich International et autres*, rec. 632, req. n°211284 ; note Emmanuel AUBIN, *A.J.D.A.*, 20 octobre 2001, n°10, p.898-901.

[2660] C.E., ass., 20 octobre 1972, *Ville de Paris c/ Sieur Marabout*, rec. 664, req. n°80068 ; *A.J.D.A.*, 1972, p.597. Les exemples peuvent être multipliés à loisir. On peut citer en outre : C.E., sect., 3 novembre 1967, *Ministre de l'Intérieur c/ Dame Fiat*, rec. 409, req. n°68583 (refus d'accorder le concours de la force publique pour l'expulsion d'un occupant d'un appartement de la requérante).

[2661] Denise DORLENCOURT-DETRAGIACHE, *op.cit.*, t.1, p.II.

[2662] Denise DORLENCOURT-DETRAGIACHE, *op.cit.*, t.1, p.VI.

[2663] Sur l'obligation d'exécuter les lois dans un délai raisonnable, v. pour exemple : C.E., 6e-4e sous-sect., 28 juillet 2000, *Association France nature environnement, préc.*, *R.F.D.A.*, 2003, p.116, note DEFFIGIER. Le contentieux couvre le contentieux de la légalité et celui de la responsabilité.

[2664] Marcos GÓMEZ PUENTE, « El control de la inactividad de la administración española a la luz de la normativa europea », *Noticias de la Unión europea*, février 2002, n°205, p.77-92.

[2665] Jesus MONTORO CHINER, « La inactividad administrativa en el proceso de ejecución de las leyes », *R.A.P.*, mai-août, 1986, n°110, p.278 ; p.240.

[2666] S.T.S., 1re sect., n°2059/1985, 8 mai 1985, req. n°61689/1985. En l'espèce, le Tribunal n'accorde pas d'indemnisation en raison de l'absence de preuve concrète du dommage résultant de l'inactivité réglementaire.

960. L'autorité conjuguée de la jurisprudence et de la doctrine nous garde de développer davantage le propos. Nous voulons simplement souligner la nécessité d'une prise en compte de l'effectivité dans la conception de la légalité. C'est en effet dans ce cadre que s'inscrit la notion de bonne administration. Afin de saisir sa fonction, il faut rappeler le lien inextricable entre la concrétisation et l'interprétation.

2. L'interprétation de la norme : une étape nécessaire à sa concrétisation

961. Ainsi que nous l'avons précédemment rappelé[2667], Hans Kelsen fait du rapport de dépendance entre les normes l'élément constitutif du système juridique. Tout en assurant la concrétisation de la norme supérieure, chaque norme tire sa validité de celle-ci, qui prévoit son mécanisme formel d'élaboration. La validité d'une norme juridique est subordonnée à une méthode spécifique et à des règles particulières d'élaboration[2668]. S'intégrant dans une hiérarchie d'ordre formel, les normes « *se distribuent en diverses couches superposées* »[2669]. Leur juridicité est alors définie de manière « *récursive* »[2670] : elle dépend d'une autre norme de l'ordre juridique. Leur *validité*, qui se rattache aux règles de production, doit être clairement distinguée de leur *conformité* aux normes supérieures. En d'autres termes, une norme peut être valide et de ce fait faire partie de l'ordre juridique quand bien même son contenu ne serait pas conforme à la ou aux norme(s) supérieure(s) (« *paradoxe de la concrétisation* »[2671]).

962. Cette théorie, au service d'une vision formelle du droit, n'empêche toutefois pas de souligner, à notre sens, le caractère créateur de l'organe de concrétisation de la norme supérieure. Cette mise en œuvre est assurée par l'administration *via* une interprétation définie comme la « *démarche de l'esprit accompagnant le processus de création du droit lors du passage d'une norme supérieure à une norme inférieure* »[2672].

Il est en effet possible d'affirmer que ce processus de création du droit revient à le co-formuler. Cette nécessaire co-formulation ne résulte pas seulement d'une obscurité de la loi[2673], mais de la nature même de l'ordre juridique. La question de la validité d'une norme est liée à celle de sa signification puisque la norme est définie par Hans Kelsen comme la « *signification d'un énoncé déontiquement modalisé*

[2667] V. introduction générale, n°33.

[2668] Hans KELSEN, *op.cit.*, p.114. « *Ainsi la validité que la science juridique peut attribuer au droit n'est pas absolue, mais conditionnelle et relative* » : p.117.

[2669] Hans KELSEN, *op.cit.*, p.123 ; v. plus largement: p.122-134.

[2670] Otto PFERSMANN, « Hiérarchie des normes », *in* Denis ALLAND, Stéphane RIALS, *Dictionnaire de la culture juridique*, Paris, P.U.F., coll. Quadrige, série Dicos poche, 2003, p.780.

[2671] Otto PFERSMANN, « Hiérarchie des normes », *art.cit.*, p.781 et s. V. également, sur la distinction entre la conformité et la validité : Otto PFERSMANN, *in* Louis FAVOREU, Patrick GAÏA, Richard GHEVONTIAN (et al.), *Droit constitutionnel*, *op.cit.*, p.66.

[2672] Hans KELSEN, *op.cit.*, p.135.

[2673] Ce thème est trop connu pour y revenir davantage. Nous nous permettons tout de même de renvoyer à : Bertrand MATHIEU, *La loi*, *op.cit.*, p.75-110 ; Patrick WACHSMANN, « Sur la clarté de la loi », *in Mélanges Paul Amselek*, Bruxelles, Bruylant, 2005, p.827 ; la loi serait naturellement obscure : Louis BORÉ, « L'obscurité de la loi », *in La création du droit jurisprudentiel. Mélanges en l'honneur de Jacques Boré*, Paris, Dalloz, 2007, p.27-38. Si cette contribution porte sur le droit pénal, elle s'applique.

(…) *ou d'un ensemble de faits traduisibles en un tel énoncé se rapportant à un certain comportement humain* »[2674]. Cette signification, contrairement au sens de l'énoncé, est nécessairement co-déterminée par l'organe d'application.

963. Il convient alors de rappeler de nouveau la distinction entre l'interprétation scientifique et l'interprétation « *authentique* »[2675]. La première vise l'acte de connaissance consistant à dégager les différentes significations possibles d'un énoncé. La seconde renvoie à l'acte de volonté de l'organe de concrétisation de la norme supérieure, qui choisit l'une de ces diverses significations possibles[2676]. Seule cette interprétation authentique s'impose d'un point de vue normatif : la norme est donc, dans son contenu, le résultat de la concrétisation.

964. Si la question du contenu et de la conformité des normes reste, pour Hans Kelsen, distincte de celle de leur juridicité[2677], il convient de s'y intéresser dans la perspective ici choisie. Le théoricien ne semble d'ailleurs pas totalement l'ignorer. En effet, ainsi que nous l'avons précédemment rappelé, l'effectivité (dénommée sous la plume de l'auteur « *efficacité* ») est, pour Hans Kelsen, une condition de validité de l'ordre juridique. Se pose alors le problème du seuil significatif de cette effectivité. C'est alors à l'observateur lui-même de se prononcer. Par conséquent, l'organe d'application est également un organe de production et de destruction des normes[2678].

On retrouve en outre l'idée de dérogation dans l'œuvre de Hans Kelsen. Selon le Maître de Vienne, « *un bon législateur ne saurait renoncer aux moyens permettant dans certaines circonstances de corriger les effets d'une loi* (…) »[2679]. Son impossibilité de prévoir tous les cas pouvant se présenter à l'avenir ne peut ainsi être niée. C'est alors l'organe de concrétisation ou d'application qui participe, en grande partie, à l'effectivité de l'ordre juridique. La dérogation, liée à la notion de bonne administration[2680], décompose le pouvoir normatif initial. Un fragment du pouvoir normatif est légalement délégué à l'organe chargé de l'exécution : « *on greffe à un niveau d'exécution un pouvoir de décision* »[2681]. Elle constitue donc un instrument pertinent du pluralisme et de la dialectique dans la formulation de la norme et permet de ce fait à la légalité de s'adapter à la diversité des expressions concrètes des faits[2682]. Ce mécanisme réduit l'écart entre la règle de droit générale et la pratique administrative[2683]. Le simple fait que Hans Kelsen en fasse mention

---

[2674] Otto PFERSMANN, « Pour une typologie modale de classes de validité normative », *art.cit.*, p.74. Un « *rectangle terminologique* » relie la norme, l'existence, la validité et l'obligation : p.75.

[2675] V. introduction générale, n°15. Otto PFERSMANN, *in* Louis FAVOREU, Patrick GAÏA, Richard GHEVONTIAN (et al.), *Droit constitutionnel*, *op.cit.*, p.92-3.

[2676] Mais « *un acte de connaissance est dans une certaine mesure un acte de volonté et tout acte de volonté passe par la connaissance* » : Laurent HABIB, « L'impur objet de la science du droit », *art.cit.*, p.104.

[2677] Otto PFERSMANN, « Pour une typologie… », *art.cit.*, p.82.

[2678] Otto PFERSMANN, « Pour une typologie… », *art.cit.*, p.91.

[2679] Hans KELSEN, *op.cit.*, p.146.

[2680] V. *supra*, n°433 et s.

[2681] Aude ROUYÈRE, *Recherche sur la dérogation en droit public*, Thèse droit, Université de Bordeaux I, 1993, p.182.

[2682] Aude ROUYÈRE, *op.cit.*, p.501 et s.

[2683] Pierre-André LECOCQ, *op.cit.*, p.847 et s.

montre que le rôle créateur de l'organe de concrétisation peut difficilement être contesté, même dans les théories apparemment réfractaires à cette vision.

965. En résumé, la question de la concrétisation de la norme supérieure par l'administration est essentielle quelle que soit l'approche du droit adoptée. Plus précisément, le rôle de cet organe dans la détermination de l'énoncé prescriptif ne peut être passé sous silence. Il convient dès lors de montrer la fonction de la notion de bonne administration dans ce domaine.

B. Vers une mise en œuvre adaptée et équilibrée du droit

966. La notion de bonne administration concerne le procédé d'action de l'administration publique dans sa fonction normative. Sa fonction s'applique en effet aussi bien à la prestation de service public qu'à l'édiction de normes juridiques. Dans les deux cas, la bonne administration implique une action adaptée et équilibrée.

967. L'apport de cette notion au processus d'élaboration des normes juridiques produites par l'administration peut être exposé en deux points. D'abord, la notion de bonne administration conforte l'idée selon laquelle la norme juridique résulte d'une co-formulation de son auteur et de l'organe chargé de son application (**1**). Elle entérine ensuite l'exigence d'une « bonne mise en œuvre » du droit (**2**).

1. La co-formulation de la norme : une nécessité confortée par la notion de bonne administration

968. La notion de bonne administration contribue à l'intensification du rôle de l'administration dans la mise en œuvre de la légalité. L'adjectif « bon » ne désigne pas l'interprétation qu'il serait « bon » d'adopter pour des raisons politiques, voire morales. Il impose en revanche à l'administration une interprétation *adaptée* au but énoncé par la norme supérieure. Dans le respect de son sens, la bonne administration participe à l'achèvement de cette dernière. Elle encadre donc le pouvoir discrétionnaire de l'administration dont la concrétisation doit non seulement être *adaptée* au but de la loi (au sens large), mais aussi être *équilibrée* ou encore raisonnable au regard de ses différentes significations possibles.

969. Les éléments constitutifs de la notion de bonne administration, à savoir l'adaptation et l'équilibre, ont donc un effet certain sur le pouvoir normatif de l'administration. Plus exactement, cette notion permet de mesurer la distance entre la signification conférée par l'interprète (administration) et le sens « *déjà-là de l'énoncé* »[2684] (auteur de la norme à concrétiser).

L'apport de la notion étudiée ressort implicitement sous la plume de Herbert Hart lorsque celui-ci décrit la texture ouverte du droit et l'incapacité, pour l'auteur de la norme, d'anticiper toutes les fins et les faits auxquels elle donnera lieu[2685].

[2684] Étienne PICARD, « Contre la théorie réaliste de l'interprétation juridique », *art.cit.*, p.104. C'est alors la raison qui permet de mesurer cette interprétation au regard du sens déjà présent de l'énoncé.

[2685] Herbert L.A. HART, *op.cit.*, p.155-188.

Selon le théoricien, cette texture ouverte permet à l'administration ou aux tribunaux de conférer à la norme une certaine effectivité « *en établissant une balance, à la lumière des circonstances, entre des intérêts concurrents dont le poids varie d'une espèce à l'autre* »[2686]. L'idée de pondération, au cœur de la bonne administration, imprègne la pensée de l'auteur. Cette notion guide donc l'administration dans sa fonction de concrétisation et d'interprétation de la norme supérieure. Loin de l'idéal vague de justice, elle impose une exigence de « raisonnabilité » et d'adaptation de la règle de droit.

970. La concrétisation, par l'administration, ne saurait être juridiquement entièrement libre[2687], sans quoi aucune articulation entre les normes et donc aucun ordre juridique ne pourraient exister[2688]. L'administration est, à l'instar de l'auteur de l'énoncé normatif ou du juge, un « *agent de détermination de la règle* » sans que chacun de ces organes ne puisse prétendre en être le « *maître absolu* ». Le droit est en effet difficilement concevable suivant un processus linéaire ; ainsi que le souligne Monsieur Picard, sa détermination est évolutive[2689]. La norme juridique est la résultante de la communication dans l'interprétation et, plus globalement, l'ordre normatif peut être envisagé comme l'ensemble des normes auxquelles les « *interprètes attribuent inter-subjectivement la signification de normes juridiques* »[2690].

971. Monsieur Timsit introduit également cette idée d'équilibre *via* ce que le professeur nomme la « *normativité dialoguée* »[2691]. Trois mécanismes d'accession d'une norme à sa signification sont alors mentionnés : la « *prédétermination* », la « *co-détermination* » et la « *sur-détermination* ». La « *sur-détermination* » désigne le décodage de la norme au regard des valeurs sociales ou des codes culturels. La « *prédétermination* » correspond à une approche « *systémique* » selon laquelle la signification de la norme est exclusivement déterminée par son auteur. Par contraste, la « *co-détermination* » obéit à une logique « *structurale* » suivant laquelle la norme est également définie par son destinataire.

Écartant toute vision opposant de manière dichotomique les approches « *systémique* » et « *structurale* », le professeur adopte une conception dite « *systémale* » suivant laquelle la « *prédétermination* » de la norme se combine avec sa « *co-détermination* ». Fidèle à cette approche médiane, la « *transcription* », pure

---

[2686] Herbert L.A. HART, *op.cit.*, p.168.

[2687] *A contra* : Ronald DWORKIN, *op.cit.* ; Françoise MICHAUT, « Vers une conception postmoderne du droit. La notion de droit chez Ronald Dworkin », *Droits : revue française de théorie juridique*, 1990, n°11 : *Définir le droit*, p.107-117 ; Michel TROPER, *op.cit.*

[2688] Étienne PICARD, « Contre la théorie réaliste de l'interprétation juridique », *art.cit.*, p.109. Pour une critique similaire de la théorie réaliste, bien que les deux auteurs ne partagent nullement la même vision du droit : Otto PFERSMANN, « Contre le néo-réalisme juridique. Pour un débat sur l'interprétation », *R.F.D.C.*, 2002, n°50, p.279-334 : cette théorie empiriste ne livrerait aucun moyen d'identification concrète des données de l'expérience.

[2689] Étienne PICARD, « Contre la théorie réaliste de l'interprétation juridique », *art.cit.*, p.115.

[2690] Laurent HABIB, « L'impur objet de la science du droit », *art.cit.*, p.105.

[2691] Gérard TIMSIT, *L'Archipel de la Norme*, Paris, P.U.F., coll. Les voies du droit, 1997, 240p ; *Les noms de la loi*, Paris, P.U.F., coll. Les voies du droit, 1991, 199p ; « Sept propositions (plus une)… », *art.cit.*, p.93-96 ; « Normativité et régulation », *Les Cahiers du Conseil constitutionnel*, 2006, n°21, p.84-87. Nous emploierons le vocabulaire usité par l'auteur entre guillemets et en italique.

reproduction d'une signification prédéterminée par l'auteur, est combinée avec la « *transgression* », « *trahison* » de la pensée de celui-ci. Le professeur énonce alors la notion de « *transdiction* », renfermant l'idée de co-détermination de la norme. La structure horizontale, basée sur les idées d'uniformité et de proportionnalité, se substitue à la structure verticale, qui part du général pour aboutir en dernier lieu au singulier. La conception « *monologique* » laisse place à un principe de légalité qualifié de « *dialogué* ». On ne peut en effet que relever la « *dissémination du sens qui affecte la norme* »[2692].

L'administration est de ce fait elle-même profondément modifiée. À son instrumentalité (subordination totale au législateur), à son unité (stricte hiérarchie) et à sa rationalité (purement légale) se substituent son « *endogénéité* », sa subsidiarité et son universalité[2693].

972. La notion de bonne administration s'inscrit dans cette optique en renforçant la nécessité d'une production discursive[2694] des normes juridiques. L'acceptation de l'ordre juridique peut être considérée comme un indice de sa qualité et de sa légitimité[2695], auxquelles la bonne administration participe. Cet effritement de la séparation entre les phases d'élaboration et d'application de la norme s'explique également par les changements affectant la loi[2696].

Une telle valorisation du pouvoir normatif de l'administration amène à repenser clairement sa mission de mise en œuvre du droit, que la notion de bonne administration contribue à renforcer par la formulation d'un devoir de « bonne mise en œuvre » de la légalité.

2. Les contours du devoir de « bonne mise en œuvre » du droit

973. Selon Monsieur Henry, le principe de légalité comporte une « *obligation implicite de faire "bon usage" de la loi* »[2697]. Cette expression fait écho à la notion de bonne administration : elle introduit un devoir d'adaptation et d'équilibre dans la mise en œuvre du droit par l'administration.

974. Cette vision dynamique et concrète du pouvoir exécutif se retrouve dès le début du XXème siècle, notamment sous la plume de Joseph Barthelemy[2698]. Sans se cantonner à l'obéissance systématique de la loi, le gouvernement a pour mission la

---

[2692] Gérard TIMSIT, « Sept propositions (plus une)… », *art.cit.*, p.94.

[2693] Sur ce point, v. aussi les réflexions menées par Jacques Caillosse, selon lequel « *il n'est décidément plus possible de croire à l'efficacité d'une administration qui continuerait de pratiquer un style de commandement unifié au sommet et censé se propager, en cascades, à tous les échelons de l'édifice* » : Jacques CAILLOSSE, « Le droit administratif contre la performance publique ? », *art.cit.*, p.198.

[2694] Valentin PETEV, « Vérité et justification en droit », *in Mélanges Paul Amselek*, Bruxelles, Bruylant, 2005, p.675.

[2695] Valentin PETEV, *art.cit.*, p.671.

[2696] V. *supra*, n°913 et s.

[2697] Jean-Pierre HENRY, « Une nouvelle fonction pour l'erreur manifeste. Le contrôle du respect de l'obligation de diligence », *A.J.D.A.*, 20 juin 1979, n°6, p.24.

[2698] Joseph BARTHELEMY, « De la liberté du gouvernement à l'égard des lois dont il est chargé d'assurer l'application », *R.D.P.*, 1907, vol.14, p.295-311. Cet article concerne principalement les difficultés d'application de la loi sur le repos hebdomadaire du 13 juillet 1906.

gestion et l'administration des affaires publiques[2699]. Selon l'éminent juriste, « *ce ne sont pas les lois qui peuvent édicter l'intelligent emploi des ressources, la sage direction des services* (...) »[2700]. Les fonctions législative et juridictionnelle étant réduites à « *la vie abstraite de l'État* »[2701], le gouvernement et son administration contribuent à spécifier, à concrétiser la volonté générale. Le rôle de l'exécutif ne se borne donc pas à la pure exécution de la loi[2702]. Si la présomption est en faveur de l'application de la loi, « *le gouvernement doit examiner si l'intérêt général n'exige pas qu'on la laisse dormir* »[2703].

975. De nos jours, cette opposition paraît quelque peu dépassée dans la mesure où le législateur contribue également, voire à titre principal, à la définition de l'intérêt général qui est mêlé à la volonté générale abstraite[2704]. De plus, le prétendu caractère concret de l'intérêt général semble, tout comme la volonté générale, davantage relever du mythe.

Au-delà de cette remarque critique, on constate que la notion de bonne administration est sous-jacente au propos de Joseph Barthelemy. En effet, une bonne administration pondère les effets d'une loi en fonction des intérêts en cause. « *C'est la tâche du gouvernement d'examiner comment, dans quelle mesure, avec quels tempéraments la loi doit être appliquée* (...) »[2705]. Il convient néanmoins de préciser que les cas de dérogation à la loi ne peuvent être admissibles et rattachés à la notion de bonne administration que lorsqu'ils sont prévus par cette dernière. Une bonne administration ne peut se définir comme une administration illégale. Elle concerne en revanche la mise en œuvre de dérogations ou l'exercice du pouvoir discrétionnaire de l'administration. On retrouve, en substance, la même idée sous la plume de Gaston Jèze, bien que l'auteur vise l'exécution matérielle de la loi. En effet, à propos de l'usage discrétionnaire de la force publique, l'auteur souligne qu'il peut paraître parfois préférable de ne pas l'enclencher[2706].

976. En d'autres termes, si la violation directe de la loi est un cas de mauvaise administration, la notion de bonne administration a pour fonction d'encadrer l'administration dans sa mission d'exécution du droit[2707]. Plus précisément, elle lui confère une certaine latitude tout en lui imposant les impératifs d'adaptation et de pondération. La notion de bonne administration vise l'équilibre et non le refus ou le retard systématiques dans l'exécution de la loi.

[2699] Joseph BARTHELEMY, *art.cit.*, p.299.
[2700] Joseph BARTHELEMY, *art.cit.*, p.301.
[2701] Joseph BARTHELEMY, *art.cit.*, p.300.
[2702] Joseph BARTHELEMY, *Le rôle du pouvoir exécutif dans les Républiques modernes*, Paris, Giard et Brière, 1906, p.6-12.
[2703] Joseph BARTHELEMY, *art.cit.*, p.305.
[2704] Sur l'identité entre « volonté générale » et « intérêt général » ainsi que sur le rôle du législateur dans la définition de cet intérêt : Bertrand MATHIEU, Michel VERPEAUX, *L'intérêt général, norme constitutionnelle*, Paris, Dalloz, coll. Thèmes et commentaires, série Cahiers constitutionnels de Paris I, 2007, p.6 ; p.81 et s.
[2705] Joseph BARTHELEMY, *art.cit.*, p.310.
[2706] Gaston JÈZE, « Appréciation, par les gouvernants et leurs agents, de l'opportunité d'agir : création, organisation et fonctionnement des services publics », *R.D.P.*, 1943, vol.59, p.3-27.
[2707] Sur la distinction entre « bonne administration » et « mauvaise administration », v. *supra*, n°703 et s.

Cette nuance permet, à notre sens, de concilier la pensée de Joseph Barthélémy avec celle de Monsieur Guibal. Sans ignorer la difficulté à définir le retard d'application des lois[2708], ce dernier auteur dénonce toutefois les pressions politiques du gouvernement qui lui permettraient de ne plus être subordonné à la loi[2709]. L'administration, accusée d'exercer un « *veto suspensif* », ne devrait ainsi pas posséder de pouvoir discrétionnaire dans l'exécution de la loi[2710]. La pensée de Joseph Barthélémy est plus nuancée et admet, dans les circonstances de l'espèce, une dérogation à la loi. En résumé, c'est l'automaticité de l'exécution, et non son principe même, qui est contraire à la notion de bonne administration.

977. Aussi Monsieur Reny souligne-t-il que la notion de bonne administration permet d'admettre temporairement une irrégularité tout en exigeant des services qu'ils y remédient[2711]. Nous avons déjà eu l'occasion de souligner cette fonction de la bonne administration dans le domaine procédural[2712]. Ce raisonnement peut être dès lors généralisé. Ainsi, une bonne administration concilie « *le respect du droit et la préoccupation d'assurer la bonne marche de l'Administration* »[2713]. La « *relativité de la loi* » permet, selon Monsieur Bouchard, l'émergence du principe de bonne administration[2714]. Celui-ci conférerait un fondement aux dérogations aux demandes de versement d'impôt rétroactif lorsque le contribuable est de bonne foi. De ce fait, l'instruction du 3 novembre 1975, reprenant le contenu d'une note instaurant ce principe de dérogation, possède une certaine valeur contraignante.

Par l'encadrement du pouvoir réglementaire d'exécution, la notion de bonne administration permet ainsi de contrôler, voire de remédier indirectement aux « *mauvaises lois* »[2715] sans pour autant les violer. La distinction classique entre le pouvoir d'exécution et le pouvoir autonome de l'administration semble alors reposer sur une différence de degré et non de nature[2716].

978. En bref, la notion de bonne administration « dynamise » le rapport entre l'administration et le législateur (au sens large) en renforçant l'importance de l'effectivité dans ce rapport de production de normes.

2708 On peut néanmoins relever un certain consensus autour du délai de 6 à 7 mois : Michel GUIBAL, « Le retard des textes d'application des lois », *R.D.P.*, juillet-août 1974, n°4, p.1041.

2709 Michel GUIBAL, *art.cit.*, p.1062-1066.

2710 M. Millardet affirme également la primauté politique et technique du législateur sur le gouvernement : Georges MILLARDET, *op.cit.*, p.164.

2711 Jacques RENY, « La bonne administration : rigueur et pragmatisme », *in* Comité pour l'histoire économique et financière de la France, *La comptabilité publique. Continuité et modernité*, Actes du colloque des 25 et 26 novembre 1993 à Bercy, Paris, Impr. Nat., 1995, p.278.

2712 V. *supra*, n°419 et s.

2713 Jacques RENY, *art.cit.*, p.284.

2714 Jean-Claude BOUCHARD, « La note 442 du 28 mars 1928, un retour vers le futur ? Des principes de bonne administration, de sécurité juridique, de confiance légitime… », *Revue de droit fiscal*, 17 mai 2007, n°20, p.513.

2715 Bertrand SEILLER, « Précisions sur l'obligation d'exercer le pouvoir réglementaire », *A.J.D.A.*, 12 avril 2004, n°14, p.761.

2716 Bertrand FAURE, « La crise du pouvoir réglementaire : entre ordre juridique et pluralisme institutionnel », *A.J.D.A.*, 20 juillet - 20 août 1998, n°7-8.

Par ailleurs, cette notion exerce une influence sur l'effectivité entendue comme l'obéissance aux normes. Plus globalement, elle invite au dépassement de la vision purement formelle du droit.

§ 2. LE DÉPASSEMENT DE LA VISION FORMELLE DU DROIT

979. L'effectivité juridique désigne, dans le cadre de ce paragraphe, l'obéissance au droit, aussi bien par l'administration que par les administrés. À ce sujet, l'existence d'une sanction formelle et externe à la norme juridique est souvent considérée comme une condition *sine qua non* de son existence.

980. On retient alors, globalement, deux acceptions de la sanction. La première renvoie à « *l'ensemble de conséquences que le jurislateur attache à l'occurrence d'un événement qui en constitue la condition* ». Dans ce cas, la notion de sanction est toujours relative et conditionnée. La seconde envisage la sanction comme « *une conséquence juridique "déplaisante"* ». Elle est alors réduite à un « ressenti » purement subjectif.

La définition proposée par Monsieur Pfersmann concilie ces deux significations : « *l'obligation d'exercer un acte de contrainte constitue un critère objectif et absolu, car il n'est pas possible d'aller au-delà d'une telle obligation à moins de rejoindre le monde des faits* »[2717]. La sanction coercitive implique donc, à terme, l'usage de la force contraignante.

981. Dans certains esprits, la notion d'obligation, critère de juridicité, s'identifie à celle de sanction. Toute norme juridique ne saurait se concevoir en dehors d'une sanction socialement organisée.

Il est alors légitime de rechercher le(s) critère(s) permettant d'identifier ces sanctions juridiques. Sur ce point, une réponse claire est rarement formulée et le raisonnement peut alors paraître cyclique[2718]. De manière plus générale, une telle réduction de la juridicité à la sanction confond, en partie, le droit et la force. Ainsi que nous l'avons signalé, il existe bien des règles de droit non sanctionnées[2719]. Le critère alternatif de juridicité varie alors selon les auteurs et les conceptions du droit. Au-delà de ces divergences, la majeure partie des théoriciens semble néanmoins s'accorder pour ne pas réduire le droit à la sanction coercitive.

982. La notion de bonne administration participe à ce mouvement. En relativisant l'importance de la sanction formelle dans la définition du droit (**A**), elle met en valeur l'aspect interne des normes juridiques (**B**).

[2717] Pour les trois citations : Otto PFERSMANN, « Pour une typologie modale… », *art.cit.*, p.96.

[2718] Laurent HABIB, *art.cit.*, p.95-98.

[2719] Pour une nouvelle affirmation de ce constat : Bruno OPPETIT, « Le droit hors la loi », *Droits : revue française de théorie juridique*, 1989, n°10 : *Définir le droit*, p.50. Nous nous démarquons néanmoins de la position de l'auteur qui associe le droit à la justice.

A. L'atténuation de la place de la sanction formelle dans la définition du droit

983. La dimension du thème abordé nous impose de limiter le propos à l'essentiel. Il s'agit ici d'esquisser le passage à une conception du droit basée sur l'effectivité dépassant l'idée de sanction. La domination légitime basée sur l'idéal weberien du « *légal-rationnel* »[2720] a en effet été fortement nuancée.

984. Si l'on prête parfois à Hans Kelsen cette vision purement formelle de la normativité juridique, le théoricien semble envisager en réalité l'hypothèse d'une norme juridique non assortie de sanction (**1**). Cette remarque vise avant tout à nuancer certaines conclusions hâtives au sujet de l'approche de ce théoricien. C'est en redonnant sa véritable place à l'effectivité que le rôle de la notion de bonne administration pourra être mesuré. Dans ce cadre, le rapport brièvement établi entre cette notion et le « droit souple »[2721] doit être davantage explicité (**2**).

1. L'effectivité juridique n'est pas conditionnée par l'existence de sanctions externes et formelles

985. L'effectivité (dénommée « *efficacité* » par Hans Kelsen[2722]) est loin d'être étrangère au Maître de Vienne. Celui-ci la définit comme la « *correspondance générale entre cet ordre et les faits auxquels il s'applique* »[2723]. Le théoricien en fait même une condition de validité, certes non exclusive[2724], de l'ordre juridique[2725].

Cette prise en compte de la mise en œuvre du droit a éveillé la critique. La stricte distinction entre le domaine des faits (*Sein*) et le domaine du droit (*Sollen*) peut en effet paraître incompatible avec la prise en compte de l'effectivité de l'ordre juridique (*Sein*) comme condition de validité de celui-ci (*Sollen*)[2726]. En effet, « *la norme fondamentale doit être supposée, mais l'efficacité* [devant être entendue comme l'effectivité] *ne peut être que vérifiée* »[2727].

986. Au-delà de ces critiques afférentes à la cohérence interne de la *Théorie pure du droit*, on ne peut que constater que la question de l'effectivité est bien présente dans la pensée de Hans Kelsen. Le théoricien ne semble alors pas faire de la sanction externe (qu'il faut distinguer de l'effectivité) une condition *sine qua non* de la norme juridique. Selon le Maître de Vienne, il suffit que l'ordre juridique, dans son ensemble[2728], prévoie ce mécanisme en dernier lieu. En d'autres termes, si la

---

[2720] Max WEBER, *Économie et société*, [trad. J. FREUND et al.], t.1, Paris, 1971, p.36. Sur cette approche, v. aussi : François OST, *art.cit.*, p.192-196.

[2721] V. introduction générale, n°65 et s.

[2722] Otto PFERSMANN, « Pour une typologie… », *art.cit.*, p.82, note infrapaginale n°28.

[2723] Hans KELSEN, *op.cit.*, p.121-2.

[2724] Elle est en effet associée à la condition d'habilitation de la norme supérieure, rattachée en dernier lieu à la Norme fondamentale.

[2725] Hans KELSEN, *op.cit.*, p.119.

[2726] Laurent HABIB, *art.cit.*, p.95-98.

[2727] Otto PFERSMANN, « Pour une typologie…», *art.cit.*, p.90.

[2728] Otto PFERSMANN, *in* Louis FAVOREU, Patrick GAÏA, Richard GHEVONTIAN (et al.), *Droit constitutionnel*, *op.cit.*, p.60-61 ; « Pour une typologie… », *art.cit.*, p.99.

coercition est un critère d'identification de l'ordre juridique, une norme peut être qualifiée de tel, même en l'absence de sanctions prévues dans l'hypothèse particulière de sa violation. Ainsi que semble également l'affirmer Monsieur Pfersmann, la place de la sanction dans la définition du droit n'implique pas que toute obligation soit assortie d'une sanction[2729]. Une norme juridique peut être effective sans que l'ordre juridique ne prévoie des sanctions contraignantes en cas de désobéissance[2730].

Il n'y a donc pas de relation causale systématique entre l'existence d'une sanction formelle et l'effectivité d'une norme juridique, qui peut aussi résulter de son contenu matériel. L'ordre juridique peut par exemple comporter des normes dont l'obéissance nécessite si peu d' « *effort* » qu'elles n'ont pas besoin d'être assorties de sanction[2731].

987. Cette dissociation entre la sanction et la norme juridique peut se fonder sur des conceptions du droit fort différentes. Cela montre sa permanence et donc sa force. Afin de l'illustrer, il convient d'esquisser la pensée de certains auteurs qui, sans adhérer à l'approche normativiste de Hans Kelsen, distinguent le droit de la sanction.

On peut alors notamment se référer à la conception du droit de Monsieur Picard. Selon le professeur, le caractère obligatoire d'une norme dépasse l'idée de sanction en raison de l'importance de l'intériorisation de cette norme par ses destinataires. Le droit est en effet dominé par l'idée de raison et de volonté, et son obéissance dépend avant tout de ses destinataires[2732]. Contrairement à Hans Kelsen, Monsieur Picard fonde donc le principe de normativité sur l'autorité du droit, c'est-à-dire sur la confiance que lui accordent ses destinataires, qui doivent trouver des raisons d'y obéir[2733]. Sans être normative, la coercition est juridique, car elle est soumise au droit. Cette position contraste fortement avec la théorie kelsenienne, mais elle aboutit également à une dissociation entre le droit et la sanction.

988. À notre sens, la théorie de Hans Kelsen ne doit pas être diamétralement opposée, de manière hâtive, à l'idée de juridicité sans sanction. Bien que les auteurs divergent quant aux critères de la normativité juridique se substituant à cette dernière, ils semblent s'accorder sur la nécessité de ne pas en faire une condition *sine qua non* de l'appartenance au domaine du droit.

La multiplication des normes relevant du « droit souple » ne doit alors pas être l'apanage d'une vision du droit s'opposant à la théorie kelsenienne. Outre le caractère schématique (et donc superficiel) de l'opposition stricte entre certaines

---

[2729] Otto PFERSMANN, *in* Louis FAVOREU, Patrick GAÏA, Richard GHEVONTIAN (et al.), *Droit constitutionnel*, *op.cit.*, p.61.

[2730] Otto PFERSMANN, « Pour une typologie… », *art.cit.*, p.83. L'auteur distingue alors trois types d'obligation : les obligations ou les structures conditionnelles ; les obligations conditionnées par l'inobservation d'autres obligations ; les obligations de réaliser un acte de contrainte physique à la fin de l'enchaînement conditionnel des autres obligations.

[2731] Otto PFERSMANN, « Pour une typologie… », *art.cit.*, p.93.

[2732] « *Sa force obligatoire est un phénomène fiduciaire, comme l'autorité ou la valeur du papier-monnaie* » : Étienne PICARD, « Article 12 », *in* Gérard CONAC, Marc DEBENE, Gérard TEBOUL (dir.), *La déclaration des droits de l'homme et du citoyen de 1789. Histoire, analyse et commentaires*, Paris, Économica, 1993, p.264.

[2733] Étienne PICARD, « Contre la théorie réaliste de l'interprétation », *art.cit.*, p.139.

théories du droit, ce raisonnement conduirait à ne pas reconnaître l'existence de ces normes dans certains cas. Or, il paraît, sinon incorrect, du moins difficile de nier leur importance au sein de l'ordonnancement juridique.

Partie intégrante du droit, les normes relevant du « droit souple » sont mises en lumière par la notion de bonne administration.

2. La participation de la notion de bonne administration à la reconnaissance du « droit souple »

Le rattachement du « droit souple » à la normativité juridique a déjà été clairement affirmé[2734]. Il convient donc d'éviter les redites en apportant des remarques supplémentaires s'insérant dans une réflexion plus globale.

989. L'inclusion de ces normes dans le principe de légalité peut s'appuyer au moins sur deux arguments.

D'une part, elles peuvent, *via* leur insertion dans des normes juridiques « classiques », avoir un caractère prescriptif. De nombreux exemples ont déjà été cités tout au long de cette étude. La jurisprudence conforte aussi l'autorité de certains documents, notamment les schémas directeurs, les plans d'occupation des sols et les cartes communales. Des objectifs flexibles, tels que la « *cohésion sociale* »[2735], constituent des éléments fondamentaux de certaines qualifications juridiques et ont de ce fait une réelle incidence en droit. Ce constat s'impose sans pour autant, de nouveau, que l'on adhère à la théorie réaliste de l'interprétation. Toutefois, le simple fait que le juge fonde sa décision sur des normes relevant du « droit souple » montre bien qu'elles ont des effets juridiques. En droit britannique, on note également une tendance à l'insertion de ces normes à l'intérieur de celles résultant de la procédure habituelle (*statutory provisions*)[2736].

D'autre part, les normes relevant du « droit souple » sont souvent habilitées par l'ordre juridique. Ainsi, les recommandations des Ombudsmän ne possèdent certes pas de valeur formellement contraignante, mais elles sont émises par des institutions créées par voie législative ou constitutionnelle.

990. Il reste alors à préciser le rapport reliant ces normes à la notion de bonne administration. Certes, cette notion se manifeste notamment (mais non-exclusivement) par des documents relevant du « droit souple », tels que le Code européen de bonne conduite administrative[2737]. Mais, au-delà de ce constat, le « droit souple » et la notion de bonne administration présentent des similitudes quant à leur contenu.

[2734] V. *supra,* n°65 et s.

[2735] Loi catalane d'urbanisme n°2/2002 du 14 mars 2002, art.3. Exemple tiré de : Daniel SARMIENTO, *op.cit.*, p.63.

[2736] Gabriele GANZ, *Quasi-Legislation: Recent Developments in Secondary Legislation*, Londres, Sweet & Maxwell, coll. Modern Legal Studies, 1987, p.72.

[2737] Daniel SARMIENTO, *op.cit.*, p.186-94.

991. En premier lieu, le « droit souple » permet la « *maximisation des objectifs* »[2738]. Il peut être envisagé comme « *une exigence d'optimisation, dont le non-respect n'entraîne pas de réponse juridique précise* »[2739]. Ces citations ne sont pas sans rappeler l'idée d'optimisation des moyens également au cœur de la notion de bonne administration[2740].

Le lien peut aussi être établi à travers la notion de pouvoir discrétionnaire. Ainsi que nous l'avons précédemment souligné, cette notion est liée à celle de bonne administration[2741]. Or, le « droit souple » participe du « bon usage » de ce pouvoir. Il permet à l'administration « *d'adopter des décisions de la forme juridiquement la plus correcte* »[2742]. Il est alors, dans la majeure partie des cas, un instrument d'interprétation du « droit dur »[2743]. L'usage du pouvoir discrétionnaire de l'administration sera, de ce fait, davantage encadré. En d'autres termes, le « droit souple » conditionne, tout comme la bonne administration, la marge de discrétionnalité de l'administration[2744]. Le recours à cette normativité permet l'adaptation de la norme aux nécessités sociales, telles que les nouvelles technologies[2745]. Elle garantit la souplesse, la rapidité et l'adaptabilité des normes[2746]. L'idée d'adaptation est par conséquent commune au « droit souple » et à la bonne administration.

992. En second lieu, la procédure discursive, caractéristique du « droit souple », permet une *pondération* raisonnable des intérêts en cause. Or, la pondération est également au cœur de la notion de bonne administration, qui permet l'adaptation de la norme ainsi que le juste équilibre entre sa pure retranscription et sa violation[2747]. Le « droit souple » contribue aussi à l'instauration de cette légitimité.

Il confère en ce sens une place non négligeable aux destinataires et / ou à l'organe d'application de la norme, tels que l'administration. Indispensable à la complexification des sociétés modernes, cette marge de manœuvre participe au renversement des fondements du droit[2748]. Face au développement des normes techniques, le « droit souple » permet une systématisation des connaissances en conférant à la norme, de par cette spécialisation, une légitimité accrue[2749]. Ainsi que le souligne Monsieur Sarmiento, ce droit est un outil conférant une certaine autorité aux pouvoirs publics alors même que sa forme dénote par rapport aux normes

---

[2738] Daniel SARMIENTO, *op.cit.*, p.97-98.

[2739] « *Mandato de optimizacion, cuyo incumplimiento no entrana una respuesta juridica concreta* » : Daniel SARMIENTO, *op.cit.*, p.106.

[2740] V. *supra*, n°366 et s.

[2741] V. *supra*, n°375 et s., n°831 et s.

[2742] « *Adoptar decisiones de la forma juridicamente mas correcta, especialmente en el ejericio de potestades disrecionales* » : Daniel SARMIENTO, *op.cit.*, p.68.

[2743] V. introduction générale, n°69.

[2744] « *Condiciona el margen de discrecionalidad de la Administración que debe aplicarlo* » : Daniel SARMIENTO, *op.cit.*, p.71.

[2745] Daniel SARMIENTO, *op.cit.*, p.218.

[2746] « *Ductilidad, temporalidad, adaptabilidad* » : Daniel SARMIENTO, *op.cit.*, p.26.

[2747] V. notamment : Gérard TIMSIT, « La régulation. La notion et le phénomène », *R.F.A.P.*, 2004, n°109 : *La régulation. Nouveaux modes ? Nouveaux territoires ?*, p.5-11.

[2748] Daniel SARMIENTO, *op.cit.*, p.63.

[2749] Daniel SARMIENTO, *op.cit.*, p.67.

« classiques » du droit[2750]. Le « droit souple » renforce le principe de subsidiarité, qui confère une place importante à l'organe le mieux adapté[2751]. Ce principe est en effet au cœur de la question plus générale de l'adaptation des moyens de l'administration et donc de la notion de bonne administration. De plus, cette délégation de compétence contribue à définir des standards de bon comportement. L'émergence d'une nouvelle légitimité du droit, basée sur l'idée de discussion et sur la place des destinataires des normes, s'opère ainsi par le « droit souple ». Ces éléments mettent en lumière le rapport entre la notion de bonne administration et l'émergence de cette nouvelle forme de normativité juridique.

993. En dépit de l'absence de sanction externe et coercitive, le « droit souple » ne doit ainsi pas être exclu, de par son simple mode d'élaboration formelle, de la légalité. Il contribue en revanche à appréhender cette dernière d'une autre manière. La question ne se pose plus en termes d'application binaire, mais en termes de respect gradué du droit[2752]. Concernant la *manière* dont sont mis en œuvre les moyens de l'administration, la notion de bonne administration s'insère dans cette optique.

Sur ce point, le droit britannique est assez significatif. À ce titre, un passage de la *Citizen's Charter* mérite d'être reproduit dans son intégralité : « *les autorisations informelles peuvent être au moins aussi effectives que les autorisations formelles si les autorités publiques agissent comme si elles devaient respecter une obligation, si les consommateurs agissent comme s'ils avaient des droits, et si les procédures de plainte et de réparation sanctionnant ces droits et ces obligations sont faciles à manier et effectives* »[2753]. Cette citation, révélatrice de la culture juridique britannique, est d'un riche enseignement pour une étude sur le « droit souple »[2754].

994. Présentant un lien avec cette nouvelle forme de juridicité, la notion de bonne administration enrichit la réflexion sur la normativité juridique. Plus exactement, elle met en exergue l'aspect matériel et interne des normes.

2750 Daniel SARMIENTO, *op.cit.*, p.162.

2751 Daniel SARMIENTO, *op.cit.*, p.151-162. Le « droit souple » renforce aussi le principe démocratique.

2752 « *The "impact" of judicial review, of course, is not an "either/or" matter, but is a question of degree* » : Simon HALLIDAY, « The Influence of Judicial Review on Bureaucratic Decision-Making », *Public Law*, printemps 2000, p.122. V. également : Peter CANE, « Understanding Judicial Review and its Impact », *in* Marc HERTOGH, Simon HALLIDAY, *Judicial Review and Bureaucratic Impact*, Cambridge, Cambridge University Press, coll. Cambridge Studies in Law and Society, 2004, p.15-42 : l'auteur souligne la polysémie du terme « impact » (p.32-33) et la difficulté d'établir l'élément causal entre le *judicial review* et les changements dans l'administration ; Charles A. JOHNSON, « Judicial Decisions and Organizational Change », *Administration and Society*, mai 1979, vol.11, p.27-51 : l'auteur répertorie les différentes réactions des *agencies* américaines face aux décisions judiciaires.

2753 « *Non-statutory entitlements may be at least as effective as statutory ones if public authorities act as if they are under a duty, if consumers are able to act as if they have rights, and if complaints and redress procedures for enforcing these are effective and user-friendly* » : National Consumer Council, *The Citizen's Charter : five years on. Evidence to the inquiry by the House of Common's Public Service Select Committee*, 1996, p.41-42.

2754 Notre thèse ne porte néanmoins pas sur le « droit souple » : il s'agit donc de se limiter à certaines évocations.

B. La mise en avant de l'aspect interne et matériel des normes juridiques

995. La notion de bonne administration a trait au procédé interne de l'action administrative. Ainsi que nous l'avons montré tout au long de cette étude, elle désigne l'adaptation équilibrée des moyens. Les résultats externes à ce processus demeurent en dehors du champ de cette notion. Un parallèle peut alors être établi entre cette dernière et la nécessité d'envisager les règles juridiques avant tout comme des modèles de comportement prescriptifs. L'existence de sanctions, qui leur sont extérieures, est de moindre importance.

996. Les mesures internes de l'administration nourrissent cette vision du droit. Or, ces mesures présentent un lien évident avec la notion de bonne administration[2755], qui contribue à leur juridicisation (**2**). Afin d'éclairer notre démonstration, il est nécessaire d'esquisser au préalable le traitement de cette question en doctrine (**1**).

1. L'importance conférée à l'aspect interne des normes juridiques en doctrine

997. Selon Herbert Hart, l'obligation est indépendante de la crainte d'une sanction. Il « *n'est pas toujours vrai que lorsque des règles existent, le type de comportement qu'elles requièrent se conçoit en termes d'obligations* »[2756]. En d'autres termes, l'aspect interne de la règle juridique est tout aussi important que son appréhension externe. Cette dernière, qui envisage les règles exclusivement comme des signes observés (régularité observable de comportement), ne doit pas se substituer à l'approche interne, qui conçoit la règle juridique comme un modèle permettant l'évaluation de son propre comportement ainsi que celui d'autrui[2757].

Le droit désignerait, suivant cette théorie, l'union de règles primaires et de règles secondaires[2758]. Les premières prescrivent une action ou une omission ; les secondes prévoient des procédures permettant d'introduire des règles primaires (lois d'habilitation). Compte tenu de l'importance de ce second type de règles, la normativité juridique ne peut correspondre exclusivement à l'idée de sanction (règles primaires)[2759]. L'obligation ne se réduit pas à l'existence d'une sanction organisée de manière centralisée[2760] et le droit ne se restreint pas à un ordre appuyé de menaces. Son autorité découle de sa permanence[2761] et de la limitation juridique du souverain[2762].

Herbert Hart fonde alors le système juridique sur une « *règle de reconnaissance ultime* »[2763]. Contrairement à la Norme fondamentale à la base de la hiérarchie des

---

[2755] V. *supra*, n°926 et s.

[2756] Herbert L.A. HART, *op.cit.*, p.110.

[2757] Herbert L.A. HART, *op.cit.*, p.78-.82.

[2758] Herbert L.A. HART, *op.cit.*, p.119. Sur les éléments constitutifs du droit : p.116-125. Sur la diversité des règles de droit : p.43-69.

[2759] Herbert L.A. HART, *op.cit.*, p.45 ; p.53.

[2760] Herbert L.A. HART, *op.cit.*, p.256-261.

[2761] Herbert L.A. HART, *op.cit.*, p.39 (contrairement à la menace du bandit).

[2762] Herbert L.A. HART, *op.cit.*, p.71-102.

[2763] Herbert L.A. HART, *op.cit.*, p.127-153.

normes de Hans Kelsen, cette règle n'est pas supposée, mais résulte de son obéissance et de son admission par la population. L'existence d'un système juridique est donc subordonnée à l'obéissance des citoyens et à l'acceptation des règles secondaires par les autorités publiques.

998. Ce dépassement de la vision formelle du droit se retrouve également sous le plume de Monsieur Picard, qui évoque à ce titre l'ontologie du droit et une hiérarchie substantielle[2764]. « *Être déontique* »[2765], le droit comprend des obligations s'imposant à tout interprète. De surcroît, certaines données objectives s'imposent juridiquement au droit lui-même. Selon le professeur, elles ne résultent pas nécessairement du droit positif, mais de l'ontologie du droit. Ce dernier implique *per se* l'idée de transgression, ce qui permet de distinguer les lois du droit des lois de la nature[2766]. Consubstantielle au droit, la transgression ne dépend pas de l'existence d'une sanction externe. La théorie réaliste de l'interprétation, qui exclut toute idée de violation en discernant radicalement le droit de la connaissance et de la raison, est en outre fortement remise en cause[2767].

L'obligation et la transgression, qui s'imposent au droit lui-même, sont donc avant tout fondées sur la raison. Ainsi, « *l'obligation s'adresse à la raison, tandis que la contrainte, même si elle ne va pas jusqu'à la coercition, relève simplement du fait* (…) »[2768]. La coercition implique au contraire l'absence de droit car elle appartient au domaine des faits. En bref, l'obligation est clairement distinguée de la sanction coercitive. C'est ce qui explique notamment le mécanisme précité de dérogation[2769]. Ainsi que le souligne Madame Rouyere, « *la contrainte "aveugle" risque de manquer à ses objectifs puis d'entraîner la ruine de sa légitimité et sa violation* »[2770].

999. On peut également se référer aux écrits de Monsieur Chevallier pour conforter cette approche du droit. Selon le professeur, la prescription, qui forme l'essence du droit, ne s'appuie pas nécessairement sur la coercition : elle peut prendre la forme persuasive[2771].

Le droit ne saurait exister sans le processus d'intériorisation des règles et la conscience d'appartenir à une entité collective[2772]. Si cette conscience est, la plupart du temps, accompagnée d'un mécanisme de sanction externe, elle n'en est pas

---

2764 Étienne PICARD, « L'émergence des droits fondamentaux en France », *A.J.D.A.*, 1998, n° spécial : *Les droits fondamentaux, une nouvelle catégorie juridique ?*, p.6-42.
2765 Étienne PICARD, « Contre la théorie réaliste de l'interprétation », *art.cit.*, p.140.
2766 Étienne PICARD, « Contre la théorie réaliste de l'interprétation », *art.cit.*, p.124-125.
2767 *« Dans ces conditions, pour la théorie, le droit est en réalité du fait et le fait du droit, qu'elle l'admette explicitement ou non »* : Étienne PICARD, « Contre… », *art.cit.*, p.125.
2768 Étienne PICARD, « Contre la théorie réaliste de l'interprétation », *art.cit.*, p.130.
2769 V. *supra*, n°433 et s.
2770 Aude ROUYÈRE, *op.cit.*, p.407.
2771 Jacques CHEVALLIER, « Droit, ordre, institution », *Droits : revue française de théorie juridique*, 1989, n°10 : *Définir le droit*, p.20.
2772 Jacques CHEVALLIER, « Droit, ordre, institution », *art.cit.*, p.20.

dépendante. En d'autres termes, « *le droit tire sa force obligatoire moins de la contrainte que de l'adhésion des assujettis* (...) »[2773].

1000. Selon Monsieur Arnaud, cette adhésion, ou encore cette croyance, porte sur quatre objets distincts : la légitimité de l'autorité dont émane le droit ; la supériorité, la véracité et la validité des règles posées ; le caractère obligatoire de ce qui est ainsi posé ; la nécessité ainsi que la légitimité de la sanction et de l'autorité chargée de la mettre en œuvre[2774]. Si l'auteur ne nous livre pas de critère objectif de la normativité, il insiste toutefois sur la croyance collective en la nécessité et en la légitimité d'une sanction, qui est beaucoup plus importante que l'existence objective de cette dernière.

1001. La pensée de Monsieur Amselek mérite également d'être évoquée ici. À l'instar de Herbert Hart, le professeur insiste sur l'aspect interne des règles juridiques définies comme des outils ou des instruments donnant la mesure de la possibilité d'agir[2775]. Avant tout conçu « *dans les esprits* »[2776], le droit est un « *outil mental, de texture purement psychique* »[2777]. La règle de conduite juridique se définit alors par sa finalité instrumentale[2778] : la « *direction publique des conduites humaines, des outils de commandement ou de gouvernement public* »[2779].

1002. Cette approche révèle l'importance des standards[2780] de comportement en droit et le lien inextricable entre normalité[2781] et normativité. La notion de bonne administration, qui peut être qualifiée de standard, est intrinsèquement liée à la « normalité » et aux mesures internes. En dépassant l'approche purement formelle du droit, elle contribue à la reconnaissance de leur juridicité.

2. La contribution de la notion de bonne administration à la juridicisation des mesures internes

1003. Les mesures internes sont des manifestations de la notion de bonne administration[2782]. Or, celles-ci participent à la remise en cause de la conception purement formelle du droit. Compte tenu de leur importance pour l'action administrative et pour les administrés, le juge administratif a dû leur reconnaître une certaine juridicité.

2773 Jacques CHEVALLIER, « La dimension symbolique du principe de légalité », *R.D.P.*, juillet-août 1990, p.1653.

2774 André-Jean ARNAUD, « Essai d'une définition stipulative du droit », *Droits : revue française de théorie juridique*, 1989, n°10 : *Définir le droit*, p.14.

2775 Paul AMSELEK, *art.cit.*, p.28 ; une règle est un « *instrument de direction ou guidage des conduites humaines* » : Paul AMSELEK, « Le droit, technique de direction publique des conduites humaines », *Droits : revue française de théorie juridique*, 1989, n°10 : *Définir le droit*, p.9.

2776 Paul AMSELEK, « Le droit dans les esprits », *in* Paul AMSELEK, Christophe GRZEGORCZYK (dir.), *Controverses autour de l'ontologie du droit*, Paris, P.U.F., coll. Questions, 1989, p.27-49.

2777 Paul AMSELEK, « Le droit dans les esprits », *art.cit.*, p.31.

2778 Paul AMSELEK, « Le droit, technique de direction publique des conduites humaines », *art.cit.*, p.10.

2779 Paul AMSELEK, « Le droit dans les esprits », *art.cit.*, p.10.

2780 Sur la qualification de la bonne administration de « standard », v. *supra*, n°621 et s.

2781 Sur le lien entre « bonne administration » et « normalité », v. *supra*, n°632 et s.

2782 V. *supra*, n°928 et s.

1004. Sa démarche consiste alors, dans la majeure partie des cas, à les rattacher à des catégories préexistantes dont la juridicité est depuis longtemps admise[2783]. Plus précisément, c'est en atténuant leur spécificité que le juge parvient à les intégrer dans son contrôle. Les mesures internes ne sont en général recevables que si elles ont des effets dits « externes ».

Deux hypothèses sont principalement visées : la création de droits pour les tiers[2784] ou la reconnaissance d'effets s'apparentant à ceux d'un règlement. Ainsi, le Conseil d'État accepte la recevabilité d'un recours à l'encontre d'une circulaire lorsque celle-ci contient des « *dispositions impératives à caractère général* »[2785]. Aussi, à titre d'exemple, le juge communautaire a refusé de reconnaître la valeur juridique d'un règlement interne du Conseil sur le fondement qu'il ne conférait aucun droit aux particuliers[2786]. De même, dans le cadre du *recours d'amparo*, le Tribunal constitutionnel espagnol atteste de la juridicité des circulaires lorsqu'elles créent des droits pour les tiers[2787]. Par ailleurs, si l'alinéa second de l'article 21 de la *L.R.J.P.A.C.* dispose que la violation de ces mesures n'affecte pas, en soi, la validité des actes administratifs[2788], le Tribunal suprême espagnol reconnaît de tels effets en les qualifiant de règlements.

1005. Malgré les appels à une clarification de la jurisprudence[2789], le législateur français n'a pas souhaité, contrairement à son homologue espagnol, déterminer clairement la valeur de ces mesures. Ce choix paraît judicieux au regard de l'adaptation nécessaire de la jurisprudence. Ces « *actes administratifs unilatéraux d'orientation* »[2790] s'insèrent en effet difficilement dans les catégories dites « classiques » du droit français. La démarche n'est jusque-là que résiduelle : ils ne sont ni des actes réglementaires (dans leur origine), ni des actes non réglementaires, ni des mesures d'ordre intérieur (dans leur effet). Certains auteurs les situent alors entre les règlements et les mesures individuelles. En effet, le fait que le juge contrôle la légalité des directives au regard des règlements[2791] interdirait de les classer au-dessus de ces derniers[2792].

[2783] Geneviève KOUBI, *op.cit.*, p.73-79. Pour des références jurisprudentielles sur les circulaires : p.256-277.

[2784] Martine CLIQUENNOIS, Michel LASCOMBE, *op.cit.*, p.142.

[2785] C.E., sect., 18 décembre 2002, *Dames Duvignères*, req. n°233618.

[2786] C.J.C.E., 7 mai 1991, *Nakajima c/ Conseil*, préc. ; W. VAN GERVEN, concl. présentées le 29 juin 1993 sur C.J.C.E., 15 juin 1994, *Commission c/ BASF*, aff. C-137/92 P, rec.1994, p.I-2555, pt.56.

[2787] Mar MORENO REBATO, « Circulares, instrucciones y ordenes de servicio : naturaleza y regimen jurídico », *R.A.P.*, septembre-décembre 1998, n°147, p.159-200.

[2788] « *El incumplimiento de las instrucciones u órdenes de servicio no afecta por sí solo a la validez de los actos dictados por los órganos administrativos, sin perjuicio de la responsabilidad disciplinaria en que se pueda incurrir* ».

[2789] Geneviève KOUBI, *op.cit.*, p.39-40. L'auteur regrette l'oubli de la loi du 20 novembre 2000 et l'absence de statut légal clair des circulaires et directives, bien que ce statut leur permet de s'adapter.

[2790] Martine CLIQUENNOIS, Michel LASCOMBE, *op.cit.*, p.141. Ces auteurs classent les directives entre les règlements et les décisions individuelles.

[2791] C.E., 27 octobre 1972, *Ministre de la Santé publique et de la Sécurité sociale c/ Demoiselle Ecarlat*, rec. 682, req. n°82912 : les critères objectifs de sélection quant à la dispense d'examen doivent être fidèles aux lois et règlements prévoyant la dérogation (ici, critère de l'âge non conforme).

[2792] Martine CLIQUENNOIS, Michel LASCOMBE, *op.cit.*, p.142-143.

Le juge suit, en substance, le même raisonnement que celui adopté dans la majeure partie des ordres juridiques. Ses prémices remontent en partie à la note du Doyen Hauriou sous l'arrêt *Cochet d'Hattecourt*[2793], dans laquelle il précise que les circulaires peuvent être qualifiées de « réglementaires » si elles ont des effets semblables à ceux des règlements. Postérieurement, dans le fameux arrêt *Notre-Dame du Kreisker*[2794], les juges du Palais Royal distinguent les circulaires dites « interprétatives » (déclarées alors irrecevables) des circulaires à valeur réglementaire, souvent annulées pour vice d'incompétence.

1006. Cette distinction ne nous paraît pas refléter avec fidélité les réalités jurisprudentielle et administrative. On peut alors appeler à un dépassement de l' « *alternative simpliste* »[2795] entre le caractère décisoire (et dans ce cas souvent illégal) des mesures internes et leur irrecevabilité. Il existe en effet des mesures internes à caractère décisoire prises par des autorités compétentes.

Le droit espagnol illustre parfaitement ce constat. En effet, lorsqu'il contrôle des mesures internes à valeur réglementaire, le juge espagnol confère peu d'importance à l'habilitation législative et reconnaît souvent la compétence de l'auteur de ces mesures, contrairement à son homologue français. Le juge espagnol s'attache donc principalement à l'importance des effets de ces mesures sur leurs destinataires et sur le système juridique dans son ensemble[2796].

Il en est de même au Royaume-Uni, où l'administration est souvent à l'origine des normes de bonne administration[2797]. On peut à ce titre se référer à la catégorie des *quasi-legislations*. Introduite dans les années quarante par Monsieur Megarry[2798], celle-ci renferme des actes qui n'obéissent pas à la procédure formelle classique, mais dont les effets juridiques sont reconnus[2799]. Il faut alors distinguer la forme légale de l'effet légal. Le droit comprend à la fois ces moyens informels et les normes plus « classiques », telles que les *Statutes* ou les *Statutory instruments*[2800]. Or, les *quasi-legislations* font l'objet d'un contrôle juridictionnel au même titre que les autres normes juridiques (*judicial review*)[2801]. Dans un jugement de référence[2802], le juge contrôle ainsi une circulaire (*guidance*) au regard de l'*Act*

2793 Maurice HAURIOU, note sous C.E., 22 février 1918, *Cochet d'Hattecourt*, S.1921, III, p.9.

2794 C.E., ass., 29 janvier 1954, *Institution Notre-Dame du Kreisker*, rec. 64, req. n°7134.

2795 Jean MASSOT, « Décisions non formalisées et contrôle du juge de l'excès de pouvoir », *in L'Etat de droit. Mélanges en l'honneur de Guy Braibant*, Paris, Dalloz, 1996, p.539 ; v. aussi : Jacques CAILLOSSE, « Quel Droit administratif enseigner aujourd'hui ? », *art.cit.*, p.353 ; « Sur les modes de règlement non juridictionnel des conflits internes à l'administration. Ébauche d'une problématique », p.884.

2796 Mar MORENO REBATO, *art.cit.*, p.200 et s.

2797 Maurice SUNKIN, A.P. LE SUEUR, « Can Government Control Judicial Review? », *Current Legal Problems*, 1991, vol.44, p.161-183 (enquête du *Royal Institute of Public Administration*) ; Norman LEWIS, Diane LONGLEY, « Ethics and the Public Service », *Public Law*, hiver 1994, p.596-608.

2798 (1944) 60 L.Q.R. 125 (seminal note).

2799 Gabriele GANZ, *Quasi-Legislation: Recent Developments in Secondary Legislation*, Londres, Sweet & Maxwell, coll. Modern Legal Studies, 1987, 108p.

2800 « *Law can be made by informal means as well as by statutes and statutory instruments* » : Gabriele GANZ, *op.cit.*, p.4. Les *Statutes* sont des autorisations d'agir du Parlement et les *Statutory instruments* sont les actes pris par les ministres en application de ces habilitations (Statutory instrument Act de 1946). Nous préférons employer ces termes dans leur langue originale en raison de leur spécificité.

2801 Lord J. DENNING, *in* G.E.C. *v.* Price Commission [1975] I.C.R. 1.

2802 Laker Airways Ltd *v.* Department of Trade [1977] 2 W.L.R. 234.

qui prévoit son existence (contrôle classique *d'ultra vires*). Le test de « raisonnabilité » (*Wednesbury*)[2803] a également été appliqué aux directives (*guidelines*)[2804].

1007. Ces jurisprudences, légèrement plus audacieuses que la jurisprudence française, montrent que les mesures internes ont une importance non négligeable pour le système administratif. On peut alors s'étonner qu'elles doivent nécessairement être qualifiées de « réglementaires » pour attester de ces effets. Cette démarche peut paraître, sinon regrettable, du moins fragile. N'est-il pas possible d'admettre que les effets juridiques de ces mesures suffisent en soi à leur conférer une juridicité sans nécessairement les identifier à des règlements ? La reconnaissance d'effets s'apparentant aux règlements, d'ailleurs aux mains du juge, semble rhétorique. Ne pourrait-on pas affirmer que d'autres actes administratifs que les actes réglementaires « classiques » aient des effets externes et généraux ? D'ailleurs, la légalité des directives est contrôlée au regard de toutes les normes et non pas seulement des règlements[2805], ce qui montre une certaine volonté de les insérer dans l'ordonnancement juridique.

1008. La reconnaissance expresse de la notion de bonne administration permettrait d'asseoir une telle position et, ainsi, de simplifier la jurisprudence en lui conférant une plus grande cohérence. Cette notion invite en effet à envisager les mesures internes comme des actes nécessaires à l'adaptation équilibrée des moyens de l'administration. Leur importance devrait pouvoir permettre de les reconnaître juridiquement, malgré l'absence de sanction externe clairement définie et prévue par le droit positif.

L'opposition entre les caractères interprétatif et réglementaire de ces documents relève, à notre sens, du faux dilemme. Leur juridicité découle à elle-seule de leur qualité de « *texte de référence pour les acteurs du système* »[2806]. Les directives, les standards ou encore les instructions doivent avant tout être conçus, sous l'influence de la notion de bonne administration, comme des modèles normatifs de fonctionnement. Leur légitimité et leur utilité a davantage d'importance que leur procédure d'élaboration. En d'autres termes, l'aspect interne (modèle de comportement) l'emporte ici sur l'existence d'une sanction externe. La notion de bonne administration appelle à ce que le principe de légalité s'empare de ces normes, d'autant qu'elles font parfois l'objet d'une confirmation réglementaire ou jurisprudentielle[2807]. Bien que le contrôle administratif soit souvent présenté comme le seul adapté à ce type de mesures, leurs implications juridictionnelles et, plus largement, juridiques ne peuvent être ignorées. À la lumière des réflexions théoriques précédemment émises, les mesures internes peuvent tirer leur juridicité

[2803] V. *supra*, n°697 et s.

[2804] College of Nursing of the United Kingdom *v*. Department of Health and Social Security [1981] 2 W.L.R. 279.

[2805] C.E., 29 juin 1973, *Société Gea*, rec. 454, req. n°82870 : conformité des directives au principe de liberté du commerce et de l'industrie.

[2806] Geneviève KOUBI, *op.cit.*, p.208.

[2807] Jean-Marie WOEHRLING, *art.cit.*, p.380. L'auteur revendique également une délimitation du régime juridique de la dérogation.

de leur caractère instrumental de modèle d'action et, plus généralement, de bonne administration.

***

Désignant l'adaptation équilibrée des moyens, la notion de bonne administration introduit le devoir de « bonne mise en œuvre », par l'administration, des normes supérieures. L'administration ne peut définitivement plus être perçue comme un simple organe d'exécution : elle est tenue d'adapter de manière équilibrée les normes à concrétiser. Par ailleurs, l'effectivité s'entend aussi comme la réception et l'obéissance à la légalité. À ce sujet, la notion de bonne administration relativise l'importance des sanctions externes en mettant en valeur l'aspect interne (et donc matériel) des normes juridiques.

CONCLUSION DU CHAPITRE 2

L'administration n'est pas un organe de simple exécution du droit. Elle participe, de manière adaptée et équilibrée (bonne administration), à son élaboration et à son effectivité.

1009. Le contenu même de la légalité se trouve enrichi : il comprend la notion de bonne administration. Cette dernière permet le déploiement du pouvoir normatif de l'administration, notamment par la multiplication et la légitimation des mesures internes. La définition positive du pouvoir discrétionnaire est du même coup confirmée. Celui-ci n'est plus conçu par pure opposition à la « compétence liée », mais comme un moyen de bonne administration. La notion de bonne administration permet ainsi une combinaison optimale des pouvoirs exécutif et législatif. Or, *« c'est par un rapport harmonieux entre la loi et le règlement que peut progresser la qualité du système normatif »*[2808]. Son influence s'étend aux critères de la normativité juridique.

1010. Celle-ci est alors envisagée davantage sous l'angle de l'effectivité. Cette fonction de la notion de bonne administration s'observe à deux niveaux. D'abord, au niveau du rapport entre l'administration et les normes qu'elle doit mettre en œuvre de manière effective. La nécessité d'une « bonne mise en œuvre » du droit se trouve mise en avant. Ensuite, au niveau de l'obéissance et du respect du droit, aussi bien par les administrés que par l'administration elle-même. La notion de bonne administration remet à ce titre en question la nécessité d'une sanction externe comme condition d'effectivité. Elle met en valeur l'aspect interne des normes juridiques, ce qui fait écho à son rôle plus concret dans le déploiement des mesures internes de l'administration publique.

[2808] Bertrand MATHIEU, *op.cit.*, p.134.

CONCLUSION DU TITRE 2

Au terme de ces développements, on doit conclure à l'influence de la bonne administration sur la légalité. Celle-ci s'exerce à la fois sur le contrôle de légalité (Chapitre 1) et sur la légalité au sens large (Chapitre 2).

1011. En premier lieu, la notion de bonne administration enrichit le contrôle de légalité.

Partie intégrante de ce dernier, elle en modifie d'abord le contenu. Le renvoi exprès à cette notion dans les conclusions des commissaires du gouvernement montre en effet qu'elle imprègne le raisonnement du juge. S'insérant dans certains vices classiques d'illégalité, elle contribue à l'adaptation du contrôle juridictionnel. Les distinctions traditionnelles, telles que celle opposant l'opportunité à la légalité, sont remises en cause de manière constructive.

La bonne administration intensifie également le contrôle de légalité, notamment par son incidence sur l'erreur manifeste d'appréciation et sur le principe d'examen particulier des circonstances. Centrée sur les moyens, cette notion permet un renforcement du contrôle des motifs, qui doivent être adaptés à la décision et résulter d'une pondération optimale des éléments en conflit. Cette extension du contrôle de légalité reste, pour reprendre les critères de définition de la notion de bonne administration, adaptée et équilibrée. Si l'ajustement du contrôle de légalité est permis, il ne conduit toutefois nullement à une substitution de l'appréciation du juge à celle de l'administration publique.

Aussi semble-t-il envisageable d'inviter le juge français à utiliser cette notion de manière expresse tout en la confinant à son sens restreint. Prenant en compte un impératif présent dans d'autres systèmes juridiques, le droit français présenterait l'avantage et l'originalité d'employer une notion délimitée, d'un intérêt tangible pour le contentieux administratif.

1012. En second lieu, la notion de bonne administration contribue au renouveau de la légalité. Elle enrichit aussi bien son contenu que les critères de son effectivité en participant à son adaptation aux réalités sociales.

Relevant de la théorie de l'Institution du Doyen Hauriou[2809], cette notion permet en outre le déploiement des mesures internes et leur valorisation au sein du principe de légalité. Légitimé et étendu d'un point de vue pratique, le pouvoir discrétionnaire de l'administration publique est également enrichi d'un point de vue théorique. Défini de manière positive comme un moyen de bonne administration, il ne peut résolument plus se restreindre à l'antonyme de la compétence liée.

Par ailleurs, l'incidence de la notion de bonne administration sur l'effectivité du droit se constate à deux niveaux. D'abord, par la mise en avant de la nécessité d'une « bonne mise en œuvre » du droit par l'administration. Les conceptions traditionnelles et statiques de la légalité laissent ainsi place à une administration assurant sa mise en œuvre adaptée et équilibrée. Ensuite, la notion de bonne administration relativise l'importance des sanctions externes comme critère de

[2809] V. *supra*, n°97 et s.

l'effectivité juridique. À l'instar de son rôle dans le déploiement des mesures internes de l'administration, elle met en exergue l'importance de l'aspect interne des normes juridiques. La notion étudiée s'insère donc dans une réflexion plus générale sur le droit, tout en l'enrichissant par un dépassement de la conception formelle de celui-ci.

CONCLUSION DE LA SECONDE PARTIE

L'aspect à la fois pratique et théorique de l'apport de la notion de bonne administration au droit public montre la pertinence d'une délimitation de son contenu (première partie). Ses fonctions se manifestent principalement à deux niveaux.

1013. En premier lieu, la notion de bonne administration instaure un modèle de fonctionnement administratif implicitement présent dans la doctrine, le droit positif et la jurisprudence. Elle introduit à la fois un devoir s'imposant à l'administration et un standard guidant principalement la plume du juge.

Son essence objective ainsi que l'observation de ses fonctions réelles et vérifiées remettent en cause la « dimension subjective » qui lui est souvent conférée de manière hâtive. Dans cette optique, une analyse critique de la qualification de la bonne administration de « droit subjectif », voire de « droit fondamental », a pu être menée. S'exprimant implicitement à travers la « normalité » du fonctionnement administratif, la notion de bonne administration participe au renouveau de la réflexion sur la faute de service.

Sans réduire la nécessaire flexibilité de cette dernière, elle contribue à la fois à son discernement et à son renforcement. En effet, la bonne administration opère la synthèse entre l'hétérogénéité déroutante des cas de faute de service et la prétention illusoire d'un critère unique de définition de cette notion. En se rapprochant de la « mauvaise administration », dont elle n'est pas l'antonyme, la notion étudiée peut ainsi servir de « méta-critère » de classification des cas de faute de service.

En ce sens, elle permet de conférer à la notion de faute de service sa spécificité, notamment par rapport à la faute civiliste. Loin de l' « *hésitation à blâmer* »[2810], le devoir et le standard de bonne administration invitent le juge à reconnaître davantage de fautes de service et participent au rééquilibrage des régimes de responsabilité sans faute et de responsabilité pour faute.

1014. En second lieu, la notion de bonne administration enrichit la légalité. Cette influence s'exerce à la fois sur le contrôle de légalité et sur la légalité au sens large.

Partie intégrante du contrôle de légalité, elle guide les commissaires du gouvernement dans leurs conclusions et s'insère naturellement dans certains moyens classiques d'illégalité. Certaines catégorisations révèlent de ce fait leurs limites. C'est notamment le cas de l'opposition parfois dichotomique entre la légalité dite « interne » et la légalité dite « externe ». De même, la distinction entre la légalité et l'opportunité paraît avant tout rhétorique. La notion de bonne administration contribue à définir l'opportunité autour des idées d'adaptation et de pondération minutieuse des éléments, parfois en conflit, devant être pris en compte par l'administration dans son action.

Le contrôle de légalité se trouve alors étendu notamment *via* une intensification du principe d'examen particulier des circonstances et de la technique jurisprudentielle de l'erreur manifeste d'appréciation. La notion de bonne

[2810] Expression de Benoît Delaunay, *op.cit.*, p.203-229.

administration permet du même coup un développement adapté et pondéré du contrôle des motifs, ainsi que l'illustre le contentieux des autorités de régulation. Notion dont la juridicité ne peut plus être contestée à ce stade de l'analyse, la bonne administration n'engendre pas un « gouvernement des juges ». Aussi ne peut-on que souhaiter sa consécration expresse dans la jurisprudence.

Plus globalement, la réflexion quant à la conception même de la légalité sort enrichie de l'étude de cette notion. Relativisant les approches classiques du droit, la bonne administration participe à son adaptation. Son essence objective et son lien avec la théorie de l'Institution de Maurice Hauriou lui confèrent un rôle central dans l'édiction de mesures internes. Multipliées, celles-ci sont également légitimées et incluses dans le principe de légalité.

Le rôle de l'effectivité dans la définition du droit est par ailleurs renforcé. D'une part, la concrétisation adaptée et équilibrée du droit par l'administration est rendue nécessaire. Son pouvoir discrétionnaire se trouve justifié et déployé sur le plan pratique ; il ne peut plus de ce fait être négativement restreint, sur le plan théorique, à l'antonyme de la « compétence liée ». D'autre part, la notion de bonne administration exerce une fonction sur l'obéissance au droit. Plus précisément, elle valorise l'aspect interne des normes juridiques, ce qui relativise l'importance des sanctions externes dans la définition du droit. Cette fonction rejoint les multiples développements relatifs au « droit souple » en introduction générale[2811] et en filigrane de cette étude.

[2811] V. *supra*, n°65 et s.

CONCLUSION GÉNÉRALE

> « *Le progrès consiste moins dans la reconstruction de l'édifice administratif sur de nouvelles bases que de sa meilleure adaptation aux besoins que font naître les transformations constantes de la vie moderne.* »
> Henri Berthélémy, « Défense de quelques vieux principes », *in Mélanges Maurice Hauriou*, Paris, Recueil Sirey, 1929.

Au terme de cette étude, l'existence d'une notion juridique de bonne administration peut être affirmée sans équivoque. Loin de l' « effet de mode », cette notion s'avère être au cœur du droit public (**§1**). La réflexion menée renforce l'intérêt de certains thèmes de recherche, qui peuvent être énoncés dans une optique prospective (**§2**).

§1. LA BONNE ADMINISTRATION, UNE NOTION JURIDIQUE D'UN APPORT CERTAIN AU DROIT PUBLIC

1015. À notre sens, la notion de bonne administration signifie *l'adaptation équilibrée des moyens* dont dispose l'administration. Par contraste avec la « bonne gouvernance » ou au « bon gouvernement »[2812], cette notion désigne exclusivement le bon usage de ses *moyens*. Qualifiée de « directive » dès les écrits du Doyen Hauriou, elle guide l'administration dans la réalisation de ses fonctions. Dès lors, un lien évident l'unit au pouvoir discrétionnaire.

L'idée d'équilibre est également au centre de cette notion. Loin d'être une « coquille vide » remplie au gré des exigences des administrés « du moment », la bonne administration désigne l'équilibre optimal entre les intérêts des administrés et ceux de l'administration. Elle ne saurait ainsi, à notre sens, comporter à la fois une « *dimension subjective* », regroupant l'ensemble des garanties des administrés, et une « *dimension objective* », désignant les principes de bon fonctionnement de l'administration[2813]. L'unité de la notion de bonne administration réside dans l'idée d'équilibre entre ces deux dimensions. Celui-ci est atteint par une pondération raisonnable et raisonnée des différents intérêts et éléments utiles au choix du moyen le mieux adapté. Limitant le formalisme excessif, la notion de bonne administration se manifeste notamment à travers le « bon formalisme » dans la mise en œuvre de la procédure administrative non contentieuse.

1016. Au-delà de ses évocations éparses et souvent intuitives, la notion étudiée possède donc une unité conceptuelle. Elle confère une cohérence à l'hétérogénéité des principes de bonne administration qui irriguent le droit parfois de manière

[2812] V. *supra*, n°465 et s.
[2813] Nicolas MARTY, *op.cit.*, seconde partie.

expresse. En partant de l'étude de ses évocations directes et indirectes qui dépassent l'ordre juridique français, il est donc possible d'élaborer le contenu spécifique de la notion de bonne administration, suivant une approche inductive et comparative.

1017. Une fois définie, elle se différencie notamment des notions de bonne administration de la justice, de qualité ou encore de confiance légitime. De même, si ses liens avec la notion de proportionnalité sont certains, elle s'en distingue néanmoins principalement par son champ d'application et par l'objet de la pondération, lequel ne s'étend pas à l'importance de l'objectif poursuivi. En résumé, si l'approche extensive de la « bonne administration », assez répandue[2814], peut paraître à première vue séduisante, il apparaît plus convaincant d'adopter une conception restrictive.

1018. Contrairement aux multiples idées auxquelles la « bonne administration » est souvent rattachée, l'idée *d'adaptation équilibrée des moyens* est, à notre sens, suffisamment délimitée. Il s'agit en effet de ne pas commettre l'écueil de s'opposer sans proposer[2815]. Répondant au degré de généralité requis[2816], la définition avancée est adaptable aux différents systèmes juridiques et politiques, sans « *altérer gravement* [ses] *traits fonciers* »[2817]. L'*adaptation équilibrée des moyens* aura en effet des applications distinctes selon les contextes politiques et économiques. Elle dépend, sur le plan concret, de la finalité poursuivie par l'administration qui découle elle-même de choix politiques. La notion de bonne administration n'aura ainsi pas les mêmes effets selon qu'elle s'inscrit, à titre d'exemple, dans un État-providence, dans un État libéral ou encore dans le modèle du *New Public Management*[2818]. Néanmoins, son utilité n'est nullement remise en cause par ce constat, comme c'est notamment le cas des notions de démocratie, de légalité ou encore d'État de droit. S'insérant « *sans effort et logiquement, au sein du corpus juridique* », la notion de bonne administration apporte à celui-ci « *non un élément de perturbation, mais, bien au contraire, une contribution à son harmonie* »[2819]. Son aptitude explicative et justificative est désormais établie.

1019. Pouvant être qualifiée de « devoir », la bonne administration schématise un modèle de fonctionnement administratif. Contrairement à une intuition partagée, cette notion, par essence objective, est, du moins telle que nous l'avons définie, difficilement convertible en droit subjectif et *a fortiori* en droit fondamental. L'optimisme qui l'entoure et qui résulte de son usage imprécis doit en effet faire

---

2814 Julie LASSALLE, *op.cit.*

2815 Robert-Édouard CHARLIER, « La technique de notre droit public est-elle appropriée à sa fonction ? », *E.D.C.E.*, 1951, n°5, p.55-63.

2816 En effet, ainsi que le souligne le professeur Picard, certaines notions doivent avoir une généralité en Droit : Étienne PICARD, Modération de la 1re table ronde « Le droit comparé et la théorie juridique », *in* Jean DU BOIS DE GAUDUSSON (dir.), *Le devenir du droit comparé en France*, Actes de la journée d'études du 23 juin 2004 organisée par le Groupement de Droit Comparé à l'Institut de France, Aix-Marseille, P.U.A.M., 2005, p.48. *A contra* : Jean-Marie PONTIER, « De la théorie à la pratique du droit comparé », *in* Jean DU BOIS DE GAUDUSSON (dir.), *op.cit.*, p.43.

2817 Les notions juridiques doivent en effet pouvoir s'ajuster « *aux circonstances nouvelles sans altérer gravement leurs traits fonciers* » : Roger LATOURNERIE, *art.cit.*, p.98.

2818 V. *supra*, n°63, n°162 et s.

2819 Roger LATOURNERIE, *art.cit.*, p.98.

l'objet d'une analyse critique. L'approche restrictive guidant notre définition a ainsi conduit à l'envisager davantage comme un devoir objectif que comme un droit subjectif s'inscrivant dans une « citoyenneté administrative » aux contours vaguement définis.

La notion de bonne administration constitue également un standard notamment aux mains du juge[2820]. Elle se manifeste fréquemment dans la jurisprudence à travers la « normalité » du fonctionnement administratif.

1020. S'insérant dans la réflexion relative aux standards en droit public, la notion étudiée participe à la systématisation des cas de faute de service. Plus exactement, la violation du devoir de bonne administration constitue un « méta-critère » de classification des cas de faute de service, à côté de la « mauvaise administration » dont elle n'est pas l'antonyme.

L'*adaptation équilibrée des moyens* (bonne administration) contribue alors à la spécification de la faute de service par rapport à la définition d'origine civiliste centrée sur le manquement à une obligation préexistante. Sa reconnaissance expresse permettrait de rétablir la faute de service là où la responsabilité sans faute est parfois préférée, par déférence à l'égard de l'administration. Loin de l'« *hésitation à blâmer* »[2821], la notion étudiée permet donc, à terme, une amélioration de l'administration.

Son apport au droit public dépasse cette fonction identifiable à première vue. Objective et consubstantielle au droit administratif, la notion de bonne administration a une incidence sur la légalité au sens large.

1021. Elle enrichit, sans surprise, le contrôle de légalité. Décelable notamment dans le contrôle des motifs et de la procédure, elle constitue un instrument d'interprétation du juge. Son évocation expresse dans les conclusions des commissaires du gouvernement est à cet égard significative.

Irriguant implicitement le contrôle de légalité, elle enrichit son contenu en remettant notamment en cause la pertinence de certaines catégorisations peu opérantes[2822]. Ainsi, la distinction entre la légalité dite « interne » et la légalité dite « externe » est relativisée au regard de l'approche substantielle de la procédure et de la forme induite par la notion de bonne administration. Il en est de même de l'approche binaire opposant le contrôle de légalité au contrôle d'opportunité. Celle-ci n'est plus assimilée à l'appréciation politique de la décision prise par l'administration : elle vise davantage le processus de prise de décision, dont les motifs sont l'expression. La pondération raisonnable des éléments pertinents, consubstantielle à la notion de bonne administration, est donc bien incluse dans le contrôle de légalité.

Centrée sur les moyens de l'administration, la notion de bonne administration contribue à l'intensification du contrôle des motifs. Elle est plus globalement un

---

[2820] Stéphane RIALS, *op.cit.* ; v. *supra*, n°621 et s.

[2821] Benoît DELAUNAY, *op.cit.*

[2822] Sur la nécessité de l'esprit critique et de la justesse d'analyse par rapport à la réalité sociale : Didier TRUCHET, « Quelques remarques sur la doctrine en droit administratif », *in Mélanges Paul Amselek*, Bruxelles, Bruylant, 2005, p.769-777.

facteur de renforcement du contrôle du pouvoir discrétionnaire de l'administration. Les liens ténus l'unissant au principe d'examen particulier des circonstances et à la technique jurisprudentielle de l'erreur manifeste d'appréciation en témoignent. Pour autant, elle n'implique nullement une substitution du juge à l'administration. Dénuée de considérations morales, la notion juridique de bonne administration contribue à l'adaptation nécessaire du contrôle juridictionnel.

1022. Partie intégrante des instruments du contrôle de légalité, cette notion s'inscrit plus largement dans la réflexion perpétuelle sur la légalité (ou le droit). Elle met notamment en exergue le rôle de l'administration dans la production du droit. Les mesures internes, qui ne semblent plus pouvoir être exclues du domaine de la juridicité, y trouvent un fondement. Quant à la notion même de pouvoir discrétionnaire, elle en sort enrichie. Loin d'être réduit à l'antonyme de la « compétence liée », ce pouvoir est défini comme un moyen de bonne administration.

La notion de bonne administration a également pour fonction de renforcer le rôle de l'effectivité dans la définition du droit. Plus exactement, elle met en exergue l'aspect interne des règles juridiques en relativisant l'importance des sanctions externes. Son apport se situe donc tant au niveau de la définition même de la légalité qu'au niveau du contrôle juridictionnel.

1023. Il est alors permis de soulever l'intérêt que pourrait avoir le juge à consacrer expressément cette notion dans son acception restrictive. Utilisée avec rigueur, elle permettrait de nommer et de justifier une extension adaptée et équilibrée de son contrôle en défiant le spectre quelque peu artificiel du contrôle dit d' « opportunité ». Quant à l'administration publique, son fonctionnement serait enrichi par le devoir exprès d'user de ses moyens de manière optimale. L'encadrement resserré de son action et de son fonctionnement présenterait également des avantages pour les administrés.

1024. L'intérêt de la recherche menée réside également dans son insertion dans la réflexion plus générale portant sur les critères de la normativité juridique. Il semble en effet utile de rappeler que la notion de bonne administration contribue à une relativisation du rôle de la sanction externe socialement organisée dans la définition du droit. Elle entretient un lien évident avec le « droit souple », qui a été rappelé tout au long de cette étude.

Certes, la vision du droit varie selon les situations et les domaines de connaissance[2823], et il serait vain de prétendre à un critère univoque de définition de la juridicité. Au-delà de ce constat évident, la notion de bonne administration renforce la nécessité de ne pas envisager la normativité juridique de manière strictement formelle[2824]. Cela n'implique nullement que le droit ait acquis un

---

[2823] Pour un rappel de ce constat : Henriette MEHL-MIGNOT, « Approche des normes et hiérarchie des normes suivant les situations juridiques », *in* Danièle BOURCIER, Pierre MACKAY (dir.), *Lire le droit. Langue, texte, cognition*, Paris, L.G.D.J., coll. Droit et Société, n°3, 1992, p.335-342.

[2824] Sur le rôle de la doctrine dans la mise en adéquation du droit avec la réalité sociale, v. notamment : Maryse DEGUERGUE, *op.cit.*, spéc. p.718 et s.

contenu invariable[2825]. L'emploi de l'adjectif « bon » appelle seulement à une prise en compte de son adaptation à ses finalités. Ainsi que nous l'avons montré tout au long de cette étude, cet adjectif ne doit nullement être entendu, en droit, comme une expression de l'idée de bonheur. Il désigne l'adaptation équilibrée des moyens et, par extension, du droit. Or, cette adaptation ne semble pas pouvoir être mise en exergue par une vision formelle et restrictive de la légalité[2826]. De manière davantage significative, la notion de bonne administration invite à une prise en compte de l'aspect interne des règles juridiques et de leur intériorisation par leurs destinataires.

Plus globalement, elle s'inscrit dans la remise en cause d'une vision du droit purement binaire (application / non-application) peu réceptive aux impératifs nés d'autres domaines, notamment de la science administrative[2827]. Loin de remettre en cause la spécificité du droit, cette approche interdisciplinaire est un pré-requis nécessaire à son enrichissement et à son ajustement aux réalités sociales. Aussi, si la « bonne administration » peut revêtir une signification pour le « manager » ou encore pour le sociologue, elle a bien un sens et une consistance juridique propre, obtenue par la confrontation puis par la différenciation avec ces autres domaines.

1025. Au terme de l'exposé des résultats de notre recherche, le caractère relatif et stipulatif de toute proposition de définition[2828] doit être rappelé. En effet, « *les perspectives d'avenir sont fonction de l'analyse critique du passé et du présent* »[2829]. Nonobstant la relative « *latitude d'appréciation* »[2830] dont nous disposions, la définition proposée ainsi que les analyses critiques menées tout au long de cette étude ne prétendent nullement à l'immuabilité. Notre définition de la notion de bonne administration, élaborée de manière inductive à partir d'une analyse critique du droit existant, doit nécessairement être elle-même ouverte à la critique, et ce d'autant qu' « *un bon modèle est un modèle mort* »[2831]. En d'autres termes, les modèles de définition, même dépassés, permettent en tout état de cause une avancée à un stade donné de la réflexion. Il reste ainsi à espérer que cette thèse

---

[2825] « *Le droit est moins un objet aux contours immuables qu'une façon de penser les rapports sociaux* » : Norbert ROULAND, « Penser le droit », *Droits : revue française de théorie juridique*, 1989, n°10 : *Définir le droit*, p.78.

[2826] Cette remarque est liée aux réflexions portant sur l'identité même du droit administratif et sur son remplacement par un « *droit de l'"action publique"* » : Jacques CAILLOSSE, « Quel Droit administratif enseigner aujourd'hui ? », *art.cit.*, p.343 et s. ; p.457 et s. ; *La constitution imaginaire de l'administration*, *op.cit.*, p.404-407. Sur la remise en cause de « *l'équation puissance publique-service public-intérêt général (…) aujourd'hui détraquée* » : Jacques CAILLOSSE, « L'administration française doit-elle s'évader du droit administratif pour relever le défi de l'efficience ? », *in* François LACASSE, Jean-Claude THOENIG (dir.), *L'action publique*, Paris, L'Harmattan, coll. Logiques politiques, 1996, p.309.

[2827] Pour une critique de cette vision binaire et un appel au décloisonnement : Jacques CAILLOSSE, *La constitution imaginaire de l'administration…*, *op.cit.*, p.16 ; p.397 et s. ; « Quel Droit administratif enseigner aujourd'hui ? », *art.cit.*, p.461 et s ; « Les figures croisées du juriste et du manager dans la politique française de réforme de l'État », *R.F.A.P.*, 2003, n°105-106, p.123 et s. Sur la rhétorique de la crise dépourvue de tout pouvoir explicatif, v. du même auteur : « Quel Droit administratif enseigner aujourd'hui ? », *art.cit.*, p.346.

[2828] Sur cet aspect, v. en outre : Otto PFERSMANN, *art.cit.*, *in* Louis FAVOREU (et al.), *Droit constitutionnel*, *op.cit.*, p.57-62.

[2829] Gérard SOULIER, « Réflexion sur l'évolution et l'avenir du droit de la responsabilité de la puissance publique », *R.D.P.*, juillet-août 1969, n°4, p.1087.

[2830] « *L'édificateur d'une notion jouit, dans la détermination de ses limites, d'une certaine latitude d'appréciation* » : Roger LATOURNERIE, *art.cit.*, p.95-96.

[2831] Gérard TIMSIT, *Théorie de l'administration*, Paris, Économica, 1986, p.373.

contribuera au dépassement de l'indétermination actuelle de la « bonne administration »[2832].

Par ailleurs, cette recherche est naturellement limitée dans son champ d'investigation. Elle ouvre donc des axes de réflexion, dont quelques-uns peuvent être évoqués ici.

§2. SUGGESTIONS PROSPECTIVES D'AXES DE RECHERCHE

Il semble judicieux de se limiter à l'énoncé des axes de recherche ayant déjà fait l'objet de quelques développements dans le cadre de cette thèse afin d'entériner leur rapport avec la notion de bonne administration. Trois thèmes peuvent à ce titre être évoqués : la régulation, la « mauvaise administration » et la bonne administration de la justice.

1026. En premier lieu, la connivence entre la notion de bonne administration et le thème de la régulation, brièvement traitée[2833], mérite d'être quelque peu explicitée. La régulation, envisagée comme une nouvelle forme de normativité, entretient un certain lien avec la bonne administration, qui s'insère dans un contexte commun : la complexification et l'imbrication des sources de normativité juridique.

Malgré la polysémie entourant la notion de régulation[2834], celle-ci a pour élément central l'idée de compromis et d'équilibre[2835]. Elle est alors associée au « *bon fonctionnement* » du système administratif et économique[2836], car elle confère à chaque acteur du système juridique un rôle à jouer dans la production des normes. Ce constat n'est pas sans rappeler les critères de définition de la notion de bonne administration, à savoir l'adaptation et l'équilibre.

De plus, le « droit souple » est une manifestation de la volonté de régulation des pouvoirs publics[2837]. Or, le lien entre cette nouvelle forme de normativité juridique et la notion de bonne administration a été développé tout au long de cette étude. Centrée sur les moyens, la notion de bonne administration contribue ainsi à renforcer la fonction régulatrice de l'État.

Ces thèmes de recherche s'insèrent tous deux dans la problématique de la légitimité des pouvoirs publics, désormais fondée sur la capacité à réaliser un

---

2832 « *Les réflexions que suscite ou les controverses que provoque l'énoncé de théories même fausses sont encore utiles à la science* » : Joseph BARTHELEMY, « Sur l'obligation de faire ou de ne pas faire et son exécution forcée dans le droit public », *R.D.P.*, 1912, vol.19, p.540. Pour un aperçu de l'inconsistance de la « bonne administration », v. introduction générale, n°11 et s.

2833 V. *supra*, n°867 et s.

2834 V. notamment : Gérard MARCOU, « Régulation et service public. Les enseignements du droit comparé », *in* Gérard MARCOU, Franck MODERNE (dir.), *Droit de la régulation, service public et intégration régionale, op.cit.*, p.11-69 ; Franck MODERNE, « Les usages de la notion de "régulation" dans le droit positif et la doctrine juridique des États de l'Union européenne », *in* Gérard MARCOU, Franck MODERNE (dir.), *op.cit.*, p.71-85.

2835 Gérard MARCOU, « La notion juridique de régulation », *A.J.D.A.*, 20 février 2006, n°7, p.4.

2836 Pierre-Laurent FRIER, « La régulation comme fonction : propos introductifs », *in* Gérard MARCOU, Franck MODERNE (dir.), *op.cit.*, p.68.

2837 Daniel SARMIENTO, *El soft law administrativo. Un estudio de los efectos jurídicos de las normas no vinculantes de la Administración*, Cizur Menor (Navarre), Thomson-Civitas, coll. Monografias, 2008, p.169.

compromis optimal[2838]. Au-delà de ses garanties formelles[2839], la régulation renforce en effet la participation des destinataires des normes juridiques à leur production[2840]. « *Nouveau pavillon de la normativité* »[2841], elle remplit par ailleurs une fonction de spécification de la norme en assurant son exacte appropriation en fonction de l'objectif poursuivi[2842]. L'adaptation par l'équilibre et la pondération constitue donc un critère de définition commun à la notion de bonne administration et à la régulation. Enfin, l'acte de régulation se situe entre la norme juridique, dont il permet l'application, et les comportements matériels des destinataires, dont il assure l'effectivité[2843]. Il provoque des conséquences normatives « *par l'émission d'une "norme modèle", d'un "instrument de mesure" des conduites, d'un schéma normatif général* »[2844]. Cette dernière citation souligne le lien existant entre les réflexions émises au sujet de la régulation et les critères de définition de la notion de bonne administration, dont on a vu qu'elle pouvait être envisagée comme un standard.

Effleurée, cette connivence pourrait faire l'objet d'une réflexion plus approfondie révélant aussi bien l'intérêt que les limites à envisager la bonne administration comme une notion s'intégrant dans le modèle de la régulation.

1027. En deuxième lieu, notre étude met en lumière l'apport considérable du droit comparé aux constructions doctrinales. L'utilité de cette méthode ne se limite en effet pas à l'adoption de solutions étrangères ou à la critique de son propre système juridique. Elle s'étend à la réflexion sur le droit, dont les notions juridiques sont à la fois les instruments et le résultat, à un stade de son évolution.

Si nous avons en partie adopté cette méthode, la bonne administration peut encore faire l'objet de multiples recherches comparatives. La diversité des effets concrets de cette notion, selon les systèmes juridiques, est loin d'avoir été traitée de manière exhaustive. Ces études futures pourront alors enrichir la réflexion sur son contenu.

L'observation des droits britannique et communautaire a d'ailleurs révélé à la fois l'intérêt de la « mauvaise administration »[2845] pour une définition de la notion de bonne administration et la subtilité du rapport que ces deux notions entretiennent. L'antonymie à laquelle elles sont souvent réduites a ici pu faire l'objet de critiques[2846]. Dès lors, l'adoption d'une notion juridique de « mauvaise administration » est-elle envisageable ? Peut-elle constituer une notion à part entière aux contours suffisamment limités et dépassant l'hétérogénéité des cas de mauvaise

---

2838 Elisenda MALARET I GARCIA, « Autoridades independientes y Justicia administrativa », *in* María Jesús MONTORO CHINER (coord.), *op.cit.*, p.755-759.

2839 Alain SEBAN, « Les formes institutionnelles impliquées par le droit de la régulation », *L.P.A.*, n° spécial, 3 juin 2002, n°110 : *Droit de la régulation - question d'actualité*, p.64.

2840 Santiago MUÑOZ MACHADO, *Tratado de derecho administrativo y derecho público general*, t.1, Madrid, Thomson Civitas, 2004, p.88 ; p.321-328.

2841 Yves GAUDEMET, « La concurrence des modes et des niveaux de régulation. Introduction », *R.F.A.P.*, 2004, n°109 : *La régulation. Nouveaux modes ? Nouveaux territoires ?*, p.13.

2842 Gérard TIMSIT, *L'Archipel de la Norme*, Paris, P.U.F., coll. Les voies du droit, 1997, p.199 et s.

2843 Laurence CALENDRI, *Recherche sur la notion de régulation en droit administratif français*, Thèse droit, Université de Toulouse, 2005, 2t., 987p.

2844 Laurence CALENDRI, *op.cit.*, p.369.

2845 Nous employons cette expression entre guillemets, car nous ne l'avons pas strictement définie. Sur l'hétérogénéité des cas de « mauvaise administration », v. *supra*, n°211 et s.

2846 V. *supra*, n°703 et s.

administration ? La notion ainsi proposée présenterait-elle un réel intérêt pour le droit public ? Ces questions méritent des réponses précises et pourraient ainsi faire l'objet d'une recherche à l'avenir.

1028. En dernier lieu, notre thèse pourrait amener à un approfondissement de la réflexion sur la notion de bonne administration de la justice. Davantage familière aux juristes, cette dernière se confond parfois, dans certains esprits, avec la bonne administration. Pourtant, ainsi que nous l'avons montré[2847], ces deux notions se distinguent principalement par leur champ d'application. Différenciées, elles s'influencent.

La définition matérielle ici proposée de la notion de bonne administration (*adaptation équilibrée des moyens de l'administration publique*) nous invite ainsi à dépasser la définition fonctionnelle à laquelle la bonne administration *de la justice* est, du moins en France, souvent circonscrite. Fréquemment réduite à un « *intérêt* »[2848], elle permet traditionnellement au juge français de déroger à certaines règles de compétence juridictionnelle dont l'application stricte aboutirait à une violation des principes de clarté, d'intelligibilité du droit et de sécurité juridique. Le simple « *intérêt d'une bonne administration de la justice* », instrument rhétorique du juge, ne peut-il alors pas être converti en un principe possédant un contenu matériel, à savoir l'adaptation équilibrée des moyens de l'administration de la justice ? Cette qualification présenterait une utilité sur le plan contentieux : celle de son invocabilité par le justiciable. Cet éventuel principe pourrait donner lieu à un droit, qui ne se confondrait ainsi pas avec l'ensemble des droits à un procès équitable[2849].

1029. Cette remarque soulève, réciproquement, la question du droit à une bonne administration. Notre analyse critique de la prétendue « *dimension subjective* » de la bonne administration et du « *droit à une bonne administration* » figurant à l'article 41 de la Charte des droits fondamentaux de l'Union européenne[2850] ne doit pas être interprétée comme l'expression d'un pessimisme excessif. Fidèle à l'état actuel du droit positif et à notre définition de la notion de bonne administration, elle permet au contraire de dépasser l'actuelle réduction du droit à une bonne administration à un ensemble de principes et de droits déjà existants.

Le Droit est en effet avant tout un langage qui ne peut produire ses effets normatifs que s'il est compris et intégré par ses destinataires. Les redondances de ce langage ne participent ni à l'intelligibilité du Droit ni à l'évolution tangible des droits. Aussi les tentatives de définition des notions juridiques contribuent-elles, indirectement, à la reconnaissance de nouveaux droits.

[2847] V. *supra*, n°488 et s.

[2848] Pour rappel : « *s'il prononce l'annulation d'une décision d'une juridiction administrative statuant en dernier ressort, le Conseil d'État peut (...) régler l'affaire au fond si l'intérêt d'une bonne administration de la justice le justifie* » : article L. 821-2 du Code de justice administrative.

[2849] Ce droit semble déjà exister à travers le droit à un procès équitable notamment consacré à l'article 6 de la Convention européenne des droits de l'homme. À cet égard, il serait pertinent de s'inspirer de l'article 26 de la Constitution espagnole relatif au droit fondamental à une protection judiciaire effective : v. *supra*, n°481, n°484, n°646 et s.

[2850] V. *supra*, n°592 et s.

C'est également dans cette optique que s'inscrit notre proposition de définition de la notion de bonne administration. La consécration d'un droit à une bonne administration, entendu comme un droit à *une mise en œuvre adaptée et équilibrée des moyens de l'administration*, peut-elle alors être envisagée à l'avenir ?

BIBLIOGRAPHIE

La recherche du contenu et des fonctions de la notion de bonne administration nécessitait de recourir à un ensemble de sources se rattachant à des thèmes fort différents. Le critère de la nature des sources a donc été préféré. Par ailleurs, il a paru nécessaire de distinguer, à l'intérieur de chaque catégorie, les sources en langue française des sources en langue étrangère. Enfin, cette bibliographie n'est pas exhaustive. Elle répertorie la majeure partie des sources exploitées et non la totalité des sources mentionnées dans les notes infrapaginales.

§1. OUVRAGES GÉNÉRAUX

Sources en langue française

ABATE Bernard, *La nouvelle gestion publique*, Paris, L.G.D.J., coll. Systèmes, 2000, 152p.

ALLAND Denis, RIALS Stéphane, *Dictionnaire de la culture juridique*, Paris, P.U.F., coll. Quadrige, série Dicos poche, 2003, 1649p.

ARNAUD André-Jean (dir.), *Dictionnaire encyclopédique de théorie et de sociologie du droit*, Paris, L.G.D.J., 1988, 487p.

AUTIN Jean-Louis, RIBOT Catherine, *Droit administratif général*, 5e éd., Paris, Litec, coll. Objectif droit, 2007, 415p.

BRACONNIER Stéphane, *Droit des services publics*, 2e éd., Paris, P.U.F., coll. Thémis, série Droit public, 2003, 531p.

CARRÉ DE MALBERG Raymond, *Contribution à la théorie générale de l'État,* t.1, Paris, Recueil Sirey, 1920, 837p.

COLLIARD Claude-Albert, *Libertés publiques*, 8e éd., Paris, Dalloz, coll. Précis, série Droit public-science politique, 2005, 569p.

CONSTANTINESCO Léontin-Jean, *Traité de droit comparé,* t.2 : *La méthode comparative*, Paris, L.G.D.J., 1974, 412p.

CORNU Gérard, *Vocabulaire juridique*, 8e éd., Paris, P.U.F., coll. Quadrige, série Dicos poche, 2007, 986p.

DUGUIT Léon, *Les transformations du droit public*, réimp., Paris, Armand Colin, coll. Mémoires du droit, 1999, 285p.

EISENMANN Charles, *Cours de droit administratif,* t.2, Paris, L.G.D.J., 1983, 908p.

FAVOREU Louis, GAÏA Patrick, GHEVONTIAN Richard (et al.) :

- *Droit constitutionnel*, 11e éd., Paris, Dalloz, coll. Précis, série Droit public-science politique, 2008, 1055p.
- *Droit des libertés fondamentales*, 4e éd., Paris, Dalloz, coll. Précis, série Droit public-science politique, 2007, 622p.

FROMONT Michel, *Droit administratif des États européens*, Paris, P.U.F., coll. Thémis, série Droit, 2006, 362p.

GUGLIELMI Gilles J., KOUBI Geneviève, *Droit du service public*, 2e éd., Paris, Montchrestien, coll. Domat droit public, 2007, 755p.
HAURIOU Maurice :

- *Précis de droit administratif et de droit public*, réimp., 12e éd., Paris, Dalloz, coll. Bibliothèque Dalloz, 2002, 1150p.
- *Principes de droit public*, 3e éd., Paris, Sirey, 1910, 734p.

ISRAËL Jean-Jacques, *Droit des libertés fondamentales*, Paris, L.G.D.J., coll. Manuel, 1998, 596p.
LACHAUME Jean-François (et al.), *Droit des services publics*, 3e éd., Paris, Armand Colin, coll. U. Droit, 2004, 533p.
LAFERRIÈRE Edouard, *Traité de la juridiction administrative et des recours contentieux*, 2e éd., t.1, Paris, Berger-Levrault et Cie, 1896, 724p.
MATHIEU Bertrand, VERPEAUX Michel, *Contentieux constitutionnel des droits fondamentaux*, Paris, L.G.D.J., coll. Manuels, 2002, 791p.
MOREAU Jacques, *La responsabilité administrative*, 3e éd., Paris, P.U.F., coll. Que sais-je ?, 1996, 122p.
ODENT Raymond, *Contentieux administratif*, réimp., t.2, Fascicules V et VI, Paris, Dalloz, 2007, 783p.
PECES-BARBA MARTÍNEZ Gregorio, *Théorie générale des droits fondamentaux*, [Trad. Illié ANTONIO PELÉ], Paris, L.G.D.J., coll. Droit et société, vol.38, 2004, 497p.
RIDEAU Joël, *Droit institutionnel de l'Union et des communautés européennes*, 5e éd., Paris, L.G.D.J., coll. Manuel, 2006, 1281p.
SIMON Denys, *Le système juridique communautaire*, 3e éd., Paris, P.U.F., coll. Droit fondamental, série Droit international et communautaire, 2001, 779p.
VEDEL Georges, DELVOLVÉ Pierre, *Droit administratif*, 2t., 12e éd., Paris, P.U.F., coll. Thémis, série Droit public, 1992, 1518p.
VIVIEN Alexandre-François, *Études administratives*, 3e éd., t.1, Paris, Librairie de Guillaumin et Cie, 1859, 354p.
WALINE Marcel, *Droit administratif*, 8e éd., Paris, Sirey, 1959, 932p.

Sources en langue espagnole

ALVAREZ-CIENFUEGOS SUÁREZ José Maria (dir.), *Comentarios a la Reforma de la Ley del Régimen Jurídico de las Administraciones Públicas y del Procedimiento Administrativo Común*, Pamplune, Aranzadi, coll. Monografías Aranzadi, n°133, 1999, 352p.
DE OTTO Ignacio, *Derecho constitucional. Sistema de fuentes*, Barcelone, Ariel, coll. Derecho, 1987, 315p.
GARRIDO FALLA Fernando (et al.), *Comentarios a la Constitución*, 3e éd., Madrid, Thomson Civitas, 2001, 2839p.
GONZÁLEZ PÉREZ Jesús, GONZÁLEZ NAVARRO Francisco, *Comentarios a la Ley de Régimen Jurídico de las administraciones públicas y Procedimiento Administrativo Común*, 3e éd., 2t., Madrid, Thomson-Civitas, 2003, 3691p.
MARTÍN REBOLLO Luis, *Leyes administrativas*, 11e éd., Navarre, Thomson-Aranzadi, coll. Códigos Básicos, n°12, 2005, 2689p.

MUÑOZ MACHADO Santiago, *Tratado de derecho administrativo y derecho público general*, t.1, Madrid, Thomson Civitas, 2004, 1416p.
PARADA VÁZQUEZ, José Ramón, *Régimen Jurídico de las administraciones públicas y Procedimiento Administrativo Común*, 2e éd., Madrid, Marcial Pons, 1999, 568p.
PAREJO ALFONSO Luciano, FERNÁNDEZ DEL CASTILLO Tomás (et al.), *Manual de derecho administrativo comunitario*, Madrid, Centro de estudios Ramón Areces, 2000, 384p.
POSADA HERRERA José, *Lecciones de Administracion*, 2e éd., Madrid, Instituto nacional de administración pública, coll. Clásicos de la administración, 1988, 893p.
ROVIRA VIÑA Antonio (dir.), *Comentarios a la ley orgánica del Defensor del Pueblo*, Cizur Menor (Navarre), Aranzadi, coll. Monografías Aranzadi, n°231, 2002, 1090p.

<u>Sources en langue anglaise</u>

GREENWOOD John, PYPER Robert, WILSON David, *New Public Administration in Britain Today*, 3e éd., Londres, Routledge, 2002, 281p.
HARLOW Carol, *State Liability. Tort Law and Beyond*, Oxford, Oxford University Press, coll. Clarendon Law Lectures, 2004, 149p.
KORTMANN Constantin, BOVEND'EERT Paul P.T., *Dutch Constitutional Law*, La Haye, Kluwer Law International, 2000, 212p.
LE SUEUR A.P., WOOLF Harry, JOWELL Jeffrey, *Principles of Judicial Review*, 5e éd., Londres, Sweet & Marwell, 1999, 720p.
LEYLAND Peter, ANTHONY Gordon, *Textbook on Administrative Law*, 5e éd., Oxford, Oxford University Press, 2005, 547p.
SCHWARZE Jürgen, *European Administrative Law*, Londres, Sweet & Marwell, 1992, 1547p.
ZWEIGERT K., KÖTZ H., *An Introduction to Comparative Law*, [trad. Tony WEIR], 3e éd., Oxford, Clarendon Press, 1998, 714p.

§2. MONOGRAPHIES, THÈSES ET MÉMOIRES

<u>*Sources en langue française*</u>

AL-SANHOURY A.-A., *Les restrictions contractuelles à la liberté individuelle de travail dans la jurisprudence anglaise*, Paris, M. Giard, coll. Bibliothèque de l'institut de droit comparé de Lyon, série Etudes et documents, 1925, 361p.

ARISTOTE, *Ethique à Nicomaque*, [trad. Richard BODÉÜS], Partie III, Paris, G.F. Flammarion, 2004, 560p.

AUBENQUE Pierre, *La prudence chez Aristote*, 2e éd., Paris, P.U.F., coll. Quadrige, 1997, 220p.

BARQUE François, *La sincérité de l'action publique. Son contrôle par les juges constitutionnel et administratif*, Thèse droit public, Université de Grenoble II, 2007, 583p.

BARTHÉLEMY Joseph, *Essai d'une théorie des droits subjectifs des administrés dans le droit administratif français*, Paris, Recueil général des lois et des arrêts, 1899, 204p.

BELAÏD Sadok, *Essai sur le pouvoir créateur et normatif du juge*, Paris, L.G.D.J., coll. Bibliothèque de philosophie du droit, t.17, 1974, 360p.

BRAIBANT Guy, *La Charte des droits fondamentaux de l'Union européenne. Témoignages et commentaires*, Paris, éd. du Seuil, coll. Points, série Essais, 2001, 329p.

BRAIBANT Guy, QUESTIAUX Nicole, WIENER Céline, *Le contrôle de l'administration et la protection des citoyens (étude comparative)*, Paris, Cujas, coll. Bibliothèque de l'Institut international de l'administration publique, n°3, 1973, 325p.

CABANES Arnaud, *Essai sur la gouvernance publique. Un constat sans concession...quelques solutions sans idéologie*, Paris, Gualino, coll. FideCitea, 2004, 258p.

CAILLOSSE Jacques, *La constitution imaginaire de l'administration. Recherches sur la politique du droit administratif*, Paris, P.U.F., coll. Les voies du droit, 2008, 421p.

CAILLOSSE Jacques, HARDY Jacques, *Droit et modernisation administrative*, Paris, La documentation française, coll. Perspectives, 2000, 123p.

CALMES Sylvia, *Du principe de protection de la confiance légitime en droits allemand, communautaire et français*, Paris, Dalloz, coll. Nouvelle bibliothèque de thèses, 2001, 711p.

CAMBY Jean-Pierre (dir.), *La réforme du budget de l'État. La loi organique relative aux lois de finances*, 2e éd., Paris, L.G.D.J., coll. Systèmes, série Droit, 2004, 411p.

CARRÉ DE MALBERG Raymond, *La loi, expression de la volonté générale. Etude sur le concept de la loi dans la Constitution de 1875*, Paris, Recueil Sirey, 1931, 228p.

CHARLIER Robert-Édouard, *L'État et son Droit, leur logique et leurs inconséquences*, Paris, Économica, coll. Politique comparée, 1984, 456p.

CHATELAIN Jean, *De la compétence discrétionnaire du Gouvernement dans l'application des lois et des jugements (sous le régime des lois constitutionnelles de 1875)*, Paris, Impr. Lavergne, 1942, 304p.
CHEVALIER Jacques, *La notion du nécessaire chez Aristote et chez ses prédécesseurs, particulièrement chez Platon*, Paris, Librairie Félix Alcan, coll. Historique des grands philosophes, 1915, 304p.
CHEVALLIER Jacques :
- *Science administrative*, 3e éd., Paris, P.U.F., coll. Thémis, série Science politique, 2002, 633p.
- *L'État post-moderne*, 2e éd., Paris, L.G.D.J., coll. Droit et société, série Politique, n°35, 2004, 226p.

CLIQUENNOIS Martine, LASCOMBE Michel, *Les directives : approche d'un terme juridique palingénésique*, Paris, P.U.F., coll. Travaux et Recherches de l'Université de Lille II, série Droit public et sciences politiques, n°3, 1980, 174p.
CLUZEL-METAYER Lucie, *Le service public et l'exigence de qualité*, Paris, Dalloz, coll. Nouvelle bibliothèque de thèses, vol.52, 2006, 634p.
CORTEN Olivier, *L'utilisation du « raisonnable » par le juge international. Discours juridique, raison et contradictions*, Bruxelles, Bruylant, coll. Droit international, n°34, 1997, 696p.
DABIN Jean, *Le droit subjectif*, réimp., Paris, Dalloz, 2008, (1re éd. : 1952), 313p.
DEGUERGUE Maryse, *Jurisprudence et doctrine dans l'élaboration du droit de la responsabilité administrative*, Paris, L.G.D.J., coll. Bibliothèque de droit public, t.171, 1994, 884p.
DELAUNAY Bénédicte :
- *Le médiateur de la République*, Paris, P.U.F., coll. Que sais-je ?, 1999, 126p.
- *L'amélioration des rapports entre l'administration et les administrés. Contribution à l'étude des réformes administratives entreprises depuis 1945*, Paris, L.G.D.J., coll. Bibliothèque de droit public, t.172, 1993, 1003p.

DELAUNAY Benoît, *La faute de l'administration*, Paris, L.G.D.J., coll. Bibliothèque de droit public, t.252, 2007, 474p.
DELLIS Georges, *L'évocation du principe de la bonne administration au sein du contrôle juridictionnel du pouvoir discrétionnaire et le rôle du concept de moralité administrative dans le système juridique hellénique*, Mémoire pour l'obtention du D.E.A. de droit public interne, Université de Paris II, 1989, 66p.
DELMAS-MARTY Mireille, LUCAS DE LEYSSAC Claude, *Libertés et droits fondamentaux*, 2e éd., Paris, éd. du Seuil, coll. Points, série Essais, 2002, 468p.
DESSENS André, *Essai sur la notion d'équité*, Toulouse, impr. F. Boisseau, 1934, 256p.
DIDIER Jean-Pierre, *La déontologie de l'administration*, Paris, P.U.F., coll. Que sais-je ?, 1999, 127p.
DORLENCOURT-DETRAGIACHE Denise, *Contribution à une théorie de la carence en droit administratif français*, t.1, Thèse droit public, Université de Paris II, 1972, 984p.
DUBOIS Vincent, *La vie au guichet. Relation administrative et traitement de la misère*, Paris, Économica, coll. Études politiques, 1999, 208p.
DU BOIS DE GAUDUSSON Jean, *L'usager du service public administratif*, Paris, L.G.D.J., coll. Bibliothèque de droit public, t.115, 1974, 318p.

DUBISSON Michel, *La distinction entre la légalité et l'opportunité dans la théorie du recours pour excès de pouvoir*, Paris, L.G.D.J., coll. Bibliothèque de droit public, t.14, 1958, 281p.
DUEZ Paul, *La responsabilité de la personne publique (en dehors du contrat)*, Paris, Dalloz, 1938, 342p.
DUPEYROUX Henri, *Faute personnelle et faute du service public : étude jurisprudentielle sur les responsabilités de l'administration et de ses agents*, Paris, A. Rousseau, 1922, 294p.
DWORKIN Ronald, *L'empire du droit*, Paris, [trad. Elisabeth SOUBRENIE], P.U.F., coll. Recherches politiques, 1994, 468p.
FORTSAKIS Théodore, *Conceptualisme et empirisme en droit administratif français*, Paris, L.G.D.J., coll. Bibliothèque de droit public, t.152, 1987, 542p.
FOULETIER Marjolaine, *Recherches sur l'équité en droit public français*, Paris, L.G.D.J., coll. Bibliothèque de droit public, t.229, 2003, 298p.
FOULQUIER Norbert, *Les droits publics subjectifs des administrés. Émergence d'un concept en droit administratif français du XIXème au XXème siècle*, Paris, Dalloz, coll. Nouvelle bibliothèque de thèse, vol.25, 2003, 805p.
GAUDEMET Yves, *Les méthodes du juge administratif*, Paris, L.G.D.J., coll. Bibliothèque de droit public, t.108, 1972, 321p.
GUGLIELMI Gilles J., *La notion d'administration publique dans la théorie juridique française de la révolution à l'arrêt Cadot (1789-1889)*, Paris, L.G.D.J., coll. Bibliothèque de droit public, t.157, 1991, 378p.
GUILLAUME-HOFFNUNG Michèle, *La médiation*, 3e éd., Paris, P.U.F., coll. Que sais-je ?, 2005, 127p.
GUILLAUMIN Paul-Alexandre, *La performance dans la justice administrative. Implications du nouveau management public dans la justice administrative*, Mémoire pour l'obtention du D.E.A. de science administrative, Université de Paris II, 2004, 193p.
HANICOTTE Robert, *Devoirs de l'homme et constitutions. Contribution à une théorie générale du devoir*, Paris, L'Harmattan, coll. Logiques juridiques, 2007, 389p.
HART Herbert L.A., *Le concept de droit*, 4e éd., [trad. Michel VAN DE KERCHOVE], Bruxelles, Publications des Facultés universitaires Saint-Louis, n°6, 1994 [1re éd. : Oxford University Press, 1961], 314p.
HUMMEL Jacky, *La théorie de la moralité administrative et la jurisprudence du Conseil d'État en matière d'erreur manifeste d'appréciation,* Mémoire pour l'obtention du D.E.A. de droit public interne, Université de Paris II, 1993, 93p.
ISAAC Guy, *La procédure administrative non contentieuse*, Paris, L.G.D.J., coll. Bibliothèque de droit public, t.79, 1968, 732p.
JEANNEAU Benoît, *Les principes généraux du droit dans la jurisprudence administrative*, Paris, Recueil Sirey, 1954, 287p.
KELSEN Hans, *Théorie pure du droit. Introduction à la science du droit*, [trad. Henri THÉVENAZ], Neuchâtel, La Baconnière, coll. Être et Penser, série Cahiers de philosophie, n°37, 1953, 205p.
KOUBI Geneviève, *Les circulaires administratives. Contribution à l'étude du droit administratif,* Paris, Économica, coll. Corpus, série Essais, *2003,* 391p.

LAGASSE Dominique, *L'erreur manifeste d'appréciation en droit administratif. Essai sur les limites du pouvoir discrétionnaire de l'administration,* Bruxelles, Bruylant, 1986, 558p.
LANDEMORE Hélène, *Hume : probabilité et choix raisonnable*, Paris, P.U.F., coll. Philosophies, 2004, 127p.
LASSALLE Julie, *Le principe de bonne administration en droit communautaire*, Thèse droit public, Université de Paris II, 2008, 795p.
LECOCQ Pierre-André, *Le pouvoir de dérogation de l'administration*, 3t.,Thèse droit, Université de Lille II, 1985, 1117p.
LEGRAND André, *L'Ombudsman scandinave, études comparées sur le contrôle de l'administration*, Paris, L.G.D.J., coll. Bibliothèque de science administrative, t.2, 1970, 549p.
LEGRAND Pierre, *Le droit comparé*, 2e éd., Paris, P.U.F., coll. Que sais-je ?, 1999, 127p.
LETURCQ Shirley, *Standards et droits fondamentaux devant le Conseil constitutionnel français et la Cour européenne des droits de l'homme*, Paris, L.G.D.J., coll. Bibliothèque constitutionnelle et de science politique, t.125, 2005, 406p.
LEURQUIN-DE VISSCHER Françoise, *La dérogation en droit public*, Bruxelles, Bruylant, coll. Centre d'études constitutionnelles et administratives, 1991, 309p.
LOMBARD Martine, *Recherches sur le rôle de la bonne et la mauvaise foi en droit administratif français*, 2t., Thèse droit public, Université de Strasbourg III, 1978, 489p.
MARTY Nicolas, *La notion de bonne administration. À la confluence des droits européens et du droit administratif français*, Thèse droit public, Université de Montpellier I, 2007, 708p.
MATHIEU Bertrand, *La loi*, 2e éd., Paris, Dalloz, coll. Connaissance du droit, 2004, 142p.
MATHIEU Bertrand, VERPEAUX Michel, *L'intérêt général, norme constitutionnelle*, Paris, Dalloz, coll. Thèmes et commentaires, série Cahiers constitutionnels de Paris I, 2007, 108p.
MONTANÉ DE LA ROQUE Pierre, *L'inertie des pouvoirs publics*, Toulouse, Imprimerie Moderne, 1948, 546p.
MUZNY Petr, *La technique de proportionnalité et le juge de la Convention européenne des droits de l'homme. Essai sur un instrument nécessaire dans une société démocratique*, 2t., Aix-en-Provence, P.U.A.M., coll. Faculté de droit et de science politique, 2005, 734p.
PACTEAU Bernard, *Le juge de l'excès de pouvoir et les motifs de l'acte administratif*, Clermont-Ferrand, Travaux de recherches de la faculté de droit et de science politique, 1977, 264p.
PAILLET Michel, *La faute du service public en droit administratif français*, Paris, L.G.D.J., coll. Bibliothèque de droit public, t.136, 1980, 434p.
PAPADIAMANTIS Konstantinos, *Le fondement et le concept du Raisonnable en Droit : étude comparative entre les systèmes du Droit continental et de la Common Law*, Thèse droit, Université de Paris X, 1990, 503p.

PAPADOPOULOU Rébecca-Emmanuèla, *Principes généraux du droit en droit communautaire. Origines et concrétisation*, Bruxelles, Bruylant, 1996, 319p.

PHILIP Loïc, *Les fondements constitutionnels des finances publiques*, Paris, Économica, coll. Poche finances publiques, 1995, 112p.

PHILIPPE Xavier, *Le contrôle de proportionnalité dans les jurisprudences constitutionnelle et administrative françaises*, Aix-Marseille, Économica, coll. Sciences et droit administratif, 1990, 541p.

PICARD Etienne, *La notion de police administrative*, 2t., Paris, L.G.D.J., coll. Bibliothèque de droit public, t.146, 1984, 926p.

PICAVET Emmanuel, *Choix rationnel et vie publique : pensée formelle et raison pratique*, Paris, P.U.F., coll. Fondements de la politique, 1996, 525p.

RAYNAUD Jean, BERTUCCI Jean-Yves, *Les juridictions financières*, Paris, P.U.F., coll. Que sais-je ?, 2003, 124p.

RIALS Stéphane, *Le juge administratif français et la technique du standard. Essai sur le traitement juridictionnel de l'idée de normalité*, Paris, L.G.D.J., Bibliothèque de droit public, t.135, 1980, 564p.

RICHER Laurent, *Recherches sur la faute dans le contentieux administratif de la responsabilité,* 2t., Thèse droit public, Université de Paris II, 1976, 561p ; *La faute du service public dans la jurisprudence du Conseil d'État*, Paris, Économica, 1978, 183p.

ROUBIER Paul, *Droits subjectifs et situations juridiques*, réimp., Paris, Dalloz, coll. Bibliothèque Dalloz, 2005, 451p.

SAUNIER Sébastien, *Recherche sur la notion de formalisme en droit administratif français*, 2t., Aix-en-Provence, P.U.A.M., coll. Centre de recherches administratives, 2007, 1033p.

SAYADI Rémy, *Le principe d'adaptabilité du service public*, Thèse droit public, Université de Paris I, 2005, 402p.

SFEZ Lucien, *Essai sur la contribution du doyen Hauriou au droit administratif français*, Paris, L.G.D.J., coll. Bibliothèque de droit public, t.71, 1966, 520p.

SOUSSE Marcel, *La notion de réparation de dommages en droit administratif français*, Paris, L.G.D.J., coll. Bibliothèque de droit public, t.174, 1994, 541p.

STATI Marcel O., *Le standard juridique*, Paris, Librairie de jurisprudence ancienne et moderne, 1927, 398p.

SYRAT Serge, *Le bon père de famille (Etude sur l'originalité, la signification et la fonction de l'expression en droit)*, Thèse droit, Université de Paris II, 1985, 357p.

TARDIVEL Boris, *Recherche sur le finalisme en droit administratif français*, Thèse droit public, Université de Montpellier I, 2002, 438p.

TIMSIT Gérard :

- *L'Archipel de la Norme*, Paris, P.U.F., coll. Les voies du droit, 1997, 240p.
- *Les noms de la loi*, Paris, P.U.F., coll. Les voies du droit, 1991, 199p.
- *Administrations et États : étude comparée*, Paris, P.U.F., coll. Politique d'aujourd'hui, 1987, 247p.
- *Théorie de l'administration*, Paris, Économica, 1986, 375p.
- *Le rôle de la notion de fonction administrative en droit administratif français*, Paris, L.G.D.J., coll. Bibliothèque de droit public, t.54, 1963, 329p.

TRIANDAFIL Ernest, *L'idée de faute et l'idée de risque*, Paris, A. Rousseau, 1914, 228p.

TRUCHET Didier, *Les fonctions de la notion d'intérêt général dans la jurisprudence du Conseil d'État*, Paris, L.G.D.J., coll. Bibliothèque de droit public, t.125, 1977, 394p.
VAYROU Caroline, *Management public et droit administratif. Essai sur la juridicité des concepts managériaux*, Thèse droit public, Université de Paris II, 2000, 540p.
VENEZIA Jean-Claude, *Le pouvoir discrétionnaire*, Paris, R. Pichon et R. Durand-Auzias, 1959, 175p.
WARIN Philippe, *Les dépanneurs de justice. Les « petits fonctionnaires » entre qualité et équité*, Paris, L.G.D.J., coll. Droit et société, n°33, 2002, 134p.
WELTER Henri, *Le contrôle juridictionnel de la moralité administrative*, Paris, Recueil Sirey, 1929, 513p.

<u>*Sources en langue espagnole*</u>

ALONSO GARCÍA Ricardo :
- *Derecho comunitario y derechos nacionales. Autonomía, integración e interacción*, Buenos Aires, Abeledo-Perrot, 1999, 301p.
- *Sistema jurídico de la Unión europea*, Cizur Menor (Navarre), Thomson-Civitas, 2007, 305p.

ALONSO MAS Doña María José, *La solución justa en las resoluciones administrativas*, Valence, Tirant lo Blanch, coll. Propuestas-Monografía, 1998, 686p.
ALVAREZ RICO Manuel, *Principios constitucionales de organisación de las administraciones públicas*, 2e éd., Madrid, Dykinson, 1997, 214p.
BACIGALUPO Mariano, *La discrecionalidad administrativa (estructura normativa, control judicial y límites constitucionales de su atribución)*, Madrid, Marcial Pons, coll. Monografías jurídicas, 1997, 338p.
BANDRÉS SÁNCHEZ-CRUZAT José Manuel, *Derecho fundamental al proceso debido y el Tribunal Constitucional*, Pamplune, Aranzadi, 1992, 683p.
BELADEZ ROJO Margarita, *Validez y eficacia de los actos administrativos*, Madrid, Marcial Pons, coll. Monografias juridicas, 1994, 384p.
BELTRÁN DE FELIPE Miguel, *Discrecionalidad administrativa y constitución*, Madrid, Tecnos, coll. Temas clave de la Constitución española, 1995, 278p.
CARBALLO ARMAS Pedro, *El Defensor del Pueblo. El Ombudsman en España y en el derecho comparado*, Madrid, Tecnos, coll. Temas clave de la Constitución española, 2003, 263p.
CARMONA Y CHOUSSAT Juan Francisco, *El defensor del Pueblo europeo*, Madrid, Instituto Nacional de Administracion Pública, coll. Estudios, 2000, 331p.
CASTILLO BLANCO Frederico A., *La protección de confianza en el derecho administrativo*, Madrid, Marcial Pons, coll. Monografías jurídicas, 1998, 381p.
CHINCHILLA Carmen, *La desvación de poder*, Madrid, Civitas, coll. Monografías, 1989, 155p.
COBREROS MENDAZONA Eduardo, *La responsabilidad del Estado derivada del funcionamiento anormal de la Administración de Justicia*, Madrid, Civitas, coll. Cuadernos, 1998, 120p.

DE LA SIERRA Susana, *Una metodología para el derecho Comparado europeo*, Madrid, Thomson, coll. Cuadernos Civitas, 2004, 137p.

DESDENTADO DAROCA Eva :

- *Discrecionalidad Administrativa y Planeamiento Urbanístico. Construcción teórica y analisis jurisprudencial*, 2e éd., Pamplune, Aranzadi, coll. Monografias, 1999, 533p.
- *Los problemas del control judicial de la discrecionalidad técnica (Un estudio crítico de la jurisprudencia)*, Madrid, Civitas, coll. Cuadernos, 1997, 160p.

DÍEZ BUESO Laura, *Los defensores del Pueblo (Ombudsmen) de las comunidades autónomas,* Madrid, coll. Temas del Senado, n°4, 1999, 355p.

DÍEZ SASTRE Sílvia, *El precedente administrativo. Fundamentos y eficacia vinculante*, Madrid, Marcial Pons, 2008, 478p.

FAIRÉN GUILLÉN Victor, *El Defensor del Pueblo-Ombudsman*, t.1, Madrid, Centro de estudios constitucionales, 1982, 519p.

FERNÁNDEZ Tomás-Ramón, *Arbitreriedad y discrecionalidad*, Madrid, Civitas, coll. Cuadernos, 1991, 144p.

FERNÁNDEZ FARRERES Germán, *La subvención : concepto y regimen jurídico*, Madrid, Instituto de estudios fiscales, 1983, 848p.

FONT Í LLOVET Tomàs, *La ejecución de las sentencias contencioso-administrativas. Aspectos constitucionales*, Madrid, Civitas, coll. Cuadernos, 1985, 199p.

GARCÍA DE ENTERRÍA Eduardo, *La lucha contra las immunidades del poder en el derecho administrativo (Poderes discrecionales, poderes de gobierno, poderes normativos)*, 3e éd., Madrid, Civitas, coll. Cuadernos, 1983, 99p.

GIL-ROBLES Y GIL-DELGADO Álvaro :

- *El Defensor del Pueblo (Comentarios en torno a una proposición de Ley orgánica)*, Madrid, Civitas, coll. Cuadernos, 1979, 167p.
- *El control parlamentario de la Administración (El Ombudsman)*, 2e éd., Madrid, Instituto nacional de administración pública, coll. Estudios administrativos, 1981, 463p.
- *Los nuevos límites de la tutela judicial efectiva*, Madrid, Centro de estudios constitucionales, coll. Cuadernos y debates, 1996, 129p.

GINER DE GRADO Carlos :

- *Los Ombudsmen (Defensor del Pueblo) europeos*, Barcelone, Tibidabo, coll. Europa, 1986, 122p.
- *El Defensor del Pueblo en la teoría y en la práctica*, Madrid, Popular, coll. Papel de prueba, 1986, 111p.

GÓMEZ PUENTE Marcos, *La inactividad de la Administración*, 3e éd., Madrid, Aranzadi, coll. Monografías, 2002, 1026p.

GONZÁLEZ PÉREZ Jesús :

- *El principio general de la buena fe en el derecho administrativo*, 4e éd., Madrid, Civitas, coll. Monografías, 2004, 305p.
- *El derecho a la tutela jurisdiccional*, 2e éd., Madrid, Civitas, coll. Cuadernos, 1989, 284p.
- *Responsabilidad patrimonial de las administraciones públicas*, 4e éd., Madrid, Thomson-Civitas, coll. Aranzadi, 2006, 734p.

IBAÑEZ Perfecto Andres et MOVILLA ALVAREZ Claudio, *El poder judicial*, Madrid, Tecnos, coll. Temas clave de la Constitución española, 1986, 413p.
IGARTUA SALAVERRÍA Juan :
- *La motivación en los nombramientos discrecionales*, Pamplune, Thomson-Civitas, coll. Cuadernos Civitas, 2007, 350p.
- *Discrecionalidad técnica, motivación y control jurisdiccional*, Madrid, Civitas, coll. Cuadernos, 1998, 165p.

LAPORTA Francisco J., *El imperio de la ley. Una visión actual*, Madrid, Trotta, coll. Estructuras y procesos, série Derecho, 2007, 283p.
MALARET I GARCIA Elisenda, *Regimen juridico-administrativo de la reconversion industrial*, Madrid, Civitas, coll. Monografias, 1991, 441p.
MEDINA ALCOZ Luis, *La responsabilidad patrimonial por acto administrativo. Aproximación a los efectos resarcitorios de la ilegalidad, la morosidad y la deslealtad desde une revisión general del sistema*, Cizur Menor (Navarre), Aranzadi, 2005, 459p.
MIR PUIGPELAT Oriol, *La responsabilidad patrimonial de la administración. Hacia un nuevo sistema*, Madrid, Civitas, coll. Monografías, 2002, 374p.
MONTILLA MARTOS José Antonio, *Las leyes singulares en el ordenamiento constitucional español*, Madrid, Civitas, coll. Monografías, 1994, 275p.
NIETO Alejandro :
- *La « nueva » organización del desgobierno*, 3e éd., Barcelone, Ariel, 2003, 240p.
- *El desgobierno judicial*, Madrid, Trotta, coll. Estructuras y procesos, série Derecho, 2004, 293p.

NÚÑEZ GÓMEZ Teresa D., *Abuso en la exigencia documental y garantías formales de los administrados*, Barcelone, Atelier libros jurídicos, coll. Atelier administrativo, 2005, 177p.
PAREJO ALFONSO Luciano :
- *Administrar y juzgar : dos funciones constitucionales distintas y complementarias*, Madrid, Tecnos, coll. Ciencias jurídicas, 1993, 131p.
- *Crisis y renovación en el derecho público*, Madrid, Centro de estudios constitucionales, coll. Cuadernos y debates, n°30, 1991, 134p.
- *Eficacia y administración. Tres estudios*, Madrid, Instituto nacional de administración pública, coll. Estudios, série Administración general, 1995, 213p.
- *Estado social y administración pública. Los postulados constitucionales de la reforma administrativa*, Madrid, Civitas, coll. Monografías, 1983, 326p.

PONCE SOLÉ Juli, *Deber de una buena administración y derecho al procedimiento administrativo y del ejercicio de la discrecionalidad*, Valladolid, Lex Nova, coll. Derecho público, 2001, 862p.
RODRÍGUEZ-ARANA MUÑOZ Jaime, *El buen gobierno y la buena administración de Instituciones Públicas*, Madrid, Thomson-Civitas, coll. Divulgación jurídica, 2006, 208p.
RODRÍGUEZ DE SANTIAGO José María, *La ponderación de bienes e intereses en el derecho administrativo*, Madrid, Marcial Pons, 2000, 177p.

RODRÍGUEZ PONTÓN Francisco José :

- La Articulación de las Garantías administrativas y jurisdiccionales en el sistema del CEDH, Navarre, Thomson-Civitas, coll. Monografías, 2005, 210p.
- Discrecionalidad y derecho administrativo sancionador. Fundamentos y límites de la oportunidad del ejercicio de la acción administrativa sancionadora, Thèse droit public, Université de Barcelone, 2001, 368p.

ROMANO Santi, *Fragmentos de un diccionario jurídico*, [trad. Santiago SENTIS MELENDO et Marino AYERRA REDÍN], Grenade, Comares, coll. Crítica del derecho, 2002, 314p.

RUBIO LLORENTE Francisco, *La forma del poder (Estudios sobre la Constitutción)*, Madrid, Centro de estudios constitutionales, coll. Estudios constitucionales, 1993, 689p.

SÁINZ MORENO Fernando, *Conceptos jurídicos, interpretación y discrecionalidad administrativa*, Madrid, Civitas, coll. Monografías, 1976, 364p.

SÁNCHEZ MORÓN Miguel :

- *La participación del ciudadano en la administración pública*, Madrid, Centro de estudios constitucionales, coll. Estudios de administración, 1980, 292p.
- *El control de las administraciones públicas y sus problemas*, Madrid, Espasa-Calpe, 1991, 164p.
- *Discrecionalidad administrativa y control judicial*, Madrid, Tecnos, coll. Ciencias jurídicas, 1994, 162p.

SARMIENTO Daniel, *El soft law administrativo. Un estudio de los efectos jurídicos de las normas no vinculantes de la Administración*, Cizur Menor (Navarre), Thomson-Civitas, coll. Monografías, 2008, 237p.

TOMÁS MALLÉN Beatriz, *El Derecho fundamental a una buena administración*, Madrid, Instituto nacional de administración pública, coll. Estudios, 2004, 342p.

VELASCO CABALLERO Francisco, *Administraciones públicas y derecho a la tutela judicial efectiva*, Barcelone, Bosch, 2003, 207p.

<u>Sources en langue anglaise</u>

ATIYAH P.S., *Pragmatism and Theory in English Law*, Londres, Stevens, coll. The Hamlyn Lectures, 1987, 193p.

BIRKINSHAW Patrick, *Grievances, Remedies and the State*, 2e éd., Londres, Sweet & Marxwell, coll. Modern Legal Studies, 1994, 309p.

COOTE Anna, PFEFFER Naomi, *Is Quality Good for You? A Critical Review of Quality Assurance in Welfare Services*, Londres, Institute for Public Policy Research, 1991, 72p.

CORTE-REAL Isabel, NOMDEN Koen (et al.), *Administrations in Transition. Modernisation of Public Administration in four Countries: Portugal, the Netherlands, Ireland and France*, Maastricht, Institut européen d'administration publique, coll. Current European Issues, 2000, 136p.

GALLIGAN Denis James, *Due process and fair procedures. A study of administrative procedures*, Oxford, Clarendon Press, 1996, 537p.

GANZ Gabriele, *Quasi-Legislation: Recent Developments in Secondary Legislation*, Londres, Sweet & Maxwell, coll. Modern Legal Studies, 1987, 108p.
GREGORY Roy, GIDDINGS Philip, *The Ombudsman, the Citizen and Parliament*, Londres, Politico's Publishing, 2002, 708p.
GREGORY Roy, HUTCHESSON Peter, *The Parliamentary Ombudsman. A study in the Control of Administrative Action*, Londres, Allen & Unwin, 1975, 683p.
HARDEN Ian, LEWIS Norman, *The Noble Lie. The British Constitution and the Rule of Law,* Londres, Hutchinson, coll. Contemporary Politics, 1986, 334p.
LEWIS Norman, BIRKENSHAW Patrick, *When Citizens Complain: Reforming Justice and Administration*, Buckingham, Open University Press, coll. Law and Political Change, 1993, 232p.
NEHL Hanns Peter, *Principles of Administrative Procedure in EC Law*, Oxford, Hart Publishing, 1999, 214p.
OLIVER Dawn, DREWRY Gavin, *Public Service Reforms. Issues of Accountability and Public Law*, Londres, Pinter, coll. The Constitutional Reform Series, 1996, 168p.
RAWLS John, *A theory of Justice*, Cambridge, Harvard University Press, 1971, 607p.
ROWAT Donald C., *The Ombudsman Plan: The worldwide spread of an idea*, 2e éd., Lanham M.D., coll. University Press of America, 1985, 200p.
SENEVIRATNE Mary, *Ombudsmen: public Services and Administrative Justice*, Londres, LexisNexis Butterworths, coll. Law in Context, 2002, 350p.
SIMON Herbert A., *Administrative Behavior. A Study of Decision-Making Process in Administrative Organization*, 2e éd., New York, The Free Press, 1957, 259p.
STACEY Franck, *The British Ombudsman*, Oxford, Clarendon Press, 1971, 351p.
WHEARE Keneth Clinton, *Maladministration and its Remedies*, Londres, Stevens & Sons, coll. Hamlyn Lectures, n°25, 1973, 172p.
WOODHOUSE Diana, *In Pursuit of Good Administration. Ministers, Civil Servants and Judges*, Oxford, Clarendon Press, 1997, 247p.

Source en langue italienne

FALZONE Guido, *Il dovere di buona amministrazione*, Milan, Dott. A. Giuffrè, 1953, 161p.

§3. CONTRIBUTIONS AUX MÉLANGES, COLLOQUES ET OUVRAGES COLLECTIFS

Sources en langue française

AL-SANHOURY A.-A., « Le standard juridique », *in Recueil Gény*, t.2 : *Les sources générales des systèmes juridiques actuels*, nouvelle éd., Paris, Duchemin, 1977, p.144-156.

AMSELEK Paul, « Le droit dans les esprits », *in* Paul AMSELEK, Christophe **GRZEGORCZYK (dir.)**, *Controverses autour de l'ontologie du droit*, Actes du colloque des 26-27 mai 1988 organisé à Paris par le Centre de philosophie du droit de l'Université de Paris I et le Center for criminology and the social and philosophical study of law de l'Université d'Edimbourg, Paris, P.U.F., coll. Questions, 1989, p.27-49.

ANDERSEN Robert, « Le juge de l'excès de pouvoir et la mise en balance des intérêts en présence », *in* Philippe GÉRARD, François OST, Michel VAN DE KERCHOVE (dir.), *Droit et intérêt,* vol.3 : *Droit positif, droit comparé et histoire du droit*, Bruxelles, Facultés universitaires Saint-Louis, n°49, 1990, p.141-183.

ARNAUD André-Jean, « Vers un processus de décision complexe en droit », *in* Danièle BOURCIER, Pierre MACKAY (dir.), *Lire le droit. Langue, texte, cognition*, Actes du séminaire des 28-30 octobre 1991 organisé à Paris par le Groupe de recherche informatique et droit de l'Université de Québec et le laboratoire informatique droit linguistique de Paris, L.G.D.J., coll. Droit et Société, n°3, 1992, p.71-84.

AUBY Jean-Bernard, « Introduction », *in* Fabrice MELLERAY (dir.), *L'argument de droit comparé en droit administratif français*, Actes du séminaire de recherche organisé dans le cadre de la semaine du droit comparé de l'Université de Bordeaux IV, Bruxelles, Bruylant, coll. Droit administratif, 2007, p.1-10.

AUBY Jean-Bernard, DERO-BUGNY Delphine, « Les principes de sécurité juridique et de confiance légitime », *in* Jean Bernard AUBY, Jacqueline DUTHEIL DE LA ROCHÈRE (dir.), *Droit administratif européen*, Bruxelles, Bruylant, 2007, p.473-491.

AZOULAI Loïc :

- « Le principe de légalité », *in* Jean Bernard AUBY, Jacqueline DUTHEIL DE LA ROCHÈRE (dir.), *Droit administratif européen*, Bruxelles, Bruylant, 2007, p.393-414.
- « Le principe de bonne administration », *in* Jean Bernard AUBY, Jacqueline DUTHEIL DE LA ROCHÈRE (dir.), *Droit administratif européen*, Bruxelles, Bruylant, 2007, p.493-518.

BAINSFAIR Lesley, « Le rôle du médiateur dans la mise en œuvre des principes d'une bonne administration au Royaume-Uni », *in* CONSEIL DE L'EUROPE, *À la recherche d'une bonne administration*, Actes de la conférence des 29-30 novembre 2007 organisée à la Faculté de Droit de Varsovie, Strasbourg, 10 janvier 2008, [non publié], DA/ba/Conf (2007) 7 f.

BATIFFOL Henri, « Sur la positivité du droit », *in Mélanges en l'honneur de Jean Dabin*, t.1 : *Théorie générale du droit*, Paris, Sirey, 1963, p.3-17.

BAUER-BERNET Hélène, « Notions indéterminées et droit communautaire », *in* Chaïm PERELMAN, Raymond VAN DER ELST (dir.), *Les notions à contenu variable en droit*, Bruxelles, Bruylant, coll. Travaux du centre national de recherches de logique, 1984, p.269-287.

BEDJAOUI Mohammed, « L'équité et l'opportunité dans les décisions judiciaires internationales », *in* CENTRE D'ÉTUDE DES DROITS DU MONDE ARABE, SOCIÉTÉ DE LÉGISLATION COMPARÉE, *L'équité ou les équités. Confrontation occident et monde arabe*, Actes du colloque des 3-4 octobre 2002, Paris, Société de législation comparée, 2004, p.159-176.

BELL John, KENNEDY T.P., « La notion de service publique au Royaume-Uni et en Irlande », *in* Gérard MARCOU, Franck MODERNE (dir.), *L'idée de service public dans le droit des États de l'Union européenne*, Paris, L'Harmattan, coll. Logiques juridiques, 2001, p.225-258.

BÉNOIT Francis-Paul, « Notions et concepts, instruments de la connaissance juridique. Les leçons de la philosophie du droit de Hegel », *in Droit public. Mélanges en l'honneur du professeur Gustave Peiser*, Grenoble, P.U.G., 1995, p.23-25.

BIENVENU Jean-Jacques, « Déontologie et standards administratifs », *in* Pierre AVRIL, Michel VERPEAUX (dir.), *Les règles et principes non écrits en droit public*, Actes du colloque des 28-29 mai 1998 organisé au Sénat par le Centre de droit et pratique constitutionnels de l'Université de Paris II et l'A.F.D.C., Paris, éd. Panthéon- Assas, coll. Droit public, 2000, p.247-250.

BOULANGER Jean, « Principes généraux du droit et droit positif », *in Etudes offertes à Georges Ripert,* t.1 : *Le droit privé français au milieu du 20ème Siècle*, Paris, R. Pichon et R. Durand-Auzias, 1950, p.51-74.

BRAIBANT Guy :

- « La Charte des droits fondamentaux de l'Union européenne : occasion manquée ou nouvelle chance ? », *in En hommage à Francis Delpérée. Itinéraire d'un constitutionnaliste*, Bruxelles, Bruylant, 2007, p.255-257.
- « Le principe de proportionnalité », *in Mélanges offerts à Marcel Waline*, t.2 : Le juge et le droit public, Paris, L.G.D.J., 1974, p.297-306.

BRIMO Albert, « La notion de rationalisation du droit dans la sociologie juridique de Max Weber », *in Recueil d'études en hommage à Charles Eisenmann*, Paris, Cujas, 1975, p.21-29.

BULLINGER Martin, « Le contrôle juridictionnel de la régulation », *in* Gérard MARCOU, Franck MODERNE (dir.), *Droit de la régulation, service public et intégration régionale*, t.1 : *Comparaisons et commentaires*, Actes du colloque organisé les 29-30 avril 2004 à Paris par l'U.M.R. de droit comparé de l'Université de Paris I, Paris, L'Harmattan, coll. Logiques juridiques, 2005, p.131-142.

BURGORGUE-LARSEN Laurence, « La "force de l'évocation" ou le fabuleux destin de la Charte des droits fondamentaux de l'Union européenne », *in Mélanges en l'honneur de Pierre Pactet. L'esprit des institutions, l'équilibre des pouvoirs*, Paris, Dalloz, 2003, p.77-104.

CAILLOSSE Jacques :

- « Questions sur l'identité juridique de la "gouvernance" », *in* Romain PASQUIER, Vincent SIMOULIN, Julien WEISBEIN, *La gouvernance territoriale. Pratiques, discours et théories*, Paris, L.G.D.J., coll. Droit et société, série Politique, n°44, 2007, p.35-64.
- « L'administration française doit-elle s'évader du droit administratif pour relever le défi de l'efficience ? », *in* François LACASSE, Jean-Claude THOENIG (dir.), *L'action publique*, Paris, L'Harmattan, coll. Logiques politiques, 1996, p.307-324.

CARCASSONNE Guy, « Société de droit contre État de droit », *in L'État de droit. Mélanges en l'honneur de Guy Braibant*, Paris, Dalloz, 1996, p.37-45.

CATHERINE Robert, THUILLIER Guy, « D'une morale de l'État à la morale de l'administrateur », *in Mélanges Stassinopoulos. Problèmes de droit public contemporain,* Paris, L.G.D.J., 1974, p.577-592.

CHAMPEIL-DESPLATS Véronique, « Les droits et libertés fondamentales en France. Genèse d'une qualification », *in* Antoine LYON-CAEN, Pascal LOKIEC (dir.), *Droits fondamentaux et Droit social*, Actes du colloque organisé par l'I.I.P.L.D., Paris, Dalloz, coll. Thèmes et commentaires, 2005, p.11-37.

CHEVALIER Jacques, « Le Concept et l'Idée », *in Mélanges Maurice Hauriou*, Paris, Recueil Sirey, 1929, p.113-136.

CHEVALLIER Jacques :

- « La politique française de modernisation administrative », *in L'État de droit. Mélanges en l'honneur de Guy Braibant*, Paris, Dalloz, 1996, p.69-85.
- « La rationalisation de la production juridique », *in* Charles-Albert MORAND (dir.), *L'État propulsif. Contribution à l'étude des instruments d'action de l'État*, Actes du séminaire des 17-19 mai 1989 organisé à Crans-sur-Sierre (Suisse), Paris, Publisud, coll. Droit public et institutions politiques, 1991, p.11-48.

CLAISSE Alain, « Présentation synthétique », *in* Céline WIENER (dir.), *L'évolution des rapports entre administration et usagers : étude comparative,* Actes de la journée d'étude du 9 décembre 1988 organisée à Paris par l'I.F.S.A., Paris, Économica, 1991, p.197-204.

COHEN Dany, « Le droit à... », *in Mélanges en hommage à François Terré. L'avenir du droit*, Paris, P.U.F., 1999, p.393-400.

COMMAILLE Jacques, « Effectivité », *in* Denis ALLAND, Stéphane RIALS (dir.), *Dictionnaire de la culture juridique*, Paris, P.U.F., coll. Quadrige, série Dicos Poche, 2003, p.583-585.

COSTA Jean-Paul, « Un couple mal connu : science administrative et état de droit », *in L'État de droit. Mélanges en l'honneur de Guy Braibant*, Paris, Dalloz, 1996, p.121-133.

DAVIES Graham, « Royaume-Uni : les agences exécutives, le programme Next Steps », *in* Gérard TIMSIT, Alain CLAISSE, Nicole BELLOUBET-FRIER (dir.), *Les administrations qui changent. Innovations techniques ou nouvelles logiques ?*, Actes du colloque des 19-20 mai 1994 organisé à l'I.I.A.P. par le C.E.RA.P. et l'Université de Paris I, Paris, P.U.F., coll. Politique d'aujourd'hui, 1996, p.41-49.

DE LAUBADERE André, « Le contrôle juridictionnel du pouvoir discrétionnaire dans la jurisprudence récente du Conseil d'État français », *in Mélanges offerts à Marcel Waline*, t.2 : *Le juge et le droit public*, Paris, L.G.D.J., 1974, p.531-549.

DE WAARD BOUDEWIJN W.N., DE MOOR-VAN VUGT Adrienne J.C., « Les changements récents dans le droit administratif néerlandais », *in* Gérard MARCOU (dir.), *Les mutations du droit de l'Administration en Europe. Pluralisme et convergences*, Paris, L'Harmattan, coll. Logiques Juridiques, 1995, p.221-246.

DECLAREUIL Jean, « Quelques remarques sur la théorie de l' "institution" et le caractère institutionnel de la Monarchie capétienne », *in Mélanges Maurice Hauriou*, Paris, Recueil Sirey, 1929, p.161-185.

DELLIS Georges, « Le principe de bonne administration dans la jurisprudence du Conseil d'État hellénique », *Mélanges en l'honneur de Epaminondas P. Spiliotopoulos. État-loi-administration*, Bruxelles, Bruylant, 1998, p.31-51.

DELVOLVÉ Pierre :

- « Rapport général », *in* CONSEIL DE L'EUROPE, *À la recherche d'une bonne administration*, Actes de la conférence des 29-30 novembre 2007 organisée à la Faculté de Droit de Varsovie, Strasbourg, 10 janvier 2008, [non publié], DA/ba/Conf (2007) 15 f.
- « Existe-t-il un contrôle de l'opportunité ? », *in* CONSEIL CONSTITUTIONNEL, CONSEIL D'ÉTAT, Actes du colloque des 21-22 janvier 1988 organisé au Sénat, Paris, L.G.D.J., p.269-312.

DENDIAS Michel, « Développement de la théorie de l'institution : ses fondements et ses buts », *in Estudios juridico-sociales. Homenaje al profesor Luis Legas y Lacambra*, t.1, Université de Saint Jacques de Compostelle, 1960, p.479-486.

DIAMANDOUROS Nikiforos « Le Médiateur européen, les droits fondamentaux et la future Constitution pour l'Europe », Actes du 3ème Congrès statutaire de l'A.O.M.F. du 14 au 17 octobre 2003 à Hammamet, [en ligne]. Disponible sur : www.ombudsman.europa/eu.press/home.faces

DIARRA Éloi, « Les administrés et l'administration », *in* Laurence BURGORGUE-LARSEN (dir.), *La France face à la Charte des droits fondamentaux de l'Union européenne*, Bruxelles, Bruylant, coll. du C.R.E.D.H.O., 2005, p.585-629.

DREYFUS François, « Brèves réflexions sur un concept en crise », *in* INSTITUT FRANÇAIS DES SCIENCES ADMINISTRATIVES, *Le pouvoir discrétionnaire et le juge administratif*, Actes du colloque du 5 mars 1977, Paris, Cujas, cahier n°16, 1978, p.85-91.

DRUMMOND France, LECUYER Hervé, « Equité et droit européen », *in* CENTRE D'ÉTUDE DES DROITS DU MONDE ARABE, SOCIÉTÉ DE LÉGISLATION COMPARÉE, *L'équité ou les équités. Confrontation occident et monde arabe*, Actes du colloque des 3-4 octobre 2002, Paris, Société de législation comparée, 2004, p.99-110.

DUPEYROUX Henri, « Sur la généralité de la loi », *in Mélanges Raymond Carré de Malberg*, Paris, Recueil Sirey, 1933, p.137-161.

DURAN Patrice, « Les non-dits de l'évaluation », *in* Gérard TIMSIT, Alain

CLAISSE, Nicole BELLOUBET-FRIER (dir.), *Les administrations qui changent. Innovations techniques ou nouvelles logiques ?*, Actes du colloque des 19-20 mai 1994 organisé à l'I.I.A.P. par le C.E.RA.P. et l'Université de Paris I, Paris, P.U.F., coll. Politique d'aujourd'hui, 1996, p.161-186.

EISENMANN Charles, « L'esprit des lois" et la séparation des pouvoirs », *in Mélanges Raymond Carré de Malberg*, Paris, Recueil Sirey, 1933, p.165-192.

FALLON Marc, « Les Droits fondamentaux liés à la citoyenneté de l'Union Européenne, sous les regards croisés du Traité C.E. et de la Charte », *in* Jean-Yves CARLIER, Olivier DE SCHUTTER (dir.), *La Charte des droits fondamentaux de l'Union européenne. Son apport à la protection des Droits de l'Homme en Europe. Hommage à Silvio Marcus Helmons*, Bruxelles, Bruylant, 2002, p.149-178.

FORTSAKIS Théodore, « La médiation, mode alternatif du règlement des litiges entre les autorités administratives et les personnes privées », *in* CONSEIL DE L'EUROPE, *Les solutions alternatives aux litiges entre les autorités administratives et les personnes privées : conciliation, médiation et arbitrage,* Actes de la conférence multilatérale du 31 mai au 2 juin 1999 à Lisbonne, Strasbourg, Conseil de l'Europe, 2000, p.89-97.

FRANTISEK Weyr, « Remarques générales sur la nature juridique de la méthode comparative », [trad. Paul ROUBIE et H.MANKIEWICZ], *in Recueil d'études en l'honneur d'Edouard Lambert. Introduction à l'étude du droit comparé*, Paris, L.G.D.J., 1938, p.311-314.

FRIER Pierre-Laurent, « La régulation comme fonction : propos introductifs », *in* Gérard MARCOU, Franck MODERNE (dir.), *Droit de la régulation, service public et intégration régionale*, t.1 : *Comparaisons et commentaires*, Actes du colloque organisé les 29-30 avril 2004 à Paris par l'U.M.R. de droit comparé de l'Université de Paris I, Paris, L'Harmattan, coll. Logiques juridiques, 2005, p.67-69.

FROMONT Michel, « Le renforcement des garanties de bonne administration et de bonne justice administrative en Europe », *in En hommage à Francis Delpérée. Itinéraire d'un constitutionnaliste*, Bruxelles, Bruylant, 2007, p.547-558.

GARNER James W., « Le concept anglo-américain du droit administratif », *in Mélanges Maurice Hauriou*, Paris, Recueil Sirey, 1929, p.338-385.

GAUDEMET Yves :

- « Légalité (principe de) » *in* Denis ALLAND, Stéphane RIALS, *Dictionnaire de la culture juridique*, Paris, P.U.F., coll. Quadrige, série Dicos poche, 2003, p.917-920.
- « Prolégomènes pour une théorie des obligations en droit administratif français », *in Nonagesimo anno. Mélanges en hommage à Jean Gaudemet*, Paris, P.U.F., 1999, p.613-627.
- « Le Médiateur est-il une autorité administrative ? À propos des rapports du Médiateur et du juge administratif », *in Service public et Liberté. Mélanges en l'honneur de Robert-Édouard Charlier*, Paris, Emile-Paul, 1981, p.117-129.
- « Remarques à propos des circulaires administratives », *in Mélanges Stassinopoulos. Problèmes de droit public contemporain*, Paris, L.G.D.J., 1974, p.561-576.

GERBER Philippe, « La Recommandation CM/Rec(2007)7 relative à une bonne administration : présentation générale », *in* CONSEIL DE L'EUROPE, *À la recherche d'une bonne administration*, Actes de la conférence des 29-30 novembre

2007 organisée à la Faculté de Droit de Varsovie, Strasbourg, 10 janvier 2008, [non publié], DA/ba/Conf (2007) 4 f.

GONOD Pascale, « L'accueil dans les services publics : à propos de la charte Marianne », *in Etudes en l'honneur de Gérard Timsit*, Bruxelles, Bruylant, 2004, p.327-341.

GUETTIER Christophe, « La responsabilité en droit administratif », *in* Philippe Le TOURNEAU, *Droit de la Responsabilité et des contrats*, 6e éd., Paris, Dalloz, coll. Dalloz Action, 2006/2007, n°111-n°457.

GUTMAN Daniel, « Droit subjectif », *in* Denis ALLAND, Stéphane Rials (dir.), *Dictionnaire de la culture juridique*, Paris, P.U.F., coll. Quadrige, série Dicos poche, 2003, p.529-533.

GUTTERIDGE H.C., « La valeur du droit comparé », [trad. Jacques LAMBERT], *in Recueil d'études en l'honneur d'Edouard Lambert. Introduction à l'étude du droit comparé*, Paris, L.G.D.J., 1938, p.294-300.

HAGE-CHAHINE Fayez, « Rapport de synthèse », *in* CENTRE D'ÉTUDE DES DROITS DU MONDE ARABE, SOCIÉTÉ DE LÉGISLATION COMPARÉE, *L'équité ou les équités. Confrontation occident et monde arabe*, Actes du colloque des 3-4 octobre 2002, Paris, Société de législation comparée, 2004, p.237-251.

HARLOW Carol, « L'évolution du pouvoir judiciaire en Angleterre », *in* Séverine BLONDEL, Norbert FOULQUIER, Luc HEUSCHLING (dir.), *Gouvernement des juges et démocratie*, Actes du séminaire international du 13 novembre 1998 au 28 mai 1999 à Université de Paris I, Publications de la Sorbonne, série Science politique n°3, 2001, p.117-132.

HAURIOU Maurice, « Le pouvoir discrétionnaire et sa justification », *in Mélanges Raymond Carré de Malberg*, Paris, Recueil Sirey, 1933, p.233-240.

HIRSCH-ZIEMBIŃSKA Marta, « L'application du Code européen de bonne conduite administrative par les institutions européennes », *in* CONSEIL DE L'EUROPE, *À la recherche d'une bonne administration*, Actes de la conférence des 29-30 novembre 2007 organisée à la Faculté de Droit de Varsovie, Strasbourg, 10 janvier 2008 [non publié], DA/ba/Conf (2007) 9 f.

HOURQUEBIE Fabrice, « Les droits publics subjectifs : échec de l'importation d'une théorie allemande en droit administratif français ? », *in* Fabrice MELLERAY (dir.), *L'argument de droit comparé en droit administratif français*, Actes du séminaire de recherche organisé dans le cadre de la semaine du droit comparé de l'Université de Bordeaux IV, Bruxelles, Bruylant, coll. Droit administratif, 2007, p.203-228.

JARROSSON Charles, « Le Médiateur : questions fondamentales », *in* CENTRE FRANÇAIS DE DROIT COMPARÉ, CENTRE FRANÇAIS DE COMMERCE EXTÉRIEUR, *Les Médiateurs en France et à l'étranger*, Actes du colloque du 17 novembre 2000, Paris, Société de législation comparée, 2001, p.15-20.

KAHN Jean, « Le pouvoir discrétionnaire et le juge administratif », *in* INSTITUT FRANÇAIS DES SCIENCES ADMINISTRATIVES, *Le pouvoir discrétionnaire et le juge administratif,* Actes du colloque du 5 mars 1977, Paris, Cujas, cahier n°16, 1978, p.9-15.

KORTMANN Constantin, « Les principes généraux du droit dans le droit public néerlandais », *in Mélanges en l'honneur de Benoît Jeanneau. Les mutations contemporaines du droit public*, Paris, Dalloz, 2002, p.147-159.

KOUBI Geneviève, « La notion de "charte" : fragilisation de la règle de droit ? », *in* Jean CLAM, Gilles MARTIN (dir.), *Les transformations de la régulation juridique*, Paris, L.G.D.J., coll. Droit et Société, série Recherches et Travaux, n°5, 1998, p.165-181.

KRZYŚANOWSKA MIERZEWSKA Magdalena, « Bonne administration et jurisprudence de la Cour européenne des droits de l'homme », *in* CONSEIL DE L'EUROPE, *À la recherche d'une bonne administration*, Actes de la conférence des 29-30 novembre 2007 organisée à la Faculté de Droit de Varsovie, Strasbourg, 10 janvier 2008 [non publié], DA/ba/Conf (2007) 12 f.

LABETOULLE Daniel, « Le pouvoir discrétionnaire en matière d'urbanisme et d'interventionnisme économique », *in* INSTITUT FRANÇAIS DES SCIENCES ADMINISTRATIVES, *Le pouvoir discrétionnaire et le juge administratif,* Actes du colloque du 5 mars 1977, Paris, Cujas, cahier n°16, 1978, p.27-43.

LAVROFF Dimitri Georges, « À propos d'une institution espagnole : le défenseur du peuple », *in Etudes offertes à Jean-Marie Auby*, Paris, Dalloz, 1992, p.543-557.

LEGRAND André, MARCOU Gérard, WENNERGREN Bertil, « Ombudsmans et Prokuratures », *in* Guy BRAIBANT, Janusz LETOWSKI, Céline WIENER, *Le contrôle de l'administration en Europe de l'Est et de l'Ouest,* Paris, C.N.R.S., coll. des travaux de l'Institut de recherches juridiques comparatives, 1985, p.99-147.

MacCORMICK N., « On reasonableness », *in* Chaïm PERELMAN, Raymond VAN DER ELST (dir.), *Les notions à contenu variable en droit*, Bruxelles, Bruylant, coll. Travaux du Centre national de recherches de logique, 1984 , p.131-156.

MacELDOWNEY John F., « Les mutations du droit de l'administration au Royaume-Uni », *in* Gérard MARCOU (dir.), *Les mutations du droit de l'Administration en Europe. Pluralisme et convergences*, Paris, L'Harmattan, coll. Logiques juridiques, 1995, p.195-219.

MAGNETTE Paul, « Prendre la Charte au sérieux. La force politique d'un texte juridique non contraignant », *in* Jean-Yves CARLIER, Olivier DE SCHUTTER (dir.), *La Charte des droits fondamentaux de l'Union européenne. Son apport à la protection des Droits de l'Homme en Europe. Hommage à Silvio Marcus Helmons*, Bruxelles, Bruylant, 2002, p.91-104.

MALARET I GARCIA Elisenda :

- « Droit, administrations publiques et NTIC : vers la restructuration de l'espace public. Les instruments pour la construction d'une démocratie dialogique », *in Etudes en l'honneur de Gérard Timsit*, Bruxelles, Bruylant, 2004, p.413-431.
- « Le droit administratif espagnol entre l'ordre juridique national et l'ordre juridique communautaire », *in* Gérard MARCOU (dir.), *Les mutations du droit de l'Administration en Europe. Pluralisme et convergences*, Paris, L'Harmattan, coll. Logiques Juridiques, 1995, p.101-147.
- « Les transformations du système administratif espagnol », *in* Michel MIAILLE (dir.), *La régulation entre droit et politique*, Actes du colloque des 1er et 2 octobre 1992 à l'Université de Montpellier I organisé par le Centre d'études et de recherches sur la théorie de l'État, Paris, L'Harmattan, coll. Logiques juridiques, 1995, p.245-261.

MAAMARI Mouhaib, « Réflexions sur l'équité », *in* CENTRE D'ÉTUDE DES DROITS DU MONDE ARABE, SOCIÉTÉ DE LÉGISLATION COMPARÉE, *L'équité ou les équités. Confrontation occident et monde arabe*, Actes du colloque des 3-4 octobre 2002, Paris, Société de législation comparée, 2004, p.81-98.

MacLAUCHLAN Wade H., « Le caractère intransigeant du principe de légalité », *in* Charles-Albert MORAND (dir.), *Figures de la légalité*, Actes du séminaire des 30 mai-1er juin 1990 organisé à Crans-sur-Sierre (Suisse), Paris, Publisud, coll. Droit public et institutions politiques, 1992, p.91-110.

MARCOU Gérard :

- « Régulation et service public. Les enseignements du droit comparé », *in* Gérard MARCOU, Franck MODERNE (dir.), *Droit de la régulation, service public et intégration régionale*, t.1 : *Comparaisons et commentaires*, Actes du colloque organisé les 29-30 avril 2004 à Paris par l'U.M.R. de droit comparé de l'Université de Paris I, Paris, L'Harmattan, coll. Logiques juridiques, 2005, p.11-63.
- « De l'idée de service public au service d'intérêt général », *in* Gérard MARCOU, Franck MODERNE (dir.), *L'idée de service public dans le droit des États de l'Union européenne*, Paris, L'Harmattan, coll. Logiques juridiques, 2001, p.365-411.
- « Gouverner les villes par le droit ? », *in* Centre universitaire de recherches administratives et politiques de Picardie, *La gouvernabilité*, Paris, P.U.F., 1996, p.174-205.
- « Le contrôle social de l'administration », *in* Guy BRAIBANT, Janusz LETOWSKI, Céline WIENER, *Le contrôle de l'administration en Europe de l'Est et de l'Ouest*, Paris, C.N.R.S., coll. des travaux de l'Institut de recherches juridiques comparatives, 1985, p.215-250.
- « Réflexions sur l'origine et l'évolution des droits de l'homme », *in Service public et Liberté. Mélanges en l'honneur de Robert-Edouard Charlier*, Paris, Emile-Paul, 1981, p.635-653.

MARSHALL Geoffrey, « Les règles constitutionnelles non écrites au Royaume-Uni », *in* Pierre AVRIL, Michel VERPEAUX (dir.), *Les règles et principes non écrits en droit public*, Actes du colloque des 28-29 mai 1998 organisé au Sénat par le Centre de droit et pratique constitutionnels de l'Université de Paris II et l'A.F.D.C., Paris, éd. Panthéon-Assas, coll. Droit public, 2000, p.101-106.

MARTY Gabriel, « La théorie de l'Institution », *in* Gabriel MARTY, Albert BRIMO (dir.), *La pensée du Doyen Maurice Hauriou et son influence*, Actes des journées Hauriou de mars 1968 organisées à Toulouse, Paris, A. Pédone, coll. Philosophie comparée du droit et de l'État, 1969, p.29-45.

MASSOT Jean, « Décisions non formalisées et contrôle du juge de l'excès de pouvoir », *in L'État de droit. Mélanges en l'honneur de Guy Braibant*, Paris, Dalloz, 1996, p.521-540.

MATHIEU Bertrand, « La sécurité juridique : un principe constitutionnel clandestin mais efficient », *in Mélanges Patrice Gélard. Droit constitutionnel*, Paris, Montchrestien, 1999, p.301-305.

MAZÈRES Jean-Arnaud, « La théorie de l'institution de Maurice Hauriou ou l'oscillation entre l'instituant et l'institué », *in Pouvoir et Liberté. Etudes offertes à Jacques Mourgeon*, Bruxelles, Bruylant, 1998, p.239-293.

MEHL-MIGNOT Henriette, « Approche des normes et hiérarchie des normes suivant les situations juridiques », *in* Danièle BOURCIER, Pierre MACKAY (dir.), *Lire le droit. Langue, texte, cognition*, Actes du séminaire des 28-30 octobre 1991 organisé à Paris par le Groupe de recherche informatique et droit de l'Université de Québec et le laboratoire informatique droit linguistique de Paris, Paris, L.G.D.J., coll. Droit et Société, n°3, 1992, p.335-342.

MEISSE Eric, « La démocratie administrative dans le traité établissant une Constitution pour l'Europe », *in* Vlad CONSTANTINESCO, Yves GAUTIER, Valérie MICHEL (dir.), *Le Traité établissant une Constitution pour l'Europe. Analyses et commentaires*, Strasbourg, P.U. de Strasbourg, coll. du Centre d'Etudes internationales et européennes de l'Université Robert Schuman, 2005, p.397-417.

MELLERAY Fabrice, « Les trois âges du droit administratif comparé ou comment l'argument de droit comparé a changé de sens en droit administratif français », *in* Fabrice MELLERAY (dir.), *L'argument de droit comparé en droit administratif français*, Actes du séminaire de recherche organisé dans le cadre de la semaine du droit comparé de l'Université de Bordeaux IV, Bruxelles, Bruylant, coll. Droit administratif, 2007, p.13-22.

MODERNE Franck :

- « Les usages de la notion de "régulation" dans le droit positif et la doctrine juridique des États de l'Union européenne », *in* Gérard MARCOU, Franck MODERNE (dir.), *Droit de la régulation, service public et intégration régionale*, t.1 : *Comparaisons et commentaires*, Actes du colloque organisé les 29-30 avril 2004 à Paris par l'U.M.R. de droit comparé de l'Université de Paris I, Paris, L'Harmattan, coll. Logiques juridiques, 2005, p.71-85.
- « La notion de service public (Servicio público) en Espagne », *in* Gérard MARCOU, Franck MODERNE (dir.), *L'idée de service public dans le droit des États de l'Union européenne*, Paris, L'Harmattan, coll. Logiques juridiques, 2001, p.313-363.
- « Les transpositions doctrinales de l'idée de service public », *in* Gérard MARCOU, Franck MODERNE (dir.), *L'idée de service public dans le droit des États de l'Union européenne*, Paris, L'Harmattan, coll. Logiques juridiques, 2001, p.9-81.

MOOR Pierre, « "Droit subjectif" et "sujet de droit" dans une théorie du droit comme processus », *in Etudes en l'honneur de Gérard Timsit*, Bruxelles, Bruylant, 2004, p.141-167.

MORAND Charles-Albert, « Régulation, complexité et pluralisme juridiques », *in Mélanges Paul Amselek*, Bruxelles, Bruylant, 2005, p.615-630.

MORVAN François, « Les aspects majeurs de la nouvelle gouvernance financière », *in* Michel BOUVIER (dir.), *Réforme des finances publiques, démocratie et bonne gouvernance*, Actes de la 1re Université de printemps de finances publiques organisée par le G.E.R.F.I.P., Paris, L.G.D.J., 2004, p.121-134.

PARTINGTON Martin, « La résolution des plaintes des citoyens. Les alternatives aux litiges. Le point de vue de la Common Law », *in* CONSEIL DE L'EUROPE, *Les solutions alternatives aux litiges entre les autorités administratives et les personnes privées : conciliation, médiation et arbitrage,* Actes de la conférence multilatérale du 31 mai au 2 juin 1999 à Lisbonne, Strasbourg, Conseil de l'Europe, 2000, p.59-75.

PAULIAT Hélène, « Justice, performance et qualité », *in Mélanges en l'honneur de Jean-François Lachaume. Le droit administratif : permanences et convergences*, Paris, Dalloz, 2007, p.821-845.
PEISER Gustave, « Le développement de l'application du principe de légalité dans la jurisprudence du Conseil d'État », *in Mélanges René Chapus. Droit administratif*, Paris, Montchrestien, 1992, p.517-529.
PETEV Valentin, « Vérité et justification en droit », *in Mélanges Paul Amselek*, Bruxelles, Bruylant, 2005, p.663-675.
PFERSMANN Otto :

- « Morale et Droit », *in* Denis ALLAND, Stéphane RIALS, *Dictionnaire de la culture juridique*, Paris, P.U.F., coll. Quadrige, série Dicos poche, 2003, p.1040-1046.
- « Hiérachie des normes », *in* Denis ALLAND, Stéphane RIALS, *Dictionnaire de la culture juridique*, Paris, P.U.F., coll. Quadrige, série Dicos poche, 2003, p.779-783.
- « Pour une typologie modale de classes de validité normative », *in* Jean-Luc PETIT (dir.), *La querelle des normes*, Caen, P.U. de Caen, coll. Cahiers de philosophie politique et juridique, n°27, 1995, p.69-113.

PHILIPPE Xavier, « Brèves réflexions sur le principe de proportionnalité en droit humanitaire », *in En hommage à Francis Delpérée. Itinéraire d'un constitutionnaliste*, Bruxelles, Bruylant, 2007, p.1183-1196.
PICARD Etienne :

- « Contre la théorie réaliste de l'interprétation juridique », *in* Gilles DARCY, Véronique LABROT, Mathieu DOAT (dir.), *L'office du juge*, Actes du colloque des 29-30 septembre 2006 organisé au Palais du Luxembourg, Sénat, Paris, Les colloques du Sénat, 2006, p.42-147.
- Modération de la 1re table ronde « Le droit comparé et la théorie juridique », *in* Jean DU BOIS DE GAUDUSSON (dir.), *Le devenir du droit comparé en France*, Actes de la journée d'études du 23 juin 2004 organisée par le Groupement de Droit Comparé à l'Institut de France, Aix-Marseille, P.U.A.M., 2005, p.48-50.
- « Démocraties nationales et justice supranationale : l'exemple européen », *in* Séverine BLONDEL, Norbert FOULQUIER, Luc HEUSCHLING (dir.), *Gouvernement des juges et démocratie*, Actes du séminaire international du 13 novembre 1998 au 28 mai 1999 à l'Université de Paris I, Publications de la Sorbonne, série Science politique n°3, 2001, p.211-241.
- « La notion de citoyenneté », *in* Yves MICHAUD (dir.), *Qu'est-ce que la société ?*, vol.3, Actes des conférences du 31 mars au 14 juin 2000 au Conservatoire national des arts et métiers, Paris, Odile Jacob, coll. Université de tous les savoirs, 2000, p.711-731.
- « "Science du droit" ou "doctrine juridique" », *in L'unité du Droit, Mélanges Drago*, Paris, Économica, 1996, p.119-171.
- « Article 12 », *in* Gérard CONAC, Marc DEBENE, Gérard TEBOUL (dir.), *La déclaration des droits de l'homme et du citoyen de 1789. Histoire, analyse et commentaires*, Paris, Économica, 1993, p.249-272.

- « Le pouvoir discrétionnaire en droit administratif français », *in* SOCIÉTÉ DE LÉGISLATION COMPARÉE, *11ème journée franco-latino-américaines*, 1989, vol.11, p.295-343.

PIEROT Robert, « Le médiateur, rival ou allié du juge administratif ? », *in Mélanges offerts à Marcel Waline,* t.2 : *Le juge et le droit public*, Paris, L.G.D.J., 1974, p.683-699.

PONTHOREAU Marie-Claire, « Le droit comparé et la théorie juridique », *in* Jean DU BOIS DE GAUDUSSON (dir.), *Le devenir du droit comparé en France*, Actes de la journée d'études du 23 juin 2004 organisée par le Groupement de Droit Comparé à l'Institut de France, Aix-Marseille, P.U.A.M., 2005, p.51-68.

PONTIER Jean-Marie :

- « Considérations générales sur les principes en droit », *in* Jean-Marie PONTIER (dir.), *Les principes et le droit*, Actes du colloque de mai 2006 organisé à Aix-en-Provence par l'École doctorale de science juridique et politique de l'Université Aix-Marseille III, Aix-Marseille, P.U.A.M., 2007, p.9-20.
- « De la théorie à la pratique du droit comparé », *in* Jean DU BOIS DE GAUDUSSON (dir.), *Le devenir du droit comparé en France*, Actes de la journée d'études du 23 juin 2004 organisée par le Groupement de Droit Comparé à l'Institut de France, Aix-Marseille, P.U.A.M., 2005, p.41-47.

PUISSOCHET Jean-Pierre, « "Vous avez dit confiance légitime ?" (le principe de confiance légitime en droit communautaire) », *in L'État de droit. Mélanges en l'honneur de Guy Braibant*, Paris, Dalloz, 1996, p.581-593.

RANGEON François, « Réflexions sur l'effectivité du droit », *in* C.U.R.A.P.P., *Les usages sociaux du droit*, Actes du colloque du 12 mai 1989 organisé à Amiens par le C.U.R.A.P.P., Paris, P.U.F., 1989, p.126-149.

RIALS Stéphane, « Les standards, notions critiques du droit », *in* Chaïm PERELMAN, Raymond VAN DER ELST (dir.), *Les notions à contenu variable en droit*, Bruxelles, Bruylant, coll. Travaux du Centre national de recherches de logique, 1984, p.39-53.

RIVERO Jean :

- « État de droit, État du droit », *in L'État de droit. Mélanges en l'honneur de Guy Braibant*, Paris, Dalloz, 1996, p.609-614.
- « Le juge administratif : gardien de la légalité administrative ou gardien administratif de la légalité ? », *in Mélanges offerts à Marcel Waline*, t.2 : Le juge et le droit public, Paris, L.G.D.J., 1974, p.701-717.
- « Hauriou et l'avènement de la notion de service public », *in L'évolution du droit public. Études en l'honneur d'Achille Mestre*, Paris, Sirey, 1956, p.462-471.

RODRIGUES Stéphane, « Apport(s) du droit communautaire au droit de la régulation des services publics », *in* Gérard MARCOU, Franck MODERNE (dir.), *Droit de la régulation, service public et intégration régionale*, t.1 : *Comparaisons et commentaires*, Actes du colloque organisé les 29-30 avril 2004 à Paris par l'U.M.R. de droit comparé de l'Université de Paris I, Paris, L'Harmattan, coll. Logiques juridiques, 2005, p.115-129.

ROBERT Jacques, « L'émergence de Médiateurs », *in* CENTRE FRANÇAIS DE DROIT COMPARÉ, CENTRE FRANÇAIS DE COMMERCE EXTÉRIEUR, *Les*

Médiateurs en France et à l'étranger, Actes du colloque du 17 novembre 2000, Paris, Société de législation comparée, 2001, p.9-13.

SARFATI Mario, « Le droit comparé dans son essence et dans son application », [trad : Pierre GARRAUD], *in Recueil d'études en l'honneur d'Edouard Lambert. Introduction à l'étude du droit comparé*, Paris, L.G.D.J., 1938, p.61-65.

SCHRAMECK Olivier, « Quelques observations sur le principe du contradictoire », *in L'État de droit. Mélanges en l'honneur de Guy Braibant*, Paris, Dalloz, 1996, p.629-639.

SEFTON-GREEN Ruth, « Les genèses de l'équité dans le Common law », *in* CENTRE D'ÉTUDE DES DROITS DU MONDE ARABE, SOCIÉTÉ DE LÉGISLATION COMPARÉE, *L'équité ou les équités. Confrontation occident et monde arabe*, Actes du colloque des 3-4 octobre 2002, Paris, Société de législation comparée, 2004, p.65-77.

SIMON Denys :

- « Le principe de "bonne administration" ou la "bonne gouvernance" concrète », *in Le droit de l'Union européenne en principes. Liber amicorum en l'honneur de Jean Raux*, Rennes, Apogée, 2006, p.155-176.
- « Article II-101 », *in* Laurence BURGORGUE-LARSEN, Anne LEVADE, Fabrice PICOD, *Traité établissant une Constitution pour l'Europe. Commentaire article par article*, t.2, Bruxelles, Bruylant, 2005, p.524-537.

SÖDERMAN Jacob [interventions disponibles sur : www. ombudsman.europa.eu/press/ home.faces] :

- « Discours du Médiateur européen à la Convention européenne », 27-28 février 2003, Bruxelles.
- « La Charte des droits fondamentaux de l'Union européenne », Actes du 2e Congrès statutaire de l'A.O.M.F., 14-18 octobre 2001, Andorre.
- « Le droit fondamental à une bonne administration », *in Le rôle du Médiateur dans un monde en transition*, 28 mai 2001, Majorque.

SORACE Domenico, « Régulation, besoins collectifs et concurrence », *in* Gérard MARCOU, Franck MODERNE (dir.), *Droit de la régulation, service public et intégration régionale*, t.1 : *Comparaisons et commentaires*, Actes du colloque organisé les 29-30 avril 2004 à Paris par l'U.M.R. de droit comparé de l'Université de Paris I, Paris, L'Harmattan, coll. Logiques juridiques, 2005, p.87-96.

STIRN Bernard, « Le Conseil d'État, régulateur de l'appareil administratif », *in* Michel MIAILLE (dir.), *La régulation entre droit et politique*, Actes du colloque des 1er-2 octobre 1992 organisé à l'Université de Montpellier I par le Centre d'études et de recherches sur la théorie de l'État, Paris, L'Harmattan, coll. Logiques juridiques, 1995, p.129-143.

SUGIYAMA Naojro, « Essai d'une conception synthétique du droit comparé », *in Recueil d'études en l'honneur d'Edouard Lambert. Introduction à l'étude du droit comparé*, Paris, L.G.D.J., 1938, p.50-60.

TANQUEREL Thierry, « La bonne administration au service de la bonne gouvernance : entre garantie des droits individuels et mise en œuvre des choix démocratiques », *in* CONSEIL DE L'EUROPE, *À la recherche d'une bonne administration*, Actes de la conférence des 29-30 novembre 2007 organisée à la Faculté de Droit de Varsovie, Strasbourg, 10 janvier 2008 [non publié], DA/ba/Conf (2007) 6 f.

TIMSIT Gérard :

- « Régulation et théorie du droit », *in* Gérard MARCOU, Franck MODERNE (dir.), *Droit de la régulation, service public et intégration régionale*, t.1 : *Comparaisons et commentaires*, Actes du colloque organisé les 29-30 avril 2004 à Paris par l'U.M.R. de droit comparé de l'Université de Paris I, Paris, L'Harmattan, coll. Logiques juridiques, 2005, p.249-257.
- « Les concepts de l'administration publique et la langue française », *in Droit public. Etudes en l'honneur de Georges Dupuis*, Paris, L.G.D.J., 1997, p.289-299.
- « Eléments pour une analyse des systèmes d'administration publique : le cas de l'administration du développement », *in Recueil d'Etudes en hommage à Charles Eisenmann*, Paris, Cujas, 1975, p.157-175.

TINC Mehmet, « L'article I-9 du Traité établissant une Constitution pour l'Europe », *in* Vlad CONSTANTINESCO, Yves GAUTIER, Valérie MICHEL (dir.), *Traité établissant une Constitution pour l'Europe. Analyses et commentaires*, Strasbourg, P.U. de Strasbourg, coll. du Centre d'études internationales et européennes de l'Université Robert Schuman, 2005, p.349-361.

TROPER Michel, PFERSMANN Otto, « Existe-t-il un concept de gouvernement des juges ? », *in* Séverine BLONDEL, Norbert FOULQUIER, Luc HEUSCHLING (dir.), *Gouvernement des juges et démocratie*, Actes du séminaire international du 13 novembre 1998 au 28 mai 1999, Université de Paris I, Publications de la Sorbonne, série Science politique n°3, 2001, p.21-62.

TRUCHET Didier, « Quelques remarques sur la doctrine en droit administratif », *in Mélanges Paul Amselek*, Bruxelles, Bruylant, 2005, p.769-777.

TUNC André, « Standards juridiques et unification du droit », *in Livre du centenaire de la Société de législation comparée*, t.2, Paris, L.G.D.J., [R.I.D.C., n° spécial], 1971, p.105-144.

VAN DE KERCHOVE Michel, « La pyramide est-elle toujours debout ? », *in Mélanges Paul Amselek*, Bruxelles, Bruylant, 2005, p.471-479.

VENEZIA Jean-Claude, « Le principe d'adaptation », *in* CENTRE DE FORMATION PERMANENTE DE L'UNIVERSITÉ DE PARIS II, *Clés pour le Siècle*, Paris, Dalloz, 2000, p.1662-1675.

VILLEY Michel, « Le droit dans les choses », *in* Paul AMSELEK, Christophe GRZEGORCZYK (dir.), *Controverses autour de l'ontologie du droit*, Actes du colloque des 26-27 mai 1988 organisé à Paris par le Centre de philosophie du droit de l'Université de Paris I et le Center for criminology and the social and philosophical study of law de l'Université d'Edimbourg, Paris, P.U.F., coll. Questions, 1989, p.11-26.

WACHSMANN Patrick, « Sur la clarté de la loi », *in Mélanges Paul Amselek*, Bruxelles, Bruylant, 2005, p.809-830.

WALINE Marcel, « Empirisme et conceptualisme dans la méthode juridique : faut-il tuer les catégories juridiques ? », *in Mélanges en l'honneur de Jean Dabin*, t.1 : *Théorie générale du droit*, Paris, Sirey, 1963, p.359-371.

ZOLLER Elisabeth, « *Due Process of Law* et principes généraux du droit », *in Mélanges en l'honneur de Benoît Jeanneau. Les mutations contemporaines du droit public*, Paris, Dalloz, 2002, p.235-247.

<u>*Sources en langue espagnole*</u>

ASTARLOA VILLENA Francisco, « El Defensor del Pueblo y el control de la Administración pública », *in* José ASENSI SABATER (dir.), *Ciudadanos e instituciones en el constitucionalismo actual*, Valence, Tirant lo Blanch, 1997, p.835-841.

BAR CENDON Antonio, « El Defensor del Pueblo en el ordenamiento español », *in* Manuel RAMIREZ JIMENEZ (dir.), *El desarollo de la Constitucion española de 1978*, Zaragoze, Libros Pórtico, coll. Ciencia Política, 1982, p.299-356.

BASSOLS COMA Martín, « El principio de buena administración y la función fizcalizadora del Tribunal de Cuentas », *in* DIRECCIÓN GENERAL DE LO CONTENCIOSO DEL ESTADO, *El Tribunal de Cuentas en España*, Actes du colloque des 25-29 mai 1981, vol.1, Madrid, Instituto de Estudios fiscales, coll. Estudios jurídicos n°7, 1982, p.261-286.

CENTRO DE ESTUDIOS CONSTITUCIONALES, DIRRECIÓN GENERAL DE ORDENACIÓN Y DESARROLLO ADMINISTRATIVO, *El Defensor del Pueblo y la Administración*, Actes de la table ronde des 1er, 2 et 6 juillet 1981, Madrid, Servicio Central de Publicaciones, coll. Actas y Documentos, n°17, 122p.

CHINCHILLA MARÍN Carmen, « El servicio público, una amenaza o una garantia para los derechos fundamentales ? Reflexiones sobre el caso de la television », *in* Sebastián MARTÍN RETORTILLO BAQUER (coord.), *Estudios sobre la Constitución española, Homenaje al Profesor Eduardo García de Enterría*, t.2, Madrid, Civitas, 1991, p.943-972.

DIAMANDOUROS Nikiforos, « La defensa y protección de los derechos humanos fundamentales en la Unión Europea », Université d'été des Baléares, 5 septembre 2005, Eivissa, [disponible sur : <u>www.ombudsman.europa.eu/press/home.faces</u>].

FERNÁNDEZ RODRÍGUEZ Tomás-Ramón, « Los principios constitucionales del Procedimiento administrativo », *in* DIRECCIÓN GENERAL DEL SERVICIO JURÍDICO DEL ESTADO, *Gobierno y Administración en la Constitución*, Actes du colloque des 19-22 mai 1986, vol.1, Madrid, Instituto de estudios fiscales, 1988, p.99-141.

FERNÁNDEZ-VALMAYOR José Luis Carro, « Defensor del Pueblo y administración pública », *in* Sebastián MARTÍN-RETORTILLO-BAQUER (coord.), *Estudios sobre la Constitución española, Homenaje al Profesor Eduardo Garcia de Enterria*, t.3, Madrid, Civitas, 1991, p.2669-2695.

GALERA RODRIGO Susana, « El derecho a una buena administración », *in* Enrique ÁLVAREZ CONDE, Vicente GARRIDO MAYOL (dir.), *Comentarios a la Constitución europea*, t.2, Valence, Tirant lo Blanch, 2004, p.1441-1465.

GIL-ROBLES Y GIL-DELGADO Álvaro, « La filosofia del defensor del Pueblo », *in* Paloma BIGLINO CAMPOS (coord.), *El Procurador del Común. Defensor del Pueblo y Comunidades Autónomas*, Actes des journées d'études des 27-28 octobre 1994, Valladolid, Cortes de Castilla y León, 1995, p.21-36.

GÓMEZ-POMAR RODRÍGUEZ Julio, « ¿ Se puede medir la eficiencia de las administraciones públicas ? », *in* Manuel BALMASEDA Y MELGUIZO (et al.), *La administración pública que España necesita*, Madrid, Círculo de Empresarios, coll. Libro Marrón, 2007, p.125-145.

GÓMEZ PUENTE Marcos, « Defensor del Pueblo y administración tributaria », *in Escritos jurídicos en memoria de Luis Mateo Rodríguez*, t.1, Santander, Université de Cantabria, 1993, p.219-250.

MADRAZO Jorge, « Ombudsman y protección a los derechos a la vida y a la integridad personal », *in Héchor Gros Espiell, Amicorum Liber*, vol.1, Bruxelles, Bruylant 1997, p.711-728.

MALARET I GARCIA Elisenda :

- « Administración pública y regulación económica », *in* ASSOCIATION ESPAGNOLE DE PROFESSEURS DE DROIT ADMINISTRATIF, *La Autonomía municipal. Administración y regulación económica*, 7ème congrès des 9-10 octobre 2007, Madrid, Thomson-Aranzadi, 2007, p.127-160.
- « Regulación económica : su instrumentación normativa (El lugar de la ley en el Estado regulador, la experiencia reciente española », *in Homenaje al Profesor Javier Salas Hernández. Fuentes del Derecho. Derecho Privado y Constitución*, Madrid, Centro de estudios políticos y constitucionales, janvier-décembre 2003, vol.11, n°17, p.327-360.
- « Autoridades independientes y Justicia administrativa », *in* María Jesús MONTORO CHINER (coord.), *La justicia administrativa. Libro Homenaje al Professor Dr. D. Rafael Entrena Cuesta*, Barcelone, Atelier, 2003, p.745-768.
- « El Derecho a la Administración Pública : Derecho público y Derecho privado ; la relevancia de los principios constitucionales », *in* INSTITUT D'ESTUDIS AUTONÒMICS, GABINET DE JURÍDIC CENTRAL, *Derecho público y Derecho privado en la actuación de la Administración Pública*, Actes du séminaire organisé le 7 mai 1997 à Barcelone, Barcelone, Marcial Pons, p.9.
- « Los principos del procedimiento administrativo y el responsable del procedimiento, *in* Joaquín TORNO MAS (dir.), *Administración Pública y Procedimiento Administrativo, Comentarios a la Ley 30/1992*, Barcelone, Bosch, 1994, p.301-336.

MARTÍN REBOLLO Luis, « Nuevos planteamientos en materia de responsabilidad de las administraciones públicas », *in* Sebastián MARTÍN RETORTILLO BAQUER (coord.), *Estudios sobre la Constitución española, Homenaje al Profesor Eduardo García de Enterría*, t.3, Madrid, Civitas, 1991, p.2785-2826.

MARTÍN RETORTILLO BAQUER Lorenzo, « Dos notas sobre la Carta », *in* Eduardo GARCÍA DE ENTERRÍA (dir.), *La encrucijada constitucional de la Unión europea*, Madrid, Civitas, p.183-197.

MONTORO CHINER Maria Jesús, « Calidad formal y material de la Ley 30/1992, de régimen jurídico de las administraciones públicas y del procedimiento administrativo común », *in* Joaquín TORNO MAS (dir.), *Administración Pública y Procedimiento Administrativo, Comentarios a la Ley 30/1992*, Barcelone, Bosch, 1994, p.27-34.

SÁINZ MORENO Fernando, « Secreto e información en el derecho público », *in* Sebastián MARTÍN-RETORTILLO BAQUER (coord.), *Estudios sobre la Constitución española, Homenaje al Profesor Eduardo Garcia de Enterria*, t.3, Madrid, Civitas, 1991, p.2863-2981.

URÍA FERNÁNDEZ Francisco, « El buen gobierno en al ámbito del sector público. Una reflexión jurídica », *in* Manuel BALMASEDA y MELGUIZO (et al.),

La administración pública que España necesita, Madrid, Círculo de Empresarios, coll. Libro Marrón, 2007, p.329-361.
VADRÍ FORTUNY Teresa, PONCE SOLÉ Julio, « La nueva posición de los ciudadanos en sus relaciones con la Administración pública », *in* Joaquín TORNO MAS (dir.), *Administración Pública y Procedimiento Administrativo, Comentarios a la Ley 30/1992*, Barcelone, Bosch, 1994, p.121-153.

Sources en langue anglaise

ABEL Albert S., « Commonwealth Constitutional Complications », *in* Donald C. ROWAT, *The Ombudsman: citizen's defender*, 2e éd., Londres, George Allen & Unwin, 1968, p.281-287.
ARVIDSSON Göran, « Performance Evaluation », *in* Franz-Xaver KAUFMANN (et al.), *Guidance, Control, and Evaluation in the Public Sector*, Berlin, Walter de Gruyter, coll. Studies in organization, 1986, p.625-643.
AUSTIN Rodney :

- « The Freedom of Information Act 2000-a Sheep in Wolf's Clothing? », *in* Jeffrey JOWELL, Dawn OLIVER (dir.), *The Changing Constitution*, 5e éd., Oxford, Oxford University Press, 2004, p.401-415.
- « Administrative Law's Reaction to the Changing Concepts of Public Service », *in* Peter LEYLAND, Terry WOODS, *Administrative Law Facing the Future*, Londres, Blackstone Press, 1997, p.1-34.

AZOULAY Loïc, « The Judge and the Community's Administrative Governance », *in* Christian JOERGES, Renaud DEHOUSSE (dir.), *Good governance in Europe's Integrated Market*, Oxford, Oxford University Press, 2002, p.109-137.
BARBIER Jean-Claude, « Devising and Using Evaluation Standards: the French Paradox », *in* Robert SCHWARTZ, John MAYNE, *Quality Matters. Seeking Confidence in Evaluating, Auditing, and Performance Reporting*, New Brunswick, Transaction Publishers, coll. Comparative Policy Evaluation, 2005, p.21-39.
BELL John S., « Comparative Administrative Law », *in* Mathias REIMANN, Reinhard ZIMMERMANN (dir.), *The Oxford Handbook of Comparative Law*, Oxford, Oxford University Press, 2006, p.1260-1286.
BEMELMANS-VIDEC M.L., « Guidelines and Standards: Assuring the Quality of Evaluation and Audit Practice by Instruction », *in* Robert SCHWARTZ, John MAYNE, *Quality Matters. Seeking Confidence in Evaluating, Auditing, and Performance Reporting*, New Brunswick, Transaction Publishers, coll. Comparative Policy Evaluation, 2005, p.145-169.
BRENNAN Gerard, « The Purpose and Scope of Judicial Review », *in* Michael TAGGART (dir.), *Judicial Review of Administrative Action in the 1980s*, Actes du colloque des 20-21 février 1986 à Auckland, Oxford University Press, 1986, p.18-35.
BROWN Paul, « The Ombudsmen: Remedies for Misinformation », *in* Genevra RICHARDSON, Hazel GENN (dir.), *Administrative Law and Government Action*, Oxford, Clarendon Press, 1994, p.309-337.
CANE Peter, « Understanding Judicial Review and its Impact », *in* Marc HERTOGH, Simon HALLIDAY, *Judicial Review and Bureaucratic Impact*,

Cambridge, Cambridge University Press, coll. Cambridge Studies in Law and Society, 2004, p.15-42.

CHAPMAN Richard Arnold, « Ethics in Public Service », *in* Richard Arnold CHAPMAN (dir.), *Ethics in Public Service*, Edinburgh, Edinburgh University Press, 1993, p.155-171.

CHRISTIE George C., « Due Process of Law-a Confused and Confusing Notion », *in* Chaïm PERELMAN, Raymond VAN DER ELST (dir.), *Les notions à contenu variable en droit*, Bruxelles, Bruylant, coll. Travaux du Centre national de recherches de logique, 1984, p.157-179.

CLAPINSKA Lydia, Lord J. LESTER OF HERNE HILL Q.C., « Human Rights and the British Constitution », *in* Jeffrey JOWELL, Dawn OLIVER (dir.), *The Changing Constitution*, 5e éd., Oxford, Oxford University Press, 2004, p.62-87.

COTTERRELL Roger, « Comparative Law and Legal Culture », *in* Mathias REIMANN, Reinhard ZIMMERMANN (dir.), *The Oxford Handbook of Comparative Law*, Oxford, Oxford University Press, 2006, p.710-737.

CRAIG Paul, « Law, Fact and Discretion in the UK, EU and the USA », *in Droit administratif comparé, européen et global,* 7ème session : *Le traitement du droit et du fait dans le contentieux administratif en droit administratif comparé et européen*, Séminaire organisé le 14 décembre 2007 à l'Institut d'Etudes politiques de Paris par la Chaire « Mutations de l'action publique et du droit public », [non publié].

CRANSTON Ross, « Reviewing Judicial Review », *in* Genevra RICHARDSON, Hazel GENN (dir.), *Administrative Law and Government Action*, Oxford, Clarendon Press, 1994, p.45-80.

CURTIN Deirdre, « Constitutionalism in the European Community. The Right to Fair Procedures in Administrative Law », *in* James O'REILLEY (coord.), *Human Rights and Constitutional Law. Essays in Honour of Brian Walsh*, Dublin, Round Hall Press, 1992, p.293-317.

DANNEMANN Gerhard, « Comparative Law: Study of Similarities or Differences? », *in* Mathias REIMANN, Reinhard ZIMMERMANN (dir.), *The Oxford Handbook of Comparative Law*, Oxford, Oxford University Press, 2006, p.383-419.

DIAMANDOUROS Nikiforos [Interventions non publiées mais disponibles sur : www. Ombudsman.europa.eu/press/home.faces] :

- « The Relationship between the Principle of Good Administration and Legal Obligations », *in Liber Amicorum en l'honneur de Bo Vesterdorf*, Bruxelles, Bruylant, 2007, p.315-341.
- « Human Rights and non-Judicial Remedies. The European Ombudsman's Perspective », 30 novembre 2005, Londres, London School of Economics and Political Science.
- « Respect for Fundamental and Human Rights by the European Administration: Standards and Remedies », 6 juin 2005, Cracovie.
- « The European Ombudsman. Origins, Establishment, Evolution », 10e anniversaire, 2005, Luxembourg.
- « The European Ombudsman: the Guardian of Good Administration », 8 octobre 2004, Athènes.

DÍEZ BUESO Laura, « Spain's Parliamentary Ombudsman Scheme », *in* Roy GREGORY, Philip GIDDINGS, (dir.), *Righting wrongs. The Ombudsman in six Continents,* Amsterdam, I.O.S. Press, 2000, p.323-338.

EDELSTAM Gunilla, « The Duty to Investigate and the Burden of Proof » *in Problèmes de procédure administrative non contentieuse*, Table ronde organisée le vendredi 13 mars 2009 à l'Institut d'Etudes politiques de Paris par la Chaire « Mutations de l'Action Publique et du Droit Public », [non publié].

ELCOCK Howard, « What Price Citizenship? Public Management and the Citizen's Charter », *in* J.A. CHANDLER (dir.), *The Citizen's Charter*, Aldershot, Dartmouth, 1996, p.24-39.

FAUVARQUE-COSSON Bénédicte, « Development of Comparative Law in France » *in* Mathias REIMANN, Reinhard ZIMMERMANN (dir.), *The Oxford Handbook of Comparative Law*, Oxford, Oxford University Press, 2006, p.36-67.

FORDHMAN Michael, « Surveying the Grounds : Key Themes in Judicial Intervention », *in* Peter LEYLAND, Terry WOODS, *Administrative Law Facing the Future*, Londres, Blackstone Press, 1997, p.184-199.

GIDDINGS Philip, « The Future of the Ombudsman », *in* Roy GREGORY, Philip GIDDINGS (dir.), *Righting wrongs. The Ombudsman in six Continents,* Amsterdam, I.O.S. Press, 2000, p.459-471.

GIDDINGS Philip, SLADECEK Vladimir, DIEZ BUESO Laura, « The Ombudsman and Human Rights », *in* Roy GREGORY, Philip GIDDINGS (dir.), *Righting wrongs. The Ombudsman in six Continents,* Amsterdam, I.O.S. Press, 2000, p.441-457.

GOTTEHRER Dean M., HOSTINA Michael, « The Classical Ombudsman Model », *in* Roy GREGORY, Philip GIDDINGS (dir.), *Righting wrongs. The Ombudsman in six Continents,* Amsterdam, I.O.S. Press, 2000, p.403-414.

GREGORY Roy, GIDDINGS Philip, « The United Kingdom Parliamentary Ombudsman Scheme », *in* Roy GREGORY, Philip GIDDINGS (dir.), *Righting wrongs. The Ombudsman in six Continents,* Amsterdam, I.O.S. Press, 2000, p.21-45.

HELLSTERN Gerd-Michael, « When Courts Intervene: Judicial Control in a Comparative Institutional Perspective », *in* Franz-Xaver KAUFMANN (et al.), *Guidance, Control, and Evaluation in the Public Sector*, Berlin, Walter de Gruyter, coll. Studies in Organization, 1986, p.663-689.

HERTOGH Marc, « The National Ombudsman of the Netherlands », *in* Roy GREGORY, Philip GIDDINGS, (dir.), *Righting wrongs. The Ombudsman in six Continents,* Amsterdam, I.O.S. Press, 2000, p.273-284.

HOLMGREN Kurt, « The need for an Ombudsman too », *in* Donald C. ROWAT, *The Ombudsman: citizen's defender*, 2e éd., Londres, George Allen & Unwin, 1968, p.225-230.

HUNT Michael, « Accountability, Openness and the Citizen's Charter », *in* J.A. CHANDLER (dir.), *The Citizen's Charter*, Aldershot, Dartmouth, 1996, p.55-66.

KERNAGHAN Kenneth, « Promoting Public Service Ethics: the Codification Option », *in* Richard Arnold CHAPMAN (dir.), *Ethics in Public Service*, Edimbourg, Edinburgh University Press, 1993, p.15-29.

LEOPOLD Patricia, « Standards of Conduct in Public Life », *in* Jeffrey JOWELL, Dawn OLIVER (dir.), *The Changing Constitution*, 5e éd., Oxford, Oxford University Press, 2004, p.416-437.
MORRIS D.S., HAIGH R.H., « The Citizen's Charter and Quality Management: Harmony or Discord? », *in* J.A. CHANDLER (dir.), *The Citizen's Charter*, Aldershot, Dartmouth, 1996, p.67-84.
POLLITT Christopher (et al.), « Conclusions », *in* Christopher POLLITT, Sandra VAN THIEL, Vincent HOMBURG, *New Public Management in Europe. Adaptation and Alternatives*, Basingstocke, Palgrave Macmillan, 2007, p.196-204.
QUESTIAUX Nicole, « Countries with a system of administrative Courts », *in* Donald C. ROWAT, *The Ombudsman: Citizen's Defender*, 2e éd., Londres, George Allen & Unwin, 1968, p.217-225.
REIF Linda C., « The Promotion of the International Human Rights Law by the Office of the Ombudsman », *in* Linda C. REIF (dir.), *The International Ombudsman anthology,* La Haye, Kluwer Law International, 1999, p.271-315.
RICHARDSON Genevra, « Impact Studies in the United Kingdom », *in* Marc HERTOGH, Simon HALLIDAY, *Judicial Review and Bureaucratic Impact*, Cambridge, Cambridge University Press, coll. Cambridge Studies in Law and Society, 2004, p.103-128.
SÖDERMAN Jacob :

- « The Convention, the Charter and the Remedies », *in* CENTRE DE POLITIQUE EUROPÉENNE, *EPC Dialogue: The Convention and the Charter of Fundamental Rights,* 25 février 2003, Bruxelles [intervention non publiée mais disponible sur : www.ombudsman.europa.eu/press/home.faces].
- « Access to documents of the EU Institutions: the Key to a more Democratic and Efficient Union », *in* Actes du séminaire organisé le 18 septembre 2000 à Bruxelles par le Comité du Parlement européen relatif aux libertés et droits des citoyens, à la justice et aux affaires intérieures, [en ligne].

VAN DER MEER Frans-Bauke, « New Public Management and Evaluation », *in* Christopher POLLITT, Sandra VAN THIEL, Vincent HOMBURG, *New Public Management in Europe. Adaptation and Alternatives*, Basingstocke, Palgrave Macmillan, 2007, p.165-180.
VAN GUNSTEREN Herman R., « The Ethical Context of Bureaucracy and Performance Analysis », *in* Franz-Xaver KAUFMANN (et al.), *Guidance, Control, and Evaluation in the Public Sector*, Berlin, Walter de Gruyter, coll. Studies in Organization, 1986, p.265-278.
ZACKS Michael, « Administrative Fairness in the Investigative Process », *in* Linda C. REIF (dir.), *The International Ombudsman anthology,* La Haye, Kluwer Law International, 1999, p.553-594.
ZWART Tom, « Good governance as a Legal Concept with a Bite » *in Problèmes de procédure administrative non contentieuse*, Table ronde organisée le vendredi 13 mars 2009 à l'Institut d'Etudes politiques de Paris par la Chaire « Mutations de l'Action Publique et du Droit Public », [non publié].

<u>*Source en langue italienne*</u>

BIFULCO Raffaele, « Art. 41. Diritto ad buona amministrazione », *in* Raffaele BIFULCO, Marta CARATABIA, Alfonso CELOTTO, *L'Europa dei diritti. Commento alla Carta dei diritti fondamentali dell'Unione Europea*, Bologne, Il Mulino, 2001, p.284-293.

§4. ARTICLES DE PÉRIODIQUES

<u>*Sources en langue française*</u>

AMIEL Hubert-Claude, « L'examen particulier des circonstances. Contribution à l'étude du contrôle du pouvoir discrétionnaire par le juge administratif français dans la jurisprudence récente du Conseil d'État », *Revue de droit prospectif*, juillet-décembre 1978, n°6, p.25-52.

AMSELEK Paul :

- « Le droit, technique de direction publique des conduites humaines », *Droits : revue française de théorie juridique*, 1989, n°10 : Définir le droit, p.7-10.
- « Norme et loi », *Archives de Philosophie du Droit*, 1980, vol.25 : *La loi*, p.4-107.
- « Réflexions critiques autour de la conception kelsénienne de l'ordre juridique », *R.D.P.*, janvier-février 1978, n°1, p.5-19.

AMSON Daniel, « L'institution du médiateur : un coup d'épée dans l'eau », *J.C.P.*, 1973, I, n°2547.

ARNAUD André-Jean, « Essai d'une définition stipulative du droit », *Droits : revue française de théorie juridique*, 1989, n°10 : *Définir le droit*, p.11-14.

ATIAS Christian, LINOTTE Didier, « Le mythe de l'adaptation du droit au fait », *Recueil Dalloz*, 1977, I, doct., p.251-258.

AUBY Jean-Marie, « L'obligation gouvernemantale d'assurer l'exécution des lois », *J.C.P.*, 1953, n°1080.

AUBY Jean-Bernard, DUTHEIL DE LA ROCHÈRE Jacqueline, « À propos de la notion de droit administratif européen », *R.F.A.P.*, varia 2007, n°123, p.373-385.

AULUCK Randhir K., « La fonction de Directeur des ressources humaines : un statut ambigu dans le service public britannique », *R.I.S.A.*, mars 2006, vol.72, n°1, p.29-44.

BARTHÉLEMY Joseph, « De la liberté du gouvernement à l'égard des lois dont il est chargé d'assurer l'application », *R.D.P.*, 1907, vol.14, p.295-311.

BAX Cees J., « Droit administratif-Pays-bas », *R.E.D.P.*, été 1989, vol.1, n°1, p.119-130.

BELL John, « La jurisprudence vue par un juriste anglais », *R.A.*, 2000, n°3 : *Colloque du deuxième centenaire du Conseil d'État français*, p.65-69.

BERLIA Georges, « Le vice de forme et le contrôle de la légalité des actes administratifs », *R.D.P.*, 1940, vol.47, p.370-401.

BLAEVOET Charles :

- « La place du normal et de l'anormal dans le droit », *Gazette du Palais*, 1966, 1er semestre, doct., p.65-68.
- « De l'anormal devant les Hautes juridictions civile et administrative », *J.C.P.*, 1946, I, n°560.

BOBBIO Noberto, « Le bon législateur », *Logique et Analyse*, mars-juin 1971, vol.14 : *La justification de la décision*, p.243-249.

BOCKEL Alain, « Contribution à l'étude du pouvoir discrétionnaire de l'administration », *A.J.D.A.*, 20 juillet-20 août 1978, p.355-370.

BONNARD Roger :

- « Les droits publics subjectifs des administrés », *R.D.P.*, 1932, vol.49, p.695-728.
- « La conception juridique de l'État », *R.D.P.*, 1922, vol.39, p.6-57.

BOUCHARD Jean-Claude, « La note 442 du 28 mars 1928, un retour vers le futur ? Des principes de bonne administration, de sécurité juridique, de confiance légitime… », *Revue de droit fiscal*, 17 mai 2007, n°20, p.10-16.

BOULOIS Jean, « Supprimer le droit administratif ? », *Pouvoirs*, 1988, n°46, p.5-12.

BOUMAKANI Benjamin, « La médiation dans la vie administrative », *R.D.P.*, mai-juin 2003, n°3, p.863-888.

BRAIBANT Guy :

- « Nouvelles réflexions sur les rapports du droit et de l'équité », *R.F.A.P.*, octobre-décembre 1992, n°64 : Médiateurs et Ombudsmans, p.687-691.
- « Les rapports du médiateur et du juge administratif », *A.J.D.A.*, 20 juin 1977, vol.33, n°6, p.283-288.

BREEN Emmanuel, « Le pouvoir discrétionnaire en droit administratif anglais », *R.F.D.A.*, novembre-décembre 2003, n°6, p.1159-1174.

BRIMO Albert, « Le doyen Maurice Hauriou et l'État », *Archives de Philosophie du droit*, 1976, n°21 : *Genèse et déclin de l'État*, p.99-110.

BURDEAU Georges, « Essai sur l'évolution de la notion de loi en droit français », *Archives de Philosophie du droit et de sociologie juridique*, 1939, vol.9, n°1-2, p.7-55.

CAILLOSSE Jacques :

- « La "conscience professionnelle" de l'agent public entre rappels à l'ordre statutaire et exigences manageriales ? », *R.A.*, juillet 2003, vol.56, n°334, p.350-361.
- « Sur les modes de règlement non juridictionnel des conflits internes à l'administration. Ébauche d'une problématique », *A.J.D.A.*, 5 mai 2003, n°17, p.880-887.
- « Les figures croisées du juriste et du manager dans la politique française de réforme de l'État », *R.F.A.P.*, 2003, n°105-106, p.121-134.
- « *Quel* Droit administratif *enseigner* aujourd'hui ? », *R.A.*, septembre-octobre 2002, vol.55, n°329, p.343-358 ; p.454-472.
- « Le droit administratif contre la performance publique ? », *A.J.D.A.*, 20 mars 1999, n°3, p.195-211.

CARBONNIER Jean, « Effectivité et ineffectivité de la règle de droit », *L'année sociologique*, 1957-1958, 3e série, p.3-17.

CARPANO Eric, « Le droit administratif français est-il perméable à la bonne foi ? », *Droit administratif*, janvier 2005, n°1, p.10-17.

CATHERINE Robert, THUILLIER Guy, « Morale et administration. Du bon sens », *R.A.*, juillet-août 1974, n°160, p.324-327.

CHABANOL Daniel, « Les chambres régionales des comptes, un autre juge de la légalité ? », *Revue française de Finances Publiques*, février 2004, n°85, p.51-58.

CHAPUS René, « Georges Vedel et l'actualité d'une "notion fonctionnelle" : l'intérêt d'une bonne administration de la justice », *R.D.P.*, janvier-février 2003, t.119, n°1, p.3-17.

CHAPUISAT Louis-Jérôme, « Le Médiateur français ou l'Ombudsman sacrifié », *R.I.S.A.*, 1974, n°2, p.109-129.

CHARLIER Robert-Édouard :

- « Introduction », *R.F.A.P.*, janvier-mars 1988, n°45 : *La Maladministration. Témoignages-Illustrations-Réponses*, p.7-8.
- « La technique de notre droit public est-elle appropriée à sa fonction ? », *E.D.C.E.*, 1951, n°5, p.32-63.

CHENOT Bernard, « L'existentialisme et le Droit », *Revue française de science politique*, janvier-mars 1953, vol.3, n°1, p.57-68.

CHEVALLIER Jacques :

- « Doctrine juridique et science juridique », *Droit et société*, 2002, n°50, p.103-119.
- « La dimension symbolique du principe de légalité », *R.D.P.*, juillet-août 1990, n°4, p.1652-1675.
- « Droit, ordre, institution », *Droits : revue française de théorie juridique*, 1989, n°10 : *Définir le droit*, p.19-22.
- « Le discours de la qualité administrative », *R.F.A.P.*, avril-juin 1988, n°46, p.287-309.

CHEVALLIER Jacques, LOSCHAK Danièle, « Rationalité juridique et rationalité managériale dans l'administration française », *R.F.A.P.*, octobre-décembre 1982, n°24, p.53-94.

CHRÉTIEN Patrice, « 1973-1983, Dix ans de médiation », *R.D.P.*, septembre-octobre 1983, vol.99, n°5, chron., p.1259-1311.

COLIN Frédéric, « De la courtoisie dans le service public », *Actualité juridique-fonctions publiques*, mars-avril 2006, n°2, p.60-64.

COSTA Jean Paul :

- « Le Médiateur peut-il être autre chose qu'une autorité administrative indépendante ? », *A.J.D.A.*, 20 mars 1987, n°3, p.341-344.
- « Le médiateur et la section du rapport et des études du Conseil d'État », *R.A.*, novembre-décembre 1985, n°228, p.543-546.

DAUCHY José-Manuel, « Mutabilité du service public et droits des usagers », *L.P.A.*, 17 décembre 2003, n°251, p.8-16.

DE WACHTER Kristien, « Le médiateur européen et la Cour de justice : un rôle différent, un contrôle différent », *Journal de droit européen*, avril 2008, n°148, p.112-114.

DEGUERGUE Maryse :

- « Les dysfonctionnements du service public de la justice », *R.F.A.P.*, 2008, n°125 : Une administration pour la justice, p.151-167.
- « Droits des malades et qualité du système de santé », *A.J.D.A.*, 20 juin 2002, n°6, p.508-516.
- « Le contentieux de la responsabilité : politique jurisprudentielle et jurisprudence politique », *A.J.D.A.*, 20 juin 1995, n° spécial, p.211-226.

DELMAS-MARSALET Jacques, « Le contrôle juridictionnel des interventions économiques de l'État », *E.D.C.E.*, 1969, n°22, p.133-160.

DONY Marianne, RONSE Thierry, « Réflexions sur la spécificité du recours en carence », *Cahiers de droit européen*, 2000, n°5, p.596-636.

DUBOIS Jean-Pierre :

- « Faute des agents et responsabilité administrative », *Rép. Resp. puiss. publ., Dalloz,* septembre 2007.
- « Responsabilité pour faute », *Rép. Resp. puiss. publ., Dalloz,* septembre 2007.

DUTHEIL DE LA ROCHÈRE Jacqueline :

- « Charte des droits fondamentaux de l'Union européenne », *Juris-Classeur Europe*, fasc.160, n°123-126.
- « Le principe de légalité », *A.J.D.A.*, 1996, n° spécial, p.161-167.

EISENMANN Charles, « Le droit administratif et le principe de légalité », *E.D.C.E.*, 1957, n°11, p.25-40.

FAURE Bertrand, « La crise du pouvoir réglementaire : entre ordre juridique et pluralisme institutionnel », *A.J.D.A.*, 20 juillet-20 août 1998, n°7-8, p.547-552.

FAVRET Jean-Marc, « La "bonne administration de la justice" administrative », *R.F.D.A.*, septembre-octobre 2004, n°5, p.943-952.

FICKLER-DESPRES Odile, « Les promesses de l'administration », *J.C.P.*, 21 janvier 1998, I, n°104, p.133-138.

FLAUSS Jean-François, « Les droits fondamentaux dans la constitution européenne : la constitutionnalisation de la Charte des droits fondamentaux de l'Union européenne », *Revue des affaires européennes*, 2001-2002, n°6, p.703-709.

FRISON-ROCHE Marie-Anne, « La régulation, objet d'une branche du droit », *L.P.A.,* 3 juin 2002, n°110 : *Droit de la régulation-question d'actualité*, p.3-7.

FROMONT Michel, « Le principe de proportionnalité », *A.J.D.A.*, 20 juin 1995, n° spécial, p.156-166.

GABARDA Olivier, « "L'intérêt d'une bonne administration de la justice". Etude de droit du contentieux administratif », *R.D.P.*, janvier-février 2006, t.122, n°1, p.153-184.

GALABERT, GENTOT, « Le contrôle de l'erreur manifeste par le juge de l'excès de pouvoir », *A.J.D.A.,* 20 octobre 1962, p.552-553.

GAUDEMET Yves :

- « La concurrence des modes et des niveaux de régulation. Introduction », *R.F.A.P.*, 2004, n°109 : *La régulation. Nouveaux modes ? Nouveaux territoires ?*, p.13-16.
- « Les actions administratives informelles », *R.I.D.C.*, 1994, n°2, p.645-654.
- « Toujours à propos du médiateur… », *A.J.D.A.*, 20 septembre 1987, n°9, p.520-521.

GIL-ROBLES Y GIL-DELGADO Álvaro, « Le Défenseur du Peuple espagnol et la justice », *R.F.A.P.*, octobre-décembre 1992, n°64 : *Médiateurs et Ombudsmans,* p.663-666.
GIRAUD Emile, « Etude sur la notion du pouvoir discrétionnaire », *Revue générale d'administration*, 1924, n°47, p.298-320.
GONOD Pascale :
- « La codification de la procédure administrative », *A.J.D.A.*, 6 mars 2006, n°9, p.489-492.
- « La simplification du droit par ordonnance », *A.J.D.A.*, 22 septembre 2003, n°31, p.1652-1655.

GOSALBO BONO Ricardo :
- « Médiateur », *Rép. communautaire*, *Dalloz*, juin 1995.
- « Maastricht et les citoyens : le médiateur européen », *R.F.A.P.*, octobre-décembre 1992, n°64 : Médiateurs et Ombudsmans, p.639-649.

GOUR Claude, « Faute de service », *Rép. Resp. puiss. publ., Dalloz,* septembre 2007.
GROS Manuel, « Le juge administratif, la procédure et le temps », *R.D.P.*, novembre-décembre 1999, n°6, p.1707-1722.
GUEDON Marie-José, « La classification des moyens d'annulation des actes administratifs : réflexions sur un état des travaux », *A.J.D.A.,* 20 janvier 1978, n°1, p.82-88.
GUIBAL Michel, « Le retard des textes d'applications des lois », *R.D.P.*, juillet-août 1974, n°4, p.1039-1078.
GUILLAUME-HOFFNUNG Michèle, « Les modes alternatifs de règlement des litiges : La médiation », *A.J.D.A.*, 20 janvier 1997, n°1, p.30-40.
HABIB Laurent, « L'impur objet de la science du droit », *Droits : revue française de théorie juridique*, 1990, n°11 : *Définir le droit*, p.93-106.
HADI Maher Abdel, « L'extension de l'Ombudsman : triomphe d'une idée ou déformation d'une institution ? », *R.I.S.A.*, 1977, n°4, p.334-344.
HARDEN Ian, « À l'écoute des griefs des citoyens de l'Union européenne : la mission du Médiateur européen », *Revue du Droit de l'Union européenne*, 2001, n°3, p.573-616.
HAURIOU Maurice :
- « Police juridique et fond du droit », *in Aux sources du droit. Le pouvoir, l'ordre et la liberté*, réimp., Centre de philosophie politique et juridique de l'Université de Caen, Textes et documents, 1986 [1re éd. : *Cahiers de la nouvelle journée*, 1933, n°23], p.147-191.
- « La théorie de l'institution et de la fondation. (Essai de vitalisme social) », *Cahiers de la Nouvelle Journée*, 1925, n°4 : *La Cité moderne et les transformations du droit*, p.2-45.

HEERS Mireille, « La sécurité juridique en droit administratif français : vers une consécration du principe de confiance légitime ? », *R.F.D.A.*, septembre-octobre 1995, n°5, p.963-969.
HENRY Jean-Pierre, « Une nouvelle fonction pour l'erreur manifeste. Le contrôle du respect de l'obligation de diligence », *A.J.D.A.*, 20 juin 1979, n°6, p.17-26.
HUMMEL Jacky, « La théorie de la moralité administrative et l'erreur manifeste d'appréciation », *R.A.*, mai-juin 1996, n°291, p.335-340.

JEANNEAU Benoît, « La théorie des principes généraux du droit à l'épreuve du temps », *E.D.C.E.*, 1981-1982, n°33, p.33-47.

JÈZE Gaston :

- « Appréciation, par les gouvernants et leurs agents, de l'opportunité d'agir : création, organisation et fonctionnement des services publics », *R.D.P.*, 1943, p.3-27.
- « Essai de théorie générale de la compétence pour l'accomplissement des actes juridiques en droit public français », *R.D.P.*, 1923, p.58-76.

KERNAGHA Kenneth, « Evolution des modèles de l'administration médiatrice dans ses rapports avec le public », *R.I.S.A.*, 1986, vol.52, n°1, p.11-22.

KORNPROBST Bruno, « L'erreur manifeste », *Recueil Dalloz*, 1965, I, chron., p.121-124.

LACHAUME Jean-François :

- « Les lois du service public : entre tradition et modernité », *R.F.D.A.*, novembre-décembre 2006, n°6, p.1219-1235.
- « Le formalisme », *A.J.D.A.*, 20 juin 1995, n° spécial, p.133-146.

LARNAUDE Ferdinand, « Droit comparé et droit public », *R.D.P.,* 1902, vol.17, p.6-21.

LATOURNERIE Roger :

- « Sur un lazare juridique. Bulletin de santé de la notion de service public. Agonie ? Convalescence ? Ou jouvence ? », *E.D.C.E.*, 1960, n°14, p.61-100.
- « De la faute et du risque à propos des dommages causés par les travaux publics », *R.D.P.*, 1945, p.292-333.

LAVAL Nathalie, « La bonne administration de la justice », *L.P.A.*, 12 août 1999, n°160, p.12-21.

LAVEISSIERE Jean, « Les "mal notés" et le juge », *A.J.D.A.*, 20 mars 1981, n°3, p.119-127.

LE CLAINCHE Michel :

- « L'Ombudsman, cet inconnu », *R.F.A.P.*, octobre-décembre 1992, n°64 : *Médiateurs et Ombudsmans*, p.563-566.
- « Le Médiateur et l'urbanisme », *R.F.D.A.*, juillet-août 1990, n°4, p.639-641.

LE CLAINCHE Michel, WIENER Céline, « Du fatalisme au volontarisme », *R.F.A.P.,* janvier-mars 1988, n°45 : *La Maladministration. Témoignages-Illustrations-Réponses*, p.81-99.

LE GARREC Jean, « Efficacité et démocratie administratives », *R.F.A.P.,* janvier-mars 1988, n°45 : *La Maladministration. Témoignages-Illustrations-Réponses*, p.69-74.

LEFAS Aubert, « Essai de comparaison entre le concept de "*natural justice*" en droit administratif anglo-saxon et les "principes généraux du droit" ainsi que les "règles générales de procédure" correspondants en droit administratif français », *R.I.D.C.*, juillet-septembre 1978, n°3, p.745-775.

LEGATTE Paul, « Le Médiateur de la République. Situation actuelle », *R.A.*, 1986, vol.39, n°229, p.431-435.

LEGRAND André :

- « Une institution universelle : l'Ombudsman ? », *R.I.D.C.*, octobre-décembre 1973, n°4, p.851-861.
- « Médiateur ou Ombudsman ? », *A.J.D.A.*, 20 mai 1973, n°5, p.229-236.

• « Médiateur et "Ombudsman" : un problème mal posé », *Revue politique et parlementaire*, mars 1973, vol.75, n°840, p.1-12.

LEGRAND Pierre, « Comparer », *R.I.D.C.*, avril-juin 1996, n°2, p.279-318.

LETOURNEUR Maxime, « L'étendue du contrôle du juge de l'excès de pouvoir », *E.D.C.E.,*1962, n°16, p.51-62.

LETTERON Roseline, « Le modèle français de transparence administrative à l'épreuve du droit communautaire », *R.F.D.A.*, janvier-février 1995, vol.11, n°1, p.183-202.

LOSCHAK Danièle :

• « Le droit administratif, rempart contre l'arbitraire ? », *Pouvoirs*, 1988, n°46, p.43-55.
• « Le principe de légalité. Mythes et mystifications », *A.J.D.A.*, 20 septembre 1981, n°9, p.387-392.
• « Un nouveau cas de responsabilité sans faute : l'impuissance de l'administration à faire respecter ses propres décisions », *J.C.P.*, 5 janvier 1972, I, n°2446.

MANKOU Martin, « Du principe de bonne administration au droit à la bonne administration : contribution à une problématique de la bonne administration en droit communautaire », *Cahiers de l'Institut de recherche européenne de droit économique*, *Contributions de droit européen*, Toulouse, Presses de l'Université des sciences sociales de Toulouse, 2002, vol.2, p.5-46.

MARCOU Gérard :

• « La notion juridique de régulation », *A.J.D.A.*, 20 février 2006, n°7, p.347-353.
• « La Gouvernance : innovation conceptuelle ou artifice de présentation ? », *Annuaire 2006 des Collectivités locales : La gouvernance territoriale*, Paris, C.N.R.S., 2006, p.6-18.
• « L'administration entre contrôle parlementaire et participation des personnes privées. Un point de vue français », *Revue universelle des droits de l'homme*, 2004, vol.16, n°9-12, p.354-362.

MARION Alain, « Du mauvais fonctionnement de la juridiction administrative et de quelques moyens d'y remédier », *Pouvoirs*, 1988, n°46, p.21-34.

MARKUS Jean-Paul, « Le principe d'adaptabilité : de la mutabilité au devoir d'adaptation des services publics aux besoins des usagers », *R.F.D.A.*, mai-juin 2001, n°3, p.589-604.

MAUCOUR-ISABELLE Amicie, « La simplification du droit : des réformes sans définition matérielle », *A.J.D.A.*, 14 février 2005, n°6, p.303-307.

MAYER Franz C., « La Charte des droits fondamentaux de l'Union européenne et la Constitution européenne », *Revue trimestrielle de droit européen*, avril-juin 2003, n°2, p.175-196.

MEGRET Jacques, « De l'obligation pour l'administration de procéder à un examen particulier des circonstances de l'affaire, avant de prendre une décision même discrétionnaire », *E.D.C.E.*, 1953, n°7, p.77-79.

MELLERAY Fabrice, « L'imitation de modèles étrangers en droit administratif français », *A.J.D.A.,* 21 juin 2004, n°23, p.1224-1229.

MESCHERIAKOFF Alain-Serge :

- « Légalité, efficacité, équité, les avatars de la légitimité administrative : le cas français », *R.I.S.A.*, 1990, vol.56, n°2, p.359-381.
- « La place du Médiateur dans les institutions françaises : un bilan de dix ans d'existence », *R.F.A.P.*, juillet-septembre 1983, n°27, p.533-553.
- « Le Médiateur deux ans après », *Bulletin de l'I.I.A.P.*, juillet-septembre 1975, n°35, p.45-70.

MICHAUT Françoise, « Vers une conception postmoderne du droit. La notion de droit chez Ronald Dworkin », *Droits : revue française de théorie juridique*, 1990, n°11 : *Définir le droit*, p.107-117.

MICHELET Karine, « La Charte des droits fondamentaux de l'Union européenne et la procédure administrative non contentieuse », *A.J.D.A.*, 14 octobre 2002, n°14, p.949-955.

MILLARD Eric, « Hauriou et la théorie de l'institution », *Droit et Société*, 1995, n°30-31, p.381-410.

MODERNE Franck, « Sous le signe du subjectivisme juridique (regard sur l'œuvre d'Eduardo García de Enterría) », *R.F.D.A.*, janvier-fevrier 2004, n°1, p.101-108.

MOLINIER Joël, « Principes généraux », *Rép. Communautaire*, *Dalloz*, août 2008, t.3, n°134-140.

MOORE Victor, « Peut-on évaluer le rôle des Ombudsmans ? », *R.F.A.P.*, octobre-décembre 1992, n°64 : *Médiateurs et Ombudsmans,* p.623-628.

MOUSSÉ Jean, « Le chemin de l'éthique », *Revue française de Gestion*, mars-mai 1992, n°88, p.60-66.

MYERS Ronald, LACEY Robert, « Satisfaction du consommateur, performance et responsabilité au sein du secteur public », *R.I.S.A.*, 1996, vol.62, n°3, p.395-419.

OPPETIT Bruno, « Le droit hors la loi », *Droits : revue française de théorie juridique*, 1989, n°10 : *Définir le droit*, p.47-50.

OST François, « La légitimité dans le discours juridique : cohérence, performance, consensus ou dissensus ? », *Archives de philosophie du droit et de philosophie sociale* [*Archiv für Rechts und Sozialphilosophie*], 1985, n°25, p.191-204.

PADIOLEAU Jean-Gustave, « L'éthique est-elle un outil de gestion ? », *Revue française de Gestion*, juin-août 1989, n°74, p.82-91.

PÂQUES Michel, « L'application de la loi fiscale-Principes de bonne administration en droit administratif et en droit fiscal. Présentation et mise en œuvre », *Actualités du droit. Revue de la Faculté de droit de Liège*, 1993, vol.3, n°2, p.399-483.

PECHEUL Armel, « La Charte des droits fondamentaux de l'Union européenne », *R.F.D.A.*, mai-juin 2001, n°3, p.688-700.

PELLETIER Jacques, « 20 ans de médiation à la Française », *R.F.A.P.*, octobre-décembre 1992, n°64 : *Médiateurs et Ombudsmans,* p.599-609.

PFERSMANN Otto :

- « Une théorie sans objet, une dogmatique sans théorie. En réponse à Michel Troper », *R.F.D.C.*, 2002, n°52, p.759-788.
- « Contre le néo-réalisme juridique. Pour un débat sur l'interprétation », *R.F.D.C.*, 2002, n°50, p.279-334.

- « Le droit comparé comme interprétation et comme théorie du droit », *R.I.D.C.*, avril-juin 2001, n°2, p.275-288.

PICARD Étienne :

- « L'état du droit comparé en France », *R.I.D.C.*, octobre-décembre 1999, n°4, p.885-915.
- « L'émergence des droits fondamentaux en France », *A.J.D.A.*, 1998, n° spécial : Les droits fondamentaux, une nouvelle catégorie juridique ?, p.6-42.

PONTHOREAU Marie-Claire, « Le droit comparé en question(s) entre pragmatisme et outil épistémologique », *R.I.D.C.*, janvier-mars 2005, n°1, p.7-27.

PONTIER Jean-Marie :

- « Qu'est-ce que le droit administratif ? », *A.J.D.A.*, 23 octobre 2006, n°35, p.1937-1940.
- « La simplification, illusion dangereuse », *A.J.D.A.*, 21 février 2005, n°7, p.345.
- « Le droit administratif et la complexité », *A.J.D.A.*, 20 mars 2000, n°3, p.187-195.

PROVOST Lucile, « L'État immobile », *Esprit*, mars-avril 1999, n°251, p.183-188.

RÉGLADE Marc, « Du prétendu contrôle juridictionnel de l'opportunité en matière de recours pour excès de pouvoir », *R.D.P.,* 1925, vol.42, p.413-446.

REID William, « Le commissaire Parlementaire pour l'administration au Royaume-Uni », *R.F.A.P.*, octobre-décembre 1992, n°64 : *Médiateurs et Ombudsmans,* p.591-597.

RENOUX Thierry, « Le Médiateur de la République française », *L.P.A.*, 12 février 1990, n°19, p.2-13.

RIDEAU Joël, « Le système de l'Ombudsman », *Les droits de l'homme*, 1969, vol.2, n°2, p.432-458.

RIPOCHE Paul, « La maladministration aujourd'hui », *R.F.A.P.,* janvier-mars 1988, n° 45 : *La Maladministration. Témoignages-Illustrations-Réponses*, p.9-15.

RITLENG Dominique, « Le juge communautaire de la légalité et le pouvoir discrétionnaire des institutions communautaires », *A.J.D.A.*, 20 septembre 1999, n°9, p.645-657.

RIVERO Jean :

- « L'administré face au droit administratif », *A.J.D.A.*, 20 juin 1995, n° spécial, p.147-150.
- « Apologie pour les "faiseurs de système" », *Recueil Dalloz,* chron., 1951, p.23-102.

ROBERT Jacques, « La bonne administration de la justice », *A.J.D.A.*, 20 juin 1995, n° spécial, p.117-132.

ROSSI Lucia Serena, « "Constitutionnalisation" de l'Union européenne et des droits fondamentaux », *R.T.D.E.*, janvier-mars 2002, n°1, p.27-52.

ROULAND Norbert, « Penser le droit », *Droits : revue française de théorie juridique*, 1989, n°10 : *Définir le droit*, p.77-79.

SABOURIN Paul, « Recherches sur le notion de maladministration dans le système français », *A.J.D.A.*, 20 septembre 1974, p.396-407.

SACCHETTI Maria-Chiara, « La médiation à l'échelle régionale : l'expérience italienne des Difensori Civici », *R.F.A.P.*, octobre-décembre 1992, n°64 : *Médiateurs et Ombudsmans,* p.629-637.
SAUVÉ Jean-Marc, « État de droit et efficacité », *A.J.D.A.*, 20 juillet-20 août 1999, n° spécial, p.119-128.
SAVY Robert, « Le contrôle juridictionnel de la légalité des décisions économiques de l'administration », *A.J.D.A.,* 20 janvier 1972, p.3-25.
SEBAN Alain, « Les formes institutionnelles impliquées par le droit de la régulation », *L.P.A.*, 3 juin 2002, n°110 : *Droit de la régulation-question d'actualité*, p.63-69.
SIMON Denys, « Une théorie de l'intensité du contrôle juridictionnel est-elle possible ? Brefs propos sur une tentative avortée du Tribunal de première instance (TPI 30 janvier 2002 max.mobil Telekommunikation service GmbH, T-54/99), *Europe*, n°4, avril 2002, p.3-5.
SIOUTIS Glykeria, « La procédure consultative spontanée », *R.E.D.P.*, 1994, n°5 : *La procédure des actes administratifs,* p.211-216.
SÖDERMAN Jacob :

- « Le droit fondamental à la bonne administration », *Gazette juridique de l'U.E.*, juillet-août 2000, n°214, p.8-13.
- « Le citoyen, l'administration et le droit communautaire », *R.M.U.E.*, 1998, n°2, p.19-67.

SOULIER Gérard, « Réflexion sur l'évolution et l'avenir du droit de la responsabilité de la puissance publique », *R.D.P.*, juillet-août 1969, n°4, p.1039-1103.
STARK Christian, « Droits fondamentaux, État de droit et principe démocratique en tant que fondements de la procédure administrative non contentieuse. Approche comparative », *R.E.D.P.*, 1994, n°5 : *La procédure des actes administratifs*, p.31-51.
STEPHANOU Constantin A., « La nouvelle gouvernance européenne : bilan et perspectives », *Cahiers de droit européen*, 2006, vol.42, n°5-6, p.581-627.
STIRN Bernard, « Lois et règlements : le paradoxe du désordre », *R.D.P.*, 2006, vol.122, n°1, p.129-137.
STOKER Gerry, « Cinq propositions pour une théorie de la gouvernance », *Revue internationale des sciences sociales*, mars 1998, n°155, p.19-30.
TALLINEAU Lucile, « Les tolérances administratives », *A.J.D.A.*, 20 janvier 1978, n°13, p.3-38.
TANGUY Yann, « L'institution dans l'œuvre de Maurice Hauriou. Actualité d'une doctrine », *R.D.P.*, 1991, n°1, p.61-79.
TEDESCHI Paul, « Le Médiateur », *R.A.*, janvier-février 1973, n°151, p.22-25.
TERRÉ François, « La "crise de la loi" », *Archives de Philosophie du Droit*, 1980, t.25 : *La loi*, p.19-28.
TIMSIT Gérard :

- « Normativité et régulation », *Les Cahiers du Conseil constitutionnel*, 2006, n°21, p.84-87.
- « La régulation. La notion et le phénomène », *R.F.A.P.*, 2004, n°109 : La régulation. Nouveaux modes ? Nouveaux territoires ?, p.5-11.

- « Sept propositions (plus une) pour une définition systémale du droit », *Droits : revue française de théorie juridique*, 1989, n°10 : *Définir le droit*, p.93-96.
- « Compétence liée et principe de légalité », *Recueil Dalloz*, 1964, chron., n°31, p.217-222.

TIXIER Gilbert, « La règle de "reasonableness" dans la jurisprudence anglo-américaine », *R.D.P.*, mars-avril 1956, n°2, p.276-298.

TREPPOZ Armelle, « La loi du 12 avril 2000 sur les relations entre les citoyens et les administrations », *Droit Administratif*, août-septembre 2000, p.4-8.

TROPER Michel :

- « Réplique à Otto Pfersmann », *R.F.D.C.*, 2002, n°50, p.335-353.
- « Pour une définition stipulative du droit », *Droits : revue française de théorie juridique*, 1989, n°10 : *Définir le droit*, p.101-104.
- « La pyramide est toujours debout ! Réponse à Paul Amselek », *R.D.P.*, novembre-décembre 1978, n°6, p.1523-1536.

TRUCHET Didier, « Unité et diversité des "grands principes" du service public », *A.J.D.A.*, 20 juin 1997, n° spécial, p.38-46.

VEDEL Georges :

- « Indéfinissable mais présent », *Droits : revue française de théorie juridique*, 1990, n°11 : *Définir le droit*, p.67-71.
- « La juridiction compétente pour prévenir, faire cesser ou réparer la voie de fait administrative », *J.C.P.*, janvier 1950, I, n°851.

VIDAL Roger, « L'évolution du détournement de pouvoir dans la jurisprudence administrative », *R.D.P.*, 1952, vol.68, p.275-316.

VINCENT Jean-Yves, « L'erreur manifeste d'appréciation », *R.A.*, juillet-août 1971, n°142, p.407-421.

VOISSET Michèle, « La reconnaissance, en France, d'un droit des citoyens à la qualité dans les services publics », *R.F.D.A.*, juillet-août 1999, n°4, p.743-749.

WALINE Marcel :

- « Etendue et limites du contrôle du juge administratif sur les actes de l'administration », *E.D.C.E.*, 1956, n°19, p.25-33.
- « Le pouvoir discrétionnaire de l'administration et sa limitation par le contrôle juridictionnel », *R.D.P.*, 1930, t.47, n°1, p.197-223.

WENNERGREN Bertil, « La maladministration en Suède », *R.F.A.P.,* janvier-mars 1988, n°45 : *La Maladministration. Témoignages-Illustrations-Réponses*, p.101-103.

WOEHRLING Jean-Marie, « L'évolution du rôle du droit dans l'action administrative », *R.F.A.P.*, avril-juin 1983, n°26, p.364-383.

YENG-SENG Wanda, « Le Médiateur Européen, artisan du développement du droit à une bonne administration communautaire », *Revue Trimestrielle des Droits de l'Homme*, 2004, vol.15, n°58, p.527-552.

YOLKA Philippe, « La bonne administration de la justice : une notion fonctionnelle ? », *A.J.D.A.*, 7 février 2005, n°5, p.233.

ZILLER Jacques :

- « Droit à une bonne administration », *Jurisclasseur Libertés*, septembre 2007, fasc. n°1040.
- « De la nature de l'administration européenne », *R.F.A.P.*, juillet-septembre 2000, n°95, p.357-367.

__Sources en langue anglaise__

ALLAN T.R.S., « Pragmatism and Theory in Public Law », *Law Quarterly Review*, juillet 1988, n°104, p.422-447.
ÁLVAREZ DE MIRANDA Y TORRES Fernando, « Human Rights and their Function in the Institutional Strenghtening of the Ombudsman », *The international Ombudsman Yearbook*, 1998, vol.2, p.146-158.
AMOS Merris, « The Parliamentary Commissioner for Administration, Redress and Damages for Wrongful Administrative Action », *Public Law*, printemps 2000, p.21-30.
ATIYAH P.S., « Common Law and Statute Law », *Modern Law Review*, janvier 1985, vol.48, n°1, p.1-28.
BALDWIN Robert, HORNE David, « Expectations in a Joyless Landscape », *Modern Law Review*, novembre 1986, vol.49, n°6, p.685-711.
BARRON Anne, SCOTT Colin, « The Citizen's Charter Programme », *Modern Law Review*, 1992, vol.55, p.526-546.
BRADLEY A.W. :

- « Administrative Justice: a Developing Human Right? », *European Public Law*, septembre 1995, vol.1, n°3, p.347-369.
- « The Role of the Ombudsman in Relation to the Protection of Citizens' Rights », *Cambridge Law Journal*, avril 1980, vol.39, p.304-332.

CALLAGHAN A.J., « Maladministration », *The Ombudsman Journal*, 1988, n°7, p.1-35.
CLARCK David, « The Citizen and the Administration in France. The *Conseil d'État* versus Ombudsman Debate Revisited », *Public Administration*, 1984, vol.62, p.161-179.
COMPTON Edmund, « The Parliamentary Commissioner for Administration », *Journal of the Society of Public Teachers of Law*, 1968, p.101-113.
CRAIG Paul :

- « The Human Rights Act, Article 6 and Procedural Rights », *Public Law*, hiver 2003, p.753-773.
- « Procedures and Administrative Decisionmaking: a Common Law Perspective », *R.E.D.P.*, 1994, n°5 : *La procédure des actes administratifs*, p.56-69.
- « Legitimate Expectations: a Conceptual Analysis », *Law Quarterly Review*, 1992, vol.108, p.79-98.

CRAWFORD Colin :

- « Consistency and Inconsistency for Ombudsmen », *Journal of Local Government Law*, 2003, vol.6, p.72-76.
- « Rule of Law, Lawyers or Ombudsmen », *Journal of Local Government Law*, 2001, vol.4, n°4, p.73-79.

DE VOS P.L., BAX J., « The Procedure of Administrative Decisions in the Netherlands », *R.E.D.P.*, 1994, n°5 : *La procédure des actes administratifs,* p.239-252.
DOIG Alan, « From Lynskey to Nolan: The Corruption of British Politics and Public Service? », *Journal of Law and Society*, 1996, vol.23, p.36-56.

DUTHEIL DE LA ROCHÈRE Jacqueline, « The EU and the Individual: Fundamental Rights in the Draft Constitutional Treaty », *Common Market Law Review*, avril 2004, vol.41, n°2, p.345-354.

ELCOCK Howard, « The Fallacies of Management », *Public Policy and Administration*, printemps 1995, vol.10, n°1, p.34-48.

FORSYTH C.F., « The Provenance and Protection of Legitimate Expectations », *Cambridge Law Journal*, 1988, vol.47, p.238-260.

FORTSAKIS Théodore, « Principles Governing Good Administration », *European Public Law*, juin 2005, vol.11, n°2, p.207-217.

GALLIGAN D.J., « Judicial Review and the Textbook Writers », *Oxford Journal of Legal Studies*, été 1982, vol.2, n°2, p.257-276.

GIDDING Philip, « Ex p. *Balchin*: Findings of Maladministration and Injustice », *Public Law*, été 2000, p.201-204.

GIDDING Philip, GREGORY Roy, MOORE Victor, PEARSON Jane, « Controlling Administrative Action in the United Kingdom: the Role of Ombudsman Systems and the Courts Compared », *R.I.S.A.*, 1993, vol.59, p.291-309.

GJERLOEFF BONNOR Peter, « The European Ombudsman: a Novel Source of Soft Law in the European Union », *European Law Review*, 2000, vol.25, p.39-56.

GRAY Andrew, JENKINS Bill, « From Public Administration to Public Management: Reassessing a Revolution? », *Public Administration*, 1995, vol.73, p.75-99.

GREENWAY John, « Having the Bun and the Halfpenny: can Old Public Service Ethics survive in the New Whitehall? », *Public Administration*, 1995, vol.73, p.357-374.

GREGORY Roy, « Court Line, Mr Benn and the Ombudsman », *Parliamentary Affairs*, 1977, vol.30, n°3, p.269-292.

GREGORY Roy, DREWRY Gavin, « Barlow Clowes and the Ombudsman », *Public Law*, 1991, p.192-214 ; p.408-442.

HARLOW Carol :

- « The Charter of Fundamental Rights: a Textual Critique », *R.E.D.P.*, printemps 2002, vol.14, n°1, p.255-271.
- « Codification of EC Administrative Procedures? Fitting the Foot to the Shoe or the Shoe to the Foot », *European Law Journal*, mars 1996, vol.2, n°1, p.3-25.
- « Administrative Reaction to Judicial Review », *Public Law*, 1976, p.116-133.

HAZELL Robert, « Freedom of Information: the Implications for the Ombudsman », *Public Administration*, 1995, vol.73, p.263-270.

HERTOGH Marc, « Coercion, Cooperation, and Control: Understanding the Policy Impact of Administrative Courts and the Ombudsman in the Netherlands », *Law and Policy*, 2001, vol.23, p.47-67.

Lord J. HOFFMAN, « A Sense of Proportion », *Irish Jurist*, 1997, vol.32, p.49-61.

HOOD Christopher, « A Public Management for all Seasons? », *Public Administration*, 1991, vol.69, p.3-19.

HUTCHINSON Allan C., « The Rise and Ruse of Administrative Law and Scholarship », *Modern Law Review*, mai 1985, vol.48, n°3, p.293-324.

Lord J. HUTTON, « Reasonableness and the Common Law », *Northern Ireland Quarterly*, 2004, vol.55, n°3, p.242-258.
Lord J. IRVINE OF LAIRG, Q.C., « Judges and Decision-Makers: The Theory and Practice of *Wednesbury* Review », *Public Law*, 1996, p.59-78.
JAMES Rhoda, LONGLEY Diane, « The Channel Tunnel Rail Link, the Ombudsman and the Select Committee », *Public Law*, 1996, p.38-45.
JONES Michael, « The Local Ombudsman and Judicial Review », *Public Law*, hiver 1988, p.608-622.
JOWELL Jeffrey :
- « Restraining the State. Politics, Principle and Judicial Review », *Current Legal Problems*, 1997, vol.50, p.189-212.
- « Is Proportionnality an Alien Concept? », *European Public Law*, septembre 1996, vol.2, n°3, p.401-411.
- « Courts and the Administration in Britain: Standards, Principles and Rights », *Israel Law Review*, été-automne 1988, vol.22, n°4, p.409-423.
- « The Legal Control of Administrative Discretion », *Public Law*, automne 1973, p.178-220.

JOWELL Jeffrey, LESTER Anthony, « Beyond Wednesbury: Substantive Principles of Administrative Law », *Public Law*, 1987, p.368-382.
KAŃSK Klara, « Towards Administrative Human Rights in the EU. Impact of the Charter of Fundamental Rights », *European Law Journal* [en ligne], mai 2004, vol.10, n°3, p.296-326.
KEITH K.J., « The Ombudsman and Wrong Decisions », *New Zealand Universities Law Review*, octobre 1971, vol.4, n°4, p.361-393.
KLABBERS Jan :
- « The Undesirability of Soft Law », *Nordic Journal of International Law*, 1998, vol.67, n°4, p.381-391.
- « The Redundancy of Soft Law », *Nordic Journal of International Law*, 1996, vol.65, n°2, p.167-182.

KÖTZ Hein, « Taking Civil Codes Less Seriously », *Modern Law Review*, janvier 1987, vol.50, n°1, p.1-15.
LEINO Päivi, « The Wind is in the North. The First European Ombudsman (1995-2003) », *European Public Law*, juin 2004, vol.10, n°2, p.333-367.
LEWIS Norman :
- « Reviewing Change in Government: New Public Management and Next Steps », *Public Law*, 1994, p.105-113.
- « The Citizen's Charter and the Next Steps: a New Way of Governing? », *Political Quarterly*, juillet-septembre 1993, vol.64, n°3, p.316-326.
- « If you see Dicey, will you tell him? Regulatory Problems in British Constitutional Law », *Political Quarterly*, janvier-mars 1988, vol.59, n°1, p.6-19.

LEWIS Norman, LONGLEY Diane, « Ethics and the Public Service », *Public Law*, hiver 1994, p.596-608.
LOVELL Roger, « Citizen's Charter: the Cultural Challenge », *Public Administration*, 1992, vol.70, p.397-404.

MacMURTRIE Sheena N., « The Waiting Game-the Parliamentary Commissioner's Response to Delay in Administrative Procedures », *Public Law*, automne 1997, p.159-173.

MacSWEENEY Brendan, « Accounting for the Audit Commission », *Political Quarterly*, janvier-mars 1988, vol.59, n°1, p.28-43.

MAGNETTE Paul, « Between Parliamentary Control and the Rule of Law: the Political Role of the Ombudsman in the EU », *Journal of European Public Policy*, octobre 2003, vol.10, n°5, p.677-694.

MARSH Norman S., « The Extent and Depth of Judicial Review of the Decisions of the Parliamentary Commissioner for Administration », *Public Law*, 1994, p.347-350.

MARSHALL Geoffrey :

- « Techniques of Maladministration », *Political Studies*, 1975, vol.23, p.183-188.
- « Maladministration », *Public Law*, printemps, 1973, p.32-44.

MASHAW Jerry L., « Administrative Due Process: the Quest for a Dignitary Theory », *Boston University Law Review*, juillet 1981, vol.61, n°4, p.885-931.

METCALFE Les, RICHARDS Sue, « The Impact of the Efficiency Strategy: Political Clout or Cultural Change? », *Public Administration*, hiver 1984, vol.62, n°4, p.439-454.

Lord J. MILLET, « The right to Good administration in European Law », *Public Law*, été 2002, p.309-322.

MORISON John, « A Note of Scepticism about the Role of Law in Controlling Administration in UK », *R.E.D.P.*, 1994, n°5 : *La procédure des actes administratifs*, p.277-285.

MOWBRAY Alastair R. :

- « A Right to Official Advice: the Parliamentary Commissioner's Perspective », *Public Law*, printemps 1990, p.68-89.
- « The Parliamentary Commissioner and Administrative Guidance », *Public Law*, hiver 1987, p.570-585.

OLIVER Down, « Is the *ultra vires* Principle the Basis of Judicial Review? », *Public Law*, 1987, p.543-569.

ORTEGA Luis, « Principles of Administrative Procedure », *R.E.D.P.*, 1994, n°5 : *La procédure des actes administratifs*, p.72-82.

PONCE SOLÉ Juli :

- « Good Administration and Administrative Procedures », *Indiana Journal of Global Legal Studies*, été 2005, n°12, p.551-588.
- « The Fight for Quality in the Field of Administrative Decisions », *R.E.D.P.*, hiver 2002, vol.14, n°4, p.1503-1544.

RIDLEY Frederick F. :

- « Intermediaries Between Citizen and Administration: Some British Perspectives », *R.I.S.A.*, 1984, vol.50, n°1, p.355-363.
- « The Citizen against Authority: British Approaches to the Redress of Grievances », *Parliamentary Affairs*, 1984, vol.37, p.1-32.

ROWAT Donald C., « The Parliamentary Ombudsman: should the Scandinavian Scheme be transplanted? », *R.I.S.A.*, 1962, vol.28, n°4, p.399-405.

STOWE Kenneth, « Good Piano won't play Bad Music: Administrative Reform and Good Governance », *Public Administration*, 1992, vol.70, p.387-394.
SUNKIN Maurice, LE SUEUR A.P., « Can Government control Judicial Review? », *Current Legal Problems*, 1991, vol.44, p.161-183.
THOMAS Ian, GREANEY Nicola, « Wither Wednesbury ? », *New Law Journal*, 2003, vol.153, p.829-830.
THOMPSON Katharine, « General Duties to Consult the Public: How do you get the Public to Participate? », *Nottingham Law Journal*, 2002, vol.11, n°2, p.33-45.
TIERNEY Stephen, « European Citizenship in Practice? The First Annual Report of the European Ombudsman », *European Public Law*, décembre 1996, vol.2, n°4, p.517-529.
USHER John A., « "The good administration" of European Community Law », *Current Legal Problems*, 1985, vol.38, p.269-287.
VAN DER TANG Ger F., « The Constitutional Perspective of Administrative Decision Making », *R.E.D.P.*, 1994, n°5 : *La procédure des actes administratifs,* p.227-237.
VARUHAS Jason N.E., « Governmental Rejections of Ombudsman Findings: what Role for the Courts? », *Modern Law Review*, 2009, vol.72, n°1, p.91-115.
WALSH Kieron, « Quality and public services », *Public Administration*, hiver 1991, vol.69, n°4, p.502-514.
WONG Garreth, « Towards the Nutcracker Principle: Reconsidering the Objections to Proportionality », *Public Law*, printemps 2000, p.92-109.
Lord J. WOOLF OF BARNES, « Droit Public-English Style », *Public Law*, 1995, p.57-71.

<u>Sources en langue espagnole</u>

BAENA DEL ALCÁZAR Mariano, « Sobre la idea europea de "buena administración" », *Noticias de la Unión europea*, août-septembre 2005, n°247-248, p.61-66.
BASSOLS COMA Martín, « La ejecución de sentencias condenatorias de la Administración Pública en jurisdicciones distintas a la contencioso-administrativa », *Documentación administrativa*, 1987, n°209, p.47-87.
BORRAJO INIESTA Ignacio, « Los derechos a un proceso sin dilaciones indebidas y a un proceso público », *Cuadernos de Derecho Público*, mai-août 2000, n°10, p.133-151.
CASCAJO CASTRO José Luis, « Los defensores del pueblo en el estado social y democrático de derecho : una perspectiva teórica », *R.V.A.P.*, mai-août 1989, n°24, p.43-53.
COBREROS MENDAZONA Edorta, « Reflexión general sobre la eficacia normativa de los principios constitucionales rectores de la política social y económia del estado », *R.V.A.P.*, septembre-décembre 1987, n°19, p.27-59.
DE LA CRUZ FERRER Juan, « Sobre el control de la discrecionalidad en la potestad reglamentaria », *R.A.P.,* mai-août 1988, n°116, p.65-105.
DÍAZ LEMA José Manuel, « Tienen derechos fundamentales las personas juridico-públicas ? », *R.A.P.*, septembre-décembre 1989, n°120, p.79-126.

DÍEZ-PICAZO GIMÉNEZ Ignacio, « Reflexiones sobre algunas facetas del derecho fundamental a la tutela judicial efectiva », *Cuadernos de derecho público*, mai-août 2000, n°10, p.13-37.
DOMINGO ZABALLOS Manuel José, « La motivación de los actos administrativos en la Ley de Régimen Jurídico de las Administraciones Públicas y del Procedimiento Administrativo Común », *Revista General de Derecho*, mai 1993, n°584, p.4309-4346.
ENTRENA CUESTA Rafael, « El concepto de Administración pública en la doctrina y en el derecho positivo españoles », *R.A.P.*, mai-août 1960, n°32, p.55-73.
FERRET I JACAS Joaquim, « El control jurisdiccional de la inactividad administrativa », *Documentación administrativa*, avril-décembre 1986, n°208, p.263-275.
FUERTES LOPEZ Javier, « De la solicitud de puesta de manifiesto del expediente administrativo y de la puesta a disposición. De los intereses generales a los derechos individuales », *Actualidad administrativa Aranzadi*, 24 février 2005, n°658, p.11-12.
GARCÍA DE ENTERRÍA Eduardo :

- « Un punto de vista sobre la nueva Ley de Régimen Jurídico de las Administraciones Públicas y de Procedimiento Administrativo Común de 1992 », *R.A.P.*, 1993, I, n°130, p.205-219.
- « Sobre los derechos públicos subjectivos », *R.E.D.A.*, juillet-septembre 1975, n°6, p.427-446.
- « La interdicción de la arbitrariedad en la potestad reglamentaria », *R.A.P.*, 1959, n°30, p.131-166.

GARCÍA SORIANO María Vicente, « Entrevista al Excmo. Sr. P. Nikiforos Diamandouros-Defensor del Pueblo europeo », *Revista europea de derechos fundamentales*, 1er semestre 2006, n°7, p.7-19.
GARRIDO FALLA Fernando, « El procedimiento administrativo de 1950 a hoy », *Revista de Administracion Publica*, 1999, III, n°150, p.115-157.
GIL-ROBLES Y GIL-DELGADO Álvaro, « El Defensor del Pueblo e instituciones similares de ámbito territorial reducido », *Revista de la Facultad de derecho de la Universidad Complutense*, 1981, n°4, p.27-51.
GÓMEZ-FERRER MORANT Rafael, « El silencio administrativo desde la perspectiva constitucional », *Documentación administrativa*, avril-décembre 1986, n°208, p.81-106.
GÓMEZ PUENTE Marcos :

- « El control de la inactividad de la administración española a la luz de la normativa europea », *Noticias de la Unión europea*, février 2002, n°205, p.77-92.
- « Derechos fundamentales y omission legislativa : de nuevo sobre la televisión », *R.E.D.A.*, octobre-décembre 1994, n°84, p.629-651.
- « Responsabilidad por inactividad de la Administración », *D.A.*, janvier-juin 1994, n°237-238, p.139-204.

GONZÁLEZ PÉREZ Jesús, « Nuevos sistemas de control de la Administración Pública », *R.E.D.A.*, juillet-septembre 1979, n°22, p.399-428.
LA PÉRGOLA Antonio, « Ombudsman y Defensor del Pueblo : Apuntes para una investigación comparada », *R.E.P.*, 1979, n°7, p.69-92.

MANZANARES SAMANIEGO José Luis, « Responsabilidad patrimonial del Estado por el funcionamiento de la Administración de Justicia », *Actualidad Administrativa Aránzadi*, doctrine, 1999, n°1, p.125-141.

MARÍN CASTILLA Juan Ignacio, « La administración inteligente : un modelo de administración pública orientada al servicio del ciudadano », *Auditoria pública*, juillet 2005, n°36, p.47-60.

MARTÍN REBOLLO Luis :

- « Ayer y hoy de la responsabilidad patrimonial de la administración : un balance y tres reflexiones », *R.A.P.*, septembre-décembre 1999, n°150, p.317-371.
- « La Administración de Garantías : vigencia y limitaciones », *Revista del Centro de Estudios constitutionales*, septembre-décembre 1992, n°13, p.31-54.

MARTÍN-RETORTILLO BAQUER Lorenzo, « Honorabilidad y buena conducta como requisito para el ejercicio de profesiones y actividades », *R.A.P.*, 1993, n°130, p.23-96.

MARTÍN-RETORTILLO BAQUER Sebastián, « La desviación de Poder en el derecho español », *R.A.P.*, 1957, n°22, p.129-175.

MONTESINOS JULVE Vicente, « Nuevos ámbitos de la fiscalización de las entidades públicas », *Revista española de control externo*, janvier 2000, vol.2, n°4, p.39-74.

MORELL OCAÑA Luis, « La inactividad de la Administración : técnicas alternativas a la del silencio, ante la omisión administrativa de los *standards* de conducta previstos por la ley », *Documentación administrativa*, avril-décembre 1986, n°208, p.65-80.

NIETO Alejandro :

- « La inactividad material de la Administración : veinticinco años después », *Documentación administrativa*, avril-décembre 1986, n°208, p.11-64.
- « La inactividad de la administración y el recurso contencioso-administrativo », *R.A.P.*, janvier-avril 1962, n°37, p.75-126.

PAREJO ALFONSO Luciano, « La eficacia como principio jurídico de la actuación de la Administración pública », *Documentación Administrativa*, avril-septembre 1989, II, n°218-219, p.15-65.

PÉREZ CALVO Alberto, « Rasgos esenciales del Defensor del Pueblo segun la Constitución y la Ley Organica 3/1981 de 6 de Abril », Rev.D.P., 1981, n°11, p.71-81.

PEREZ MORENO Alfonso, « Procedimiento de conciliación, mediación y arbitraje como alternativa a la vía administrativa de recurso », *Revista Adaluza de Administración Pública*, janvier-mai 2000, n°37, p.11-37.

PONCE SOLÉ Juli, « Procedimiento administrativo, globalización y buena administración », *Jurisprudencia argentina*, 3 décembre 2008, vol.4, supplément du n°10, p.2-51.

RAMÓN FERNÁNDEZ Tomás :

- « De nuevo sobre el poder discrecional y su ejercicio arbitrario », *R.E.D.A.*, octobre-décembre 1993, n°80, p.577-612.
- « Juzgar la Administración contribuye también a administrar mejor », *R.E.D.A.*, octobre-décembre 1992, n°76, p.511-531.

RODÉS MATEU Adrià, « Consideracions constitucionals sobre el dret a un procés sense dilacions indegudes », *Revista Catalana de dret públic*, novembre 2006, vol.2, n°33, p.440-463.

RODRÍGUEZ-ARANA MUÑOZ Jaime, « La ética en la modernización de las administraciones públicas », *Actualidad administrativa Aranzadi*, 15-21 février 1999, n°7, p.173-182.

SANCHEZ BLANCO Angel, « Los derechos ciudadanos en la ley de Administraciones Públicas », *R.A.P.*, septembre-décembre 1993, n°132, p.41-97.

TEN BERGE J.B.J.M., BOK A.J., « El principio de proporcionalidad en el Derecho Administrativo holandés », *Cuadernos de Derecho Público*, septembre-décembre 1998, n°5, p.287-298.

TORNOS MAS Joaquín :

- « La simplificación procedimental en el ordenamiento español », *R.A.P.*, janvier-avril 2000, n°151, p.39-76.
- « Medios complementarios a la resolución jurisdiccional de los conflictos administrativos », *R.A.P.*, 1995, I, p.149-177.
- « La situación actual del proceso contencioso-administrativo », *R.A.P.*, mai-août 1990, n°122, p.103-130.
- « La responsabilidad patrimonial del Estado por el funcionamiento de la administración pública. Algunos aspectos conflictivos, con especial referencia al procedimiento para hacerla efectiva », *R.E.D.A.*, janvier-avril 1985, n°13, p.71-122.

VARELA SUANZES-CARPEGNA Joaquín, « La naturaleza jurídica del Defensor del Pueblo », *R.E.D.C.*, mai-août 1983, n°8, p.63-80.

<u>Source en langue italienne</u>

CHITI Mario P., « Il Mediatore europeo e la buona amministrazione comunitaria », *Rivista Italiana di Diritto Pubblico Comunitario*, 2000, n°2, p.303-365.

§5. NOTES, CONCLUSIONS ET OBSERVATIONS

AUBIN Emmanuel, note sous C.E., 3e-8e sous-sect., 20 décembre 2000, *Compagnie d'assurances Zurich International et autres*, rec. 632, req. n°211284 ; *A.J.D.A.*, 2001, p.898 et s.

AUBY Jean-Marie :

- Note sous C.E., 13 juillet 1962, *Sieur Kevers-Pascalis*, rec. 475, req. n°45891-2 ; D.1963, p.606 et s.
- Note sous C.E., sect., 2 décembre 1960, *Dame veuve Franc*, rec. 666, req. n°43327-43445 ; D.1962, II, p.7 et s.

BERNARD Antoine, concl. sur C.E., sect., 26 octobre 1973, *Sieur Grassin*, rec. 599, req. n°83261 ; *A.J.D.A.*, 1974, p.34 et s.

BERTRAND Antoine, concl. sur C.E., sect., 11 décembre 1970, *Crédit Foncier de France c/ Demoiselle Gaupillat et Dame Ader*, rec. 750, req. n°78880.

BIGET Carine, obs. Sous T.A. de Lille, 5 avril 2005, *Mme Marianne Bleitrach*, [non publié], req. n°34644 ; *A.J.D.A.*, 2005, p.807.

BRAIBANT Guy :

- Concl. sur C.E., ass., 28 mai 1971, Ministre de l'Équipement et du Logement c/ Fédération de défense des personnes concernées par le projet actuellement dénommé « Ville nouvelle Est », rec. 410, req. n°78825.
- Concl sur C.E., ass., 16 octobre 1970, *Époux Martin*, rec. 593, req. n°72409 ; *J.C.P.*, 1971, I, n°16577.
- Concl sur C.E., sect., 20 mai 1966, *Dame veuve Pouvillon et autres*, rec. 355, req. n°59186.
- Concl. sur C.E., 21 février 1964, *Compagnie d'assurances "La Paternelle" et ville de Wattrelos*, rec. 119, req. n°55930 et s.

COMBARNOUS Michel, concl. sur C.E., 12 janvier 1962, *Sieur Canton*, rec. 23, req. n°48837 ; *A.J.D.A.*, 1962, p.234 et s.

DEGUERGUE Maryse :

- Note sous C.E., 5e-7e sous-sect., 9 juillet 2003, *Assistance publique-Hôpitaux de Paris c/ Mme Marzouk*, rec. 338, req. n°220437 ; *A.J.D.A.*, 2003, p.1946 et s.
- Note sous C.E., 26 octobre 2001, *Mme Senanayake*, rec. 514, req. n°198546 ; *A.J.D.A.*, 2002, p.259 et s.
- Note sous T.A. de Paris, 28 février 2001, *Mme Arndt,* [non publié], req. n°9913599/3 ; *A.J.D.A.,* 2001, p.598 et s.
- Note sous C.E., 5e-7e sous-sect., 27 octobre 2000, *Centre hospitalier de Seclin*, rec. 478, req. n°208640 ; *A.J.D.A.*, 2001, p.307 et s.

DONNAT Francis, concl. sur C.E., sect., 15 juillet 2004, *M. et Mme Leroy*, rec. 338, req. n°242318 ; *R.F.D.A.*, 2004, p.911 et s.

DRAGO Roland, note sous C.E., ass., 18 novembre 1949, *Sieur Carlier*, rec. 490, req. n°77441-2 ; S.1950, III, p.49 et s

FOURNIER Jacques, concl. sur C.E., sect., 5 mars 1965, *Sieur Pernot et autres*, rec. 145, req. n°57235 ; *A.J.D.A.*, 1965, p.232 et s.

GALABERT ET GENTOT, chron. sous C.E., sect., 13 juillet 1962, *Sieur Arnaud et autres*, rec. 474, req. n°37586 ; *A.J.D.A.*, 1962, p.546 et s.

GATÉ Juliette, note sous C.E., 27 juillet 2005, *Association « Dijon Football Côte-d'Or »*, rec.tabl. 809, 1069, 1112, req. n°249426-450652 ; *A.J.D.A.*, 2005, p.2352 et s.

GAZIER François :

- Concl. sur C.E., 11 janvier 1957, *Dame veuve Étienne*, rec. 27, req. n°13818 ; *A.J.D.A.*, 1957, p.71 et s.
- Concl. sur C.E., ass., 18 novembre 1949, *Sieur Carlier*, rec. 490, req. n°77441-2 ; *R.D.P.*, 1950, p.181 et s.

GENEVOIS Bruno, concl. sur C.E., ass., 21 janvier 1977, *Ministre de l'intérieur c/ Dridi*, rec. 38, req. n°1333.

GLASER Emmanuel, concl. sur C.E., 3e-8e sous-sect., 5 décembre 2005, *Département de la Dordogne*, rec. 552, req. n°259748 ; *J.C.P.*, 2006, n°1005.

GUGLIELMI Gilles J., KOUBI Geneviève, note sous *Ministre de l'Éducation nationale, de la recherche et de la technologie c/ Époux Ait Ahmad*, rec.tabl. 776, 810, 812, req. n°181486 ; *J.C.P.*, 2000, II, n°10306.

HAURIOU Maurice :

- Note sous C.E., 20 janvier 1928, *Esquieu*, rec. 101, req. n°88796 ; S.1928, III, p.49 et s.
- Note sous C.E., 26 avril 1918, *Sieur Gaillard*, rec. 395, req. n°63347 ; S.1920, III, p.49 et s.
- Note sous C.E., 4 avril 1914, *Gomel*, rec. 488, req. n°55125 ; S.1917, III, p.25 et s.
- Note sous C.E., 3 février 1911, *Anguet*, rec. 146, req. n°34922 ; S.1911, III, p.137 et s. ; G.A.J.A., 16e éd., 2007, n°23.
- Note sous C.E., 1er juillet 1910, *Empis et association professionnelle du personnel civil de la Marine*, rec. 544, req. n°31801 ; S.1911, III, p.89 et s.
- Note sous C.E., 5 août 1908, *Leclercq et Gruson*, rec. 867, req. n°28482 ; S.1909, III, p.1 et s.
- Note sous C.E., 14 février 1908, *Sieur Abbé Valette*, rec. 143, req. n°26699 ; S.1909, III, p.1 et s.
- Note sous C.E., 2 août 1907, *Abbé Garcin*, rec. 756, req. n°23677 ; S.1909, III, p.1 et s.
- Note sous C.E., 10 février 1905, *Tomaso-Grecco*, rec. 142, req. n°10365 ; S.1905, III, p.113 et s.
- Note sous C.E., 7 août 1903, *Sieurs Chabot et autres*, rec. 620, req. n°7836-13608 ; S.1904, III, p.1 et s.
- Note sous C.E., 24 juillet 1903, *Commune de Massat*, rec. 556, req. n°11777 ; S.1904, III, p.1 et s.
- Note sous C.E., 31. janvier 1902, *Sieur Grazietti*, rec. 55, req. n°1919 ; S.1903, III, p.113 et s.
- Note sous C.E., 29 mars 1901, Sieurs *Casanova, Canazzi et autres*, rec. 333, req. n°94580 ; S.1901, III, p.73 et s.
- Note sous C.E., 3 août 1900, *Ville de Paris c/ Dame veuve Sanoner*, rec. 535, req. n°93241 ; S.1902, III, p.42 et s.
- Note sous C.E., 15 décembre 1899, *Sieur Adda*, rec. 734, req. n°90503 ; S.1900, III, p.73 et s.

- Note sous C.E., 8 décembre 1899, *Ville d'Avignon*, rec. 720, req. n°82919 ; S.1900, III, p.73 et s.
- Note sous T.C., 26 juin 1897, *Préfet de l'Aisne c/ Métivier*, rec. 499, req. n°492 ; S.1898, III, p.49 et s.

JÈZE Gaston, note sous C.E., 4 janvier 1918, *Duchesne*, rec. 10, req. n°53178 ; *R.D.P.*, 1918, p.401 et s.

LETOURNEUR Maxime :

- Concl sur C.E., ass., 28 mai 1954, *Sieur Barel et autres*, rec. 308, req. n°28238 et s. ; *R.D.P.*, 1954, p.520 et s.
- Concl. sur C.E., sect., 27 janvier 1950, *Sieur Billard*, rec. 58, req. n°99605 ; S.1950, III, p.41 et s.

MESTRE Jacques, note sous C.E., ass., 24 juillet 1942, *Sieur Piron*, rec. 233, req. n°70570 ; S.1943, III, p.1 et s.

NAUWELAERS Michèle, FABIUS Laurent, chron. sous C.E., ass., 21 janvier 1977, *Ministre de l'intérieur c/ Dridi*, rec. 38, req. n°1333 ; *A.J.D.A.*, 1977, p.133 et s.

PLOUVIN Joël-Yves, obs. sous C.E., 4e-1re sous-sect., 27 janvier 1988, *Ministre de l'Education natinale c/ Giraud*, rec. 40, req. n°64076 ; *J.C.P.*, 1988, II, n°21063.

RIVET Charles, concl. sur C.E., 24 mars 1922, *Chambre syndicale des fabricants d'eaux gazeuses de Paris*, rec. 256, req. n°58327 ; *R.D.P.*, 1922, p.251 et s.

ROMIEU Jean, concl. sur C.E., 30 novembre 1906, *Sieur Jacquin et autres*, rec. 863, req. n°25481 et s.

ROYER Erwan, obs. sous T.A. de Clermont-Ferrand, 14 juin 2006, *Monsieur C.*, [non publié], req. n°500025 ; *A.J.D.A.*, 2006, p.1244.

SCHWARTZ Rémy :

- Concl. sur C.E., 20 octobre 1999, *Ministre de l'Éducation nationale, de la recherche et de la technologie c/ Époux Ait Ahmad*, rec.tabl. 776, 810, 812, req. n°181486 ; D.2000, n°251 ;
- Concl. sur C.E., 4e-1re sous-sect., 29 juillet 1998, *Syndicat des avocats de France et autres*, rec. 313, req. n°188715 et s. ; *A.J.D.A.*, 1998, p.1010 et s.

SEILLER Bertrand, note sous C.E., sect., 6 février 2004, *Mme Hallal*, rec. 48, req. n°240560, *A.J.D.A.*, 2004, p.963-970.

STAHL Jacques-Henri :

- Concl. sur C.E., sect., 6 novembre 2002, *Guisset*, rec. 376, req. n°227147-244410 ; *R.F.D.A.*, 2003, p.984 et s.
- Concl. sur C.E., sect., 20 juin 1997, *Theux*, rec. 254, req. n°139495 ; *R.F.D.A.*, 1998, p.85 et s.

TEISSIER, concl. sur C.E., 29 mai 1903, *Sieur Le Berre*, rec. 415, req. n°4804 ; D.1904, III, p.89 et s.

THÉRY Jean-François, concl. sur C.E., sect., 14 novembre 1975, *Syndicat national de l'enseignement supérieur*, rec. 571, req. n°93351.

TROTABAS Louis, note sous C.E., 1er juillet 1927, *Sieur Demoreuil*, rec. 739, req. n°86543 ; D.1928, III, p.21 et s.

WALINE Marcel :

- Note sous C.E., ass., 11 mai 1973, *Sieur Sanglier*, rec. 344, req. n°79230 ; *R.D.P.*, 1973, p.1747 et s.

- Note sous C.E., ass., 4 avril 1952, *Syndicat régional des quotidiens d'Algérie et autres,* rec. 210, req. n°86015 ; *R.D.P.*, 1952, p.1028 et s.
- Note sous C.E., ass., 18 novembre 1949, *Sieur Carlier*, rec. 490, req. n°77441-2, *R.D.P.*, 1950, p.174 et s.
- Note sous C.E., sect., 16 novembre 1928, *Fouchu et autres*, rec. 1190, req. n°96757 ; D.1929, n°2, III, p.35 et s.

§6. RAPPORTS ET DOCUMENTATION INTERNES

Les rapports des Ombudsmän étrangers peuvent être consultés sur le site Internet du Médiateur européen :
http://www.ombudsman.europa.eu/home/fr/default.htm

Sources en langue française

CONSEIL D'ÉTAT :

- Rapport public 2006 : *Sécurité juridique et complexité du droit*, Paris, La documentation française, coll. E.D.C.E., n°57, p.229-338.
- Rapport public 2001 : *Les autorités administratives indépendantes*, Paris, La documentation française, coll. E.D.C.E., n°52, p.287-325.
- Rapport public 1999, *L'intérêt général*, Paris, La documentation française, coll. E.D.C.E., n°50, p.361-442.
- Rapport public 1994 : *Service public, services publics : déclin ou renouveau*, Paris, La documentation française, coll. E.D.C.E., n°46, p.69-101.

CONSEIL DE L'EUROPE, *L'administration et les personnes privées,* Strasbourg, éd. du Conseil de l'Europe, 1997, 566p.

MÉDIATEUR DE LA RÉPUBLIQUE :

- *Le guide du bon sens ou comment rapprocher les citoyens et l'administration*, Paris, Le cherche midi, coll. Documents, 2005, 198p.
- Rapport annuel de 2003 présenté au Président de la République et au Parlement, Paris, La documentation française, 2004.
- Rapport annuel de 1998 présenté au Président de la République et au Parlement, Paris, La documentation française, 1999.
- *Le Médiateur de la République et la Convention européenne des droits de l'homme : éléments de réflexion, Paris*, Médiateur de la République, 1994, 52p.

MÉDIATEUR EUROPÉEN :

- Rapport annuel de 2004, J.O.C.E. n°C-287 du 18 novembre 2005, p.6.
- Rapport annuel de 2001, J.O.C.E. n°C-270 du 11 novembre 2003, p.5.
- Rapport annuel de 2000, J.O.C.E. n°C-218 du 3 août 2001, p.3.
- Rapport annuel de 1998, J.O.C.E. n°C-300 du 18 octobre 1999, p.1.
- Rapport annuel de 1997, J.O.C.E. n°C-380 du 7 décembre 1998, p.1.
- Rapport annuel de 1996, J.O.C.E. n°C-272 du 8 septembre 1997, p.1.
- Rapport annuel de 1995, J.O.U.E. n°L-225, p.17.

Sources en langue espagnole

CONSEJO GENERAL DEL PODER JUDICIAL :

- *Salud pública y Derecho administrativo*, Madrid, Centro de documentación judicial, coll. Cuardenos de derecho judicial, n°5, 2004.
- *El coste de la justicia*, Madrid, Centro de documentación judicial, coll. Cuardenos de derecho judicial, n°15, 2001.
- *Valoración de la ley 30/1992 tras cinco años de vigencia*, Madrid, Centro de Documentación judicial, coll. Cuardenos de derecho judicial, n°18, 1997.

DEFENSOR DEL PUEBLO :

- Rapport annuel de 2006 présenté au Parlement en juin 2007, Madrid, éd. Publicaciones del Congreso de los Diputados, 2007.
- Rapport annuel de 2004 présenté au Parlement en avril 2005, Madrid, éd. Publicaciones del Congreso de los Diputados, 2005.
- Rapport annuel de 2003 présenté au Parlement en juin 2004, Madrid, éd. Publicaciones del Congreso de los Diputados, 2004.
- *Recursos ante el Tribunal constitucional 1983-1987*, Madrid, éd. Defensor del Pueblo, 1987, 460p.

SÍNDIC DE GREUGES DE CATALUNYA (Ombudsman de Catalogne), Rapport annuel de 2004 présenté au Parlement catalan en mai 2005, Barcelone, éd. Tallers Gràfics Hostench S.A., 2005.

Sources en langue anglaise

COMMISSION FOR LOCAL ADMINISTRATION IN ENGLAND, *Good Administrative Practice,* 2e éd., Londres, éd. C.L.A.E., 1993, 32p.

GROUPE « *JUSTICE* » :

- JUSTICE et ALL SOULS, *Administrative Justice: Some Necessary Reforms*, Oxford, Clarendon, 1988, 449p.
- JUSTICE et ALL SOULS, *Review of Administrative Law in the United Kingdom*, Londres, Discussion Paper, 1981, 97p.
- JUSTICE, *Our Fettered Ombudsman*, Londres, Stevens & Sons, 1977, 52p.
- JUSTICE, *Administration under Law*, Londres, Stevens & Sons, 1971, 39p.

PARLIAMENTARY AND HEALTH SERVICE OMBUDSMAN (Ombudsman du Royaume-Uni) :

- *The Parliamentary Ombudsman : withstanding the test of time*, H.C. 421, 2007, T.S.O.
- Rapport annuel de 2006, *Putting principles into practice*, H.C. 838, (2006-7).
- Rapport annuel de 1997, H.C. 20 (1997-8).
- Rapport spécial de 1994, H.C. 193 (1994-5).
- Rapport annuel de 1993, H.C. 290 (1993-4).
- Rapport annuel de 1991, H.C. 347 (1991-2).
- Rapport annuel de 1988, H.C. 301 (1988-9).
- Rapport annuel de 1981, H.C. 132 (1981-2).
- Rapport annuel de 1977, H.C. 126 (1977-8).
- Rapport annuel de 1972, H.C. 290 (1972-3).

- Rapport annuel de 1968, H.C. 129 (1968-9).
- Rapport annuel de 1967, H.C. 54 (1967-8).

UK GOVERNMENT COLLECTION :

- *Financial Redress for maladministration. Putting things right when they go wrong*, Londres, Department for Work and Pensions, 2003, 44p.
- *Financial Redress for maladministration. Guide on Accounting and Financial procedure for the Use of Governement Departments*, Londres, Department for Social Security, H.M.S.O., 1997, 63p.
- *Code of Practice on Access to Government Information*, 2e éd., Londres, H.M.S.O., 1997, 9p.
- *The Citizen's Charter : five years on. Evidence to the inquiry by the House of Common's Public Service Select Committee*, National Consumer Council, 1996.
- *The Citizen's Charter: Second report*, National Consumer Council, H.M.S.O., Cm 2540, 1994.
- *The Citizen's Charter*, National Consumer Council, H.M.S.O., Cm 1599, 1991.
- *Improving Management in Government: The Next Steps*, Cabinet Office, Londres, H.M.S.O., 1988, 35p.
- *Judge over your shoulder*, Londres, Treasury Sollicitor's Department, Management and personnel office, 1987, 17p.

TABLE CHRONOLOGIQUE DES DÉCISIONS

§1. Jurisprudence communautaire

A. C.J.C.E.

C.J.C.E., 11 février 1955, *Industrie Siderurgiche Associate c/ Haute Autorité de la C.E.C.A.*, aff. 4-54, rec.1955, p.177.
C.J.C.E., 10 décembre 1957, *Société des usines à tubes de la Sarre c/ Haute Autorité de la C.E.C.A.*, aff. 1/57 et 14/57, rec.1957, p.201.
C.J.C.E., 12 février 1960, *Geitling e.a. c/ Haute Autorité de la C.E.C.A.*, aff. 16-17-18/59, rec.1960, p.47.
C.J.C.E., 22 mars 1961, *S.U.P.A.T. c/ Haute Autorité C.E.C.A.*, aff. 42 et 49/59, rec.1961, p.101.
C.J.C.E., 12 juillet 1962, *Hoogavens N.V. c/ Haute Autorité de la C.E.C.A.*, aff. 14/61, rec.1962, p.485.
C.J.C.E., 1re ch., 4 juillet 1963, *Alvis c/ Conseil*, aff. C-32/62, rec.1963, p.101.
C.J.C.E., 13 juillet 1965, *Lammerz-Werke c/ Haute autorité de la C.E.C.A.*, aff. 111-63, rec.1965, p.835.
C.J.C.E., 30 juin 1966, *Ferriera Ernesto Preo e Figli c/ Haute Autorité de la C.E.C.A*, aff. 2/65, rec.1966, p.315.
C.J.C.E., 1re ch., 4 février 1970, *Van Eick c/ Commission*, aff. 13/69, rec.1970, p.3.
C.J.C.E., 28 avril 1971, *Lütticke c/ Commission*, aff. 4/69, rec.1971, p.325.
C.J.C.E., 2 décembre 1971, *Aktien-Zuckerfabrik Schöppenstedt c/ Conseil*, aff. 5/71, rec.1971, p.975.
C.J.C.E., 2e ch., 30 mai 1973, *De Greef c/ Commission*, aff. 46/72, rec.1973, p.543.
C.J.C.E., 5 juin 1973, *Commission c/ Conseil*, aff. 81/72, rec.1873, p.575.
C.J.C.E., 2 juillet 1974, *Holtz et Willemsen c/ Conseil et Commission*, aff. 153/73, rec.1971, p.675.
C.J.C.E., 2e ch., 11 juillet 1974, *Guillot c/ Commission*, aff. C-53/72, rec.1974, p.791.
C.J.C.E., 23 octobre 1974, *Transocean Marine Paint Association c/ Commission*, aff. 17/74, rec.1974, p.1063.
C.J.C.E., 28 juin 1977, *Balkan-Import-Export Gmb.H. c/ Hauptzollamt Berlin-Packhof*, aff. 118-76, rec.1977, p.1177.
C.J.C.E., 3e ch., 28 mai 1980, *Richard Kuhner c/ Commission des Communautés européennes*, aff. C-33/79 et C-75/79, rec.1980, p.1677.
C.J.C.E., 5e ch., 19 octobre 1983, *Lucchini Siderurgica SPA c/ Commission*, aff. 179-82, rec.1983, p.3095.
C.J.C.E., 3e ch., 5 mai 1983, *Ditterich c/ Commission*, aff. 207/81, rec.1983, p.1359.
C.J.C.E., 7 juin 1983, *Musique Diffusion française et al. c/ Commission*, aff. 100-103/80, rec.1983, p.1825.
C.J.C.E., 8 novembre 1983, *N.V. I.A.Z. International Belgium et al. c/ Commission*, aff. jtes 96-102, 104, 105, 108 et 110/82, rec.1983, p.3369.

C.J.C.E., 15 mars 1984, *Tradax Graanhandel B.V. c/ Commission*, aff. C-64/82, rec. 1984, p.1385-1386.

C.J.C.E., 1e ch., 13 décembre 1984, *Vlachos c/ Cour de justice*, aff. 20 et 21/83, rec.1984, p.4149.

C.J.C.E., 3e ch., 23 octobre 1986, *Hartmut Schwiering c/ Cour des comptes des Communautés européennes*, aff. C-321/85, rec.1986, p.3199.

C.J.C.E., 1re ch., 27 novembre 1986, *Strack c/ Parlement européen*, aff. 155/85, rec.1986, p.3561.

C.J.C.E., 15 mai 1986, *Marguerite Johnston c/ Chief Contestable of the Royal Ulster Constabulary*, aff. 222/84, rec.1986, p.1651 ; *Gaz.Pal.*, 1986, III, doct., p.568.

C.J.C.E., 3e ch., 4 février 1987, *Henri Maurissen c/ Cour des comptes des Communautés européennes*, aff. 417/85, rec.1987, p.551.

C.J.C.E., 24 novembre 1987, *R.S.V. c/ Commission*, aff. C-223/85, rec.1987, p.4617.

C.J.C.E., 1re ch., 16 décembre 1987, *Evelyne Delauche c/ Commission*, aff. 111/86, rec.1987, p.5345.

C.J.C.E., 2e ch., 13 décembre 1989, *Grimaldi c/ Fonds des maladies professionnelles*, aff. C-322/88, rec. 1989, p.4407.

C.J.C.E., 6e ch., 27 mars 1990, *Grifoni c/ Communauté européenne de l'énergie atomique*, aff. C-308/87, rec.1990, p.I-203.

C.J.C.E., 6e ch., 17 mai 1990, *Sonito c/ Commission*, aff. 87/89, rec.1990, p.I-1981.

C.J.C.E., 6e ch., 12 juillet 1990, *Société C.D.F. Chimie azote c/ Commission*, aff. C-169/84, rec.1990, p.I-3110.

C.J.C.E., 6e ch., 13 novembre 1990, *Marleasing c/ La Comercial Internacional de Alimentación*, aff. C-106/89, rec.1990, p.I-4135.

C.J.C.E., 7 mai 1991, *Nakajima c/ Conseil*, aff. C-69/89, rec.1991, p.I-2069.

C.J.C.E., 5e ch., 22 octobre 1991, *Eugen Nölle c/ Hauptzollamt Bremen-Freihafen*, aff. C-16/90, rec.1991, p.I-5163.

C.J.C.E., 21 novembre 1991, *Technische Universität München c/, Hauptzollamt München-Mitte*, aff. C-269/90, rec.1991, p.I-5499.

C.J.C.E., 12 février 1992, *Pays-Bas c/ Commission*, C-48/90 et C-66/90, rec.1992, p.627.

C.J.C.E., 4e ch., 31 mars 1992, *Jean-Louis Burban c/ Parlement*, aff. C-255/90 P, rec.1992, p.I-2253.

C.J.C.E., 15 juin 1994, *Commission c/ B.A.S.F.*, aff. C-137/92 P, rec.1994, p.I-2555.

C.J.C.E., 30 avril 1996, *Royaume des Pays-Bas c/ Conseil de l'Union européenne*, aff. C-58/94, rec.1996, p.I-2169.

C.J.C.E., 17 décembre 1998, *Baustahlgewebe*, aff. C-185-95 P, rec.1998, p.I-8417.

C.J.C.E., 5e ch., 30 mars 2000, *V.B.A. et V.G.B. e.a.t. c/ Commission*, aff. C-266/97 P, rec.2000, p.I-2135.

C.J.C.E., 5e ch., 6 avril 2000, *Solvay c/ Commission*, aff. C-287-8/95 P, rec.2000, p.I-2391.

C.J.C.E., 4 juillet 2000, *Bergarderm S.A. c/ Commission*, aff. C-352/98 P, rec.2000, p.I-5291.

C.J.C.E., 15 février 2001, *République d'Autriche c/ Commission*, aff. C-99/98, rec.2001, p.I-1101.

C.J.C.E., 6 décembre 2001, *Conseil de l'Union c/ Hautala*, aff. C-353/99 P, rec.2001, p.I-9565.
C.J.C.E., 5e ch., 8 janvier 2002, *France c/ Monsanto et Commission*, aff. C-248/99, rec.2002, p.I-1.
C.J.C.E., 18 juin 2002, *République fédérale d'Allemagne c/ Commission*, aff. C-242/00, rec.2002, p.I-5603.
C.J.C.E., ass. plén., 23 mars 2004, *Médiateur européen c/ Frank Lamberts*, aff. C-234/02 P, rec.2004, p.2803.
C.J.C.E., gr. ch., 28 juin 2005, *Dansk c/ Commission*, aff. jointes C-189/02 P, C-202/02 P, C-205-208/02 , C-213/02 P, rec.2005, p.I-5425.
C.J.C.E., 3e ch., 12 juillet 2005, *C.E.V.A. Santé Animale S.A. et al. c/ Commission*, aff. C-198/03 P, rec.2005, p.I-6357.
C.J.C.E., gr. ch., 27 juin 2006, *Parlement c/ Conseil*, aff. C-540/03, rec.2006, p.I-5769.
C.J.C.E., 1re ch., 26 octobre 2006, *Koninklijke Coöperatie Cosun U.A. c/ Minister van Landbouw, Natuur en Voedselkwaliteit*, aff. C-248/04, rec.2006, p.I-10211.
C.J.C.E., 4[e] ch., 25 octobre 2007, *Komninou c/ Commission*, aff. C-167/06 P, rec.2007, p.I-141.
C.J.C.E., gr. ch., 22 avril 2008, *Salzgitter c/ Commission*, aff. C-408/04 P, rec.2008, p.I-2767.
C.J.C.E., gr. ch., 10 juillet 2008, *Bertelsmann et Sony Corporation of America c/ Impala*, aff. C-413/06 P, [non encore publié].

B. T.P.I.C.E. et T.F.P.U.E.

T.P.I.C.E., 5e ch., 8 novembre 1990, *Barbi c/ Commission*, aff. T-73/89, rec.1990, p.II-620.
T.P.I.C.E., 3e ch., 17 octobre 1991, *De Compte c/ Parlement européen*, aff. T-26/89, rec.1991, p.II-781.
T.P.I.C.E., 1re ch., 24 janvier 1992, *La Cinq c/ Commission*, aff. T-44/90, rec.1992, p.II-1.
T.P.I.C.E., 2e ch., 29 juin 1993, *Asia Motor France et al. c/ Commission*, aff. T-92, rec.1993, p.II-669.
T.P.I.C.E., 1re ch., 18 septembre 1995, *Nölle c/ Conseil et Commission*, aff. T-167/94, rec.1995, p.II-2589.
T.P.I.C.E., 2[e] ch., ord., 19 juin 1996, *N.M.H. Stahlwerke GmbH c/ Commission*, aff. 134/94 et s., rec.1996, p.II-537.
T.P.I.C.E., 3e ch., 24 septembre 1996, *N.A.L.O.O. c/ Commission*, aff. T-57/91, rec.1996, p.II-1019.
T.P.I.C.E., 1re ch., 19 mars 1997, *Oliveira c/ Commission*, aff. T-73/95, rec.1997, p. II-381.
T.P.I.C.E., 1re ch., 14 juillet 1997, *Interhotel-Sociedade Internacional de Hotéis S.A.R.L. c/ Commission*, aff. T-81/95, rec.1997, p.II-1265.
T.P.I.C.E., 22 octobre 1997, *S.C.K.*, aff. T-213/95, rec.1997, p.II-1739.
T.P.I.C.E., 3e ch., 15 septembre 1998, *Gestevision c/ Commission*, aff. T-95/96, rec.1998, p.II-3407.

T.P.I.C.E., 4e ch., 9 juillet 1999, *New Europe Consulting et M.P. Brown c/ Commission*, aff. T-231/97, rec.1999, p.II-2403.
T.P.I.C.E., 4[e] ch., 29 septembre 1999, *Sociedade Nacional de Segurança Ld[a] c/ Commission*, aff. T-126/97, rec.1999, p.II-2793.
T.P.I.C.E., 4[e] ch., 10 mai 2000, *S.I.C. c/ Commission*, aff. T-46/97, rec. C.J.C.E., p.II-2125.
T.P.I.C.E., 2e ch., 15 juin 2000, *F c/ Commission*, aff. T-211/98, rec.2000, p.I-A-107, II-471.
T.P.I.C.E., 4e ch., 6 juillet 2000, *Volkswagen c/ Commission*, aff. T-62/98, rec.2000, p.II-2707.
T.P.I.C.E. 5e ch., 6 juillet 2000, *Alsace International Car Service c/ Parlement européen*, aff. T-139/99, rec.2000, p.II-2849.
T.P.I.C.E., 5e ch., 15 mars 2001, *Société chimique Prayon-Rupol S.A.C.*, aff. T-73/98, rec.2001, p.II-867.
T.P.I.C.E., 3e ch., 6 décembre 2001, *Area Cova e.a. c/ Conseil et Commission*, aff. T-196/99, rec.2001, p.II-3597.
T.P.I.C.E., 2e ch., 30 janvier 2002, *Max.mobil Telekommunikation Service Gmb.H. c/ Commission*, aff. T-54/99, rec.2002, p.II-313.
T.P.I.C.E., 4e ch., 20 mars 2002, *A.B.B. Asea Brown Boveri Ltd c/ Commission*, aff. T-31/99, rec.2002, p.II-1881.
T.P.I.C.E., 3e ch., 11 septembre 2002, *Pfizer Animal Health c/ Conseil*, aff. T-13/99, rec.2002, p.II-3305.
T.P.I.C.E., 3e ch., 13 mars 2003, *José Martí Peix, S.A. c/ Commission*, aff. T-125/01, rec.2003, p.II-865.
T.P.I.C.E., 2e ch., 28 janvier 2003, *F. c/ Cour des comptes*, aff. T-138/01, rec.FP.2005, p.II-573.
T.P.I.C.E., 2e ch., 21 octobre 2003, *Solvay Pharmaceuticals B.V. c/ Conseil*, aff. T-392/02, rec.2003, p.II-4555.
T.P.I.C.E., 5e ch., 10 juin 2004, *Jean-Paul François c/ Commission*, aff. T-307/01, rec.2004, p.II-1669.
T.P.I.C.E., ord., 15 octobre 2004, *Hans-Martin Tillack c/ Commission*, aff. T-193/04, rec.2004, p.II-3575.
T.P.I.C.E., 5[e] ch., 28 octobre 2004, *Lutz Herrera c/ Commission*, aff. T-219/02 et T-337/0228, rec. 2004, p.II-1407.
T.P.I.C.E., 5e ch., 8 mars 2005, *Vlachaki c/ Commission*, aff. T-277/03, rec.2005, p.I-A-57, II-243.
T.P.I.C.E., 4e ch., 16 mars 2005, *En.B.W. Kernkraft GmbH c/ Commission*, aff. T-283/02, rec.2005, p.II-913.
T.P.I.C.E., 4e ch., 4 mai 2005, *João Andrade Sena c/ Agence européenne de la sécurité aérienne*, aff. T-30/04, rec.2005, p.II-519.
T.P.I.C.E., 3e ch., 11 juillet 2005, *Internationaler Hilfsfonds e.V. c/ Commission,* aff. T-294/04, [non publié].
T.P.I.C.E., 4e ch., 13 juillet 2005, *Carlo Scano c/ Commission des Communautés européennes*, aff. T-5/04, rec.2005, p.II-931.
T.P.I.C.E., 4e ch., 13 juillet 2005, *Carlo Scano c/ Commission*, aff. T-5/04, rec.2005, p.II-931.

T.P.I.C.E., 3e ch., 14 juillet 2005, *Vincenzo Le Voci c/ Conseil*, aff. T-371/03, rec.2005, p.229.
T.P.I.C.E., 2e ch., 22 novembre 2005, *Koldo Gorostiaga Atxalandabaso c/ Parlement*, aff. T-146/04, rec.2005, p.II-5989.
T.P.I.C.E., ord., 13 janvier 2006, aff. T-42/04, rec.2006, p.II-4.
T.P.I.C.E., 2e ch., 31 mai 2006, *Kuwait Petroleum (Nederland) B.V. c/ Commission*, aff. T-354/99, rec.2006, p.II-1475.
T.P.I.C.E., 3e ch., 14 juillet 2006, *Endesa c/ Commission*, aff. T-417/05, rec. 2006, p.II-2533.
T.P.I.C.E., 4e ch., 4 octobre 2006, *Hans-Martin Tillack c/ Commission*, aff. T-193/04, rec.2006, p.II-3995.
T.P.I.C.E., 2e ch., 29 novembre 2006, *Campoli c/ Commission*, aff. T-135/05, rec.2006, p.II-A-2-1537.
T.P.I.C.E., 2e ch., 12 décembre 2006, *Asociacion de Empresarios de Estaciones de Servicio de la Comunidad Autonoma de Madrid c/ Commission*, aff. T-95/03, rec.2006, p.II-4739.
T.P.I.C.E. 2e ch., 31 mai 2006, *Kuwait Petroleum (Nederland) B.V. c/ Commission*, aff. T-354/99, rec.2006, p.II-1475.
T.P.I.C.E., 1re ch., 18 janvier 2006, *Regione Marche c/ Commission*, aff. T-107/03, rec.2006, p.II-7.
T.P.I.C.E., 3e ch., 7 février 2007, *Caló c/ Commission*, aff. T-118/04 et T-134/04, [non encore publié].
T.F.P.U.E., 2e ch., 1er mars 2007, *Neirinck c/ Commission*, aff. F-84/05, [non encore publié].
T.P.I.C.E., 5e ch., 3 mai 2007, *Crespinet c/ Commission*, aff. T-261/04, [non encore publié].
T.F.P.U.E., 2e ch., 13 décembre 2007, *Wandschneider c/ Commission*, aff. F-28/06, [non encore publié].
T.F.P.U.E., 4 septembre 2008, *Lafili c/ Commission*, aff. F-22/07, [non encore publié].

§2. Jurisprudence interne

A. Jurisprudence constitutionnelle

C.C., 23 janvier 1987, *Conseil de la Concurrence*, n°86-224 D.C., rec. 8, *R.J.C.*, I, p.303.
C.C., 18 novembre 1986, *Loi relative à la délimitation des circonscriptions pour l'élection des députés*, n°86-218 D.C., rec. 167.
C.C., 21 juin 1993, *Loi de finances rectificative pour 1993*, n°93-320 D.C., rec. 146.
C.C., 29 décembre 1993, *Loi de finances pour 1994*, n°93-330 D.C., rec. 572.
C.C., 23 juillet 1996, Loi relative à l'entreprise nationale France Télécom, n°96-380 D.C., rec. 107.
C.C., 30 décembre 1997, *Loi de finances pour 1998*, n°96-395 D.C., rec. 333.

C.C., 28 décembre 2006, *Loi pour le développement de la participation et de l'actionnariat salarié et portant diverses dispositions d'ordre économique et social*, n°2006-545 D.C., rec. 138.
C.C., 3 décembre 2009, *Loi organique relative à l'application de l'article 61-1 de la Constitution*, n°2009-595 D.C., J.O. du 11 décembre 2009, p.21381.

B. Jurisprudence administrative

C.E., 26 novembre 1875, *Pariset,* rec. 934, req. n°47544.
C.E., 8 décembre 1899, *Ville d'Avignon*, rec. 720, req. n°82919.
C.E., 15 décembre 1899, *Sieur Adda*, rec. 734, req. n°90503.
C.E., 3 août 1900, *Ville de Paris c/ Dame veuve Sanoner*, rec. 535, req. n°93241.
C.E., 29 mars 1901, Sieurs *Casanova, Canazzi et autres*, rec. 333, req. n°94580.
C.E., 10 janvier 1902, *Compagnie nouvelle du gaz de Deville-lès-Rouen*, rec. 5, req. n°94624.
C.E., 31. janvier 1902, *Sieur Grazietti*, rec. 55, req. n°1919.
C.E., 31 janvier 1902, *Sieur Grosson*, rec. 56, req. n°95973.
C.E., 29 mai 1903, *Sieur Le Berre*, rec. 415, req. n°4804.
C.E., 24 juillet 1903, *Commune de Massat*, rec. 556, req. n°11777.
C.E., 7 août 1903, *Sieurs Chabot et autres*, rec. 620, req. n°7836-13608.
C.E., 1er juillet 1904, *Sieur Nivaggioni*, rec. 536, req. n°11273.
C.E., 10 février 1905, *Tomaso-Grecco*, rec. 142, req. n°10365.
C.E., 30 novembre 1906, *Sieur Jacquin et autres*, rec. 863, req. n°25481 et s.
C.E., 8 février 1907, *Lévy et autres*, rec. 143, req. n°26120.
C.E., 26 avril 1907, *Sieur Crémieux*, rec. 393, req. n°26621.
C.E., 2 août 1907, *Abbé Garcin*, rec. 756, req. n°23677.
C.E., 14 février 1908, *Sieur Abbé Valette*, rec. 143, req. n°26699.
C.E., 5 août 1908, *Leclercq et Gruson*, rec. 867, req. n°28482.
C.E., 1er juillet 1910, *Empis et association professionnelle du personnel civil de la Marine*, rec. 544, req. n°31801.
C.E., 3 février 1911, *Anguet*, rec. 146, req. n°34922.
C.E., 4 avril 1914, *Gomel*, rec. 488, req. n°55125.
C.E., 14 janvier 1916, *Camino*, rec. 15, req. n°59619-59679.
C.E., 8 juin 1917, *Baës*, rec. 455, req. n°53114.
C.E., 4 janvier 1918, *Duchesne*, rec. 10, req. n°53178.
C.E., 26 avril 1918, *Sieur Gaillard*, rec. 395, req. n°63347.
C.E., 28 juin 1918, *Heyriès*, rec. 651, req. n°63412.
C.E., 26 juillet 1918, *Époux Lemonnier c/ Commune de Roquecourbe*, rec. 761, req. n°4959-555240.
C.E., 28 mars 1919, *Regnault-Desroziers*, rec. 329, req. n°62273.
C.E., 25 novembre 1921, *Malou-Dupré*, rec. 975, req. n°68374.
C.E., 24 mars 1922, *Chambre syndicale des fabricants d'eaux gazeuses de Paris*, rec. 256, req. n°58327.
C.E., 30 novembre 1923, *Sieur Basilio Couitéas*, rec. 789, req. n°38284-48688.
C.E., 18 mai 1925, *Sieur Chenu*, rec. 493, req. n°84061.
C.E., 17 février 1926, *Sieur Bellan*, rec. 181, req. n°68245.
C.E., 26 mars 1926, *Sieur Renard*, rec. 354, req. n°76082.

C.E., 1er juillet 1927, *Sieur Demoreuil*, rec. 739, req. n°86543.
C.E., 20 janvier 1928, *Esquieu*, rec. 101, req. n°88796.
C.E., sect., 16 novembre 1928, *Fouchu et autres*, rec. 1190, req. n°96757.
C.E., sect., 16 octobre 1931, *Dame Dufresne*, rec. 879, req. n°20113.
C.E., sect., 2 juin 1933, *Protectorat de l'Annam*, rec. 611, req. n°6239.
C.E., 1re sous-sect., 3 janvier 1934, *Ministre des travaux publics c/ Sieur Michenot*, rec. 18, req. n°24068.
C.E., sect., 20 avril 1934, *Sieur Le Meut*, rec. 464, req. n°19118.
C.E., sect., 6 juillet 1934, *Sieur Van Outryve et autres*, rec. 786, req. n°32266-8 ; S.1934, III, p.116 et s.
C.E., sect., 7 février 1936, *Sieur Jamart*, rec. 172, req. n°43321.
C.E., sect., 24 juillet 1936, *Syndicat de défense des grands vins de la Côte d'Or*, rec. 861, req. n°43758.
C.E., ass., 24 juillet 1942, *Sieur Piron*, rec. 233, req. n°70570.
C.E., sect., 23 mars 1945, *Union syndicale des ouvriers et ouvrières métallurgiques et similaires*, rec. 61, req. n°67604.
C.E., sect., 15 juin 1945, *Commune de Turny*, rec. 123, req. n°69882 et s.
C.E., ass., 21 novembre 1947, *Société Boulenger,* rec. 436, req. n°71382.
C.E., ass., 20 février 1948, *Sieur Dubois*, rec. 87, req. n°83045.
C.E., ass., 27 février 1948, *Société des Laboratoires du Bac et autres,* 2e esp., rec. 101, req. n°80899 et s.
C.E., ass., 18 novembre 1949, *Sieur Carlier*, rec. 490, req. n°77441-2.
C.E., ass., 18 novembre 1949, *Demoiselle Mimeur*, rec. 492, req. n°91864 ; *J.C.P.*, 1950, II, p.7 et s.
C.E., 23 novembre 1949, *Sieur Gaulard*, rec. 497, req. n°94072.
C.E., sect., 27 janvier 1950, *Sieur Billard*, rec. 58, req. n°99605.
C.E., sect., 19 mai 1950, *Sieur Coquard*, rec. 302, req. n°96978-99296.
C.E., 30 juin 1950, *Sieur Grobel*, rec. 398, req. n°3383.
C.E., 22 juin 1951, *Sieur Hoeffel*, rec. 365, req. n°99473.
C.E., ass., 4 avril 1952, *Syndicat régional des quotidiens d'Algérie et autres,* rec. 210, req. n°86015.
C.E., 13 juin 1952, *Sieur Bruntz*, rec. 307, req. n°9162-13399.
C.E., ass., 13 mars 1953, *Sieur Teissier*, rec. 133, req. n°7423.
C.E., ass., 29 janvier 1954, *Institution Notre-Dame du Kreisker*, rec. 64, req. n°7134.
C.E., ass., 28 mai 1954, *Sieur Barel et autres*, rec. 308, req. n°28238 et s.
C.E., 15 juin 1955, *Sieur Courtial*, rec. 327, req. n°17597.
C.E., 11 janvier 1957, *Dame veuve Étienne*, rec. 27, req. n°13818.
C.E., sect., 25 avril 1958, *Dame veuve Barbaza et société d'assurances « La mutuelle générale française »*, rec. 228, req. n°8477-12.435.
C.E., sect., 23 mai 1958, *Ministre de l'Éducation nationale c/ sieur Weber*, rec. 293, req. n°42465.
C.E., sect., 19 juin 1959, *Sieur Mailloux*, rec. 382, req. n°35185.
C.E., 4 novembre 1959, *Commune de Bollène,* rec. 575, req. n°41530.
C.E., sect., 14 décembre 1959, *Doublet,* rec. 540, req. n°40922.
C.E., sect., 28 octobre 1960, *Sieurs Pierron et Thouvenin*, rec. 575, req. n°48665-6.
C.E., 18 novembre 1960, *Sieur Savelli*, rec. 640, req. n°27844.

C.E., sect., 2 décembre 1960, *Dame veuve Franc*, rec. 666, req. n°43327-43445.
C.E., sect., 27 janvier 1961, *Sieur Vannier,* rec. 60, req. n°38661.
C.E., sect., 15 février 1961, *Sieur Lagrange*, rec. 121, req. n°42259-42260.
C.E., 13 juillet 1961, *Demoiselle Achart*, rec. 476, req. n°50609.
C.E., 12 janvier 1962, *Sieur Canton*, rec. 23, req. n°48837.
C.E., sect., 16 mars 1962, *Sieur Toubhans et autres*, rec. 183, req. n°50601.
C.E., 6 avril 1962, *Ministre des Affaires étrangères c/ Charrier*, rec. 259, req. n°49779.
C.E., 9 mai 1962, *Commune de Montfermeil c/ Sieur Foittier*, rec. 304, req. n°54073.
C.E., sect., 11 mai 1962, *Sieur Salan*, rec. 317, req. n°57975.
C.E., sect., 8 juin 1962, *Ministre des Postes et Télécommunications c/ Frischmann*, rec. 382, req. n°55252.
C.E., sect., 13 juillet 1962, *Sieur Arnaud et autres*, rec. 474, req. n°37586.
C.E., 13 juillet 1962, *Sieur Kevers-Pascalis*, rec. 475, req. n°45891-2.
C.E., 13 juillet 1962, *Ministre de la Santé Publique et de la Population c/ Sieur Lastrajoli*, rec. 507, req. n°54052.
C.E., sect., 22 février 1963, *Sieur Maurel*, rec. 119, req. n°54563.
C.E., 22 janvier 1964, *Etablissemnts Houdry,* rec. 32, req. n°58282.
C.E., 21 février 1964, *Compagnie d'assurances "La Paternelle" et ville de Wattrelos*, rec. 119, req. n°55930 et s.
C.E., ass., 27 novembre 1964, *Ministre des Finances et des Affaires économiques c/ Dame veuve Renard*, rec. 590, req. n°59068.
C.E., 7 avril 1965, *Société Affichage Giraudy*, rec. 226, req. n°60079.
C.E., sect., 5 mars 1965, *Sieur Pernot et autres*, rec. 145, req. n°57235.
C.E., sect., 5 janvier 1966, *Sieur Hawezack*, rec. 6, req. n°58623.
C.E., 2e sect., 16 février 1966, *Ministre des Anciens combattants c/ sieur Idier*, rec. 118, req. n°16692.
C.E., 3e-10e sous-sect., 9 mars 1966, *Ministre de la Justice c/ Sieur Trouillet*, rec. 201, req. n°66731.
C.E., sect., 20 mai 1966, *Dame veuve Pouvillon et autres*, rec. 355, req. n°59186, concl.
C.E., sect., 3 novembre 1967, *Ministre de l'Intérieur c/ Dame Fiat*, rec. 409, req. n°68583.
C.E., sect., 26 janvier 1968, *Société « Maison Genestal »*, rec. 62, req. n°69765.
C.E., 25 juin 1969, *Sieur Vincent*, rec. 334, req. n°69449 ; *A.J.D.A.*, 1969, p.566 et s.
C.E., 12 juillet 1969, *Jacquier*, rec. 874, req. n°76020.
C.E., ass., 16 octobre 1970, *Époux Martin*, rec. 593, req. n°72409.
C.E., sect., 11 décembre 1970, *Crédit Foncier de France c/ Demoiselle Gaupillat et Dame Ader*, rec. 750, req. n°78880.
C.E., 20 janvier 1971, *Union départementale des sociétés mutualistes du Jura*, rec. 45, req. n°74437.
C.E., ass., 7 mai 1971, *Ministre de l'Économie et des Finances et ville de Bordeaux c/ Sieur Sastre*, rec. 335, req. n°74669-74977.

C.E., ass., 28 mai 1971, *Ministre de l'Équipement et du Logement c/ Fédération de défense des personnes concernées par le projet actuellement dénommé « Ville nouvelle Est »*, rec. 410, req. n°78825.
C.E., 20 juillet 1971, *Ville de Sochaux*, rec. 561, req. n°80804.
C.E., ass., 20 octobre 1972, *Société civile Sainte-Marie de l'Assomption*, rec. 657, req. n°78829.
C.E., ass., 20 octobre 1972, *Ville de Paris c/ Sieur Marabout*, rec. 664, req. n°80068.
C.E., 27 octobre 1972, *Ministre de la Santé publique et de la Sécurité sociale c/ Demoiselle Ecarlat*, rec. 682, req. n°82912.
C.E., ass., 11 mai 1973, *Sieur Sanglier*, rec. 344, req. n°79230.
C.E., sect., 15 février 1974, *Fédération nationale des syndicats de fonctionnaires de l'Agriculture C.F.D.T. et autres*, rec. 113, req. n°80772-80814.
C.E., sect., 26 octobre 1973, *Sieur Grassin*, rec. 599, req. n°83261.
C.E., sect., 22 février 1974, *Association Esso-Standard*, rec. 138, req. n°84629 ; *R.D.P.*, 1975, p.510 et s.
C.E., ass., 22 février 1974, *Sieur Adam et autres*, rec. 145, req. n°91848-93520.
C.E., sect., 14 novembre 1975, *Syndicat national de l'enseignement supérieur*, rec. 571, req. n°93351.
C.E., 7 mars 1975, *Association des amis de l'Abbaye de Fontevraud*, rec. 179, req. n°89011 ; *A.J.D.A.*, 1976, p.208.
C.E., 24 mars 1976, *Dame Veuve Thiémard*, rec. 179, req. n°95720.
C.E., sect., 23 juillet 1976, *Ministre du Travail c/ U.R.S.S.A.F. du Jura*, rec. 362, req. n°96526.
C.E., 24 novembre 1976, *Englander*, rec. 507, req. n°98955 ; *R.D.P.*, 1977, p.706.
C.E., ass., 21 janvier 1977, *Ministre de l'intérieur c/ Dridi*, rec. 38, req. n°1333.
C.E., sect., 27 mai 1977, *Société anonyme Victor Delforge et Compagnie et Victor Delforge*, rec. 253, req. n°98122-98123.
C.E., 9 janvier 1980, *Mme Martins*, rec. 4, req. n°6403.
C.E., 23 mai 1980, *Agence nationale pour l'amélioration de l'habitat*, rec. 238, req. n°13433.
C.E., ass., 10 juillet 1981, *Retail*, rec. 303, req. n°5130 ; *A.J.D.A.*, 1981, p.486.
C.E., 8 octobre 1986, *Langlet c/ Centre hospitalier général de Château-Thierry*, rec. 227, req. n°61503 et s.
C.E., 4e-1re sous-sect., 27 janvier 1988, *Ministre de l'Education natinale c/ Giraud*, rec. 40, req. n°64076.
C.E., 5e-3e sous-sect., 15 juin 1988, *Consorts Grandmaison*, rec. 242, req. n°45397.
C.E., ass., 3 février 1989, *Compagnie Alitalia*, rec. 44, req. n°74052.
C.E., ass., 23 juin 1989, *Ministre du budget c/ Veque et autres*, rec. 151, req. n°67442.
C.E., 4e-1re sous-sect., 14 mars 1990, *Office culturel de Cluny-Fédération nationale d'animation globale,* rec. 66, req. n°65114 ; *A.J.D.A.*, 1990, p.465 et s.
C.E., 5e-3e sous-sect., 18 mai 1990, *Association arménienne d'aide sociale*, rec. 128, req. n°91858.
C.E., ass., 4 mars 1991, *Le Cun*, rec. 71, req. n°112820 ; *R.F.D.A.*, 1991, p.612.
C.E., 3e sous-sect., 13 novembre 1991, *Commune d'Orvault c/ Mme Chevalier*, [non publié], req. n°84937.

C.E., ass., 10 avril 1992, *Epoux V.*, rec. 171, req. n°79027 ; G.A.J.A., 16e éd., 2007, n°98.

C.E., sect., 10 juillet 1992, *Ministre de l'Agriculture et de la Forêt c/ Touzan*, rec. 298, req. n°120047.

C.E., 6e-2e sous-sect., 24 mai 1993, *Commune du Vésinet*, rec. 163, req. n°118414.

C.E., 9e-8e sous-sect., 16 juin 1993, *Vaillant*, [non publié], req. n°69952.

C.A.A. de Nancy, 23 novembre 1993, *Département du Haut Rhin*, rec.tabl. 625, 1028, req. n°92NC00279.

C.E., sect., 30 janvier 1995, *Centre hospitalier régional d'Amiens*, [non publié], req. n°94965.

C.E., 4e-1re sous-sect., 20 mai 1996, *Aguila et autres*, [non publié], req. n°161656.

C.E., sect., 20 juin 1997, *Theux*, rec. 254, req. n°139495.

C.E., sect., 13 mars 1998, *Améon et autres*, rec. 82, req. n°89370.

C.E., 4e-1re sous-sect., 29 juillet 1998, *Syndicat des avocats de France et autres*, rec. 313, req. n°188715 et s.

C.A.A. de Paris, 23 février 1999, *Société « Garage ABC » et Tchilinguirian*, rec.tab. 1009, req. n°96PA02092.

C.E., 9 avril 1999, *Rochaix*, rec.tab. 864, req. n°155304.

C.E., 20 octobre 1999, *Ministre de l'Éducation nationale, de la recherche et de la technologie c/ Époux Ait Ahmad*, rec.tabl. 776, 810, 812, req. n°181486.

C.E., 3e-8e sous-sect., 20 décembre 2000, *Compagnie d'assurances Zurich International et autres*, rec. 632, req. n°211284.

C.E., 4e-1re sous-sect., 19 janvier 2000, *Société Distribleu,* rec. 20, req. n°177914-915.

C.E., 4e-6e sous-sect., 23 février 2000, *L'Hermite*, rec. 101, req. n°192480.

C.E., 3e-8e sous-sect., 20 décembre 2000, *Compagnie d'assurances Zurich International et autres*, rec. 632, req. n°211284.

C.E., 6e-4e sous-sect., 28 juillet 2000, *Association France nature environnement*, rec. 323, req. n°204024 ; *A.J.D.A.*, 2000, p.959 ; *R.F.D.A.*, 2000, p.1167.

C.E., 3e-8e sous-sect., 6 octobre 2000, *Commune de Meylan*, rec. 416, req. n°202838.

C.E., 5e-7e sous-sect., 27 octobre 2000, *Centre hospitalier de Seclin*, rec. 478, req. n°208640.

C.E., 9e-10e sous-sect., 10 novembre 2000, *Milhau*, rec. 512 , req. n°204805 ; *Revue de jurisprudence fiscale*, 2001, n°194.

C.E., 28 juin 2002, *Garde des Sceaux, ministre de la Justice c/ M. Magiera*, rec. 247, req. n°239575.

T.A. de Paris, 28 février 2001, *Mme Arndt,* [non publié], req. n°9913599/3.

C.E., 6e-4e sous-sect., 27 juillet 2001, *Titran*, rec. 411, req. n°222509.

C.E., 26 octobre 2001, *Mme Senanayake*, rec. 514, req. n°198546.

C.E., sect., 18 décembre 2002, *Dame Duvignères*, req. n°233618.

C.E., sect., 6 novembre 2002, *Guisset*, rec. 376, req. n°227147-244410.

C.E., 5e-7e sous-sect., 9 juillet 2003, *Assistance publique-Hôpitaux de Paris c/ Mme Marzouk*, rec. 338, req. n°220437.

C.E., 5e-7e sous-sect., 12 décembre 2003, *Syndicat des commissaires et hauts-fonctionnaires de la police nationale et autres*, rec. 506, req. n°243430.

C.E., sect., 6 février 2004, *Mme Hallal*, rec. 48, req. n°240560.

C.E., sect., 27 février 2004, *Préfet des Pyrénées-Orientales c/ Abounkhila*, rec. 94, req. n°252988.
C.E., sect., 15 juillet 2004, *M. et Mme Leroy*, rec. 338, req. n°242318.
T.A. de Lille, 5 avril 2005, *Mme Marianne Bleitrach*, [non publié], req. n°34644.
C.E., 27 juillet 2005, *Association « Dijon Football Côte-d'Or »*, rec.tabl. 809, 1069, 1112, req. n°249426-450652.
C.E., 3e-8e sous-sect., 5 décembre 2005, *Département de la Dordogne*, rec. 552, req. n°259748 ; *D.A.*, 2006, p.37 et s.
C.E., 4e-5e sous-sect., 25 janvier 2006, *S.A.R.L. Potchou*, [non publié], req. n°284013.
T.A. de Clermont-Ferrand, 14 juin 2006, *Monsieur C.*, [non publié], req. n°500025.
C.E., 19 mai 2008, *Fédération nationale U.F.C. Que Choisir*, [non publié], req. n°311197.

§3. Jurisprudences étrangères

A. Jurisprudence espagnole

Jurisprudence constitutionnelle

S.T.C., 1re ch., n°9/1981, 31 mars 1981, B.O.E. n°89.
S.T.C., 1re ch., n°24/1981, 14 juillet 1981, B.O.E. n°172.
S.T.C., ass. plén., n°27/1981, 20 juillet 1981, B.O.E. n°193.
S.T.C., 2e ch., n°22/1982, 12 mai 1982, B.O.E. n°137.
S.T.C., ass. plén., n°35/1982, 14 juin 1982, B.O.E. n°153.
S.T.C., ass. plén., n°3/1983, 25 janvier 1983, B.O.E. n°41.
S.T.C., ass. plén., n°6/1983, 4 février 1983, B.O.E. n°58.
S.T.C., 1re ch., n°19/1983, 14 mars 1983, B.O.E. n°87.
S.T.C., 2e ch., n°36/1984, 14 mars 1984, B.O.E. n°80.
S.T.C., 2e ch., n°5/1985, 23 janvier 1985, B.O.E. n°37.
S.T.C., 2e ch., n°99/1985, 30 septembre 1985, B.O.E. n°265.
S.T.C., ass. plén., n°166/1986, 19 novembre 1986, B.O.E. n°3.
S.T.C., 2e ch., n°131/1987, 20 juillet 1987, B.O.E. n°191.
S.T.C., ass. plén., n°178/1989, 2 novembre 1989, B.O.E. n°290.
S.T.C., ass. plén., n°150/1990, 4 octobre 1990, B.O.E. n°266.
S.T.C., 1re ch., n°64/1991, 22 mars 1991, B.O.E. n°98.
S.T.C., ass. plén., n°204/1992, 26 novembre 1992, B.O.E. n°307.
S.T.C., 1re ch., n°209/1992, 30 novembre 1992, B.O.E. n°307.
S.T.C., ass. plén., n°102/1995, 26 juin 1995, B.O.E. n°181.
S.T.C., 2e ch., n°119/1995, 17 juillet 1995, B.O.E. n°200.
S.T.C., ass. plén., n°55/1996, 28 mars 1996, B.O.E. n°102.
S.T.C., 1re ch., n°180/1996, 12 novembre 1996, B.O.E. n°303.
S.T.C., 2e ch., n°109/1997, 2 juin 1997, B.O.E. n°159.
S.T.C., 1re ch., n°4/1998, 12 janvier 1998, req. n°3656/1996 (jugement d'office : « *auto* »).

S.T.C., ass. plén., n°225/1998, 25 novembre 1998, B.O.E. n°312.
S.T.C., 2e ch., n°32/1999, 8 mars 1999, B.O.E. n°89.
S.T.C., 1re ch., n°198/1999, 25 octobre 1999, B.O.E. n°286.
S.T.C., ass. plén., n°274/2000, 15 novembre 2000, B.O.E. n°299.
S.T.C., ass. plén., n°292/2000, 30 novembre 2000, B.O.E. n°4.
S.T.C., ass. plén., n°175/2001, 26 juillet 2001, B.O.E. n°194.
S.T.C., ass. plén., n°53/2002, 27 février 2002, B.O.E. n°80.
S.T.C., 2e ch., n°220/2004, 29 novembre 2004, B.O.E. n°3.
S.T.C., ass. plén., n°31/2006, 1er février 2006, B.O.E. n°301.
S.T.C., 2e ch., n°193/2006, 19 juin 2006, B.O.E. n°172.
S.T.C., ass. plén., n°45/2007, 1er mars 2007, B.O.E. n°327.

Jurisprudence administrative

S.T.S., 1re sect., n°2059/1985, 8 mai 1985, req. n°61689/1985.
S.T.S., 1re sect., n°13239/1990, 8 juin 1990, req. n°624/1988.
S.T.S., 1re sect., n°3134/1991, 11 juin 1991, req. n°409/1986.
S.T.S., ass. plén., n°2359/1997, 4 avril 1997, req. n°634/1996.
S.T.S., 4e sect., n°7711/1998, 17 décembre 1998, req. n°13468/1991.
S.T.S., 4e sect., n°6053/2000, 19 juillet 2000, req. n°4324/1994.
S.T.S., 7e sect., n°6141/2000, 21 juillet 2000, req. n°3000/1996.
S.T.S.J. (Communauté de Valence), 1er octobre 2002, req. n°3340/1998.
S.T.S.J. (Communauté de Valence), 4 novembre 2002, req. n°2339/1998.
S.T.S.J. (Communauté de Madrid), 9e ch., n°2003/214124, 29 janvier 2003, req. n°88/2003.
S.T.S.J. (Communauté de Valence), 8 avril 2003, req. n°19/2000.
S.T.S., 2e sect., n°299/2004, 23 janvier 2004, req. n°139/2000.
S.T.S., 3e sect., n°2146/2004, 29 mars 2004, req. n°8697/1999.
S.T.S.J. (Communauté de Valence), 14 mai 2004, req. n°1356/2002.
S.T.S.J. (Communauté de Madrid), 3e ch., n°2004/452, 19 mai 2004, req. n°691/2004.
S.T.S., 5e sect., n°3795/2004, 2 juin 2004, req. n°202/2002.
S.T.S.J. (Communauté de Valence), 14 septembre 2004, req. n°1280/2001.
S.T.S., 5e sect., n°7765/2004, 30 novembre 2004, req. n°3456/2002.
S.T.S., 5e sect., n°1841/2005, 23 mars 2005, req. n°1469/2002.
S.T.S., 3e sect., n°3275/2005, 23 mai 2005, req. n°2414/2002.
S.T.S.J. (Communauté de Valence), 18 novembre 2005, req. n°407/2002.
S.T.S., 3e sect., n°7603/2005, 13 décembre 2005, req. n°120/2004.
S.T.S., 5e sect., n°6089/2006, 27 juin 2006, req. n°269/2004.
S.T.S., 5e sect., n°4682/2006, 25 juillet 2006, req. n°466/2003.
S.T.S., 5e sect., n°6513/2006, 26 septembre 2006, req. n°8712/2003.
S.T.S., 5e sect., n°6089/2006, 27 septembre 2006, req. n°269/2004.
S.T.S.J. (Catalogne), 4e ch., n°2007/117660, 10 novembre 2006, req. n°835/2006.

B. Jurisprudence anglaise

Donague *v.* Stevenson [1932] A.C. 562-580.
Associated Provincial Picture Houses Ltd. *v.* Wednesbury Corporation [1948] 1 K.B.223 ; Lord J. GREEN.
Hedley Byrne v. Heller [1964] A.C. 465.
Schmidt *v.* Secretary of State for the Home Affairs [1969] 2 Ch.149 ; Lord J. DENNING.
Re *Fletcher's Application* [1970] 2 All E.R. 527.
Home Office *v.* Dorset Yacht [1970] A.C. 1004-1027 ; Lord J. REID.
British Oxygen *v.* Board of Trade [1971] A.C. 610-625 ; Lord J. REID.
R *v.* Liverpool Corporation, *ex parte* Liverpool Taxi Owners'Association [1972] 2 All E.R.
R *v.* Liverpool Corporation [1972] L Q.B. 299.
R *v.* Barnsley Metropolitan B.C., *ex parte* Hook [1976] 1 W.L.R 1052.
Jonathan Cape Ltd. [1976] Q.B. 752 ; Lord C.J. WIDGERY.
Congreve *v.* Home Office [1976] 1 Q.B. (C.A.), Lord J. DENNING.
R *v.* Barnsley MBC, *ex parte* Hook [1976] 1 W.L.R. 1052 ; Lord J. DENNING.
Tameside [1977] A.C. 1014, 1048 ; Lord J. WILBERFORCE.
Anns *v.* Merton LBC [1978] A.C. 728 ; Lord J. WILBERFORCE.
R *v.* Local Commissioner for Administration for the North and East Area of England, *ex parte* Bradford MBC [1979] Q.B. 287, C.A.
R *v.* Comr for Local Administration, *ex parte* Bradford Metropolitan Borough Council, [1979], Q.B. 289: l C.L.A.
South Oxfordshire D.C. *v.* Secretary of State for the Environment [1981] 1 W.L.R. 1092.
R *v.* I.R.C., *ex parte* National Federation [1982] A.C. 6A ; Lord J. DIPLOCK.
Chief Constable of the North Wales Police *v.* Evans [1982], 1 W.L.R. 1155, 1173F et 1174G ; Lord J. BRIGHTMAN.
Chief Constable of North Wales Police *v.* Evans [1982] 1 W.L.R. 1155, 1174-1175.
Lord J. BRIDGE, *in* H.L. [1983] 1 All E.R. 439-446.
Hussein *v.* Secretary of State for the Environment C.A. [1984] J.P.L. 431.
Council of Civil Service Union *v.* Minister for the Civil Service [1985] A.C. 374, Lord J. DIPLOCK.
Preston *v.* I.R.C [1985] A.C. 837 (H.L.) ; Lord J. TEMPLEMAN.
G.C.H.Q. [1985] A.C. 374 ; Lord J. DIPLOCK.
The High Court of Australia, Sutherland Shire Council *v.* Heymen [1985] 157 C.L.R. 424, 459 ; Lord J. MASON.
R v. Secretary of State for the Environment, *ex parte* Nottingshamshire C.C. [1986] A.C. 240, 249 ; Lord J. SCARMAN.
R *v.* Panel on Take-overs & Mergers, *ex parte* Datafin p.l.c. [1987] 2 W.L.R. 699, C.A.
City Panel on Takeovers and Mergers, *ex parte* Datafin [1987] Q.B. 815.
Khan *v.* Secretary of State for Home Department C.A. [1987] Imm. A.R. 543 ; Lord J. BINGHAM.
Yuen Kun Yeu *v.* Att. Gen. of Hong Kong [1988] A.C. 175.

R *v.* Secretary of State for the Home Department, *ex parte* Handscomb [1988] 68 C.A. 59.

Rawling *v.* Takaro Properties Ltd [1988] A.C. 473.

R *v.* Commissioner for Local administration, *ex parte* Eastleigh [1988] 1 Q.B. 855 (C.A.).

R *v.* C.L.A., *ex parte* Croydon L.B.C. [1989] 1 All E.R. 1033.

Caparo *v.* Dickman [1990] 2 A.C. 605 ; Lord J. OLIVER.

R *v.* Monopolies and Mergers Commission, *ex parte.* Escando Systems L.t.d. [1990], CO/1227/90.

R *v.* Deputy Governor of Parkhurst Prison, *ex parte* Hague C.A. [1990] W.L.R. 1210.

R. *v.* Secretary of State for Health, *ex parte* Keen [1990] 10 B.M.L.R. 13 ; Lord J. WOLF.

R *v.* Secretary of State for Health, *ex parte* United States Tobacco International Inc., [1992] Q.B. 353.

R. *v.* Secretary of State for the Home Department, *ex parte* Stround [1992] *The Times*, 19 août 1992 ; Lord J. BROOKE.

R *v.* Knowsley Metropolitan Borough Council, *ex parte* Maguire [1992], *The Times*, 26 juin 1992.

R *v.* Secretary of State for Foreign and Commonwealth Affairs, *ex parte* Ramanathan [1993] CO/3600/93.

R *v.* Parliamentary Commissioner for Administration, *ex parte* Dyer [1994] 1 All E.R. 375.

X (Minors) *v.* Bedfordshire County Council [1995] 2 A.C. 633.

Stovin *v.* Wise [1996] A.C. 923

R *v.* Local Commissioner for Administration in the North and North East England, *ex parte* Liverpool [2000], C.C. (2000) ; *The Times*, 3 mars 2000.

R *v.* Parliamentary Commissioner for Administration, *ex parte* Balchin [2000] 2 L.G.L.R. 87.

R *v.* Commissioner for Local Administration, *ex parte* Liverpool City Council [2000] 2 L.G.L.R. 603.

Kane *v.* New Forest District Council [2002] 1 W.L.R. 312.

Gorringe *v.* Calderdale Metropolitan Borough Council [2004] ; Lord J. HOFFMAN.

R *v.* Health Service Commissioner [2006] 3 All E.R. 543.

R *v.* Secretary of State for Work and Pensions [2007] E.W.H.C. (Admin) 242 ; [2007] Pens L.R. 87 (Bradley H.C.).

R *v.* Secretary of State for Work and Pensions [2008] E.W.C.A. Civ 36 ; [2008] 3 All E.R. 1116 (Bradley C.A.).

INDEX

Les chiffres renvoient aux numéros des paragraphes

-A-

-B-

-F- / -G-

-M-

-N-

-O-

-P-

-Q- / -R-

-S-

TABLE DES MATIÈRES

ESSAY ON THE CONCEPT OF GOOD ADMINISTRATION

Good administration can be considered as a legal notion. Far from being a passing fad, it is right at the heart of public law. Drawing from European law and the Spanish, British and French legal systems, this thesis shows that good administration is indeed a legal notion, and defines exactly what it encompasses. After inducing what good administration means (Part 1), the thesis demonstrates what it contributes to public law (Part 2).

PART ONE: DEFINING THE NOTION OF GOOD ADMINISTRATION

Direct and indirect references to good administration (Chapter 1) help specify what the notion encompasses exactly (Chapter 2).

Legal provisions directly referring to "good administration" are mainly found in EU law, where the notion is often expressed as a general principle. But the provisions show just how adaptable it is. Quite symptomatically, EU judges tend to mix it up with the principle of diligence (or solicitude). As for the "right to good administration" dealt with in article 41 of the Charter of Fundamental Rights of the European Union, it is merely a non-exhaustive list of pre-existing rights which all seem to be part more intuitively than demonstrably of "good administration". Furthermore, even though cases of the "right to good administration" are mentioned, there is no explanation as to what this means exactly. Thus, even if the development of citizens' rights is indisputable and has to be promoted, the movement does not seem to stem from the acknowledgement of "good administration".

Because the notion is so imprecise, one may wonder what explicit references to "good administration" actually help achieve, in the British and Spanish law for example. Linked with New Public Management, "good administration" is a generic notion. This is mainly due to the pragmatic nature of the Anglo-Saxon legal system, which focuses more on practical redress for cases of maladministration than on general systemic principles aiming at defining good administration. Neither the British Ombudsman nor British doctrine try to codify these principles. As for British case law, it uses "principles of good administration" in a global, and even ancillary way, whereby it helps to extend the jurisdictional control of public administration (judicial activism). In addition, the statutes of the autonomous communities of Spain refer to "buena administración", without clearly defining it. Furthermore, even though Spanish judges were the first ones to refer to the Charter of Fundamental Rights of the European Union when it was adopted, when they mention to the "right to good administration", it seems mainly rhetorical.

The imprecision of "good administration" can also be noted in the many different cases of "maladministration". The expression was used for the first time in positive law in the law establishing the Parliamentary and Health Service Ombudsman, a British Ombudsman in charge of remedying cases of injustice resulting from maladministration. Maladministration is not defined by the law and is left to the discretion of the institution, which means that it is a flexible notion, as supported by doctrine. When it was transcribed into other legal systems, in the

European community for example[2851], it did not become less ambiguous. Like the British law-maker, EU law relies on the European Mediator, who makes up the content of maladministration through his or her recommendations. Attempts to codify good administration by the British (Draft principles of good administration) and European Mediator (European Code of Good Administrative Behaviour) are laudable, but nevertheless limited. Furthermore, cases of maladministration are rarely converted into characterized violations of the principle(s) of good administration acknowledged by case law, as shown in EU law for instance[2852]. Similarly, British judges and the Spanish constitutional court often refuse to take into account allegations of cases of maladministration recorded by Ombudsmen. As for French judges, any claim opposing a recommendation made by the Mediator of the Republic would be dismissed as not receivable.

***

Even though the notion of good administration may be heterogeneous in many ways, it is still possible to use an inductive and comparative method to elaborate a notional unit, which may be defined as the reasonable adaptation of means which an administration has at its disposal. In contrast with "good governance" and "good government", it only designates the proper use of means and is to be seen from a functional perspective. Therefore, it is quite clear that it is linked to discretionary power.

The idea of balance is also at the heart of the notion. Far from being an "empty shell" filled as citizens "dealt with at a given time" make demands, good administration designates the best balance between the interests of the citizens and those of the administration. The balance is struck when the different interests and elements needed to choose the best means are shared out reasonably. Avoiding excessive formalism, the notion of good administration is put into practise through "good formalism" when a non contentious administrative procedure is rolled out. The study of "due process of law" and "procedimiento debido" links the notion to the need for a material approach to the procedure, which should not be seen as a mere matter of form. Good procedure, which is also found in European law, can therefore be considered as a corollary to good administration.

To sum up, even though the extensive approach to "good administration", which is quite common, may seem appealing, it would be more convincing to adopt a restrictive approach. Once defined, it can be differentiated from principles bearing the same name and other notions, such as good governance, the good administration of justice, quality or legitimate expectation. Inducing the definition of good administration makes it possible to truly see what the notion contributes to public law.

[2851] The Treaty of Maastricht instituted an Ombudsman authorised to receive complaints in cases of "maladministration in the activities of Community institutions and bodies"

[2852] T.P.I.C.E., 15 October 2004, *Hans-Martin Tillack c/ Commission*, aff. T-193/04, rec.2004, p.II-3575, pt.60. The solution was confirmed in: T.P.I.C.E., 4th ch., 4 October 2006, *Hans-Martin Tillack c/ Commission*, aff. T-193/04, rec.2006, p.II-3995, pt.128.

PART TWO: WHAT THE NOTION OF GOOD ADMINISTRATION CONTRIBUTES TO PUBLIC LAW

Firstly, the notion of good administration introduces a model of administrative functioning (Chapter 1). Secondly, the notion helps reflect upon and renew the judicial review and the concept of law (Chapter 2).

Unlike a shared intuition, the notion of good administration, which is in essence objective, is, at least as it is defined here, difficult to convert to subjective law and even more so in fundamental law. The optimism it generates as a result of imprecise usages has to be analysed critically. The aim is not to adopt a pessimistic position with no scientific reflection but, on the contrary, to favour the recognition, like the Council of Europe itself, of a right to good administration with its own content, to be distinguished from existing rights. It needs to be seen whether the current "right to good administration" dealt with in article 41 of the Charter of Fundamental Rights of the European Union is relevant. The restrictive approach which guides the definition here means that good administration is seen here as an objective duty rather than as a subjective right.

The notion also constitutes a standard, in particular for judges. It is expressed in case law as the "normality" of administrative functioning. The culture of Common law and the Spanish law are particularly relevant here. The standard and the casuistry which goes with it cannot be studied without reflecting upon Roscoe Pound's works. Furthermore, the Spanish Constitution and law foresee that the public administration will be held liable depending on whether it works in a "normal or abnormal" manner. Doctrine links this expression to the constitutional principle of effectiveness of administration, the main expression of good administration.

Since good administration is part of a wider reflexion process on standards in public law, it helps systemize cases of administrative negligence. One may therefore analyse the classifications of these cases in a critical manner: this involves analysing both the ambiguous references to abnormality in Spanish and British law (duty of care, reasonableness, etc.) and classifications in the French doctrine. Violations of the duty of good administration therefore constitute a "meta-criterion" for classifying cases of service-related faults, alongside "maladministration", which is not the antonym of good administration. Expressly acknowledging good administration would make it possible to re-establish the liability of public administrations in cases where no-fault liability is sometimes preferred, out of deference for the administration.

***

As an objective notion which is an integral part of administrative law, good administration has an impact on legality in the broad sense of the word.

It enriches the jurisdictional control of administrations, which comes as no surprise. Spanish judges have expressly referred to good administration, associating it with the rationality of decision-making, which is rather significant. In the control of procedural propriety and rationality in particular, it makes up one of the judge's interpretation tools. Implicitly contributing to the control of legality in French, it enriches the content of the latter, by questioning the relevance of some poor categorisations. Thus, the distinction between so called "internal" legality and "external" legality can be put into perspective with a substantial approach to procedure and form derived from the notion of good administration as used in European, British and Spanish law. This is also true for the binary approach which opposes the control of legality to the control of opportunity, which is not assimilated to the political appreciation of the decision made by the administration, but targets the decision-making process (proceso) expressed in the motives.

Focusing on the means at the disposal of the administration, the notion of good administration helps intensify the control of motives and, more broadly, the discretionary power of the administration. But it does not mean that the judge's opinion replaces that of the administration, as shown in the limited effect of the EU principle of good administration. The legal nature of good administration, devoid of moral judgement, contributes to the necessary adaptation of jurisdictional control.

As one of the tools used to control legality, the notion of good administration is part of a wider process of perpetual reflection upon law. It highlights the role of administration in the production of law. Thanks to it, internal measures, such as guidelines and circulars, have a legal basis. As for the very notion of discretionary power, as it is conceived in France, it is enriched in a sense. Far from being the antonym of "circumscribed powers", discretionary power is defined as a means of good administration. In this regard, a lot can be learned from the British idea of discretionary power.

On a wider scale, the notion of good administration emphasizes the value of effectiveness by contributing to the juridicization of "flexible law". It is part of a process which questions a purely formal and binary vision of law (application / non–application) which does not take the imperatives of other fields into account much. The adjective "good" must not be seen as the expression of happiness in law but means that law has to adapt to its purposes by adjusting to social reality. This idea of law, which is more common in EU, British and Spanish law (even though each of these systems is different), is still not always accepted in France unfortunately.

***

One may therefore wonder what French judges would gain from expressly defining the notion of good administration in the more restrictive sense of the term. Furthermore, public administration would be improved if it had the clear obligation to use its means in an optimal manner. Tightening the framework of its remit and its way of working would also have undeniable advantages for citizens.

Though EU law has a lot to teach in this matter and makes it possible to define the notion of good administration, it also has its weaknesses, which can be criticised to elaborate a sufficiently limited and therefore innovative definition of the principle and the right to good administration. This thesis shows that elaborating legal notions through a comparative analysis is not just a simple academic exercise, but an operation which is necessary to understand Law and strengthen the tangible evolution of rights.

L'HARMATTAN, ITALIA
Via Degli Artisti 15 ; 10124 Torino

L'HARMATTAN HONGRIE
Könyvesbolt ; Kossuth L. u. 14-16
1053 Budapest

L'HARMATTAN BURKINA FASO
Rue 15.167 Route du Pô Patte d'oie
12 BP 226
Ouagadougou 12
(00226) 76 59 79 86

ESPACE L'HARMATTAN KINSHASA
Faculté des Sciences Sociales,
Politiques et Administratives
BP243, KIN XI ; Université de Kinshasa

L'HARMATTAN GUINÉE
Almamya Rue KA 028
En face du restaurant le cèdre
OKB agency BP 3470 Conakry
(00224) 60 20 85 08
harmattanguinee@yahoo.fr

L'HARMATTAN CÔTE D'IVOIRE
M. Etien N'dah Ahmon
Résidence Karl / cité des arts
Abidjan-Cocody 03 BP 1588 Abidjan 03
(00225) 05 77 87 31

L'HARMATTAN MAURITANIE
Espace El Kettab du livre francophone
N° 472 avenue Palais des Congrès
BP 316 Nouakchott
(00222) 63 25 980

L'HARMATTAN CAMEROUN
BP 11486
(00237) 458 67 00
(00237) 976 61 66
harmattancam@yahoo.fr

647869 - Avril 2016
Achevé d'imprimer par

1livre.com
du rêve à la réalité !

www.ingramcontent.com/pod-product-compliance
Lightning Source LLC
LaVergne TN
LVHW011223061026
849535LV00001BA/146
* 9 7 8 2 2 9 6 1 3 0 9 0 6 *